THEORY OF
ELECTRONIC
GOVERNMENT

제2전정판

# 전자정부론

권기헌 저

박영사

# Smart 전자정부론: IT혁명과 국정관리

21세기가 본격적으로 전개되면서 변화의 바람이 거세게 불고 있다. 변화에 대한 변화가 필요하고, 변화를 경영하고 창조해야 하는 시대이다. IT혁명은 Smart혁명과 결합되면서 제반 사회관계(Social Network) 혁명을 창출하고 있고, 녹색성장과 연계되면서 새로운 산업과 서비스들을 창출하고 있다. 국가경쟁력도, 삶의 질도, 기존의 사회관계도, 기업의 경쟁력도, 스마트혁명에 기초한 전자정부 없이는 논의가 불가능한 시점에 이르렀다.

스마트 IT가 녹색혁명과 결합되면서 저탄소 시장을 창출하는가 하면, 인공지능에 기초한 새로운 문명사회(CCS: Cyber Civilization Society)가 열리고 있다. 디지털(Digital)기술의 발달과 관련 소재산업의 발달은 전 사회의 경제적 잠재력을 최상의 수준으로 끌어올리고 있으며, 이는 스마트혁명에 기초한 전자정부를 가능케 하고 있다. 수천 년의 역사 속에서 인류가 쌓아올린 지식과 기술들이 디지털화되어 지식과 기술의 고도집적과 활용이 가능하게 되었으며 방송과 통신의 디지털화는 인류의 시간과 공간의 개념을 완전히 파괴하기에 이르렀다. 또한 스마트폰, 태블릿PC, 인터넷 등을 활용한 미투데이, 트위터, 페이스북과 이를 통한 새로운 소셜네트워크(SNS)의 창출은 기존의 정부, 시장, 사회에서의 관계양식을 전면적으로 변화시키고 있다.

이러한 정보혁명의 소용돌이적 변화는 기존의 국정운영 모델 및 체계 또한 새롭게 재조명할 것을 요구하고 있다. 특히 지금까지 현대행정을 주도해 왔다고 할 수 있는 관료제는 과학과 기술혁명 등의 현대적 변동상황에 신속하게 대처하고 적응하는데 많은 한계를 드러내고 있으며, 많은 학자들은 급격한 환경의 변화, 조직활동의 다양성, 복잡성의 증대, 전문가의 역할 증대 등으로 새로운 국정 거버넌스 모형을 다양한 형태로 제시하고 있다.

이러한 고도 과학기술사회의 거대한 변화양상은 국정관리의 영역에 있어서 정책학 및 행정학 연구에는 어떤 영향을 미칠 것인가? 거시적인 패러다임 전환기에 있어 전자정부와 정보정책이 중점적으로 논의해야 할 문제는 무엇이며, 고도로 전문화되면서 발전하고 있는 Smart 기술혁명과 상호 소통하면서 발전되고 있는 Social Web의 발달이라는 새로운 정책환경에 직면해서 행정학이라는 학문이 '궁핍한 전문성(Impoverished Professionalism)'[1] 수준에서 벗어나기 위한 대응원리 내지 철학은 무엇인가?

작고 효율적인 지식창출형 정부를 지향하는 전자정부(Electronic Government)는 정책이론, 행정이론 및 국정 거버넌스 이론들과 어떻게 연계되어 있으며, 이는 국가운영에 있어서 다가올 미래 정보사회에 대응할 수 있는 효과적이고 투명하며 민주적이고 성찰적인 국정관리모형이 될 수 있을 것인가? 그리고 또 그렇게 되기 위한 정책과제들은 무엇인가?

본서는 기존에 출간된 『전자정부론』(박영사)의 전정판으로서, 21세기 지식정보사회 및 스마트혁명에 부응하는 전자정부의 이론 및 전략을 새롭게 모색하고자 하였다. 여기서는 정보체계론, 전자정부론, 정보정책론을 하나로 통합하면서, IT와 국정관리라는 하나의 거버넌스적 시각을 견지하고자 하였다.

정보체계론이라는 과목이 행정학 및 행정고시과목에 등장한 이후, 과목의 정체성과 연구범위를 둘러싸고 몇 번의 용어변화와 강조점의 변화를 겪어왔는데, 이에 따라 정보체계론을 공부하는 학생이나 수험생 입장에서는 많은 혼란이 초래되었다. 이 분야를 연구하는 행정학자들의 관심도 시대의 변천에 따라 바뀌어 왔는데, 초기에는 정보사회의 도입론과 정보체계에 대한 기술적 시스템을 강조하는 행정이론과 정책이론이 중심이 되다가, 1990년대 중반이후 초고속정보통신망이 국가정책에 도입되면서 초고속을 중심으로 한 행정전산론과 정보사회와 행정, 그리고 정보정책이 연구의 중심에 섰다가, 2000년대 이후 전자정부법이 도입되고 본격적인 전자정부의 시대가 열리면서, 이제는 전자정부와 지식정부(지식관리시스템) 그리고 이들을 중심으로 한 정보정책이 학문의 중점 관심사항이 되고 있다. 더 나아가 2011년을 달리고 있는 현시점에서 전자정부와 정보정책은 새로운 국정관리의 관점에서 거버넌스적 시각을 가질 것이 요구되고 있고, 새로운 사이버스페이스에서 정부서비스가 통합되는 e-거버넌스와 사이버 거버넌스가 강조되고 있다. IT혁명은 u-기술, m-기술, 스마트 기술과 융합되면서 녹색혁명(Green Revolution)과 함께 새로운 소셜 네트워크(Social Network)를 끊임없이 창출함에 따라 정부역시도 새로운 지식창출형 Smart 전자정부로 변화될 것이 요구되고 있다.

---

1) Green, Richard T., Lawrence F. Keller and Gary L. Wamsley, "Reconsituting a Profession for American Public Administration", *Public Administration Review*, Nov/Dec 1993.

저자서문

이러한 지식정보사회의 정책환경 변화에 따라 새롭게 변화되고 부각되고 있는 전자정부론의 초점(focus)과 범위(locus)를 좀 더 명확하게 하고, 이에 따른 정보정책론을 정리해 보고자 하는 것이 이 책을 집필하게 된 동기이다.

본서는 크게 여섯 부분으로 구성되어 있다.

제1부에서는 정보사회론을 다룬다. 정보사회론에서는 먼저 본서에서 논의하는 전자정부와 정보정책의 환경적 요소로서 정보기술을 바라보는 시각을 정리한다. 정보기술과 문명사론적 관점, 정보기술에 대한 시각, 정보사회의 동인 및 실체, 정보사회를 바라보는 시각 등을 정리함으로써 전자정부를 둘러싸고 있는 환경적 요소로서 정보기술과 정보사회에 대한 기본적 이해를 시도한다.

제2부에서는 정보행정론을 다룬다. 정보행정론에서는 정보사회의 행정학을 검토하면서 행정학이론 발달사의 관점에서 정보체계론의 위치를 점검해 보기로 한다. 이어지는 장에서는 정보사회의 국정관리로서 최근 등장하고 있는 거버넌스, 뉴거버넌스 그리고 사이버 거버넌스에 관한 다양한 개념/모형들을 검토하면서 전자정부와의 관계에 대해서 조명하고, 이어서 본서에서 접근하는 정보사회와 국정관리에 대한 분석모형을 소개하기로 한다.

지식정보사회에서 작고 효율적이며 고객 지향적인 전자정부(Electronic Government)와 4차 산업혁명 시대가 도래함에 있어 신속하게 문제를 해결하는 전자정부를 구축하는데 필요한 새로운 국정관리 패러다임 및 행정모형은 어떤 것인가? 또한, 이러한 변화모형에 포함되어야 할 하위체계에는 어떤 것들이 있는가? 그리고, 이러한 것들을 가능하게 만드는 스마트혁명에 기초한 전자정부론은 정보사회의 행정학에서 어떤 위치를 점하는 것일까? 이러한 질문들이 제2부의 정보행정론에서 검토하는 중요 논제들이다.

제3부에서는 전자정부론을 다룬다. 전자정부론에서는 전자정부의 개념과 비전에 대한 이론적 논의를 토대로 우리나라 및 외국의 최근 전자정부 추진 동향 및 추진 전략에 대해서 검토한다. 또한, 전자정부의 구성요소 및 추진전략을 내부와 외부로 나누어서 살펴보고, 정보기술의 변화에 따라 새롭게 등장하고 있는 전자정부의 변천추이(e-Government, m-Government, u-Government)를 토대로 Smart Government의 핵심기술요소에 대해서 논의하였으며, 정책결정지원시스템과 자원관리시스템 등 정보기술론(정보시스템론)은 전자정부 구축의 기술적 요소로서 검토하였다.

제4부에서는 지식정부론을 다룬다. 지식정부론에서는 최근 학계에서 새롭게 제기되고 있는 지식정부의 개념 및 구성요소에 대해서 논의하면서, 전자정부와 지식정부의 관계에 대해서 조명해 보았다. 또한, 지식정부와 정부혁신, 지식정부와 국가혁신에 관한 거버넌스 이슈들을 검토하면서, 지식정부의 구성요소와 추진전략에 대해서 논의한다. 요컨대, 제1부와 2부에서는 정보정책을 담아내는 새로운 조직모형(Machine)으로 등장하고 있는 전자정부와 지식정부에 대한 다양한 논의들을 소개하면서, 이들이 정부의 〈일하는 시스템〉을 바꾸는 새로운 정부운영시스템으로서 효과적인 역할을 하기 위한 다양한 정부혁신과 국정관리 방안들을 정리하였다.

정책학의 관점에서 본다면 전자정부와 지식정부는 정책체제(Policy System)의 새로운 조직모형(Machine)에 해당하고, 이러한 정책체제의 구체적인 산출물(output)이 정보정책(Information Policy)이다.

제5부와 제6부에서는 이러한 정보정책에 대해서 논의하였다.

제5부 정보정책론 I: 총괄적 논의에서는 먼저 이론적인 논의로서 정보사회의 정책학을 소개하면서, 전자정부와 정책이론의 관계, 그리고 정보정책의 논리구조에 대해서 조명해 본다.

제6부 정보정책론 II: 영역별 논의에서는 구체적인 각론 정책에 대해서 다룬다. 정보정책을 여기서는 국가(정부)-시장(기업)-시민사회(NGO)라는 거버넌스의 분석단위를 토대로 분류하였다. 국가(정부)와 시장(기업)의 효율성 차원의 정보정책들을 검토해 보고, 시민사회(NGO)가 중점적으로 관심을 가지고 있는 민주성, 형평성, 윤리성 차원의 정보정책들을 논의하면서 구체적인 정책사례들을 분석한다. 정보정책의 구체적 정책들에 대해서 각각 개념과 의의, 쟁점과 내용, 평가와 시사점, 정책방향과 정책과제들에 대해서 조명해 본다.

마지막으로 요약 및 결론에서는 본서에서 제기된 주장과 관점, 이슈 및 함의를 요약하면서 이 책의 논의를 마무리 짓기로 한다.

본서는 전자정부이론을 중심으로 전자정부와 정보정책, 전자정부와 국정관리를 통합하고 있으며, 말하자면 전자정부론을 중심으로 본 정보체계론과 정보정책론을 통합적으로 나루고사 하는 개론서라고 할 수 있겠다. 기존의 선자성부에서부터 시작한 논의를 이번에

저자서문

박영사에서 전정판을 내면서 논의의 시각과 순서를 좀 더 새롭게 보강하였다. 정보사회의 전체적 동인들과 시각에 대한 이해를 먼저 고찰하고, 최근 주목받고 있는 4차 산업혁명과 함께 변화되고 있는 국정관리 시각을 전자정부에 결합시키고자 하였다.

본서는 전자정부론, 정보체계론, 정보정책론, 정보사회와 행정(국정관리) 등에 관심을 가진 학부생과 대학원생, 그리고 고시 수험생들의 학습에 초점을 두고 집필되었다. 자칫 철학적인 논리나 기술적인 용어로 채색되어 딱딱해지기 쉬운 전자정부와 정보정책론을 정책사례들에 대한 최근 동향과 용어해설들을 사례박스로 처리하는 등 입체적인 소개를 통해 읽기 쉬운 책으로 정리하고자 하였다. 이 책이 전자정부론, 정보정책론, 정보체계론 등을 공부하면서 전자정부와 국가혁신, 전자정부와 국정관리에 관심을 가진 사회과학도와 실무자들의 논의에 참고가 되었으면 하는 바람이다.

특히 고시 수험생들에게 전하고 싶은 이 책의 공부방법은 다음과 같다. 이 책의 구체적인 내용을 세부적으로 공부하기에 앞서, 이하에서 제시되는 장들을 먼저 독파하여 전자정부론의 논리 및 흐름을 먼저 파악한 후 개별 장들에 들어가길 바란다.

총론에서 제시되는 전자정부와 정보정책, 제2부 제5장, 6장에서 제시되는 정보사회의 행정학 및 국정관리, 제5부 제13장 지식정부와 정부혁신, 제6부 제15장 정보정책에 대한 논의의 틀은 이 책에서 전하고자 하는 전자정부와 정책이론, 전자정부와 정보정책, 전자정부와 거버넌스에 대한 총론적 틀이 담겨져 있는 장들이다. 이러한 장들을 먼저 숙독하여 전자정부와 정보정책, 전자정부와 거버넌스에 대한 이 책의 전체적 개념도를 파악한 후, 전자정부의 각론들을 구체적으로 공부하는 것이 순서상 효과적일 것이다.

또한, 부와 장이 시작할 때마다 제시된 전체개요와 장 말미에 제시된 요약 및 결론을 따로 모아서 이해하는 방식으로, 전체적인 목차와 개요, 논리 및 흐름을 먼저 파악하고, 전자정부의 각론들을 구체적으로 공부하는 것이 순서상 효과적일 것이다. 이 책의 부와 장마다 소개되는 전체맥락과 장 말미에 제시된 요약 및 결론을 따로 발췌하여 핵심용어 (Key Word)들을 따로 복사하여 공부하는 것도 효과적인 공부의 한 방법이 될 것으로 본다.

마지막으로, 맨 뒤에 제시된 요약 및 결론을 통해 이 책이 지향하는 전자정부와 정책이론, 전자정부와 정보정책, 전자정부와 거버넌스에 대한 종합 정리를 하기 바란다.

이 책을 쓰는데 도움을 주신 많은 분들에게 감사의 뜻을 전하고 싶다. 정신적으로나 학문적으로 많은 가르침과 은혜를 베풀어 주신 성균관대학교 행정학과의 허범 교수님과 김현구, 김광식, 김성태, 유민봉, 박재완, 공동성, 이숙종, 이명석, 김근세, 문상호, 정문기, 박형준, 배수호, 박성민 교수님께 깊은 감사의 말씀을 올린다. 또한, 책이 완성되기까지 많은 도움을 아끼지 않은 이홍재 박사, 이영안, 현혜진, 이준희, 송영석, 김석윤, 이현태 군에게 고마움을 표하며, 성균관대학교의 이종구, 김태진, 서인석, 하민지, 주희진, 조일형, 임다희, 이현철, 이동규, 최윤석, 이미애, 최현정 양에게 고마움을 전한다. 이들의 빼어난 능력과 열의는 본인의 모자라는 부분을 메우는 데 너무나 많은 도움이 되었다.

이 책의 내용에 도움을 준 고마운 분들에게 감사를 표하고자 한다. 먼저, 상당한 시간을 할애하여 이 책의 편제와 내용을 획기적으로 새로이 하는 데 최선을 다해 준 정경호 강사에게 감사의 마음을 전한다. 아울러 이 책의 출판을 기꺼이 맡아주신 박영사의 안종만 회장님, 세심하게 원고를 속독하고 좋은 편집을 위해 많은 수고를 한 편집진들께도 깊은 감사의 마음을 전한다.

가족 모두에게 깊은 사랑을 전하고 싶다. 늘 뜨거운 지지와 사랑을 보내 주시는 부모님들과 언제나 깊은 애정으로 나를 도와준 아내와 지민, 지은, 지수에게 사랑과 고마움을 전하고 싶다. 이미 대학생이 된 지민이의 성숙한 마음, 활력 있는 지은이의 뜨거운 열정, 막내 지수의 쾌활한 재치와 성숙한 미소는 언제나 나에게 신선한 활력소가 되었다. 사랑하는 이들과 친가, 처가의 가족들께 이 책을 바친다.

2019년 1월
성균관대학교 연구실에서
권 기 헌

저자서문

# 차  례

## 총  론

## 제1부  정보사회론: 정보사회의 이해

### 제1장   정보기술과 문명

### 제2장   정보기술에 대한 관점

## 제3부　전자정부론

### 제7장　전자정부의 이론Ⅰ: 전자정부의 개념

### 제8장　전자정부의 이론Ⅱ: 전자정부의 비전과 전략

# 제9장  전자정부의 추진전략

## 제12장   지식정부의 추진전략

### 제5부　정보정책론 I : 총괄적 논의

## 제13장　전자정부와 정책결정

## 제14장 정보정책의 논리

## 제6부 정보정책론Ⅱ : 영역별 논의

### 제15장 정보정책론 개관: 정보정책에 대한 논의의 틀

### 제16장 국가경쟁력 차원의 정보정책: 생산성 영역 정책

## 제17장　시장효율성 차원의 정보정책: 생산성 영역 정책

## 제20장　시민사회 차원의 정보정책Ⅲ : 형평성 영역 정책

# 요약 및 결론

# 총 론

패러다임이 변하면 세상은 저절로 같이 변하게 된다.
- 토마스 쿤

## 1. 문제의 제기

21세기가 급속도로 진전되면서, 우리는 혼돈과 갈등, 변화의 소용돌이 속에서 살고 있다. 정보기술(IT)은 방송, 통신, 영상과 결합하고 있으며, 새로운 스마트(Smart) 기술혁명과 함께 스마트폰, 태블릿PC, 인터넷을 통해 또 하나의 새로운 공간, 즉 사이버스페이스가 창출되고 있다.

IT가 녹색혁명과 결합되면서 저탄소 시장을 창출하는가 하면, 인공지능에 기초한 새로운 문명사회(CCS: Cyber Civilization Society)가 열리고 있다. 디지털(Digital)기술의 발달과 관련 소재산업의 발달은 전 사회의 경제적 잠재력을 최상의 수준으로 끌어올리고 있으며, 이는 스마트 혁명에 기초한 전자정부를 가능케 하고 있다. 수천 년의 역사 속에서 인류가 쌓아올린 지식과 기술들이 디지털화되어 지식과 기술의 고도집적과 활용이 가능하게 되었으며, 방송과 통신의 디지털화는 인류의 시간과 공간의 개념을 완전히 파괴하기에 이르렀다. 또한 스마트폰, 태블릿PC, 인터넷 등을 활용한 미투데이, 트위터, 페이스북과 이를 통한 새로운 소셜 네트워크 서비스(SNS)의 창출은 기존의 정부, 시장, 사회에서의 관계양식을 전면적으로 변화시키고 있다.

이러한 정보혁명의 소용돌이적 변화는 기존의 국정운영 모델 및 체계 또한 새롭게 재조명할 것을 요구하고 있다. 특히 지금까지 현대행정을 주도해 왔다고 할 수 있는 관료제는 과학과 기술혁명 등의 현대적 변동상황에 신속하게 대처하고 적응하는 데 많은 한계를 드러내고 있으며, 많은 학자들은 급격한 환경의 변화, 조직활동의 다양성, 복잡성의 증대, 전문가의 역할 증대 등으로 새로운 국정 거버넌스 모형을 다양한 형태로 제시하고 있다.

이러한 고도 과학기술사회의 거대한 변화양상은 국정관리의 영역에 있어서 정책학 및 행정학 연구에는 어떤 영향을 미칠 것인가? 거시적인 패러다임 전환기에 있어 전자정부와 정보정책이 중점적으로 논의해야 할 문제는 무엇이며, 고도로 전문화되면서 발전하고 있는 스마트(Smart) 기술혁명과 상호 소통하면서 발전되고 있는 소셜 네트워크의 발달이라는 새로운 정책환경에 직면해서 행정학이라는 학문이 '궁핍한 전문성'(impoverished professionalism)[1] 수준에서 벗어나기 위한 대응원리 내지 철학은 무엇인가?

작고 효율적인 지식창출형 정부를 지향하는 전자정부(electronic government)는 정책이론, 행정이론 및 국정 거버넌스 이론들과 어떻게 연계되어 있으며, 이는 다가올 미래 정보사회에 대응할 수 있는 효과적이고 투명하며 민주적이고 성찰적인 국정관리모형이 될 수 있을 것인가? 그리고 또 그렇게 되기 위한 정책과제들은 무엇인가?

본서는 21세기 지식정보사회 및 스마트(Smart) 혁명에서 요구되는 새로운 전자정부 이론을 모색하면서, 전자정부와 정보정책, 전자정부와 행정이론, 전자정부와 국정관리 이론을 연결시켜보려는 하나의 시도로서 집필되었다.


## 2. 분석의 시각: 전자정부와 정보정책

본서는 정책과정에 관한 정책학 논의의 틀에 근거하여 전자정부와 정보정책을 분석한다. 정책과정론의 시각에서 보면, 새로운 정부운영 모형으로 대두되고 있는 전자정부 혹은 지식정부는 지식기반경제 혹은 지식정보사회라는 정책환경(policy environment) 속에서, 시민사회 혹은 민간부문으로부터 요구와 지지라는 정책투입을 받아 정책으로 전환시키는 정부의 정책체제(policy system)의 역할을 하고, 그 정책체제의 산출물(policy output)이 정보정책이라는 형식으로 나타난다. 이때 정보시스템론은 전자정부를 구축하는 하부구조로서의 정보기술 역할을 한다(그림 1 참조).

정보정책을 어떤 범주로 유형화할 것인가에 대한 정형화된 논의는 찾기 어렵다. 본서에서는 정보정책의 정책이슈별 분류기준으로 국정 거버넌스 이론에서 논의하는 국가(정부)-시장(기업)-시민사회(NGO)의 세 가지 기준을 이용해 분석하기로 한다(그림 2 참조).

---

1) Green, Richard T., Lawrence F. Keller and Gary L. Wamsley, "Reconsituting a Profession for American Public Administration", *Public Administration Review*, Nov/Dec 1993.

〈그림 1〉 정책체제(전자정부)와 정책결과(정보정책)의 관계

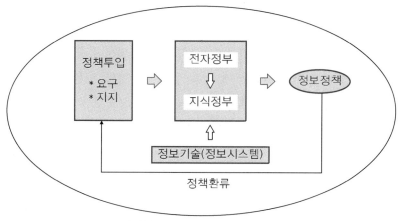

〈그림 2〉 정보정책 논의의 틀: 국정 거버넌스 분석단위

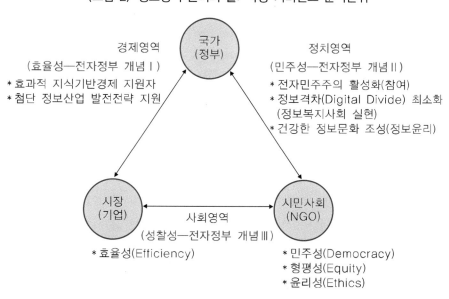

국가(정부)는 기업과 시민사회를 정책대상으로 정책을 결정하고 집행하는 정책운영의 주체로서, 국가(정부)가 정책운영에 있어서 중점을 두는 부분은 크게 세 가지인데, 첫째, 경제영역에서는 국가경쟁력(정부생산성) 강화이고, 둘째, 정치영역에서는 참여민주주의의 활성화이며, 셋째, 사회영역에서는 건강한 시민공동체의 형성이다.

이는 본서에서 논의하는 전자정부 개념(목표)의 세 가지 차원과도 일치한다. 전자정부 개념의 첫 번째 차원은 생산성(productivity) 차원이다. 전자정부는 정보기술을 이용하여 정부 내부 운영의 생산성을 극대화하여, 시장에서 기업 활동을 효율적으로 지원해 주는 생산적 정부이다. 지식기반경제하에서 민간부문의 자율성과 창의성이 극대화될 수 있도록 기업과 고객에게 효율적인 서비스 제공을 해 줄 수 있는 정부이다. 이를 위해서는 먼저 정부 내부의 생산성을 극대화시켜야 하는데, 이를 위해 정부내부 운영시스템에 디지털 신경망 기술을 효과적으로 이용하는 정부가 전자정부이다.

전자정부 개념의 두 번째 차원은 민주성(democracy) 차원이다. 전자정부는 정보기술을 이용하여 전자민주주의를 활성화시키는 정부이며, 이를 통해 정책과정에서 투명성을 제고하고 정치과정에서 시민의 참여를 활성화시키는 민주적 정부이다.

전자정부 개념의 세 번째 차원은 성찰성(reflexivity) 차원이다. 전자정부는 정보기술을 이용하여 사회공동체의 수평적·수직적 커뮤니케이션을 활성화시키는 정부이며, 이를 통해 조화롭고 통합된 사회를 구현하고 더 나아가 신뢰받고 성숙한 사회공동체를 이루는 성찰적 정부이다.

정보정책의 차원에서도 이러한 분석의 단위는 유효하다. 정보정책의 첫 번째 차원은 국가와 정부차원에서의 생산성 혹은 효율성(efficiency) 문제이다. 정부 효율성의 개념은 정부 내부와 정부외부로 나누어서 생각할 수 있는데, 전자정부의 구축 및 정부내부 운영의 효율화를 통해 정부업무의 생산성과 정책결정 능력의 제고가 이루어지면, 정부는 정부외부 부문(예컨대, 기업과 민간부문)을 대상으로 국가경쟁력 강화를 위해 여러 가지 전략적 정책을 선택하게 된다.

여기서 정부내부 효율성의 제고는 정보정책의 영역이라기보다는 전자정부의 구축문제에 해당된다. 디지털 신경망 기술을 효과적으로 사용하고 정부업무 재설계와 연계시켜서 정부내부 운영의 효율성을 극대화하는 것은 전자정부 구축의 문제이기 때문이다(그림 1 참조). 정책체제 구성에 해당하는 성공적인 전자정부 구축의 문제는 정보정책 구현의 전제조건에 해당되며, 전자정부 구축을 위한 여러 가지 정책과제들에 대해서는 주로 본서의 제3부에서 다루게 된다.

정부는 국가(사회)를 대상으로 국가경쟁력 강화를 위해 효율성(efficiency) 차원에서 정보정책이라는 정책수단을 사용하게 된다. 이러한 정보정책의 유형으로는 초고속정보통신기반정책(차세대 지능형 통신망 정책), 전략적 정보산업정책(첨단정보산업정책), 지역정보화정책, 정보화마을정책, u-City정책 등을 들 수 있다.

둘째, 정보정책의 두 번째 차원은 시장(기업)과 관련된 정부의 정책인데, 이러한 차원의 정보정책은 시장의 효율성 강화와 관련된 정책들이다. 시장 및 기업의 효율성 제고와 관련

총  론

된 정보정책의 유형으로는 전자상거래(EC/CALS)정책, 표준화정책, 지적재산권보호정책, 방송통신융합정책 등을 들 수 있다.

마지막으로, 정보정책의 세 번째 차원은 시민사회(NGO)와 관련된 정부의 정책인데, 이러한 성찰성 차원의 정보정책은 성숙한 시민공동체 구현을 위해 민주성(democracy), 형평성(equity), 윤리성(ethics) 문제와 관련이 깊다. 정보정책과 관련하여 시민사회(NGO)가 특히 관심을 갖는 부분은 민주성, 형평성, 윤리성인데, 민주성 차원의 정보정책의 유형으로는 전자민주주의의 활성화 정책, 투명한 행정정보공개 정책 등을 들 수 있고, 형평성 차원의 정보정책유형으로는 정보격차 해소정책, 정보리터러시 함양정책, 보편적 서비스 정책 등을 들 수 있으며, 윤리성 영역의 정보정책유형으로는 개인정보보호정책, 온라인상의 익명성과 관련된 정책(인터넷 실명제), 컴퓨터 범죄예방 정책 등을 들 수 있다.

요컨대, 본서에서는 정책과정론의 시각에서 전자정부와 정보정책의 관계를 분석하고 있으며, 전자정부의 개념적 차원과 정보정책의 정책적 공간은 국정 거버넌스의 분석 기준인 국가(정부)-시장(기업)-시민사회(NGO)라는 세 영역과 효율성-민주성-성찰성이라는 세 차원으로 상호 연계되어 유기적인 연결망을 이루고 있다. 본서는 이러한 분석 시각과 분석의 틀을 토대로 논의를 전개하고자 한다.


## 3. 논의의 구성

이상에서 논의한 분석의 틀을 바탕으로 본서는 크게 다섯 부분으로 구성되어 있다.

제1부에서는 정보사회론을 다룬다. 정보사회론에서는 먼저 본서에서 논의하는 전자정부와 정보정책의 환경적 요소로서 정보기술과 정보사회를 바라보는 시각을 정리한다. 정보기술과 문명사론적 관점, 정보기술에 대한 시각, 정보사회의 동인 및 실체, 정보사회를 바라보는 시각 등을 정리함으로써 전자정부를 둘러싸고 있는 환경적 요소로서 정보기술과 정보사회에 대한 기본적 이해를 시도한다.

제2부에서는 정보행정론을 다룬다. 정보행정론에서는 정보사회의 행정학을 검토하면서 행정학이론 발달사의 관점에서 정보체계론의 위치를 점검해 보기로 한다. 이어지는 장에서는 정보사회의 국정관리로서 최근 등장하고 있는 거버넌스, 뉴거버넌스 그리고 사이버 거버넌스에 관한 다양한 개념/모형들을 검토하면서 전자정부와의 관계에 대해서 조명하고, 이어서 본서에서 중점을 두는 정보사회와 국정관리에 대한 분석모형을 소개하기로 한다.

지식정보사회에서 작고 효율적이며 고객 지향적인 전자정부(electronic government)를 구축하는 데 필요한 새로운 국정관리 패러다임 및 행정모형은 어떤 것인가? 또한, 이러한 국가모형에 포함되어야 할 하위체계에는 어떤 것들이 있는가? 그리고, 이러한 것들을 가능하게 만드는 스마트(Smart) 혁명에 기초한 전자정부론은 정보사회의 행정학에서 어떤 위치를 점하는 것일까? 이러한 질문들이 제2부의 정보행정론에서 검토하는 중요 논제들이다.

제3부에서는 전자정부론을 다룬다. 전자정부론에서는 전자정부의 개념과 비전에 대한 이론적 논의를 토대로 우리나라 및 외국의 최근 전자정부 추진 동향 및 추진전략에 대해서 검토한다. 또한, 전자정부의 구성요소 및 추진전략을 내부와 외부로 나누어서 살펴보고, 정보기술의 변화에 따라 새롭게 등장하고 있는 전자정부의 변천추이(e-Government, m-Government, u-Government, Smart Government)에 대해서 논의하였으며, 정책결정지원시스템과 자원관리시스템 등 정보기술론(정보시스템론)은 전자정부 구축의 기술적 요소로서 검토하였다.

제4부에서는 지식정부론을 다룬다. 지식정부론에서는 최근 학계에서 새롭게 제기되고 있는 지식정부의 개념 및 구성요소에 대해서 논의하면서, 전자정부와 지식정부의 관계에 대해서 조명해 보았다. 또한, 지식정부와 정부혁신, 지식정부와 국가혁신에 관한 거버넌스 이슈들을 검토하면서, 지식정부의 구성요소와 추진전략에 대해서 논의한다. 요컨대, 제1부와 2부에서는 정보정책을 담아내는 새로운 조직모형(organization model)으로 등장하고 있는 전자정부와 지식정부에 대한 다양한 논의들을 소개하면서, 이들이 정부의 〈일하는 시스템〉을 바꾸는 새로운 정부운영시스템으로서 효과적인 역할을 하기 위한 다양한 정부혁신과 국정관리 방안들을 정리하였다.

정책학의 관점에서 본다면 전자정부와 지식정부는 정책체제(policy system)의 새로운 조직모형(organization model)에 해당하고, 이러한 정책체제의 구체적인 산출물(output)이 정보정책(information policy)이다. 제5부와 제6부에서는 이러한 정보정책에 대해서 논의하였다.

제5부 정보정책론 I: 총괄적 논의에서는 먼저 이론적인 논의로서 정보사회의 정책학을 소개하면서, 전자정부와 정책이론의 관계, 그리고 정보정책의 논리구조에 대해서 조명해 본다.

제6부 정보정책론 II: 영역별 논의에서는 구체적인 각론 정책에 대해서 다룬다. 정보정책을 여기서는 국가(정부)-시장(기업)-시민사회(NGO)라는 거버넌스의 분석단위를 토대로 분류하였다. 국가(정부)와 시장(기업)의 효율성 차원의 정보정책들을 검토해 보고, 시민사회(NGO)가 중점적으로 관심을 가지고 있는 민주성, 형평성, 윤리성 차원의 정보정책들을 논의하면서 구체적인 정책사례들을 분석한다. 정보정책의 구체적 정책들에 대해서 각각 개념과 의의, 쟁점과 내용, 평가와 시사점, 정책방향과 정책과제들에 대해서 조명해 본다.

마지막으로 요약 및 결론에서는 본서에서 제기된 주장과 관점, 이슈 및 함의를 요약하면서 이 책의 논의를 마무리짓기로 한다.

# 제1부

# 정보사회론:
## 정보사회의 이해

빠르고 광범위한 사회변동이 진행되고 있다. 놀랍게 진행되고 있는 컴퓨터, 생명공학 및 정보기술의 발전은 '지식사회'(*Knowledge Society*), '권력이동'(*Power Shift*), '거대한 추세'(*Megatrends*), '단절의 시대'(*Age of Discontinuity*)로 표현되는 사회구조의 지각변동을 초래하고 있다. 우리는 현재 어떤 위치에 서 있으며 앞으로 어떤 형태의 미래를 원하고 있는가?

미래 인류사회의 모습은 과거와 현재의 연장선상에 있다. 21세기 인류사회의 모습을 제대로 예측하고 진단하기 위해, 제1부에서는 먼저 정보기술과 인류문명의 역사를 짚어 봄으로써, 현재 인류가 처한 정보기술혁명의 물결에 대한 이해를 시도하고자 한다.

# 제 1 장

# 정보기술과 문명[1)]

> 모든 기술진척은 대가를 요구한다.
> 기술개발로 인해 어느 한 편은 발전되지만
> 다른 한 편에서는 후퇴하는 면이 반드시 병행된다.
>
> — Jacques Ellul

 >>> **학습목표**

정보사회론의 근간인 정보사회의 이해를 돕기 위해 제1장에서는 정보기술과 문명에 대한 고찰을 한다. 정보기술과 문명에서는 인류 문명을 문명 이전, 문명의 기원, 중세 암흑기, 산업혁명, 정보사회로 구분하여 주요 내용에 대해 살펴보고, 정보기술과 문명과의 관계에 대해 학습한다.

첫째, 문명 이전의 시대에서는 지구의 탄생과 인간기원의 생물학적인 이해, 그리고 신석기 혁명에 대해서 살펴보고, 문명의 기원에서는 고대 농업혁명을 통한 정착생활, 기술발달과 정착생활, 문자의 발달 등을 통한 문명생활의 시작에 대해 살펴보며, 중세 암흑기에서는 정체된 봉건사회적인 측면과 새로운 문명과 산업사회를 태동시킬 기틀에 대해서 검토하기로 한다.

둘째, 산업혁명에서는 획기적인 과학기술혁신으로 인한 물질적 풍요와 함께 정신적 소외 문제 등 기술발전으로 인해 파생되는 사회적 문제에 대해 검토한다.

셋째, 정보사회에서는 정보혁명·지식혁명으로 인한 사회의 변혁과 그로 인한 생활의 변화와 사회적 변혁력에 대해서 탐구한다.

---

1) 이 장과 다음 장들의 정보사회론의 논의들은 필자의 졸저, 『정보체계론』(2004)의 정보사회에 대한 이론적 조망을 토대로 재구성된 것이다.

# 1. 문명 이전의 시대

## 1) 지구의 탄생

20세기 중반 인류는 역사상 처음으로 우주를 비행하면서 지구 밖에서 지구를 볼 수 있는 기회를 가졌다. 우주공간에서 그들이 관찰할 수 있었던 것은 '지구가 우주의 중심'이 아니라는 사실이었다. 역사가들은 이를 두고 지동설을 확인한 코페르니쿠스의 발견보다 더 깊게 인류의 사상에 영향을 미친 것으로 평가하고 있다. '지구가 우주의 중심'이라는 생각은 인간의 자의식이 반영된 결과에 지나지 않았다. 확실히 인류의 서식처는 우주적 공간에서 볼 때 작은 공과 같은, 즉 태양의 1만 2천 분의 1, 목성의 130분의 1밖에 안 되는 조그마한 땅—'지구'에 불과한 것이다(조영식, 1997: 30).

지구의 기원과 형성과정은 아직 정확히 알려지지 않고 있다. 단지 은하계의 작은 일부로서 태양계가 생겼고, 태양의 유성으로서 지구는 약 46억 년 전부터 뜨겁던 지각이 식기 시작하여, 암석층이 형성되면서부터 서서히 오늘의 형태를 나타내기 시작했다고 한다(조의설 편, 1971: 25).

## 2) 인간기원의 생물학적인 이해

약 46억 년 전 생성 당시 지구는 생명체가 존재하지 않는 황량한 곳이었다. 그러다가 약 10억 년 가량 지나서 남조류와 유사한 유기체가 번성하게 되었다. 이러한 생명체가 출현한 배경은 무엇일까? 즉, 생명은 어떻게 시작되었을까? 이 문제를 해결하기 위해 그동안 끊임없이 흥미로운 추측이 제시되었고 독창적인 실험이 실시되어 왔다. 그리고 그 대부분은 자기복제하는 RNA(리보핵산)의 출현이 생명탄생 과정에 중대한 이정표였다는 주장을 확인해 주고 있다 [2](스티븐 와인버그, 1996: 91).

최초 생명의 원료는 원시대기 속에 있는 메탄·수소·물·암모니아 등 생명의 기본 요소들이 태양의 자외선, 우주선, 방전, 열과 운석 낙하에서 생긴 에너지 등의 작용으로 분해되고, 이들이 바다로 떨어져 상호작용을 일으켜 핵산과 단백질을 만듦으로써 탄생되었다. 최

---

[2] 인간과 생명의 기원에 관한 논의는 매우 전문적이고 철학적이므로, 여기서는 인간과 문명에 관한 이해를 돕기 위해 간략히 논의하고자 한다. 좀 더 상세한 논의에 대해서는 스티븐 와인버그 (1996); 조영식(1997) 참조.

초의 생명체는 단순한 핵산에 단백질의 껍질을 씌운 것과 같은 원시 비루스(*virus*)와 같은 단세포체였으며, 이는 생물과 무생물의 중간적 존재였다. 과학자들은 인간의 출현이 이러한 원시적인 단세포체가 수십억 년의 진화과정을 거치면서 이루어진 것이라고 설명하고 있다.

지구가 생긴 지 42억 년 동안 육지는 어떠한 동물도 살 수 없었던 뜨거운 열로 뒤덮여 있었다. 고생대 중엽인 4~5억 년경 전부터 바닷속에는 등뼈를 가진 경골어가 출현하기 시작하여 바다의 동물이 육지에 올라오기 시작한 것이 육지생물의 시초이다. 그 후 육지에는 처음 식물이 번성하고 그것을 먹을 수 있는 곤충이 나타나기 시작하였으며, 다시 그것을 먹는 거미류가 출현하고 맨 나중에 이것들을 먹고사는 양서류가 다시 상륙하게 되었다. 최초의 양서류는 식물이 상륙한 지 약 5천만 년 정도 후에 비로소 네 발이 달리고 폐로 호흡할 수 있는 폐어에서 진화된 것으로 보는데, 생물의 역사에서 이러한 생물들의 상륙은 생물들의 탄생 못지않은 큰 사건이었다고 한다.

그 후 지금으로부터 약 6천만 년 전에야 비로소 영장류(Dryopithecinae)가 출현하기 시작하였으며, 인간과 비슷한 모습의 동물이 이 세상에 나타나게 된 것은 지질학에서 말하는 신생대 제 3 기, 즉 약 3백만 년 전의 일로 추정하고 있다. 최초로 우리와 비슷한 유인원(hominis-near men)으로서 가장 오래된 화석은, 1964년 영국의 인류학자 리키(L. S. B. Leakey)가 동부 아프리카에서 발견한 호모 하빌리스(Homo Habilis: *man with ability*)로서, 약 3백만 년 전의 것으로 추측되고 있다(스티븐 와인버그, 1996).

지질학적으로 볼 때 홍적세의 중기라고 볼 수 있는 약 1백만 년 전부터는 수차 거듭된 빙하시대가 시작되었으며, 이 시기는 한때 공룡 등 거구동물들이 맹위를 떨치다가 멸종된 시기이다. 1871년 자바 중부에서 발견된 직립원인(Pithecanthropos)과 1923년 중국에서 발굴된 북경원인(Sinanthropus Pekinensis)의 생존연대는 약 50~60만 년 전으로 추산되고 있으며, 1856년 라인강 상류에서 발견된 네안데르탈인(Homo Neanderthalensis)은 약 10~15만 년 전에 살았던 것으로 보고 있다. 이들은 지금보다 훨씬 지각과 기후의 변동이 격심한 자연변동, 그리고 거구동물들과 싸워가며 살았다. 비록 큰 동물들과 같은 힘과 날쌤은 없었을지라도, 이들은 머리를 써서 도구를 만들고 자연의 역경에 응전하는 슬기로움을 가졌던 것으로 이해된다.

인간은 이렇게 오랜 세월을 두고, 적자생존의 원리에 따라 유전적으로 적응하고 증식하는 능력을 기르면서 오늘에 이른 것이다(조영식, 1996). 생물이건 동물이건 유전적으로 적응하고 자연에 적응하는 생물(생명)의 성질 ─정신의지(유전자) 능력을 높이 평가하지 않을 수 없다고 볼 때, 인간의 의지와 정신작용이야 더 말할 나위가 없는 것이다.

### 3) 신석기혁명

호모 사피엔스(Homo Sapiens)라고 하는 크로마뇽인(Cromagnon)이 등장하게 된 것은 약 4만 년 전에서 1만 년 전의 일이며, 이들은 동굴생활을 하면서부터 목석기, 골각기를 만들어 쓰고, 수피로 옷도 만들어 입었으며 또 동굴 속에 벽화를 그리기 시작하였다. 이들은 그 이전의 어떤 원인(Anthropus)이나 호모(Homo)보다도 큰 두뇌용량을 가지고, 따뜻해진 기후의 혜택을 입어 대평원을 누비면서 살기 시작했는데, 이러한 환경적 배경을 토대로 약 1만 년 전부터 도구제작 기술이 급속히 발달한 것으로 보고 있다. 석공기술이 비약적인 대발전을 이룸으로써 정교한 활촉·돌도끼·돌칼·돌낫 등이 생산됨은 물론, 그것에 의해서 더 나은 움집, 호상(湖上)집 등이 생겨나게 되고, 혈통과 지연을 유대로 집단적인 종족사회로 발달됨으로써 통치권력도 상당히 조직화된 것으로 알려지고 있다.

'신석기혁명'으로 불리는 이러한 변신적인 변화는 새로운 문명세계를 탄생시킬 바탕을 만들고 있었다. 근 3백만 년 가까이 별로 변화가 없었던 그 시간에 비해 불과 1만 년 사이에 많은 변동이 동시에 일어나기 시작한 것이다. 넓은 의미에서의 문화, 즉 의식주 생활, 언어·기술·사상·풍습 등을 한 세대로부터 다음 세대로 전승하면서, '축적적 운동'을 계속해 온 것이다(Crane Brinton, 1967: 9). 이러한 과정 속에서 인류는 자연환경·사회환경뿐 아니라, 문화풍토 속에 살면서 더 나은 문화생활을 의식적으로 창조하는 가치의식적 존재가 되었다(조영식, 1997: 32~36).

## 2. 문명의 기원: 고대 농업혁명

신석기시대의 농경생활은 사람들로 하여금 정착생활을 하게 하였고, 각종 기술의 발달은 물질적 충족과 정착생활, 문자의 발달 등을 이룸으로써, 인류는 약 6천 년 전부터 원시문화를 벗어버리고 문명생활을 시작하게 되었다.

인간은 두 다리로 걸을 수 있다는 직립보행의 육체적 특성과 다른 동물들이 지니지 못한 뛰어난 지혜를 가지고 있다. 도구사용의 동물로서 인간은 스스로 기술을 창조해 가는 독특한 능력을 가지고 인류의 문명을 형성해 왔다. 기술발전의 측면에서 인류의 역사를 조명해 보면, 인류는 초창기 원시적인 수렵·채취시대부터 석기와 같은 도구를 사용하기 시작하였다. 이러한 도구의 사용은 인간으로 하여금 씨를 뿌리고 곡식을 거두어들이는 원시농업을 발전시켰으며, 정착생활을 통해 서서히 문명을 일으킬 수 있도록 해주었다.

지금으로부터 약 6천 년 전에 메소포타미아와 이집트에서, 그리고 약 5천여 년 전에 인도와 중국 등의 4대강 유역을 중심으로 발생한 고대문명은 이러한 농업기술의 꾸준한 발전의 산물이었으며, 인간 지성이 개화되는 계기가 되었다. 특히 문자의 발명은 지식의 축적과 보급을 가능케 함으로써, 사회적·문화적 조직에 커다란 변혁을 초래하였으며 새로운 문명사회로의 길을 열어 놓았다. 이러한 기술과 문화의 축적은 중국, 인도, 이란 등지의 동양문명권과, 그리스와 로마의 서양문명권을 통해 계승, 발전되었는데, 이러한 창조적인 문화활동의 전개는 국가체제의 성립과 더불어 중세세계로의 가교적 역할을 담당하였다.

## 3. 중세 암흑기: 이성과 지식을 향한 내적 갈등

'암흑의 시대'(*Age of Dark*)라 일컬어지는 중세 봉건사회는 정체된 시기이기도 하지만, 한편으로는 내적으로 이성과 지식을 향한 내적 갈등과 투쟁의 부단한 꿈틀거림 속에서, 새로운 사회를 태동시킬 기틀을 마련해 나갔다.

이미 10세기 이탈리아 북부지역에서는 상업이 부활하기 시작하였으며, 이에 따라 도시가 재흥(再興)하게 되었다. 도시에 새로운 생명이 약동하자 도시에 살던 사람들은 영주도 농노도 아닌 중산계급을 형성했는데, 이들은 상업을 위주로 하기 때문에 사물을 이치적으로 계산하여 따지는 습성을 길렀고, 이는 합리주의 정신의 모태가 된 것으로 이해되고 있다.

의식이 해결되고 도시의 자치권을 요구하면서 자유에 대한 욕구가 높아졌고, 도시 내부의 정치권력을 놓고 투쟁하는 과정에서, 가문(*blood*)보다 각 개인의 능력(*talent*)이 출세의 바탕이 되는 업적지향적인 사회를 만들어 갔다. 이 과정에서 사람들은 점차 중세의 신본주의(*Divinitas*) 시대를 벗고 새로운 가치관을 모색하기 시작하였으며, 이는 14세기 무렵의 이탈리아를 중심으로 일어난 인성본위주의(*Humanitas*)의 르네상스 시대가 서서히 개막되고 있음을 예고하는 것이었다. 사람이 사람다운 문화소양을 쌓아서 사람답게 사는 것을 목표로, 사람의 인격과 능력, 그리고 존엄성을 최고 가치로 삼는 사회를 만들어 가기 시작하였다.

사람이 자기의 무한한 가능성을 개발할 수 있는 정신풍토가 조성됨에 따라 서구인들은 다차원적 팽창을 할 수 있었다. 우선, 선박기술, 나침반, 지도 등의 발달은 원거리 항해를 가능하게 함으로써, 동방항로와 서방항로를 개척하는 데 도움을 주었다. 1488년 디에즈 (Batholomeo Diaz)가 희망봉을 발견한 10년 후, 바스코다가마(Vasco da Gama)는 인도까지 왔고, 1492년 콜럼버스(Columbus)는 미대륙 중부의 도미니카 섬에 상륙했다. 과학지식 면의 팽창도 괄목할 만했다. 1543년 간행된 코페르니쿠스(Copernicus, 1473~1543)의 『천체의 회전에 관하여』에서 주장된 지동설은, 망원경을 가지고 천체를 연구한 갈릴레오(Galileo, 1564~1642)와 케플러(Kepler, 1571~1630)에 의해 크게 발전되었다. 또한 인쇄술의 발전은 새로운 지식을 널리 보급하는 데 큰 역할을 하였다.

휴머니즘은 인간의 합리적 사고를 지향하였으며, 서구인들의 과학적 사고를 촉진시켰다. 16세기는 '과학혁명'(Scientific Revolution)기에 진입하던 시기라고 볼 수 있다. 코페르니쿠스, 갈릴레오와 같은 과학자들을 배출하였으며, 또 과학적 방법은 데카르트(Descartes, 1596~1650)의 『방법서설』에서 주장하는 바와 같이, "사람이라고 하는 것은 자기가 스스로를 의심하고 있다는 그 사실 이외에 다른 모든 것을 의심하지 않을 수 없다"고 하는 실증주의적 분석방법이 나타나게 되었다. 또한 베이컨(Francis Bacon, 1561~1626)과 같은 당대의 대표적 사상가는 근본적인 철학적 뒷받침을 해 주었다. 즉, 베이컨은 '지식은 곧 힘'(kowledge is power)이라는 전제하에, 기계기술의 발명은 인간생활의 개선에 유익하다는 주장을 하였으며, 과학기술의 힘이야말로 인류문명을 진척시키는 주요한 요소가 된다고 강조했던 것이다.

이 시기의 과학자들은 새로운 실험방식을 채택하고, 데카르트와 갈릴레오에 의해 주창된 기계철학을 수용함으로써, 기존의 철학적 정신세계에 대한 관념적 지식을 부정하고 실증분석에 의한 물질세계의 원리를 추구하기 시작하였다. 특히 1687년 뉴턴(Newton, 1642~1727)의 "만유인력설의 원리"(Principia)가 발표되면서, 2천여 년 동안 서구사회에서 신봉되어 왔던 아리스토텔레스(Aristotle, 384~322 B.C.)의 생체론적 자연관을 무너뜨린 기계론적 우주관은, 18세기 철학자들의 계몽주의 사조에 크게 영향을 미치게 되었다.

## 4. 산업혁명: 물질적 풍요, 정신적 빈곤

이러한 급격한, 마치 원인과 결과가 연쇄반응을 일으키는 듯한 다차원적 변동을 배경으로 18세기에 이른 서구문명은, 산업혁명이라는 또 한 차례의 변신적 변이(transformation change)를 하게 되었다. 지금까지 사회에서 축석된 경제적 부와 획기적인 과학기술혁신들이 합쳐짐으로써, 18세기 후반부터 일어나기 시작한 산업혁명은 산업사회라는 모습으로 서구사회를 급속히 변혁시켰다.

18세기 중엽 영국에서 제임스 와트(James Watt)의 증기기관(*steam engine*) 발명으로부터 시작된 산업사회의 문명은, 그 후 200여 년 동안 전세계적으로 확산되어 갔다. 증기기관이 방직에 사용될 때 방직계의 혁명이, 육상교통에 이용될 때 기차가, 선박에 사용될 때 기선의 형태로 나타나서 근본적인 사회적·경제적 혁명을 촉진시켰다(조영식, 1997: 30~58). 산업사회에서 인류의 육체적 노동은 기계로 대치됨으로써 대량생산과 대량소비가 가능하게 되어, 이전의 사회와는 비교할 수 없을 정도로 물질적 풍요를 가져다주었다. 더욱이 이러한 산업사회의 생산구조는 기술차원을 넘어 사회내부의 조직원리로 자리잡아 가기 시작하였다.

그러나 산업사회의 진전은 또 다른 문제점을 낳고 있었다. 산업사회의 근대화는 사람의 힘으로 자연을 지배하고 인간의 세계를 합리화하는 것을 말한다. 대량생산·대량소비의 사회적 패러다임은 제한된 자원의 무한정한 이용을 전제로 하고 있으며, 생태계의 파괴와 산업폐기물의 양산을 통해 자연의 황폐화현상을 야기시키게 되었다.

또한 이러한 물질적 생산구조에 의한 시장의 확대와 사회의 팽창은 '통제의 위기'(*crisis of control*)를 초래하게 되었다. 이를 극복하기 위한 방안으로 추구하게 된 효율성과 경쟁의 패러다임, 이에 기초한 관료제 기법 및 사회적 분업화 현상은 많은 사회적 부작용을 낳게 되었다(Beniger, 1986). 즉 생산과정의 효율적 통제를 위해 고안된 관료제의 발달은 정치적으로는 중앙집권적 관료조직의 출현을 가져왔으며, 사회적으로는 개인보다는 집단, 개성보다는 획일화 또는 규격화된 집단구성원이 강조되는 현상을 초래하게 되었다. 이에 따라 인간의 정신적인 내부 영역마저도 분자화·고립화되고, 주체성과 자아가 상실되는 비인간화 현상이 가속화되었다.

## 5. 정보사회의 도래

18세기 산업혁명의 에너지원을 증기기관의 발명에서 찾는다면, 19세기 말은 새로운 에너지원으로서 전기통신과 전자계가 과학기술혁명을 선도하게 되었다. 산업혁명이 인간이 가진 근육과 힘의 한계를 극복하기 위한 것이었다면, 정보혁명은 인간의 정신적·지적 능력을 확장하고 있는 것이다. 특히 20세기 중반 이후 비약적으로 발전하기 시작한, 반도체

칩 기술, 신소재 기술, 마이크로프로세서 등 컴퓨터의 전자계 기술과, 광섬유, 인공위성, 디지털 등 방송통신기술의 융합적 발전은 스마트 혁명(Smart IT Revolution)을 각 분야에서 일으키고 있다.

21세기가 10년 이상 진행되고 있는 현 시점에서, 21세기가 그야말로 정보혁명과 지식혁명의 세기가 될 것이라는 점을 의심하는 사람은 없다. 이는 현재 진행되고 있는 정보기술의 발전속도가 가히 혁명적이고, 그것이 국민사회 생활에 미치는 충격 또한 우리의 상상을 초월하고 있기 때문이다. 이러한 엄청난 변화에 따라 사람들의 의식과 생활양식, 사회의 조직과 운영방식에 지각변동과 같은 변화가 끊임없이 일어나고 있다.

벨(Daniel Bell)이나 네그로폰테(Nicholas Negroponte)와 같이 낙관적 시각을 지닌 정보사회론자들은, 개성화와 다양성을 근간으로 하는 정보기술과 디지털혁명이 산업사회의 근본적 폐해요인이 되었던 표준화와 대량생산의 패러다임을 극복해 주고, 인간의 소외현상을 줄일 수 있을 것으로 내다보았다. 또한 디지털 기술의 확산을 통한 고도 정보망사회(*wired society*)는 시간의 감소 및 생산성의 증대를 가져올 뿐만 아니라, 여가의 증대와 삶의 질의 향상을 가져올 것으로 내다보았다.

하지만 마르쿠제(H. Marcuse)나 하버마스(J. Habermas)와 같은 철학자들은 현대 과학기술의 발전은 인간을 해방하기보다는 점점 더 구속하게 될 것으로 예측하고 있다. 인류의 역사를, 자연을 숭배하고 정복당하던 선사시대, 농경정착을 통한 자연순응기 그리고 근대의 산업화와 기계화를 통해 자연을 정복하고 지배하였던 시대로 나눠 볼 수 있다면, 현대는 사람이 자기의 피조물들 — 즉 기계·과학기술·조직·제도·이데올로기 등 — 에게 오히려 역지배를 받고 있는 시대라는 것이다.

정보기술에 기초한 디지털혁명은 자연현상의 황폐화에 따른 인간생존권의 위협과 사회적 소외현상을 초래하는 물질문명의 패러다임을 극복할 수 있을 것인가? 아니면, 오히려 인간의 소외현상을 더욱더 가속화시킬 것인가? 정보사회론자를 위시한 많은 학자들은 이 질문에 답하기 위해 그동안 끊임없이 흥미로운 연구를 진행시켜 왔으며, 각기 독창적인 이론과 설명을 제안하고 있다. 이에 관한 논의를 하기 위한 일환으로, 다음 장에서는 우선 정보기술에 대한 여러 사상가들의 시각과 견해에 대해 알아보기로 한다.

제 1 부  정보사회론: 정보사회의 이해

◎ 문명 이전의 시대

▣ **지구의 탄생**

▶ 은하계의 작은 일부로서 태양계가 생겼고, 태양의 유성으로서 지구는 약 46억 년 전부터 뜨겁던 지각이 식기 시작하여, 암석층이 형성되면서부터 서서히 오늘의 형태를 나타내기 시작했다고 함

▣ **인간기원의 생물학적인 이해**

▶ 약 6천만 년 전에야 비로소 영장류(Dryopithecinae)가 출현하기 시작하였으며, 인간과 비슷한 모습의 동물이 이 세상에 나타나게 된 것은 지질학에서 말하는 신생대 제3기, 즉 약 3백만 년 전의 일로 추정함

▶ 인간은 오랜 세월을 두고, 적자생존의 원리에 따라 유전적으로 적응하고 증식하는 능력을 기르면서 오늘에 이름

▣ **신석기혁명**

▶ 호모 사피엔스(Homo Sapiens)라고 하는 크로마뇽인(Cromagnon)이 등장하게 된 것은 약 4만 년 전에서 1만 년 전의 일이며, 이들은 동굴생활을 하면서부터 목석기, 골각기를 만들어 쓰고, 수피로 옷도 만들어 입었으며 또 동굴 속에 벽화를 그리기 시작함

▶ '신석기혁명'으로 불리는 이러한 변신적인 변화는 새로운 문명세계를 탄생시킬 바탕을 만들고 있었음. 근 3백만 년 가까이 별로 변화가 없었던 그 시간에 비해 불과 1만 년 사이에 많은 변동이 동시에 일어나기 시작함

◎ 문명의 기원: 고대 농업혁명

▣ 도구의 사용은 인간으로 하여금 씨를 뿌리고 곡식을 거두어들이는 원시농업을 발전시켰으며, 정착생활을 통해 서서히 문명을 일으킬 수 있도록 해 줌

▣ 지금으로부터 약 6천 년 전에 메소포타미아와 이집트에서, 그리고 약 5천여 년 전에 인도와 중국 등의 4대강 유역을 중심으로 발생한 고대문명은 이러한 농업기술의 꾸준한

발전의 산물이었으며, 인간 지성이 개화되는 계기가 됨


◎ 중세 암흑기: 이성과 지식을 향한 내적 갈등

- '암흑의 시대'(*Age of Dark*)라 일컬어지는 중세 봉건사회는 정체된 시기이기도 하지만, 한편으로는 내적으로 이성과 지식을 향한 내적 갈등과 투쟁의 부단한 꿈틀거림 속에서, 새로운 사회를 태동시킬 기틀을 마련해 나감


◎ 산업혁명 : 물질적 풍요, 정신적 빈곤

- 18세기에 이른 서구문명은, 산업혁명이라는 또 한 차례의 변신적 변이(*transforma-tion change*)를 하게 됨. 지금까지 사회에서 축적된 경제적 부와 획기적인 과학기술혁신들이 합쳐짐으로써, 18세기 후반부터 일어나기 시작한 산업혁명은 산업사회라는 모습으로 서구사회를 급속히 변혁시킴
- 산업사회의 진전은 자연의 황폐화현상을 야기시키게 되었으며, 물질적 생산구조에 의한 시장의 확대와 사회의 팽창은 '통제의 위기'(*crisis of control*)를 초래하게 됨


◎ 정보사회의 도래

- 19세기 말은 새로운 에너지원으로서 전기통신과 전자계가 과학기술혁명을 선도하게 되었다고 말할 수 있음. 정보혁명은 인간의 정신적·지적 능력을 확장하고 있는 것으로 일컬어지고 있음
- 20세기 중반 이후 비약적으로 발전하기 시작한, 반도체 칩 기술, 신소재 기술, 마이크로프로세서 등 컴퓨터의 전자계 기술과, 광섬유, 인공위성, 디지털 등 통신기술의 융합적 발전은 '스마트 혁명'(Smart IT Revolution)을 각 분야에서 일으키고 있음

제 1 부   정보사회론: 정보사회의 이해

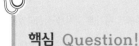

**핵심** Question!

◎ 문명 이전의 시대에서는 지구의 탄생과 인간기원의 생물학적인 이해, 그리고 신석기 혁명에 대해서 살펴보았고, 문명의 기원에서는 고대 농업혁명을 통한 정착생활, 기술발달과 정착생활, 문자의 발달 등을 통한 문명생활의 시작에 대해 살펴보았다. 각각의 주요 내용에 대하여 정리해 보자.

◎ 중세 봉건사회는 정체된 시기이기도 하지만 새로운 사회를 태동시킬 기틀을 마련해 나갔다. 이 시대의 과학자들과 업적들을 정리해 보자.

◎ 산업혁명을 비롯한 정보사회의 도래는 획기적인 과학기술혁신으로 인해 물질적 풍요와 삶의 질 향상을 가져왔으나, 자연현상의 황폐화에 따른 인간생존권의 위협과 사회적 소외현상을 초래하였다. 과학기술 발전의 긍정적·부정적 측면에 대해 생각해 보자.

◎ 최근 비약적으로 발전하기 시작한, 반도체 칩 기술, 신소재 기술, 마이크로프로세서 등 컴퓨터의 전자계 기술과, 광섬유, 인공위성, 디지털 등 통신기술의 융합적 발전은 '스마트 혁명'(Smart IT Revolution)을 각 분야에서 일으키고 있다. 이러한 정보사회의 도래 및 정보기술의 발전에 따른 미래 전망과 문제점에 대해 정리해 보자.

[ 고시기출문제 ] 전자정부는 완성형이 아니라 정보통신기술의 발달에 따라 계속 진행되는 진화형이라는 특성을 갖고 있다. 이러한 관점에서 향후 전자정부 모습을 전자정부 발전단계를 토대로 행정내부, 대국민서비스, 시민참여의 측면에서 논하시오. [2008년 행시]

[답안작성요령]

☞ 핵심 개념

본 문제는 전자정부의 다차원성에 대해서 묻고 있다. 먼저 서두에서는 본 문제의 핵심 개념인 '전자정부'에 대하여 개념 정의해 주어야 한다. 전자정부에 대하여 단순한 개념만을 제시하는 기술이 아닌 전자정부의 발전단계 속에서 추구해온 가치를 중심으로 논해주어야 한다. 살펴보면, 전자정부는 ① 생산성 차원: 국민의 편의 극대화, 종이 없는 사무실, 깨끗하고 투명한 정부, 지식관리시스템에 의한 과학적이고 체계적인 정책결정능력 뒷받침, ② 민주성 차원: 전자민주주의 실현하는 정부, ③ 성찰성 차원: 신뢰 사회와 성숙한 사회를 실현하는 사회공동체 구현수단으로서의 정부 등 세 가지 차원으로 정리하여 기술할 필요가 있다(권기헌, 2013: 369).

☞ 향후 전자정부 모습

본 문제의 질문의 핵심 요지는 향후 전자정부의 모습에 대하여 생산성 차원(행정내부), 민주성 차원(대국민서비스), 성찰성 차원(시민참여 및 사회공동체 구현)으로 구분하여 발전단계를 논하는 것이다. 각각의 측면을 중점으로 살펴보면 다음과 같이 기술할 수 있다.

1. 생산성 차원: 행정내부

① 조직적 측면: 기존의 수직적 조직구조에 수평적 조직구조가 가미되어 협력적 조직문화가 중요한 역할을 차지하게 될 것이다. 이와 더불어 부처나 부처 간 경계 없는 서비스 제공을 위해 네트워크 조직이 확대될 것이다. 특히 BPR 등을 통해 불필요하거나 중복된 업무를 조정하여 조직이 간소화되며 업무처리의 표준화 및 효율화가 실현될 것이다.

② 구성원 측면: 기존의 정부구성원이 정보리터러시(information literacy)에서 취약한 모습을 보였다면 향후 전자정부 측면에서는 업무의 대부분이 전자화를 통해 이루어질 것이므로 구성원의 정보처리능력 역시 향상될 것으로 기대된다.

③ 시스템적 측면: EA(Enterprise Architecture) 등을 통해 부처 간에 시스템의 통합 및

연계성의 확보 증가 노력이 지속될 것이다. 또한 부처 간 경계 없는 서비스 제공을 위해 행정정보공동이용 역시 보다 활성화 되어야 한다.

## 2. 민주성 차원: 대국민 서비스

① 전자정부를 통한 행정 서비스는 서비스 질 향상과 대민 서비스의 다양화를 통해 수요자 중심의 서비스제공을 기대할 수 있게 된다. 이를 통해 국민들은 시간이나 장소에 구애됨이 없이 언제나 필요한 서비스를 제공받을 수 있게 된다. 아울러 대국민 서비스 측면에서 정확하고 빠른 서비스가 이루어짐으로써 국민에 대한 정부의 대응성, 투명성 및 민주성이 제고될 것이다.

## 3. 성찰성 차원: 시민참여 및 사회공동체 구현

① 시민참여의 질 향상: 전자정부의 발전을 통해 대정부 접근성이 향상되면서 시민참여의 통로가 확대될 것이다. 시민들은 전자정부를 통해 정부와 상시적인 의견교류를 할 수 있으며, 이러한 요구는 정책반영을 통해 환류(feedback)될 수 있을 것이다. 특히 서울시 천만상상오아시스와 같은 사례에서 보듯이 시민참여를 통해 정책아이디어가 개진되고 양방향 의견교류가 이루어짐으로써 공공영역의 장이나 담론형성 기능이 확대될 것이다. 이는 인간의 존엄성이 실현되는 바람직한 모습의 성숙한 시민공동체를 만드는데 크게 기여하게 될 것이다.

② 정부평가와 비판: 전자정부를 통해 정부의 정책 등이 온라인에 공개되면서 기존의 정보비대칭으로 인한 정부 부패 등이 사전에 예방될 수 있다.

## ☞ 고득점 핵심 포인트

본 문제는 전자정부가 계속 발전해야 함을 전제하고, 지금의 우리나라 전자정부 수준이 어느 단계에 해당하고 향후 다음단계로 나아가기 위해서는 대내적, 대외적으로 어떠한 노력이 필요한지를 묻는 문제이다. 따라서 문제에서 묻고 있는 각각의 측면에 대하여 전자정부의 효율성, 민주성, 성찰성의 개념을 토대로 기존의 한계점을 지적함과 동시에 향후의 전자정부의 모습을 기존의 논의를 바탕으로 논리적으로 기술해주어야 한다.

우리나라는 지난 2010, 2012, 2014년 연속 UN 전자정부 평가에서 세계 1등으로 평가받고 있어서 국가의 위상을 높이고 있으나, 2016, 2018년에는 3위를 하면서 여전히 하드웨어 중심의 발전, 국민참여의 내실화 필요 등을 지적받고 있다. 따라서 향후 우리나라 전자정부의 더 높은 발전과 성숙을 위해서 국민참여의 내실화, 빅데이터를 활용한 소프트웨어 산업 육성 등에 대한 과제도 지적해 준다면 더 완성도 높은 답안이 되리라 예상된다.

특히 새 정부는 전자정부3.0의 궁극적인 최종 목적을 정부 부처간 그리고 정부와 민간이 협업하며 신 부가가치를 창조하고 맞춤행복을 국민에게 제공하는 창조정부 구현으로 표방하고 있는 바, 이를 위해서도 향후 전자정부 서비스 발전은 1) 행정기관이 중심이 아닌 국민이 중심이 되어 진행되어야 하며, 2) 현재의 민원업무를 전산화하는 수준을 벗어나서 다양한 네트워크, 플랫폼, 콘텐츠를 제공하여, 국민들이 보다 쉽고 현실적으로 체감하는 서비스를 제공하도록 해야 하며, 3) 개인 맞춤형 서비스를 제공함으로써 단순한 문제제기나 진정(陳情, petition)에 대응하는 민원 서비스가 아니라 환경의 변화, 국민의 특성에 따라 자동으로 적응하는 진정 스마트한 정부가 되어야한다는 점을 부각시켜 준다면 고득점 답안이 될 수 있을 것이다(본서 제7장 전자정부의 이론 I : 전자정부의 개념; 권기헌, 행정학강의(박영사) 제14장 정부4.0 참조바람).

# 제 2 장

# 정보기술에 대한 관점

우리의 시대는 지식을 사상에서 분리하는 방법을
발견했다. 그 결과, 실제로 제멋대로 움직이는 과학은
있지만, 반성하는 과학은 거의 남아 있지 않다.
― Albert Schweitzer

 >>> **학습목표**

정보사회의 근간을 이해하기 위해 제2장에서는 정보기술에 대한 관점에 대해 학습
하기로 한다. 전통적 실증주의자들은 과학과 종교, 과학과 정치, 과학과 예술이 명확
히 구별되듯이, 과학과 이데올로기도 구분된다고 생각하였다. 그들은 과학을 인간이
자연을 지배하고 통제하는 데 사용할 수 있는 수단 또는 도구로 보고, 모든 과학적
지식은 결국 인류를 위해 유익하게 응용될 수 있는 '좋은 것'이라고 생각했다.

그러나 이러한 입장에 대해서 강한 비판이 제기되었다. 과학적 지식은 권력의 도구
이거나 지식 그 자체가 이데올로기라는 입장이다. 특히 마르쿠제나 하버마스와 같은
비판주의(Criticism) 학자들은 이러한 주장들에 대해 더 깊은 의미를 부여하고 철학
적 논의를 전개하였다. 이것은 바로 '인간'과 '과학'의 끊임없는 긴장관계에 대한 철학
적 사유에 해당된다. '과학'의 진보가 진정으로 '인간'을 그 내면의 틀에서 자유롭게
할 것인가에 대한 논의는 맑스가 철학에서 과학적 인식론을 제기하면서 시작되었으
며, 이러한 '인간'과 '과학'에 대한 철학적 논의들은 신맑스주의자(Neo-Marxist)들에
게로 이어졌다.

이러한 관점에서 이 장에서는 맑스와 신맑스주의자인 버날(J. D. Bernal), 프랑크푸
르트 학파의 비판주의 대표학자인 마르쿠제(H. Marcuse)와 하버마스(J. Habermas),
그리고 정보사회론의 주요 논자인 벨(D. Bell)과 토플러(A. Toffler)의 과학기술관에
대해 살펴봄으로써 현대정보기술과 인간과의 관계에 대해 이론적으로 조망해 보기로
한다.

맑스(K. Marx)의 기술관에 의하면 기술은 인간능력의 확장이며 사회변혁의 시발점이라고 본다. 맑스는 생산을 역사의 본원적 계기로 규정하면서 인류의 역사는 곧 생산력(노동수단, 도구와 자본, 기술 등)과 생산관계의 역사로 파악하고 있는데, 이때 기술은 다른 생산력의 요소에 영향을 미치며 그 요소의 변화에 따라 생산관계도 변화되는 것으로 보고 있다. 그는 기술과 경제적 사회관계와의 관계를 다음과 같은 표현으로 정확하게 묘사하고 있다.

> 멸종한 동물 종족의 신체조직을 인식하는 데에는 유골의 구조가 중요한 것과 마찬가지로 몰락한 경제적 사회구성체를 판단하는 데에는 노동수단의 유물이 그러한 중요성을 갖는다. 무엇이 만들어졌는가가 아니라 어떠한 노동수단을 통해 어떻게 만들어졌는가가 경제적 시대들을 구별 짓는다. 노동수단은 인간의 노동력 발전의 측정기일 뿐 아니라 그 속에서 노동이 행해지는 사회적 관계의 표식이기도 하다(Marx, 1987: 216).

이러한 시각에 의하면 역사발전에서 사회적 존재(*social existence*)의 형태와 내용에 가장 큰 영향을 미치는 것은 바로 생산력이며, 도구와 무기의 재료에 따라 석기시대, 청동기시대, 철기시대 그리고 노동수단 및 기술의 성격에 따라 농업혁명, 산업혁명, 정보혁명으로 진전되는 것으로 볼 수 있다. 즉, 역사를 하나의 경제적 시대에서 다른 경제적 시대로 이행하는 과정으로 보았으며, 이 과정에서 기술은 인간이 맺고 있는 생산관계를 변화시키고, 생산력과 생산관계 사이에 모순을 격화시켜 계급투쟁을 일으키고 역사를 발전시킨다는 것이다. 더 나아가 맑스는 기술을 통한 생산관계의 변화가 인간의 정신적 의식구조까지도 규정한다고 보고 있다. 요컨대 맑스주의에서 기술은 사회, 역사인식의 결정적 계기가 될 뿐 아니라, 역사발전의 가장 중요한 원동력 중의 하나가 된다(전석호, 1995: 48). 그러나 맑스는 과학기술의 발전을 분업과 결합시켜 자본주의를 비판하고 있다. 그가 이상적으로 생각한 사회는 분업이 존재하지 않는 사회, 인간이 전인적인 삶을 누리는 그러한 사회이다. 맑스는『독일 이데올로기』에서 자신의 유토피아를 다음과 같이 그리고 있다.

> 지금까지 모든 사회형태에서 인간은 사냥꾼이거나 어부이거나 양치기, 또는 비판을 직업으로 하는 비판가였다. 또 인간은 생계수단을 잃지 않기 위해서는 그중의 하나, 즉 사냥꾼이면 사냥

꾼, 비판가면 전문적인 비판가여야 했다. 하지만 공산주의 사회에서는 그 어느 누구도 특수한 배타적 활동영역을 갖지 않으며 모두가 각각 자기가 원하기만 한다면 어느 분야에서도 소양을 쌓을 수 있다. 보편적인 생산은 사회가 통제한다. 또 그렇기 때문에 나는 오늘은 이 일을 또 내일은 다른 일을 할 수 있으며, 아침에는 사냥을 하고 오후에는 고기를 잡고 저녁에는 양떼를 몰고 저녁식사 후에는 비판하는 시간을 가질 수 있다. 다시 말하면 결코 직업적인 사냥꾼, 어부, 양치기 또는 비판가가 되지 않고서도 내가 원하기만 한다면 그 모두를 행할 수 있는 것이다(신중섭, 1992: 305).

그는 분업과 전문화에 대해 반대하면서 노예제사회, 봉건사회, 자본주의사회도 결국은 세 가지 형태의 분업에 지나지 않은 것으로 보고 있다. 분업은 임금의 격차와 직종의 전문화를 용인할 수밖에 없기 때문에 계급의 대립을 유발하고 빈부의 격차를 가져온다는 것이다.

## 2. 버날의 기술관

버날(J. D. Bernal)은 맑스주의적인 과학사가이면서 맑스와는 다른 시각에서 과학기술에 대한 평가를 내리고 있다. 버날은 과학과 기술의 발전이 인류의 역사에 미치는 영향이 무엇인가에 대한 고찰에서 과학의 본질을 이해하려고 한다. 그에 의하면 과학과 기술의 진보는 대부분 사회경제적 필요의 소산이다. 과학과 기술의 크고 작은 창조적 시기들은 역사상 커다란 사회, 경제, 정치적 발전에 부수되어 나타났기 때문에, 과학기술의 진보 속도는 완전히 사회·경제적 요인에 의존할 수밖에 없다는 것이다.

버날은 과학기술의 발전이 인간의 행복에 미치는 영향에 대해서 맑스와 상반된 입장을 견지한다. 맑스는 과학기술의 발전을 분업이나 전문화와 결합시켜 자본주의를 비판한 데 반해, 버날은 과학기술을 적절히 이용한다면 전 인류는 어느 정도 생활수준을 향상시킬 수 있고, 계속적인 연구에 의해 무한히 향상시킬 수도 있다는 믿음을 가지고 있다.

과학연구의 발전과 그 응용이 인류의 향상에 으뜸가는 요인이 되었다는 것을 인정하는 한, 물질적으로나 정신적으로 과학연구를 방해하는 것은 모두 죄악이 된다. 과학연구 및 과학교육에 드는 비용을 줄이는 것은 모두 발전을 가로막는 것이고, 경우에 따라서는 수천만 명의 사람을 쓸데없이 궁핍과 박탈감에 몰아넣는 것이 된다. 의학연구의 부족은 그들을 질병과 사망으로 몰아넣는 것이며, 농업연구의 부족은 그들을 기아상태로 몰아넣는 것이다(Bernal, 1985: 13; 신중섭, 1992: 306).

버날은 이상적인 과학기술의 이용방식은 기업의 극대이윤이나 군사적인 목적에 의해서가 아니라 대중의 복지와 생활조건 개선을 기준으로 이루어지는 것으로 보고 있다. 그의 과학과 기술에 대한 비판적인 시각은 자본주의 생산양식과 사회구조 안에서 전개된 과학의 발달과 그것의 사회적 결과에 초점이 맞추어져 있다. 즉, 자본주의 국가에서 과학의 발전을 통한 생산력의 증대와 부의 축적은 특정집단의 이익에 봉사하고 민중들의 생활조건을 위해 사용되지 않는다는 것이 비판의 핵심이다.

그는 오늘날 자본주의 세계, 특히 미국에서의 집중적인 과학연구와 개발은 기업이윤의 추구와 군사화에 기인하는 바가 크다고 비판한다. 역사적 맥락에서 보면 과학자가 스스로 개인적인 성취에 의해 연구활동을 하고 그것이 과학발전의 동인이 되었던 시기는 이미 낡은 방식으로 17세기에 사실상 사라져 버렸다는 것이다. 기업과 국가의 과학연구 지원은 일종의 자본투자이기 때문에, 직접 기업을 통해 또는 정부기관을 통해 지원되는 과학은 소수 대독점기업의 통제에 들어가 버렸다. 이러한 자본주의적 생산관계 안에서 과학기술의 연구는 소수 전문가로 제한되며, 결국 자본가에 의해 독점되기 때문에 과학기술의 혁명과 정보화는 고된 노동으로부터 노동자를 자유롭게 하기보다는 실업과 소외를 가중시킨다고 주장한다. 자본주의 사회냐, 사회주의 사회냐에 따라 과학기술의 응용결과가 달라진다는 입장이다. 따라서 결국 버날도 과학기술 발전의 결과를 이데올로기적으로 해석하고 있다고 볼 수 있다 [1](신중섭, 1992: 307~308).

그의 주장과 논거는 현대 자본주의 사회가 지니는 내재적인 모순과 결함을 지적하고 분석한 것으로 평가될 수 있으며, 이는 과학기술정책의 주요한 문제의식을 제공한 것으로 평가된다. 그러나 그의 주장이 지니는 맹점은 과학기술의 본질 그 자체를 꿰뚫어 보지 못하고, 과학기술의 문제점을 이분법적 사회구조 — 자본주의냐 사회주의냐 — 와 결부하여 논의하고 있다는 단순논리성에 있다. 과학기술이 민중의 복지와 생활조건 개선을 기준으로 이루어지기만 하면 진정한 문명사회는 건설되는 것인가? 버날의 시각을 한 단계 뛰어넘는 이러한 철학적인 질문에 대해 많은 논자들이 고민해 왔다. 비판주의의 모태라고 할 수 있는 프랑크푸르트 학파의 마르쿠제와 하버마스가 그 대표적인 학자들이다.

---

1) 정보기술과 관련하여 이와 비슷한 시각에 대해서는 Schiller(1989) 참조.

프랑크푸르트 학파인 마르쿠제(H. Marcuse)의 『일차원적 인간』(*One Dimensional Man*)은 과학기술 비판에서 선진 산업사회의 과학기술 진보와 이데올로기를 대상으로 접근한 대표적인 저술로 꼽힌다. 마르쿠제는 헤겔(Hegel), 맑스(Marx), 프로이트(Freud) 등으로부터 많은 학문적 영향을 받았으며, 이를 토대로 독특한 반체제사상을 형성하고 독자적인 현대의 문명비판을 전개한 학자이다. 특히 그는 헤겔의 변증법을 주체의 변증법으로 파악하고 이 주체의 '자기실현'이 '자기소외'와의 운동과정에서, 즉 자기소외와의 대립을 극복하고 부정하는 과정에서 생성되는 것으로 파악하여 '부정성'과 '부정의 정신'을 철학의 근거로 삼고자 하였다.

마르쿠제는 기술과 과학이 이데올로기라고 주장한다. 그는 기술과 과학이 가치 중립적인 생산력의 일부이고 새로운 사회주의 유산의 일부로 간주될 수 있다는 — 이를테면 버날과 같은 — 입장에 반대하여 과학과 기술은 지배의 용기(用器)에 지나지 않는다는 사실을 보이려고 하였다. 과학과 기술은 경제적 토대의 반영으로서 계급의 소유관계를 옹호하는 관념으로 '허위의식'이라는 것이다.

> 기술적인 이성 그 자체는 이데올로기인지도 모른다. 기술의 응용뿐 아니라 기술은 이미 자연과 인간에 대한 지배이다. 곧 방법적이고, 과학적이고, 계산되며, 계산하는 지배이다. 기술의 특정목적과 이해관계는 '부수적으로' 그리고 외부에서 기술에 가해지는 것이 아니다. 그것들은 기술적 장치 그 자체 속으로 들어간다(Marcuse, 1968: 223).

기술적 이성의 산물인 과학기술은 이미 이데올로기적인 요소를 담고 있다. 과학과 기술은 그것의 결과가 이데올로기적으로 사용될 뿐만 아니라 그것 자체가 이데올로기라는 것이다. 과학기술의 발전은 계급적 목적과 자본주의의 약점을 은폐하고, 그것을 사용하는 사람들의 이익에 봉사한다는 것이다(신중섭, 1992: 302).

> 자연을 더욱더 효과적으로 지배할 수 있도록 해 주는 과학적 방법은 자연의 지배를 통해서 인간에 의한 인간의 지배를 더욱더 효과적으로 해 주는 기술을 제공해 줄 뿐 아니라 … 오늘날 지배는 기술을 통해서뿐만 아니라 기술 그 자체로서 그 자신을 영속화시키고 확대해 가고 있다. 그리고 기술은 문화의 전 영역을 흡수하고 있는 확대된 정치권력에 정당성을 부여한다(Marcuse, 1964: 223).

마르쿠제는 현대 자본주의 국가에서 '기술의 중립성'(*technological neutrality*)의 의미는 이미 사라졌다고 보고, 기술은 정치세력들에 의해 '기술 합리성'이라는 이름 하에 정치적 세력의 기반으로 이용되고 있다고 규정하고 있다. 즉, 선진 산업사회에서는 기술을 이용하여 물질적인 동등화(*equalization*)를 통해 사회성원간의 갈등요소를 약화시키고자 하나, 이러한 동일화현상은 계급의 소멸을 가져다 주었다기보다 오히려 기득권층이 향유해온 욕구와 충족을 기저층도 어느 정도 공유할 수 있다는 정도에 불과하다고 주장한다. 또한 이들 국가의 집권세력들은 과학과 기술의 발전을 사회전체의 발전명분으로 확장시키고, 일반사회구성원들로 하여금 '행복의식'의 근원이 기술적 합리성임을 강조하면서 새로운 순응주의를 조성시키고 있다고 보고 있다.

또한 마르쿠제는 현대 산업사회의 외형적 풍요를 비판대상으로 분석하면서, 기술의 발달은 노동자 및 일반대중에게 물적 풍요를 제공함으로써 과격한 사회운동의 가능성은 둔화되었고, 하층계급의 사회운동을 이끌 만한 이데올로기가 사라지고 있다고 보고 있다. 이러한 상황적 변화는 벨의 『이데올로기의 종언』에서 볼 수 있듯이 고도산업화 과정에서 대립적 이념체계의 부재에 따른 '이데올로기의 일차원성'을 강조하는 것이다.

마르쿠제의 철학은 이처럼 대중들의 이데올로기를 마비시키는 거대한 힘을 가진, 사회적 현실에 잡아먹히지 않으려고 하는 '부정의 정신'이라고 할 수 있다. 현대 인간생활의 모든 측면과 사상적 당위의 구석구석에 이르기까지 지배의 그물을 치고 있는 고도 산업사회와 관리사회의 기성체제에 대한 근본적인 혁신을 요구하며, 본연의 인간생활의 보장을 주장하고 있는 것이다.

마르쿠제는 고도의 산업사회와 관리사회에서는 인간의 사고와 행동이 기정사실 속으로 흡수되어 존재와 당위의 2차원적 긴장이 상실되고 기성사회 속에 매몰되고 있음을 파헤쳐내고, 새로운 반체제의 사상과 운동의 원점을 설정하려 하였다. 부정의 정신에 의거하는 현실부정의 입장은 관리사회의 거대한 기계의 보잘것없는 미미한 톱니바퀴가 되기를 거부하는 것이다. 인간의 자율적 주체성을 빼앗고 익명의 권위에 굴종을 강요하는 지배와 관리의 체제가 강대해져 가는 고도 산업사회에서, 이념과 현실의 2차원적인 긴장을 고수하는 사상과 정신을 주창한 것이다.

마르쿠제의 이론은 대항사회론적인 반과학적 비판을 철학적으로 정립한 것으로서 많은 평가와 반향을 불러일으키고 있다. 하지만 그는 과학기술이 가져온 원초적 빈곤의 극복, 최저생활의 보장, 여가에 대한 요구의 충족 등이 갖는 사회적 의미를 너무 부정적인 시각에서만 평가하고 있다. 또한 인류역사에서 과학과 기술의 자리매김을 지나치게 이데올로기적인 입장에서 파악하고 있다는 비판을 면치 못하고 있다.

# 4. 하버마스의 정통성 위기

하버마스(J. Habermas)도 과학기술의 이데올로기적 속성을 비판하면서, 현대 산업사회에서 과학과 기술은 정치(정부)와 경제(기업)의 이해에 지배된다는 마르쿠제의 견해에 동의하고 있다. 현대 기술발전의 실체는 사회의 합리화가 진척되는 과정에서 경제자본 및 정치행정과 결합된 이데올로기의 제도화 과정으로 간주하고 있으며, 기술이야말로 정치행위의 도구라고 본다. 사회 지배세력을 통한 기술의 합리화가 강화되면 일반대중들은 정치논쟁을 비롯하여 도덕과 정의를 추구하는 자유로운 의사참여의 기회가 박탈되며, 이는 일반대중의 '탈정치화' 현상과 '공공성의 영역'(*public sphere*)의 축소를 초래하게 되고, 이러한 현상이 누적되면 '자유 없는 복지'가 형성됨으로써 근대사회는 정통성의 위기를 맞게 된다고 주장하고 있다.

하버마스는 마르쿠제의 입장이 '순수한 부정'으로 귀착되며, 따라서 기술과 과학에 대한 대안적 장치를 제시하지 못했다는 점을 비판하고 있다. 또한, 그는 마르쿠제가 노동과 과학과 기술을 '합리-목적적 행위'로 융합했다는 점을 지적하고 있다. 과학과 기술의 진보가 잉여가치의 원천이 된다면 노동은 그 의미를 상실하고, 잉여가치를 논할 때 생산자의 노동은 더 이상 중요하지 않기 때문이다.

모든 시대의 인간사회는 자연을 지배하고 생존하기 위해 노동을 필요로 하며, 후기산업사회에서는 국가와 경제가 통합되고 과학과 기술이 통합되어 생산력이 되었다고 하버마스는 말한다. 즉, 오늘날 기술과 과학은 일차적인 생산력이 되었고, 따라서 맑스의 노동가치설을 적용할 수 있는 조건들이 상실되었다고 보는 것이다. 따라서 하버마스는 과학과 기술은 역사적으로 진화되어온 인간의 자연에 대한 관계의 한 양식에 불과하고, 노동과 관련 있는 사회적 관계의 일부에 지나지 않는 것으로 파악하고 있다. 이러한 맥락을 기초로 하버마스는 생산력과 생산관계, 토대와 이데올로기가 기능하고 있는 상부구조를 재구성하면서 역사적 유물론을 재정립하고 있다.

하버마스의 이론적, 실천적 작업의 목표는 인간해방을 추구하는 '비판적 사회이론'의 확립에 있다. 그는 과학 그리고 심지어 철학의 어떤 측면들이 이제 더 이상 추구되는 목적의 가치를 판단하는 비판적인 역할을 하지 못하며, 대신 '도구적' 혹은 '목적적' 합리성의 노예가 되었다고 주장한다. 그리하여 과학은 자본주의가 더욱 다양하고 복합적인 상품형태들을 제공할 수 있게 하는 기술적 합리성에 봉사하는 궁극적인 이데올로기적 역할을 하고 있다는 것이다. 따라서 하버마스는 자본주의 시대의 과학과 합리성이 인간을 위해 쓰이기

보다는 인간의 문화생활을 파괴하고 병리적 행태들을 조장함으로써 인간존재에 반역하게 되었다고 주장한다(존 레흐트, 1996).

이상에서 본 바와 같이 마르쿠제나 하버마스와 같은 비판론자들은, 자본주의하에서 과학은 인간을 궁극적인 '자유의 뜰'로 인도하지 않으며 하나의 이데올로기로서 기득권 계층의 이득을 옹호하게 된다고 역설한다. 따라서 이를 끊임없이 견제하고 비판하는 비판이론이 무엇보다 요구된다고 주장하였다.

## 5. 벨의 지식사회론

벨(D. Bell)은 그의 유명한 저서 『이데올로기의 종언』(*The End of Ideology*)에서, 우리 사회는 과학기술혁명으로 재화의 생산이 지식의 생산으로 그 중심축이 이동함에 따라 산업사회는 후기산업사회로 이행하게 되므로, 앞으로는 자본주의 사회와 사회주의 사회의 구별도 그 가정의 붕괴로 없어지게 되며, 따라서 미래사회에서는 이데올로기의 의미가 없어질 것으로 예측하였다. 벨은 후기산업사회(*post−industrial society*)의 개념을 다음과 같이 설명하고 있다.

> 봉건주의 사회·자본주의 사회·사회주의 사회라는 용어는 맑스주의의 틀에 맞추어 재산관계를 축으로 생각해낸 일련의 개념도식이다. 전기산업사회·산업사회·후기산업사회라는 것도 역시 생산 및 사용되고 있는 지식의 종류를 축으로 생각해 낸 일련의 개념에 불과하다. 어느 축을 취하는가에 따라서 우리들은 유사점 또는 상이점을 부각시킬 수 있다. 생산이라는 축을 취하여 보면 미국도 소련도 사실은 유사한 산업사회라고 할 수 있다(Daniel Bell, 1969: 24).

벨은 후기산업사회의 새로운 원동력을 정보와 컴퓨터로 대표되는 정보기술임을 강조하고, 이러한 지적 기술이 전통적인 공업기계기술을 대체하면서 지식과 정보가 중심이 되는 정보사회(*information society*)가 도래할 것으로 예관하였다. 이러한 정보과학사회는 기능적 능률성의 원리에 의해서 조직되고 사회의 생산력이 극대화되는 경제화사회(*economizing society*)가 될 것으로 내다보았다. 또한, 후기산업사회에서는 컴퓨터에 관련된 이론적 지식과 이를 운용하는 기술인 의사결정기법이나 관리과학의 중요성이 부각되며, 국가경쟁력의 핵심도 대학이나 연구소의 과학기술 발전의 축적능력에 달려 있다고 주상하고 있다. 그의 논지는 과학기술에 대한 희망적인 측면에 더 큰 관심과 신뢰감을 부여하려는 것으로서, 일종의 희망적인 전망과 기대를 함께 담고 있는 것으로 볼 수 있다. 이는 그 당시 주류를 이루던 반과학적 분위기나 리즈만(Herbert Riesman), 콘하우저(William Kornhauser), 블루머(David Blumer) 등의 대중사회론2)과는 준별되는 주장으로서, 그 이후 학계에 많은 이론적 반향을 불러일으켰다.

## 6. 토플러의 유동기술관

토플러(A. Toffler, 1970)는 그의 첫 저작인 『미래 충격』(*Future Shock*)에서, 기술의 발달을 현대를 움직이는 발동엔진으로 보고, 연료를 지식에 비유하면서 폭발적 발전의 자취를 소개하고 있다. 미래가 인간에게 충격을 준다는 사고방식에 전혀 익숙하지 않은 당시의 사람들에게 이 책은 커다란 충격을 주었으며, 미래에 대한 사고방식에 눈을 뜨게 해 준 작품으로 평가받고 있다. 토플러에 의해서 창조된 '미래 충격'이라는 개념은 즉시 『현대사상사전』(*Dictionary of Modern Thought*)에 수록될 정도로 이 개념의 문화적 영향력은 단시간에 세계를 휩쓸었다.

이 책에서 그가 다룬 중심테마는 미래에 예상되는 기술적·사회적 변화속도가 점차 가속화됨으로써, 개인이나 집단의 적응이 한층 더 어려워진다는 것으로 요약될 수 있다. 미래의 변화와 과학기술의 발전속도는 상상할 수 없이 너무 빠른 속도로 전개되기 때문에 인간과 인간의 관계, 인간과 사물의 관계, 인간과 조직의 관계가 비상한 속도로 유동화될 것으로 예측하였다.

---

2) 블루머(1953), 콘하우저(1959), 리즈만(1966) 등으로 대표되는 대중사회론자들은 현대 대중사회에서 과학기술의 눈부신 발달과 함께 인간생활의 영역에서도 비인격적·기능적 과정이 진행되고 있으며, 비합리적인, 충동적인 '대중'이 산출되고 있다는 점을 지적하였다. 블루머는 뿔뿔이 흩어져서 고립되고 익명적 대중들은 어떠한 조직도, 어떠한 관습이나 전통도, 어떠한 기성의 규칙들이라든지 양식도 가지고 있지 못하다고 묘사한다. 콘하우저는 대중사회의 지배적인 문화는 인기주의이며, 그 기준이 끊임없이 유동적인 동시에 사회 전체에 걸쳐서 획일적인 기준이 침투되고 있으므로, 대중사회의 현상은 유동적·원자적·익명적·동질적·아노미적이라고 부른다. 리즈만은 이러한 사람들을 '타인지향형'의 고독한 군중(*lonely crowd*)이라고 불렀다. 대량생산·대량소비·매스미디어의 영향에서 자기를 상실해 가는 현대인은 자신의 주관적·의식적·목표지향에 따라 움직이는 내부지향형(*inner-directed man*)이 아니라, 다른 사람들의 유행, 그리고 매스컴의 감시와 설득에 따라다니는 외부지향형(*outer-directed man*)과 레이더지향형(*radar-oriented man*)으로 전락했다는 것이다.

과거와 현재의 사람들은 상대적으로 '낮은 일시성'의 생활을 영위하며, 그들의 여러 관계는 오랫동안 지속되는 경향이 있다. 그러나 미래형 인간들은 '높은 일시성'의 조건, 즉 관계들의 지속기간이 짧고 처리시간이 극히 빠른 조건 속에서 생활한다. 이런 사람들의 생활에서는 사물·장소·인간·이념 및 조직적 구조들 모두가 더 빨리 '소모'되고 만다. 이것은 그들이 현실을 경험하는 방법, 그들의 참여의식 그리고 그들의 대응능력 또는 무능력에 엄청난 영향을 미친다. 이러한 빠른 처리시간이 환경에서의 새로움과 복잡성을 증대시켜 적응능력을 제약하고 미래 충격의 위험을 조성하게 된다(Alvin Toffler, 1989: 60).

토플러에 의하면 인간과 사물의 관계는, 비유를 들면 마치 종이컵으로 상징되는 것처럼, 연이어 쓰다 버리는 생활양식으로 되어 간다는 것이다. 인간과 장소의 관계도 출장·전근·전직이 심해지므로 한 곳에 영주하는 일은 거의 없어질 것이며, 따라서 거주지를 둘러싼 인간관계도 일시적인 것으로 되어 일생을 통한 친구라든지 전인적 교제와 같은 것은 있을 수 없을 것으로 보고 있다. 조직형태에서도 현대사회의 관료제(bureaucracy)는 대량생산의 산업사회에 적합한 조직형태에 불과하며, 속도가 빠른 사회에는 그에 적합한 조직이 요구될 것으로 내다보았다. 즉, 미래사회의 조직형태는 빠른 일 처리에 적합한 임시조직(adhocracy)과 같은 다양한 형태의 조직이 고도 정보사회의 문화에 맞추어서 등장할 것으로 예측하였다. 따라서 이러한 미래사회에서는 이미 자본주의니 사회주의니 하는 이데올로기적 구별을 할 필요가 없는 사회가 될 것으로 내다보았다.

토플러의 초기 저작이 나온 지 30년에 가까운 세월이 흘렀다. 토플러의 예견대로 실제로 1970년대에서 90년대를 거치면서 우리 사회는 특히 컴퓨터나 정보기술의 발달을 중심으로 너무나 급격한 변화를 겪었고, 현재도 엄청난 변화와 충격의 소용돌이 속에 있다. 1970년대 중반부터 나타나기 시작한 PC(개인용 컴퓨터)와 컴퓨터통신, 그리고 인터넷의 등장이 우리 사회의 정보통신망을 거미줄처럼 엮으면서 이처럼 빠른 속도로 커뮤니케이션 혁명을 일으킬 줄은 토플러 자신도 예측하지 못했을 정도이다.

종합적으로 볼 때 이러한 미래학적 통찰은 새로운 사회변동의 전환기적 인식을 일반인들에게 불어넣어 주었으나, '기술진보와 변화'라는 테마에 너무 초점을 맞추고 있는 나머지 미래 정보사회의 제 현상들을 지나치게 낙관적으로 간주하고 있다는 비판을 받고 있다. 정보사회의 개념은 가시적인 기술적 발전만을 주제로 이해해서는 안 된다. 정보사회가 내포하는 역사적 또는 사회변동론적 실체를 파악하기 위해서는 단순히 그 기술적 변모의 추적이 아니라, 그 기술에서 파생하는 역사적 배경과 사회적 구조를 비판적으로 탐색할 필요가 있기 때문이다. 특히 기술발전의 전개과정에서 작용하고 있는 동인들간의 역동적인 관계를 분석하는 일은 앞으로 정보기술과 정보사회가 주는 함의들에 대한 체계적인 도출을 위해서노 필요한 작업이다(전석호, 1995: 28).

# 7.   요약 및 결론

이상에서 우리는 긍정적인 측면에서 또한 비판적인 시각에서 여러 이론가들의 과학기술 관에 대해 살펴보았다. 특히 비판주의자들은 정보기술의 정당성과 그 사회적 수용결과에 대해 심도 있는 비판을 하고 있음을 보았다.

인식론의 입장에서 본 과학과 권력론의 입장에서 본 과학은 개념적으로 구분될 수 있다. 지식의 인식론적인 지위는 권력의 작용과 무관하다. 권력은 지식을 획득하려고 하는 동기에 영향을 미칠 수는 있어도 권력이 지식의 획득에 적극적으로 참여할 수는 없다. 지식의 획득 자체는 획득하려는 동기나 사후 그것의 사용과는 개념적으로 독립되어 있다. 따라서 논리실증주의자들이 과학의 인식론적인 측면을 강조한 점은 그 자체로는 타당한 일이라고 볼 수 있다. 다른 한편 비판주의자들은 과학의 활동과 관련된 다른 목표들을 사회적 구성주의 시각에서 비판한 점에서는 설득력이 있으나, 과학의 인식론적인 측면을 완전히 이데올로기로 환원해 버리는 문제점을 지니고 있다(신중섭, 1992: 309).

현대의 시대적 상황도 중요한 변수로 등장하고 있다. 현대사회에서 중요한 u-기술이나 스마트(Smart)기술 프로젝트의 대부분은 대기업체의 필요에 의해서, 그리고 그들의 대규모 연구지원에 의해서 실행되고 있다는 점을 무시할 수 없다(Schiller, 1989). 또한 방송영상이나 방송기술, 휴대용 단말기 등이 융합된 스마트폰, 스마트TV 등 스마트(Smart)산업도 빠른 속도로 대자본화·상업주의화되어 가고 있다. 과학의 실제상황이 이러함에도 불구하고 과학(정보기술)을 진리추구에만 관여하는 하나의 중립적 과정으로 파악하려는 논리실증주의적 태도는 무책임하며 위선적이라고까지 할 수 있다. 현대 정보기술은 대단할 정도로 사회적 산물이며, 상업적 지원의 산물인 것이다.

현대정보기술이 '무엇인가에 대해 도구적'이고 '목표지향적이며' 그것이 사회의 공공비용에 의해 진행되고 유지되는 것이라면, 그 목적은 사회적 합의에 의해 도출되고 공공의 합의에 기초하여 실행되어야 한다(신중섭, 1992: 310). 현재 추진중인 정보기술의 프로젝트가 얼마나 유용한 사회적 결과를 가져올 것인가에 대해 시민들의 눈과 귀는 열려 있어야 하고, 공공의 합의도출 과정은 투명해야 하기 때문이다.

스마트(Smart)기술 및 녹색혁명은 우리 사회에 어떠한 결과를 가져올 것인가? 그것은 시민들이 진정으로 바라는 정보사회의 이상과 일치하는가? 또한 우리나라에서의 생명공학의 진전속도는 어느 정도이며, 이들은 세계적으로 진행중인 유전자 조작 기술과는 어떻게 연계되어 있는가? 그리고 그러한 연구결과는 어떤 사회적, 윤리적 문제를 제기할 것인가? 이러한 이슈들은 우리 사회의 구성원들이라면 누구나 알아야 할 필요가 있으며, 또한 알권리가 있는 중요한 문제들이다. 이는 우리들 삶의 존재양식과 사회공동체의 생활양태를 뿌리째 뒤바꿔 놓을 수도 있기 때문이다. 투명한 정보공개와 시민참여, 정보 프라이버시의 중요성은 이러한 맥락에서 중요한 것이며, 이러한 일련의 정책결정 과정에서 관료들의 적극적 자세와 정책적 투명성이 그 어느 때보다 절실히 요구되고 있다.

이하에서는 이러한 정보사회의 실체와 동인에 대해 알아보기로 한다.

◎ **맑스(K.Marx)의 기술관**

- 맑스의 기술관에 의하면 기술은 인간능력의 확장이며 사회변혁의 시발점이라고 봄
- 맑스는 생산을 역사의 본원적 계기로 규정하면서 인류의 역사는 곧 생산력(노동수단, 도구와 자본, 기술 등)과 생산관계의 역사로 파악하고 있는데, 이때 기술은 다른 생산력의 요소에 영향을 미치며 그 요소의 변화에 따라 생산관계도 변화되는 것으로 보고 있음

◎ **버날(J.D.Bernal)의 기술관**

- 버날은 과학과 기술의 발전이 인류의 역사에 미치는 영향이 무엇인가에 대한 고찰에서 과학의 본질을 이해하려고 함
- 과학과 기술의 크고 작은 창조적 시기들은 역사상 커다란 사회, 경제, 정치적 발전에 부수되어 나타났기 때문에, 과학기술의 진보 속도는 완전히 사회·경제적 요인에 의존할 수밖에 없다고 봄

◎ **마르쿠제(H.Marcuse)의 기술합리성 비판**

- 마르쿠제는 기술과 과학이 이데올로기라고 주장함. 그는 기술과 과학이 가치중립적인 생산력의 일부이고 새로운 사회주의 유산의 일부로 간주될 수 있다는(이를테면 버날과 같은) 입장에 반대하여 과학과 기술은 지배의 용기(用器)에 지나지 않는다는 사실을 보이려고 함
- 마르쿠제는 현대 산업사회의 외형적 풍요를 비판대상으로 분석하면서, 기술의 발달은 노동자 및 일반대중에게 물적 풍요를 제공함으로써 과격한 사회운동의 가능성은 둔화되었고, 하층계급의 사회운동을 이끌 만한 이데올로기가 사라지고 있다고 봄

## ◎ 하버마스(J.Habermas)의 정통성 위기

- 하버마스는 현대 기술발전의 실체는 사회의 합리화가 진척되는 과정에서 경제자본 및 정치행정과 결합된 이데올로기의 제도화 과정으로 간주하고 있으며, 기술이야말로 정치행위의 도구라고 봄
- 사회 지배세력을 통한 기술의 합리화가 강화되면 일반대중들은 정치논쟁을 비롯하여 도덕과 정의를 추구하는 자유로운 의사참여의 기회가 박탈되며, 이는 일반대중의 '탈정치화' 현상과 '공공성의 영역'(public sphere)의 축소를 초래하게 되고, 이러한 현상이 누적되면 '자유 없는 복지'가 형성됨으로써 근대사회는 정통성의 위기를 맞게 된다고 주장함

## ◎ 벨(D.Bell)의 지식사회론

- 벨은 후기산업사회의 새로운 원동력을 정보와 컴퓨터로 대표되는 정보기술임을 강조하고, 이러한 지적 기술이 전통적인 공업기계기술을 대체하면서 지식과 정보가 중심이 되는 정보사회(information society)가 도래할 것으로 예관하였음
- 이러한 정보과학사회는 기능적 능률성의 원리에 의해서 조직되고 사회의 생산력이 극대화되는 경제화사회(economizing society)가 될 것으로 내다보았음

## ◎ 토플러(A.Toffler)의 유동기술관

- 토플러(A.Toffler, 1970)의 첫 저작인 『미래 충격』(Future Shock)에서 다룬 중심테마는 미래에 예상되는 기술적·사회적 변화속도가 점차 가속화됨으로써, 개인이나 집단의 적응이 한층 더 어려워진다는 것으로 요약될 수 있음
- 즉 미래의 변화와 과학기술의 발전속도는 상상할 수 없이 너무 빠른 속도로 전개되기 때문에 인간과 인간의 관계, 인간과 사물의 관계, 인간과 조직의 관계가 비상한 속도로 유동화될 것으로 예측함

◎ 이 장에서는 정보기술의 이론적 관점에 대해서 맑스(K.Marx)와 신맑스주의자인 버날(J. D. Bernal), 프랑크푸르트 학파의 비판주의 대표학자인 마르쿠제(H. Marcuse)와 하버마스(J. Habermas), 그리고 정보사회론의 주요 논자인 벨(D. Bell)과 토플러(A. Toffler)의 과학기술관에 대해 살펴보았다. 이들의 주장을 다시 한번 정리해 보자.

◎ 과학기술관에 대한 여러 학자들의 주장에 비추어서 현대정보기술과 인간과의 관계에 대한 자신의 생각을 정리해 보자. 특히 정보기술이 시민의 편익을 골고루 증진시키는 방향으로 발전하기 위해서 정부는 어떤 노력이 필요한지에 대해서 생각해 보자.

 **고시기출문제** ※ 해당 답안작성요령은 고시기출출제 시기에 맞춰서 작성되었음

[ 고시기출문제 ]  UN 전자정부평가에서 최근 2년 연속 세계 1위를 차지하는 등 우리나라의 전자정부 인프라는 세계 최고수준으로 인정받고 있다. 하지만 국민이 체감하는 행정효율화와 대국민 서비스 수준 등은 이에 미치지 못하고 있다. 그 원인과 해결방안에 대해 논하시오. [2012년 행시]

[답안작성요령]

☞ 핵심 개념

본 문제는 전자정부의 발달이 지식정보사회 및 스마트 혁명에 따라 요구되는 효율적인 행정서비스와 국민에 대한 정책의 대응성 등의 향상으로 이어지지 못한 원인과 해결방안을 논의하는 것이 핵심이다. 이를 위해서는 한국의 전자정부 추진과정에서 나타난 문제점을 짚어주고 그에 대한 해결방안을 논의해줄 필요가 있다.

☞ 한국의 전자정부 추진과정 및 관점

70년대 후반에서 80년대 전자정부 도입기에서는 행정전산화 사업이 시행되었고, 80년대에서 90년대 들어서는 기반조성기로 국가기간전산망이 구축되었으며, 90년대 이후로는 전자정부의 구현을 위한 다양한 사업이 확대 추진되며 각 정부별로 정보화관련 계획과 비전이 발전단계에 맞춰 제시되기도 하였다.

우리나라에서 전자정부 추진의 주된 관점은 다음과 같다.

첫째, 효율성 위주의 정책 추진이다. 즉 전산화 시스템을 통해 종이 없는 행정과 네트워크 관리 등으로 행정비용을 감소시켜 예산낭비를 최소화하겠다는 생산성 관점이 강하게 나타났다.

둘째, 공급자 위주의 관점이다. 국민의 편의증진 의미보다는 정부 자체의 기능성 향상과 편의도모를 위한 측면에서 접근하게 된 경향이 강하게 나타나고 있다.

셋째, 양적 성장 위주의 전자정부 추진이다. 즉, 정부 주도적인 전자정부 추진으로 소프트웨어 측면보다는 하드웨어 측면에서의 양적 성장에 더욱 큰 비중을 두고 있었다. 즉, 참여와 개방을 추구하는 뉴거버넌스 관점보다는 행정효율과 성과를 중시하는 신공공관리(NPM) 관점에서 전자정부가 추진되어 왔다고 할 수 있다.

☞ 성공요인과 장애요인(문제점) 분석

| 성공요인 | 장애요인(문제점) |
|---|---|
| **국가적 관심**<br>경쟁력 제고 수단으로서 IT발전을 추구하면서 전자정부의 발전도 함께 추진됨 | **내부적 장애요인**<br>효율성 측면의 강조로 민주성 제고 등에 미약 정권별로 전자정부 추진체계·비전 등 변화 거듭 |
| **인프라 구축**<br>초기부터 정보화사업에 대한 관심이 집중되며 인프라 구축에 예산과 자원 지원이 이뤄짐 | **외부적 장애요인**<br>하드웨어 중심으로 소프트웨어 경쟁력 부족 국가적 관심에 비해 국민적 관심 부족 |

자료: 본서 제14장 정보정책의 논리 참조.

☞ 향후 전자정부의 바람직한 모습

위에서 논의한 문제점들을 토대로 향후 전자정부의 비전을 종합적 차원에서 제시해줄 필요가 있다. 즉, 전자정부는 단순한 기술적 정부가 아니라, ① 생산성 차원: 국민의 편의 극대화, 종이 없는 사무실, 깨끗하고 투명한 정부, 지식관리시스템에 의한 과학적이고 체계적인 정책결정능력 뒷받침, ② 민주성 차원: 전자민주주의 실현하는 정부, ③ 성찰성 차원: 신뢰 사회와 성숙한 사회를 실현하는 사회공동체 구현수단으로서의 정부 등 세 가지 차원으로 정리하여 기술할 필요가 있다(권기헌, 2013: 369).

☞ 단순한 시장효율성 및 국가경쟁력 차원을 넘어 국민이 체감하는 민주정부로 변혁

전자정부는 그동안 정보기술을 이용하여 정부 내부운영의 생산성을 극대화하고, 이를 통해 시장에서 기업활동을 효율적으로 지원해주는 생산적 정부의 차원에서 추진되어 왔다. 그러나 다분히 하향식 접근에서 나타나는 문제점을 지니고 있었으며, 전자상거래 정책을 추진함에 있어서도 특정 고객을 위한 생산성 증진추구라는 비판을 면하지 못했다. 즉, 진정으로 국민들이 무엇을 원하는 지를 파악하거나 정책과정에 시민의 참여를 유도하려는 노력이 부족하였다. 예컨대, '우면산 산사태'에서도 보듯이 위급상황시 시민들에게 SMS문자로 통보하는 시스템을 구축했음에도 불구하고, 이것이 제대로 전달되지 않아 국가위기관리시스템에 문제가 발생하기도 하였다(본서 제16, 17장 참고).

☞ 고득점 핵심 포인트: 전자정부3.0과의 연계

본 문제는 전자정부가 계속 발전해야 함을 전제하고, 지금의 우리나라 전자정부 수준이 어느 단계에 해당하고 향후 다음단계로 나아가기 위해서는 대내적, 대외적으로 어떠한 노

력이 필요한지를 묻는 문제이다. 따라서 문제에서 묻고 있는 각각의 측면에 대하여 전자정부의 효율성, 민주성, 성찰성의 개념을 토대로 기존의 한계점을 지적함과 동시에 향후의 전자정부의 모습을 기존의 논의를 바탕으로 논리적으로 기술해주어야 한다.

우리나라는 지난 2010, 2012, 2014년 연속 UN 전자정부 평가에서 세계 1등으로 평가받고 있어서 국가의 위상을 높이고 있으나, 2016, 2018년에는 3위를 했다. 여전히 하드웨어 중심의 발전, 국민참여의 내실화 필요 등을 지적받고 있다. 따라서 향후 우리나라 전자정부가 더 높은 발전을 통해 국민이 체감하는 민주정부로 거듭나기 위해서 국민참여의 내실화, 빅데이터를 활용한 소프트웨어 산업 육성 등에 대한 과제도 지적해 준다면 더 완성도 높은 답안이 되리라 예상된다.

특히 새 정부는 전자정부3.0의 궁극적인 최종 목적을 정부 부처간 그리고 정부와 민간이 협업하며 신 부가가치를 창조하고 맞춤행복을 국민에게 제공하는 창조정부 구현으로 표방하고 있는 바, 이를 위해서도 향후 전자정부 서비스 발전은 1) 행정기관이 중심이 아닌 국민이 중심이 되어 진행되어야 하며, 2) 현재의 민원업무를 전산화하는 수준을 벗어나서 다양한 네트워크, 플랫폼, 콘텐츠를 제공하여, 국민들이 보다 쉽고 현실적으로 체감하는 서비스를 제공하도록 해야 하며, 3) 개인 맞춤형 서비스를 제공함으로써 단순한 문제제기나 진정(陳情, petition)에 대응하는 민원 서비스가 아니라 환경의 변화, 국민의 특성에 따라 자동으로 적응하는 진정 스마트한 정부가 되어야한다는 점을 부각시켜 준다면 고득점 답안이 될 수 있을 것이다(본서 제7장 전자정부의 이론 I: 전자정부의 개념; 권기헌, 행정학강의(박영사) 제14장 정부4.0 참조바람).

# 제 3 장

# 정보사회의 동인 및 실체

> 정보사회는 기술적 기반구조도 경제적, 산업적 조직도 아닌,
> 이들과 함께 일련의 사회관계, 사회조직 및 관리패턴, 그리고
> 다른 형태의 이념적 요소들을 포함한 다차원적 구조의 복합산물이다.
> ─Benjamin J. Bates

 >>> 학습목표

　　정보사회의 초기, 단순한 컴퓨터 개발에서 시작한 정보기술은 커뮤니케이션과 접합하여 C&C 혁명을 낳더니, 이제는 RFID, 센서, 신소재, 위성기술 등과 결합하여 다양한 형태의 스마트(Smart) 혁명을 일으키고 있다. 이러한 정보기술의 진전은 사람과 사람의 관계 및 생활양식, 더 나아가 사회와 국가의 조직과 운영방식에도 혁명적 변화를 일으키고 있다.

　　이러한 정보사회의 실체가 무엇이고, 이를 형성시키는 동인은 무엇인가? 정보사회는 우연으로 온 것인가? 아니면 역사발전의 필연적인 현상으로 도래한 것인가? 이러한 문제에 대해 여러 학자들의 견해가 분분하다. 제3장 정보사회의 동인 및 실체에서는 이러한 문제들에 대해 정리해 보기로 한다.

첫째, 정보사회의 동인에서는 기술적 동인과 사회적 동인으로 나누어 주요 내용에 대해 학습한다.

둘째, 정보사회의 실체에서는 정보사회와 산업사회의 관계에 따라 지속론적 관점, 전환론적 관점, 구조론적 관점으로 나누어 학습한다.

셋째, 정보사회의 패러다임에서는 사회적 효율성, 형평성, 그리고 윤리적 맥락적 측면에 초점을 두고 정보사회가 산업사회와 구별되는 특징에 대해 학습한다.

정보사회의 동인을 논의할 때 기술이 먼저인가 사회적 필요성이 먼저인가에 대한 논의는 그치질 않는다. 이는 닭이 먼저인가 달걀이 먼저인가와 같은 순환론적인 논의와 유사하다. 사회적 필요성과 여건형성을 더 중요시하여 설명하고 있는 논의에 대해서는 베니거(Beniger, 1986)가 있다. 그는 정보사회의 전개를 19세기 말엽부터 20세기 초까지 사회조직의 변화가 낳은 '필요의 정보'로부터 시작하여, 컴퓨터와 전자공학기술이 등장하는 20세기 중반부터는 정보기술이 새로운 사회조직의 변화를 야기시키는 '원인의 정보'로 역조되는 형태를 취하고 있다고 설명하고 있다. 따라서, 이 문제는 정보사회의 형성배경에 관한 시간적 범위(*time horizon*)를 어느 정도로 넓게 잡는가의 문제와도 크게 연관되어 있다고 볼 수 있다.

정보사회의 도래는 인간의 의지작용의 연속선상에서 인류가 창조해온 기술의 축적과 이를 토대로 이루어진 사회구조적 전개현상으로 해석할 수 있다. 기술요인이 하나의 동인(*seeds*)이 되고 이를 사회여건이 더욱더 필요(*needs*)로 하는 상황으로 상호복합적인 전개과정을 거쳤다고 볼 수 있다. 이는 정보사회의 핵심요소라고 볼 수 있는 컴퓨터의 발명과 네트워크 기술의 진전이 이루어지기 시작한 20세기 중반을 분석의 기점으로 할 경우 특히 타당성을 지니는 논의이다. 이런 입장에서 여기서는 정보사회의 동인을 정보기술적 측면에서 우선적으로 찾고자 한다.

### 1) 기술적 동인

산업사회의 근간이 기계기술이었다면 정보사회는 컴퓨터와 통신기술 등 정보기술을 근간으로 하고 있다. 정보기술혁명의 첫 신호는 1940년대 후반 AT & T의 벨 연구실에서 터졌다고 할 수 있다. 이 연구소 일단의 연구진들이 트랜지스터, 마이크로프로세서, 기억소자, 그리고 모든 정보기술의 물리적인 지주가 되는 집적회로 등을 발명함으로써 오늘날의 전자산업 발전이 가능하게 된 것이다. 그 후로 컴퓨터칩의 용량은 매 18개월에 2배씩 증가하고 있는 추세이다(서삼영, 1996: 27~28).

정보통신 기술혁신에서 가장 큰 발견은 디지털 기술이다. 디지털 기술이란 문자, 음성, 그래픽, 동화상은 물론 심지어 유전인자까지를 포함하는 모든 정보들을 오직 '0'과 '1'만을 사용하여 수로 변환할 수 있게 해 준다. 일단 수로 변환된 정보는 기다란 비트, 즉 0과 1의

나열로 입력 저장할 수 있다. 따라서 모든 정보는 그 양태나 내용과 관계없이 일정한 수의 비트(*bits*)로 구성된다고 할 수 있다. 물질의 최소단위인 원자(*atom*)는 작기는 하지만 볼 수도 있고 만질 수도 있지만, 0과 1로 나뉘어지는 비트는 볼 수도 만질 수도 없다. 이는 정보를 나르고 사용하는 데 현격한 차이를 나타낸다. 기존의 도서관과 전자도서관은 좋은 비교가 될 수 있다. 기존의 도서관에서 누군가 어떤 책을 이용하고 있으면 다른 사람은 이용이 불가능하지만, 전자도서관에서는 항상 누구나 이용이 가능하게 된다.

모든 미디어가 디지털이 되면 다음 세 가지의 근본적이고 직접적인 결과가 나타난다. 첫째, 비트는 손쉽게 혼합될 수 있다는 점이다. 오디오, 비디오를 포함한 각종 데이터의 혼합을 우리는 '멀티미디어'라고 한다. 멀티미디어는 대단히 복잡한 것처럼 보이지만 사실은 비트를 섞어 넣은 것에 지나지 않는다. 따라서 음악, 신문, 방송 등 매체형태를 달리하는 정보도 동일한 형태인 비트로의 융합(*convergence*)이 가능하게 된다.

둘째, 다른 비트에 관한 정보를 알려주는 비트인 헤더(*header*)가 등장하여 각종 비트에 대한 내용목록이나 데이터에 관한 설명을 붙여 실어 보낼 수 있음으로써, 정보의 재결합이 가능하게 된다는 점이다.

셋째, 정보가 디지털 방식으로 처리될 경우, 기존의 전화 정전기, 라디오 잡음, 텔레비전의 스노현상과 같은 신호전달 에러를 정정하여 정보를 전달할 수 있을 뿐만 아니라, 아날로그 정보와는 달리 정보의 정확한 재생이 가능하다는 점이다(Negroponte, 1995: 18~20; 서삼영, 1996: 27~28). 기존의 아날로그 방식이 흑색과 백색 사이의 일련의 회색군으로 정보를 전달했다면, 디지털은 옳고 그른 정보가 분명하여 사용자는 더욱 정확하고 편리한 이용이 가능하다.

정보통신 기술발달사에 또 하나의 혁신적 진전은 광(光)케이블과 위성통신의 개발이었다. 전화용 동축선의 처리속도는 64 Kbps로서 음성, 데이터, 동화상을 포함한 멀티미디어 정보를 송수신할 수 없기 때문이다. 이러한 일을 가능하게 해 준 것이 초고속과 광대역의 용량을 가진 광케이블의 발명이었다. 광케이블은 17억 bps의 속도로 전화 2만 5천 회의 동시통화가 가능한 속도이다. 또한 위성통신의 발달은 지리적 제한을 넘어서 지구촌 시대를 가져왔다.

통신기술의 또 다른 노력은 광섬유의 사용 없이도 정보전달 능력을 신장시킬 수 있는 기술의 개발이 급속도로 진행되고 있다는 점이다. 그중의 하나가 디지털 압축기술이고 또 다른 하나는 전송시설의 기술향상을 통해 기존의 전송 네트워크를 더욱 효율적으로 이용하는 기술이다.

세계 최초의 현대식 전자컴퓨터(*electronic computer*)로 알려진 ENIAC(Electronic Numerical Integrator and Calculator)이 나온 이후 컴퓨터의 무게와 가격은 적어도 만 분의 일 이상

내려갔다. 정보기술이 변화하는 속도가 얼마나 빠른지 빌 게이츠의『미래가 이렇게 변한다』를 보면 2000년대에 컴퓨터 기술은 어떻게 변할지 예측을 하지 못하고 있다. 3년 뒤에 컴퓨터가 어떻게 변할지를 최일선에 있는 전문가도 예측하지 못하는 상황이 된 것이다. PC(Personal Computer)가 몰고 온 변화의 폭과 크기를 극명하게 보여주기 위해 자주 동원되는 비교 사례는 자동차 산업이다. 만약 자동차 산업의 기술 변화가 PC의 그것만큼 드라마틱했다면 고급 승용차의 대명사인 롤스로이스의 대당 가격은 2.75달러까지 떨어졌을 것이고, 연비는 휘발유 1ℓ당 200만km에 이르렀을 것이다. (물론 여기에는 "만약 자동차 기술이 PC를 따라갔다면 10km에 한 번씩 엔진을 껐다 켜야 하는 사태가 발생했을 것"이라는 자동차 업계의 비아냥거림도 있다).

결론적으로 전자기술, 디지털 기술, 고속전송 통신네트워크의 발전, 압축기술의 개발과 이들 기술간의 융합은 정보사회를 촉발시키는 요인이 된 것이라고 볼 수 있다. 디지털 기술을 매개로 한 컴퓨터의 전자기술과 고속 전송통신의 기술적 결합은, 음성, 문자, 화상정보 등을 대량으로 송수신하고 축적된 자료를 이용할 수 있게 하였으며, 새로운 정보네트워크 사회를 이루는 기술적 기반을 제공한 것이다.

## 2) 사회적 동인

정보기술의 발달이 공급적 측면에서 정보사회의 기반제공을 한 것이라면, 수요적 차원에서 정보사회의 진전을 가속화시키는 역할을 한 것은 정보통신에 대한 사회적 욕구의 증대이다. 산업사회가 진전되고 물질적 충족이 어느 정도 갖추어지면서, 현대인들은 생리적 욕구충족을 넘어서 더 고급욕구인 사회적 욕구와 자아실현의 욕구 충족을 추구하는 사람들이 많아졌다. 이들은 산업사회에서 텔레비전, 라디오 등으로 대표되는 대중매체에 의한 대량적이고 획일적인 정보의 범람으로부터 벗어나 좀 더 자신에게 필요하고 취향에 맞는 정보를 선택하려는 경향을 보이고 있으며, 이는 스마트폰, 태블릿PC, 스마트TV 등을 가능케 하는 뉴미디어의 출현에 대한 욕구로 이어지고 있다.

또한, 제품의 선택에서도 이들은 점차로 각 개인의 욕구를 충족시키기 위해 개성화된 제품을 요구하고 있다. 산업사회의 '대량생산·대량소비'의 생산양식(production mode)으로는 다양화, 개성화된 개인의 독특한 욕구를 도저히 충족시킬 수 없게 되었으며, 따라서 '다품종 소량생산'(customized production)을 지향하게 되었다.

요컨대 컴퓨터와 디지털, 그리고 전송기술 등 정보기술의 획기적인 발달은 정보사회의 기본 동력을 제공하였으며, 여기에 사회구성원들의 통신 및 뉴미디어에 대한 욕구의 증대는 정보사회의 형성을 가속회시키는 요인이 된 것으로 볼 수 있다.

## 2. 정보사회의 실체: 산업사회 대 정보사회

오늘날 세계 각국은 좋든 싫든 정보사회로의 진입이라는 사회변동의 한 전환기에 처해 있다. 또한 정보사회에 대한 접근방법에 따라 논리의 차이는 있으나, 문명사론적인 입장에서 앞으로 정보사회의 전개가 불가피하다는 점은 공통적으로 받아들이고 있다. 다만 정보사회의 실체가 무엇이고 과연 우리가 정보시대에 살고 있는 근거가 무엇인지에 대해 많은 불확실성을 안고 있다.

정보사회와 산업사회의 관계에 대해 기존학자들의 시각은 지속론적, 전환론적, 구조론적 관점 등 크게 세 가지로 나뉜다(Miles, Turner and Bessant, 1988: 3~8). 전환론적 관점(transformist)은 벨, 토플러 등이 취하는 견해로서 정보사회는 산업사회와는 분명히 구별되는 시대라고 주장한다. 산업혁명에서는 기계기술이 인간의 근육(muscle)을 확대시켰지만, 정보사회에서는 전자기술이 근육뿐 아니라 인간지능의 강화와 확대에 비약적인 진보를 가져온다는 것이다. 나아가 이러한 관점은 인간의 의식, 사고, 창조력, 가치관, 사회제도 등을 근본적으로 변혁시킬 수 있다고 간주한다.

반면에 지속론적인 관점(continuist)은 정보기술의 발전을 기존의 과학기술 발전상의 연장선상에서 파악함으로써, 정보사회는 표면적인 변화일지라도 그 기본적 성격은 산업사회와 다르지 않다고 주장한다(Simon, 1987; Giddens, 1989). 정보기술의 발전은 과학기술의 자본화과정에서 꾸준히 전개되어 온 사회기술 변동의 한 사례에 불과하며, 정보기술로 인한 사회구조의 새로운 변혁을 기대하는 것은 허구라는 것이다.

제3의 관점인 구조론적인 관점(structuralist)은 상기 두 관점의 중립적인 입장으로서 정보기술의 혁명적 성격을 인정하면서도, 그것이 사회적 수용과정에서 이전 사회와의 근본적인 단절을 가져오지는 않을 것으로 본다. 즉, 현대의 고도 정보기술에 대해서는 혁명적이라 할 만큼 그 기능과 효과는 인정되지만, 전환론자들이 주장하는 것처럼 사회 전반적인 구조적 변화를 초래할 것으로는 보지 않는다(전석호, 1995: 32~34).

복합적 다층구조로 이루어진 정보사회의 실체를 제대로 파악하는 것은 매우 중요한 일이다. 정보사회의 특성과 평가는 자아구조, 정체성 및 윤리적 맥락, 문화 및 사회구조적 맥락, 그리고 국가경쟁력 및 기업효율성의 맥락 등의 이슈에 따라 달라질 수밖에 없기 때문이다. 교육, 의료, 환경 및 문화의 공간에서 뉴미디어 기술이 가져다줄 새로운 서비스 영역과 이러한 영역의 추가 도입이 가져올 커뮤니케이션의 확장, 그리고 이에 따른 사회적 효율성 확대라는 측면들은 정보사회의 매우 긍정적인 공간이지만, 우리는 정보화가 초래할 인간소외 등의 윤리적 병폐에 대해서도 간과할 수 없는 것이다.

정보사회를 다층구조의 복합산물로 이해할 때 우리는 정보사회와 산업사회의 단순 패러다임적 비교는 적절한 접근이 아니라는 점을 알 수 있다. 이러한 맥락에서 정보사회의 핵심은 정보기술을 통한 사회변동의 의미나 산업구조의 변화라는 의미 이상의 의의를 지니는 것으로 볼 수 있다. 즉, 정보사회는 무엇보다도 사회적 연계망(social networking)과 관련된 정보의 역할증대이며, 정보가 미래의 정치, 경제, 사회, 교육, 문화 등 시민생활의 제 방면에 걸쳐서 새로운 사회관계를 규정하는 데 핵심적인 역할을 하는 사회라고 정의할 수 있다. 복합적으로 상호작용(social relationship)을 이루는 여러 이슈들이 존재하고 이러한 이슈들끼리는 서로 상충적인 관계를 형성하고 있다. 이것이 정보사회의 실체이다.

## 3. 정보사회의 패러다임

사회적 효율성, 형평성, 그리고 윤리적 맥락과 관련하여 정보사회는 특히 다음과 같이 산업사회와 구별되는 특성을 지닌다.

첫째, 정보사회는 시간적·공간적 소멸이 가능한 사회이다. 산업과 물류를 생산기반으로 하던 사회가 정보와 정보유통으로 그 중심축이 이동하면서, '시간과 공간의 극복'이 이루어지고 있다. 정보기술과 소셜 네트워크(SNS)의 구축은 기업 내에서 시간, 공간의 제약을 극복하고, 기업, 정부, 국민 간의 유기적 연결을 통해 국가사회의 전반적 시스템을 '지능화'시키고 있다. 궁극적으로는 모든 대부분의 지구인들이 다양한 통신네트워크로 연결되어 원하기만 한다면 언제, 어디서나, 어떤 방법으로든 통신이 가능하게 될 것이다. 이는 이미 세계는 원격통신, 원격교육, 원격의료, 원격회의 그리고 원격금융거래 등의 형태로 현실화되고 있다.

둘째, 정보사회는 시간적, 공간적 거리의 소멸뿐만 아니라, 영역간 경계의 소멸이 일어나는 사회이다. 정보영상 매체간의 융합현상으로 부문간, 조직간, 산업간 경계는 무너지고 있다.

셋째, 정보사회는 열린 사회인 동시에 경쟁사회이다. 정보사회의 근간이 되는 인터넷과 소셜네트워크 기술은 세계와 지역과 개인을 하나로 엮어 이들간의 자유로운 의사소통을 빛의 속도로 가능하게 한다. 전시대적인 비밀과 폐쇄, 그리고 권위주의적인 닫힌 사회를 유지하기는 그만큼 어려울 것이다(서삼영, 1996: 25~26). 그러나 정보화는 사회구성원간 또는 국가간의 형평성을 높이는 역할보다는 상대적인 우위를 점하는 경쟁사회의 요소를 가속화시킬 가능성이 더 크다. 지구적인 범위에서 부문과 영역이 소멸되는 형태의 무한경쟁이 치열하게 전개되면서 국가간의 격차는 더 벌어질 것이며, 이는 국제사회의 중요한 쟁점 중의 하나가 될 것이다.

마지막으로, 정보사회는 윤리적 문제가 더욱 심각하게 제기되는 사회이다. 또한 이러한 윤리적 파장은 산업사회와는 질적으로 다른 형태를 띠는 것이 많을 것이다. 특히 우리는 불건전한 정보의 홍수 속에서 자아와 인성의 실체(*integrity*)를 지키기가 점점 더 어려운 시대에 살고 있다. 자아와 인성의 실체, 익명성과 인간 신뢰성의 문제, 인공지능, 인간의 컴퓨터화— 이러한 문제들은 개인의 정체성을 위협하고 있으며, 정보사회에서의 생명과 인간의 의미, 그리고 이와 관련된 윤리문제를 심각하게 제기하고 있다.


## 4. 요약 및 결론

역사의 흐름은 필연과 우연의 조화로 이루어진다. 개인용 컴퓨터(PC: *Personal Computer*)의 탄생도 그러했다. 현대 PC의 심장부에는 마이크로프로세서(MPU: *Micro Processor Unit*)라고 하는 반도체칩이 있다. 이 칩을 발명하지 못했다면 PC는 탄생하지 못했을 것이다. 그리고 PC의 탄생이 없었더라면 오늘날 논의되고 있는 정보사회나 멀티미디어 사회의 탄생은 없었을 것이다. 마이크로프로세서 제1호는 일본 전자계산기 업체들의 '진통'으로부터 탄생했다(쓰보타 도모미, 1994: 28).

사실상 세계 최초의 PC라고 할 수 있는 인텔의 '8080' 마이컴 키트가 세상에 처음 선보인 것은 1975년 4월이었다. 세계 정보혁명의 선두주자인 빌 게이츠가 마이크로소프트사를 설립하면서 본격적인 PC시대가 개막된 것도 바로 이때였다. 오늘날 정보혁명의 핵심을 PC 혁명으로 본다면 컴퓨터의 역사는 이제 갓 30년을 넘어서고 있다. 그러나 이러한 일천한 역사에도 불구하고 현재 진행되고 있는 컴퓨터 기술의 잠재성은 가히 혁명적이라 할 만하다. 산업혁명의 시발점이 되는 증기기관의 발명 이래로 컴퓨터만큼 단기간에 걸쳐 사회 전 분야에 광범위한 영향력을 발휘하고 있는 기술혁신은 역사상 그 유례를 찾아보기 어려울 정도이다.

그러나 이러한 컴퓨터의 기술적 응용분야와 잠재성에 비해 정보기술의 사회적, 문화적 수용은 빠른 시간 내에 이루어지는 것이 아니다. 더욱이 우리 사회에 바람직한 방향으로 정착될 수 있도록 기존의 지배적인 기술가치관이나 질서와 조화를 이루기란 결코 쉬운 일이 아니다.

이러한 의미에서 엘륄(Jacques Ellul)의 기술혁신에 대한 경고는 새겨 둘 필요가 있다. 첫째, 모든 기술진척은 대가를 요구한다. 기술개발로 인해 어느 한편은 발전되지만 다른 한편에서는 후퇴하는 면이 반드시 병행된다. 둘째, 기술혁신은 본질적으로 부정적인 효과와 긍정적인 효과를 내재한다. 셋째, 모든 기술진보는 문제의 해결보다는 문제의 제기를 더 많이 낳을 수 있다(Ellul, 1962: 394; 전석호, 1995: 35~36).

하루가 다르게 급속히 변화해 가고 있는 디지털 및 정보기술은 우리 사회의 조직, 제도, 사고방식 및 생활양식 요소를 뒤바꾸어 나가고 있다. 혁명적 변화 속에서 하나의 '전환기'를 겪고 있는 우리 사회는 그만큼 더 현명한 선택과 대응을 할 필요가 있다. 특히 정책적 선택의 중요성은 더욱더 커지고 있는데, 여기에 정보체계론(전자정부론과 정보정책론)의 중요성이 있는 것이다.

<<< **핵심** Point !

◎ 정보사회의 동인

▣ **기술적 동인**
▸ 전자기술, 디지털 기술, 고속전송 통신네트워크의 발전, 압축기술의 개발과 이들 기술 간의 융합은 정보사회를 촉발시키는 요인이 됨
▸ 디지털 기술을 매개로 한 컴퓨터의 전자기술과 고속 전송통신의 기술적 결합은, 음성, 문자, 화상정보 등을 대량으로 송수신하고 축적된 자료를 이용할 수 있게 하였으며, 새로운 정보네트워크 사회를 이루는 기술적 기반을 제공함

▣ **사회적 동인**
▸ 사회구성원들의 통신 및 뉴미디어에 대한 욕구의 증대는 정보사회의 형성을 가속화시키는 요인이 됨

◎ 정보사회의 실체: 산업사회 대 정보사회

▣ **정보사회와 산업사회의 관계에 대해 기존학자들의 시각은 전환론적, 지속론적, 구조론적 관점 등 크게 세 가지로 나뉨**
▸ 전환론적 관점(*transformist*): 정보사회는 산업사회와는 분명히 구별되는 시대라고 주장 (벨, 토플러 등)
▸ 지속론적인 관점(*continuist*): 정보사회는 표면적인 변화일지라도 그 기본적 성격은 산업사회와 다르지 않다고 주장
▸ 구조론적인 관점(*structuralist*): 상기 두 관점의 중립적인 입장. 정보기술의 혁명적 성격을 인정하면서도, 그것이 사회적 수용과정에서 이전 사회와의 근본적인 단절을 가져오지는 않을 것으로 봄

## ◎ 정보사회의 패러다임

■ 사회적 효율성, 형평성, 그리고 윤리적 맥락과 관련하여 정보사회는 특히 다음과 같이 산업사회와 구별되는 특성을 지님

▶ 시간적·공간적 소멸이 가능한 사회(원격통신, 원격교육, 원격의료, 원격회의, 원격금융 거래 등)

▶ 영역간 경계의 소멸이 일어날 가능성이 예측되는 사회(전자문서교환, 전자상거래 등)

▶ 열린 사회인 동시에 경쟁사회(지구적인 범위에서 부문과 영역이 소멸되는 형태의 무한 경쟁)

▶ 윤리적 문제가 더욱 심각하게 제기되는 사회(자아와 인성의 실체, 익명성과 인간 신뢰성의 문제, 인공지능, 인간의 컴퓨터화)

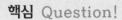

**핵심** Question!

◎ 정보사회의 동인에서는 기술적 동인과 사회적 동인으로 나눌 수 있다. 이에 대한 내용을 정리해 보자.

◎ 정보사회의 실체에서는 정보사회와 산업사회의 관계에 따라 전환론적 관점, 지속론적 관점, 구조론적 관점으로 나누어 살펴보았다. 각각의 관점의 내용들을 설명하라.

◎ 정보사회의 패러다임에서는 사회적 효율성, 형평성, 그리고 윤리적·맥락적 측면에 초점을 두고 정보사회가 산업사회와 구별되는 특징에 대해 살펴보았다. 이에 대한 내용을 정리해 보고, 정보사회와 산업사회를 구별지을 수 있는 다른 특징에는 어떤 것들이 있는지 생각해 보자.

## 고시기출문제

※ 해당 답안작성요령은 고시기출출제 시기에 맞춰서 작성되었음

[ 고시기출문제 ] 최근 고객관리(CRM: Customer Relationship Management) 기법을 이용한 맞춤형 서비스가 등장하고 있다. 이와 같은 맥락에서 유비쿼터스 컴퓨팅(Ubiquitous Computing)을 기반으로 한 정부의 고객 중심 정보화 추진전략에 대하여 논하시오. [2005년 행시]

[답안작성요령]

☞ 핵심 개념

본 문제는 유비쿼터스 컴퓨팅에 연계된 고객 중심 정보화 추진전략에 대해서 묻고 있다.

특히, '어디에나 존재한다'는 뜻을 지닌 유비쿼터스(ubiquitous)라는 단어에서도 알 수 있듯이 이제는 정부도 민간기업과 마찬가지로 시민들을 고객으로 여기고, 시간과 장소에 구애받지 않고, 시민 즉 고객이 원하는 장소와 시간에 맞춰 행정서비스를 제공할 수 있어야 한다는 것이다. 유비쿼터스 정부의 이른바 5 Any는 Anywhere, Anytime, Anyplace, Anyadvice, Anynetwork를 말하는 바, 언제 어떤 환경에서나 서비스가 실현되는 정부를 의미한다(권기헌, 2013: 253).

☞ 고객관리(CRM)의 중요성

고객관리(CRM)란 기업이 고객과 관련된 내·외부 자료를 분석·통합해 고객 중심 자원을 극대화하고 이를 토대로 고객특성에 맞게 마케팅 활동을 계획·지원·평가하는 과정이다. 이는 고객중심 정부와 맥락을 같이 하는 것으로, 정부가 국가의 주인이며, 동시에 고객인 국민에게 최적의 방법으로 높은 질의 서비스를 제공함으로써, 국민을 최대한 만족시키는 정부를 의미한다(권기헌, 2011: 402). CRM은 고객과의 지속적인 관계를 유지하면서 '한번 고객은 평생고객'이 될 수 있는 기회를 만들며, 평생고객화를 통해 고객의 가치를 극대화한다는 의의를 갖는다. 즉, 지속적으로 고객과의 관계를 유지하면서 고객에게 긍정적인 이미지 혹은 고객을 소중히 여긴다는 느낌을 제공하는 것이다. 이를 행정서비스에 대입하여 생각하면, 기존에 공급자 중심으로 이루어지던 서비스를 수요자인 국민중심으로 제공해주어 국민의 수요에 맞는 서비스를 제공해줄 수 있어야 하겠으며, 이는 '고객관리'와 같은 정보시스템을 도입함으로써 가능해질 수가 있겠다.

☞ 유비쿼터스 컴퓨팅(Ubiquitous Computing)에 기반한 고객중심의 정보화 추진 전략
유비쿼터스란 시간과 장소에 구애받지 않고 자신의 욕구에 가장 적합한, 시시각각 변화
하는 생활공간 속의 신선한 상황정보를 실시간으로 제공받을 수 있는 것을 의미한다(배강
원, 2009). 특히, 센서기술의 발달로 인해 유비쿼터스 전자정부가 실현가능해 졌으며, 행
정효율화와 대국민 서비스 향상을 위한 접근성과 맞춤행정 제공을 위해 유비쿼터스 정부
가 실현가능하게 되었다. 이러한 선상에서 클라우딩 컴퓨팅, 그리고 태블릿PC·노트북·
스마트폰의 발달 및 대중화는 유비쿼터스 컴퓨팅을 가능하게 만드는 요인이 되었다.

이러한 유비쿼터스 컴퓨팅에 기반한 고객중심의 정보화 추진 전략을 크게 네 가지로
나누어 살펴볼 수 있다.

첫째, 데이터베이스(DB)의 확보이다. CRM을 실현하기 위해서는 고객 통합 데이터베이
스가 구축되어야 하며, 이것을 토대로 고객의 특성을 분석한 후 그 특성에 맞춰
서비스를 제공할 수 있어야 한다. 특히 데이터베이스가 확보되고 나면 유비쿼터
스 기반 스마트 업무 환경 서비스와 연동하여 고객중심 정보화를 추진할 수 있게
된다.

둘째, 계층별 서비스 제공이다. 국가를 서비스 제공자로 보고, 국민을 수요자로 볼 때,
수요자의 계층은 다양하게 세분화 할 수 있다. 즉, 전체를 아우르는 서비스 제공
도 중요하지만 각 계층에 맞는 서비스 제공이 더 중요할 수 있다. 그 예로 행정안
전부(전 안전행정부)의 '노약자 u-안심서비스'에서는 이동통신기능이 탑재된 유비
쿼터스 기술을 이용하여 노약자 계층을 위한 계층별 맞춤서비스를 제공하고 있다.

셋째, 개인별 맞춤 서비스이다. 이는 계층별 서비스에서 더 나아간 것으로 각 수요자별
로 서비스 이용량을 확인하는 기술을 활용하여 개인별 수요에 맞게 서비스를 제
공하는 것이다. 그 예로 행정안전부(전 안전행정부)는 무선정보인식장치(RFID) 기
반 음식물쓰레기 관리서비스, u-도서관서비스, u-훈련병 관리서비스, 스마트
업무환경 서비스 등 u-서비스를 제공하고 있다. 이는 RFID 등 태그를 이용하여
각 수요자별 맞춤으로 서비스를 제공하는 것이다.

마지막으로 시간과 장소의 제약을 제거하는 것이다. 고객중심의 서비스가 제공된다 할
지라도 고객이 원하는 시간과 장소에 서비스를 이용할 수 없다면 상당한 불편을
초래할 것이다. 따라서 유비쿼터스 컴퓨팅을 활용하여 유동인구가 많은 지역에
공공 키오스크(KIOSK)를 설치하여 누구나 자신에게 필요한 서비스를 받을 수 있
는 플랫폼 역할을 제공해 주어야 한다. 또한, 스마트 폰 이용자가 국민의 대다수

를 차지할 만큼 증가하고 있으므로 모바일 서비스를 본격화하여 언제·어디서든 지 이용이 가능할 수 있도록 해야 할 것이다. 그리고 이를 위한 맞춤형 공공 어플리케이션(App) 개발과 보완을 지속적으로 해나가야 할 것이다(정보체계론 기출문제집, 2012에서 참조).

☞ 고득점 핵심 포인트

본 답안의 보다 깊이있는 완성도를 위해서는 유비쿼터스 기반의 스마트 기술로써 고객관리기법을 활용한 맞춤형 행정서비스의 사례를 제시하는 것도 좋을 것이다. 최근에는 특히 스마트폰의 보급, 위치기반서비스의 활성화에 따라 기존 CRM이 위치기반 고객맞춤형 스마트 서비스(L-CRM)이라는 이름으로 새롭게 부각되고 있다. 그 예시로서, 국가기초행정인프라 보급에 따라 고객의 인구, 가구, 소득, 업종 등에 대한 세부정보가 소구역별로 제공할 수 있기에 이를 유비쿼터스 컴퓨팅 기술과 연계한다면 물류, 배송, 혹은 안전서비스와 같은 행정서비스 분야에서 정확성과 효율성을 제고시킬 수 있을 것이다. 소셜 네트워크(SNS)의 활성화 또한 이러한 CRM 기반의 정보화전략 추진에 긍정적인 영향력을 미칠 수 있을 것이다(본서 제3장 정보사회의 동인 및 실체; 제10장 유비쿼터스 전자정부 참조바람).

# 정보사회에 대한 시각

모든 기술에서 확인되는 제1의 원리는 효율적인 업무에 적용된 정보기술은 효율성을 극대화하고,
그 제2원리는 비효율적인 이슈에 적용된 정보화는 비효율성을 극대화한다는 것이다.
― Bill Gates

 >>> 학습목표

21세기 고도 정보사회에서는 자본이 아니라 지식과 정보가 경제사회 발전에 더욱 핵심적인 생산자원이 될 것으로 예측한다. 또한 정보통신기술과 서비스야말로 인류가 극복할 수 없을 것으로 생각해 온 시간과 공간의 벽을 허물고, 인간의 이지적 능력의 활용범위를 최대한 확장시킬 수 있을 것으로 예측되기도 한다. 이러한 정보사회의 개념을 올바르게 이해하기 위해서는 정보사회의 특성과 관련된 역사적인 맥락을 이해하고, 그 의미가 어떻게 평가되어야 하는지를 이론적으로 검토할 필요가 있다.

제4장 정보사회에 대한 시각에서는 이러한 정보사회의 맥락에 대한 이해를 위해 낙관적 시각, 부정적 시각, 다차원적 접근에 대해 살펴보고, 이를 통해 정책적 쟁점을 도출해 보기로 한다.

첫째, 낙관적 시각에 의하면 정보통신기술의 발달은 생산성 향상, 인류복지 향상, 문화적인 풍요를 가져올 것으로 보고 있다. 대표적으로 마틴, 디저드, 토플러, 네이스비트, 네그로폰테 등의 논의에 대해 학습하기로 한다.

둘째, 부정적 시각에 의하면 정보통신기술의 발달은 사회구조적 측면에서 사업분업화 및 효율성 극대화를 통한 인간소외 현상을 더욱더 가속화시키며, 새로운 형태의 지배수단에 지나지 않는다고 주장한다. 대표적으로 쉬멘트, 스미드, 쉴러 등의 논의에 대해 학습하기로 한다.

셋째, 다차원적 접근에 의하면 정보사회의 전반적인 사회현상을 분석하고, 산업사회와의 비교를 위해 다차원적인 접근에 의한 논의가 필요하다고 주장한다. 대표적으로 벨, 마즈다, 베이츠 등의 논의에 대해 학습하기로 한다.

# 1. 낙관적 시각

낙관적 시각을 지닌 정보사회론자들은 정보통신 네트워크의 발전은 사람들의 생활을 지금보다 더 평화롭고 문화적으로 풍부하게 만들 것으로 예측하고, 국제적으로도 상호이해가 증진되고 인류복지향상을 가져올 것이라고 내다보고 있다. 이들은 개성화와 다양성을 근간으로 하는 정보기술과 디지털혁명의 특성이 산업사회의 근본적 폐해요인이 되었던 표준화·동시화 패러다임을 극복해 줄 수 있을 것으로 본다. 또한 디지털 기술의 확산을 통한 고도 정보망사회(*wired society*)는 생산성의 증대를 가져올 뿐만 아니라 삶의 질 향상을 가져올 것으로 보았다.

또한 정보통신 네트워크의 발달은 국제적으로도 국가상호간의 이해를 증진시키고 인류복지 향상을 가져올 것으로 주장한다. 지금 이 시간에도 통신위성은 서울에서 뉴욕, 방콕에서 런던에 이르기까지 인터넷과 데이터 또는 방송 프로그램 등 수많은 정보를 1초도 안 되는 짧은 시간에 송·수신하고 있다. 국제전화는 물론 수요의 급증이 예상되는 국제 데이터통신, 나아가서는 대용량 인공위성을 이용한 영상회의(*tele-conference*) 등이 실현되고, 이로 인한 정보교류의 다양화 및 고도화가 예측된다. 이러한 정보통신기술의 발달은 국가 간의 시간적, 거리적 장애를 극복해 줌으로써 국가간의 정보유통과 더불어 경제, 사회, 문화 등 각 분야의 교류를 촉진시키게 된다는 것이다. 이른바 맥루한(M. McLuhan, 1964)이 예견한 지구촌(*global village*) 실현의 논조와 맥을 같이하고 있다.

마틴(J. Martin, 1977; 1981; 1984)은 디지털 기술의 확산을 고도 정보망사회(*wired society*)의 핵심요소로 지적하고, 이는 시간의 감소 및 생산성의 증대를 가져올 뿐만 아니라 여가의 증대와 삶의 질 향상을 가져올 것으로 내다보았다.

디저드(W. P. Dizard, 1984)는 좀 더 현실적인 시각에서 정보기술의 정치, 경제, 사회적 파급효과를 분석하였다. 그는 정보화의 진행과정을 세 단계로 구분하면서 정보화의 완성 단계인 고도 정보사회가 되면 정보기술과 서비스에 대한 접근비용이 거의 없어지며, 따라서 경제적으로나 정치적으로(국내정치에서나 국제관계 면에서 모두) 매우 효율적인 사회가 될 것으로 예측했다.

토플러(A. Toffler, 1980)도 농업혁명, 산업혁명에 이어 제3의 물결인 정보혁명이 가져다 줄 새로운 문명은 고도 과학기술에 바탕을 두고 산업사회의 특징인 표준화(*standardization*), 동시화(*synchronization*) 등의 제약을 벗어나는 새로운 정보문명이 될 것으로 전망하였다. 국제적으로도 이러한 고도 정보사회는 국가상호간의 이해를 증신시키고 인류복지의 향상을 가져올 것으로 내다봤다.

네이스비트(J. Naisbitt)는 *Megatrends 2000*에서 다시 21세기 관문에서의 10대 거대 조류를 제시한 바 있다. 1980년대에 그가 제시한 거대 조류는 ① 산업사회에서 정보사회로, ② 경성적(*hard*) 기술에서 하이테크-하이터치(*high-tech, high-touch*)로, ③ 중앙집권에서 분권화로, ④ 의회민주주의에서 참여민주주의로, ⑤ 조직계층의 의존으로부터 네트워크 관계구조로, ⑥ 공업중심 사회에서 전원적 문화·레저 사회로, ⑦ 양자택일에서 다중선택의 사회로 각각 변화해 나가는 흐름을 의미한다.

1990년에 네이스비트(1990)가 21세기 초에 몰아닥칠 새로운 대조류로서 제시하고 있는 논의에는 한층 더 낙관주의적인 기조를 띠고 있다. 그는 EC 통합의 예에서 보듯이, 향후 세계경제는 통합화의 길을 걷게 될 것이며, 자유기업주의가 확산되는 한편 전쟁 없는 평화가 지속됨으로써, 경제성장이 지속될 것으로 예측한다. 또한 정보사회의 진전과 더불어 예술을 통해 인생을 재조명하려는 욕구가 증대되고 있다고 지적하고, 예술활동과 예술사업이 레저산업의 중심으로 등장하여 예술의 부흥이 이루어질 것으로 내다보았다.

또 다른 형태의 낙관주의자로는 네그로폰테(N. Negroponte)를 들 수 있다. 그는 『이것이 디지털이다』(*Being Digital*)에서 산업혁명기의 물질적인 자원인 원자(*atom*)가 교환되는 세계에서 비트(*bit*)라고 불리는 새로운 자원이 교환되는 정보사회가 올 것으로 예측하면서, 비트가 교환되는 세계가 인간의 삶에 얼마나 긍정적으로 기여할 것인가에 대해서 서술하고 있다. 그는 비트로 대표되는 미래사회의 특성으로 탈중심화(*decentralizing*), 세계화(*globalizing*), 조화력(*harmonizing*), 그리고 권력부여화(*empowering*)를 지적한다.

네그로폰테는 그가 주장하는 낙관론이 디지털화가 본질적으로 가지고 있는 분권화의 특성에 기인한다고 말하면서, 접근성, 이동성 및 변화에 영향을 미치는 능력이 미래를 지금과 다르게 만들 것이라고 한다. 또한, 그에 따른 디지털 세계의 조화로운 효과는 과거에는 서로 구분되었던 학과와 사업이 더 이상 경쟁이 아니라 협동하는 사실에서 분명하게 나타나고 있다고 말한다. 그의 관점에서 특히 주목할 부분은 그가 미래사회를 긍정적으로 보는 근거를 단순한 통신기술의 발달보다는 교육을 통해 개발될 수 있는 인간성 자체의 가능성에 두고 있다는 점이다. 이는 또 다른 낙관주의자인 빌 게이츠(Bill Gates, 1996)의 시각과 일맥상통하는 부분이다.

이러한 미래학적 통찰은 새로운 사회변동의 전환기적 인식을 불어넣어 주었으며, 정보기술 및 기반이 가져다줄 사회적 편익을 잠재적인 면까지 포함해서 제시하였다는 점에서 의의를 지니고 있다. 그러나 이러한 논의들은 정보화사회의 제 현상들을 지나치게 낙관적으로 전망하고 있으며, 정보기술의 문제를 정치적, 사회문화적 맥락과 분리하여 논의하고 있다. 즉, 앞으로 정보화 및 정보기술의 보급이 사회 내에 내재하고 있는 문화적, 사회적,

정치구조적 제반 모순들—특히 국내 및 국제간의 불균형과 불평등구조—과 맞물려 어떠한 상호작용을 이룰 것인지에 대한 논의가 배제되어 있다.

## 2. 부정적 시각

정보사회를 부정적인 시각에서 보는 학자들은 정보사회의 패러다임이 산업사회의 그것과 근본적으로 다를 것이라는 명제에 대해 의문을 제기한다. 정보사회는 효율성과 경쟁정신을 근간으로 하는 산업사회의 패러다임의 연장선상에 있으며, 사회분업화 및 효율성 극대화를 통한 인간소외현상은 더욱더 가속화될 것이라고 주장한다.

쉬멘트(Jorge R. Schement, 1989)는 정보사회의 실체가 존재하는가 하는 근본적인 문제를 제기하면서, 정보사회는 정보라는 상품에 기반을 두고, 자본주의와 산업주의를 근본 속성으로 하는 또 다른 산업사회라는 논의를 하고 있다. 극단적으로 스미드(Smythe)와 같은 학자는 정보사회에 관한 논의는 근본적으로 중심부 국가의 정보통신 하드웨어와 소프트웨어의 판매를 증진시키고, 나아가 국가패권을 장악하기 위한 미사여구에 불과하다고 주장한다(Smythe, 1985: 14).

다른 한 그룹의 학자들은 정보사회가 가져다줄 '사회적 편익'이라는 논의구조에 대해 의문을 제기한다. 이들은 우선 근본적으로 각 국가가 처해 있는 경제적, 사회적 조건의 차이와 그로 인해 발생할 수밖에 없는 정보기술의 차이에 시선을 돌린다. 정보기술의 격차로 인해 국가간 정보화과정 자체가 불균등하게 진행될 수밖에 없으며 여기에서 정보자원의 지역적 편재와 국제정보유통의 불균형이라는 문제가 발생하게 된다는 것이다. 요컨대 정보기술은 정치적·문화적 산물이라는 관점에서, 이러한 기술의 보편화는 결국 정보통신 선진국이나 그 국가들의 다국적 기업들의 이익에 편향될 수밖에 없다는 것이다(Salvaggio, 1983; Schiller, 1981 & 1989; Smythe, 1985).

사회구조적인 측면에서 정보사회를 가장 영향력 있게 비판하고 있는 학자는 쉴러(Herbert I. Schiller)이다. 국가간 그리고 기업간 구조적 불균형을 지적하면서 현존하는 불균형의 세계경제 및 국제체제하에서의 통신혁명은 기득권층의 이익을 유지하기 위해 고안된 새로운 형태의 지배수단에 지나지 않는다고 주장한다.

쉴러는 2차 대전 후 미국이 헤게모니 유지·확장을 위해 엄청나게 지출했던 군사경비 그리고 NSA(National Security Agency) 및 CIA의 비밀정보활동이 인공위성, 무선파, 그리고 컴퓨터 등 정보통신 기술발달의 핵심동인 중의 하나라는 점을 지적하고 있다. 또한 기업적 측면에서는 IBM, Chase-Manhattan, Citicorp 등 전세계 다국적기업들이 그들의 전세계적인 기업망의 유지와 영리추구라는 기업이익 추구를 위해 세계정보통신기반의 구축에 박차를 가하고 있다는 점을 지적하고 있다(Schiller, 1989: 107~110).

이러한 상황하에서 정보사회에 대한 문제의식은 세계통신체제의 구조적 모순을 우리가 여하히 통제·극복할 수 있는가 하는 문제에서부터 출발하여야 하며, 세계체제 내에 현존하는 군사·산업·계급구조적 불균형과 모순의 타파가 전제될 때만이 새로운 정보기술이 인류에게 혜택을 준다는 논의를 할 수 있다고 강조한다(Schiller, 1989: 112).

이러한 쉴러와 그의 동료들의 논의와 지적은 정보사회가 지니는 내재적인 모순과 결함을 예리하게 분석한 것이며, 정보기술이 몰고 올 파장을 현존하는 세계 경제적, 정치적 질서와 연계하여 이해함으로써, 미래 정보사회의 모습에 대한 인식의 범위를 넓혔다는 평가를 내릴 수 있다. 그러나 이들의 논구는 사회구조적 측면에 초점을 맞춤으로써, 새로운 정보기술이 몰고 올 잠재적 사회편익과 효용에 대한 평가를 너무 부정적인 시각으로 내리고 있다.

정보사회를 산업구조적인 측면과 계층구조적인 시각에서 또 다른 산업사회와 다를 바 없다고 하는 논의는 일면 타당성을 지니고 있으나, 이것 역시 정보사회의 사회적 편익과 잠재성을 간과하고 있다. 이러한 논조를 따르면 특히 교육, 의료, 환경 및 문화 등의 공간에서 새로운 스마트(Smart)기술이 가져다줄 새로운 서비스 영역과 이러한 영역의 추가도입이 가져올 사회적 혜택의 확대에 대한 논의는 배제될 수밖에 없다는 한계점을 지닌다.

## 3. 다차원적 접근

벨(D. Bell, 1973; 1989)의 후기산업사회론은 그 논의구조가 다차원적인 접근이라는 점에서 많은 평가와 반향을 불러일으키고 있다. 벨은 그의 저서인 『후기산업사회의 도래』(*The Coming of Post-Industrial Society*)에서 후기산업사회의 새로운 원동력을 전자컴퓨터로 대표되는 고도 정보기술임을 강조하고, 이러한 지적 기술이 전통적인 기계기술을 대체할 것으로 예관하고 있다. 벨은 사회변동 과정에서의 '기축의 원리와 구조'(*axial principles and structures*)의 도출이라는 접근방법을 채택하면서 사회구조는 일종의 구심을 이루는 축의 원리에 따라 변화하고, 이러한 축의 원리와 구조는 사회변동의 구심체가 무엇인지를 먼저 구체화하기 위한 방법론적인 틀이라는 점을 강조하고 있다.

벨은 사회의 구성영역을 크게 세 가지로 분류하고 각각의 기축 원리와 구조를 제시하고 있다. ① '사회구조'(social structure)는 경제, 기술 및 직업체계로서 자원배분의 효율성과 극대화를 추구하고, ② '정치체계'(political system)는 권력의 배분과 욕구의 갈등을 관리하는 영역으로서 다양한 방식과 다수의 정치참여를 추구하며, ③ '문화유형'(cultural pattern)은 상징과 의미로 표출되며 자아만족과 자기발전을 그 구성목표로 한다고 주장한다.

이러한 기축원리와 구조하에 제시된 후기산업사회의 특성을 보면 ① 서비스경제의 창출, ② 전문직 및 기능직 계층의 부각, ③ 사회에서의 혁신과 정책형성의 근거로서 이론적 지식의 중심적 역할, ④ 미래지향적인 기술성장의 가능성, ⑤ 의사결정에서의 새로운 지적 기술(관리과학 및 체제분석기술)의 창출 등이다.

벨은 특히 지적 기술(intellectual technology)과 정보기술(information technology)의 중요성을 강조하면서, 어떤 사회(산업사회나 그 이전 형태의 사회)에서도 지식과 정보의 중요성은 어느 정도 존재하지만 정보사회에서의 중요성은 질적으로 그 의의를 달리한다고 주장하고 있다. 증기기관, 제철 및 자동차산업 등이 주를 이루던 19세기 산업사회를 이끌었던 핵심 동인은 과학적 원리나 지식에 바탕을 둔 체계화된 지식이 아닌 기술적 발명(예컨대, 에디슨 (Edison)의 램프, 축음기, 영사기, 지멘스(Siemens)의 발전기, 벨의 전화, 마르코니(Marconi)의 무선 라디오의 발명 등)에 의존한 것이었음에 반해, 20세기의 정보산업이나 후기산업들은 일련의 과학자들이 물질의 분자구조, 소립자 등에 대한 이론적 속성과 지식의 바탕 위에서 추진된 산업군이라고 지적한다.

20세기 중반 이후 거의 대부분의 컴퓨터, 유전공학, 로보틱산업 등은 모두 이론적 과학 (theoretical science)의 이해에 바탕을 둔 과학기술산업이었음을 주목하고 있다. 즉, 정보사회에서는 컴퓨터나 통신네트워크 등 하드웨어적 정보기술뿐만 아니라, 컴퓨터에 관련된 이론적 지식과 이를 운용하는 기술인 체제분석, 의사결정기법, 선형계획법, 확률이론 등 관리과학의 중요성이 부각되고 있다는 것이다. 이러한 논의는 '이론적 지식의 형성'이 21세기 사회변동의 핵심동인이 되고 있으며, 국가경쟁력의 요체도 대학이나 연구소의 순수 과학이나 이론적 지식의 축적능력에 달려 있음을 시사하는 것이다.

이러한 벨의 논의는 연구방법론적으로는 다차원적인 접근을 하고 있지만 사실상 그의 신념이나 논의의 기저에는 낙관론이 깔려 있음을 볼 수 있으며, 지적 기술을 사회변동의 요인으로 보고 있어 기술결정론적인 시각을 벗어나지 못하고 있다. 그럼에도 불구하고 그의 '후기산업사회론' 명제는 그것이 지닌 독창성과 설명력으로 인해 그 후에도 많은 학자들에게 영향력 있는 평가와 반향을 불러일으켰다.

마즈다(Masuda, 1981; 1982)도 정보사회를 산업사회와 비교하기 위해 비슷한 형태의 다차원적인 비교섭근 모형을 이용하고 있다. 벨의 논의가 좀 더 객관적이고 분석적인 형태를 띠고 있다면 마즈다의 분석모형은 낙관론에 더욱 치우친 형태를 띠고 있다. 마즈다는 정보사회는 수요·공급의 법칙이 아니라 '시너지' 효과가 극대화되는 경제가 될 것으로 내다보고 있다. 경제의 주체도 기업에서 자발적인 형태의 자치공동체로 바뀌며, 이들은 '사회적 편익'을 극대화시킬 수 있을 것으로 기대하고 있다. 또한 시민들은 물질적 가치보다는 점차 정신적이고 목표지향적인 가치관을 추구하게 되며, 정치적으로도 시민단체들의 사회참여가 활성화되는 형태의 참여민주주의가 꽃피울 것으로 예관하고 있다. 마즈다가 그린 이러한 사회는 정보사회의 특성을 객관적으로 분석한 것이라기보다는 '이상형'의 정보사회를 모형화한 것이라고 볼 수 있다.

좀 더 분석적인 차원에서 벨의 논의를 이어 다차원적인 접근법을 전개하고 있는 학자는 베이츠(Benjamin J. Bates, 1984; 1988; 1989)이다. 그는 정보사회의 전반적인 사회현상을 분석하기 위해 다차원적인 접근이 필요함을 역설하면서 경제, 사회, 문화체계 등으로 나누어서 정보사회의 특성군들을 제시하고 있다. 특히 그는 각 국가간 사회구조나 가치체계의 다양성을 지적하고, 이러한 차이에 따라 정보사회의 전개양상이 달라질 수 있음을 지적하고 있다. 또한, 그는 정보사회의 컴퓨터나 통신네트워크가 또 다른 형태의 물리적 상업자본으로 전락할 위험성을 지적하면서, 정보사회가 시민이 주체가 되어 '정보'에 자유롭게 접근할 수 있는 진정한 의미의 정보사회가 될 것인지에 대해 많은 분석과 연구가 필요하다는 점을 강조하고 있다.

## 4. 요약 및 결론

정보사회는 산업사회와 단층을 이루는 질적으로 다른 패러다임을 가진 사회인가? 정보기술에 기초한 새로운 패러다임은 산업사회가 낳은 물질문명의 폐해를 극복할 수 있는가? 정보사회의 실체가 무엇이고 과연 우리가 정보시대에 살고 있는 근거는 무엇인가? 정보사회론자들은 이 질문에 답하기 위해 그동안 끊임없이 흥미로운 연구를 진행시켜 왔으며, 각기 독창적인 이론과 설명을 제안하고 있다.

낙관론자들은 개성화와 다양성을 근간으로 하는 정보기술과 디지털혁명의 특성이 산업사회의 근본적 폐해요인이 되었던 표준화와 동시화의 패러다임을 극복해 줄 수 있을 것으로 보았다. 논조의 차이는 있으나 토플러(1980), 네이스비트(1982; 1990), 마틴(1977; 1981; 1984), 디저드(1984), 마즈다(1981; 1982), 네그로폰테(1996) 등의 학자들은 이런 입장에서 논의를 하고 있다. 이러한 미래학적 통찰은 새로운 사회변동의 전환기적 인식을 불어넣어 주었다는 점에서 의의를 지니고 있으나, 정보사회의 제 현상들을 지나치게 낙관적으로 전망하고 있으며, 정보기술의 문제를 정치적, 사회구조적 맥락과 분리하여 논의하고 있다는 데 문제점이 있다.

일부 학자들은 정보사회의 패러다임이 산업사회의 그것과 근본적으로 다를 것이라는 명제에 대해 의문을 제기한다. 쉬멘트(1989)는 정보사회의 실체가 존재하는가 하는 근본적인 문제를 제기하면서, 정보사회는 정보라는 상품에 기반을 둔 자본주의와 산업화를 근본 속성으로 하는 또 다른 산업사회라는 논의를 하고 있다. 쉴러(1989)를 중심으로 한 또 한 그룹의 학자들은 현존하는 자본주의의 불평등 구조하에서 정보사회가 가져다줄 '사회적 편익'이라는 논의구조에 대해 의문을 제기하고 있다.

쉴러 등의 논의와 지적은 정보사회가 지니는 내재적인 모순과 결함을 예리하게 분석한 것이며, 정보기술이 몰고 올 파장을 현존하는 세계 경제적, 정치적 질서와 연계하여 이해함으로써, 미래 정보사회의 모습에 대한 인식의 범위를 넓혔다는 평가를 내릴 수 있다. 그러나, 이들의 논구는 사회구조적 측면에 초점을 맞춤으로써 새로운 정보기술이 몰고 올 잠재적 사회편익에 대한 평가를 너무 부정적인 시각으로 내리고 있다는 지적을 받고 있다. 정보사회를 자본주의의 산업구조적인 측면에서 또 다른 산업사회와 다를 바 없다고 하는 쉬멘트의 논의도 일면 타당성을 지니고 있는 것으로 평가되나, 이러한 논조는 정보사회를 산업기술사적인 측면에서만 초점을 두고 너무 좁게 해석을 내림으로써, 이 역시 정보사회가 가져올 사회적 잠재성을 종합적으로 파악할 수 없게 되는 문제점을 지닌다.

정보사회는 사회조직, 기업의 생산방식, 기업간 경쟁양태, 일반소비자들의 기호 및 행태변화 등 사회의 모든 구성요소와 상호작용하면서, 사람들의 의식과 생활양식, 사회의 조직과 경영방식에 지각변동과 같은 변혁을 끊임없이 일으키고 있다. 이러한 제반 측면들을 고려하여 정보사회에 대한 이해는 다차원적으로 접근할 필요가 있다. 정보사회는 단순히 새로운 정보기술이나 그 하부기반 구조에 의해 정의될 수 없으며, 이러한 기술결정 논리에 의해 사회편익 효과가 환상적이고도 낙관적으로 전개될 것으로 보는 것은 단순논리에 지나지 않기 때문이다. 마찬가지로 정보사회를 사회의 계급구조나 자본주의의 산업구조 논리로만 이해하려는 경향도 주의할 필요가 있다. 요컨대 정보사회는 베이츠(1984)의 지적처럼, 기술적 기반구조도, 경제적·산업적 조직도 아닌, 이들과 함께 일련의 사회관계, 사회조직 및 관리패턴, 그리고 이념적 요소들을 모두 포함한 다차원적 구조의 복합산물이기 때문이다.

이어지는 제2부 정보행정론에서는 이러한 정보기술의 혁명적 발전이 현대행정학과 국정관리에 어떠한 영향을 미쳤는지, 그리고 우리는 어떠한 관점에서 스마트(Smart)정보혁명시대의 징보체계론을 이해해야 할 것인지에 대해 정리해 보기로 한다.

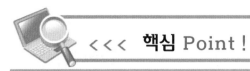
◎ **정보사회에 대한 시각**

▶ **낙관적 시각**

▸ 정보통신 네트워크의 발전은 사람들의 생활을 지금보다 더 평화롭고 문화적으로 풍부하게 만들 것으로 예측하고, 국제적으로도 상호이해가 증진되고 인류복지향상을 가져올 것임

▸ 개성화와 다양성을 근간으로 하는 정보기술과 디지털혁명의 특성이 산업사회의 근본적 폐해요인이 되었던 표준화·동시화 패러다임을 극복해 줄 수 있을 것이라는 점을 강조함
  • 마틴(J. Martin, 1977 ; 1981 ; 1984): 디지털 기술의 확산을 고도 정보망사회(wired society)의 핵심요소로 지적
  • 디저드(W. P. Dizard, 1984): 좀 더 현실적인 시각에서 정보기술의 정치, 경제, 사회적 파급효과를 분석
  • 토플러(A. Toffler, 1980): 농업혁명, 산업혁명에 이어 제3의 물결인 정보혁명이 가져다줄 새로운 문명은 고도 과학기술에 바탕을 두고 산업사회의 특징인 표준화(standardization), 동시화(synchronization) 등의 제약을 벗어나는 새로운 정보문명이 될 것으로 전망
  • 네이스비트(J. Naisbitt): 정보사회의 진전과 더불어 예술을 통해 인생을 재조명하려는 욕구가 증대되고 있다고 지적. 예술활동과 예술사업이 레저산업의 중심으로 등장하여 예술의 부흥이 이루어질 것으로 내다봄
  • 네그로폰테(N. Negroponte): 비트로 대표되는 미래사회의 특성으로 탈중심화(de-centralizing), 세계화(globalizing), 조화력(harmonizing), 그리고 권력부여화(em-powering)를 지적함

▶ **부정적 시각**

▸ 정보사회는 효율성과 경쟁정신을 근간으로 하는 산업사회의 패러다임의 연장선상에 있으며, 사회분업화 및 효율성 극대화를 통한 인간소외현상은 더욱더 가속화될 것이라고 주장
  • 쉬멘트(Jorge R. Schement, 1989): 정보사회의 실체가 존재하는가 하는 근본적인 문제를 제기
  • 스미드(Smythe): 정보사회에 관한 논의는 근본적으로 중심부 국가가 세계패권을 장악하기 위한 미사여구에 불과하다는 지적

## ▣ 다차원적 접근

▶ 벨(D. Bell, 1973 ; 1989): 후기산업사회의 새로운 원동력을 전자컴퓨터로 대표되는 고도 정보기술임을 강조. '기축의 원리와 구조'(axial principles and structures)의 도출이라는 접근방법을 채택. 사회의 구성영역을 세 가지로 분류: ① '사회구조'(social structure): 경제, 기술 및 직업체계, ② '정치체계'(political system): 권력의 배분과 욕구의 갈등을 관리, ③ '문화유형'(cultural pattern): 상징과 의미로 표출되며 자아만족과 자기발전을 추구

▶ 마즈다(Masuda, 1981 ; 1982): 정보사회를 산업사회와 비교하기 위해 비슷한 형태의 다차원적인 비교접근 모형을 이용. 정보사회는 수요·공급의 법칙이 아니라 '시너지' 효과가 극대화되는 경제가 될 것으로 내다봄

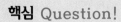

## 핵심 Question!

◎ 정보사회에 대해 낙관적 시각을 가진 학자들의 주요 주장을 정리하고, 그 근거는 무엇인지 생각해 보자. 또한 학자들 주장간의 차이를 발견하고 이들 주장의 한계점에 대해 생각해 보자.

◎ 정보사회에 대해 부정적 시각을 가진 학자들의 주요 주장을 정리해 보고, 그 근거는 무엇인지 생각해 보고, 이들 주장의 한계점에 대해 생각해 보자.

◎ 정보사회에 대해 낙관적 혹은 부정적 시각이 아닌 다차원적 접근을 하는 학자들의 주요 주장을 정리하고, 그 근거는 무엇인지 생각해 보자. 또한 학자들간의 관점의 차이를 발견하고 이들 주장의 한계점에 대해서도 생각해 보자.

## 고시기출문제

※ 해당 답안작성요령은 고시기출출제 시기에 맞춰서 작성되었음

[ 고시기출문제 ]  전자정부에서 정보통신기술 활용의 긍정적 측면인 전자적 참여와 부정적 측면인 전자적 감시를 각각 논하고, 이를 바탕으로 전자민주주의 활성화 방안을 제시하시오. [2002년 행시]

### [답안작성요령]

☞ 핵심 개념

본 문제는 정보통신기술의 활용으로 인해 발달한 전자정부의 상반된 두 가지 측면, 즉 전자적 참여와 전자적 감시에 대하여 묻고 있다. 전자정부는 전자적 참여를 통한 전자민주주의의 발달 가능성을 열어주었으나, 동시에 전자적 감시라는 부작용을 내포하고 있다. 따라서 전자정부를 통한 장점을 극대화하고 부작용을 최소화하는 방안에 대하여 고찰해 볼 필요가 있다.

☞ 전자적 참여와 전자적 감시

정보통신기술 활용의 긍정적 측면으로서 전자적 참여와 부정적 측면으로서 전자적 감시에 대해 논해주어야 한다.

먼저 전자적 참여란 정부의 정책과정에 대하여 의견표출 등의 방식을 통하여 영향력을 행사하는 것을 의미하는데, 전자적 참여의 방식은 전자적 도구나 기술을 활용하여 실행되는 일체의 참여이기 때문에 다양한 방식으로 이루어 질 수 있다. 이러한 전자적 참여는 행정의 주체인 국민에게 주어진 권한이 현저히 축소되어 왔던 우리나라의 상황에서 권한을 부여하는 긍정적인 역할을 하게 된다. 긍정적인 측면에서 전자적 참여는 1) 신속한 의사소통, 2) 시민참여의 증대, 3) 전자참여과정의 직접화, 4) 정보접근의 용이성, 5) 정치의 투명성 확보라는 긍정적 효과를 갖는다(권기헌, 2013: 487 – 488).

다음으로 전자적 감시란 정보통신기술을 활용하여 국민의 행동을 감시하는 현상을 의미한다. 정보사회가 심화되면 될수록 사회 전반에 걸쳐 감시망이 점차 확대되면서 사회통제의 그물망이 더욱더 촘촘해지게 된다. 전자정부의 확대는 국민 개개인들의 신상자료가 컴퓨터에 일일이 수록되고 체계적으로 집적되게 함으로써, 사회 일반 구성원들에 대한 감시망의 영역을 확대시키고 있다. 이는 직접적인 감시뿐 아니라 간접적인 측면에서 부정적 영향을 가하는 일체의 상황을 의미하는데, 여기서 직접적 방식으로는 국민의 의견에 있어 정부가 직접 감시하고 이를 제어하는 것이 있으며, 간접적 방식으로는 국민에게 심리적 압박감을 주어 영향을 미치는 것이 있을 수 있다. 이러한 전자적 감시가 상시화 되는 사회에서 나타날 수 있는 부정적 효과로는 국민의 의견이 제한을 당한다는 직접적인 효과 외에도 표현의 자유가 제약되는 간접적인 효과가 발생할 수 있다. 즉 부정적인 측면에서 전자적 감시는 1) 정치의 대중조작, 2) 정보과부하에 따른 정치적 무력감, 3) 정보의 독점 및 조작에 따른 전제정치의 위험성을 야기시킬 우려가 있다(권기헌, 2013: 488－489).

☞ 전자민주주의의 활성화 방안

전자민주주의의 활성화 방안은 앞서 논의한 전자적 참여와 전자적 감시를 토대로 기술해주어야 한다. 전자민주주의가 실행되기 위해서는 우선적으로 전자적 참여의 기반이 마련되어야 한다. 이때 전자적 참여의 기반이란 누구나 큰 어려움 없이 전자적 기기를 활용할 수 있으며 이를 통해 접근할 수 있는 기회가 공평히 부과되어야 함을 의미한다.

다음으로 전자 참여가 실행되어야 하는데, 이를 위해서는 1) 참여의 장벽 제거, 2) 참여의 유인 제공, 3) 참여의 문화 정착과 같은 방안이 모색될 필요가 있다.

☞ 고득점 핵심 포인트

B. Barver는 전자민주주의의 긍정적 측면을 강하게 주장하면서, 1) 정보기술을 이용한 강한 민주적 대화, 2) 강한 민주적 결정, 3) 강한 민주적 행동을 제도화하는 전자타운회의, 4) 복수선택이 가능한 투표와 여론조사, 5) 스마트기술을 통한 정보제공 등으로 강한 민주주의의 실현가능성을 주장하였지만, Gandy와 같은 학자는 이를 매우 부정적으로 보고 있다. 자동화된 고도의 감시기술의 발전으로 인해 시민권의 확장보다는 감시의 대상이나 방법이 훨씬 폭넓고 정교하게 전개될 것으로 보고 있는 것이다. 이에 따라 1) 정치의 대중조작, 2) 정보과부하에 따른 정치적 무력감, 3) 정보의 독점 및 조작에 따른 전제정치의 위험성을 야기시킬 우려가 있는 것이다.

이처럼 본 문제는 전자정부의 긍정적 측면과 부정적 측면을 잘 기술해주는 것이 핵심 포인트이다. 이와 함께 전자민주주의의 활성화 방안에 대해서 기술하는 것이 필요하다. 전자민주주의가 활성화되기 위해서는, 단순한 전자적 참여의 기반 마련뿐만 아니라, 시민의식의 강화, 사회적 자본의 형성 등의 문화적 접근이 더욱 중요하다. 한편 이러한 방향으로의 정부의 역할도 중요한데, 정부는 정부의 독점적 역할보다는 거버넌스(governance)의 관점에서 접근해야 한다. 특히 정부는 전자공간내에서 민주주의가 활성화될 수 있도록 인터넷 환경의 수호자 역할을 해야 하는데, 이 과정에서 지나친 제재나 감시가 민주주의의 자율성을 침해하지 않도록 유의해아 한다. 이러한 논점에 대해서 분명히 밝혀주는 것이 본 문제의 고득점 핵심 포인트이다(본서 제4장 정보사회의 시각 및 제18장 전자민주주의에 대해서 참조바람).

# 제 2 부

# 정보행정론:
## 정보사회와 행정

제2부 정보행정론에서는 정보사회와 행정학이 만나는 접점에 대해서 검토한다. 여기에서는 정보사회의 행정학에 대한 근본적 검토를 토대로 정보사회의 국정관리에서 다루어지는 거버넌스, 뉴거버넌스, Cyber 거버넌스 등의 개념에 대해서 검토하고, 이러한 거버넌스 이론이 전자정부와 어떻게 접목될 수 있는지를 살펴보며, 더 나아가 정보사회의 국정관리에 대한 분석모형을 도출하기로 한다.

# 제 5 장

# 정보사회의 행정학

미래형 정부는 낡은 프로그램이나 방식을 기꺼이 버린다. 상상력이 풍부하며 창의적이다.
위험부담도 감수한다. …혁신적 정부는 "일이 되도록 해보자"라고 말하며
원대한 꿈을 꾸는 것을 두려워하지 않는다.

– 데이빗 오스본·테드 게블러

## >>> 학습목표

정보기술의 발달을 행정환경 변수로써 파악할 때, 정보사회에서 행정학은 어떻게
국가행정을 체계화하고 분석해 나갈 것인지에 대한 질문은 중요한 쟁점이라 할 수 있
다. 빠르게 발전하고 변화하는 스마트 혁명 속에서 정부는 어떻게 대처하고 변화해
나가야 하며, 이것을 국정관리의 원리로 어떻게 패러다임화할 것인지에 대한 고민은
정보사회에서의 행정학에 관한 주요 논제가 된다.

이러한 논의의 맥락에서 제5장 정보사회의 행정학에서는 행정학의 역사적 발전패
턴의 변증법적 추적을 통해 행정학의 논의구조를 검토하고, 정보사회의 국가행정모형
으로서 국정관리 네트워크 정부모형에 대해 살펴본다.

첫째, 행정학의 논의구조에서는 먼저 행정학 발전의 역사적 패턴에 대해 학습한다.

둘째, 정보사회의 행정패러다임에서는 정보사회와 국가행정, 발전행정에 대한 이념
　　　적 반성, 정보사회의 국가행정이념, 정보사회에서의 국가행정의 역할과 위상
　　　에 대해 학습한다. 특히 정보사회에서 지향되어야 할 행정이념과 국가행정의
　　　역할정향에 대해서 학습한다.

셋째, 정보사회의 국가행정모형에서는 정보사회에서의 국가역할구조의 변화를 토대
　　　로 한 국정관리모형으로서 국정관리 네트워크 정부모형에 대해 학습한다.

## 1.  행정학의 논의구조

행정은 인간이 사회공동체를 형성한 이래 다양한 형태로 존재해 왔다. 국가의 운명이 점점 더 복잡해짐에 따라 행정의 중요성은 더욱 심각하게 인식되어지기 시작했고, 행정은 '자기인식적'이 되었으며 규모 면에서는 인간의 역사상 새로운 측면을 보여주었다(Waldo, 1980). 1887년 W. Wilson의 논문 "행정의 연구"(The Study of Administration)는 자기인식적인 행정에 가장 중요한 근원으로 간주되었다(제갈경, 1994).

Wilson이 행정의 독자성을 규정한 이후 정치와 행정, 그리고 행정과 경영 영역간의 갈등과 접근은 전통적이고 원리적인 행정이론의 정설을 구체화하였을 뿐만 아니라 끊임없는 자극과 도전의 원인이 되기도 하였다. 이러한 시점으로부터 정설, 대립, 재구성이라는 테마로 행정학의 역사를 구성해 보면 다음과 같다(제갈경, 1994).

첫 번째로 행정학의 정설이다. Wilson은 정치적인 문제로부터 행정을 분리시키는 기준을 명확히 하지는 못했지만, F. Goodnow는 정치와 행정 사이의 기술적인 분리를 시도하면서, 정치는 정책 혹은 국가의 의지를 표현하는 것이고, 행정은 이 정책을 집행하는 것이라고 주장했다. 이러한 시기의 주된 주장은 모두 정부의 능률적 수행을 전제한 정치·행정 이원론에 관심을 두었으며, 이 모두는 공통적으로 업무의 단순화에 바탕을 둔 구조적 측면에 초점을 두었다. 특히 L. Gulick과 L. Urwick은 행정의 일곱 가지 원칙을 POSDCoRB라는 약자로 표현하였는데, 관리접근법에서 이와 같은 과학적 원리의 선택은 행정학의 정설을 형성하는 고전적, 전통적 혹은 원리주의적 행정연구의 가장 대표적인 업적으로 간주되고 있다.

두 번째로 정설에 대한 도전이다. 인간의 행태적 측면 대신에 공식적·기술적 수준에서의 구조적 측면을 강조하면서 '원리'의 과학을 추구했던 행정학의 정설에 대한 도전은 1940년대 두 가지 측면에서 가시화되었다. 한 가지 도전은 정치와 행정은 어떠한 의미에서든 분리되어질 수 없다는 주장이고, 다른 한 가지 주장은 행정원리는 관리의 합리성에 대한 하나의 표현에 지나지 않는다는 주장이었다.

뉴딜의 경험을 통하여 정부활동의 적정규모에 대한 의문은 굉장한 힘을 가진 정부조직을 탄생시켰고, 정부는 보다 큰 책임과 기능을 가질 것, 정책기구를 창설할 것, 권력을 재분배할 것, 전문 직업화할 것 그리고 조직을 개편할 것 등이 기대되어졌다. 따라서 이 당시는 정치와 행정은 분리될 수 없는 것이며, 행정의 정치적 본질은 행정구조의 과학적 분석보다 훨씬 중요한 것으로 받아들여졌다. 2차 대선 이후 H. Simon의 논문 "행정의 격언"은 전통적 행정이론에 대한 최초의 공격이었다. 그 이후 행태주의적 접근법은 H. Simon의 『행정행태론』(1947)에 의하여 체계화되었다. 세계대전 후 행정의 연구와 실제에 가장 중요한 업적이었던 이 책에서 H. Simon은 행정조직의 가장 중요한 부분이면서도 흔히 소홀히 되고 있는 사실은 행정조직이 의사결정구조이고 과정이라는 점을 강조하였다. Simon의 업적은 논리적 실증주의 접근을 행정에 도입함으로써 새로운 과학의 지침으로서 가치-사실의 분리를 시도했으며, 이를 통해 행정이론의 과학화를 제고했다는 점이다.

세 번째는 행정과학의 수립이다. J. March와 H. Simon의『조직론』이후에 쏟아져 나온 조직론에 관한 책들은 조직의 내부질서와 구조에 관심을 둔 전통적 접근법, 조직구성원인 인간의 행태에 관심을 가진 행태적 접근법, 그리고 조직외부 활동에 초점을 두는 환경적 접근법을 포함하고 있으며, 이들은 새로운 행정과학 접근법에로의 전환점이 되었다.

H. Simon과 같은 행태과학자들은 의사결정, 기획, 의사소통 및 정보와 같은 조직내의 행태적인 현상들에 관심을 가지면서 조직에 대한 연구에 중점을 두었다. 이들은 조직을 시스템으로 파악하면서 이제까지 부분적으로 독립하여 강조되어 왔던 구조, 행태, 환경요소를 상호 관련된 조직시스템의 하위 구성요소로 보았다. 이들이 사용한 기법들은 컴퓨터 기술의 발달에 많은 영향을 받았다.

행정과학 접근법은 구조론적 접근법, 행태론적 접근법, 환경론적 접근법의 완전한 재구성으로서의 의미는 성취하지 못하였으며, 오히려 과학적 관리이론에서처럼 '외부적 요소'와 '환경 혹은 정치적 요소'를 간과하고 있다는 비판을 받았다.

네 번째 행정과학에의 도전이다. 최근의 행정은 활동과 이론적 개념 사이의 혼합과 다양성으로 특징지워진다. 이 같은 행정연구와 행정실제의 범위와 내용은 정치학에서의 인간주의적 움직임과 공공정책의 기술적 분석에 의해 결정되고 있다. 전자는 관료적 구조와 권위의 변혁을 분석하는 과정에서 나타나고 있으며, 후자는 비능률적인 정책을 분석·평가·향상하려는 시도로 나타나고 있다. 이와 같은 인간주의적 행정의 움직임은 1960년대 말엽과 1970년대 초 사회적 혼란과 더불어 발전된 소위 신행정학(New Public Administration)과 밀접히 관련되어 있다.

신행정학은 광범한 아이디어 즉 윤리, 사회적 형평, 가치, 행정혁신, 고객중심, 참여, 반실증주의, 분권화, 도시화문제, 개인의 성장 및 소용돌이 환경을 소개한 규범적·행동적 이론이었다. 신행정은 현상학적 접근법으로 특징지워지며, 신행정학의 관심은 경험적 이론의 개발과 행정의 과학적 연구를 인도하기 위한 보다 명백하게 생성된 규범이나 가치들 중의 하나라고 이해할 수 있다(Wamsley, 1976). 하지만 신행정은 행정연구의 새로운 대안을 제시하지 못하였고, 오히려 이것은 행정이론과 실제의 현 상황에 대한 비판을 모은 것에 불과하다는 지적을 받고 있다.

인간주의적 행정의 움직임은 참여적·민주적 관리의 개념으로 시작되었고, 후에 조직발전과 조직학습이론들과 결합하게 되었다. 이러한 행정의 현상학적 접근법은 실증주의와 행태주의 학파의 인식론과 방법론적 가정에 대한 반발에서 나오고 있다. 현상학 지향적인 이론가들은 과학적 방법의 엄격함은 현실적절성을 추구하는 행정의 이해에는 적합하지 않다고 지적하면서, 사회현실의 연구를 위하여 질적(qualitative)·해석적(interpretive) 방법을 강조하고 있다. 따라서 이 접근법은 행정환경 내에서의 가치, 의미 및 행동에 중점을 두고 행정의 인간적인 측면을 강조한다.

이러한 정설과 도전 그리고 재구성의 과정 속에서 행정학의 역사적 발전의 패턴은 이루어져 왔다. 그러면 다음의 행정학의 재구성은 어떻게 이루어질 것인가? 지금까지 행정학에 대한 도전과 재구성의 과정은 2차 세계대전이라든지 사회적 침체현상과 같은 환경변수가 큰 작용을 하고 있다. 그렇다면 정보기술의 혁명적 변화라는 새로운 환경변수가 어떻게 국가행정에 영향을 미칠 것인가? 그리고 이러한 변화하는 환경으로부터 행정학은 어떻게 재구성되어야 할 것인가 하는 문제는 우리의 중요한 관심사가 아닐 수 없다. 이를 도식화하여 요약하면 〈그림 5-1〉과 같다.

〈그림 5-1〉 행정학 발전의 역사적 패턴

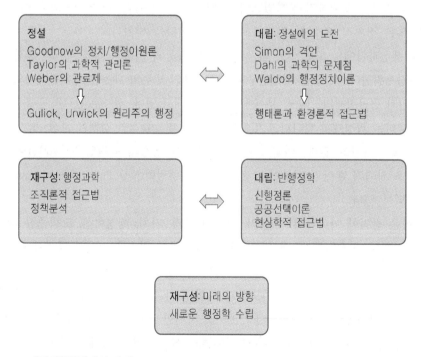

※ 제갈경(1994)에서 수정.

## 2. 정보사회의 행정패러다임

### 1) 정보사회와 국가행정

정보기술 즉 컴퓨터기술, 통신기술, 뉴미디어의 급격한 발전은 정보공간의 광역화를 실현시키고 있으며, 이와 함께 자원으로서의 정보의 중요성이 더욱 부각되고 있다. 기술발전이 사회발전과 불가분의 관계를 맺고 있지만 기술발전이 사회구조를 결정짓는 단일요인으로 볼 수는 없다. 기술발전이 갖는 사회적 의미를 이해하는 데는 사회적·역사적인 맥락을 간과해서는 안 된다. 앞에서도 논의가 있었지만 이 장의 논점과 관련된 정보화의 사회구조적 변화를 살펴보면 다음과 같다. 이를 통해 국가행정개혁의 시사점을 도출할 수 있을 것이다.

첫째, 정보통신혁명은 인간의 육체적 노동의 대부분을 자동화함으로써 점차 정신노동이 사회를 움직이는 힘이 되게 하며, 이와 더불어 정보창출력과 관련된 지적 산업이 경제사회를 선도하게 한다. 이른바 지식기반사회(knowledge-based society)가 되는 것이다. 따라서 인간은 정보, 기술, 지식의 창출과 관련된 정신적 노동에 종사하게 되고, 일을 통한 자아실현 욕구충족을 더욱 경험하게 된다. 물론 이때 전제되어야 할 것은 정보에의 접근과 정보의 통제가 사회구성원이 합의한 사회규범 안에서 누구에게나 동등하게 개방되어야 한다는 것이다.

둘째, 사회조직원리의 변화이다. 산업사회의 전형적인 조직원리가 관료주의적, 중앙집권적, 권위주의적, 획일성이라 한다면, 많은 논자들은 정보사회에서는 분권주의적이고 평등주의적이며 다양성의 원리가 지배할 것으로 예관하고 있다. 물질적 생산이 사회의 주요가치로 부각되는 산업사회에서는 생산의 합리성을 담보하는 관료제적 원리가 필수 불가결하였으며, 그것은 매우 중요한 역할을 수행하였다고 평가할 수 있다. 이제 정보사회에서는 정보통신망이 사회의 신경체계로서의 의미를 갖게 됨에 따라 정보와 지식의 창출력이 사회를 움직이는 동력이 되고 있다. 이는 곧 인간의 자율성의 신장을 기반으로 공동체적 삶의 진화를 결과할 것이라는 전제를 함축하고 있으며, 따라서 관료제적 원리는 점차 그 빛을 잃어가고 인간중심적 사회조직원리가 그 자리를 대신해 갈 것으로 내다보고 있다.

셋째, 경제영역의 변화이다. 경제부문에서는 경제의 소프트화 현상이 가속될 것이다. 광통신, 광전자, 통신위성 등 정보통신기술의 비약적인 발전과 컴퓨터 네트워크와 같은 시스템 기술의 발전은 정보비용을 계속 감소시킴으로써 정보매체를 일반대중이 값싸게 이용할 수 있게 되고, 따라서 경제주체들의 정보활동도 활기를 띠게 될 것이다. 이와 같이 인간의 다양한 욕구와 맞물리는 정보기술의 발달로 산업구조는 재화생산산업 중심에서 서비스산업 중심으로 개편된다. 즉 산업사회와 구분되는 결정요인으로 정보화 지식의 생산, 저장, 유통과 관련된 지적산업의 성장을 특징으로 하는 정보사회에서는 다양한 인간욕구의 충족과 관련된 인간서비스업과 전문서비스업이 중심산업으로 자리를 잡을 것으로 예측되고 있다.

정보통신기술의 비약적인 발전과 관련된 사회의 변화가 앞서 언급한 것처럼 간단하지는 않을 것이며 또한 긍정적인 방향으로만 변화하라는 법도 없다. 인간의 삶이 선택의 연속선상에 놓여져 있다고 볼 때 연속적인 의사결정과정인 인간의 행동을 합리성의 지평으로 끌어올리는 것은 다름 아닌 정보의 양과 질이라 할 수 있다. 물론 이때 인지적 정보도 중요하지만 특히 중요한 것은 감성적 정보이다. 정보기술의 발달이 이와 같은 정보의 저장, 생산, 유통을 양과 질 면에서 산업사회는 경험하지 못한 수준으로 끌어올리게 된다면 인간의 선택가능성은 증가되고, 이에 따라 인간의 자아실현욕구를 충족시킬 수 있는 개연성은 더욱 커질 것으로 볼 수 있다.

정보기술의 발달이 가져다주는 도전들(예컨대, 정보독점, 정보격차, 국제적 정보종속, 실업문제, 인간소외문제, 프라이버시 보호문제 등)도 만만치 않을 것이다. 이러한 문제점들을 관료제적 조직원리로써 해결하는 데는 한계가 있을 것이며, 그 대안적 요소로서 대화참가자들 사이의 평등과 자유로운 토론이 보장되는 공공영역의 활성화가 강조되어야 한다. 그리고 이러한 요소들은 21세기 정보사회의 국정관리의 중요한 특성으로 구현되어야 할 것이다.

## 2) 정보사회의 국가행정이념

발전의 사회적 의미를 재구성하는 노력은 실증주의적 전제가 배어 있는 기술행정에서 탈피하여 민주와 형평을 지향하는 가치지향적 인간행정을 중심으로 전개되어야 한다. 이러한 방향성의 핵심은 국민의 의사소통이 자율성을 토대로 활발히 전개될 수 있는 공공영역의 확장을 의미하며, 이를 통해 국민의 주체적인 삶이 보장되어야 한다.

공공행정은 국가발전을 위해 자원관리를 주도적 그리고 효율적으로 해야 한다는 기존의 집착으로부터 자유로워져야 한다. 정보사회는 보다 인간적인 사회가 될 수도, 비인간화가 심화되는 사회가 될 수도 있다. 이러한 낙관론과 비관론이 모두 존재하는 상황에서 관료적 발전주의에 입각한 행정이 기존의 주도주의적 고정관념을 고수한다면 관료들에 의한 민의 통제는 더욱 강화되고 정보사회에서의 인간소외현상은 더욱 심화될 수 있다.

기존의 능률성과 효과성이라는 행정이념이 무시되어도 좋다는 의미가 아님을 인식할 필요가 있다. 이는 형평과 민주성에 대한 강조와 함께 능률을 규정하는 시각이 바뀌어야 함을 뜻한다. 효율성과 정부생산성의 제고가 중요하지 않다는 의미가 아니라, 효율성의 이념 하에 정부가 국가자원을 주도적으로 관리한다는 통제주의적 발상에서 자유로워져야 한다는 것을 뜻하며, 국민의 의사소통이 자율성을 토대로 공공영역의 의사결정에 투영될 수 있는 제도와 절차적 장치의 마련이 중요함을 강조하는 것이다.

이렇게 보면 정보사회에 있어서 국가행정의 역할 정향은 매우 분명해진다.

국가행정은 관료적 합의에 의한 것이 아닌 국민들의 굴절되지 않는 의사소통을 통해 합의된 발전의 개념을 도출할 수 있어야 한다. 이를 위해서 행정은 국민의 질적인 삶의 개선과 함께 진정한 사회통합을 이룬다는 목표와 민주와 형평이라는 이념아래, 능률을 키워나가면서 국민이 슬픔과 기쁨을 함께 느끼는 인간적인 행정으로 재정립되어야 한다. 인간주의의 핵심은 국민의 의사소통이 자율성을 토대로 활발히 전개될 수 있는 공공영역의 확장에 있으며, 이를 통해 국민의 주체적인 삶이 보장되어야 하는 데 있다.

정보정책이라는 차원에서 이러한 의미의 국가행정의 역할은 다음과 같이 재규정될 수 있다.

국민들의 주체적인 자아실현욕구가 충족될 수 있도록 정보의 고른 분배가 있어야 하며, 이를 위해 정보의 접근과 통제는 국민의 건강한 의사소통에 따라 합의된 규범의 한계 내에서 누구에게나 개방하는 정보민주화를 실현하는 것이다.

결국 정보화의 효율성을 저해하지 않으면서, 인간소외와 전통적 가치를 최대한 보존하는 일이 정보화 정부의 역할이라고 생각된다. 한편으로 정부생산성과 민간의 활력이 질식되지 않도록 하면서, 다른 한편으로 정보교육과 민주적 절차의 보장을 안전판으로 대다수 국민들을 정보화 과정과 절차로부터 소외시키지 않는 일이 중요하다. 이를 위해서는 근본적으로 정보문화 및 정보윤리의 형성이 뒷받침되어야 할 것이다. 이러한 인간중심의 정책이념의 구성적 요소를 그림으로 표현하면 〈그림 5-2〉와 같다.

## 3) 정보사회에서의 국가행정의 역할과 위상

정보통신기술의 혁신적 발전은 국가간 관계를 크게 변화시키고 있다. 국제화·세계화의 진전은 국가들에게 새로운 분야의 국제무역 기회를 부여하고 있다. 이는 국가간 협력체제를 변화시키고 있을 뿐 아니라, 국가운영체제와 제도간 경쟁도 초래하고 있다. 시민사회의 분화와 비영리 사회조직의 가치에 대한 새로운 인식은 국가-사회관계를 수직적 관계에서 수평적 관계로 전환시키고 있으며, 유일한 권력기관으로서의 국가의 독점적 지위마저도

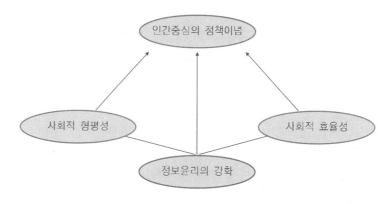

〈그림 5-2〉 인간중심 정책이념의 구성요소

▶ 절차적 형평
　▷공개적 접근
　▷참여의 기회
　　＊정보교육
　　＊민주적 절차의 보장
　▷보편적 서비스
▶ 실제적 형평

▶ 정부 생산성
　▷전자정부의 구현
　▷효율적 네트워크
　　(SNS, Smart Grid)
▶ 민간활력의 극대화
　▷법/규제의 완화
　▷투자위험 및 불확실성의 최소화

변화시키고 있다(Toffler, 1990).

　정보사회에서의 국가의 역할구조는 직접개입자에서 간접유도자로, 직권해결자에서 중재자로 전환될 것이다. 따라서 산업사회에서 형성되었던 '정부－비정부기관－민간기관' 간 역할분담구도가 새롭게 정비되어야 한다. 즉, 사회에 대한 직접적 통제, 인위적 자원배분, 민간부분에 대한 독점권 행사, 불필요한 부분에서의 독점적 지위 유지, 중앙집권적 권한배분, 공식부문 위주의 행정처리 등은 바뀌어야 하며, 구체적으로 새로운 국가역할의 변화방향은, ① 시민정신의 촉진자로서의 국가, ② 네트워크 관리자로서의 국가, ③ 정보화 시대의 새로운 인프라구축 창도자로서의 국가, 그리고, ④ 사회변동 관리자로서의 국가가 되어야 한다(김광웅, 1995).

　행정의 효율성을 제공하고 행정서비스의 질적 수준을 제고하기 위해서는 정보통신기술을 행정에 수용하여 행정의 정보화를 촉진하고, 정부부처 간 정보의 공동활용시스템을 구축하는 것이 필요하다. 정부의 역할 수행방식의 변화를 질적으로 뒷받침하기 위해서는 국가기구의 내부적 역량도 정보관리 및 전달에 있어서 효율적인 체제로 재편되어야 할 것이다. 이제 경직된 계층제 조직과 국가운영으로는 날로 성숙되어 가는 국민의 수요에 부응할 수 없으며, 이러한 환경에 적응해 나가기 위해서는 전자정부의 '네트워크 관리자'로서의 정부모습이 요구되고 있다.

## 3. 요약 및 결론

역사의 수레바퀴는 어김없는 운동법칙을 계속하여 20세기의 산업화 시대를 마감하고 21세기의 지식 정보화 시대라는 새로운 역사의 장을 펼치고 있다. 정보화 시대에는 단순히 자본과 노동으로 대량생산하던 산업화시대는 막을 내리고, 고도의 기술 내지 정보라는 새로운 생산요소를 가지고 과거와는 다른 새로운 생산시스템으로 사회가 운영되고 있다. 특히 디지털(Digital)기술의 발달과 관련 소재산업의 발달은 전 사회의 잠재경제력(경제적 생산력)을 최상의 수준으로 끌어올리고 있으며, 이는 스마트(Smart) 정보기술의 혁명적 발달을 초래하였다. 수천년의 역사 속에서 인류가 쌓아올린 지식과 기술들이 디지털화되어 지식과 기술의 고도집적과 활용이 가능하게 되었으며, 통신의 디지털화는 인류의 시간과 공간의 개념을 완전히 탈피하게 만들었다.

사회전반에 걸쳐 컴퓨터 네트워크를 통하여 통신이 이루어지게 되고 이러한 정보통신기술의 다양한 활용은 제반 행정서비스 기능에도 광범위한 근본적인 변화를 초래하고 있으며, 이러한 혁명적 사회변화의 소용돌이 속에서 기존의 행정모형은 새로운 거버넌스 모형으로 변화되고 있다.

새로운 비판과 도전 속에 행정학을 정상과학으로 올려놓으려는 노력과 소용돌이치는 정보환경의 변화 속에서, 이제 우리의 국정관리도 새로운 패러다임에 직면하고 있다. 인간주의적 이념을 효율적으로 구현할 수 있고, 스마트(Smart) 정보기술을 이용하여 국민의 자율적인 의사소통을 증진시키는 체제를 구축하고, 그에 걸맞은 정책과 운영양식을 갖추어 나가야 할 것이다.

이러한 관점에서 이어지는 장에서는 정보사회의 국정관리에 대해 좀 더 구체적으로 알아보고자 한다. 거버넌스, 뉴거버넌스, Cyber 거버넌스 등의 개념에 대해서 검토하고, 이러한 거버넌스 이론이 전자정부와 어떻게 접목될 수 있는지를 살펴보며, 더 나아가 정보사회의 국정관리에 대한 분석모형을 도출하기로 한다.

◎ 행정학의 논의구조

◘ 행정학 발전의 역사적 패턴

▶ 행정학의 정설
- Goodnow의 정치/행정이원론
- Taylor의 과학적 관리론
- Weber의 관료제
- Gulick, Urwick의 원리주의 행정

▶ 정설에 대한 도전
- Simon의 격언
- Dahl의 과학의 문제점
- Waldo의 행정정치이론
- 행태론과 환경론적 접근법

▶ 행정과학의 수립
- 조직론적 접근법
- 정책분석

▶ 행정과학에의 도전
- 신행정론
- 공공선택이론
- 현상학적 접근법

◘ 분석의 틀로서 거시행정학

▶ 한국행정환경의 급변과 이에 따른 정권과 행정조직·구조·제도의 변동을 한국행정이 세계체제 및 국내계급과 맺고 있는 관계와 연관하여 거시적·포괄적·체계적·동태적 설명이 필요함

◘ 인간중심의 행정학

▶ 인간주의의 실현
▶ 개방체제 모형

## ◎ 정보사회와 행정패러다임

### ■ 정보사회와 국가행정

- ▶ 정보통신혁명을 통한 지식기반사회(knowledge-based society)
- ▶ 사회조직원리의 변화
- ▶ 경제영역의 변화

### ■ 발전행정에 대한 이념적 반성

- ▶ 한국의 발전양상과 결부된 관료적 발전주의의 특성
  - 발전의 철학은 성장
  - 발전에서 개인보다는 국가가 우선하는 국가중심사상이 근본
  - 발전의 주체는 관료집단
  - 발전의 추진양식은 단기적이고 단편적이며, 각 분야의 불균형 발전, 민과 사회의 부분 집단을 키우지 않는 발전, 다수의 국민은 사회의 중층구조의 하부에서 발전과정으로부터 소외되는 현상 발생

### ■ 정보사회의 국가행정이념

- ▶ 정보화의 효율성을 저해하지 않으면서, 인간소외와 전통적 가치를 최대한 보존하는 일이 정보화 정부의 역할
- ▶ 인간중심의 정책이념
  - 사회적 형평성: 절차적 형평(공개적 접근, 참여의 기회, 보편적 서비스), 실제적 형평
  - 사회적 효율성: 정부생산성(전자정부의 구현, 효율적 네트워크), 민간활력의 극대화 (법/규제의 완화, 투자위험 및 불확실성의 최소화)
  - 정보윤리의 강화

### ■ 정보사회에서의 국가행정의 역할과 위상

- ▶ 국가역할의 변화방향
  - 시민정신의 촉진자로서의 국가
  - 네트워크 관리자로서의 국가
  - 정보화시대의 새로운 인프라구축 창도자로서의 국가
  - 사회변동 관리자로서의 국가

## ◎ 정보사회의 국가행정모형: 국정관리 네트워크 정부모형

■ **네트워크 정부모형:** 컴퓨터시스템 이론과 생태주의적 이론을 결합한 것으로서 국가행정 체제에 대한 하나의 제안
  ▸ 사회네트워크의 관리자로서의 역할: 클라이언트－서버(Client-Server)모형에서 서버와 같은 역할을 담당하는 정보센터(Information Center)가 존재하고, 중앙정보센터를 중심으로 중앙정부라는 하위체제(Sub-System)를 이루고, 이것이 모여 국가체제(National System)를 이루며, 이러한 국가체제들이 모여 글로벌체제(Global System)와 연계된다는 모델
  ▸ 고객지향서비스
  ▸ 통합된 자원서비스
  ▸ 전자적 서비스 전달
  ▸ 신속간결한 반응
  ▸ 자율적 조정
  ▸ 통합된 네트워크

◎ 행정학의 논의구조를 역사적 발전패턴 4가지로 나누어 구분하여 정리해 보자.

◎ 행정학의 역사적 발전패턴 중 행정학의 정설에 속하는 학자들의 주요 이론을 정리해 보자.

◎ 행정학의 역사적 발전패턴에서 정설에 대한 도전에 속하는 학자들의 이론을 정리해 보자.

◎ 행정학의 역사적 발전패턴에서 행정과학의 수립, 행정과학에의 도전에 속하는 학자들의 주요이론을 정리해 보자.

◎ 정보사회의 행정학을 논의하기 위한 구조로서 거시행정학에 관하여 생각해 보자.

◎ 정보사회의 행정학이 지향해야 할 방향으로 인간중심의 행정학이 실현해야 할 점들을 논의해 보자.

◎ 정보사회와 국가행정은 어떠한 관계양상을 띠고 있는지, 그러한 상황에서 발전행정에 대한 반성은 어떻게 이루어져야 하는지를 설명하라.

◎ 한국의 정보사회 발전양상에 따른 국가가 지향해야 할 행정이념에 대해 생각해 보고 인간 중심의 정책이념의 구성요소에 대해 정리해 보자.

◎ 정보사회에서의 국가행정에서 국가가 나아가야 할 변화 방향을 논의해 보자.

◎ 정보사회의 바람직한 국가행정을 위한 모형인 미래지향적 국정관리네트워크 정부모형에 대해 생각해 보자.

 고시기출문제

[ 고시기출문제 (1) ] 전자정부는 정보통신기술이라는 수단을 통해서 다양한 가치를 실현하려는 정부의 노력이며, 이념적인 동시에 실천적인 정부관리 전략이라고 할 수 있다. 전자정부가 추구하는 가치와 행정의 패러다임에 대해서 논하시오. [2012년 입시]

[답안작성요령]

☞ 핵심 개념

본 문제는 전자정부의 정책이념과 행정패러다임을 묻고 있다. 전자정부의 정책이념은 공급측면(기술결정론), 수요측면(정부의 효율성, 민주성), 정책적 측면(정부의 정책적 노력)으로 나누어 설명할 수 있다. 다만 본 문제는 이 가운데에서 정책적 측면의 시각으로 바라볼 것을 주문하며, 행정의 패러다임과 연계해 전자정부가 추구하는 가치를 올바르게 이해하고 있는지를 묻고 있다. 즉, 행정의 패러다임으로 신공공관리론과 전자정부의 효율성, 초기 뉴거버넌스와 전자정부의 민주성, 최근의 뉴거버넌스 다차원성과 스마트 전자정부의 다원가치 강조를 연계하여 설명하면 좋은 답안이 될 수 있을 것이다.

☞ 전자정부의 의의

전자정부는 정보통신기술을 활용하여 행정의 생산성 제고와 대국민 서비스 질 향상을 추구하는 정부로서, 효율성 측면(Back Office: B/O)에서 업무의 끊임없는(seamless) 연계와 무회방문 및 상시방문(One Stop, Non Stop, Any Stop Service), 종이없는 사무실(Paperless & Buildingless Office), 깨끗하고 투명한 정부(Clean & Transparent Govern-ment), 디지털신경망 지식정부(Digital Nervous-Knowledge Government)를, 민주성 측면(Front Office: F/O)에서 전자민주주의 구현과 시민의 정책참여를, 신뢰성과 성찰성 측면에서 사회공동체의 수평적·수직적 커뮤니케이션 활성화를 통해 담론형성과 공공영역의 장 확대, 그리고 신뢰받고 성숙한 사회의 구현을 추구한다.

☞ 전자정부의 추구하는 가치와 행정 패러다임의 변화

| 전자정부의 추구 가치 | 행정 패러다임 |
|---|---|
| B/O 중심의 전자정부: 효율성<br>　전자정부가 큰 정부의 비효율성을 개선할 수 있는 유용한 수단으로 인식, 전자문서관리시스템 | 신공공관리 패러다임: 효율성<br>　70년대 오일쇼크와 스태그플레이션은 정부불신 강화, 80년대 신자유주의에 기반한 신공공관리 |

| | |
|---|---|
| (EDMS), 그룹웨어(GW), 전자결재 등 업무의 전산화로 비용 절감과 생산성 증진을 추구하며 BPR, ERP 등 업무 연계성, 효율성 강조 | (NPM)가 대두되며 규제국가 혹은 작은 정부를 통한 행정의 효율성을 추구 |
| F/O 중심의 전자정부: 민주성<br>시민사회 대두로 민주성 제고에 관심이 증가, 전자정부의 대국민 서비스 질과 정보에 대한 접근성(accessibility) 향상을 추구, 전자민원(G4G) 전사적 아키텍처(EA)로 논스톱 서비스 제공, 보편적 서비스와 정보격차 완화 등을 제시 | 초기 뉴거버넌스 패러다임: 민주성<br>정부실패뿐만 아니라 시장실패에 대한 대안으로 시민사회가 새로운 주체로 강조되기 시작, 참여(participation)를 통한 민주성(democracy) 확보가 강조 |
| 스마트 전자정부: 다원가치<br>다원가치를 추구하는 패러다임의 변화로 전자정부 역시 스마트 기술을 통한 혁신을 통해 다원가치 달성을 위한 도구 역할을 수행, 클라우딩 컴퓨팅, 행정정보 공동이용(co-use) 및 스마트워크 등의 삶의 질 증진, SNS를 통한 행정, 모바일 전자정부(m-Gov) 등 다원가치에 대한 형평성(equity)을 추구 | 최근 뉴거버넌스 패러다임: 다차원성<br>시민사회 역시 책임성, 전문성 등의 한계점이 드러나며, 특정한 주체 일방이 아닌 정부, 시장, 시민사회의 세 주체가 협력하여 문제를 해결하는 뉴거버넌스 확립. 이에 행정 패러다임 역시 효율성, 민주성 등의 단일가치보다는 효율성, 민주성, 신뢰성, 성찰성 등 다양한 가치를 추구하는 방향으로 변화 |

자료: 본서 제5장 정보사회의 행정학 및 정보체계론 기출문제집(메가고시연구소, 2012) 참조.

☞ 고득점 핵심 포인트

사회 및 시대가치의 변화에 따라 행정의 패러다임은 다양하게 변화해왔으며, 이러한 패러다임의 변화와 기술의 발전 등으로 전자정부의 추구가치 역시 변화해왔다. 이 문제에 대한 고득점 핵심 포인트는 전자정부의 추구가치를 행정의 패러다임 전개와 연계하여 기술하는 것이다. 효율성, 민주성을 넘어 다차원성으로 전개되는 행정패러다임에 연계하여 전자정부의 추구가치도 효율성, 민주성을 넘어 스마트 전자정부에서 추구하는 다원가치로 발전해 왔음을 서술해야 한다.

당시 주목받았던 전자정부3.0 역시 정보공개, 참여, 공유, 협업 등을 강조하면서 정부의 방향성을 '변혁(transformation)'이라는 가치에 두고 있는 바, 이 역시 효율성, 민주성 등의 단일 차원성 보다는 다원가치의 접근을 통한 국민행복(인간의 존엄성)이라는 최종가치를 지향하고 있음을 지적해 준다면 더욱 완성도 높은 답안이 될 것이다(권기헌, 전자정부론(박영사, 2013), 제5장 정보사회의 행정학 및 제15장 전자정부 개념의 세 차원 참조바람).

 **고시기출문제**  ※ 해당 답안작성요령은 고시기출출제 시기에 맞춰서 작성되었음

[ 고시기출문제 (2) ]  행정환경의 양적·질적 변화는 정부의 역할과 구조에 많은 변화를 주고 있으며, 이러한 변화에 대응하는 정부의 노력이 전자정부와 정부혁신을 연계하여 추진하는 방향으로 나타나고 있다. 전자정부와 정부혁신의 연계를 강조하는 배경과 추진방향을 논하시오. [2005년 입시]

[답안작성요령]

☞ 핵심 개념

본 문제는 전자정부와 행정학의 정부혁신의 개념을 연계시켜 묻고 있다. 특히 NPM을 중심으로 전자정부와 정부혁신이 연계되는 배경 및 추진방향을 논의할 것을 요청하고 있으며, 그 한계로서 뉴거버넌스에 대한 언급이 핵심인 문제이다.

이에 따라 전자정부와 정부혁신의 개념을 설명하고, 전자정부와 정부혁신의 연계를 강조하는 배경을 설명해야 한다. 또한 그 과정에서 기존의 효율성뿐만 아니라 인간중심의 민주성과 성찰성 등의 정책이념을 통하여 향후 전자정부로 인해 달성되어야 하는 모습을 논리적으로 풀어나가야 한다.

☞ 전자정부와 정부혁신의 개념

우선 전자정부란, 정보통신기술에 바탕을 두고 전자적 업무처리를 통해 종이 문서를 감축시키고, 투명성을 바탕으로 한 열린 정부와 서비스 질 향상을 통해 국민의 편익을 증진시키는 정부를 의미한다. 한편 정부혁신이란, 정부의 일하는 방식이나 운영방식 등에 영향을 미치는 일련의 발전적 변화를 의미한다.

☞ 전자정부와 정부혁신의 연계

여기에서는 정부혁신의 등장배경으로서 NPM에 대해서 기술해 주어야 한다. 정부혁신과 가장 유사한 단어의 등장은 1993년 미국 앨 고어 부통령의 NPR(국가성과위원회; National Performance Review)에서 주도한 정부재창조(Reinventing Government)이다. 미국 앨 고어 부통령은 1990년대에 들어 두드러지게 등장한 정보화와 세계화의 물결에 대응하여 정부경쟁력 강화를 위한 일련의 기업가적 정부혁신 프로그램들을 제시하였는데, 이것이 정부혁신이라는 단어가 유행하게 된 계기이다. 특히 이때 강조된 개념이 전자정부

(IT)를 활용한 기업가적 정부, 그리고 그와 연계된 정부혁신이라는 개념이다. 1990년대는 정보화와 세계화가 두드러진 물결로 등장한다. 정보화와 세계화의 물결로 인해 정보기술의 급속한 진보, 시장에서의 치열한 무한경쟁, 사회의 다원화로 인한 다양한 시민욕구의 분출 등이 파생적으로 진행되었으며, 이로 인해 전자정부를 중심으로 한 정부혁신이라는 개념이 부각되었다(Hughes, 1994: 15-16).

☞ 전자정부와 정부혁신의 논리
1) 비용절감(cost savings): 정부혁신은 비용절감을 통한 수익추구와 서비스 질 확대에서 기인한다. 정부가 전자정부를 도입하고 채택하는 것은 대부분 이러한 경우에 많은 편익을 기대해 볼 수 있기 때문이다(Grady, 1992: 157).
2) 고객만족(customer satisfaction): 고객만족은 정부혁신과 정부 서비스 공급의 중심적 개념이 되어가고 있다. 전자정부에 있어서 고객만족은 G4B, G4C를 통해서 구현된다.
3) 민간부문(private sector)의 적극 활용: 정부혁신에 의한 정부행정 서비스의 효과를 가져올 것이라는 기대는 민간부문의 전문성 활용을 통해 그 가능성은 확대된다(Silfvast & Quaglieri, 1994: 117). 전자정부는 아웃소싱, 민간위탁 등을 통해 시스템을 구축하며, 기관과 기관간 정보공유 및 시스템을 연계하는 경우에도 민간부문의 지식을 적극 활용한다.

☞ 전자정부와 정부혁신의 추진방향
NPM적 관점에서 전자정부의 추진방향은 다음과 같다.

1) BPR, TQM, IRM 등을 통해 정부업무프로세스를 표준화하여 업무의 효율성을 제고하고 스마트 워크나 협업을 통해 창의행정을 구현해야 한다(G2G).
2) 개방된 기준과 프로토콜의 채택, 전자상거래 등 전자시스템의 안정성과 보안을 강화하기 위한 기술기반을 마련해야 한다(G4B).
3) 스마트폰 기술 등을 활용하여 민원서비스 프로세스를 혁신하고 단일화된 인터넷 민원창구를 구축하는 한편 개인정보유출이나 해킹을 방지할 수 있는 정보보안기술을 강화해야 한다(G4C).
4) 빅데이터, 알고리즘, 시멘틱 웹 등 최신기술을 활용하여 지식관리를 체계화하고, 정부3.0의 구축을 통해 정책결정의 과학화를 제고해야 한다(권기헌, 2013: 136-200).

하지만, 이러한 NPM적 노력만으로는 한계가 있다. 즉 1) 시민과 고객의 차이에 따른 한계, 2) 민주적 국정관리에 대한 통찰의 부족, 3) 정부의 제도적 학습메모리(institutional learning memory)의 저하 및 공동화 정부(hollow government)의 초래 등이 그것이다. 따라서 향후 정부혁신과 전자정부는 1) 핵심전략을 재조명하여 환경변화에 유연하게 대응하며, 2) 학습시스템을 구축하고, 3) 정부－시장－시민사회의 거버넌스를 토대로 신뢰와 협력에 기초한 네트워크적 문제해결을 강조하는 방향으로 발전되어야 한다.

☞ 고득점 핵심 포인트

본 문제는 전자정부와 정부혁신이 연계되는 배경과 추진방안에 대해서 답하는 것이 핵심이다. 따라서 위에서 제시된 바와 같이, NPM을 배경으로 등장한 1990년대 초의 정부혁신과 전자정부의 연계 배경 및 추진 방안을 잘 기술해 주어야 한다. 하지만 이러한 NPM적 노력만으로는 민주행정을 구현하는데 한계가 있다는 점을 지적하고, 이를 극복하기 위한 뉴거버넌스 혹은 네트워크 거버넌스에 대해 서술해 주는 것이 고득점 방안이다.

특히 현대사회는 다양한 이해관계자들의 갈등이 매우 복잡한 양상으로 발전하고 있는 바, 사회공동체에 대한 올바른 비전과 문제해결, 방향설정, 갈등관리 등을 위해서는 공동체내의 행위자들 간의 신뢰와 협동이 매우 중요하다. 전자정부는 온라인 담론형성, 공공 토론의 활성화를 위한 플랫폼 제공 등을 통해 우리사회의 신뢰 구축 및 사회적 자본 형성 그리고 이를 통한 성찰성의 제고에 매우 중요한 수단(정책기제)을 제공한다. 따라서 본 문제의 고득점 핵심 포인트는 NPM적 기반구축과 함께 방향설정, 신뢰형성, 네트워크 문제해결을 강조하는 방향으로의 정부혁신과 전자정부의 추진방안에 대해서 기술해 주는 것이다(본서, 제5장 정보사회의 행정학, 제6장 정보사회의 국정관리; 권기헌, 행정학(박영사, 2009) 제11장 정부혁신을 위한 정책제언 참조바람).

# 정보사회의 국정관리

정보화라는 일관된 시대의 흐름은 정부의 형태와 권력의 의미 그리고 그 통치방식까지도 바꾸고 있다. 국민에게 좀 더 편리하고 투명하게 다가가려는 정부의 서비스는 Smart 혁명이라는 기치하에 사이버 거버넌스 안에서 모두 통합되고 있다.

## >>> 학습목표

정보사회의 국정관리에서는 거버넌스의 개념과 관련 이론의 다차원성, 거버넌스 국정관리모형의 유형을 살펴보고, 사이버 거버넌스와 전자정부에 대한 연결고리를 통해 정보사회의 국정관리에 관해 학습한다.

첫째, 거버넌스의 개념과 관련이론의 다차원성에 관해서는 거버넌스, 뉴거버넌스와 사이버 거버넌스의 개념을 우선적으로 밝히고, 이와 관련된 이론의 다차원성을 국가·시장·시민사회의 중심성에 따라 학습한다.

둘째, 거버넌스 국정관리모형의 유형에 관해서는 국가모형, 시장모형, 시민사회모형의 세 가지로 나누어 학습한다. 우선 국가모형은 신공공관리적 정부모형, 기업가적 정부모형, 신축적 정부모형, 탈규제적 정부모형으로 나누어 살펴본다. 다음으로 시장모형은 시장적 정부모형과 최소국가형 정부모형으로 나누어 살펴본다. 마지막으로 시민사회모형은 네트워크 정부모형과 참여적 정부모형으로 나누어 살펴본다.

셋째, 사이버 거버넌스와 전자정부에 관해서는 사이버 거버넌스 모형의 개념 및 의의, 사이버 거버넌스와 전자정부의 개념적 관계와 이슈에 대해 학습한다. 이를 통해 사이버 거버넌스와 전자정부의 개념적 관계를 정보기술의 속성에 비추어 살펴보고, 이들이 강조하는 새로운 정책적 이념과 발생 가능한 잠재적 문제들을 알아본다.

넷째, 정보사회의 국정관리에 관해서는 정보화로 인한 국정관리의 변화를 검토하고, 이로 인한 행정의 역할과 조직구조의 변화를 현실적·규범적 측면에서 학습한다. 이어서 보다 면밀한 분석을 위하여 정보화, 행정모형 그리고 행위결과로 구성되는 분석모형에 대해서도 알아보기로 한다.

다섯째, 4차 산업혁명의 개념 및 특징과 기존의 산업혁명의 변화에 대해서 우선적으로 살펴보고, 4차 산업혁명과 관련된 정부모형4.0의 필요성에 대해서 학습한다. 마지막으로 정부모형4.0을 지혜정부, 소통정부, 융합정부로 나누어 살펴보고 이에 따른 특징을 알아본다.

## 1.  거버넌스, 뉴거버넌스와 사이버 거버넌스[1]

### 1) 거버넌스의 개념

거버넌스(Governance)는 20세기 산업화 시대를 거쳐 21세기 정보화 시대로 넘어오면서 세계화와 정보화가 급속히 진행되는 과정에서 등장하게 된 새로운 통치형태이며, 행정학, 정치학뿐만 아니라, 경제학, 사회학에서도 등장한 새로운 패러다임이다. 산업화 시대의 통치모형은 국가 관료제를 주역으로 하고 있었으나, 1990년대 이후 미국과 영국을 시발점으로 "정부 없는 거버넌스: 더 작은 정부, 더 많은 거버넌스"의 구호아래 각 국가들이 국가혁신 및 공공부문의 개혁을 추진하는 과정에서 정부와 시장 및 시민사회 등 국가운영 주체들의 관계를 새롭게 정립할 필요를 느끼게 되었다. 이러한 국정관리모형은 급속하게 추진된 세계화와 정보화의 흐름 속에서 사회 공동체의 새로운 틀의 성격이 규정되고, 그 틀 속에서 국가와 정부의 역할과 기능이 재정립되고 있으며, 그 과정에서 국가(정부)-시장(기업)-시민사회(NGO) 등 국가운영의 세 주체간의 관계정립이 좀 더 수평적이고 긴밀한 유기적인 네트워크 형태로 변모되어야 한다는 시대정신을 반영한 새로운 국정운영모형이 제시되었는데, 이러한 다양한 형태의 국정운영모형을 총칭하여 거버넌스(Governance)라고 부른다.

### 2) 뉴거버넌스와 사이버 거버넌스의 개념

#### (1) 뉴거버넌스의 개념

거버넌스(Governance)와 함께 최근에 대두되고 있는 것이 뉴거버넌스(New Governance)이다. 뉴거버넌스의 개념은 논자에 따라 달리 접근될 수 있는 다양한 어의를 총칭하고 있다. 논의를 가장 단순화시켜보면 국가 중심적 거버넌스는 계층제 중심의 거버넌스이고, 신공공관리론은 계층제 중심의 운영에 관리주의적 기법(민간경영기법과 민간위탁관리)과 시장주의적 요소(가격, 경쟁, 유인)들을 도입한 것이라면, 뉴거버넌스는 계층제 중심의 수직적

---

[1] 이 절에서 참고한 책은 다음과 같다. 김석준 외(2000), 『뉴거버넌스 연구』; 김석준 외(2001), 『뉴 거버넌스와 사이버 거버넌스』, 대영문화사; 윤영진(2002), 『새 행정학』, 대영문화사; 박연호(2000), 『행정학 개론』, 박영사 등.

모형보다는 네트워크 중심의 수평적 모형을 강조한다. 또한, 뉴거버넌스는 시장 및 시민사회와의 신뢰와 협동에 기초한 보다 많은 참여와 조정, 연결 및 네트워크를 강조하는 개념이다. 즉, 뉴거버넌스는 계층제 중심의 명령이나 통제에 기초한 '소수의 관료 지배'에 의한 조정 방식도 아니고, 시장 중심의 가격이나 경쟁에 기초한 '보이지 않는 손'에 의한 조정 방식도 아닌, 신뢰와 협동에 기초한 참여와 네트워크에 의한 조정과 문제해결 방식을 강조하는 개념이다. 최근에 이러한 뉴거버넌스 개념은 자치 거버넌스(Self-Governance, Kooiman, 2003; J. Newman, 2001), 자기조직적 네트워크(자기생명적, 자기형성적, 자기진화적 네트워크, Rhode, 1996; Ilya Prigogine, 1984), 자기조정 네트워크(G. Peters & J. Pierre, 2005) 등 다양한 형태의 네트워크 거버넌스로 지칭되고 있다.

### (2) 사이버 거버넌스의 개념

사이버 거버넌스는 현실공간에서의 거버넌스가 글로벌, 리저널, 내셔널, 그리고 로컬이라는 물리적 범위와 정책적 이슈에 기초를 둔 거버넌스 유형과 대비하여 가상공간에서 형성되고 있는 거버넌스의 한 형태이다. 즉 사이버 거버넌스는 물리적 범위와 정책적 이슈를 각각의 축으로 하여 2차원적으로 구성된 거버넌스의 세계에 제3의 축으로서 가상공간을 연결함으로써 마치 그 반대편의 대칭적 세계에서 거버넌스의 수준과 이슈를 그대로 투영하고 있는 또 다른 새로운 형태의 거버넌스 영역이라고 하겠다.

〈그림 6-1〉 현실 공동체와 가상 공동체의 거버넌스

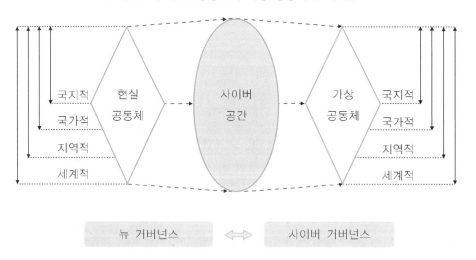

※ 김석준 외(2000: 278)에서 그림 수정 인용.

## 2. 거버넌스 개념과 이론의 다차원성

### 1) 거버넌스 개념과 이론의 다양성

거버넌스와 관련한 개념은 개별 학문분야의 특성과 관심영역에 따라 다양하게 해석된다. 행정학 분야에서는 거버넌스가 새로운 국가통치행위 및 방식을 의미하는 국정관리로 해석되고 있으며(정정길, 2000: 433~546; 한국행정학회, 2000), 정치학 관련분야에서는 다원적 주체들 간의 협력적 통치방식을 의미하는 네트워크 통치, 협력적 통치로 정의되며(조명래, 1999: 39), 제도주의 경제학 영역에서는 공동체적 자율관리체계로서의 거버넌스의 역할을 논의하면서 이를 자치체계 또는 자치제도로 번역하며(Ostrom, 1990), 사회학에서는 국가나 시장과 구별되는 사회의 자연스러운 조정양식의 원형(Jessop, 1998: 31)이나 자기조직적 네트워크(Rhodes, 1996) 등으로 정의하고 있다. 이처럼 거버넌스는 학문 분야에 따라 그 시각과 중심성을 달리하고 있다.

### 2) 거버넌스 개념과 이론의 다차원성: 국가·시장·시민사회의 중심성

거버넌스의 개념은 어느 시각에서 보느냐에 따라 그 기본적으로 지향하는 가치, 체제 운영 양식, 주체, 및 그들 간의 상호관계 등이 다르게 규정된다. 거버넌스의 주체들인 국가, 시장, 시민사회 가운데, 어느 것을 중심으로 이해하느냐에 따라 거버넌스의 내용이 달라진다. 국가(또는 정부) 중심적인 접근이 많이 논의되어 왔지만 거버넌스가 등장한 기본원인은 정부실패나 정부의 통치능력 상실에 따른 새로운 대안으로 제기된 만큼, 국가(정부)중심적 접근 외에 거버넌스의 다른 주체들인 시민사회(NGO), 시장(기업), 정치사회(정당), 그리고 사이버 공간과 네트워크의 역할이 새롭게 강조되고 있다. 이처럼 주체들을 중심으로 거버넌스 이론들을 분류해 보면, 국가중심 거버넌스(State Governance), 시민사회중심 거버넌스(Civil Society Governance), 시장중심 거버넌스(Market Governance), NGO 거버넌스(NGO Governance), 사이버 거버넌스(Cyber Governance 혹은 Cybernance) 등으로 나눌 수 있다.

## 3) 거버넌스 네트워크 모형의 기본 형태

### (1) 독립형

독립형은 국가, 시민사회 및 시장이 서로 독립적인 지위에서 서로 다른 원리에 따라 운영되는 체제이다. 국가는 관리주의와 관료주의에 따라 활동하고, 시장은 경쟁원리 및 고객주의에 따라 움직이며, 시민사회는 참여주의와 공동체주의를 지향하면서 민주주의를 기반으로 작동하게 된다.

### (2) 연립병존형

연립병존형은 전통적인 중심이론 모형보다는 거버넌스에 가깝게 가는 모형이다. 그러나 연립 병존의 경우 기존 행위 주체들인 국가, 시장, 및 시민사회 등의 작동 원리가 그대로 존재하면서 불안정하게 정립하고 있는 과도기적인 모형이다.

### (3) 네트워크형

네트워크형은 국가, 시민사회, 및 시장이 각각의 작동원리를 기반으로 하지만, 상호간 변화하는 새로운 질서에 적극적으로 대응하기 위한 공동의 제도적인 장치를 구축한다. 네트워크형은 독립형이나 연립병존형과 달리 개별 주체들이 자율성을 유지하면서도, 제도적으로 상호 기본가치와 공동목표를 공유하면서 하나의 실체(entity)로 존재할 수 있는 방식으로 연결된 국정관리체제를 형성하는 것이다.

## 4) 국가 차원의 뉴거버넌스의 방향: 국가·시민사회·시장의 협력–경쟁 네트워크 모형

국가혁신은 국가, 시민사회, 기업과의 관계와 자본주의, 민주주의, 관료주의의 관계까지를 포괄하는 국가의 기본 성격과 틀을 포함하여 고치는 것을 의미한다(김석준, 1997; 김석준 외, 2000). 한국의 국가혁신은 영미형이나 대륙형 어느 하나에 치중하기보다는 양자의 균형 모형, 즉 민주주의, 자본주의 및 관료주의가 균형을 이루는 것을 모델로 삼는 것이 바람직할 것이다. 이들 3자가 상호 공존·경쟁하면서 협력과 균형을 이루도록 국가의 틀을 마련해야 한다. 이는 매우 중요한 일로써 우리나라의 국가혁신 방향을 정립하는 의미를 지닌다. 이는 또한, 국가, 시장, 시민사회가 독자적으로 서로의 다른 원리에 따라 운영하는 독립모형(가)에서 상호 병존하는 병존형(나)을 거쳐, 장차 상호 네트워크로 연결되어 하나의 논리로 공존, 협력, 경쟁하는 네트워크형(다)으로 진화, 발전해 나가는 것을 의미한다.

## 3. 사이버 거버넌스와 전자정부

### 1) 사이버 거버넌스 모형: 개념 및 의의

글로벌, 리저널, 내셔널, 그리고 로컬이라는 물리적 범위와 수준이 분명한 거버넌스 유형과는 달리 사이버 거버넌스는 가상공동체에서 형성되고 있는 거버넌스의 또 다른 형태이다. 가상공동체란 컴퓨터 네트워크의 매개를 통해 말과 생각을 교환하는 사람들의 집단이라고 할 수 있다(Rheingold, 1993). 이러한 가상공동체는 대면적 만남을 병행하기도 하며, 지역성과 상업성을 띠기도 하고, 필요에 따라 익명성을 띠거나 포기하기도 하는 등 모든 영역에 있어 매우 다양한 유대관계를 형성하고 있다.

인터넷을 통한 가상공동체는 분명히 민주주의가 새롭게 태어날 수 있는 공간을 제공해 주고 있다. 문제는 그 실제적 운영이다. 이러한 새로운 기회의 장이 거버넌스라는 새로운 국가운영의 패러다임과 결합하여 기존의 비능률과 상호불신을 해소할 수 있을 것인지 아니면 현실세계와 괴리되어 의사 공동체로서 진정한 공동체를 파괴하게 될 것인지는 그 속에 있는 참여자의 몫이라 하겠다.

적극적이고 투명한 정부, 민주적 가치에 충실한 정당, 건강한 시민성을 함양한 시민과 NGO, 그리고 합리성과 능률성으로 무장한 기업과 시장이 경쟁과 협력을 통해 스스로 만들어 가는 협력체제 속에서 사이버 거버넌스도 분명한 실체를 가지고 민주주의 발전에 기여할 수 있을 것으로 기대된다.

가상공간에서 형성되는 사이버 거버넌스는 거버넌스의 새로운 영역(dimension)으로 논의되어야 한다. 가상공간을 통하여 투영된 현실세계에서는 현실과는 또 다른 형태의 거버넌스가 요청될 것이다. 가상공동체에서의 거버넌스는 현실공동체에서의 거버넌스의 이슈와 행위주체들과 함께 가상공간에서의 추가적 행위자와 이슈의 동참이 발생하면서, 다양한 목적과 방식으로 역동적인 상호 관계를 형성해 나가게 된다. 그리고 앞으로 시간이 흐를수록(그리고 국정운영모형에 있어서 젊은 세대들의 역할이 커질수록), 전자정부와 가상공간, 그리고 가상공동체의 비중 및 중요성은 증대될 것이다. 이에 따라 거버넌스 논의에서 차지하는 사이버 거버넌스의 중요성도 크게 부각될 것이며, 사이버 거버넌스의 개념 및 이론도 다양한 형태로 제기될 것으로 본다.

## 2) 사이버 거버넌스와 전자정부: 개념적 관계와 이슈

### (1) 사이버 거버넌스와 전자정부: 새로운 정책이념으로서의 민주성, 투명성, 성찰성의 강조

사이버 거버넌스는 정보통신기술 및 인터넷의 급속한 확산에 따른 새로운 형태 거버넌스의 한 유형으로 이해할 수 있다. 그중에서도 전자정부는 사이버 거버넌스의 통치기제로서 사이버 거버넌스의 비전을 실현하는 중심축에 위치한다.

거버넌스 이론은 기존의 정부관료 중심의 국가통치모형에 대한 한계점을 극복하기 위해 등장한 대안적 국정운영모형으로서, 국가-시장-시민사회의 세 축이 신뢰와 등권을 바탕으로 보다 수평적이고 유기적인 네트워크 관계로 재조명되는 국정관리모형이다. 즉, 산업화 시대까지의 국가편의주의나 관료중심주의를 극복하고(좁은 의미의 효율성을 극복하고), 보다 균형 잡힌 시각에서 시장과 시민단체와의 관계를 재정립함으로써, 국정운영의 효율성, 민주성, 투명성, 성찰성을 제고하기 위한 시대적인 요청으로서 등장한 새로운 국정운영모형이다. 이러한 거버넌스 이념이나 정신은 뉴거버넌스나 사이버 거버넌스의 비전에도 그대로 반영되어 있으며, 더 나아가 사이버 거버넌스의 중심기제로서의 전자정부 이념과 비전으로 이어지고 있다.

본서에서 논술하는 전자정부의 개념 및 비전은 단순한 형태의 정부 행정 관리적 효율성을 넘어서, 시민과 고객이 만나는 인터페이스(접점)를 강화하는 민주성의 제고와 신뢰를 바탕으로 인간중심의 보다 성숙한 시민공동체를 구현하는 성찰성을 강화하는 데 있다. 전자정부의 정책 산출물(policy outcome)인 정보정책도 국가와 시장의 효율성을 넘어서 시민사회의 민주성, 형평성, 윤리성을 구현하는 정책수단으로써 구성되어 있다. 요컨대, 국가(정부) 중심의 국정운영이 시장과 시민사회와의 보다 수평적인 형태의 긴밀한 네트워크를 구성하는 형태로의 국정운영으로 변화될 것이 요청되고 있으며, 이러한 거버넌스의 시대정신은 정보통신기술의 확산과 함께 사이버 거버넌스를 구현하는 정책이념으로 자리 잡고 있다.

### (2) 사이버 거버넌스와 전자정부: 개념적 관계

전자정부란 정보통신기술을 활용하여 행정활동의 모든 과정을 혁신함으로써, 정부의 업무처리가 효율적이고 생산적으로 개선되고, 정부의 고객인 국민에 대하여 질 높은 행정서비스를 제공하는 한편 정책과정에 참여 및 투명성을 강조하는 참여민주주의를 실현하고, 더 나아가 보다 신뢰받고 성숙한 사회 공동체를 실현하는 정책수단으로서의 의미를 지닌다. 좁은 의미로는 대민행정 측면, 내부행정처리 및 정책결정의 측면, 조달 등의 세 측면이 전자적으로 상호유기적인 작용을 하면서 온라인 네트워크를 통해 공공재화나 서비스를 상호간에 제공하는 것을 의미하지만, 보다 넓은 의미로는 전자민주주의를 구현하는 정부, 우리 사회를 보다 신뢰받고 성숙한 공동체로 만드는 데 기여하는 정부의 의미를 지닌다. 위에서도 언급한 바와 같이, 전자정부의 이러한 효율성, 민주성, 성찰성 등 세 가지 차원적인 접근은 사이버 거버넌스의 의미와 맥락에도 이어져야 한다.

이러한 맥락, 즉 효율성을 넘어서 민주성과 투명성 그리고 성찰성이 강조되는 정책이념의 큰 틀 속에서, 여기서는 정보통신기술(ICT: Information & Communication Technology)의 속성을 간략하게 살펴보고, 이를 토대로 사이버 거버넌스와 전자정부의 개념적 관계를 정리하면 〈표 6-1〉과 같다.

### (3) 사이버 거버넌스와 전자정부: 문제점과 가능성

시민의 참여를 보장하고 열린 정부를 지향하는 전자정부는 행정 내부에서는 효율적인 정보자원 관리 체계의 확립이 요구되고, 부처간에는 정보공동 활용 체계를 갖추고, 이를 기반으로 시민과의 인터페이스를 확대하기 위한 다양한 서비스 프로그램이 개발되어야 한다. 이러한 관점에서 그동안 전자정부를 구현하는 데 걸림돌이 되어 왔던 문제점과 가능성을 살펴보면 다음과 같다.

〈표 6-1〉 사이버 거버넌스와 전자정부의 관계

| 정보기술의 속성 | 사이버 거버넌스 | 전자정부 |
|---|---|---|
| 신속성, 정확성<br>(효과성, 능률성) | | *ICT를 이용한 거버넌스의 능률성 제고<br>*전자적 업무처리(전자결재, 전자문서유통)<br>*계량화된 성과평가<br>*온라인 예산 및 온라인 회계 |
| 쌍방향적 공유<br>공론의 장 활성화<br>(민주성, 투명성,<br>성찰성) | *시민의 자발적 참여<br>*조직 내 하위층의 참여<br>*실제적 공공선의 추구<br>*시공간을 초월한 행정 | *사이버 위원회 등 사이버 조직의 활성화<br>*인사관리의 DB화와 온라인 공개<br>*온라인 공개토론과 정책 실명제<br>*24시간 원스톱 및 논스톱 서비스 체제 확립<br>*정보 공동 활용 체제 구축<br>*열린 정부 홈페이지 |
| 접근의 용이성<br>(형평성) | *평등한 정보 접근<br>*저렴한 보편적 서비스 제공 | *평등한 정보 접근<br>*저렴한 보편적 서비스 제공(저가 PC 보급)<br>*전자민원센터 설치 |
| 정보기술의 속성과<br>무관한 기타 요소 | | *기업과 시민활동에 대한 지원자<br>*개인의 창의성을 중시하는 지식정부 추구 |

## ㈎ 전자정부 구현과정의 문제점

전자정부 구현과정에서 나타난 사이버 거버넌스의 문제점은 다음과 같다.

① 정보화와 정부개혁과의 연계성 부족이다. 전자정부의 추진 과정에서 정부혁신과 접목시키려는 노력이 좀 더 확보될 필요가 있으며, 이러한 의미에서 정부개혁추진 부서의 기획적 발상 하에 법 제도 정비, 정책집행에 필요한 인적, 물적 자원의 확보 등이 지속적으로 병행되어야 한다.

② 정부개혁과의 연계성 결여는 단위 부처별 또는 단위 업무별로 투입중심의 중복 투자를 초래하였다. 전자정부를 구현하기 위해 좀 더 전략적이고 객관적인 성과평가의 기준이 제시되고 책임 소재를 명확히 하는 결과중심의 평가 제도를 확립해야 한다.

③ 전자정부의 활성화를 위한 부처간 정보공동활용노력을 좀 더 강화해야 한다. 정보를 기관의 힘의 원천으로 인식하여 아직도 부처간 정보공개 및 공동활용을 기피하는 행태를 보이고 있고, 전통적 행정의 문제점인 할거주의, 비밀주의, 상호 견제 및 정보독점화 등의 관행이 개선되지 않고 있기 때문이다.

## ㈏ 사이버 거버넌스의 가능성

사이버 거버넌스의 가능성과 발전방안을 살펴보면 다음과 같다.

① 인터넷을 대표로 한 정보통신 기술의 비약적인 발전을 매개로 전자정부 및 이를 토대로 한 사이버 거버넌스는 시장경제 원리에 기초하여 기업가적 정부를 지향하는 정부개혁의 요소를 지니고 있을 때 가능하다.

② 이상적인 전자정부의 실현은 각 나라가 처한 역사적 맥락과 정치적 현실 속에서 적절한 정부개혁과 법제도의 정비가 뒷받침될 때 가능하다.

③ 정보기술 중심의 기술관료형 정부에서 탈피하여 효율적인 대민 서비스의 제공에 초점을 두고, 정책결정 및 정책집행 과정을 투명하게 공개해 나감으로써 사회 총체적 합의를 도출해야 하고, 이를 통해 민주적 정부 혹은 성찰적 정부 모형으로서의 국정 운영 시스템을 구축해야 한다.

④ 특히 소수 엘리트 중심의 국정 운영 기조를 탈피하지 못하고 있는 국가에서는 민간기업 및 NGO를 비롯한 시민사회의 성장을 감안하여 그들과의 역할 분담과 협력 방안을 모색해야 한다.

전자정부의 구현은 궁극적으로 지향하는 비전 및 목표를 어디에 두느냐와 얼마나 정부 개혁을 할 의지가 있고, 범부처간 공감대가 형성되어 있느냐에 따라 성패가 좌우된다고 볼 수 있다. 따라서 전통적인 정부의 역할의 수정과 발상의 전환을 꾀하여 정부 실패와

시장 실패의 양대 위기를 극복할 수 있는 새로운 국정 운영 방법의 모색과 함께 정부와
시장, 정부와 시민사회 간의 역학 관계를 재조명해야 한다. 이것이 사이버 거버넌스와 전
자정부를 구현하려는 핵심정신이다.


## 4. 정보사회와 국정관리: 분석모형

### 1) 정보화, 행정모형, 그리고 행위결과

정보화는 정보기술의 혁신과 정보의식에 대한 수용과정의 확산이라는 형태로 전개된다.
이러한 정보화의 진전에 따른 고도정보사회의 출현은 강력한 행정환경으로 작용하며 대내
외적인 의미에서 국정관리시스템에 변화를 주고 있다. 국정관리모형의 내부적인 요소들은
조직모형, 인력 및 예산관계, 행정이념 및 행정문화, 그리고 법·제도의 수용으로 나눌 수
있다. 이러한 요소들은 어떠한 형태로 변화되어야 하며, 변화된 국정관리모형과 시스템을
통해 여하히 국가목표를 달성할 것인가 하는 것이 정보사회의 공공행정모형이 인지하는
과제들이다. 이러한 정보기술과 국정관리모형, 그리고 행위결과의 연계를 도식화하면 〈그
림 6-2〉와 같다.

이들 간의 관계는 엄밀한 의미의 선후적 관계나 독립·종속변수로 파악하기보다는 여러
요인들이 상호환류작용을 하고 있는 것으로 파악하는 것이 옳다고 본다. 보편성을 띤 정보
기술의 진보작용이 지역과 국가에 따라서 다른 형태의 행위결과를 나타내는 이유는 국가
사회의 수용구조와 과정이 각기 다르기 때문이다. 특히 국정관리모형의 구성요소로서의

〈그림 6-2〉 정보기술, 국정관리모형, 그리고 행위결과

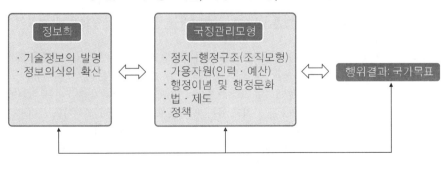

정치-행정의 구조(조직모형) 및 정책과정, 인적·물적 가용자원, 행정이념 및 행정문화, 그리고 법과 제도적 측면들은 매개변수(*mediating factors*)적 역할을 하는 것이다(Dutton and Blumer, 1989).

특히 정책은 이 과정에서 매우 중요한 변수 역할을 한다. 이는 다른 여타의 요소들과 밀접히 연계되어 있으면서, 다른 요소들의 하부구조적인 역할을 하고 있다. 즉, 행정모형을 어떤 형태로 끌고 갈 것인가, 인력과 예산의 운용체계에 어떠한 변화를 줄 것인가, 그리고 새로운 환경요소에 대응하는 법제도의 수용은 어떤 방식으로 이룰 것인가 하는 문제들은 모두 정책적 작용과 분리할 수 없는 것들이다. 이러한 의미에서 정책은 독립변수의 성격을 띤 매개변수이면서 동시에 행위결과로부터의 피드백작용도 받고 있다고 하겠다.[2]

요컨대 정보화를 둘러 싼 국정관리시스템은 정보기술→행정모형(정책)→행위결과(국가목표)라는 일련의 상호복합적인 작용의 과정으로서 파악될 수 있다. 우리가 바라는 행위결과의 형태는 좀 더 넓은 의미에서 보면 "문명화된 인간중심의 정보사회 건설"로 표현될 수 있으며, 국가적 차원에서 보면 "국가경쟁력 향상 및 삶의 질의 선진화"로 구체화될 수 있을 것이다. 이러한 전반적인 틀 속에서 이 책에서 탐구하고자 하는 바는 "스마트(Smart) 정보기술이 국가(정부) 및 국가사회시스템과의 상호작용을 한다는 전제하에 국정관리모형을 도출하고 이를 둘러싼 분석의 단위와 정책과제를 검토하는 것"이라고 규정지을 수 있다.

## 2) 개방시스템으로서의 국가모형

여기에서는 위에서 논의한 전반적인 틀 안에서 국정관리모형에 대해 논의를 하고자 한다. 세계화·정보화의 진전에 따른 행정환경의 소용돌이적 변화는 국정관리모형을 개방체제로서 파악할 것을 요청하고 있다. 이는 사회가 점점 다변화되고 변화속도가 빨라짐에 따라 지금까지의 경직된 조직구조와 사고로는 이런 빠른 사회변화에 적절히 대응하기 어렵다는 문제의식에서 출발하고 있다. 기존의 과업이나 조직을 중요시하는 행정체제는 일관된 목표 수립과 집행은 용이하게 할 수 있으나 변화과정의 사회체제에서 다양한 시민의 요구는 충족시키지 못하고 특정집단의 특정요구만을 충족시키는 불균형을 조장할 가능성이 있다.

---

2) 좁은 의미에서의 정책은 국가가 행하는 공식적인 활동을 규정하는 원칙이나 법률을 의미한다. 그러나 무엇보다도 역시 정책은 동태적인 과정으로 파악될 수 있다. 정책은 정부가 행하는 장·단기적인 계획속에서 규범적이면서도 행태적인 요소를 함께 가지고 있다. 국가가 추구하는 비전이나 목표를 담고 있는 정책은 규범적인 요소를 가지고 있지만, 실제로 특정분야의 정책이나 서비스를 형성하고 집행하는 과정에서 합리적 목표추구와는 다른 종류의 행태적인 요소가 나타나기도 한다. 정책은 적어도 서로 연계되어 있는 이러한 여러 요소(법적, 규범적, 그리고 행태적 요소)들의 복합적인 구조물이다(Dutton and Blumer, 1989: 79).

미래고도정보사회의 다원화, 세계화, 지방화의 추세에서 행정이 제대로 대처하기 위해서는 그러한 변화에 효과적으로 대응할 수 있는 유연한 개방체제모형이 요구되고 있다.

　체제(System)는 일정한 목적을 달성하기 위해 상호유기적으로 연결된 요소들의 집합(안문석, 1991)이라고 할 수 있다. 행정을 살아있는 유기체로서 파악할 때 행정은 대내외적인 환경과 상호작용을 하고 있다. 특히 글로벌리즘이 새로운 시대정신으로 부각됨에 따라 국가의 위상은 세계체제와의 관계속에서 모색되지 않을 수 없다. 또한 정보통신혁명의 진행에 따라 단위국가 내에서는 국가와 사회부문간 역할분담 구도의 변화가 초래되고 있다. 이러한 개방체제로서의 국정관리모형을 도식화하면 〈그림 6-3〉과 같다.

　이어지는 부에서는 정보사회의 국정관리가 발생하는 정책결정메커니즘으로서의 전자정부와 지식정부에 대해서 검토하기로 한다. 특히 전자정부론에서는 최근 정보기술의 발달과 함께 주목되고 있는 u-전자정부, m-전자정부, 스마트 전자정부 등 다양한 형태의 전자정부모형들에 대해서도 검토하기로 한다.

〈그림 6-3〉 개방체제로서의 국정관리모형

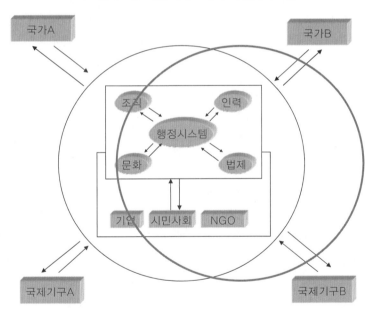

## 5. 4차 산업혁명과 전자정부

### 1) 4차 산업혁명의 개념 및 특징[3]

#### (1) 4차 산업혁명의 개념

4차 산업혁명의 발단은 2016년 1월 20일 개최된 다보스 포럼(WEF: World Economic Forum)에서 시작되었다. 다포스 포럼에서는 "4차 산업혁명의 이해(mastering the fourth industrial revolution)"를 주제로, 글로벌 경제 위기 극복의 대안으로써 4차 산업혁명의 의의와 필요성, 나아가야할 방향성에 대해 논의하였다. 4차 산업혁명은 물리적(psysical), 가상적(digital), 생물학적(biological)의 세 부문의 융합을 통한 사이버 물리 시스템(CPS: Cyber-Physical System)을 구축하는 것을 뜻한다. 다보스 포럼(WEF)에서는 4차 산업혁명이 곧 도래할 것으로 보았으며, 따라서 여러 부문의 비선형적인 변화가 등장할 것이라고 예측하고 있다.

먼저 산업부문에서는 기존의 공급과 수요의 패러다임이 변화가 일어날 것으로 전망한다. 디지털 플랫폼으로 인해 소비자와 공급자의 뚜렷한 구분이 사라지고 공급과 수요의 방식이 변화하여 새로운 형태의 공유경제가 등장할 것으로 예측한다. 또한 정부 및 공공부문에서는 정부에 대한 참여와 감시가 용이해지면서 정책 형성 및 결정 방식의 변화가 다가올 것으로 전망한다. 사회부문에서는 빅데이터, 인공지능(A.I), IoT, CPS와 같은 기술들이 근로형태, 일자리, 인간관계, 생활패턴 등에 영향을 미칠 것으로 예측한다.

다보스 포럼(Davos Forum)은 이러한 4차 산업혁명의 변화동인(drviers of changes)을 사회-경제적 측면과 기술적 측면에서 바라보았다. 사회-경제적 측면에선 '업무환경 및 방식의 변화'와 '신흥 시장 내 중산층의 부상', '기후변화' 등이 주된 변화동인이며, '모바일 인터넷', '클라우드 기술', '사물인터넷(IoT)', 인공지능(A.I)을 기술적 측면에서의 주요 변화동인으로 보고있다.

---

3) 과학기술정책연구원(2017: 8-25), 『역사에서 배우는 산업혁명론: 8-25』 & 권기헌(2018: 643-644), 『정책학강의』 & 김진하(2017: 45-46), 『제4차 산업혁명 시대, 미래사회 변화에 대한 전략적 대응 방안 모색』 & 산업통상자원부(2016: 9-10), 『4차 산업혁명 정의 및 거시적 관점의 대응 방안 연구』 & 한국정보화진흥원(2017: 2-4), 『4차 산업혁명의 경제적 의미와 정부역할: 2-4』 & WEF(2016: 6-8) 『The Future of Jobs』 & Tractica(2016: 2), 『Artificial Intelligence Market Forecasts』에서 인용.

## (2) 4차 산업혁명의 특징

4차 산업혁명의 특징은 초연결성(super connectivity), 초지능성(super intelligence), 초예측성(super foresight)으로 대변된다. 4차 산업혁명의 변화동인인 사물인터넷(IoT), 클라우드 기술과 같은 정보통신기술(ICT)이 빠르게 발전하고 확산되고 있다. 이러한 발전은 인간과 인간, 인간과 기계를 연결할 뿐만 아니라 기계와 기계를 연결하여 초연결성을 실현하고 있으며, 언제 어디서든 상호 네트워킹이 가능한 초연결사회로 변화하는 모습을 보여주고 있다.

또한 빅데이터, 인공지능(A.I), 딥러닝(deep learning)으로 인하여 '초지능성', '초예측성'의 특성을 지닌 사회로 나아갈 것으로 전망하고 있다. 기계의 딥러닝과 빅데이터를 기반으로 한 인공지능으로 인하여 제품 및 서비스의 자동화 된 제공을 뛰어넘어 자율 진화, 실시간 반응 등이 가능해 질 것으로 예측한다. 뿐만 아니라 딥러닝, 인공지능을 통하여 축적되어 있는 정보들을 기반으로 초예측성을 지닌 사회로 발전할 것으로 기대되고 있다. 시장조사 업체 트랙티카(Tractica)는 인공지능 시장이 2025년에 368억 달러로 급격히 성장할 것으로 전망하고 있다. 이러한 전망은 초지능성과 초예측성이 4차 산업혁명의 주요 특징이라는 점을 보여주고 있다.

## (3) 기존의 산업혁명

### (가) 1차 산업혁명

1차 산업혁명은 동력혁명으로써 18세기 중반 1780년대 증기기관 확산을 통한 영국의 산업적·사회적 변화를 뜻한다. 과거에 가축이나 사람의 노동력을 기반으로 한 가내수공업 중심의 생산과 달리 증기엔진, 증기동력을 통해 에너지의 규칙적 공급을 이루어 공장생산 체제로 변화시킨 점이 주된 특징이다.

기계 공정의 등장은 제품생산의 규칙성을 제고하였고, 경영의 불확실성을 완화시켰다. 이러한 기술혁신을 중심으로 대규모 산업단지가 형성되었으며, 농촌에서 도시로 이주하는 노동자들이 등장하였다. 또한, 제품의 원료를 제공하는 국가와 이를 기반으로 상품을 제조 하는 국가로 나누어 제품을 생산하는 국제적 분업이 등장하기 시작했다.

### (나) 2차 산업혁명

2차 산업혁명은 19세기 후반 1870년대 분업화된 자동화 혁명(division of labor using electricity)으로, 독일과 미국을 중심으로 일어난 대규모 사회 변화를 뜻한다. 2차 산업혁명의 가장 큰 특징은 에디슨(Thomas Alva Edison)이 1879년 백열등을 개발하면서 확산된 전기 동력이다. 즉 전기가 증기력과 석탄을 대신하면서, '에너지 혁명'을 일으켜 미국과 독일 사회에 큰 변화를 이끌었다.

특히 1908년, 자동화된 대량생산 시스템인 포드시스템(massive production, ford system)의 등장으로 경제적 효율성의 급격한 증진을 이루었다. 또한 컨베이어 벨트 시스템 도입 등으로 제품의 대량 생산이 가능해지면서 제품에 대한 대중의 소비가 증가하였고, 과거에 비해 기술과 인류사회가 점차 가까워지는 양상을 보였다. 이 과정에서 많은 성장을 이룬 기업들이 '보이는 손(the visible hand)'의 역할을 수행하였고, 규모·범위의 경제를 이룩하였다.

### (다) 3차 산업혁명

3차 산업혁명은 지식과 정보 혁명(Knowledge and Information Revolution)으로, 컴퓨터와 정보통신기술(ICT)의 발달을 통한 정보의 생성 및 공유가 가능한 체제를 말한다. 1970년대 미래학자 벨(Daniel Bell)의 후기산업사회(post-industrial society)와 토플러(Alvin Toffler)의 제3물결과 같이 단순히 기존 산업의 발달이 아닌 전자 및 정보기술을 통한 급격한 변화 및 발달을 뜻한다.

통신기술의 발달은 경제적 측면에서 초고속망과 인터넷 경제를 부상시켰으며, 새로운 산업을 등장시켰다. 특히 정보기술의 경우 여러 분야의 기술과 결합·융합하는 특징을 보이며, 이는 과학기술을 기반으로 한 새로운 산업을 탄생시켰다. 그 중 생명공학기술의 등장은 의료 및 농업의 급격한 변화를 일으켰다. 또한 과거의 대기업 중심의 경제성장을 넘어 정보통신기술을 통한 새로운 과학기술과 참신한 아이디어를 내세운 벤처기업들의 등장이 가속화되었다.

또한 사회적 측면에서 통신기술의 발달은 국가 간 양적 교류의 확대를 이루었고, 더 나아가 인간의 일상생활을 재구성하는 세계화(globalization)의 계기가 되었다. 그러나 정보 및 통신기술의 발전은 개인정보 유출, 현실-가상세계의 혼돈, 지적재산권 등 개인의 권리 침해, 생명윤리문제, 민주주의의 위협 등 새로운 유형의 사회문제를 야기하였다.

<표 6-2> 산업혁명의 주요 특징

| | 1차 산업혁명 | 2차 산업혁명 | 3차 산업혁명 | 4차 산업혁명 |
|---|---|---|---|---|
| 연도 | 1780년대 | 1900년대 | 1970년대 | 2016년~ |
| 혁신기제 | 동력혁명<br>(Steam Engine) | 분업화된<br>자동화 혁명<br>(Division of Labor<br>Using Electricity) | 지식, 정보 혁명<br>(Knowledge,<br>Information<br>Revolution) | 초연결성 혁명<br>(Super<br>Connectivity)<br>초지능성 혁명<br>(Super<br>Intelligence)<br>초예측성 혁명<br>(Super Foresight) |
| 기반기술 | 증기기관<br>(Steam Engine) | 전기<br>(Electric,<br>Electronics) | 정보통신기술(ICT)<br>컴퓨터(PC) | 스마트 ICT<br>(Smart ICT)<br>인공지능(AI)<br>사물인터넷(IoT)<br>빅데이터(Big data)<br>클라우딩(Clouding)<br>모바일(Mobile) |
| 생산수단 | 기계식 생산설비<br>(Machine) | 자동화된 대량생산<br>시스템<br>(Massive<br>Production, Ford<br>System) | 컴퓨터를 통한 전산<br>화 시스템<br>(Computerization) | 인공지능(AI)<br>딥러닝<br>(Deep Learning) |
| 핵심<br>에너지<br>자원 | 석탄(Coal) | 석탄(Coal)<br>석유(Oil) | 핵에너지<br>(Nuclear Energy) | 바이오 에너지<br>(Bio Energy)<br>천연 에너지<br>(Nature Energy) |
| 통신&<br>커뮤니<br>케이션 | 기차(Train)<br>전신(Telegraph) | 자동차<br>(Auto Mobile)<br>비행기(Airplane)<br>텔레비전(TV) | 고속열차<br>(Express Train)<br>인터넷(Internet) | 우주 및 항공산업<br>(Aerospace Industry) |
| 커뮤니<br>케이션<br>수단 | 책자(Books)<br>신문(Newspapers) | 전화(Telephone)<br>텔레비전(TV) | 인터넷(Internet)<br>소셜네트워크(SNS) | 사물인터넷(IoT)<br>클라우딩(Clouding)<br>빅데이터(Big Data) |

* 자료: 권기헌(2018: 645). 〈정책학강의〉에서 인용.

## 2) 4차 산업혁명과 정부모형

### (1) 새로운 도전과 비선형적 환경변화

4차 산업혁명 시대에 행정환경이 직면하고 있는 비선형적 변화를 간략하게 고찰하면 다음과 같다.

첫째, 인더스트리4.0이다. 독일을 중심으로 산업4.0 움직임이 강하게 진행되면서 기존의 제조업의 경쟁력은 강하게 유지하면서도 농업2.0, 핀테크, e-헬쓰 등을 결합시키는 형태의 4차 산업혁명의 움직임이 일어나고 있다.

둘째, 아르바이트4.0이다. 인더스트리4.0에 대응한 일자리와 노동환경 정책에도 변화가 일어나고 있다. 아르바이트4.0은 기계가 아닌 사람이 중심이 된다는 전제 하에 좋은 노동을 창출하는 것이다. 독일의 경우 인더스트리4.0을 추진하면서 나타나는 노동시장 변화에 대비하기 위해 마련한 정책이다. 유연한 노동력의 공급을 위해 노사정 체제를 구축하고, 노등의 질을 보장하기 위해 독일 연방노동사회부(BMAS)는 지방정부, 시민단체, 노동계, 재계와 함께 미래 일자리에 대해 토론하고, 그들의 의견을 수렴해 아르바이트4.0이라는 유기적인 프로세스를 만들었다. 이를 통해 근로자 재교육, 정보보호, 사회보장 시스템 구축 등에 대해 연구 및 추진하고 있다.

셋째, 디지털 변혁이다. 세계경제포럼의 2015년과 2017년 주제어이기도 하다. 디지털 기술로 인한 사회변혁에 대해서 다양하게 전망하고 있다. 웨어러블 인터넷, 유비쿼터스 컴퓨팅, 주머니 속 슈퍼컴퓨터, 누구나 사용할 수 있는 저장소, 사물인터넷, 커넥티드 홈 등 다양한 변혁적 과제들이 전망되고 있다.

넷째, 디지털 사회이다. 이는 디지털 변혁과 연계되면서 좀 더 거대 담론들에 대한 주제를 다루고 있다. 스마트 도시, 스마트 그리드, 자율 주행차, 인공지능과 의사결정, 로봇공학과 서비스, 비트코인과 블록체인, 공유경제, 정부와 블록체인, 맞춤형 아기, 신경기술 등에 관한 논의이다.

다섯째, 후기 자본주의이다. 신자유주의를 기본으로 하는 승자독식의 자본주의 지속가능성에 대한 비판적 고찰을 토대로 새로운 형태의 자본주의에 대한 담론이 H. Mintzberg, A. Kaletsky 등 세계적 학자들을 중심으로 2016년 이후 중점적으로 제기되고 있다.

### (2) 새로운 정부모형의 필요성[4]

4세대 정부모형은 필요한가에 대해서는 여러 가지 견해가 있을 수 있다. 우선, 아래 〈그

---

4) 권기헌(2018: 795-796). 〈행정학강의〉에서 일부 인용.

림 6-4〉에서 제시된 정부모형 분류의 경우, 이는 공급자인 정부와 수요자와의 관계를 중심으로 구분된 것이다. 정부1.0은 정부(관료제)를 중심으로 하는 정치모형이었고, 정부2.0은 정부와 시장을 중심으로 하는(시장기제를 정부에 도입하는 혹은 정부와 시장의 관계를 중심으로 하는) 시장중심모형이며, 정부3.0은 공공가치를 기반으로 하되 정부-시장-시민사회간의 3자간의 관계 네트워크를 중심으로 하는 거버넌스 모형이었다.

이제 4차 산업혁명이 도래하면서 제기되는 정부모형은 신속하고 기민하게 문제를 해결하는 신속형 정부모형 등이다. 후자는 속도를 이야기 하고, 전자는 윤리를 이야기 하고 있다. 관계망을 중심으로 분류하던 기존의 정부모형으로는 접근하기 어려운 문제들이 많이 발생하게 되는 것이다.

〈그림 6-4〉 새로운 도전과 제4세대 정부모형

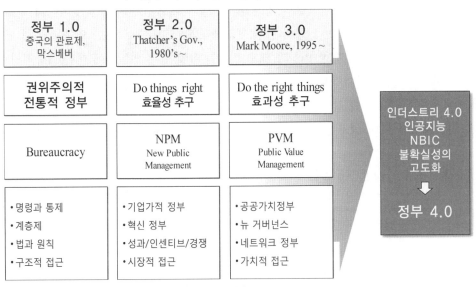

\* 자료: 권기헌(2018: 797). 〈행정학강의〉에서 인용.

### (가) 왜 지금 인간의 존엄성인가?

4차 산업혁명이라는 거대한 파고를 앞둔 지금 우리가 다시 '인간의 존엄성'을 거론하는 이유는 어디에 있을까? 그것은 급변하는 사회변동과 더불어, 날로 발전하는 첨단기술의 문명 속에서 4차 산업혁명의 시대는 정신문화와 물질문명의 불균형뿐만 아니라 철학의 빈곤과 문명의 한계점에 봉착하고 있기 때문이다. 이것은 현대문명의 갖가지 병폐 속에서 여실히 드러나고 있다. 또한, 과학기술의 발달 속에 인간은 주체성과 독립성을 상실하고,

과학기술의 권위 앞에 '물질주의' 혹은 '과학만능주의'라고 불리는 또 다른 신으로부터 종속당하고 있기 때문이다.

우리가 여기서 새삼 '휴머니즘과 인간의 존엄성'을 강조하려 함은, 변동성, 불확실성, 복합성, 모호성으로 대변되는 4차 산업혁명이라는 '거대한 물결' 앞에서 인간의 독립성과 창조성을 회복하여 자유롭고 평등한 인간의 시대, 나와 우리, 행복과 가치, 오늘과 내일을 바라보는 인간사회를 지향하는 방향을 제시할 필요가 있기 때문이다.

### (나) 왜 지금 성찰성인가?

그럼 왜 지금 성찰성인가? 현대행정의 동태성은 환경변화가 행정의 구조와 행태에 영향을 미치고 상호작용하고 있기 때문이다. 그리고 이때 혁신이란 행정의 동태성을 의도적으로 도입하는 것이다. 환경변화는 법과 제도를 매개로 조직, 인사, 재무 등의 구조변동을 유발하고, 문화에 충격을 가함으로써 행정인의 인식과 태도를 변화시킨다. 따라서 현대행정학은 거버넌스 구조에 대한 연구와 함께 행정행태와 행정문화에 대한 연구를 통해 어떠한 전략과 변동이 환경에 대한 인식과 태도 변화를 유발할 수 있는지에 대한 심층적인 성찰이 필요하다. 특히 현대행정의 복합성, 동태성, 변동성, 불확실성은 정책 네트워크 내에서 행위자들 간의 심각한 갈등을 유발하기 쉬운 구조이며, 이런 상황속에서 그들의 관계망과 구조 그리고 행태 상호간의 성찰 속에서 이론을 발전시킬 필요가 있는 것이다.

### (다) 정부운영방식 변화에 따른 새로운 정부모형

4차 산업혁명은 산업적 변화만을 초래하는 것이 아니라 초연결성, 초지능성, 초예측성이 기반이 된 정부의 운영 방식과, 정부를 아우르는 민간과의 관계 설정 방식 또한 변화시키고 있다.

정부 운영 방식은 4차 산업혁명으로 인해 과거 PC 및 전자기기의 단순한 활용 수준을 뛰어넘어, 네트워크를 기반으로 한 빅데이터(Big Data)를 통해 공공서비스 수요자, 즉 국민에 대한 맞춤형 서비스(customized service), 개인별 서비스(personalized service)가 가능해졌다.

또한 업무 방식에 있어서 행정정보의 실시간 공개로 인하여 관료중심의 폐쇄적인 업무 방식(비밀주의)에서 벗어나 개방된 형태의 업무 방식으로 변화할 것이며, 국민이 토론할 수 있는 온라인상의 플랫폼이 형성됨으로써, 헌법이 수호하는 민주주의의를 현실 정책결정과정에 구현하여 투명한 행정 구축이 가능해질 것으로 기대되고 있다.

그러나 위와 같은 긍정적인 변화 및 영향의 이면에는 권력의 집중 등 사회적 불평등을 심화시킬 가능성 역시 함께 존재한다(과학기술정책연구원 미래연구센터, 2016). 이는 정보통신기술의 발달이 우리에게 직면한 사회적 문제를 해결할 것이라는 낙관적인 기대만을 지니고 있다면, 4차 산업혁명으로 인한 피해를 대비하는데 어려움이 발생할 수 있음을 의미한다.

이에 우리는 디지털 시대에서의 정치 과정과 권력 작동 방식에 대한 순기능과 역기능을 이해해야 한다(과학기술정책연구원 미래센터, 2016). 그렇다면 4차 산업혁명 시대에는 어떠한 방식으로 정부를 운영해야 하는가?

세계경제포럼은 『미래의 정부: 세계 각국의 경험으로부터 얻은 교훈(The Future of Government: Lessons Learned from around the World)』을 통해 4차 산업혁명 시대에는 FAST(Flatter, Agile, Streamlined, Tech-Savvy)모형의 정부가 되어야 한다고 제시하고 있다. 즉, 4차 산업혁명 시대에서 정부는 1) 유연성(Faltter): 수평적 정책결정 구조를 통한 신속한 사회문제 해결이 가능한 정부, 2) 민첩성(Agile): 사회문제의 특성에 따라 자원, 조직, 프로세스 등 스스로 조직화할 수 있는 민첩한 정부, 3) 슬림화(Streamlined): 기술의 발전 및 노동시장 재편을 통한 슬림화된 정부, 4) 기술역량(Tech-Savvy): 미래지향적 기술에 능통한 정부를 제시하고 있다. 이는 정책 결정 및 정부서비스의 공급 주체가 정부에서 '누구나'로 확장되며, 사회문제를 해결하는데 있어 '즉시성'과 '기민성'이 정부역량을 판단하는 기준이 될 것이다. 이를 위해 먼저 정부를 운영함에 있어 4차 산업기술을 적극적으로 활용할 수 있는 기술 인프라가 구축되어야 한다고 말한다.

〈표 6-3〉 4차 산업혁명 시대의 정부모형: FAST모형

| 특징 | 내용 |
|---|---|
| 유연성<br>(Flatter) | 수평적 정책결정 구조를 통한 신속한 사회문제 해결이 가능한 유연한 정부<br>1) Citizen engagement: SNS 및 모바일 디바이스를 활용한 국민의 정책결정 참여의 증대<br>2) Administrative efficiency: 불필요한 행정적 절차(red-tape)를 축소를 통한 행정의 효율성 향상<br>3) Decision-making process: 빅데이터 기반의 과학적 정책결정 및 협업 구조를 통한 수평적 정책결정<br>4) Intergovenmental and cross-sectoral collaboration: 정부간(inter-governmental), 부서간(cross-sectoral), 주체(agent)간 네트워크를 통한 사회문제 해결 |
| 민첩성<br>(Agile) | 사회 문제의 특성에 따라 동원 자원, 조직, 프로세스 등을 스스로 조직화 할 수 있는 민첩한 정부<br>즉, 공공 및 민간의 네트워크를 통해 사회문제 해결을 위한 조직을 구성하되, 만약 사회문제 해결을 통해 더 이상 동 조직이 필요하지 않을 경우 스스로 탈 조직화(de-organization)하는 유연한 정부구조를 말함<br>공공부문은 1) 광범위한 문제 해결 역량(broad problem-solving capacity building)을 갖춘 숙련된 지식근로자로 구성되어야 하며, |

| | 민간부문과의 네트워크를 활용한 관-민 비즈니스 관계의 초지능화(business intelligence)가 필요 |
|---|---|
| 슬림화<br>(Streamlined) | • 기술발전 및 노동시장의 재편을 통하여 슬림화된 정부<br>• 무조건적인 정부규모의 축소가 아닌 전자정부의 기술적 역량 및 네트워크 방식을 활용하여 정부 규모 대비 효율성을 제고하는 혁신적 방식 |
| 기술역량<br>(Tech-Savvy) | • 미래지향적 기술역량을 갖춘 정부<br>• 수평적 정부(flatter government)이고, 민첩한 정부(agile government), 슬림화된 정부(streamlined government)로의 변화에는 반드시 이를 뒷받침할 수 있는 인프라가 구축되어야 함<br>• 이때 인프라는 기술역량 향상뿐만 아니라, 네트워크 환경에 적용 가능한 정책, 법률 및 제도 전반의 재설계를 모두 포함하며, 이를 통틀어 Tech-Savvy로 정의함 |

* 자료: World Economic Forum(Global Agenda Council), "Future of Government-Fast and Curious" (2012)에서 수정.

이를 종합해보면 4차 산업혁명을 3차 산업혁명의 연장선상으로 볼 수 있지만, 그 근본적인 특성들은 엄연히 다르다고 할 수 있다. 1차, 2차 산업혁명은 새로운 동력의 등장과 대량생산으로 인한 오프라인(off-line) 혁명, 3차 혁명은 지식·정보, 인터넷 등의 발달로 인한 온라인(on-line) 혁명이다. 그러나 4차 산업혁명은 1차, 2차의 오프라인(off-line) 혁명과 3차 산업혁명의 온라인(on-line) 혁명을 하나로 연결 짓는 사이버 물리시스템(cyber-physical system) 혁명이라는 점에서 1차, 2차, 3차 산업혁명과는 다르다고 할 수 있다.

### (4) 정부모형4.0[5]

4차 산업혁명은 마치 바람과도 같다. 물리적으로 손에 잡히지 않아도 느낄 수 있으며, 이 바람에 편승해야만 하늘로 날아갈 수 있다. 즉 4차 산업혁명을 실제적으로 보거나 만질 순 없지만, 4차 산업혁명의 가운데에 있으면서 이를 준비하고 대응하는 나라만이 미래를 선도할 수 있다.

이처럼 우리는 신기술의 융합과 도전에 있어 우리만의 솔루션을 찾아내야 할 것이다. 4차 산업혁명을 대비하기 위해 불필요한 규제를 줄임으로써 『민첩한 정부』(agile government)로 거듭나야 한다. 또한 지속적인 기술 진보에 힘쓰면서 새로운 매커니즘을 찾아내는 방향성(direction), 기민성(agility), 탄력성(resilience)의 방향 모색이 필요한 시점에 놓여있다(권기헌, 2017).

4차 산업혁명 시대에서 정부는 단순히 최첨단 기술로의 성장 및 발전 등을 목표로 두어선 안된다. 기술의 발전은 사회문제를 빠르게 해결하고 이를 통한 국민의 전반적인 삶의

---

5) 권기헌(2018: 795-803). 〈행정학강의〉에서 인용.

질 향상, 인간다운 삶의 보장 등 인간을 위한 기술로 발전하는 것이 중요하다. 따라서 국가행정은 초연결성, 초지능성, 초예측성의 강화를 통하여 궁극적으로는 인간의 존엄성을 지향하는 첨단과학행정으로 향해야 한다(아래 〈그림 6-5〉 참조).

이에 대해 본고에서는 정부모형4.0으로 지칭하고자 하며, 이를 구현시키기 위한 구체적인 전략으로 지혜정부, 소통정부, 융합정부 즉 3가지 방향으로 나누어 정리하고자 한다.

### ① 지혜정부

정부는 단순한 지식의 축적이 아닌 빅데이터를 기반으로 형성된 타당성 높은 인지예측 시스템을 통하여 사회적 난제(wicked problem)를 해결할 수 있는 지혜정부로 나아가야 한다.

즉, 4차 산업혁명의 빅데이터 기술을 활용한 클라우드 기반의 차세대 행정정보 인프라 구축이 필요하다. 이를 기반으로 지능행정을 구현하여 4차 산업혁명 시대에 새롭게 등장할 수 있는 양극화 심화, 노동시장의 재편, 일자리 문제 등과 같은 사회적 문제에 대해서 정부는 선제적으로 대응해야 할 것이다.

### ② 소통정부

인공지능(AI)을 활용한 맞춤형 서비스를 기반으로 정부의 공공서비스를 확산하여 공적인 사회안전망을 강화해야 한다. 이는 과거 모바일, 전자기기를 활용한 행정능률의 향상에 초점을 두는 과거의 스마트 정부와는 다른 개념으로, 초연결성, 초지능성, 초예측성을 바탕으로 정책공여자와 수혜자 간의 소통을 통해 정책 수혜자의 개인적(personalized) 수요에 부합된 완전한 맞춤형(customized) 정부서비스를 제공하는 것을 의미한다. 즉, 단순히 인공지능 소프트웨어를 행정서비스에 적용시키는 것보다, 이를 기반으로 정책수혜자와의 소통을 통하여 맞춤형 서비스의 제공, 공적인 사회안전망의 강화, 궁극적으로는 인간의 존엄성을 실현하는 미래과학행정으로 나아가야 한다.

### ③ 융합정부

정부와 더불어 정부를 아우르는 국회, 민간, 비영리기관 등 여러 부문의 적극적인 노력이 수반되는 열린 정부(open platform)가 구축되어야 한다. 2016년 클라우스 슈밥(K. Schwab) 회장은 자신의 저서 『제4차 산업혁명(The Fourth Industrial Revolution)』을 통하여 "신기술의 발전과 수용을 둘러싼 엄청난 불확실성 때문에 4차 산업혁명이 초래할 변화가 어떤 형태로 전개될지는 아직 알 수 없다. 그러나 과학기술의 복잡성과 여러 분야의 상호 연계성 부분에서 정·재계 및 학계, 시민사회를 포함한 다양한 지구촌의 관계자들이 새로운 추세를 보다 더 잘 이해하기 위해 서로 협력하는 의무가 있음을 시사한다"(K. Schwab. 2016)고 밝혔다.

특히 4차 산업혁명이 몰고 올 거대한 변화의 흐름을 주도해 나가기 위하여 정치에 대한 혁신이 매우 중요하다고 할 수 있다. 클라우스 슈밥(K. Schwab) 회장도 "기술이 발달될수록 이에 적합한 입법 시스템이 마련되어야 지속적으로 발전할 수 있다"며 기술의 발달에 따른 입법부의 중요성을 강조하고 있다. 4차 산업혁명에서 세계적인 시장을 선점하는 국가경쟁력을 강화하기 위해서는 기술 간의 융합, 발전과 함께 행정부와 입법부, 중앙부처와 지방자치단체, 정부를 아우르는 시장과 시민사회 등 다양한 부문과의 융합과 협력이 필요하며, 이를 실현하기 위한 전략적인 거버넌스가 특별히 요구된다고 할 수 있다(〈그림 6-5〉 참조).

〈그림 6-5〉 정부모형4.0

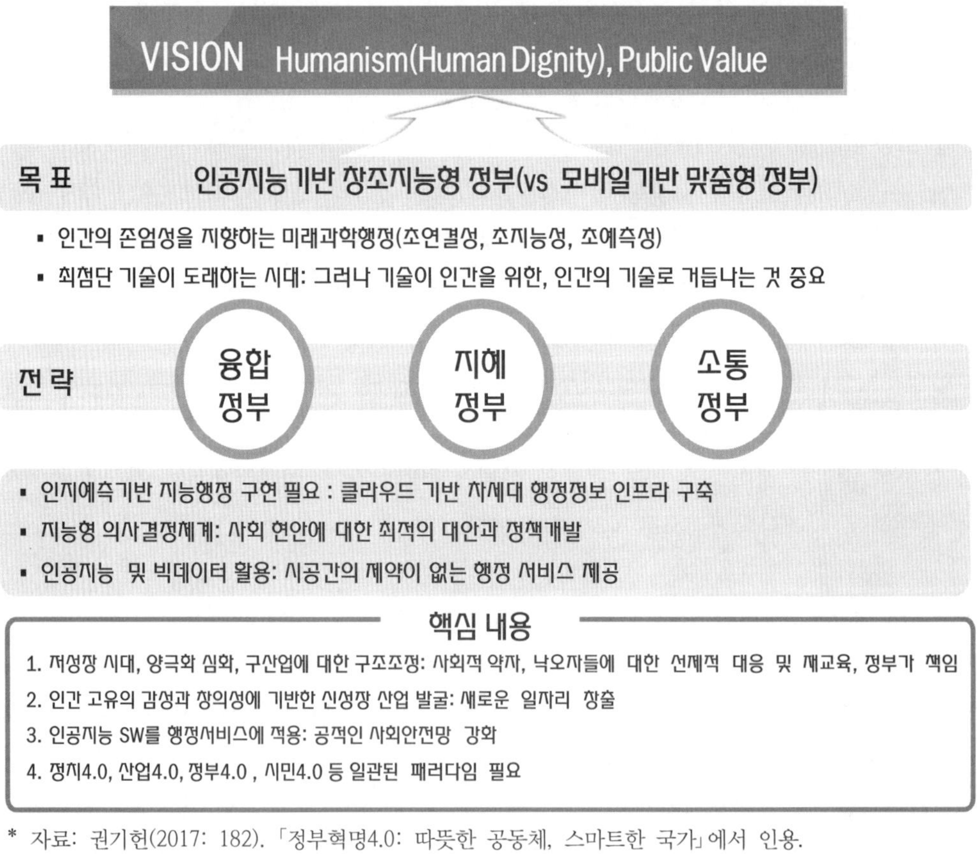

VISION   Humanism(Human Dignity), Public Value

**목 표**   인공지능기반 창조지능형 정부(vs 모바일기반 맞춤형 정부)

- 인간의 존엄성을 지향하는 미래과학행정(초연결성, 초지능성, 초예측성)
- 최첨단 기술이 도래하는 시대: 그러나 기술이 인간을 위한, 인간의 기술로 거듭나는 것 중요

**전 략**   융합 정부 / 지혜 정부 / 소통 정부

- 인지예측기반 지능행정 구현 필요 : 클라우드 기반 차세대 행정정보 인프라 구축
- 지능형 의사결정체계: 사회 현안에 대한 최적의 대안과 정책개발
- 인공지능 및 빅데이터 활용: 시공간의 제약이 없는 행정 서비스 제공

**핵심 내용**

1. 저성장 시대, 양극화 심화, 구산업에 대한 구조조정: 사회적 약자, 낙오자들에 대한 선제적 대응 및 재교육, 정부가 책임
2. 인간 고유의 감성과 창의성에 기반한 신성장 산업 발굴: 새로운 일자리 창출
3. 인공지능 SW를 행정서비스에 적용: 공적인 사회안전망 강화
4. 정치4.0, 산업4.0, 정부4.0 , 시민4.0 등 일관된 패러다임 필요

* 자료: 권기헌(2017: 182). 「정부혁명4.0: 따뜻한 공동체, 스마트한 국가」에서 인용.

이처럼 인공지능기반으로 창조지능형 정부를 목표로 하는 정부모형4.0의 특징은 다음과 같다.

첫째, 정부모형4.0은 정부의 정책방향 및 변혁을 강조한다.

정부모형4.0은 정부의 방향성과 철학을 강조한다. 따라서 정부모형4.0을 제대로 하려면 정부4.0이 추구하는 국정철학의 이념과 가치를 먼저 분명히 정립할 필요가 있다. 새로운 정부에서 추구하고자 하는 정부의 철학적 가치가 무엇인지, 그리고 그 국정철학을 구현하기 위해 어떤 정책수단들을 동원하며 어떤 방식으로 달성할 것인지를 명확히 제시해야 한다. 가령, 협업이나 규제개혁을 한다면 이는 보다 상위차원의 어떠한 이념과 연결구조를 지니는지를 체계적으로 정립해야 하며, 단순한 협업 건수에 치중해서는 안된다.

또한 시대정신이 양극화를 극복하고 희망의 사다리를 복원시키는 따뜻한 공동체 구현에 있다면 이를 정부는 어떠한 정책수단들을 동원해서 효과적으로 실현할 것인지에 대한 전략적 실행체계를 갖추어야 한다. 행정학에서 제일 주의해야 하는 개념이 "목표와 수단의 도치현상"을 방지하는 것인데, 무엇이 목표인지, 무엇이 수단인지를 분명히 하여 수단이 어느새 목표처럼 돼버리는 현상을 방지해야 할 것이다.

〈그림 6-6〉 제4세대 정부모형의 지향점: 국민에 책임지는 유능한 예측지향의 정부

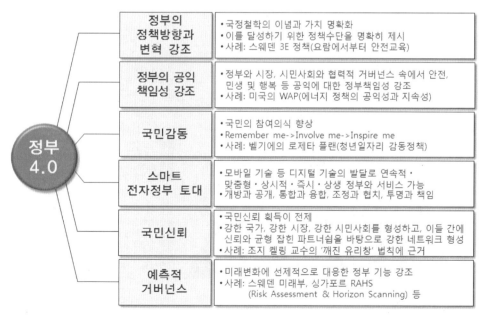

* 자료: 권기헌(2018: 801). 〈행정학강의〉에서 인용.

둘째, 정부모형4.0은 정부의 공익에 대한 책임성을 강조한다.

정부모형4.0은 정부의 책임성(accountability)을 강조한다. 정부모형4.0은 정부와 시장, 시민사회의 협력적 거버넌스 속에서 좀 더 국민들의 안전과 민생 그리고 행복이라는 가치에 집중해 줄 것을 요청한다. 그리고 이러한 목적가치를 놓치지 않고 그럼 어떻게 하면 이러한 목적을 실현할 수 있을지 다양한 정책수단들을 배열해 보는 체계화된 작업이 필요할 것이다.

셋째, 정부모형4.0은 국민들에게 감동을 주어야 한다.

국민들도 진화하고 있다. 과거 정부1.0에서는 단순히 공공서비스를 더 많이 혹은 정확하게 제공받는 데 만족했다면, 정부2.0과 3.0에서는 참여하고 공유하려 했다면, 더 나아가 정부4.0에서 이제 국민들은 감동을 원하고 있다. 단순한 서비스 수혜자로서의 고객, 이용자, 소비자가 아니라 납세자와 유권자로서 국정의 주인으로 대우받고 싶어 한다. 그리하여 "나를 기억해 달라"(remember me), "나를 주체로 인식해 달라"(involve me)에서 더 나아가 "나에게 감동을 달라"(inspire me)로까지 진화하고 있다.

〈그림 6-7〉 국민들의 기대수준의 진화

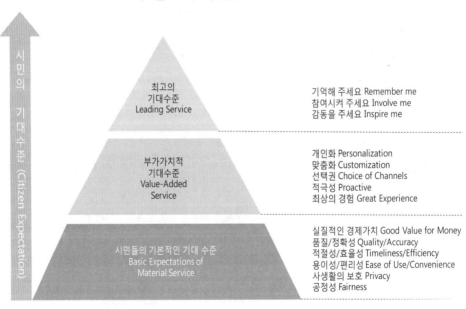

*자료: Deloitte(2011)에서 수정.

넷째, 정부모형4.0은 스마트한 전자정부를 토대로 한다.

스마트(Smart) 정부는 최첨단 정보통신기술을 이용하여 국민들에게 최상의 서비스를 즉각적으로 제공하는 똑똑한 정부를 의미한다. 이는 1) 이음새 없는 서비스를 제공하고 (Seamless), 2) 모바일, 인공지능, 빅데이터를 이용하는 등 맞춤형 서비스를 제공하고 (Mobile), 3) 상시적 서비스가 가능하며(Anytime), 4) 국민의 요구에 즉각적으로 반응하며 (Responsive), 5) 소외계층이 없이, 양극화를 극복하는 상생(Together) 정부이다. 이를 실현하기 위해 정부는 1) 개방과 공개(Openness), 2) 통합과 융합(Convergence), 3) 조정과 협치 (Collaboration), 4) 투명과 책임(Accountability)을 실행전략으로 삼아야 한다.

3차 산업혁명이 주로 PC 중심의 정보통신기술에 바탕을 두고 있다면, 4차 산업혁명은 인공지능, 사물인터넷, 클라우딩, 모바일 등을 융합하는 스마트 기술을 지향하고 있다. 정부모형4.0은 빅데이터와 인공지능을 결합하여 딥러닝(Deep Learning)을 구현하는 정부운영 시스템이 되어야 한다.

다섯째, 정부모형4.0은 국민의 신뢰를 얻어야 한다.

국가혁신을 위해 중요한 것은 개혁과 관련하여 바람직한 미래의 정부상을 구축하고, 이에 대해 국민들의 신뢰를 획득하는 일이다. 신뢰는 그 자체를 21세기 국가혁신의 요체로 삼을 정도로 중요한 일이다(Nye et al, 1998). 따라서 한국사회의 미래지향적 국정관리는 먼저 강한 국가, 강한 시장 및 강한 시민사회를 형성하고, 이들 간에 신뢰와 균형 잡힌 파트너십을 바탕으로 강한 네트워크를 형성함으로써, 새로운 현대사회에 적합한 국가공동체를 형성해야 할 것이다.

이를 바탕으로 구체적으로 정부, 기업, 시장, 시민 등의 각 분야가 자율적이고 책임성 있는 성숙한 조직으로 발전하고, 이들 사이에 강한 네트워크를 구축해야 하며, 정부혁신 부문에서도 공익, 민주성, 성찰성 등 본질적 행정이념을 확립하고, 이를 위해 조직, 인사, 재무, 성과관리제도 등 조직 구조와 의식을 총체적으로 변혁시켜 제도와 관리기술뿐만 아니라, 행태와 정책과정까지도 총체적으로 혁신할 필요가 있다.

여섯째, 정부모형4.0은 예측적 거버넌스를 실행해야 한다.

미래사회는 변동성과 불확실성을 특징으로 한다. 정부모형4.0은 4차 산업혁명이 몰고 올 격변적인(Turbulence) 미래에 선제적으로 대응할 수 있는 미래예측 역량을 배양해야 한다. 영국의 미래전략청, 스웨덴의 미래부, 싱가포르의 미래위험평가부(RAHS: Risk Assessment & Horizon Scanning) 등 세계 선진 정부들은 미래예측 기능을 강화하고 있다. 우리나라도 과거의 대통령 직속 미래기획위원회와 같은 형식적인 미래예측에만 그칠게 아니라 본격적으로 세계적인 수준의 미래예측역량을 강화하기 위해 노력해야 할 것이다.

## 3) 요약 및 결론

이 장에서는 제4세대 정부모형과 좋은 거버넌스의 구현 조건에 대해서 탐색해 보았다. 4차 산업혁명에 부응하는 신속한 정부에 대해 논의하는 한편, 다양한 형태의 급진적 변화와 행정 수요에 대응하는 제4세대 정부모형에 대해서 살펴보고, 제4세대 정부모형이 진화해야 할 방향과 지향점에 대해서 모색해 보았다.

'새로운' 행정학, 혹은 '새로운' 행정모형이 하나의 담론으로 끝나거나 허구로 치부되지 않으려면 향후 행정모형에 대한 치열한 토론이 필요할 것으로 본다. 개념적 전제, 이념과 철학, 모형 등의 구성요건들에 대해서 치열한 논의가 필요할 것이다.

4차 산업혁명, 혹은 그것이 아니더라도 정부를 둘러싼 현대적 시대상황은 가히 격변 (turbulence)이라 불러도 좋을 만큼 빠른 속도로 변화하고 있다. 국가의 사회문제를 해결하는 학문으로서의 행정학이 궁핍한 사유나 문제해결 능력이 뒤떨어진다는 비판에 직면하지 않기 위해서는 사회상황의 변화에 기민하게 대응하는 학문이 되어야 할 것이다.

더 나아가, 학계에서는 이러한 담론의 장을 토대로 이론적 전제조건들이 탐색되고, 학문의 인식론적 기초에서부터 미래의 방향설계에 이르기까지, 구조와 기능, 인간과 행태와 철학의 구성요소에 대해 다양하고도 치열한 논의가 될 수 있도록 해야 할 것이다.

<<< **핵심** Point !

◎ 거버넌스, 뉴거버넌스와 사이버 거버넌스

▶ 거버넌스란 20세기 산업화 시대를 거쳐 21세기 정보화 시대로 넘어오면서 세계화와
정보화가 급속히 진행되는 과정에서 등장하게 된 새로운 통치형태임
▶ 국가(정부)-시장(기업)-시민사회(NGO) 등 국가운영의 세 주체간의 관계정립이 좀 더
수평적이고 긴밀한 유기적인 네트워크 형태로 변모되어야 한다는 시대정신을 반영한
국정운영모형
▶ 뉴거버넌스란 기존의 거버넌스의 개념에서 네트워크 거버넌스에 초점을 두고 있음
▶ 사이버 거버넌스란 현실공간에서의 거버넌스가 글로벌, 리저널, 내셔널, 그리고 로컬이
라는 물리적 범위와 정책적 이슈에 기초를 둔 거버넌스 유형과 대비하여 가상공간에서
형성되고 있는 전자정부상 거버넌스의 한 형태

◎ 거버넌스의 개념과 이론의 다차원성

▶ 거버넌스와 관련한 개념은 개별 학문분야(예를 들어 행정학 분야, 정치학 분야, 제도주
의 경제학 영역, 사회학 등)의 특성과 관심영역에 따라 다양하게 해석됨

◎ 거버넌스 국정관리모형의 유형: 국가모형, 시장모형, 시민사회모형

▶ 국가중심 거버넌스 모형은 관료주의와 관리주의를 운영의 기본 원리로 함
국가중심의 거버넌스 모형은 신공공관리적 정부모형, 기업가적 정부모형, 신축적 정부
모형, 탈규제적 정부모형으로 나누어서 살펴볼 수 있음
▶ 시장중심 거버넌스 모형은 경쟁원리와 고객주의를 근간으로 하는 시장주의(market
orientation)를 지향함. 시장적 정부모형, 최소국가형 정부모형 등이 있음
▶ 시민사회 거버넌스 모형은 참여주의와 공동체주의를 운영의 기본 원리로 함. 네트워크
정부모형, 참여적 정부모형 등이 있음

## ◎ 사이버 거버넌스와 전자정부

▶ 사이버 거버넌스는 가상공동체에서 형성되고 있는 거버넌스의 또 다른 형태임
▶ 가상공간을 통하여 투영된 현실세계에서는 현실과는 또 다른 형태의 거버넌스가 요청됨
▶ 가상공동체에서의 거버넌스는 현실공동체에서의 거버넌스의 이슈와 행위주체들과 함께 가상공간에서의 추가적 행위자와 이슈의 동참이 발생하면서, 다양한 목적과 방식으로 역동적인 상호 관계를 형성하고 있음
▶ 사이버 거버넌스와 전자정부는 새로운 정책이념으로서의 민주성, 투명성, 성찰성이 강조됨
▶ 사이버 거버넌스의 가능성과 발전방안
　　첫째, 시장경제 원리에 기초하여 기업가적 정부를 지향하는 정부개혁의 요소를 지니고 있을 때 가능함
　　둘째, 이상적인 전자정부의 실현은 각 나라가 처한 역사적 맥락과 정치적 현실 속에서 적절한 정부개혁과 법제도의 정비가 뒷받침될 때 가능함
　　셋째, 민주적 정부 혹은 성찰적 정부 모형으로서의 국정운영 시스템을 구축해야 함
　　마지막으로, 소수 엘리트 중심의 국정 운영 기조를 탈피하지 못하고 있는 국가에서는 NGO를 비롯한 시민사회의 성장을 감안하여 그들과의 역할 분담과 협력 방안을 모색해야 함

## ◎ 정보사회의 국정관리: 변화, 역할, 구조

▶ 정보사회의 출현과 함께 요구되는 국가행정의 역할
　　첫째, 고도성장과정에서 나타나는 다양한 문제를 해결하기 위하여 사회적 통합을 유지해야 하는 역할을 해야 함
　　둘째, 기능부문별 역할변화의 요청에 행정체제는 부응해야 함
　　셋째, 반면 국민에 의한 선택의 폭을 넓히고 경제활동의 민간주도성을 높여야 함
　　넷째, 행정체제는 '인간적 정보화' 즉 정보사회의 인간화를 위해 주도적인 역할을 해야 함
　　마지막으로, 민주적 가치와 인간적 행복에 부합되도록 사회체제의 개편을 유도하여 산업사회의 병폐가 확장되지 못하도록 해야 함

## ◎ 정보사회와 국정관리: 분석모형

▸ 정보화는 정보기술의 혁신과 정보의식에 대한 수용과정의 확산이라는 형태로 전개됨. 정보화의 진전에 따른 고도정보사회의 출현은 강력한 행정환경으로 작용하며 대내외적인 의미에서 국정관리시스템에 변화를 주고 있으며, 국정관리모형의 내부적인 요소들은 조직모형, 인력 및 예산관계, 행정이념 및 행정문화, 그리고 법·제도의 수용으로 나눌 수 있음

▸ 세계화·정보화의 진전에 따른 행정환경의 소용돌이적 변화는 국정관리모형을 개방체제로서 파악할 것을 요청함

▸ 글로벌리즘이 새로운 시대정신으로 부각됨에 따라 국가의 위상은 세계체제와의 관계 속에서 모색되어야 하며, 정보통신혁명의 진행에 따라 단위국가 내에서는 국가와 사회부문간 역할분담 구도의 변화가 초래됨

## ◎ 4차 산업혁명의 개념 및 특징

### ▣ 4차 산업혁명 개념

▸ 4차 산업혁명은 물리적(psysical), 가상적(digital), 생물학적(biological)의 세 부문의 융합을 통한 사이버 물리 시스템(Cyber-Physical System, CPS)을 구축하는 것을 뜻함

### ▣ 4차 산업혁명 특징

▸ 초연결성(super connectivity), 초지능성(super intelligence), 초예측성(super foresight)으로 대변됨

## ◎ 새로운 행정학과 미래의 정부모형

### ▣ 새로운 정부모형의 필요성

▸ 4차 산업혁명 시대는 기존의 정부모형으로는 접근하기 어려움

▸ 첨단기술만을 의존한 급변하는 사회변동 속에서 철학의 빈곤과 문명의 한계점 봉착

▸ 4차 산업혁명의 거대한 물결 앞에 존엄성은 인간사회에 올바른 지향하는 방향을 제시

- ▸ 환경에 대한 인식과 태도 변화를 유발할 수 있는 심층적인 성찰이 필요
- ▸ 신속하고 기민하게 문제를 해결하는 신속한 정부모형이 필요
- ▸ 공공서비스 수요자에 대한 맞춤형 서비스(Customized Service), 개인별 서비스(Personalized Service) 제공이 필요
- ▸ 실시간 행정정보 공개, 온라인상의 국민 공적토론의 활성화 등 플랫폼을 구축함으로써 투명한 행정이 가능
- ▸ 세계경제포럼은 4차 산업혁명 시대의 정부 모형으로 FAST(Flatter, Agile, Streamlined, Tech-Savvy)모형을 제시

### ▣ 정부모형4.0

- ▸ 지혜정부: 빅데이터를 기반으로 한 인지예측 시스템을 통하여 사회적 난제(wicked problem)를 해결할 수 있는 정부
- ▸ 소통정부: 정책수혜자와의 소통을 통한 맞춤형 서비스의 제공, 공적인 사회안전망 강화, 궁극적으로 인간의 존엄성을 실현하는 정부
- ▸ 융합정부: 정부를 아우르는 국회, 민간, 비영리기관 등 여러 부문과의 노력이 수반되는 열린 정부(Open platform)

◎ 거버넌스의 개념이란 무엇인가?

◎ 뉴거버넌스의 개념은 무엇인가?

◎ 거버넌스 이론을 다양한 주체들을 중심으로 분류해 보면, 국가중심 거버넌스, 시민사회중심 거버넌스, 시장중심 거버넌스, NGO 거버넌스, 사이버 거버넌스로 분류해 볼 수 있다. 다양한 형태의 거버넌스 모형에 대해 정리해 보자.

◎ 사이버 거버넌스의 개념과 그 중요성은 무엇인가?

◎ 사이버 거버넌스와 전자정부의 관계에 대해서 생각해 보자.

◎ 전자정부 구현과정에서 나타날 수 있는 문제점은 무엇인가?

◎ 정보화로 인해 국정관리에 요구되는 행정정보화의 기대에 대해 생각해 보자.

◎ 정보사회에서의 행정 역할의 강화와 약화에 대한 상반된 경향에 대해서 설명하라.

◎ 미래고도정보사회의 다원화, 세계화, 지방화의 추세에서 행정이 효과적으로 대처하기 위한 미래지향적 국정관리모형에 대해 논의해 보자.

◎ 4차 산업혁명 시대에 새로운 정부모형이 필요한 이유는 무엇이며, 정부모형4.0이란 무엇인가?

◎ 4차 산업혁명 시대에서 정부모형4.0의 특징은 무엇인가?

 **고시기출문제**

[ 고시기출문제 (1) ] 전자정부의 성숙수준이 높아감에 따라 그 추진체계도 새롭게 정비될 필요성이 있다. 특히 정부와 지방자치단체, 정부와 민간기업, 정부내 부처간 협력체계의 구축 등이 성공을 좌우하는 주요 요인으로 지적되고 있다. 성숙한 전자정부를 위한 전자거버넌스(e-Governance)의 내용과 방향에 대하여 논하시오. [2005년 행시]

[답안작성요령]

☞ 핵심 개념

본 문제는 정보화의 진전에 따라 정보사회에서의 새로운 국정운영 방법의 모색과 함께 정부와 시장, 정부와 시민사회 간의 역학 관계를 재조명해야 할 필요성이 제기됨에 따라 성숙한 전자정부를 위한 전자거버넌스를 구현하기 위한 내용과 방향을 제시하는 것이 핵심이다. 따라서 정보사회에서 새로운 국정관리모형으로 전자거버넌스와 전자정부의 개념적 관계에 대해 설명하고, 전자기버넌스의 내용과 발전방향에 대해 기술하여야 한다.

☞ 전자정부와 전자거버넌스

전자정부(e-Government)란 정보통신기술을 바탕으로 전자적 업무처리를 통해 국민의 편익을 증진시키는 정부라고 할 수 있다. 이때 전자거버넌스(e-Governance)란 정부만으로 접근하는 게 아니라 정부-시장(기업)-시민사회(NGO)가 신뢰와 협력을 바탕으로 문제를 풀어나가려는 네트워크적 노력을 말한다. 이러한 전자거버넌스의 본질은 신속한 업무처리와 함께 민주주의의 증진이라고 할 수 있다. 과거의 일방향성 정책집행에 비해 양방향성 의사소통을 바탕으로 담론 및 공공영역의 장 확대를 통해 민주성, 신뢰성, 성찰성을 증진시킬 수 있다는 점이 그 중요한 본질이다. 즉, 전자거버넌스는 단순한 형태의 정부 행정 관리적 효율성을 넘어서, 시민참여를 통한 담론 형성 및 공공영역의 장 확대를 통해 민주성의 제고와 이를 토대로 보다 성숙한 시민공동체를 구현하는 성찰성을 강화하는데 그 본질이 있다.

전자정부의 정책 산출물인 정보정책도 국가와 시장의 효율성을 넘어서 시민사회의 민주성, 형평성, 윤리성을 구현하는 정책수단으로써 구성되어 있다. 즉, 국가(정부) 중심의 국정운영이 시장과 시민사회와의 보다 수평적인 형태의 긴밀한 네트워크를 구성하는 형태로의 국정운영으로 변화될 것이 요청되고 있으며, 이러한 거버넌스의 시대 정신은 정보통신기술의 확산과 함께 전자거버넌스를 구현하는 정책이념으로 자리잡고 있다(권기헌, 2013: 83).

☞ 전자거버넌스의 내용

전자거버넌스는 정보통신기술을 활용하여 행정활동의 모든 과정을 혁신함으로써, 정부의 업무처리가 효율적이고 생산적으로 개선되고, 정부의 고객인 국민에 대하여 질 높은 행정 서비스를 제공하는 한편 정책과정에 참여 및 투명성을 강조하는 참여민주주의를 실현하고, 더 나아가 보다 신뢰받고 성숙한 사회공동체를 실현하는 정책수단으로서의 의미를 지닌다.

좁은 의미로는 대민행정 측면, 내부행정처리 및 정책결정의 측면, 조달 등의 세 측면이 전자적으로 상호유기적인 작용을 하면서 온라인 네트워크를 통해 공공재화나 서비스를 상호간에 제공하는 것을 의미한다. 반면, 넓은 의미로는 전자민주주의를 구현하는 정부, 우리 사회를 보다 신뢰받고 성숙한 공동체로 만드는 데 기여하는 정부 운영의 형태를 의미한다. 즉, 정부운영의 효율성을 넘어서 민주성과 투명성 그리고 성찰성이 강조된다.

또한 인터넷을 통한 가상공동체는 분명히 민주주의가 새롭게 태어날 수 있는 공간과 가능성을 제공해 주고 있다. 문제는 그 실제적 운영이다. 이러한 새로운 기회의 장이 거버넌스라는 새로운 국가운영의 패러다임과 결합하여 기존의 비능률과 상호불신을 해소할 수 있을 것인지 아니면 현실세계와 괴리되어 의사 공동체로서의 진정한 공동체를 파괴하게 될 것인지는 그 속에 있는 참여자의 몫이라 할 수 있다.

적극적이고 투명한 정부, 민주적 가치에 충실한 정당, 건강한 시민성을 함양한 시민과 NGO, 그리고 합리성과 능률성으로 무장한 기업과 시장이 경쟁과 협력을 통해 스스로 만들어 가는 협력체제 속에서 전자거버넌스도 분명한 실체를 가지고 민주주의 발전에 기여할 수 있다(권기헌, 2013: 82-83).

☞ 전자거버넌스의 발전방향

시민의 참여를 보장하고 열린 정부를 지향하는 전자정부는 행정 내부에서는 효율적인 정보자원 관리 체계의 확립이 요구되고, 부처간에는 정보공동 활용 체계를 갖추고, 이를 기반으로 시민과의 인터페이스를 확대하기 위한 다양한 서비스 프로그램이 개발되어야 한다. 이러한 관점에서 전자거버넌스 체제의 전자정부를 구현하기 위한 가능성과 발전방향을 살펴보면 다음과 같다.

첫째, 인터넷을 대표로 한 정보통신기술의 비약적인 발전을 매개로 전자정부 및 이를 토대로 한 전자거버넌스는 시장경제 원리에 기초하여 기업가적 정부를 지향하는 정부개혁의 요소를 지니고 있을 때 가능하다.

둘째, 이상적인 전자거버넌스의 실현은 각 나라가 처한 역사적 맥락과 정치적 현실 속에서 적절한 정부 개혁과 법제도의 정비가 뒷받침될 때 가능하다.

셋째, 정보기술 중심의 기술관료형 정부에서 탈피하여 효율적인 대민 서비스의 제공에 초점을 두고, 정책결정 및 정책집행 과정을 투명하게 공개해 나감으로써 사회 총체적 합의를 도출해야 하고, 이를 통해 민주적 정부 혹은 성찰적 정부 모형으로서의 국정 운영 시스템을 구축해야 한다.

넷째, 소수 엘리트 중심의 국정 운영 기조를 탈피하지 못하고 있는 국가에서는 민간기업 및 NGO를 비롯한 시민사회의 성장을 감안하여 그들과의 역할 분담과 협력 방안을 모색해야 한다(권기헌, 2013: 85).

☞ 고득점 핵심 포인트

정보통신기술의 확산과 함께 전자정부의 성숙수준이 높아짐에 따라 새로운 국정관리모형으로 전자거버넌스의 구현이 제기되고 있다. 즉, 전자정부에서도 거버넌스의 시대정신인 국가중심의 국정운영이 시장과 시민사회와의 수평적인 형태의 긴밀한 네트워크를 구성하는 형태로의 국정운영으로 변화될 것이 요청되고 있다.

따라서 정보사회에서 새로운 국정관리모형으로 전자거버넌스와 전자정부의 개념적 관계에 대해 설명하고, 전자거버넌스의 개념과 의의, 그리고 전자거버넌스 체제에서 전자정부 구현의 가능성과 발전방향에 대한 논의를 제시하여 주면 완성도 높은 답안이 될 것으로 생각한다(본서 제6장 본문 사이버 거버넌스와 전자정부 참조바람).

# 고시기출문제

> **[고시기출문제(2)]** 스마트폰, 무선인터넷, 클라우드 컴퓨팅 등 인터넷 기반 정보통신기술의 눈부신 진화로 인간은 과거에 없던 새로운 경제생활을 영위하고 있으며, 인터넷 공간에서의 변화는 행정환경의 변화에 커다란 영향을 미치고 있다. 이와 같은 인터넷 기반 정보기술의 변화에 따른 전자거버넌스의 본질과 특성을 설명하고, 행정서비스의 변화방향과 대응전략을 논의하시오. [2010년 입시]

## [답안작성요령]

☞ 핵심 개념

본 문제는 전자거버넌스의 본질과 특성에 대해 묻고 있다. 전자정부(e-Government)란 정보통신기술을 바탕으로 전자적 업무처리를 통해 국민의 편익을 증진시키는 정부라고 할 수 있다. 이때 전자거버넌스(e-Governance)란 정부만으로 접근하는 게 아니라 정부－시장(기업)－시민사회(NGO)가 신뢰와 협력을 바탕으로 문제를 풀어나가려는 네트워크적 노력을 말한다. 이러한 전자거버넌스의 본질은 신속한 업무처리와 함께 민주주의의 증진이라고 할 수 있다. 과거의 일방향성 정책집행에 비해 양방향성 의사소통을 바탕으로 담론 및 공공영역의 장 확대를 통해 민주성, 신뢰성, 성찰성을 증진시킬 수 있다는 점이 그 중요한 본질이다. 즉, 전자거버넌스는 단순한 형태의 정부 행정 관리적 효율성을 넘어서, 시민참여를 통한 담론 형성 및 공공영역의 장 확대를 통해 민주성의 제고와 이를 토대로 보다 성숙한 시민공동체를 구현하는 성찰성을 강화하는데 그 본질이 있다.

이러한 전자거버넌스의 특성은 크게 세 가지로 구분할 수 있는데, 우선 신속성(속도성)이다. 이는 기술의 발전에 따라 역량의 차이가 결정되고, 빠른 변화속도를 특징이라고 할 수 있다. 다음으로 접근의 용이성(개방성)이다. 즉, 정보공개를 통해 정보비대칭의 문제를 해결하고 개방성과 함께 투명성, 접근성을 강화하고 상시적인 상호감시체계를 작동 가능케 한다. 마지막으로 쌍방향적 공유(상호소통성)이다. 즉, 정부 단독이 아닌 다양한 국민의 참여로 단순한 정보 접근을 넘어서서 전자정부포털, 온라인 신문고, 온라인 공청회, 포럼 등을 통한 국민들이 의견을 제시할 수 있다(권기헌, 2013: 84).

☞ 전자거버넌스에 따른 행정서비스의 변화방향과 대응전략

전자거버넌스에 따른 행정서비스의 변화방향은, 첫째, 기술의 변화에 대해 충분히 이해

하고, 이와 함께 변화에 적응할 수 있어야 한다. 그리고 단기적 접근이 아닌 지속적인 보완과 발전이 가능한 접근이 필요하다. 둘째, 전자거버넌스의 특성을 활용하여 다양한 행위자들의 참여도를 높임으로써 거버넌스적 협력체제를 구축하고, 이를 통해 정책결정을 비롯한 집행 등 정책과정에서 수요자 중심의 서비스로 전환할 필요가 있다.

전자거버넌스에 의한 행정서비스의 대응전략은, 첫째, 행정 내부의 혁신이다. 기존의 수직적 조직구조가 아닌 수평적 네트워크 조직화를 통해 정보공유를 비롯한 의사결정을 위한 소통이 원활하게 이루어져야 한다. 또한 행정서비스를 제공하는 공무원 집단의 정보리터러시의 발전을 통해 전자적 업무처리에 능숙함으로써 질 높은 서비스를 제공해야 한다. 둘째, 행정서비스의 질을 향상시키는 것이다. 이를 위해 전문가를 양성하고, 지속적인 온라인 업데이트가 필요하다. 셋째, 국민들의 참여를 활성화하는 것이다. 이를 위해 정부의 활동에 국민들을 직접 참여시킬 유인을 제공할 필요가 있다. 마지막으로 이러한 모든 과정에 대한 지속적인 평가와 환류가 필요하다. 즉, 기술변화 외에 거버넌스에 참여하는 행위자, 주체들의 상호작용에 따라 그 변화는 달라질 수 있으므로 이들간 원활한 토론을 통한 합의가 필요하고, 건의사항이나 평가결과 등을 위한 환류기제가 필요하다.

☞ 고득점 핵심 포인트

전자거버넌스의 가장 큰 특징은 전자기술을 통한 가상공간을 매개로 한 다양한 참여자의 협력적 네트워크를 통해 국정운영이 가능하게 한다는 것이다. 따라서 전자정부를 통해 새로운 행정 대안인 거버넌스 실현이 가능하다는 점을 강조하면서, 기존의 정부중심 전통적 국정운영방식과 비교하여(e-Government), 전자거버넌스(e-Governance)가 가지는 강점을 제시할 필요가 있다. 그리고 이러한 강점은 실제 전자거버넌스 사례를 제시하면서 (예컨대 서울시 천만상상오아시스나 국민신문고 사례 등), 국민의 행정만족도와 신뢰도의 증대 가능성, 시민참여 창구확대를 통한 시민참여 확대 등을 미래 발전방향으로 함께 제시한다면 고득점을 위한 좋은 답안이 되리라 본다(본서, 제6장 정보사회의 국정관리 참조).

[ 고시기출문제 (3) ]　다음 지문을 읽고 물음에 답하시오. [2017년 행시]

> 기계학습, 심화학습, 인지 컴퓨팅 등의 기술발전은 산업, 고용, 노동, 의료, 교육, 법률 등 여러 영역에서 급격한 변화를 초래하고 있다. '인공지능 혁명'으로 일컬어지는 이러한 변화는 농업, 산업, 정보통신기술혁명에 이은 제4차 기술혁명으로 인류의 모습을 근본적으로 변화시킬 것으로 여겨지고 있다. 한편 최근 부상하고 있는 인공지능기술의 발전은 정부에 대해 과거와는 다른 새로운 조직운영 시스템을 요구하고 있다. 다음 물음에 답하시오.

1) 인공지능기술의 발전으로 인한 미래사회의 변화에 대하여 기술하시오. (10점)
2) 인공지능기술의 발전으로 인하여 요구되는 미래정부의 조직운영 시스템 변화를 과거 농업, 산업, 정보통신기술혁명 등 3차례의 기술혁명에 대응한 정부 조직 운영 시스템과 비교하여 설명하시오. (15점)

## [답안작성요령] 1-1

☞ 핵심 개념

　'인공지능 혁명'은 제4차 산업혁명의 일환으로 기존 제조업과 융합해 생산 능력과 효율성을 극대화시키는 신성장 동력으로 떠오르고 있다. 다만, 인공지능 혁명은 단순히 산업과 산업의 결합으로 인한 생산성 향상에 국한되지 않고, 노동생태계의 재편, 나아가 개인의 삶의 질 향상까지 다양한 방면에서 폭넓은 영향을 미칠 것이다.

☞ 제4차 산업혁명과 미래사회 변화

　많은 미래학자들은 제4차 산업혁명에 따른 미래사회 변화가 크게 1) 산업구조, 2) 고용구조 그리고 3) 직무역량 등 세 가지 측면에서 나타날 것으로 예측하고 있다. 미래사회 변화는 기술의 발전에 따른 생산성 향상 등 긍정적인 변화도 존재하는 반면, 일자리 감소 등과 같은 부정적인 변화도 존재한다. 따라서 미래사회의 다양한 변화를 면밀하게 살펴봄으로써 우리는 보다 현실적이고 타당한 대응 방안을 모색할 필요가 있다.

　1) 생산성의 향상: 인공지능과 제조업·서비스업에 자동화·지능화가 결합됨으로써 생

산성과 품질이 향상될 것으로 예상된다. 가령 독일의 인더스트리4.0(industry 4.0)의 경우 IoT와 스마트 공장을 연결하여 사이버물리시스템(Cyber Physical Production System: CPPS)을 구축함으로써 제조·생산 방식을 혁신적으로 개혁하고 생산성과 효율성을 높이는 전략을 구축하고 있다(권기헌, 정부혁명4.0: 126). 제조업의 경우 인공지능으로 대체되거나 융합됨으로써 보다 높은 노동생산성 향상에 기여할 것으로 판단된다.

2) 노동생태계의 재편: 인공지능의 발달로 인해 인간의 지적·육체적 업무의 대체가 일어날 것이다. 특히 단순 반복적 업무나 매뉴얼에 기반한 업무의 상당 부분은 대체될 것으로 예측된다. 다만, 인공지능이 모든 부문의 노동시장을 대체하는 것을 의미하는 점도 분명히 밝혀줄 필요가 있다. 동일한 루틴의 단순 업무, 특히 제조업의 경우 인공지능을 통해 짧은 시간 신속하게 많은 업무를 처리하는 등 노동시장의 재편이 이루어질 것으로 예측되는 반면, 인간과 인공지능 간의 상호 보완적 협력을 통해 인간이 보다 창의적이고, 감성적인 업무에 대해서는 인간만이 가진 고유한 감성이나 창의성이 더욱 빛을 발하게 될 것이다.

3) 삶의 질 향상: 인공지능 기술의 발전은 지식의 양적 측면과 질적 측면 모두를 증진시킬 것으로 판단된다. 즉, 빅데이터를 기반으로 현대사회의 다양한 '큰문제'(big problem)를 해결할 수 있는 기제가 제공되게 될 것이다. 특히, 개인에게 필요한 맞춤형(customized, personalized) 정보를 제공함으로써 보다 높은 양질의 행정서비스를 제공할 수 있게 될 것이다.

☞ 고득점 핵심 포인트

본 문제는 인공지능기술 발전에 따라 변화 될 미래사회 모습에 대해 묻고 있다. 인공지능 기술의 발전은 초연결성, 초지능성, 초예측성을 기반으로 생산성 향상, 노동생태계의 변화, 나아가 개인의 삶의 질 향상까지 우리 삶에 있어서 혁명적 변화를 가져올 것으로 예상된다. 그러나 이러한 긍정적 효과의 이면에 반드시 짚고 넘어가야할 사회·윤리적 문제가 있음을 명시해 줄 필요가 있다. 즉, 인공지능의 발전이 통제 불능의 상태가 되거나, 특정 목적을 가진 집단에 의해 악용될 경우 심각한 사회적 문제를 양산할 수 있기 때문이다. 따라서 정부는 기술의 발전에만 몰두할 것이 아니라, 기술의 발전과 더불어 이러한 사회·윤리적 문제를 방지할 수 있는 정책역량의 개선과 함께 정부의 일하는 방식의 변화까지 고려할 필요가 있음을 제시해준다면 좋은 답안이 될 것이라 판단된다.

☞ 핵심 개념

이상에서 제시한 바와 같이, 인공지능 등 4차 산업혁명의 기술변화는 정부의 일하는 방식의 변화, 즉 정부모형의 변화를 동반하고 있다. 아래 표에서 보듯이, 제1차, 제2차, 제3차 혁명의 단순한 기술방식에 비해 제4차 산업혁명은 AI, IoT, 빅데이터, 모바일 등 다양한 신기술의 융합을 바탕으로 전개되고 있다.

SMART 패러다임 4.0

|  | 제1차 산업혁명 | 제2차 산업혁명 | 제3차 산업혁명 | 제4차 산업혁명 |
|---|---|---|---|---|
| 연도 | 1780년대 | 1900년대 | 1970년대 | 2016년- |
| 혁신기제 | 동력혁명 (Steam Engine) | 분업화된 자동화 혁명 (Division of Labor Using Electricity) | 지식, 정보혁명 (Knowledge, Information Revolution) | 초연결성 혁명 (Super Connectivity) 초지능성 혁명 (Super Intelligence) 초예측성 혁명 (Super Foresight) |
| 기반기술 | 증기기관 (Steam Engine) | 전기 (Electric, Electronics) | 정보통신기술 (ICT), 컴퓨터(PC) | 스마트 ICT(Smart ICT/) 인공지능(AI) 사물인터넷(IoT) 빅데이터(Big data) 클라우딩(Clouding) 모바일(Mobile) |
| 생산수단 | 기계식 생산설비 (Machine) | 자동화된 대량생산 시스템(Massive Production, Ford System) | 컴퓨터를 통한 전산화 시스템 (Computeriza-tion) | 인공지능(AI) 딥러닝 (Deep Learning) |
| 핵심 에너지 | 석탄 (Coal) | 석탄(Coal) 석유(Oil) | 핵에너지 (Nuclear Energy) | 바이오 에너지 (Bio Energy) 천연 에너지 (Natural Energy) |
| 통신 & 커뮤니케이션 | 기차(Train) 전신(Telegraph) | 자동차(Auto mobile) 비행기(Airplane) 텔레비전(TV) | 고속열차 (Express Train) 인터넷 (Internet) | 우주 및 항공산업(Aerospace Industry) |
| 커뮤니케이션 수단 | 책자(Books) 신문(Newspapers) | 전화(Telephone) 텔레비전(TV) | 인터넷(Internet) 소셜네트워크 (SNS) | 사물인터넷(IoT) 클라우딩(Clouding) 빅데이터(Big Data) |

자료: 권기헌(2018: 645).

☞ 미래정부의 조직운영시스템 및 일하는 방식의 변화

기존의 일하던 방식은 컴퓨터나 PC에 의존했으며, 표준화된 업무 방식으로 일반국민들을 상대로 서비스를 제공하는데 그쳤다면, 새로운 정부모형은 다양한 형태의 스마트 기술, 즉 AI, IoT, 빅데이터, 모바일 등을 융합함으로써 맞춤형 서비스를 제공해 줄 수 있다. 일하는 방식도 고정된 장소에서 사후적 복구처리에 치중했던 기존의 방식에 비해 장소와 상관없이 미래예측과 사전적 예방에 기초한 행정을 펼칠 수 있게 된다.

☞ 고득점 핵심 포인트

본 문제에서 핵심적 부분은 각 산업의 변화에 따른 정부조직운영시스템의 변화를 능동적으로 이해하며 이를 바탕으로 고도로 첨단화된 미래사회의 정부조직운영시스템에 대한 견해를 서술해야한다.

먼저, 제1차, 제2차, 제3차 산업혁명에 대한 개념정의와 이와 대별되는 제4차 산업혁명의 변화, 특히 정부 운영 시스템의 변화를 개괄적으로 서술하여야 한다. 특히 제4차 산업혁명 시대의 전자정부는 단순히 컴퓨터 및 스마트 기기를 사용하는 것에 그치는 것이 아니라 완전한 면대면(P2P) 맞춤형 서비스를 제공하는 것을 의미한다는 것에 초점을 두고, 정부의 조직운영 시스템 역시 과거 기계학습(machine learning)에서 나아가서 국민과 헌법상의 민주주의에 대한 심층학습(deep learning)으로의 변화가 필요함을 제시하여야 한다. 즉, 과거 관료제의 계층제적, 폐쇄적 정부운영에서 벗어나 온라인상의 공공영역에서 시민의 공적토론 활성화를 위한 플랫폼을 구축함으로써 민주주의의 확장(good governance)이 이뤄질 수 있도록 일하는 방식의 혁신이 필요함을 언급한다면 좋은 답안이 될 수 있을 것이다.

즉, 좋은 거버넌스란 아래 <그림 6-8>에서도 보듯이 생산성, 민주성, 성찰성이 조화를 이룬 정부이다. 스마트 정부 구축을 통해 효율적이고 생산성 높은 정부를 구현하고 국민과의 소통을 원활히 하고 국민의 참여를 증진시키는 민주적인 정부를 구현하면서 더 나아가 국민들이 원하는 시대정신을 정확히 읽고 그에 부응하는 성찰적 정부이다.

바람직한 정부모형은 'Do things right'이 아닌 'Do the right things'이다. 이러한 관점에서 정부모형의 핵심가치에는 우리 정부의 국정철학과 시대정신이 반영되어야 한다.

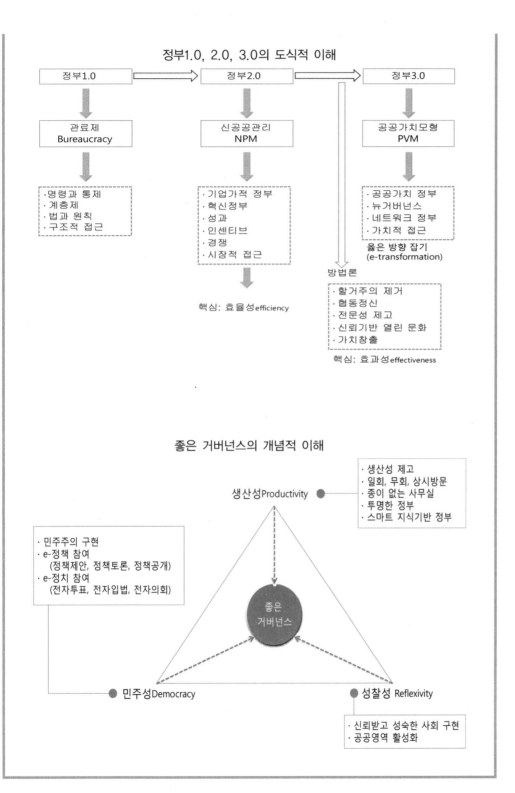

정부1.0, 2.0, 3.0의 도식적 이해

| 정부1.0 | ⇒ | 정부2.0 | ⇒ | 정부3.0 |

관료제
Bureaucracy

신공공관리
NPM

공공가치모형
PVM

·명령과 통제
·계층제
·법과 원칙
·구조적 접근

·기업가적 정부
·혁신정부
·성과
·인센티브
·경쟁
·시장적 접근

·공공가치 정부
·뉴거버넌스
·네트워크 정부
·가치적 접근

옳은 방향 잡기
(e-transformation)

방법론

핵심: 효율성efficiency

·할거주의 제거
·협동정신
·전문성 제고
·신뢰기반 열린 문화
·가치창출

핵심: 효과성effectiveness

좋은 거버넌스의 개념적 이해

·생산성 제고
·일회, 무회, 상시방문
·종이 없는 사무실
·투명한 정부
·스마트 지식기반 정부

생산성Productivity

·민주주의 구현
·e-정책 참여
 (정책제안, 정책토론, 정책공개)
·e-정치 참여
 (전자투표, 전자입법, 전자의회)

좋은
거버넌스

민주성Democracy

성찰성 Reflexivity

·신뢰받고 성숙한 사회 구현
·공공영역 활성화

# 제 3 부

# 전자정부론

지식정보사회에 들어서면서 국가혁신 시스템이라는 개념이 중요하게 등장한다. 국가혁신 시스템이란 국가사회에 흩어져 있는 지식과 자원들을 유기적으로 엮어내고, 국가사회 각 분야에 산재한 지능을 한 단계 더 업그레이드함으로써 국가 전체 지식의 창출–축적–공유–확산의 순환 사이클을 가속화시키는 국가경영 체제를 말한다. 이러한 국가혁신 시스템을 창출하는 데 전자정부와 지식정부는 중요한 기반구조의 역할을 하게 된다.

국가혁신이 상시적으로 이루어지는 정부가 되기 위해서는 생산성 높고 투명한 정부, 진정한 민주주의를 실현하는 정부, 국가사회에 존재하는 의사소통의 활성화를 통해 진정한 신뢰사회를 구현하는 정부가 되어야 한다. 3부에서 우리는 이러한 정부혁신이 이루어지는 정부를 전자정부와 지식정부라는 개념틀을 중심으로 발견해 보고자 한다.

# 제 7 장

# 전자정부의 이론Ⅰ:
## 전자정부의 개념

전자정부는 기술이 아니라 인간을, 물질이 아니라 생명을, 결과가 아니라 과정을,
수단이 아니라 목적을 중시하는 사회를 실현시킬 수 있어야 한다.
－『시민이 열어가는 지식정보사회』에서

 >>> **학습목표**

전자정부의 이론Ⅰ에서는 전자정부의 개념에 대해 고찰한다. 또한 전자정부 개념의
세 가지 차원과 전자정부 추진시 고려해야 할 핵심요소에 대해서 학습한다.

첫째, 전자정부의 개념에 대해서는 전자정부의 논의배경과 전자정부 개념정의를 위
한 기술적·사회적 요소에 대해 살펴본다. 또한 국·내외 문헌상에 나타난 전
자정부에 관한 개념정의에 대해 학습한다.

둘째, 전자정부 개념의 세 가지 차원에서는 생산성 차원, 민주성 차원, 성찰성 차원
의 세 가지 차원으로 나누어 살펴본다.

셋째, 전자정부 추진시 고려해야 할 핵심요소에서는 전자정부 개념의 세 가지 차원
인 생산성, 민주성, 성찰성에 초점을 두어 살펴본다. 먼저, 생산성은 전자정
부의 추진주체와 리더십 문제, 행정정보화사업과 행정개혁의 연계, 업무 재설
계, 정보공유 마인드, 학습과의 연계에 대해서 학습한다. 다음으로 민주성은
고객지향적 정부, 전자민주주의에 대해서 학습한다. 마지막으로 성찰성은 성
찰과 반성을 전제로 하는 전자정부의 변화관리, 성찰하는 전자정부에 대해서
학습한다.

## 1. 문제의 제기

1990년대에 들어서서 정부혁신의 요구는 점점 더 강하게 분출되고 있다. 정부는 비효율의 대명사로 낙인찍혀 왔으며, 많은 부분에서 산업사회에서의 권위적 리더십이 지식정보사회의 걸림돌로 작용하고 있다. 민간부문의 역량은 점점 증대되고 있으며, 정부부문의 고비용-저효율 구조가 혁신되어야 한다는 당위적 요청이 증가하고 있다. 이와 함께 다원화와 개방화로 인한 시민사회의 다양한 욕구를 충족시켜 줄 것이 요구되고 있다. 시민들은 자신과 관련된 공동체의 다양한 의사결정에 직접 참여하기를 원하고 있다.

이러한 정보사회 패러다임의 변화를 정부가 수용하는 개념이 전자정부이다. 전자정부는 IT 기술의 도입과 네트워크의 구축을 통해 정부 내부의 생산성을 제고하고, 고객만족 정부를 지향하며, 새로운 참여를 지향하는 개념으로 볼 수 있다.

그러나 전자정부의 구축을 논의하는 데 있어 많은 논의의 편향이 고객만족, 네트워크 구축으로 인한 전자민주주의 등의 본질적 정부혁신의 지향점보다는, IT기술과 초고속 통신망 구축으로 인한 비용절감, 생산성 제고에 초점이 맞추어져 있는 것이 사실이다. 제7장에서는 이러한 편향을 포함한 전자정부의 개념과 구상을 비판적으로 재검토하고자 한다. 이를 위해 먼저 전자정부 논의의 이론적·실천적 배경을 검토하고, 국내외 문헌에 나타난 전자정부의 개념과 구상을 종합적으로 고찰해 본 후, 이를 토대로 앞으로 우리나라 전자정부 추진시 중점적으로 고려되어야 할 개념요소들을 도출해 보고자 한다.

## 2. 전자정부의 개념에 대한 탐색적 고찰

### 1) 정부를 둘러싼 환경

Lenk(1998)는 전자정부의 논의배경으로 ① 국가권력의 상대적 약화와 더불어 보다 복잡한 세계의 새로운 문제에 대한 대처의 필요성 증대, ② 정책수단의 감소와 사회적 관계에 영향을 미칠 수 있는 능력 감소, 이와 더불어 국가 개입과 서비스 제공에 따른 비용의 증대, ③ 국민의 세금부담 기피, 이와 디불이 국민들의 수요폭발과 의사결정에 대한 참여욕구 증대를 꼽는다.

이러한 전자정부 논의배경은 정부혁신의 수단적 요소인 정보기술이라는 토대 위에 공간적 개념요소인 정부의 내부와 외부적 환경요인에 영향받은 것으로 볼 수 있다.

### (1) 내부환경: 비능률적 정부조직

정부의 효율성은 민간부문에 비해 훨씬 떨어져 있다. 민간부문은 조직의 지속적 효율성 추구만이 생존의 전략이지만, 정부는 일정수준으로 들어오는 세금으로 운영되어 비용절감의 유인이 없고, 가시적 성과의 평가가 없었기 때문에, 조직내부의 효율성을 제고하는 데 소홀한 것으로 볼 수 있다. 또한 산업사회의 엘리트 집단으로서 견제세력이 미미하였기 때문에, 조직 내에서의 지대추구(rent-seeking)가 가능하였다.

하지만 정부 내부의 비능률성은 민간부문의 도전을 받고 있으며, 이러한 도전은 전자정부의 필요성을 강화시켜주었다.

### (2) 외부환경: 정부와 국민의 인터페이스 강화 요구

전자정부의 도입에 영향을 끼치는 요인으로는 내부적 요인보다 외부적 요인이 크다. 내부적인 정부 스스로의 비효율의 혁신노력도 내부의 혁신동기가 없는 상태에서 사실상 외부의 자극에 의해 이루어지는 것으로 볼 수 있다. 이러한 외부의 자극으로는 고객만족 정부의 요구, 시민사회의 참여의 요구, 세계정세의 급변 등을 들 수 있다. 특히 1990년대 이후 인터넷의 발달, 시민사회의 성장, 신자유주의로 인한 무한경쟁의 확대 등이 외부적 자극으로 작용하였다.

### (3) 정보기술의 발달: 정보기술이 조직과 개인에 미치는 영향

행정의 핵심은 의사결정이고, 여기에는 정보가 중요하기 때문에 행정의 정보통신기술은 핵심 기술이다(박통희, 1998). 조직은 불확실성과 모호성을 줄이기 위해 정보를 필요로 한다. 따라서 이러한 정보를 제공하고 처리해 주는 정보기술 및 정보시스템은 조직에서 매우 중요한 역할을 담당하고 있다. 즉, 조직 내에서의 정보기술 및 정보시스템은 정보처리기능을 통해 조직업무 수행을 지원하고, 조직이 변화하는 환경에 적절히 적응할 수 있도록 조직구성원에게 필요한 정보를 제공하며, 또한 조직의 변화를 촉진하는 역할 등을 담당한다.

정보기술은 그 자체로는 중립적 성격을 가지고 있지만, 그것이 일단 조직에 도입되어 활용되기 시작하면 조직의 여러 측면에 가시적 혹은 비가시적인 영향을 미칠 수 있다. 먼저 정보기술은 전통적 피라미드형의 행정조직 구조에 변화를 초래하며, 조직 내의 권한과 권력구조에 영향을 미친다. 이와 함께 조직 내의 의사결정과정에 영향을 주어 신속한 의사결정을 가능케 한다(〈표 7-1〉 참조).

<표 7-1> 정보기술이 조직에 미치는 영향

| 조직요소 | | 변화내용 |
|---|---|---|
| 조직구조 | | 피라미드 조직에서 중간 관리층 증가, 하부조직 감소 또는 거꾸로 된 'T' 모형으로의 변화 |
| 권한 | 집권화의 가능성 | 고위관리자의 정보 취득력의 확대 |
| | 분권화의 가능성 | 하부계층의 단순업무가 줄고, 의사결정에 참여할 수 있는 정보획득이 쉬워짐 |
| 권력 | | 정보전문가, 기득권층의 권력강화의 가능성 |
| 의사결정 | | 다양한 정보수집, 신속한 양질의 의사결정, 정형화되지 않은 문제의 신속한 처리 |

이와 함께 정보기술은 조직의 개인에게도 영향을 미친다. 정보기술은 업무수행에 필요한 시간과 노동량을 감소시키고 남은 시간을 자신의 능력개발에 사용할 수 있도록 해 준다. 또한, 보다 신속하고 정확한 업무의 처리로 개인의 성취욕구를 만족시켜 준다.

이러한 정보기술이 조직과 개인에게 끼치는 긍정적 영향이 전자정부 도입의 중요한 요인으로 작용하고 있다. 물론 기술이 먼저냐, 필요가 먼저냐 라는 기술결정론적 시각과 사회결정론적 시각이 맞서고 있기는 하나, 보다 중요한 것은 정보기술이라는 기술적 토대가 없었다면 조직혁신, 전자정부로의 혁신은 불가능했을 것이다.

## 2) 전자정부의 개념에 관한 선행연구

전자정부의 개념을 정의하기 위해서는 전자정부와 관련되는 기술적 및 사회적 요인들을 종합적으로 고찰하여야 하며, 특히 전자정부의 구현과 관련한 기술 및 사회적 요인의 비중과 양자의 관련을 고려해야만 한다.

### (1) 기술결정론과 사회결정론

#### (가) 기술결정론의 관점

기술의 연쇄적 발달은 조직구조에 변화를 유도하고 이러한 흐름은 업무 자체의 변화를 유발한다는 이론이다. 이러한 관점은 전자정부론의 논의에 있어 기술적 측면을 중요시한다. 전자정부의 기술적 정의는 행정업무에 정보기술의 활용을 중심으로 이를 부처의 네트워크를 통하여 대국민 서비스로 연결한다는 관점을 보유하고 있다. 이 관점은 대부분의 행정업무가 온라인 정보기술에 의해 수행되어 신속·정확한 서비스 제공을 중요한 가치로서 인식하고 있으며, 정보기술에 바탕을 둔 컴퓨터와 데이터통신의 결합에 의한 디지털화와 네트워크화에 이론의 강조점을 두고 있다. 그러나 이러한 기술적 정의는 기술결정론의 범주를 벗어날 수 없는 한계를 가지고 있으며 전자정부의 개념을 축소시켜 정보기술의 발전에만 지나치게 한정하는 결함을 내포하고 있다고 여겨진다.

### (나) 사회결정론의 관점

사회결정론자들은 기술의 발달이 사회의 변동을 유발시킬 수는 있으나 기술 그 자체만으로는 사회적 관계나 제도를 변화시킬 수 없다고 한다. 사회결정론자들에게 있어 사회변화란 미시적으로는 구성원들의 이해관계에 영향을 미치는 것이고, 거시적으로는 사회의 권력관계나 계급구조를 변화시키는 것이라고 판단하고 있다. 따라서 사회는 단순히 수동적으로 기술발달의 결과를 받아들이거나 그에 적응하는 것이 아니라, 능동적으로 기술의 발달을 규정한다고 본다. 따라서 사회구조 결정론자들에 의하면 새로운 정보기술은 직무, 인력, 그리고 조직구조 등 행정조직에 많은 변화를 가져올 수 있지만, 정보기술과 행정조직의 관계는 정보기술이 항상 행정조직의 변화를 가져오는 일방적 관계에 있다고 보지는 않는다. 따라서 이 관점은 전자정부의 개념정의도 정보기술의 도입보다는 업무의 재설계와 정부 역할변화의 관점에서 파악한다.

### (2) 전자정부의 시발점

전자정부라는 신조어가 어디서 유래되었고 언제부터 쓰이게 되었는지를 확인하기는 어렵다. 그러나 전자정부의 직접적 기원은 미국의 클린턴 대통령 행정부의 정책적 노력 속에서 찾아야 한다는 데는 이견이 없을 것이다. 미국은 세계 정보기술의 발전을 주도해 왔을 뿐만 아니라 그것의 활용에서도 가장 앞선다(윤영민, 1996).

미국 정부는 재정적자를 줄이면서 동시에 공공서비스를 개선하겠다는 클린턴 대통령의 공약을 실천하기 위해 1993년 NPR[1]을 설치하고 6개월간 연방정부의 업무현황을 분석하

---

1) NPR은 National Partnership for Reinventing Government(정부재창조를 위한 국가협력체)의 약칭이다. 원래 National Performance Review라고 불렸는데 이름이 바뀌었다. NPR은 클린턴 대통령 지시로 1993년 3월부터 발족된 범정부적 태스크포스팀(책임자는 고어 부통령)이다. 잠시 운영되다가 해체되는 그런 팀이 아니라 상설기구 이상의 역할을 한다. 이 태스크포스팀의 6개월간의 조사 끝에 클린턴 대통령에게 제출된 NPR의 보고서는 전자정부라는 구상이 발생한 맥락을 엿보게 하는 주요한 문서이다. 그 보고서는 우선 전자정부라는 구상이 나타나게 되는 직접적 계기가 천문학적 재정 적자를 줄이면서 동시에 행정서비스를 개선하여야 한다는 현실의 냉엄한 요구였다는 사실을 시사하고 있다. NPR은 국민들을 고객으로 간주하여 고객만족을 행정서비스의 최우선 목표로 설정하고, 규칙의 준수보다는 결과에 책임지는 기업형 정부(entrepreneurial government)를 추구하며, 권위를 일선 행정기관에 대폭 이양하여 현실 변화에 능동적으로 대처하도록 하고, 불필요한 정부기관과 조직은 과감하게 줄이거나 없애버림으로써 예산 낭비를 최소화하도록 건의하고 있다(http://www.npr.gov).

였는데, 이러한 노력은 전자정부의 발달로 이어졌다. 연방정부의 개혁을 위해 NPR이 취한 접근은 TQM(*Total Quality Management*)과 BPR(*Business Process Reengineering*) 같은 민간 경영기법이었으며, 국민들을 고객으로 간주하여 고객만족을 행정서비스의 최우선 목표로 설정하고, 규칙의 준수보다는 성과를 책임지는 기업가적 정부를 추구할 것을 제안하였다. 이러한 TQM이나 BPR은 대폭적 정보기술의 활용을 수반하는 것으로, 전자정부가 행정개혁의 핵심 수단으로 등장하는 계기가 되었다.

### (3) 국내·외 문헌상에 나타난 전자정부에 관한 개념정의

우리나라에서의 전자정부의 의미는 학술적으로나 실무적으로 명확하지는 않다. 따라서 전자정부의 개념은 학자나 실무자들마다 다르게 정의하고 있음을 볼 수 있다(황성돈 외, 1998: 9).

#### ㈎ 정충식의 견해: 전자민주주의 요소의 가미

정충식(1997)은 전자정부에 대한 개념정의를 보다 명확히 하기 위하여 1996년 7월부터 9월까지 30명의 전문가들을 대상으로 정책 델파이 기법을 사용하여 전자정부에 대한 개념정의를 수집하였으며, 이 조사에 의해 얻어진 대표적 개념들을 열거하면 다음과 같다.

① 정부의 모든 공공기관이 초고속 정보통신기반으로 연결되어, 디지털로 저장된 행정정보를 상호 공유하면서, 전자화된 업무처리를 수행하고 나아가 신속·정확한 대국민 서비스를 제공하는 정부.

② 급속히 발전하고 있는 정보통신기술을 정부의 업무처리에 활용하고 초고속 정보통신망의 성공적 구축으로 국가사회 전반의 네트워크화가 진전되면, 이를 바탕으로 정부의 모든 행정 서비스를 실시간에 국민에 제공함은 물론 부처간 정보공유를 통하여 실현가능한 보다 작고 효율적인 정부.

③ 초고속 정보통신망을 구축, 전 부처가 네트워크로 연결되어 행정정보의 공유가 활성화되고, 전자적으로 업무가 처리되어 내부적으로는 행정의 생산성을 제고하고 외부적으로는 대국민 서비스의 질을 높이려는 정부.

④ 컴퓨터와 통신을 이용하여 모든 국민을 위한 민원자료가 데이터베이스화되어 편리한 정보 시스템으로 연결하여 사용할 수 있게 하며, 이러한 국민을 위한 자료가 필요한 사람에게 공개적으로 열람이 가능한 정보시스템을 갖춘 정부.

⑤ 정부조직 내, 정부간, 정부와 민간 간 업무를 컴퓨터와 통신을 이용하여 자동화·편리화·고도화함으로써 정부서비스 개선과 업무효율 증대, 투명성 제고를 기하며 이에 상응하는 조직구조, 업무절차, 가치관의 변화를 수반하는 정부.

⑥ 정보기술을 활용하여 국민에게 보다 나은 행정서비스를 제공하기 위해 행정업무처리 절차를 개선하여 행정 효율성을 극대화할 뿐 아니라, 효과적 자원배분을 통해 국민 삶의 질 증진 및 기업의 국제경쟁력 향상에 기여하는 정부.

⑦ 디지털 개념에 입각해서 모든 정부부처의 각 부문(인사, 조직, 예산 등)이 재구조화되고, 사이버공간을 통해 관료의 역할수정이 상당부분 이루어지며, 나아가 정부와 국민의 연결도 전자적으로 연결되어 준(準) 직접민주주의(*Quasidirect democracy*)가 실현됨으로써 국민의 뜻에 따라 민주주의의 이념을 실현하는 정부.

정충식은 이러한 결과를 바탕으로 전자정부를 "초고속 정보통신 기반기술 등 정보기술을 활용하여 행정업무를 재설계하고 대국민 서비스를 증진시킴으로써 삶의 질을 향상시키고 민주주의 이념을 실현하는 미래의 혁신적 행정모형"으로 정의하고 있다. 정충식의 연구에서 새로운 것은 기존의 정보기술을 이용한 정부혁신과 고객지향적 정부의 논의에 국민의 직접참여에 의한 '전자민주주의'적 요소가 가미되었다는 점이다.

이러한 전자민주주의의 개념은 외국학자들의 예에서 두드러지고 있다. 여러 사용자가 상호작용할 수 있는 정보통신기술의 두드러진 발전과 함께, 새로운 정보사회의 출현은 국가, 정치인, 상업적 이익 등에 대한 시민들에게 직접적 힘을 실어주고, 나아가 고대 그리스의 직접민주주의와 같은 시스템이 다시 등장하는 것이라고 보는 학자들도 있다(Castells, 1996; Bangemann, 1994). Loader는 전자민주주의에서 커뮤니티의 개념은 기존의 공동체와는 완전히 격리된 새로운 개념의 발전을 의미하는 것이 아니라, 기존의 사회적 상호작용에 시민의 창조성과 참여를 보다 강화하는 것으로 볼 것을 제안하면서 시민들은 공공서비스 정보의 단순한 수혜자일 뿐만 아니라 자신의 문제에 대해 숙의·표현·참여하는 책임성을 지닌 주체로서 취급되어야 한다고 주장한다(Loader, 1998).

### (나) 김경섭·한세억: 지능형 정부

김경섭과 한세억은 산업사회의 정부형태를 대체하는 이념형으로 새롭게 제시되고 있는 전자정부를 "정보기술의 활용에 의해 모든 행정과정이 전자적으로 처리되는 것으로, 시간적·공간적 제약을 극복하여 지역에 무관하게 실시간으로 업무처리가 가능한 지능적 정부"로 규정하고 있다.

### (다) 이윤식의 견해: 국가경쟁력의 강화

이윤식(1998)은 전자정부를 "정보통신기반에 기초하여 국민편의의 행정서비스를 능률적·효과적으로 창출 제공하는 혁신적 미래형 정부"로 보고 있다. 여기서 정보통신기반이란 정보와 통신기술 및 애플리케이션을 의미하고, 국민편의의 행정서비스는 수요자인 국민의 요구사항에 대응하는 행정서비스를 말한다. 이 같은 행정서비스를 효율적으로 창출, 제공하는 미래형 정부는 급속도로 발전하고 있는 기술변화에 부응하는 정보통신 해득력을 갖춘 공무원들로 구성됨으로써 비로소 구현될 수 있는 정부형태를 의미한다.

전자정부의 구현은 국가경쟁력에 영향을 주는 요인이 되는데, 전자정부와 국가경쟁력 간의 관계는 세 가지 정도로 나누어 볼 수 있다. 첫 번째 견해는 주로 낙관론자 또는 추진론자의 입장으로서 전자정부가 국가경쟁력에 긍정적 영향을 줌으로써 정의 상관관계 또는 정의 인과관계로 설명하고자 하는 것이다. 이에 관한 입장의 대부분은 전자정부의 경제적 기대효과에 관심을 두고 있으며, 주로 전자정부 추진의 선도적 입장에 서 있는 사람들의 입장이다. 두 번째는 비관론자의 견해로, 전자정부가 가져올 폐해를 우려하는 목소리이며, 전자정부의 병리현상(예컨대 정보화의 소외계층, 정보의 독점, 프라이버시 침해 등)에 초점을 맞추고 있는 사회학·사회심리학적 관점이다. 마지막으로, 신중론자의 입장으로서 전자정부의 다양한 효과를 인정하는 그룹이다. 이러한 관점에서 이윤식은 긍정적 입장을 취하고 있으며, 전자정부가 일차적으로 정부경쟁력을 강화한다는 입장을 취하고 있다. 이러한 전자정부의 특징으로 ① 정보통신기술에 바탕을 둔 미래지향적 정부, ② 작고 생산적인 정부, ③ 고객지향적 정부, ④ 결과에 책임을 지는 열린 정부의 특징을 들고 있다.

① 정보통신기술에 바탕을 둔 미래지향적 정부: '온라인 정부', '네트워크 정부'를 의미하는 것으로 정부정보 접근의 지리적·사회적·경제적 확대를 가능하게 함으로써 민주주의와 복지제도를 결합시키려는 이상형의 정부를 지향하는 것이다.
② 작고 생산적인 정부: 작고 능률적인 전자정부란 '보다 적은 비용으로 보다 향상된 업무를 수행하는 정부'로 '기업가적 정부²⁾'를 의미한다. 이러한 전자정부 구현의 노력은 행정의 전산화를 통해 행정서비스를 비용 효과적으로뿐만 아니라 신속하고도 안정적으로 제공할 수 있다는 신념에 기초하고 있는 것이다. 그러나, 행정업무 절차의 전산화가 반드시 행정의 생산성을 보장해 주는 것은 아니며, 행정업무 절차의 리엔지니어링이 이루어지지 않은 전자정부는 결국 무의미한 것으로 보고 있다.

---

2) 기업가적 정부란, 효율성과 효과성을 제고시키기 위해 새로운 방식으로 자원을 배분하는 기업가적 혁신(*entrepreneurial innovation*)이 창출되고 동시에 효과적으로 실행되는 행정조직, 내부 유인체계, 조직문화를 가진 정부형태를 의미한다. 1800년경 프랑스의 경제학자 세이(J. B. Say)에 의해 만들어진 기업가(*entrepreneur*)란 용어는 생산성이 낮은 자원을 생산성이 높은 자원으로 바꾸어 주는 존재, 즉 생산성과 효과성을 극대화하기 위해 새로운 방식으로 자원을 활용하는 존재를 의미한다 (Osborne & Gaebler, 1992). 즉, 기업가적 정부란 현상태 유지, 복지부동, 정부 독점적 지대추구 행위 등은 자연히 도태되고, 소비자 위주의 효율적 공공서비스를 제공하기 위한 혁신적 아이디어들이 자생적으로 그리고 지속적으로 개발될 뿐 아니라 실행에 옮겨지는 그러한 정부형태를 의미한다 [이혜훈(1998), "기업식정부의 개념, 목표, 전략", 『한국행정연구』, 1998년 여름호(제7권 제2호)].

③ 고객지향적 정부: 이는 서비스형 전자정부를 의미하는 것으로 무엇보다도 공급자 중심의 행정서비스 제공활동에서 탈피하여 수요자, 즉 고객 중심의 행정서비스 제공활동을 추구하는 정부이다. '고객지향적'이라는 말은 개별적 행정서비스 활동의 대상인 특정 국민으로서, 국민이 정부의 주인으로 정책과정에서 국민의 의견이 반영되는 측면을 강조하는 전자 민주주의의 '국민' 개념과는 구분이 된다(이용석, 1997).

④ 결과에 책임을 지는 열린 정부: 민주형 전자정부를 의미하는데, 일선 공무원 자신들이 처리해야 할 문제들을 스스로 해결하기 위해 책임 있는 결정을 내림으로써 상황변화에 신속하고도 능동적으로 대처할 수 있는 충분한 권한을 부여하지 않고는 효과적 행정을 기대할 수 없기 때문이다. 이러한 전자정부의 구현은 행정조직의 분권화를 불가피하게 하며 국민이 정부의 정책과정에 직접 참여할 수 있는 정보공간이 확보되고, 보편적 접근이 보장되며, 공무원의 민주적 자세가 확립되어 있어야 한다.

## (라) 김동욱의 전자정부 유형

김동욱(1996b)은 전자정부를 " '정보기술'(네트워크와 디지털정보)을 전략적으로 활용하여 효율적이면서 주민 위주로 업무를 수행하는 정부"로 정의하고 행정정보화는 전자정부의 이상을 구현하고자 노력하는 과정으로 이해하고 있다. 전자정부의 기술적 측면에서는 "업무처리를 디지털정보를 바탕으로 수행하는 정부" 또는 "정부의 업무나 서비스의 제공이 데이터베이스와 네트워크를 통해 이루어지는 정부"로 규정하는 한편, 정부의 가치지향을 포함하는 차원에서는, "정보기술을 활용하여 효율적이고 고객 감응적이며 적시에 서비스를 제공하는 정부" 또는 "정보기술을 이용하여 정부조직 내, 조직간, 정부와 민간 간에 정보를 공유하고 업무효율, 서비스의 질, 투명성을 제고하는 정부"로 정의하고 있다. 이러한 전자정부를 위한 행정정보화는 결과의 지향대상과 정보화의 내용에 따라 〈표 7-2〉와 같이 구분될 수 있다.

〈표 7-2〉 행정정보화에 따른 전자정부 유형

| 지향대상 / 정보화 내용 | 행정기관 내부 | 행정·공공기관 간 | 정부 외부 |
|---|---|---|---|
| 업무처리 중심 | 내부업무 전산화, 업무처리 효율성(중앙 공무원 인사 DB) | 다기관 공동업무 정보화 기관 간 협조, 업무처리 효율성(토지종합정보망) | 민원서비스 정보화, 민원인 만족(여권발급 전산망) |
| 정보산출 중심 | 정책지원 정보화, 정책결정 합리성(외교활동 정보) | 정책투입 정보의 공유, 투입 정보 수집의 능률성, 정책조정의 효율성(경제통상 DB) | 열린 정부 정보화, 행정의 투명성, 알권리 신장, 여론 수렴(열린 정부 서비스) |

※ 자료: 김동욱, 1996b: 274.

김동욱은 정보화의 내용을 업무처리와 정보산출의 두 가지로 나누었는데, 업무처리 중심은 수많은 노동력을 필요로 하는 업무를 정보기술로 대체하여 생산성을 높이는 것을 말하며, 정보산출 중심은 정책결정과 투명한 정부를 위한 정부 내 지식의 흐름으로 볼 수 있다. 김동욱의 연구는 대부분의 전자정부 연구와 마찬가지로, 전자정부는 1차적으로 정보기술과 정보공유 등을 통해 정부 내의 효율성을 제고하며, 정부 외부에 정보를 공개하고, 대국민 서비스를 제고하는 데에 초점을 맞추고 있는 것으로 보인다.

### (마) 논의의 종합

전자정부는 고객지향적 정부의 구현이라는 관점에서 행정부문에 존재하는 정보화의 요소를 적극 발굴하여 정보통신기술을 적극 활용함으로써 행정의 생산성을 제고할 뿐만 아니라 대국민 서비스의 질적 수준을 제고하자는 것이다. 전술한 바와 같이 전자정부의 논의는 학자마다 조금씩은 다른 특성을 갖는다. 그럼에도 불구하고 이들이 제시하는 정보사회에서 기대되는 정부역할의 공통분모는 '창의적이며 고객지향적이고 환경변화에 민감하게 대응하는 것'으로 집약할 수 있다. 비교적 널리 통용되고 있는 전자정부의 대표적 개념정의를 보면 다음과 같다.

① 정보기술의 활용에 의해 모든 행정과정이 전자적으로 처리되는 것으로서, 시간적·공간적 제약을 극복하여 지역에 무관하게 실시간으로 업무를 처리하는 지능적 정부(김경섭·한세억, 1997).
② 정보기술(네트워크와 디지털정보)을 전략적으로 활용하여 효율적이면서 주민 위주로 업무를 수행하는 정부(김동욱, 1996b: 271).
③ 초고속 정보통신 기반기술 등 정보기술을 활용하여 행정업무를 재설계하고 대국민 서비스를 증진시킴으로써 삶의 질을 향상시키고 민주주의 이념을 실현하는 미래의 혁신적 행정모형(정충식, 1997).

이와 같은 문헌을 토대로 살펴보았을 때, 전자정부는 ① 정보기술을 통한 정부혁신, ② 국민과의 인터페이스를 통한 고객지향적 정부, ③ 전자민주주의의 구현의 세 가지 요소를 포함하는 것으로 볼 수 있다. 그러나 이러한 선행연구에서 강조하는 전자정부의 지향점은 정부 내부의 생산성 향상과 고객지향적 정부에 맞추어진 경향이 강하며, 민주성 및 성찰성과 관련해서는 다소 피상적인 것으로 나타나고 있다.

다음 절에서는 기존 문헌에서 분석된 위와 같은 전자정부의 3가지 구성요소를 토대로 한국적 상황에서 꼭 짚고 넘어가야 할 전자정부의 핵심 요소에 대해 고찰하도록 하겠다.

## 3. 전자정부 개념의 세 가지 차원

전자정부의 개념은 ① 생산성 차원, ② 민주성 차원, ③ 성찰성 차원 등 세 가지 차원으로 정리할 수 있다. 먼저, 전자정부 개념의 첫 번째 차원은 정부 내부의 생산성(효율성) 제고라는 관점에서 고찰할 수 있다. 이는 정부개혁, 정부혁신, 정부생산성이라는 용어로도 불리는 차원의 이슈들로서, 다시 다음의 네 가지 하위차원의 생산성 요소로 정리할 수 있다. 첫째, 국민의 편의를 극대화하는 정부로서의 전자정부이다. 이는 One Stop·Non Stop·Any Stop의 정부로서, 국민들에게 각종 행정절차의 처리, 행정정보 획득 등을 단일창구에서 가능케 하는 종합행정서비스시스템을 구축하고, 관계기관간 정보공동활용을 통해 민원의 일괄처리를 가능케 하는 등 민원인의 편의를 극대화하는 정부로서의 전자정부 개념이다. 둘째, 종이 없는 사무실로서의 전자정부이다. 이는 Paperless & Buildingless 정부로서 정보기술을 이용하여 문서를 감축하며, 전자결재, 정책DB의 구축, 정보공개, 행정업무재설계(BPR) 등을 통해 행정 및 정책의 효율화를 극대화하고 비용을 절감하는 정부로서의 전자정부 개념이다. 셋째, 깨끗하고 투명한 정부로서의 전자정부이다. 이는 Clean & Transparent 정부로서, 전자입찰과 전자조달, 전자감사, 정보공개 등을 통해 부패를 근원적으로 차단하고 투명한 정책공개를 구현하는 정부로서의 전자정부 개념이다. 넷째, 지식관리시스템에 의해 과학적이고 체계적인 정책결정능력을 뒷받침하는 전자정부이다. 이는 디지털 신경망(Digital Nervous) 정부로서, 정책정보의 공동이용, 학습이 일어나는 정부, 정책의사결정흐름의 자동화 등을 통해 지식의 창출과 축적, 공유와 학습, 활용과 확산 등 지식의 순환 주기를 가속화하고, 나아가 정책결정 역량을 강화하는 정부로서의 전자정부 개념이다. 이상의 네 가지 하위요소들(국민 편의가 극대화되는 정부, 종이 없는 사무실, 깨끗하고 투명한 정부, 디지털 신경망 지식관리시스템에 의해 정책결정역량이 강화되는 정부)은 정부 내부의 생산성을 극대화하는 정부로서의 전자정부의 개념을 구성하고 있다. 즉 생산성(효율성) 차원으로서 첫 번째 차원의 전자정부 개념이다.

하지만, 전자정부의 개념은 단순한 의미에서 정부생산성을 증진시킨다는 차원에서 끝나지 않는다. 전자정부 개념의 두 번째 차원인 민주성 및 세 번째 차원 성찰성과도 연계되어 있다. 민주성 차원은 정부 외부와의 인터페이스 관점에서 정부-국민 간의 정부권력의 전통적 관계를 민주적으로 복원시키는 의미에서 전자민주주의를 실현하는 정부로 규정지을 수 있다.

전자정부 개념의 세 번째 차원은 민주성과 밀접한 연관성이 있으면서도 보다 철학적인 지향점을 의미하는 성찰성의 개념과 관련지어 규정할 수 있는데, 이러한 고차원적 의미의 전자정부는 우리 사회에서 수직적, 수평적 의미의 열려 있는 의사소통을 활성화시킴으로써, 진정한 의미의 신뢰 사회와 성숙한 사회를 실현하는 사회공동체 구현수단으로서의 정부라는 의미를 지닌다.

## 4. 전자정부 추진시 고려해야 할 핵심 요소

이상에서 논의한 전자정부 개념의 세 가지 차원, 즉 생산성-민주성-성찰성에 맞추어서 전자정부 추진시 고려해야 할 핵심요소를 정리하면 다음과 같다.

### 1) 전자정부 개념의 첫 번째 차원(생산성) : 정부 내부의 효율성 극대화

정부 내의 정보기술의 도입으로 정부 내부의 운영방식은 크게 변화할 것으로 보인다. 그러나, 이러한 내부 효율성의 극대화는 정보기술의 도입만으로 되는 것은 아니며, 정보기반 기술이 행정업무 재설계 등 소프트웨어적 행정개혁과 연계되어야 한다. 정부 내부의 효율성 제고를 위해서는 새로운 정보기술을 이용한 정보기반 구축도 필요하지만, 리엔지니어링을 통한 관료제의 간소화, 업무표준화를 통한 정보의 공유 및 공동활용, 그리고 정보의 공개적 접근과 같은 고객감응성을 높이는 차원에서의 행정개혁 문제[3]가 필수적이다. 이를 위해 고려되어야 할 요소들에 대해서 간략히 제시하면 다음과 같다.

#### (1) 전자정부의 추진주체와 강력한 리더십의 문제

전자정부에 대한 뚜렷한 정책 청사진을 바탕으로 전자정부 추진의 주체와 핵심 세력을 명확히 하고, 여기에 실질적 정책조정 권한과 능력을 부여하는 것이 필요하다. 법률적으로는 국무총리가 위원장인 정보화추진위원회가 최종 의사결정 주체이지만 위원회의 속성과 우리나라 국무총리제도의 한계로 인해 핵심 주체로서의 기능을 하지 못하고 있다.

---

3) 공공행정의 리엔지니어링과 추진방향에 관해서는 오광석·박원재, 1997: 15~18 참조.

## (2) 행정정보화 사업과 행정개혁의 연계

우리 정부가 그동안 추진해온 행정정보화 사업의 성과를 재점검하고 이를 실질적 행정 개혁과 연계시키는 작업이 필요하다. 정부는 그간 제1차, 2차 행정전산망 사업을 완료했으며, 정부종합청사 내 LAN 구축을 완료하였다. 그러나 정부혁신은 단순한 정보통신망의 구축이나 정보기술의 도입과 같은 하드웨어적 작업만으로 되는 것이 아니라, 소프트웨어적 차원에서의 행정개혁과 연계될 때만이 제대로 이루어진다. 이러한 관점에서 정보기술과 행정개혁을 연계시키는 방안, 예컨대, ① 문서감축을 위해 구체적으로 노력하고 정부부처간 행정비용을 감축하는 방안, ② 정보기술을 통한 리엔지니어링과 관료제를 간소화하는 방안, ③ 부처간 업무의 표준화를 바탕으로 업무처리의 흐름과 행정과정을 재설계하는 방안 등이 모색되어야 한다.

## (3) 업무재설계

전통적 조직원리는 실행·계획·통제·점검부문을 분리하여 상호 견제 및 통제를 통한 낭비제거와 효율성 증대를 목적으로 삼았다. 그러나 프로세스 조직은 비교적 독립적이고 자기 완결적 사업을 담당하므로 과거 조직처럼 확인·통제의 문제가 심각하지 않게 되어 스태프의 기능은 지원기능이 주가 된다.

위의 연구에서도 보듯이, 많은 학자들은 정부 내에 정보기술을 도입함에 있어서 전반적 직무분석과 직무재설계를 할 것을 강조하고 있다. 이러한 직무분석이 뒷받침되지 않는 정보기술의 도입은 결국 기존의 조직에 정보부문이라는 새로운 조직을 추가하는 꼴밖에 되지 않으며, 이는 새로운 비효율을 낳는 요소이다. 이러한 프로세스 조직[4]의 도입을 위해서는 BPR의 도입이 절실히 요구되며, 새로운 프로세스[5]를 조직하되, 과거조직의 장점을 잃지 않는 설계가 되어야 한다.

---

4) 프로세스 조직이란 리엔지니어링에 의하여 기존 경영조직을 근본적으로 다시 생각하고 재설계하여 획기적 경영성과를 도모할 수 있도록 프로세스(*process*)를 기본단위로 설계된 조직을 말한다. 프로세스 조직은 다음과 같은 특징에서 관료제·계층제 조직과 구별된다. 프로세스 팀은 하나의 전체 프로세스를 수행하기 위하여 함께 작업하는 사람들의 집합을 말한다. 이러한 단위작업을 수행하기 위한 조직 최소 단위의 프로세스 팀은, 종래의 기능별·부처별로 독립된 업무를 수행하였던 과거 조직에 비해 서로 다른 업무를 종합적으로 수행하는 조직원들로 구성된다.

5) 여기서 프로세스란 일정한 투입물(*input*)을 측정가능한 산출물(*output*)로 전환하는 부가가치가 있는 일련의 활동을 말한다.

### (4) 정보공유의 마인드

기존의 대규모 계층구조는 다양화·세분화된 국제사회의 경쟁에서 그 가치를 상실하였고, 비대화된 조직규모는 관리비용의 증가와 조직의 경직화 등 조직실패 현상을 초래하였다. 정보통신기술의 발전과 국제화의 진전으로 인해 네트워크조직6)의 필요성이 대두되고 있다. 네트워크는 기본적으로 개방성을 전제로 한다. 물리적으로 네트워크조직은 조직의 상하간, 조직과 조직간에 전자적 망(net)으로 연결되어 있는 것으로 이는 국가 기간전산망 사업, 초고속 정보통신 기반사업 등의 사업을 통해 진행중이나 이의 전제조건인 공무원들 사이의 정보공유의 마인드는 매우 부족한 실정이다. 이는 업무재설계를 위한 BPR이 중요하듯이, 정보기술의 도입을 통한 개혁에서 소프트웨어 및 마인드의 개혁이 중요하다. 아무리 훌륭한 네트워크가 깔려 있어도 이러한 개혁이 선행되지 않으면, 초고속 통신망과 같은 값비싼 정보인프라의 구축은 결국 무용지물이 될 수밖에 없다.

전자정부란 시간과 공간적 제약을 넘어 정부정보에 대한 일반 국민의 접근을 용이하게 하는 열린 정부를 의미한다. 따라서 전자정부의 구현이란 단순히 행정의 업무처리 과정과 방식을 기술적으로 전자화한다고 해서 되는 것이 아니고, 오히려 부처간의 업무조정이나 공무원의 의식과 관행의 변화가 수반되어야 한다(송희준, 1996). 그동안 관료제의 고질적 병폐로 지적된 부처 할거주의나 권위주의적 행정행태로는 행정정보의 공개나 공동활용, 더 나아가 대응성이 높고 고객지향성을 띤 열린 정부의 구축은 요원할 뿐이므로, 이러한 의식의 변화를 전략적으로 유도하는 방안에 대해서도 함께 고려되어야 한다.

### (5) 학습과의 연계

학습을 새로운 형태의 노동으로, 생산적 활동의 핵심으로 보는 학습조직은 지식을 창출·획득·확산하는 데 능숙한 조직, 새로운 지식과 통찰력을 반영하여 행동을 수정하는 데 능숙한 조직, 그리고 잘못된 지식을 폐기하는 데 능숙한 조직을 말한다.

학습조직의 의의는 전자정부 구축 이후의 활용의 문제이다. 전자정부 구축의 협의적 해석은 우선 각종 네트워크와 데이터베이스(DB)의 구축을 뜻하는 것으로 볼 수 있으며, 이를 통해 기존 조직 내의 지식이 유통되고, 확산·활용·축적되는 것이다. 이러한 유통·축적되는 지식은 조직의 생산성 향상을 위한 새로운 지식창출의 근원이 된다. 전자정부가 추구해야 할 조직모형 중의 하나는 정보기술에 기반한 지식의 학습이 가능한 조직이라고 볼 수 있다.

---

6) 네트워크 조직이란 환경이 제공하는 복잡한 문제를 해결하기 위하여 수직적·수평적·공간적으로 개인, 집단, 조직간의 관계 메커니즘을 가진 조직을 말한다.

## 2) 전자정부 개념의 두 번째 차원(민주성): 정부 외부와의 인터페이스 — 전자민주주의의 활성화

전자정부는 기본적으로 네트워크를 전제로 하며, 전자적 망은 특성상 시공의 개념을 초월하여, 정부 내의 연결과 함께 정부와 정부의 고객인 국민과의 연결을 지향한다. 전자정부의 구축으로 인한 정부와 국민과의 인터페이스(접점)의 확대로 정부는 고객만족적 정부를 지향해야 하며 이와 함께 국민이 정부의 의사결정에 참여할 수 있는 계기가 되어야 한다.

### (1) 고객지향적 정부

1950년대 미국인 중 3분의 2는 기술이 필요 없는 노동에 종사하고 나머지 3분의 1만이 지식집약적 업무에 종사하였다. 이러한 산업사회에서의 국민은 정부의 통제에 순응하거나, 정부를 무시하거나 하였다(Osborne & Gaebler, 1994: 213). 그러나, 오늘날 이러한 직업적 구조가 정반대가 되면서, 정부가 쓰레기 소각장을 건설하거나 반 환경적 댐을 건설할 때, 국민들은 정부에 조직적으로 저항한다.

고객지향적 정부란 공급위주의 행정 중심적 정부의 기존 관행에서 벗어나 민간부문의 자율성을 중시하고 일반 국민의 요구에 적극적으로 부응할 수 있는 수요 중심의 행정을 펼치는 정부를 말한다(한국전산원, 1996: 8). 즉 앞으로의 행정은 선의의 지도자로서 국민의 요구를 알아서 해결하는 행정이라기보다는 국민이나 고객이 자율적으로 문제를 해결할 수 있도록 조건을 형성하여 주고 이를 지원하는 행정으로 탈바꿈해야 한다(이종범, 1996: 23). 행정이 지도적이고 선도적 위치에서 기관의 필요와 편의에 따라 업무를 처리하던 지금까지의 관행을 개선하여, 국민이 원하고 바라는 바가 무엇인지 파악하고 행정서비스를 제공할 때 고객인 국민의 입장을 우선적으로 고려해야 한다는 것이다.

고객지향적 정부라는 의미는 국민의 요구에 적절하게 반응한다는 뜻이 포함된다. 국민의 요구에 적절하게 반응한다는 것은 고객이 원하는 것을 제공해야 한다는 원칙으로 과거처럼 국민들 사이에 아무런 상호 의견교환도 없이 정부가 국민의 선호를 결정하는 것이 아니라 국민의 선호가 반영되는 행정을 도모한다는 뜻이다. 과거에는 중앙집권적 경제발전 우선주의에 입각하여 주민의 요구에 귀를 기울이고 이를 정책에 반영해야 한다는 의미는 거의 없었다. 그래서 국민의 요구는 행정공무원이 결정하는 것이었고, 국민은 그저 단순히 정부의 지시와 명령에 따를 뿐이었다. 하지만 이제 국민들은 이처럼 수동적이고 단순하게 반응하는 객체가 아니다. 전자정부는 국민과의 연결기제를 적극 활용하여 고객들에게 기민하게 다가갈 수 있도록 해야 할 것이다.

## (2) 전자민주주의

오스본과 개블러는 기업가정신(*entrepreneurialism*)을 대안으로 제시하고 있다. 정부는 기업, 시민은 고객으로 보면서 정부-시민관계를 자본주의 시장 중심적 생각에 기반을 두고 있는 것이다.

그러나, 도손(1998)은 오스본과 개블러의 생각은 매우 위험스러운 것이라고 주장한다. 그들의 메타포는 시민참여가 정부활동에 대한 협력, 권위 및 권력의 공유가 아니라 행정목적을 성취하기 위한 도구로서의 성격을 강하게 띤다는 것이다.

정보사회에서 시민의 역할은 중요하다. 시민은 거번먼트(*Government*; 정부)의 민주주의 형태보다는 거버넌스(*Governance*; 국정관리)의 민주주의 형태를 구현하는 데 매우 중요한 역할을 하게 된다. 도손(1998)은 거버넌스를 거번먼트와 시민과의 관계성으로 파악하고 있다. 정보사회로의 진행과정에서 정부는 공공기관 전체에 대해 대대적 디지털화를 할 수 있지만, 시민조직(단체)은 정보화에 대한 정부의 재정적 지원에 의존하게 되고 정책결정과정에 자신들의 목소리를 조직화하기 어렵게 될 위험이 있다고 한다. 이는 거버넌스에서 시민의 역할과 위상을 축소시키고, 어쩌면 집권화를 강화할 우려까지도 있다. 특히 한국과 같이 정부가 사회 모든 부문에서 영향력을 행사하고 있는 국가에서는 이러한 위험성이 더 크다고 볼 수 있다.

현대 자본주의사회에서 정부-시민관계는 효과성과 참여 사이의 잘못된 불협화음을 특징으로 하고 있다. 정책결정과 공공서비스의 제공은 이질적 영역으로 간주되고 있고, 일련의 거래비용 개념에 입각하여 파악되고 있다. 즉, 시장 중심적 분석이 공공부문에 만연되어 있다는 것이다. 그러나 공공부문은 관계성을 중심 개념으로 한다. King은 공공영역의 장을 "개인적 이득보다는 공공선을 위해 의사결정이 행해지는 관계성을 가진 공간"으로 정의하고, 그 공간에서 정보는 완전하지도 않고 동정이나 형제애가 있지도 않으며, 문화적 결속이 추진동인으로 작용한다고 주장한다(Thorson, 1998).

이러한 논의를 종합해 볼 때 전자정부에서 향후 추구해야 할 정부-시민관계는 단순한 자본주의 시장 중심적 접근이 아니라 공공선(public good)에 기초한 관계성에 중심을 둔 거버넌스적 접근이 되어야 할 것이다. 이를 좀 더 상론하여 한나 아렌트의 관점과 도손의 견해를 살펴보면 다음과 같다.

## (가) 공공영역의 장(*Public Space*)에 대한 세 가지 개념

① 아렌트의 공화주의(*Republicanism*) 혹은 시민적 도덕심 강조: 아렌트는 공공영역의 장의 원형을 고대 그리스 도시국가에서 찾고 공공영역의 장을 "도덕적·정치적 아이니어가 나른 사

람들에게 표시하고 서로 교환하는 것"으로 파악하고 있다. 그는 정치적 영역에 대한 좁은 해석과 시장개념의 확대(이로 인해 경제적 이슈가 공공영역의 장에 점차적으로 침투)가 진행되면서 공공영역은 축소되어 왔다고 주장한다. 그리고 그는 정보기술이 공공영역의 장의 회복에 부분적으로 기여할 것으로 본다.

② 하버마스의 대화 민주주의 모델: 하버마스는 대화 및 참여를 오로지 정치적 영역에만 국한해서는 안 되며 사회, 문화적 영역으로까지 확대해야 한다고 주장한다. 그래야만 보다 다양화·복잡화되는 사회의 모든 국면에 적용될 수 있기 때문이다. 또한 민주사회에서 합법성을 확보하는 유일한 방법은 중립성에 대한 제약하에서가 아니라 실제적 측면에서 공개적 토론을 통해 이루어진다고 주장한다.

### (나) 도손의 견해

도손(1998)은 하버마스의 모델이 정보사회에서 가장 적절하다고 보고 있다. 하버마스는 민주사회에서 민주화가 참여자들간의 자발적 '공공영역의 장'에 대한 형성과 발전을 통해 이루어진다고 보고 있으며, 이는 복잡성을 띤 정보사회에도 적용될 수 있다는 것이다. 정보사회의 일반원리로서 하버마스가 주장하는 '보편적 도덕성'과 '이타주의적 상호주의'의 존중을 채택할 필요가 있다고 보았다. 또한 정보통신기반의 평등한 접근에 대한 보장이 중요한 원리이다. 정보의 개방성과 투명성 확보, 정보내용 및 정보전송에 대한 윤리성의 확립도 중요한 원리이다. 이를 통해 산업사회의 소극적 정부-시민관계를 극복하고, 정보사회에 적절한 정부-시민관계가 발전할 수 있는 것이다.

## 3) 전자정부 개념의 세 번째 차원(성찰성): 신뢰사회와 성숙한 사회공동체 구현 수단으로서의 전자정부 외부와의 인터페이스

이상에서 논의한 하버마스라든가 '공공영역'에 관한 개념들은, 논점의 차이는 있으나, '근대성'과 '근대 과학기술'이 가져온 발전궤적을 보다 근본적 의미에서 '성찰'할 것을 주문한다.

무엇보다도 우선적으로 성찰해 보아야 할 사항은, 우리 사회가 너무나 많이 정보기술에 치중되어 정보사회의 미래와 비전을 그려내고 있으며, 우리는 어느새 거기에 익숙해져 있지 않은가 하는 점이다. 이러한 피상적 진전은 정보화가 근대성에 대한 깊은 성찰을 토대로 나온 인류사회의 패러다임이라기보다, 산업사회가 추구하는 사회적 효율성과 경쟁구도 극대화 패러다임 연장선상에서 인간소외 현상을 배가적으로 잉태할 가능성을 안고 있다는 비판을 피할 수 없다. 더욱이 '정보화'의 총체적·사회적 의미가 과연 무엇인지 미처 체계적으로 정리하기도 전에, 정보통신기술과 그 응용능력에 대한 온갖 찬사와 기대를 부여하고 있다면, 그리하여 우리 사회공동체가 구현해야 할 비전과 개혁의 지향점을 '보다 근본적 의미'에서 성찰해 보는 것을 방해하고 있다면, 이는 결코 바람직한 일이 아닐 것이다.

근대 이후 많은 계몽주의 철학자들은 자유, 평등, 박애, 평화가 이루어지는 '사회적 이상과 비전'(social dream and vision)의 실현을 꿈꾸어 왔다. 하버마스는 이러한 미완성의 '근대성 프로젝트'가 현대사회에서도 지속적으로 추구되어야 함을 강조하면서, 그 근본 가능성을 사회적 커뮤니케이션과 공공영역의 확대에서 찾고 있다.

이러한 철학적 논의는 전자정부가 지향해야 하는 궁극적 이상인 "사회 속 구성원들간의 진정한 신뢰와 등권을 전제로 한, 개인의 자유와 주체성, 그리고 자아실현의 가능성이 살아있는 열린 사회의 구현"으로 결실을 맺어야 할 것이다. 그리고, 이러한 사회의 실현을 위해 전자정부는 '성찰하는 정부'가 되어야 할 것이다.[7]

전자정부는 정보기술의 이용으로 시민과 조직구성원들의 참여를 보장하고, 이를 통해 사회개혁의 가능성이 열려 있는 사회를 지향해야 한다. 이러한 과정과 노력으로 '열린 정부'와 '효율적 조직모형'을 실현해야 하고 이는 궁극적으로 개개인들의 '창의성'과 '자아실현'을 지향해야 하며, 이러한 노력은 정부의 진정한 고민과 성찰을 전제로 한다.

자본주의·신자유주의하에서 정부와 시장의 모습은 끊임없는 무한경쟁으로서의 시장과 이를 뒷받침하는 개별 국가 간의 모습이다. 이러한 무한경쟁과 시장개방의 역기능은 국가 간 빈부격차와 분쟁, 경제전쟁의 모습으로 나타나고 있다. 이러한 경쟁에서 개인은 자본주의 체제의 일부분으로 시스템의 효율성을 위한 요소에 지나지 않으며, 이러한 소모적 상황은 개인과 세계에 대한 진지한 고민과 성찰의 부재에서 기인하는 것으로 볼 수 있다.

전자정부의 구현은 국가와 개인 간의 역할을 재정의하는 모습으로 다가온다. 정부에의 정보기술 도입과 국민과의 인터페이스의 확대, 그리고 전자민주주의 구현은 지금까지의 개인과 사회, 개인과 정부의 관계가 분명 달라질 것을 예고하고 있다. 문제는 이러한 관계

---

7) 이러한 관점에서 전자정부의 구상은 다음과 같은 정책적 접근을 필요로 한다. 첫째, 정보화를 기술이나 네트워크 중심으로 접근할 것이 아니라 사회 문화적 차원에서 접근할 필요가 있다는 점이다. 왜곡된 인터넷문화에서 보듯 신뢰확보와 상대존중의 정보문화 확립은 매우 중요한 정책과제이다. 정보사회 구성원인 각 주체의 '개인성'과 '독립성'을 부양시키기 위한 정보 문화적 차원의 노력을 강화해야 하며, 시민단체의 독립성 강화를 위한 정책이 필요하다. 둘째, 개인과 시민들의 정보주권을 전제로 사회적 의사소통의 가능성이 확대되어야 한다. 개인과 개인 간, 단체와 단체간, 개인과 단체간 할 것 없이 각 주체의 독립성과 상호 신뢰를 바탕으로 굴절되지 않은 커뮤니케이션의 강화가 필요하다. 마지막으로, 이러한 커뮤니케이션의 확대를 통해 인간과 자연에 대한 성찰성(reflexivity)이 높아져야 하며, 공존과 공영을 추구하는 방향으로 조직과 사회개혁의 가능성이 열려 있어야 한다. 여기에서 성찰성이란 "한 사회가 사회 내부 및 외부에서 발생하는 사회관계, 그리고 그 사회가 존재하는 자연환경에 대해 끊임없이 관찰하고 분석하면서 그에 대응하는 경향"을 말하며, 이를 통해 조식과 사회는 사회에 대한 적응력을 높일 수 있다(윤영민, 1997: 4).

의 변화에 대해 '주의 깊은 변화관리'가 필요하다는 점이다. 전자정부의 변화관리는 끊임없는 성찰과 반성을 전제로 하는 것이며, 그러한 성찰과 진지한 반성만이 무사고적·기계적 산업자본주의하에서 겪었으며 겪고 있는 병리현상들을 다시 새로운 변화의 와중에서 극복할 수 있게 해 주는 항생제 역할을 해 줄 것이다.

## 4) 논의의 종합

이상의 정리와 같이 우리나라의 전자정부 추진시 고려될 핵심 사항으로는 정부 내부적 문제로서의 정보기술에 의한 행정능률의 향상과 정부 외부 인터페이스 문제로서의 고객지향적 정부의 수립, 전자민주주의의 실현으로 나타난다. 전자정부의 핵심은 시발점인 미국에서부터 그러하듯 정보기술의 도입을 통한 행정능률의 향상이다. 그러나, 전자정부의 논의는 '전자'라는 단어의 함의와 같이 단순히 기술적 속성만을 지니고 있는 것은 아닌 것으로 판단된다. 정보사회의 도래가 정보기술의 도입으로 인간의 생활양식을 바꾸어 나가고 있듯이 정보기술의 도입에 의한 전자정부의 구축은 정부의 기능과 개념을 하나씩 바꾸어 나갈 것으로 예측된다. 그러한 예가 고객지향적 정부와 전자민주주의로, 네트워크의 발달에 따라 정부와 고객인 국민 간의 접점이 대폭 확대되고 있으며, 쌍방향 인터페이스의 완성은 민주주의의 새로운 참여수단으로 인정받고 있다.

그러나 농경사회에서 산업사회로 진입하면서 겪었던 수많은 병리현상을 정보사회·전자정부의 환경에서 겪지 않을 수 있을지는 장담할 수 없는 일이다. 따라서, 전자정부라는 새로운 시대로의 진입을 위해서는 전자정부와 시장, 시민사회에 대한 진지한 성찰을 끊임없이 해나가야 할 것으로 생각된다.

<<< **핵심** Point !

◎ 전자정부의 개념에 대한 탐색적 고찰

▫ **전자정부의 추진배경**: 정부혁신의 수단적 요소인 정보기술이라는 토대 위에 공간적 개념요소인 정부의 내부와 외부적 환경요인에 영향을 받은 것으로 볼 수 있음
   ▸ 정보통신기술의 발달
   ▸ 정부 내부 환경: 비능률적 정부조직
   ▸ 정부 외부 환경: 정부와 국민의 인터페이스 강화 요구, 급변하는 세계정세

▫ **전자정부의 개념 정의를 위한 관점**
   ▸ 기술결정론(technological determinism): 기술발달이 사회변화를 유발시킴. 즉 기술의 연쇄적 발달은 조직구조에 변화를 유도하고 이러한 흐름은 업무 자체의 변화를 유발한다는 이론
   ▸ 사회결정론(social determinism): 기술의 발달이 사회의 변동을 유발시킬 수는 있으나 기술 그 자체만으로는 사회적 관계나 제도를 변화시킬 수 없다는 이론

▫ **전자정부의 다양한 개념 정의**
   ▸ 정보기술의 활용에 의해 모든 행정과정이 전자적으로 처리되는 것으로서, 시간적·공간적 제약을 극복하여 지역에 무관하게 실시간으로 업무를 처리하는 지능적 정부
   ▸ 정보기술(네트워크와 디지털정보)을 전략적으로 활용하여 효율적이면서 주민 위주로 업무를 수행하는 정부
   ▸ 공통의 정보통신기반을 매개로 국민과 정부간의 의사소통이 보다 용이하고 신속하며, 네트워크로 연결된 각종 행정서비스가 언제, 어디서나, 가장 적절한 방법으로 제공될 수 있는 정부
   ▸ 초고속정보통신 기반기술 등 정보기술을 활용하여 행정업무를 재설계하고 대국민 서비스를 증진시킴으로써 삶의 질을 향상시키고 민주주의 이념을 실현하는 미래의 혁신적 행정모형
   ▸ 공적기관(행정부, 입법부, 사법부 등)에 있어서 전자문서의 생산·이용·보관·전달이 일반화되고, 국민과 공적기관의 의사소통에 있어서 정보기술의 이용이 보편화된 미래형 정부

▶ 전자정부 개념의 세 가지 주요 요소
- 정보기술을 통한 정부혁신
- 국민과의 인터페이스를 통한 고객지향적 정부
- 전자민주주의 구현

## ◎ 전자정부 추진시 고려해야 할 핵심요소

**◖ 전자정부 개념의 세 가지 차원**

▶ **생산성: 정부 내부의 효율성 극대화**
- 전자정부의 추진주체와 강력한 리더십
- 행정정보화 사업과 행정개혁의 연계
- 업무재설계
- 정보공유 마인드
- 학습과의 연계

▶ **민주성: 정부 외부와의 인터페이스—전자 민주주의의 활성화**
- 고객지향적 정부
- 전자민주주의

▶ **성찰성: 신뢰사회와 성숙한 시민공동체 구현수단으로서의 전자정부 외부와의 인터페이스**
- 사회에서 수직적, 수평적 의미의 열려 있는 의사소통의 활성화
- 담론기능 및 공공영역의 활성화

◎ 전자정부의 추진배경은 정보기술의 발달, 정부의 내부 및 외부 환경에 영향을 받았다고 볼 수 있다. 각각의 주요 내용을 정리해 보자.

◎ 전자정부의 개념 정의를 위한 두 가지 관점은 기술결정론과 사회결정론이다. 이들의 주요 내용은 무엇인가?

◎ 전자정부에 대한 개념은 학자들마다 다소 상이한데, 과연 어떻게 정의하고 있는지 알아보고, 학자들간의 전자정부를 정의함에 있어 공통적으로 논의되는 개념요소를 정리해 보자.

◎ 전자정부의 세 가지 차원은 무엇이며, 이들이 전자정부 추진 시 어떻게 정책적으로 고려되어야 하는가?

[ 고시기출문제 ]  20세기 후반부터 우리나라뿐만 아니라 세계 각국에서 추진하고 있는 전자정부는 그 내용의 양과 질적인 측면에서 행정과 사회발전에 큰 영향을 미쳐 21세기 국가·사회운영방식의 틀을 형성해 나가고 있다. 이처럼 전자정부는 그 개념에 있어서 기존의 효율성을 중시하는 산업사회 정부개념과는 달리 다차원성을 지니는 바, 전자정부개념의 다차원성을 기술하고, 이들 각 차원의 내용이 새로운 국가·사회운영시스템(Governance) 구현에 기여하는 방안을 정부, 기업 및 시민사회 관점에서 설명하시오. [2003년 행시]

## [답안작성요령]

☞ 핵심 개념

본 문제는 전자정부개념의 다차원성을 묻고 있다. 특히 전자정부개념의 다차원성을 이해하고, 새로운 국가·사회운영시스템(Governance) 구현에 기여하는 방안을 제시하는데 있다. 특히 기존의 효율성 위주의 산업사회 정부에서 정보통신기술의 발전과 함께 점차 민주성, 성찰성을 중시하는 전자정부개념에 대한 이해가 핵심이다.

☞ 전자정부의 개념의 세 가지 차원

전자정부란 정보기술을 통한 정부혁신, 국민과의 인터페이스를 통한 고객지향적 정부, 전자민주주의의 구현 등을 포함하는 개념이다. 이는 ① 생산성 차원, ② 민주성 차원, ③ 성찰성 차원의 세 가지 차원으로 정리할 수 있다(권기헌, 2013: 369).

① 생산성 차원: 정부 내부의 효율성 극대화

　　생산성 차원은 정부개혁, 정부혁신, 정부생산성이라는 용어로도 불리는 차원으로 국민의 편의 극대화, 종이없는 사무실, 깨끗하고 투명한 정부, 지식관리시스템에 의해 과학적이고 체계적인 정책결정능력을 뒷받침하는 전자정부를 의미한다.

② 민주성 차원: 정부 외부와의 인터페이스·전자민주주의의 활성화

　　민주성 차원은 정부 외부와의 인터페이스 관점에서 정부-국민간의 정부권력의 전통적 관계를 민주적으로 복원시키는 의미에서 전자민주주의를 실현하는 정부로 규정지을 수 있다.

③ 성찰성 차원: 신뢰사회와 성숙한 사회공동체 구현 수단으로서의 전자정부 외부와의 인터페이스

성찰성 차원은 민주성과 밀접한 연관성이 있으면서도 보다 철학적인 지향점을 의미하는 성찰성의 개념과 관련지어 규정할 수 있다. 이러한 고차원적 의미의 전자정부는 우리 사회에서 수직적, 수평적 의미의 열려있는 의사소통을 활성화시킴으로써, 진정한 의미의 신뢰 사회와 성숙한 사회를 실현하는 사회공동체 구현수단으로서의 정부라는 의미를 지닌다.

☞ 새로운 국가사회운영시스템(Governance) 구현에 기여하는 방안

이러한 전자정부의 다차원적 개념을 토대로 전자정부가 새로운 국가·사회운영시스템(Governance) 구현에 기여하는 방안을 정부, 기업, 시민사회의 관점에서 제시하면 다음과 같다. 특히 여기에서는 전자정부의 NPM적 접근만으로는 한계가 있다는 점을 지적해 주어야 한다. 예컨대, 기존의 전자정부는 BPR, TQM, IRM 등을 통해 전자정부의 Back Office와 Front Office 사업(G2G, G4B, G4C)을 통해 정부 업무 프로세스의 신속성과 효율성에 기여한 바 있으나, 최근 전자정부3.0 논의가 지적하고 있듯이, 협업, 신뢰, 협동 등을 통한 네트워크적 문제해결을 위해서는 NPM사고와 접근을 뛰어넘을 필요가 있다는 점이 기술되어야 한다.

| 차원 | 정부 | 기업 | 시민사회 |
|---|---|---|---|
| 생산성 | • 종합행정서비스 구축을 통한 민원인 편의 극대화<br>• 정보기술을 통한 행정 및 정책의 효율화를 통한 비용절감 | • 언제, 어디서나 서비스 이용이 가능<br>• 서비스의 빠른 처리를 통한 효율성 증대<br>• 기업과 시민의 접근과 참여 활성화 | |
| 민주성 | • 국민과의 인터페이스 확대<br>• 국민의 요구에 적극적 대응 | • 정책의사결정에 직접 참여 가능 | |
| 성찰성 | • 수직적·수평적 의미의 열려있는 의사소통의 활성화<br>• 공공영역의 활성화 | • 투명한 사업 진행을 통한 정부와 기업간의 연계 강화 및 부패 감소 | • 시간과 비용의 제약을 벗어난 정부와 의견 교류 및 상호소통 증대 |

☞ 고득점 핵심 포인트

본 문제는 효율성 위주의 전자정부에서 다양한 차원의 전자정부의 개념적 특성을 이해하고, 거버넌스 구현에 기여하는 방안을 기술하는 것이 핵심이다. 따라서 전자정부 개념의 세 가지 차원인 생산성, 민주성, 성찰성의 개념을 이해하고, 거버넌스의 정부/시장/시민사회와 관련된 내용을 정리하는 것이 필요하다(본서 제7장 전자정부의 개념; 제15장 정보정책의 개념 참조바람).

## 제 8 장

## 전자정부의 이론Ⅱ :
### 전자정부의 비전과 전략

e-government

전자정부의 핵심은 정보기술을 이용한 정부혁신과
고객지향적 열린 정부의 구현이다.
－『창조적 지식국가론』에서

>>> 학습목표

전자정부의 이론Ⅱ에서는 스마트 시대의 등장에 따른 스마트 전자정부의 비전과 추
진전략에 대해서 학습하기로 한다. 스마트 전자정부(Smart Gov)는 "진화된 IT기술
과 정부서비스의 융·복합으로 언제 어디서나 매체에 관계없이 국민이 자유롭게 국민
이 원하는 서비스를 맞춤형으로 이용하고, 참여·소통할 수 있는 선진화된 정부"를 의
미한다. 스마트 전자정부의 비전은 1) Seamless: 부처별 서비스 연계·통합, 국민 중
심의 통합·맞춤형 서비스, 2) Mobile: 모바일 전자정부, 어디서나 편리한 서비스, 3)
Any time: 국민이 원하는 시간에 언제나 이용 가능한 서비스, 4) Real time: 국민
수요에 실시간으로 반응하는 서비스 대응체계, 5) Together: 기업 상생, 소외계층
배려, 국민 참여·소통으로 서비스 선진화로 요약될 수 있으며, 공개(Open), 통합
(Integration), 협업(Collaboration), 녹색정보화(Green)를 네 가지 추진전략으로
삼는다.
제8장 전자정부의 이론Ⅱ에서는 Smart 전자정부의 비전 및 전략에 대해 검토하기
로 한다.

정부혁신이라는 관점에서 전자정부의 비전을 정리하면 One Stop · Non Stop · Any Stop 의 정부로서 국민의 편의가 극대화되는 정부, Paperless & Buildingless 정부로서 종이 없는 사무실, Clean & Transparent 정부로서 깨끗하고 투명한 정부, 그리고 디지털 신경망 (Digital Nervous) 정부로서 지식관리 시스템에 의해 지식의 공유와 학습이 이루어지는 정부로 요약할 수 있다. 이를 형상화하여 하나의 그림으로 표현한다면 〈그림 8-1〉과 같다. 그림에서 나타난 굵은 점들은 정부와 국민의 접점을 보여주며, 중앙정부 내 각 부처, 지방자치단체를 의미하는 A-H를 잇는 연결선들은 정보의 흐름을 나타내는 디지털정부의 신경망들이다. 정부와 국민의 접촉이 일어나는 곳에서는 One · Non · Any Stop 정부가 실현되어 민원인의 편의가 극대화되어야 하며, 정부와 정부 주체 사이의 신경망들은 모두 디지털화하여 지식의 공유와 학습이 원활히 일어나는 지식정부가 되어야 한다. 또한 정부의

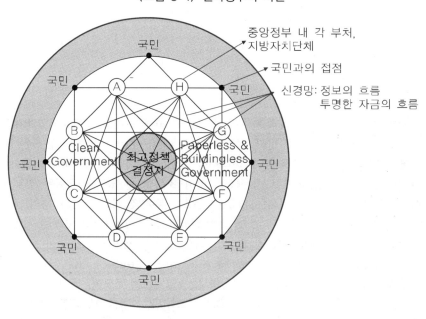

〈그림 8-1〉 전자정부의 비전

① ● : 국민과의 접촉이 일어나는 곳 – One · Non · Any Stop Government
② Ⓐ-Ⓗ : 정부생산성의 제고가 일어나는 정부주체 – Paperless & Buildingless Government
③ Ⓐ-Ⓗ를 잇는 연결선 : 신경망 정부 내의 정보의 흐름 – Digital Nervous Government
④ 원 안의 모든 주체와 연결선이 보이는 정부 – Clean & Transparent Government

각 주체들은 문서주의와 형식주의에서 벗어나 종이 없는 사무실을 구현하여 정책역량이 강화되어야 하며, 모든 정책과 행정절차는 한 점 의혹이나 부패가 없이 투명하고 깨끗한 정부로 거듭나야 한다.[1)

## 2. 스마트 전자정부(Smart Gov)의 비전 및 전략[2)

### 1) 스마트 전자정부의 개념 및 배경

스마트 전자정부(Smart Gov)는 "진화된 IT기술과 정부서비스의 융·복합으로 언제 어디서나 매체에 관계없이 국민이 자유롭게 국민이 원하는 서비스를 맞춤형으로 이용하고, 참여·소통할 수 있는 선진화된 정부"를 의미한다.

〈표 8-1〉 기존 전자정부와 스마트 전자정부의 비교

| 구분 | 유 형 | 기존 전자정부( ~ 2010) | 스마트 전자정부 (2011 ~ ) |
|---|---|---|---|
| 국민 | 접근 방법 | • PC만 가능 | • 스마트폰, 태블릿 PC, 스마트 TV 등 다매체 |
| | 서비스 방식 | • 공급자 중심의 획일적 서비스 | • 개인별 맞춤형 통합 서비스<br>• 공공정부 개방을 통해 국민이 직접 원하는 서비스 개발 |
| | 민원 신청 | • 개별 신청<br>• 동일 서류도 복수 제출 | • 1회 신청으로 연관 민원 일괄 처리 |
| | (지원금/복지 등) 수혜 방식 | • 국민이 직접 자격 증명 신청 | • 정부가 자격 요건 확인 · 지원 |
| 공무원 | 근무위치 | • 사무실(PC) | • 위치 무관<br>(스마트워크센터/모바일오피스) |
| | (재난/안전 등) 일하는 방식 | • 사후 복구 위주 | • 사전 예방 및 예측 |

※ 자료: 행정안전부 자료(2011. 3. 20).

---

1) 이 장은 대통령 직속 국가과학기술자문회의 황성돈·권기헌·황승흠(1999), "21세기 전자정부 구현을 위한 주요 입법과제와 추진방안"의 내용 중 일부를 인용한 것이다.
2) 이 장은 행정안전부에서 발행한 "국민과 하나되는 세계 최고의 전자정부 구현을 위한 스마트 전자정부(Smart Gov) 추진 계획안"의 내용 중 일부를 인용한 것이다.

행정안전부는 2010년 UN 전자정부 평가 1위 이후, 세계 최고의 전자정부의 위상을 지속하고 더 나아가 전 세계를 선도하는 리더십을 발휘하기 위하여 「스마트 전자정부(Smart Gov) 추진 계획」을 발표했다. 2010년까지 추진되었던 기존의 전자정부 서비스는 컴퓨터 인터넷 환경을 기반으로 많은 행정서비스의 방식과 내용의 변화에 초점을 두었다면, 새로운 스마트 전자정부 정책은 모바일 환경으로의 급속한 변화와 첨단 IT 기술의 발전을 모두 반영한다는 데 의의가 있다. 즉, 모바일을 통해 별도의 컴퓨터가 없더라도 언제 어디서든 다양한 인터넷 서비스를 활용할 수 있는 현재 기존의 방식보다 더 똑똑한(smart) 전자정부 서비스 제공에 초점을 맞추고 있는 것이다.

## 2) 스마트 전자정부의 비전 및 전략

앞에서 논의한 전자정부의 네 가지 비전, 즉 1) 국민의 편의가 극대화되는 정부, 2) 종이 없는 정부, 3) 투명한 정부, 4) 디지털 신경망에 의한 지식정부는 매체의 진화 및 다양화에 의해 스마트 전자정부의 비전으로 발전되었다. 즉, 전자정부의 근본원칙은 그대로 유지되나, 이러한 원칙들은 스마트 기기 및 모바일 매체들에 다양하게 적용되면서, 다섯 가지 비전으로 진화된 것이다. 이 다섯 가지 비전은 1) Seamless: 부처별 서비스 연계·통합, 국민 중심의 통합·맞춤형 서비스, 2) Mobile: 모바일 전자정부, 어디서나 편리한 서비스, 3) Any time: 국민이 원하는 시간에 언제나 이용 가능한 서비스, 4) Real time: 국민수요에 실시간으로 반응하는 서비스 대응체계, 5) Together: 기업 상생, 소외계층 배려, 국민 참여·소통으로 서비스 선진화로 요약될 수 있다(〈표 8-2〉 참조).

〈표 8-2〉 스마트 전자정부의 비전

- Seamless: 부처별 서비스 연계·통합, 국민 중심의 통합·맞춤형 서비스
- Mobile: 모바일 전자정부, 어디서나 편리한 서비스
- Any time: 국민이 원하는 시간에 언제나 이용 가능한 서비스
- Real time: 국민수요에 실시간으로 반응하는 서비스 대응체계
- Together: 기업 상생, 소외계층 배려, 국민 참여·소통으로 서비스 선진화

스마트 전자정부는 공개(Open), 통합(Integration), 협업(Collaboration), 녹색정보화(Green)를 네 가지 추진전략으로 삼는다(행정안전부, 2011).

첫째, 공개(Open)이다. 공공정보서비스의 공개 및 개방을 의미하는 "공개"(Open)를 통해 민간

분야에서도 공공정보를 자유롭게 활용할 수 있도록 공공정보 및 서비스를 단계적으로 개방한다. 나아가 국민의 정책 참여와 소통의 활성화를 위해 정부의 주요 정책과 서비스를 투명하게 공개한다.

둘째, 통합(Integration)이다. 수요자중심의 서비스 통합 및 다채널을 통한 "통합"(Integration)은 수요자가 원하는 맞춤형 통합서비스 제공을 위해 정부 서비스와 데이터를 수요자 중심으로 연계·통합하고, 스마트 폰, 태블릿 PC, 스마트 TV 등 다(多)채널간 상호 호환 및 연계·통합을 추진한다.

셋째, 협업(Collaboration)이다. 조직, 부서간 협업 및 정보 공유를 의미하는 "협업"(Collaboration)은 국민 중심의 선제 행정, 맞춤형 행정, 현장 행정, 융합 행정실현을 위해 행정기관간 협업 및 공유 시스템을 구축하고, 조직·부서간 협업 및 공유를 할 수 있는 문화 및 제도의 정착을 추진한다. 이때 중요한 것은 협업이란 정부기관뿐만 아니라, 지자체, 공공기관 나아가 민간까지 범위가 확대되는 것을 의미한다.

넷째, 녹색정보화(Green)이다. 친환경적 및 저비용 시스템을 구축하는 "녹색정보화"(Green)는 그린 IT 제품을 사용하고 클라우드 컴퓨팅 등을 통한 IT 시스템의 그린화와 스마트 IT를 사회 각 분야에 적용하여 저탄소 녹색성장의 기반을 마련하는 것을 말한다.

〈그림 8-2〉 스마트 전자정부의 비전

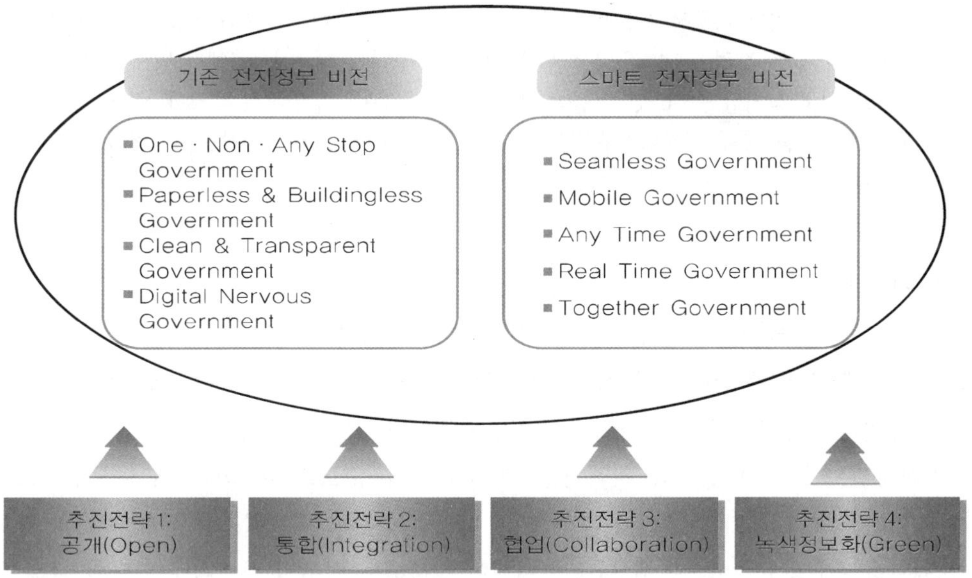

이하에서는 이러한 스마트 전자정부의 비전을 중심으로 하나씩 간략히 살펴보면서 비전과 추진전략을 검토하기로 하자.

## (1) Seamless Government

■ 비전: 정부 내에 산재해 있는 지식·정보가 부처간 장벽이 없는 네트워크를 통해 연계됨으로써, 부처별 서비스 연계·통합이 가능한 정부

> C국가와 어업협정을 준비하고 있는 국토해양부의 K서기관은 요즘 한창 바쁘다. C국가의 협상전략을 검토하랴, 국토해양부의 대응전략을 세우랴, 세부적 협상기술을 연구하랴, 협상자료를 준비하랴… 그러나 K서기관은 자신의 일이 그렇게 힘들다고 생각하지는 않는다. C국가와의 협상전략은 국토해양부의 전자도서관에서 지난해에 있었던 다른 J국가와의 협상결과를 살펴보고, 또한 외교통상부의 DB에서 C국가의 기타 협상 주요전략에 관한 연구보고서를 검토하였다. 세부적 협상기술은 지식관리 시스템(*Knowledge Management System*)을 열어보았다. 지식관리 시스템의 정보창고에는 다른 동료들이 그간의 주요 협상기술에 대해 자세하게 적어 놓은 보고서들이 산재해 있었다. 국토해양부에서는 정보창고에 우수한 정보를 게재하는 관리에게 적잖은 성과급을 제공하고 있었기 때문에 서로 앞다투어 자신의 경쟁력을 좌우할 수 있는 정보들을 올려놓았다. 협상과 관련된 통계들은 부내의 정보데이터베이스와 통계청의 각종 통계자료를 이용하였다. 나머지 이론적 부분은 정부 각 부처가 공동이용하는 전자도서관을 검색하여 얻어냈다. 모든 작업이 네트워크를 통해 가능해서 K서기관은 사무실에서 밤새는 일 없이 집에서도 작업할 수 있었다. 협상 당일에도 K서기관은 당황하지 않았다. 부족한 정보는 인터넷을 통해 국토해양부의 인트라넷에 접속하여 필요한 정보를 더 찾아볼 수 있었다.

① 지식정부

지식은 '수확체증'하는 특징을 가지고 있다. 지식은 개인이 숨기고 있는 것이 아니라, 나눌수록 그 부가가치는 커지는 특성이 있다. 이러한 지식의 본질적 가치는 궁극적으로 정부의 존재의의와 정책경쟁력을 높여줄 수 있을 것이다.

지식정부는 21세기 창조적 지식기반국가(*Knowledge-based Nation*)의 핵심 구성요소이다.[3] 이는 정부 내에 거미줄같이 깔려 있는 디지털 신경망 네트워크를 통해 지식과 정보가 원활히 순환되고, 이를 통해 새로운 지식이 창출되어 정부의 정책결정 역량의 질을 제고하는 정부를 의미한다. 이러한 지식정부의 핵심 요소로는 지식의 창출 - 확산 - 활용 -

---

3) 1998년 8월 김대중 대통령이 '창조적 지식기반국가의 건설'을 주창하면서 지식기반경제 또는 산업의 지식기반화를 위한 정책이 추진되기 시작하였다.

축적을 촉진하는 인센티브제도와 이것의 물리적 기반이 되는 디지털 정보기술 시스템, 그리고 지식의 공유와 학습을 우대하는 조직의 열린 문화를 꼽을 수 있다.

② 지식정부와 전자정부

지식정부의 핵심 요소는 바로 인적 자원(전문가)과 이를 뒷받침하는 인센티브와 같은 지원제도, 인적 자원이 효과적으로 활동할 수 있는 환경을 제공해 주는 지능적 정보시스템이다(Quinn · Anderson · Finkelstein, 1996). 전자정부는 이러한 디지털 신경망 정부에 정보기술이라는 물적 토대를 지원해 주며, 지식정부는 이를 토대로 조직에 전문가를 육성하며, 조직을 학습조직으로 변화시킴으로써 궁극적 정책결정 역량을 제고하는 데 초점을 둔다.

〈그림 8-3〉 지식정부

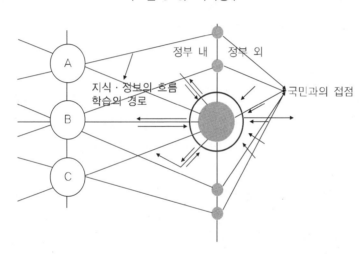

③ 정책의사결정 흐름의 자동화

각 정부기관에 분산되고 단절되어 있는 행정정보의 다차원 분석을 통해 종합적 정책의사결정지원 시스템을 구축할 필요가 있다. '정책정보 통합환경'을 구축함으로써 정보의 재활용과 축적을 통한 지식관리 체계가 구현되고, 이를 통해 각 부처의 정보를 하나의 정보통신 체계로 통합하여 효과적인 정보의 재활용과 정보의 지식화를 실현할 수 있다.

④ 학습이 일어나는 정부(*Learning Government*)

21세기 디지털은 시간, 속도, 불확실성을 그 특징으로 한다. 정책환경이 급변하고 불확실한 상황에서 정형적 정책으로는 현실에 대응하기가 점점 어려워지고 있다. 과거 산업화시대에는 시간의 여유를 두고 정책환경에 적응하는 것이 가능했으나, 21세기의 디지털 정책환경에서는 적응의 시간조차 허락하지 않고 있다.

　지식기반사회는 단적으로 기업과 민간부문이 이끌어 나가는 사회이다. 정부는 산업사회에서 주도자의 역할을 했지만, 지식기반 사회에서 정부의 역할은 방향의 제시와 민간부문에 대한 뒷받침이다. 시시각각으로 변화하는 불확실한 정책환경에 대한 적응에 실패할 경우 정부 역할의 존립마저 위협받을 수 있는바, 이러한 점에서 학습의 의의는 산업사회에서처럼 닥쳐온 환경에 적응하는 것이 아니라 구성원 내부간의 상호 지식·정보의 교환을 통해 미래 환경을 예측하고 이에 대처하는 것이다.

　학습은 환경에의 적응을 넘어서서, 동태적 환경을 예측하고 스스로 환경을 만들어 가는 과정을 의미한다. 우리나라 현실에서 여러 가지 정책실패는 학습의 실패로 여겨지고 있으며, 이러한 예로 외환위기에의 부적절한 대응과 한일어업협정 실패 등을 들 수 있다. 전자정부는 정보기술을 이용해 지식을 확산하고 저장시킴으로써, 정부와 공무원이 정책역량을 제고하고 학습하는 데 중요한 역할을 담당할 수 있을 것으로 기대된다.

　⑤ 정책정보의 공동이용

　행정정보를 공동이용함으로써 특정기관이 보유하고 있는 정보를 타 기관이 다시 수집, 보관하는 식의 비효율성을 제거해야 한다. 정부기록물, 백서, 연차보고서, 정책입안보고서 등 이용가치가 높은 정보를 데이터베이스화하여 행정정보 통합환경 아래에서 공유할 수 있도록 해야 한다.

　정보 주체간에 전산정보를 공동이용한다면 적은 인력, 경비, 시간을 가지고 의사결정에 도움이 되는 정보를 수집 또는 생산할 수 있고, 정책결정의 질을 높일 수 있을 것이다. 또한 정책에 대한 결정지원 정보나 정책안에 대한 민간부문의 반응이 보다 신속하고 정확하게 전달됨으로써 정책의 대응성을 높이고 정보 측면에서 민간부문의 정책참여를 제고시키는 것이 될 것이다.

## (2) Mobile Government

　■ 비전: 모바일 기기 등 첨단정보기술을 도입하여 어디서나 편리한 서비스를 이용하여
　　　　생산성이 제고되는 효율적 정부

　　아침부터 눈이 펑펑 오는 날, 국가보훈처의 참전용사 담당부서에서 일하고 있는 C씨는 집에서 일하기로 마음먹고, 담당 팀장에게 메일을 보냈다. '거북이 걸음으로 출근해서 뭘 해. 차라리 집에서 차 한 잔 하고 빨리 일해서 아이의 방학숙제를 도와줘야지.' 그는 노트북을 열고 국가보훈처의 중앙서버에 접속한다. 데이터베이스화되어 있는 참

전용사들의 기록을 검토하여 참전경력, 전투참가 횟수, 부상정도 등을 체크하고, 그에 따라 필요한 복지예산을 책정하며 인터넷뱅킹을 통해 연금을 지급하였다.

과거에는 기록이 종이에 되어 있어서, 자료를 검토하는 데 시간도 많이 걸리고, 실수라도 발생하면 민원인에게 항의받으랴, 엄청난 서류뭉치를 뒤적거리랴 고생했지만, 지금은 모든 문서가 전자 데이터베이스화되어 종이문서 시대에 발생했던 엄청난 시간과 노력의 소모도 덜고 있다. 또 네트워크 작업이 가능한 데이터베이스로 인해 굳이 사무실에 출근할 필요도 없다. 눈이 많이 온 날은 굳이 출근할 필요 없이 집에서 따뜻한 차를 한 잔 하면서 작업을 해도 좋다. 옆 부서는 아예 사무실을 없애 유지비를 줄여서 그 예산을 성과급으로 받는다. 회의가 필요한 날은 화상회의를 하거나, 공동회의실을 빌려 사용한다. 사무실이 없는 정부는 이미 정부 전 부처에 일상화되어 있다.

### ① 문서의 전자화

문서의 전자화는 아날로그시대에서 디지털시대로 전환되는 필수요건이며, 전자정부의 구현을 위한 가장 기본적 토대이다. 전자화된 문서는 기존의 종이문서에 비해 작성, 저장, 검색, 공유가 용이하여 비용절감 및 행정생산성 향상의 핵심적 요소이다. 전자결재, 행정 DB 구축, 정보공개, BPR, EDMS(전자문서 관리시스템) 등의 정보기술을 활용한 행정시스템 및 행정혁신 기법들은 모두 전자문서를 전제로 도입되는 것이다.

### ② 정보기술을 이용한 행정업무 재설계로 행정능률 향상(*Cutting Redtape*)

전자정부를 연구하는 대부분의 학자들은 전자정부의 구축을 통한 행정정보화의 효과적 실현을 위해서는 먼저 프로세스의 개혁이 선행되어야 한다는 데 의견이 일치하고 있다. BPR은 기존의 행정프로세스에 대한 진단을 통해 행정조직 내부의 권한을 재조정하고, 불필요한 결재단계를 축소하며, 어느 단계에 어떠한 정보시스템을 활용하여 생산성을 높일 것인가에 대한 방법론을 말한다. 이를 통해 필요없는 업무를 줄임으로써 행정업무 처리과정을 혁신적으로 개선하고, 이를 뒷받침할 수 있는 정보기술을 활용하여, 문서의 낭비, 업무의 중복, 결재의 간소화를 기할 수 있으며, 더 나아가 이를 통해 대폭적 비용절감과 시간절약으로 질 높은 행정서비스를 생산할 수 있을 것이다.

### ③ 각종 업무처리에 정보기술 도입

정부업무에 정보기술 도입이 가능한 몇 가지 사례를 들면 아래와 같다.

■ 화상회의(Teleconference): 적극적으로 도입하여 회의시간과 비용을 절약한다.

- 스마트 전자결재시스템: 문서생산에 들어가는 비용을 절감하며 보다 빠른 문서의 유통을 기할 수 있게 해 준다.
- 행정데이터베이스의 체계적 구축: 행정정보의 체계적 분류, 정리, 검색시스템을 갖추고 활용하는 것은 정책수립시 자료 및 지식정보를 축적·활용할 수 있게 해 준다. 또한 행정 DB를 체계적으로 구축하는 것은 정보공개의 대상으로서, 정책책임 소재를 명확히 하여 행정의 투명성 제고에 중요한 역할을 할 것으로 기대된다. 또한 데이터마이닝 등과 같은 검색기법을 도입할 수 있게 하여 기존의 축적된 지식에서 전혀 새로운 지식을 창출하여 효과적 정책수립·집행에 활용할 수 있는 효과를 창출시켜 줄 것이다.
- 규정과 지침의 정보화: 각종 행정사무는 공공성의 특성상 각종 법률과 규정·지침의 규제를 받는다. 따라서 특정 정책이 이러한 규제에 걸리는 것인지를 검토하는 것은 많은 시간을 필요로 하는 작업이다. 따라서 정보검색 기술을 활용하여 규제사항을 검토할 수 있도록 하는 것은 시간을 절약하고 업무를 효율적으로 처리하는 데 매우 중요한 방법이 될 것이다.
- 전자문서관리시스템(EDMS): 업무프로세스 과정에서 발생하는 모든 정형, 비정형의 문서들을 체계적으로 분류하여 통합관리하고, 검색기능을 제공하여 신속하고 편리하게 활용할 수 있도록 해 주는 시스템이다. 전자문서 시스템은 궁극적으로 기존의 업무수행 방식을 바꾸어 놓는 업무재설계(BPR)의 핵심 도구로 활용될 것이다. EDMS는 업무처리 시간을 단축하고 각 부처간 데이터를 공유할 뿐만 아니라 기록의 효율적 관리를 통해 정보를 폭넓게 공유하고 활동하여 정보를 유통할 수 있는 시스템이다. 또한 정보공개 요청에 대한 자료제공의 촉진, 재량의 축소, 공유를 통한 권한남용의 견제와 증거추적을 가능하게 해 준다.

## (3) Any time Government

- 비전: 국민이 원하는 시간에 언제나 이용이 가능하여 고객감동이 극대화되는 정부
  → One·Non·Any Stop Service 정부

> 서울에 사는 A씨는 무더운 8월의 어느 날 사랑스러운 첫딸을 낳았다. 정말 눈에 넣어도 아프지 않을 만큼 귀여운 아기였으나 아직 퇴원하려면 며칠은 더 있어야 한다. 그런데 A씨에게 작은 문제가 하나 생겼다. 딸아이의 출생신고를 해야 할 텐데, A씨는 몸이 좋은 상태가 아니어서 8월 무더위에 동사무소까지 걸어갈 엄두가 나지 않는다. 남편은 동사무소의 업무가 시작하기 전에 출근해서, 업무가 끝난 후 퇴근한다. 그러나 이 문제는 전자정부하에서 더 이상 문제가 되지 않았다. 병원의 전산시스템은 행정자치부의 서버와도 연결되어 있어 아이가 태어난 순간 이미 출생신고는 끝났기 때문이다. 뿐만 아니라, 공주님의 탄생을 축하하는 예쁜 카드도 다음날 도착했다. A씨는 '고객만족'이 아닌 '고객감동' 서비스를 체험하였다.

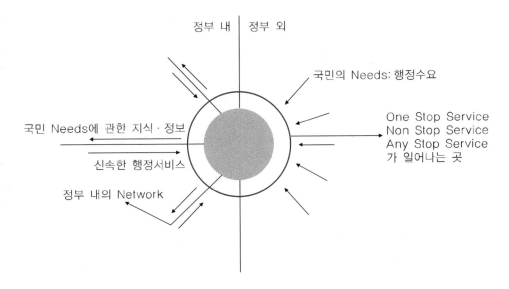

〈그림 8-4〉 고객감동의 실현

정부 내 | 정부 외

국민의 Needs: 행정수요

국민 Needs에 관한 지식·정보

신속한 행정서비스

정부 내의 Network

One Stop Service
Non Stop Service
Any Stop Service
가 일어나는 곳

One·Non·Any Stop Service가 이루어지면 정보기술을 통한 정부 내 업무프로세스의 개선으로 일회 방문을 통한 민원의 즉시 처리가 가능하게 되어 고객감동의 정부가 실현될 수 있다. 또한, 정부의 생산성은 기업의 경쟁력을 좌우하는 중요한 요인이다. 광속으로 상거래가 벌어지는 기업의 경영환경하에서 인·허가, 세무 등의 정부업무 처리가 늦어질 경우 기업의 경쟁력을 저하시키는 요인이 된다.

현대의 민원서비스는 특성상 다중적 성격이 강하며, 따라서 한 부서가 직접적으로 해결할 수 없는 성격의 서비스가 많다. 이러한 서비스는 정부 내부 업무프로세스의 개선과 부처간의 정보 공동활용·협조가 원활히 이루어질 때만이 가능하다.

정부의 네트워크와 개인 PC의 인터넷 연결로 개인이 손쉽게 정부서비스에 접속할 수 있어야 하며, 인터넷 등 정보기술을 통한 민원서류 발급, 각종 상담 등의 행정서비스는 관청에 직접 가서 처리할 때 발생하는 각종 비용절감의 효과를 가져와 정부와 민간부문의 생산성을 동시에 제고할 수 있다. 또한, 공간적 의미에서 대부분의 중심가가 관청을 중심으로 발달하는 것을 볼 때, 네트워크로 공공서비스에 접근성을 높이는 것은 지역의 균형발전에도 긍정적인 영향을 끼칠 것으로 판단된다.

### (4) Real time Government

■ 비전: 전자적으로 저장된 문서들의 네트워크를 통한 공개로 국민의 수요에 실시간으로 반응하며, 전자감사가 이루어져 부정부패를 추방하는 정부

A시의 지방세 담당부서 대부분의 업무는 인터넷 PC를 통해 이루어진다. 인터넷을 통해 과세 기초자료를 조사하고, 이를 통해 가구별 세금이 부과되며, 자동으로 고지서가 출력되어 교부된다. 이러한 전 과정은 소수의 인력에 의해 전 과정이 전산화되어 있기 때문에, 사람의 주관이 개입할 여지가 없어 횡령의 가능성은 거의 제로이다. 개인에게 부과된 세금에 이의가 있는 사람은 바로 지방세 담당부서의 서버에 접속하여 어떠한 자료를 통해 어떻게 세금이 부과되었는지 확인하고 이메일로 이의를 신청한다. 그러나, 이러한 이의제기는 과거에 비해 급격히 줄어들고 있다. 세무공무원과 이해관계자의 유착가능성은 모든 세무업무의 과정이 전자적으로 진행되고 체크되기 때문에 근본적으로 봉쇄되어 있다.

A부의 물품구매·조달은 반드시 전자상거래를 통해서만 이루어지도록 되어 있다. A부 청사의 전체 개인컴퓨터를 관리하고 있는 P씨는 월말의 PC 정기 업그레이드를 위해 먼저 자체의 재고 DB를 통해 램의 재고현황을 조사하였다. 며칠 전에는 재고가 기준재고에 못 미쳤지만, DB가 스스로 이를 인식하고 조달청에 보충을 요청하여, 오늘은 램의 충분한 재고가 확보되어 있었다. 그러나 하드디스크는 최신 제품의 조달이 아직 이루어지지 않았기 때문에 자체의 예산으로 구입하기로 마음먹고, 하드디스크 업체의 홈페이지를 검색하여, 시중보다 20% 정도 싼 곳을 물색하였다. P씨는 이곳에서 구입하기로 마음먹고 홈페이지에 주문을 한 후, 계좌이체를 하여 몇 시간 후에 택배로 물건을 받을 수 있었다. 이러한 전 과정은 모두 메인서버에 기억되기 때문에, 별도의 검증절차가 필요하지 않으며, 감사는 이러한 전자적 자료를 통해 이루어진다. 모든 것이 네트워크를 통해 일어나므로 기존의 구매과정보다 빠르고, 부정부패가 일어날 가능성은 원천적으로 봉쇄되어 있다.

① 실시간 투명한 정보공개

정보공개는 전자민주주의 핵심 요소로서 정부 내의 정보가 공개되는 것만으로도 전자민주주의 구현에 상당한 효과를 볼 수 있을 것이다. 전자정보 공개제도를 통해 첫째로 행정의 투명성이 제고될 수 있으며, 이를 통해 정부의 정책에 대한 이슈가 형성되어, 궁극적으로 정부의 정책의 질이 제고될 수 있다.

정부의 정책결정 과정은 기본적으로 민의의 수렴과정을 거쳐야 하며 행정정보의 공개는 이러한 과정을 통해 수렴되는 민의의 질을 제고시키는 효과를 가져온다. 전자정보 공개제도는 기존의 직접방문 및 문서위주의 정보공개를 온라인상에서 해결함으로써 기존의 정보공개제도의 단점을 보완하고, 궁극적 민주주의를 구현할 수 있다. 또한 민원인에게 편의를 제공하고 정보를 시의적절하게 제공하여, 빠르게 이루어지는 환경변화 속에서의 정책결정이 보다 원활하고 생산적으로 이루어질 수 있게 해 준다.

이러한 정보공개제도의 가장 큰 의의는 국민의 알권리 보장과 국정의 투명성 확보이며, 실시간 정보공개를 통해 국민의 신뢰성 확보 및 국민의 권익보호를 실현할 수 있을 것이다.

② 예산회계 과정의 디지털화

정부 내 모든 예산회계 과정이 디지털화되어 자금의 흐름이 투명하게 된다. 예산회계 과정에서 정보시스템의 활용은 예산회계 과정의 효율성을 제고할 뿐만 아니라 자금의 흐름을 전자적으로 감시할 수 있으므로 예산회계 과정의 부정부패의 여지를 근원적으로 없앨 수 있다. 특히, 세무정보 시스템의 도입은 대민 신뢰도를 향상시키는 효과가 있다. 이와 함께 각종 정부의 조달·구매의 계약을 전자상거래(EC)화하여 각종 거래를 전자화하게 되면, 조달·구매와 관련된 정보들을 투명하게 하고, 이를 통해 발생할 수 있는 부정부패를 없앨 수 있을 것으로 기대된다.

우리나라는 행정정보화의 일환으로 세무행정 분야에서 전자신고제도를 2000년부터 시행하였다. 이는 납세자나 세무대리인이 인터넷을 이용하여 세금이나 세무 관련자료를 직접 신고하는 자동화된 방식이다. 국세청은 2000년부터 부가가치세, 법인세, 소득세 등에 대해 전자신고제를 도입하였는데, 이는 기존의 서면신고와 비교할 때 세무신고의 정확성 증가, 신고서 처리의 원가 감소, 업무의 효율성 증가, 세무공무원의 재량권 감소, 행정자원의 재배치 등의 효과를 가져왔다.

〈그림 8-5〉 투명한 정부

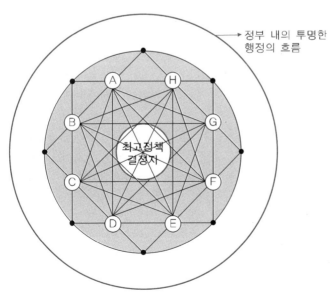

③ 전자입찰과 조달과정의 디지털화

우리나라에서는 정부조달의 규모가 매우 크지만 투명화의 정도는 상대적으로 낮은 것으로 평가된다. 이에 따라 정부는 조달과정의 투명화를 기하기 위해 공공부문에서 전자상거래의 확대와 전자입찰제도를 시행하였다. 각종 정부의 조달·구매의 계약을 전자상거래(EC)화하여 각종 거래를 전자화하면, 조달·구매와 관련된 정보들을 투명하게 하고, 이를 통해 발생할 수 있는 부정부패를 없앨 수 있다.

④ 전자감사

정부의 모든 예산회계정보를 전산화하게 되면 감사의 효율성을 제고할 수 있게 된다(전자감사). 예산회계정보·구매정보 등을 네트워크와 연동시킬 경우 감사가 네트워크를 통해 상시적으로 이루어질 수 있다. 감사 대상이 되는 엄청난 서류와 자료를 조사할 필요 없이 정형화된 소프트웨어를 통해 전자정보를 분석하게 되므로 감사의 효율성은 획기적으로 증대된다.

## (5) Together Government

■ 비전: 참여·소통을 기반으로 수요자가 원하는 서비스 및 정보를 제공하고 기업 및 소외계층과 상생하는 정부

회사원인 A씨는 매일 퇴근길 고장난 가로등으로 인해 어두워진 골목길을 지나야 한다. 유동인구도 별로 없는 길이기 때문에 A씨는 이 어두운 골목길을 걸을 때마다 바짝 긴장을 하고 지나가야만 했다. A씨는 항상 구청에서 나와서 이 가로등을 수리해 주었으면 좋겠다고 생각하지만, 이를 위해 집에 가서 컴퓨터를 켜고 담당기관을 찾아 인터넷으로 민원을 신고하는 일이란 여간 귀찮은 일이 아닐 수 없다. 하지만 '누군가 신고하겠지…'라고 생각으로 기다린 지 벌써 몇 주가 지났지만 아직도 고장난 가로등은 그대로이다.

하지만 스마트 전자정부에서는 이러한 일을 간단하게 해결할 수 있게 되었다. 우선 고장난 가로등을 스마트 폰으로 사진을 찍고 앱(App)을 구동시켜 전송하기만 하면 된다. 특히 스마트 폰의 위치정보 덕분에 추가적인 정보를 일일이 입력할 필요가 없으니 매우 간편하다. 신고를 받은 담당자는 현장에 출동·조치 후, 그 결과를 사진과 함께 바로 시스템에 등록한다. 이 또한 담당자가 사무실로 돌아가 결과를 입력할 필요없이 현장에서 모든 업무를 One-Stop으로 처리할 수 있으니 매우 빠르게 조치할 수 있다. 처리된 결과를 바로 A씨의 핸드폰으로 전송하고, A씨는 언제 어디서든 그 결과를 현장사진과 함께 확인할 수 있게 된다.

우리나라는 그간의 정보화 성과에도 불구하고 기관간 정보유통 미흡으로 국정과 국민간 소통채널이 부족하다는 문제점이 지속적으로 지적되어 왔다. 특히 국민의 정책 제기 등에 대한 환류기능이 부족하며, 정부의 정책 및 예산집행 상황 등의 정보에 대한 온라인 제공이 부족하였다. 이에 국민과 기업의 참여·소통을 기반으로 수요자가 원하는 서비스 및 정보를 맞춤형으로 통합하여 제공할 필요성이 제기되었다.

#### ① 소셜미디어 기반 참여·소통 채널 확대

스마트 폰 등의 급격한 확대와 소셜미디어를 통한 소통 채널의 다양화는 기존의 일방향적인 서비스, 환류가 불가능한 서비스에 대한 해결책으로 등장하였다. 이에 정부는 소셜미디어와 연계한 정부·국민간 쌍방향 정보 및 의견의 공유와 소통환경의 조성, 온라인 소통 및 환류 시스템을 구축하고 있다. 특히「국민신문고」는 다양한 민원이나 국민제안을 체계적으로 분석하고, 이를 정책의 수립이나 정책과정에 신속하게 반영할 수 있는 환류체계를 구축하는 데 큰 역할을 수행하고 있다. 또한 정부기관이나 지자체, 공공기관의 행정청의 위법·부당한 행정처분으로부터 발생한 행정결과에 대한 온라인 행정심판시스템의 확대는 적극적이고 능동적인 국민으로 역할을 수행할 수 있게 한다.

#### ② 맞춤형 통합서비스

부처별·기능별로 분산되어 제공되는 서비스를 수요자별 맞춤형 통합서비스로 개편할 필요가 있으며, 정부는 현재 이를 단계적으로 확대해 나가고 있다. 예컨대,「국민생활정보 통합알림서비스」는 세금 및 공과금의 온라인 고지, 납부 및 내역관리 등을 유무선 통합기반으로 일괄제공하고 있고,「나눔활동 활성화 창구」는 기부, 봉사활동 등 나눔활동 관련 정보 및 서비스를 원하는 수요자가 쉽게 사용할 수 있는 창구를 마련하고 있다.「자동차 압류 및 해제 일괄서비스」는 경찰청, 국세청, 지자체 등에서 개별적으로 처리하고 있는 자동차 압류 및 압류해제 업무를 국민의 입장에 통합하여 수요자로 하여금 쉽게 관련 정보를 얻을 수 있도록 서비스를 제공하고 있다.

또한 행정정보 공유 확대를 통해 민원서류를 감축할 수 있는데, 정부에서 보유하고 있는 행정정보 데이터를 통합하고 공유함으로써, 유사 민원을 통해 수요자가 쉽게 원하는 정보를 얻을 수 있다. 또한 온라인을 통해 인·허가 민원행정의 투명성을 제고할 수 있는데, 온라인 사전심사시스템의 개발을 통해 약식서류만으로도 인·허가 가능여부를 스스로 확인할 수 있어 불필요한 비용을 줄일 수 있다. 이외에도 현 주민등록증을 대체하여 개인정보 보호, 위변조 방지 등이 가능한「전자주민등록증」, 인감증명의 대체방안으로의「본인서명사실확인제」등이 도입될 수 있다.

<<< **핵심** Point !

◎ 전자정부의 비전

▣ 정부혁신이라는 관점에서 전자정부의 비전을 정리하면 One Stop·Non Stop·Any Stop의 정부로서 국민의 편의가 극대화되는 정부, Paperless & Buildingless 정부로서 종이 없는 사무실, Transparent 정부로서 깨끗하고 투명한 정부, 그리고 디지털 신경망 정부로서 지식관리 시스템에 의해 지식의 공유와 학습이 이루어지는 정부로 요약할 수 있음

◎ 스마트 전자정부(Smart Gov)의 비전

▣ 스마트 전자정부(Smart Gov)란 "진화된 IT기술과 정부서비스의 융·복합으로 언제 어디서나 매체에 관계없이 국민이 자유롭게 국민이 원하는 서비스를 맞춤형으로 이용하고, 참여·소통할 수 있는 선진화된 정부"를 의미함

▣ 스마트 전자정부의 비전
▶ Seamless Government: 정부 내에 산재해 있는 지식·정보가 부처간 장벽이 없는 네트워크를 통해 연계됨으로써, 부처별 서비스 연계·통합이 가능한 정부
  • 지식정부
  • 정책의사결정 흐름의 자동화
  • 학습이 일어나는 정부(*Learning Government*)
  • 정책정보의 공동이용
▶ Mobile Government: 모바일 기기 등 첨단정보기술을 도입하여 어디서나 편리한 서비스를 이용하여 생산성이 제고되는 효율적 정부
  • 문서의 전자화
  • 정보기술을 이용한 행정업무 재설계로 행정능률 향상
  • 각종 업무처리에 정보기술 도입
▶ Any time Government: 국민이 원하는 시간에 언제나 이용이 가능하여 고객감동이 극대화되는 정부
  • One·Non·Any Stop Service

▶ Real time Government: 전자적으로 저장된 문서들의 네트워크를 통한 공개로 국민의 수요에 실시간으로 반응하며, 전자감사가 이루어져 부정부패를 추방하는 정부
- 실시간 투명한 정보공개
- 예산회계 과정의 디지털화
- 전자입찰과 조달과정의 디지털화
- 전자감사

▶ Together Government: 참여·소통을 기반으로 수요자가 원하는 서비스 및 정보를 제공하고 기업 및 소외계층과 상생하는 정부
- 소셜미디어 기반 참여·소통 채널 확대
- 맞춤형 통합서비스

## 스마트 전자정부의 추진전략

▶ 공개(Open)
▶ 통합(Integration)
▶ 협업(Collaboration)
▶ 녹색정보화(Green)

◎ 스마트 시대의 등장에 따른 스마트 전자정부의 개념 및 특징들에 대하여 살펴보았다. 기존 전자정부와 스마트 전자정부의 주요 특징들을 비교하여 정리해 보자. 기존 전자정부의 4대 원리는 스마트 전자정부의 5대 원리와 어떻게 매칭될 수 있는지도 논의해 보자.

◎ 스마트 전자정부는 공개(Open), 통합(Integration), 협업(Collaboration), 녹색정보화(Green)를 네 가지 추진전략으로 삼는다. 각각의 추진전략을 설명하라.

◎ 스마트 정부의 비전은 5가지 즉, Seamless Government, Mobile Government, Any time Government, Real time Government, Together Government로 나누어 살펴볼 수 있다. 각각의 비전을 간략히 설명하고, 그에 따른 정책과제를 언급하라.

 **고시기출문제**   ※ 해당 답안작성요령은 고시기출출제 시기에 맞춰서 작성되었음

[ 고시기출문제(1) ]   현재 활용되고 있는 전자정부사업 중 전자조달시스템(G2B, Govern-ment-to-Business)은 주로 정부 및 공공기관의 각종 공사입찰과 물품조달시장의 전자적 거래를, 인사정책지원시스템(PPSS: Personnel Policy Support System)은 정부내에서 임용·승진 등 주로 공무원 인사의 전자적 관리를 위하여 개발되었다. 이 두 사업이 개별적으로 추구하는 목표와 대상은 다를 수 있으나, 기대하는 효과에는 공통점이 있다. 이 두 가지 사업의 목표 및 기대효과의 공통점과 차이점을 비교하여 전자정부의 비전과 지향점을 논의하시오. [2004년 행시]

**[답안작성요령]**

☞ 핵심 개념

본 문제는 전자조달시스템과 인사정책지원시스템을 비교 분석하여 이를 논의의 토대로 향후 전자정부의 비전과 지향점을 논할 것을 묻고 있다.

전자조달시스템은 기업의 창업에서 폐업에 이르기까지 기업의 생애주기 전 과정을 지원하는 온라인 기업단일 창구를 구축하여 기업과 정부간 업무처리의 효율성과 민원 행정의 편의성을 향상시키려는 시스템이다. 현재는 나라장터로 명칭이 바뀌어 운영되고 있으며 각종 업무나 공공관련 입찰에 있어 그 과정을 전자화하고 공개함으로써 보다 효율적이고 투명한 공개입찰을 추구하고 있다.

인사정책지원시스템은 정부의 인적자원을 보다 체계적으로 관리하기 위하여 2000년에 개발하고 2004년에 보급을 완료한 전자적 인사관리시스템이다. 현재는 'e-사람'으로 그 명칭이 변경되었다.

☞ 양 제도의 공통점 및 차이점

1. 공통점

① 전자화로 인한 관리의 효율성: 양자 모두 행정의 서비스를 전자화함으로 인하여 보다 효율적으로 서비스를 전달한다는 장점을 지니고 있다.

② 서비스 질의 향상: 기존의 일방적 형태의 행정서비스에서 국민의 관점에서 서비스를 계획하고 설계했다는 점에서 장점을 지닌다. 양자 모두 구성원들이 필요로 하는 정보를 언제 어디서나 온라인 접속이 가능한 환경에서 손쉽게 구할 수 있으며, 이러한

자료를 활용하는데 있어 제약이 없다는 특성을 가지고 있다.

③ 정보의 공개성 증대: 전자화를 통하여 행정서비스의 공급과정이 공개되고 누구나 결과가 만들어지는 과정을 살필 수 있게 됨으로써 기존의 공정성 시비가 줄어들게 되어 정부 스스로도 상시적인 감시 시스템에 입각하여 투명성 증대를 낳게 되었다.

2. 차이점

① 적용 대상: 전자조달시스템은 주요 대상을 입찰과 관련된 행정 서비스를 활용하는 국민과 기업으로 하고 있으나, 인사정책시스템은 주로 정부내부의 인사정책의 수립과 활용에 사용된다는 점이 다르다.

② 역할 범위: 조달시스템은 국민과 정부간 입찰에 있어 직접적인 연계의 장을 마련해 주어 양자를 연결시키는 역할을 이행한다. 이 때문에 정부 내부의 정책 수립에 영향을 미치기 보다는 대민 서비스의 역할을 이행하는 시스템으로 볼 수 있다. 이에 반해 인사관리시스템은 종전에 개발된 다른 전자인사관리시스템과는 달리 단순한 데이터베이스 관리를 넘어 정부인사의 전과정을 BPR을 통해 분석·재설계한 후 자동화시킨 시스템으로서 인사정책 수립에 영향을 미친다(자료: 메가고시연구소, 정보체계론, 2012에서 수정).

☞ 전자정부의 비전과 지향점

양 제도는, 위에서 살펴보았듯이, 적용대상과 역할범위에서 차이가 있으나, 효율성, 대응성, 투명성, 공개성, 민주성을 증진시킨다는 공통점이 있다. 인사정책지원시스템(PPSS: Personnel Policy Support System)은 정부 내에서 거래를 대상으로 하는 G2G(Government-to-Government)인데 반해, 전자조달시스템은 정부-기업, 정부-민간의 인터페이스를 대상으로 하는 G2B(Government-to-Business)이다. 일반적으로 G2G의 경우는 효율성과 투명성을, G2B의 경우 효율성, 투명성, 대응성 및 민주성을 증진시키는 것을 목표로 하게 된다. 이를 좀 더 미래 전자정부의 비전이라는 관점에서 효율성(생산성), 민주성, 성찰성(신뢰성)의 세가지 차원으로 정리했을 때, 스마트 전자정부의 비전과 전략은 다음과 같이 정리할 수 있다(권기헌, 2013: 120-121).

① Seamless Government: 정부 내에 산재해 있는 지식·정보가 부처간 장벽이 없는 네트워크를 통해 연계됨으로써, 부처별 서비스 연계·통합이 가능한 정부

② Mobile Government: 모바일 기기 등 첨단정보기술을 도입하여 어디서나 편리한 서비스를 이용하여 생산성이 제고되는 효율적 정부

③ Any Time Government: 국민이 원하는 시간에 언제나 이용이 가능하여 고객감동이 극대화되는 정부

④ Real Time Government: 전자적으로 저장된 문서들의 네트워크를 통한 공개로 국민의 수요에 실시간으로 반응하며, 전자감사가 이루어져 부정부패를 추방하는 정부

⑤ Together Government: 참여·소통을 기반으로 수요자가 원하는 서비스 및 정보를 제공하고 기업 및 소외계층과 상생하는 정부

☞ 고득점 핵심 포인트

본 문제에서는 각각의 공통점과 차이점을 논하고 이를 토대로 전자정부의 비전과 지향점을 논할 것을 요구하고 있다. 특히 문제속에서 공통점으로 기대효과를, 차이점으로는 추구하는 목표와 대상이 있다는 것을 제시하였던 만큼, 이를 논의의 중점으로 삼아 기술해주면 좋을 것이다. 더불어 최근에 논의되고 있는 공개(Open), 통합(Integration), 협업(Collaboration), 녹색정보화(Green) 등에 기반을 둔 스마트 전자정부의 비전과 지향점을 제시해준다면 고득점 답안이 될 수 있을 것이다(본서 제8장 전자정부의 비전과 전략 참조바람).

 **고시기출문제**

**[ 고시기출문제 (2) ]** 정부의 빅데이터 개방에 따른 정부 역할의 변화와 이에 대응하는 정보 통신기술의 기반의 보완에 대해서 논하라. [2012년 입시]

**[답안작성요령]**

☞ 핵심 개념

본 문제는 빅데이터에 대해 묻고 있다. 정부의 빅데이터 개방에 따라 새롭게 제공되는 방대한 공공정보를 국민들의 필요에 따라 자유롭게 활용하도록 지원함으로써 새로운 사회적 서비스와 공공가치를 창출할 수 있게끔 정부의 역할이 변화해야 한다는 점을 기술해 주는 것이 핵심이다. 또한, 이를 위해 필요한 기술적 결함이나 미비(未備) 등을 보완할 방안과 이러한 변화와 동반하여 발생할 수 있는 문제점들에 대해 논의해 주어야 한다.

☞ 빅데이터의 개념

빅데이터는 초대용량의 데이터 양(volume), 다양한 형태(variety), 빠른 생성 속도(velocity)이라는 속성을 가진 정보집합으로 정의된다. 더 나아가 '대용량 데이터를 획득, 저장, 분석해 가치 있는 정보와 스토리를 추출하고, 이를 의사결정이나 미래예측에 활용하는 기술'이라는 의미로 확장되어 사용되고 있다. 이러한 정의에서 보듯이, 정부가 보유하고 있는 각종 공공정보(납세정보, 의료정보, 교통정보, 기상정보 등)는 그야말로 빅데이터의 성질을 가지고 있으며, 이러한 빅데이터의 개방은 이명박 정부에 이어 박근혜 정부에서도 더욱 가속화되어 왔다.

☞ 빅데이터의 개방의 효과

빅데이터의 개방에 따른 긍정적 효과로는 다음을 들 수 있다.

첫째, 다양한 데이터에 기반한 정책결정의 질이 제고됨으로써 사회문제 해결(예: 저출산 고령화 문제, 국민연금, 연말정산, 기후정보, 탈세방지, 장기이식공유 등 다양한 분야에서 사회문제해결의 기제로서 작용)의 속도가 매우 빨라진다는 점이다.

둘째, 정책정보의 공동이용을 통한 정책결정의 질이 향상되고 이와 함께 행정의 효율성도 동시에 높일 수 있다.

셋째, 효과적 정책수립과 정책집행이 가능해진다. 기존의 공개방식에 대한 혁신적 변화로 인해 기존의 지식과는 전혀 새로운 지식의 창출을 통해 효과적인 정책수립과 집행이 가능해진다.

넷째, 소셜미디어에 기반한 참여·소통 채널이 확대될 수 있다.

다섯째, 맞춤형 통합서비스의 제공이 가능하게 된다(예: 국민생활정보통합알림서비스, 나눔활동 활성화 창구, 자동차 압류 및 해제 일괄서비스 등이 가능하게 됨).

마지막으로, 국민의 알권리 보장과 국정의 투명성 및 책임성을 확보할 수 있다는 점이다.

이에 반해, 각종 부정적 효과도 나타날 우려가 있는데 가장 큰 문제점으로는 정보유출로 인한 개인정보침해; 해킹, 정보도용 등 개인의 프라이버시권 침해) 등이 있다는 점을 분명히 기술할 필요가 있다. 이를 해결하기 위해서 정보보안과 관련된 정보통신 기반기술에 대해서도 명확히 기술할 필요가 있는데, 이는 아래에서 서술하는 바와 같다.

### ☞ 빅데이터의 개방에 따른 정부역할

여기에서는 빅데이터의 개방과 활용에 대응한 정부의 형태로서 정부3.0의 역할에 대해 논의해 주어야 한다. 빅데이터를 이용한 다양한 사례들(대표적으로 미국 대선 당시 오바마 진영에서의 빅데이터 활용, 교통카드 이용 데이터를 통한 연구분석 등)들이 보여주는 바와 같이 빅데이터의 공유와 활용이 창출해 낼 수 있는 다양한 혜택과 사회적 편익들에 대해 정확한 평가를 한 후 정부가 구체적으로 어떤 지원과 역할을 할 것인지에 대해 논의해야 한다.

정부3.0은 개인별 맞춤정보 제공을 통한 서비스, 투명한 정보 공개, 사회적 연결망을 통한 공공서비스 창출 및 부가가치 재생산 등의 특징을 가진다(명승환·허철준, 2012). 실제적 운용 사례로 2013년 7월 기준으로 공공데이터포털(http://www.data.go.kr)이 운영되었으며 공공정책(65,472), 통계(71), 법률(66,522), 정치(26), 국토관리(3,339), 환경(96,671), 기상(28) 등의 카테고리별로 분류되어 데이터가 제공되었다. 이에 따른 정부 역할은 다음 사항이 검토되어야 한다.

첫째, 빅데이터의 공개와 광범위한 공동이용에 필요한 기술적 인프라에 보완과 확충이 필요하다는 점이 언급되어야 한다. 실시간으로 맞춤정보를 제공해 줄 수 있는 정보데이터베이스의 구축과 정보이용자의 과도한 접속량에 의해 정보이용이 제한되지 않도록 하는 안정적 네트워크의 구축, 국민의 요구에 실시간으로 대응할 수 있는 시스템의 구축 등이 제시되어야 할 것이다.

둘째, 빅데이터의 공유나 확산에 따르는 정보침해의 문제와 같은 부정적 영향들에 대해
언급하고 이에 대처할 수 있는 보안기술의 정비 및 확충에 대해서도 논의하여야
한다. 예를 들어, 수집 및 생성단계에서는 다양한 경로를 통해 수집되는 빅데이터
의 특성상 노출되는 보안 위협에 대해 대처하기 위해 전자서명, 필터링, 스팸차
단, 피싱방지 시스템의 구축이 필요하다. 또 과도한 정보수집으로 인한 개인정보
의 침해 우려가 있기 때문에 필요한 최소한으로 수집할 것을 법적으로 규제할 필
요도 있다.

☞ 빅데이터의 개방에 따른 기술기반

첫째, 클라우드 컴퓨팅 방식으로 운용되는 빅데이터 특성상 사용자에 대한 인증이 필수
적이므로 SSO(Single Sign-On), SAML(Security Assertion Markup Language) 등
의 방식이 검토되어야 한다.

둘째, 데이터 운영의 안정성을 위해 접근제어(AC), 침입차단시스템(IDS), 침입탐지시스
템(IPS), 방화벽 등의 네트워크 보안 및 웹 보안을 구축할 필요가 있다.

셋째, 데이터의 보호를 위해 데이터는 암호화되어 저장되어야 하고 불의의 사고나 재해
로 인한 데이터 손실을 대비하여 백업과 복구 등을 위한 물리적 시스템도 갖추어
야 한다.

마지막으로, 빅데이터 분석과 2차 데이터 생성 및 활용단계에서는 2차 데이터 생성시
익명화·암호화기법이 사용되어야 하고, 키워드기반 검색기법과 프라이버시를 보
호하면서, 데이터를 분석하는 PPDM(Privacy Preserving Data Mining)기법 등이
중요하게 검토될 필요가 있다(정교일 외, 2012).

☞ 빅데이터 개방과 전자정부3.0

정부의 빅데이터 개방에 따른 정부 역할의 변화에 대한 실제적 정부모형은 전자정부
3.0이라고 할 수 있다. 빅데이터 개방에 따른 기대효과는 전자정부의 비전과 연계되어 있
다(권기헌, 2013: 121-131). 첫째, Seamless Government와 연계된 학습이 일어나는 정
부, 지식정부, 정책정보의 공동이용 등과 연계되며, 둘째, 행정데이터베이스 체계적 구축
등과 관련하여 Mobile Government, 실시간 투명한 정보공개 등을 통한 Real time
Government 구현 등의 비전과도 총체적으로 연결된 문제이다. 더 나아가 빅데이터 개방
은 소셜미디어 기반 참여 및 소통 채널을 확대해 주는 효과와 함께 맞춤형 통합서비스가
가능하게 되는 바, Together Government라는 비전과도 밀접히 연계되어 있다.

☞ 고득점 핵심 포인트:

본 문제의 고득점을 위해서는 빅데이터가 가지는 의미와 정부가 보유한 공공정보와의 관련성을 정확히 이해하고, 전자정부3.0 모형이 이러한 빅데이터의 공개와 활용에 대응하기 위하여 진화한 정부모형이라는 점을 분명하게 논의해 주어야 한다.

전자정부의 각종 비전들이 빅데이터의 긍정적 효과를 극대화하고 부정적 효과를 극소화할 수 있는 상위차원의 목표임을 제시하면서(권기헌, 2013: 121–131), 빅데이터 개방이 성공하기 위한 추진전략을 구체적인 사례를 통해 설명하면 좋을 것이다. 예컨대, 권익위는 민원정보분석시스템을 통해 분석·예측한 지역별 주요 민원을 바탕으로 서울·경기에 실업급여와 버스이용 정책을 유도한 바 있다. 이에 정부는 권익위의 민원정보분석시스템과 같은 빅데이터 활용을 확대해 1차적으로 6개 분야 16개 정책과제를 선별해 추진할 예정이라는 점과 함께 최근 가장 광범위한 빅데이터 공개와 활용이 이루어지고 있는 공공데이터포털에 대해 언급해 준다면 더욱 완성도 높은 답안이 되리라 생각한다.

# 제 9 장

# 전자정부의 추진전략

 >>> 학습목표

전자정부의 추진전략에서는 생산성 제고와 정책결정역량 제고를 위한 전자정부 Back Office 구축전략에 대해서 학습하는 한편 민주성(투명성) 제고를 위한 Front Office 혁신전략에 대해서 학습한다.

첫째, 생산성 제고를 위한 Back Office 구축전략은 전자문서, 공무원 정보리터러시, 행정정보공동활용, 협업, 정보자원관리, 아웃소싱, TQM, BPR, CRM, ERP에 대해서 학습한다. 아울러, 전자문서의 최근 경향으로서 전자문서유통시스템, 공무원 정보리터리시 관련하여 CIO제도, 행정정보공동활용과 관련하여 정보공동이용센터, 협업 관련하여 스마트 워크, 정보자원관리와 관련하여 통합 EA를 학습한다.

둘째, 정책결정역량 제고를 위한 Back Office 구축전략은 정책결정지원에서 정보시스템의 역할, EDPS, PMIS, DSS, DW에 대해서 학습한다.

셋째, 민주성(투명성) 제고를 위한 Front Office 구축전략은 정보공개정책, G4C, G2B를 학습하며, G4C의 최근 경향으로서 Green 민원과 함께, 전자부패, 전자참여(e-참여) 등에 대해서 학습한다.

넷째, 전자정부의 추진전략의 마지막 검토사항으로서 법제도적 기반에 대해서 학습한다. 특히 여기서는 이명박 정부의 전자정부 추진체계 및 전략에 대해서도 학습하기로 한다.

# 1. 전자정부의 Back Office 구축전략 I : 생산성 제고

## 1) 전자문서

### (1) 전자문서의 개념

전자문서의 일반적인 개념은 "전자적으로 문자나 기호 등을 통해서 일정한 사상이나 의사를 전달하기 위해 표현된 모든 전자적 기록"(김성태, 2003: 410)이라고 할 수 있다. 즉 일반적인 전산망을 활용한 모든 공문서 외에 전자우편이나 인터넷을 통한 기록물 및 전산망을 통해 이루어지는 상호의사소통인 채팅의 내용까지도 모두 전자문서의 범주에 넣을 수 있다.

### (2) 전자문서의 필요성

우리나라 행정기관 업무의 대부분이 문서를 작성하고 관리하는 일에 투자되고 있다. 실제로 기관에서 판단하고 분석, 결재하는 데 들여야 하는 시간보다 문서를 작성, 관리하는 데 드는 시간이 월등히 많다. 따라서 문서처리 업무에 드는 시간을 줄여서 업무처리를 효율적으로 개선하는 것이 시급한 문제이다.

현재의 계층형 조직은 업무처리 담당자가 늘어남에 따라 조직계층과 지원부서도 비대해져서 업무를 협조하거나 결재를 위한 문서이동에 많은 시간이 소비되는데, 이러한 시간과 비용의 과다발생을 방지하기 위해 전자문서의 필요성은 제기되는 것이다.

### (3) 전자문서의 장점과 단점

전자문서의 장점과 단점을 살펴보면 다음과 같다.

### (가) 장 점

전자문서의 유통과 관리로 인해서 기존의 종이문서시스템에서 수행되었던 많은 사무적 작업이 없어지게 되어 비용이 절감된다. 특히 인건비를 절감할 수 있는데, 실제적으로 어떤 기관이나 부서에서 전자문서 유통과 관리로 인하여 인원을 감축한다면 현재의 인원을 새로운 업무에 재배치할 수도 있게 된다. 이 경우의 절감액은 기존 직원의 재배치가 없었을 경우 고용했어야 할 추가적인 인원에 근거하여 추정할 수 있다. 또한 문서비용을 절감할 수 있는데, 기존 종이문서는 서류의 인쇄와 보관에 많은 비용이 드는 데 비해 선자문서는 함축되고 축소된 형태의 저장과 보관이 가능하기 때문이다. 정보의 보관뿐만이 아니라 새로운 정보의 생성도 가능하며 정보획득에 드는 비용을 대폭 절감할 수 있다.

### (나) 단 점

전자문서의 보관장치인 테이프나 디스크 등은 시간과 외부의 환경, 즉 열이나 습기, 자기장 등의 노출에 따라서 손상되기가 쉽다. 따라서 종이문서에 비해 한꺼번에 많은 정보가 일시에 손상될 가능성이 높다.

또한 신뢰성 면에서 종이문서보다 떨어진다고 인식되는 측면도 있는데, 일례로 인터넷 뉴스보다 종이 신문에서 더 큰 신뢰감을 느끼는 경우도 같은 맥락이다.

시스템상의 문제점도 발견되는데, 자료에 대한 획일적인 평가와 저장, 유사한 중복자료의 보존 가능성이 높아질 수 있고 해당 자료의 최근성에 대한 혼란이 생길 수 있다.

### (4) 우리나라 전자문서의 현황

우리나라 전자문서의 사업추진 현황 및 법제도 현황을 살펴보면 다음과 같다.

### (가) 사업추진 현황

전자정부의 목표는 종이 없는 행정, 완벽한 사이버 정부를 구현하는 것이다. 이런 목표를 달성하기 위해 정부는 국가기밀사항 등 특별한 경우를 제외한 정부 내 모든 문서의 작성, 결재, 유통, 보관 등을 전자적으로 처리하기 위한 전자결재 및 전자문서 유통 정착과 전자정부의 신뢰성 확보를 목표로 한 범정부 차원의 전자인증시스템 구축을 추진해 왔다. 아울러 부처별로 운영되는 전산실의 공동운영을 통해 정부 내 인적·물적 자원에 대한 장기적인 통합관리 체계를 구현할 범정부적 통합전산환경 구축도 진행하였다.

### (나) 법제도 현황

전자정부 구현을 위한 행정업무 등의 전자화촉진에 관한 법률(이하 전자정부법)에서는, 전자문서를 컴퓨터 등 정보처리 능력을 가진 장치에 의하여 전자적인 형태로 작성되어 송수신 또는 저장되는 정보로 정의하며, 이에 대해 행정기관, 보조기관, 보좌기관, 또는 공무원의 신원과 전자문서의 변경여부를 확인할 수 있는 정보로서 행정전자서명을 인정하고 있다. 종이 없는 행정, 행정업무의 전자화를 통한 전자정부의 조기구현을 위해 종이문서업무의 감축을 위한 방법을 규정하고, 행정기관장은 당해 기관이 취득, 작성, 유통, 보관하는 종이문서 등을 최대한 감축할 것을 의무화하였으며(제40조), 중앙사무관장기관의 장은 문서업무감축계획을 수립하고 시행하도록 하였다(제41조).

## (5) 정책과제

전자문서 이용 활성화를 위해서는 정책과제를 크게 세 가지로 정리할 수 있다(전자정부특별위원회, 2003).

첫째, 범부처적 공통 기반구조 관리체계가 필요하다. 효율적인 전자정부 기반구조(문서제도, 처리 및 유통) 확보는 범부처적 공통 기반구조 관리체계를 통해서만 가능하다. 이러한 관리체계는 기반구조 관련 방안과 표준을 수립하여 제시하고 이것이 제대로 수행되는지 감독해야 한다.

둘째, 문서제도나 처리, 유통과 같은 기반구조에 대한 부처간 협의가 필요하다. 기반구조의 개념정립, 계획, 표준화, 유지보수 등의 기반구조 관련사안에 대한 합의를 위한 부처간 협의가 요구된다. 또한 부처별 협의를 통한 표준마련과 개선요구에 대한 지속적인 협력이 요구되며, 시스템의 안정적 운영을 위해 운영 측면에서의 관리체계(권한 및 책임)에 대한 부처간의 협의가 필요하다.

셋째, 문서제도의 개선이 요구된다. 문서제도의 개선은 현황분석과정을 통해 문서유통시 발생하는 많은 문제점들이 경직된 문서제도에서 원천적으로 유래되고 있음이 파악되어 개선의 필요성이 제기되었다. 문서제도는 과거에 비해 혁신적인 개선이 이루어졌으나 아직까지 효율적 전자문서처리, 관리 및 유통 측면에서 미흡한 점들이 존재한다. 따라서 이러한 문제에 대한 개선의 노력이 필요하며, 빠른 속도로 발전하고 있는 정보기술들이 신속하게 수용될 수 있는 제도개선절차에 대한 연구도 요구된다.

## (6) 최근 동향: 정부전자문서유통시스템

정부전자문서유통시스템이란 문서처리 전과정의 전자화를 위하여 행정기관 및 공공기관의 문서 송수신을 전자적으로 유통하는 서비스를 제공하는 시스템을 의미한다. 2009년 9월 기준, 45개의 중앙행정기관, 248개의 지방자치단체와 636개의 교육청과 국공립 및 사립 학교/대학, 학교법인, 346개의 공공기관을 포함하여 총 1,292개의 기관에서 사용하고 있다.

정부전자문서유통시스템의 주요 서비스로는 ① 전자문서시스템간 전자문서 수신과 발신을 지원하는 중계서비스, ② 전자문서 및 행정정보시스템간의 연계와 활용을 지원하는 연계서비스, ③ 전자문서시스템 미보유기관의 전자문서유통을 지원하는 전자문서함, ④ 전자문서 유통이력을 제공하는 배달증명 등이 있다.

이러한 서비스는 현재에도 계속해서 확충사업이 진행되고 있는데, 이러한 확충사업은 정부와 공공기관의 공문서 전자전달체계인 정부전자문서유통시스템 인프라를 확충 및 이중화하고, 공공기관의 문서유통 편의성을 향상하는 등 기능 개선을 뼈대로 하고 있다.

〈그림 9-1〉 정부전자문서유통시스템 개념도

※ 자료: 행정안전부, 2009.

## 2) 공무원 정보리터러시

### (1) 정보리터러시의 일반적 개념

정보화 사회에서 개인과 국가의 경쟁력을 결정하는 정보해독능력(*information literacy*)을 제고하기 위해서는 이러한 능력에 대한 정확한 정의와 측정지표의 개발이 선행되어야 한다. 지금까지는 문자를 읽고 쓸 수 있는 능력이 강조되어 왔다면, 정보사회에서는 정보기술을 활용하여 자신이 당면한 문제를 해결할 수 있는 능력이 요구된다. 정보의 중요성이 갈수록 강조되고 인터넷이 급속도로 확산되면서 정보를 수집하여 평가하고 이를 활용할 수 있는 능력이 있는지의 여부는 결국 정보격차(*digital divide*)의 문제로까지 이어질 수 있다.

### (2) 공무원 정보리터러시의 필요성

전자정부의 구현과 정착에 있어서 정부 내의 공무원의 역할은 아주 중요하다. 공무원의 정보리터러시는 전자정부 구현의 속도와 폭을 결정하는 중요한 요인이 된다. 공무원은 전자정부 구현의 주체임과 동시에 전자정부의 주요 수요자가 되기 때문이다. 전자정부 구현 과정에 고도 정보화 기술과 장비가 아무리 잘 갖추어져 있다 해도 구성원들이 이를 잘 활용할 수 있는 능력과 정보화 마인드를 갖추지 못한다면 모두가 무용지물이 되는 것이다.

### (3) 공무원 정보리터러시의 추진전략

정부 내의 공무원의 정보리터러시 제고를 위해서는 구성원 자신의 능력과 현재의 역할 간의 차이에 따른 다양한 여건을 고려한 전략적인 추진 방향이 설정되어야 한다. 초기의 정보화 추진전략이 인프라 구축 면을 강조하였다면, 이제는 그것을 활용하는 사용자를 염두에 두는 사용자 중심의 정보화 전략이 필요하다고 볼 수 있다.

### (4) 최근 동향: 정보화 책임관(CIO: Chief Information Officer) 제도

우리나라는 전자정부법과 정보화촉진기본법 등을 시작으로 해서 본격적으로 전자정부 시대에 대응할 수 있는 형태로 탈바꿈하기 위해 정책적으로 노력하고 있다. 그 대표적인 예가 바로 정보화 책임관(CIO) 제도이다.

### ㈎ CIO의 개념

CIO는 조직의 정보기술 및 정보시스템에 대해 총괄적으로 책임을 지는 고위관리자를 지칭하는 개념이다. 이들은 조직의 목표를 달성하기 위하여 정보기술의 활용을 지휘한다. 뿐만 아니라 정보기술 및 사업적 지식을 바탕으로 조직의 사업전략과 정보기술전략을 통합하는 역할을 한다. 즉 CIO는 정보기술의 구매·구현 및 정보시스템 부서의 다양한 정보 서비스를 감독할 뿐만 아니라, 조직의 성과를 향상시키기 위한 전략계획의 수립에 참여한다. 이 밖에 국내외 여러 학자들이 CIO에 대해 내린 정의를 살펴보면 〈표 9-1〉과 같다.

〈표 9-1〉 CIO에 대한 정의

| 연구자 | 정 의 |
|---|---|
| 황병천 (1998) | 조직의 정보화를 총괄하여 정보자원을 효율적으로 관리하는 책임자로서, 조직의 사업전략과 정보기술을 통합하는 역할을 담당하고 이를 위해 조직의 장(CEO)에게 직접 조언, 지원하는 역할을 담당하는 사람 |
| 이회선, 윤상오 (1998) | 정보기술, 통신 등과 함께 재무, 관리 등 각종 능력과 경험을 결합해 갖고 있는 전문가로서, 조직에 정보기술을 도입하는 것뿐만 아니라 조직업무를 최적으로 만들고 지원할 수 있는 방법을 이해하고 있는 사람 |
| 오재진 (1998) | 기업이 경영전략 및 경영목표와 잘 조화시켜 정보기술의 비즈니스화를 경제성 있게 그리고 원하는 기간 내로 추진하는 총괄 책임자 |
| Rockart (1982) | 집행하고 수행하는 사람이라기보다는 사고(*thinker*)하고 계획(*planner*)하며, 조정(*coordinator*)하는 사람 |

### (나) 우리나라에서의 CIO제도

우리나라에서의 CIO제도의 개념과 도입현황을 살펴보면 다음과 같다.

#### ① 개 념

우리나라의 CIO(정보화책임관)는 다음과 같이 정의되고 있다. "정보화책임관이란 정보화사업과 정보자원을 한 행정기관의 전체적인 목표 및 발전전략, 행정혁신과 연계하여 종합적으로 기획·조정하는 책임자로서 최고의사결정과정에 참여하며 기관장에게 직접 조언할 수 있는 지위에 있는 고위관리자이다." 또한, 정보통신부의 2003년 5월 '전자정부 추진기구 운영방안 마련'이라는 문서에서는 CIO를 다음과 같이 정의하고 있다. "CIO는 조직의 전반적인 정보화정책 수립·집행 및 정보자원관리를 책임지는 고위관리자이다."

#### ② 도입현황

우리나라 정부는 1998년 10월 행정기관의 정보화책임관 지정·운영에 관한 지침(대통령훈령 제73호)을 통해 국가차원에서 CIO제를 제도화했고, 1999년 1월 정보화촉진기본법에 CIO 도입근거를 신설함으로써 이를 법제화했다.

### (다) 운영상의 문제점

CIO 제도의 운영상의 문제점을 살펴보면 다음과 같다.

#### ① 유명무실한 CIO 제도

우리나라에서는 각 정부기관의 기획관리실장들이 CIO를 맡고 있다. 하지만 기획관리실장에게 CIO를 겸임하도록 한 것에 대한 문제점이 많이 지적되고 있다. 그 이유는 기획관리실장이라는 직책에서 오는 것이다. 기획관리실장은 실질적으로 각 부처의 안방살림을 책임지는 어머니와 같은 역할을 하는데, 이렇듯 챙겨야 할 것이 많은 기획관리실장에게 CIO 역할을 맡겼던 것 자체가 어떻게 놓고 보면 업무의 부담을 더 가중시키는 일은 아니었는지 생각해 볼 일이다. 다시 말해 각 부처 기획관리실장들에게 CIO라는 이름만 붙인 셈이다.

#### ② 불합리한 법규 및 제도

정부기관은 철저하게 제도 및 규정에 의해 움직인다. 그런데 간혹 이러한 제도 및 규정이 오히려 정보화의 걸림돌로 작용한다. 특히 문제가 되고 있는 것은 감사규정이다. 아주 사소한 예로서 특정 문서에 대해서 종이문서로 이를 몇 년간 반드시 보관해야 한다는 규정이 있을 경우, 이를 데이터와 종이 두 가지 방식으로 관리 보관해야 하는 어려움이 있다. 이것은 아주 작은 예에 불과하다. 목적을 달성하기 위한 수단이 오히려 목적의 달성을 방해하고 있는 셈이다. 이러한 불필요한 제도들은 전면적으로 검토할 필요가 있다.

### ③ 일관성 없는 정책

무슨 일을 하기 위해서는 같이 하나가 되어 목표달성에 매진하여야 한다. 그러나 현재 우리나라의 정보화정책은 그러지 못하고 있다. 즉 합의되고 단일화된 정책 및 목표가 부재하기 때문이다. 하나의 정보화정책은 해당 부처의 정책 전략 및 정책 목표 아래서 나오는 것인데 정책에 대한 큰 그림이 항상 불완전한 상태로 존재하고 있다. 합의되고 단일한 정책 목표가 존재하기 힘든 상황하에서 CIO에게 완벽한 임무 수행을 바라는 것은 무리이다.

### ④ 정보화 담당 보좌관

기존의 행정부서의 기획관리실장이 CIO인 경우 정보화 마인드가 낮다고 판단된 CIO의 임무를 보완하는 방법으로 CIO보좌관을 두었으나 실질적인 기능과 권한이 없이 잡일을 돕는 CIO보좌관이 돼 버린 경우도 많다. CIO보좌관은 전문지식을 갖춘 외부 인사를 적극적으로 영입한다는 방침이었지만, 실제로 외부 인사를 영입한 행정기관은 극소수에 불과하고 대부분 기존 전산조직 내 사무관급을 보좌관으로 임명해 놓고 있어 운영의 효율성 측면에서 문제점으로 지적되고 있다. 왜냐하면 조직 내에서 임명된 보좌관의 경우 기존 조직과 업무가 그대로 유지되는 틀 속에서 CIO 보좌업무가 하나 더 추가된 형태에 불과해 CIO 보좌업무를 제대로 수행할 수 없게 된 것이다.

### ㈜ CIO제도 개선방안

CIO 자체의 문제점, 제도상의 문제점 등의 개선방안에 대해서 살펴보면 다음과 같다.

### ① 민간부문 지원의 필요성

사실 CIO제도는 경영적인 면에서 시작된 제도이므로 민간기업에서 먼저 운영하는 상황이었다. 정부, 공공기관에 도입된 시기보다 앞서 있으므로 운영 역시 공공부문에 비하여 앞서 있는 상황이다. 그러므로 공공부문의 CIO제도 조기정착과 활성화를 위해 민간이 지원 노력을 해야 한다. 꼭 기업만이 아니라 능력 있는 여러 민간단체에서 지원노력이 필요하다.

② CIO의 자격 요건 법령으로 명시

정부, 각 행정기관 CIO가 갖춰야 할 자질, 자격요건, 경력요건을 구체적으로 열거하고 이를 법령으로 명시해야 한다. 다시 말해 능력도 안 되는 사람이 CIO를 맡아서는 안 된다는 얘기이다. 현재 운영되고 있는 CIO제도를 보면 대부분이 기존의 부서에 있는 기획관리실장이나 전산 부서의 담당관이 하고 있는 상황이다. 둘 다 정부 CIO의 역할을 제대로 수행할 수 있는 자격을 갖춘 인력으로 보기에는 다소 무리가 있다. 이에 대한 개선책 마련으로 법령을 정비하여 확실한 CIO를 찾아내야 한다.


③ CIO교육 의무화

현재 정부 CIO들은 앞에서 언급했듯이 전문성이 상당히 떨어진다. 정부 CIO들은 주로 문서관리, 인터넷 기반환경 조성 등과 같이 정보화 관련의 부수 업무에 관심을 갖고 있다. 자신들이 진정으로 해야 할 일이 무엇인지 중심을 잃고 있는 것이다. 자신들의 임무에 대한 정부 CIO들의 인식을 제고하고 전환시키기 위한 교육이 필요하다. 따라서 CIO들이 정보화에 대한 전문지식과 CIO 역할에 대한 지식을 얻기 위해 교육 프로그램을 이수하는 등의 의무를 정할 필요가 있다.


④ 국가 CIO제도 도입 필요

모든 행정기관을 통합한 정부차원의 정보화 전략을 수립하고 추진하는 국가 CIO를 둘 필요가 있다. 국가 CIO의 역할은 최고 통치권자의 리더십을 국가 정보화정책이나 집행과정에 반영하는 것이다. 국가 CIO는 ⓐ 정보통신기술에 기초한 정부개혁을 위한 전략적 비전 제시 및 대안개발, ⓑ IT를 활용한 정부서비스 개선전략 마련, ⓒ 주기적인 국가정보화 및 전자정부구축 상황 모니터링, ⓓ 주요 정보화정책과 관련된 이슈 해결과 전략적 우선순위 설정, ⓔ 지식경제 및 지식정보사회 기반완성을 위한 지원책 마련, ⓕ IT 투자검토, ⓖ 개인정보 보호 및 정보보안 총괄 등의 역할을 수행할 것이 기대되는 직책이다.


지금까지 CIO의 개념과 우리나라의 CIO제도를 살펴보았다. CIO의 앞부분에서 나왔듯이 CIO는 독립적으로 생각해서는 안 되며, 정보자원관리와 연계시켜서 검토하는 방식으로 다루어야 할 것이다.

## 3) 행정정보공동활용

### (1) 정보공동활용의 개념

정보공동활용이란 국가기관과 공공기관이 각 기관별로 업무수행 목적상 보유하고 있는 정보를 업무수행을 위하여 기관 내 부문과 부문 또는 기관과 기업, 기관과 개인 사이에 공동으로 함께 사용하는 것을 의미한다(김동환 외, 1999). 그러나 정보공동활용에 대한 개념은 보는 관점에 따라 다양하게 정의된다.

'행정정보공동이용에 관한 규정'에서는 정보공동활용을 "행정기관이 보유·관리하고 있는 행정정보를 다른 행정기관이 정보통신망에 의하거나 디스켓, 테이프, 기타 이와 유사한 매체에 의하여 제공받아 이용하는 것"으로 정의하고 있다(동 규정, 제2조 4항).

### (2) 정보공동활용의 필요성

국민이나 기업이 정부나 공공기관의 행정서비스를 받는 데 있어서 그 기관들이 필요한 정보를 서로 연계하여 처리함으로써, 고객이 서비스를 받는 데 소요되는 시간적 비용, 이동 비용, 기타 물적 비용을 절감함과 동시에 높은 만족감을 향유할 수 있어서 결과적으로 대국민 행정서비스의 고도화가 실현될 수 있다. 또한 국민과 기업으로부터 기본적인 정보(주민정보, 기업정보 등)를 한 번만 요구하고 DB화하여 관련 정부기관간에 공동활용함으로써 국가적인 낭비를 줄일 수 있다. 동시에 국민들은 불필요한 서류제출 등의 부담이 줄어들게 될 것이다.

### (3) 정보공동활용의 유형

정보공동활용의 유형은 행정정보화의 유형 및 정보관리시스템의 유형에 따라 다음과 같이 분류된다.

### ㈎ 행정정보화의 유형

행정정보화의 유형에 따라 정보공동활용의 유형도 다음과 같이 나누어서 살펴볼 수 있다.

① 정부부처 내부의 공통 행정업무: 국가기관의 행정업무 수행 내용 중 행정처리, 국가운영 관리, 조직운영에 따르는 공통적인 업무영역인 공통 행정업무의 정보공동활용이 요구된다. 공통 행정업무는 정부업무 중 각 기관 공통적인 내부업무로서 문서관리, 재정정보, 전자조달을 들 수 있다.

② 정책결정 지원을 위한 정보공동활용: 수출입, 통상 등 대외경제업무에 관련된 기관간의 해외 경제, 통상, 외교 정보를 공동활용하려는 경제통상 DB 구축사업에 적용된다.

③ 민원 서비스를 위한 정보공동활용: 민원 서비스를 위한 정보공동활용의 예로서 대한민국 전자정부 등의 인터넷포털과, 각 중앙 행정기관에서 공보관실을 통해 공개되는 자료를 '알림마당'이라는 DB 등으로 통합적으로 운영하여 일반 국민에게 제공하고 있는 것을 들 수 있다.

### (나) 정보관리시스템에서의 유형

정보관리시스템 측면에서 공동활용의 유형을 나누면 집중형과 분산형으로 나눌 수 있다. 집중형은 공동활용되는 정보가 복수의 기관에서 생산되는 경우 한 기관에서 통합 관리하는 형태로, 주요 정보 생산기관이 직접 통합 운영하는 경우와 별도의 공동활용을 위한 유통기관(정보센터)을 설치하여 운영하는 경우가 있다. 분산형은 정보 생산기관에서 개별적으로 관리하고 이것을 네트워크로 연결하여 사용하는 형태이다.

### (4) 정보공동활용의 활성화 방향

정보공동활용 저해요인을 극복하고 이를 위한 정보 공동활용 활성화 방안을 도출하기 위해, 첫 번째 단계에서 분석된 정보공동활용 활성화 전략요인의 상위범주의 우선순위와 둘째 단계의 기존 연구의 메타분석과 전문가들의 브레인스토밍을 통하여 도출된 하위 요인들간의 우선순위를 바탕으로 지도화(mapping)하여 정보공동활용 활성화 전략요인들간의 체계적인 계층화를 시도해야 한다. 이러한 결과를 바탕으로 정보공동활용 활성화정책 수립과 집행을 위한 전략적 우선순위의 결정과 추진방향에 대한 시사점을 얻을 수 있다.

① 행정정보공동활용 관련 법령 정비: 이를 위해선 국가 전반적인 정보공동활용 활성화를 저해하는 법적, 제도적 요소를 지속적으로 검토하는 등 법령을 정비해야 한다.

② 정보공동활용정책의 명확한 목표 설정: 정보공동활용정책은 중앙의 한 부처의 문제라기보다는 국가 제반 관련 부처의 기반정책으로서, 총괄적 시각의 정책수립과 집행, 그리고 종합성이 요구되는 정책이기 때문이다.

③ 정보공동활용의 집행추진체계 정비: 정보공동활용정책의 궁극적 목적이 정부개혁의 수단인 바, 이러한 관점에서 정보공동활용 집행조직의 위상이 자리매김되어야 할 것이다.

④ 정보공동활용정책을 정부개혁 차원에서 추진: 정보공동활용 활성화와 관련된 전자정부 구현을 위한 추진조직은 정부개혁 차원에서 실행되어야 하므로 이에 걸맞는 강력한 권위를 가져야 할 필요성이 있다.

⑤ 정부 인력의 재창조 기능: 행정집행공무원 인력의 편협화 문제와 전문성 약화 문제를 해결할 수 있는 재창조 기능도 정보공동활용 활성화정책에서 심도 있게 고려되어야 한다.

⑥ 정보공동활용과 업무재설계(*reengineering*)의 연계추진: 향후 전자정부 구현을 위한 추진조직은 이러한 기능 수행을 뒷받침할 수 있어야 할 것이다.

⑦ 각국이 가지고 있는 경험과 정보의 공유: 세계 각국의 정부는 본질적으로 유사한 정보들을 보유하고 있기 때문이다.

이상을 종합하면, 정보기술의 급격한 발전과 정부환경과 사회적 요구의 변화에 따른 전자정부화의 추진은 피할 수 없는 흐름이며, 정보공동활용 활성화는 이러한 전자정부 구현을 위한 필수적인 요소이다. 제한된 인적, 물적, 시간적 제약 속에 정보공동활용 활성화정책을 추진해야 한다는 점을 고려하면, 정보공동활용 활성화 전략요인들을 체계적으로 도출한 결과는 전자정부 조기구현을 위한 효율적인 정보공동활용 활성화계획의 수립과 추진, 평가에 유용하게 활용될 수 있을 것이다.

### (5) 정보공동활용 정책의 향후 추진방향

정보공동활용을 위한 연계체계 구축을 위한 방향제시는 일정한 가치체계를 바탕으로 이루어질 필요가 있다. 우선 전제되어야 할 것은 조직 내 정보생산과 이용의 극대화와 이를 바탕으로 한 공공조직 내 정보자원의 효율적 관리를 위한 조직의 능률성 제고이다.

정보자원관리를 바탕으로 한 조직 내의 정보활용도 제고는 조직간의 정보공동활용으로 확산이 가능하고, 공공조직간 정보공동활용을 바탕으로 범 조직적 능률성 향상을 추구할 수 있다. 이렇게 중앙정부, 지방자치단체간 정보공동활용을 바탕으로 행정의 경쟁력을 향상시킬 수 있으며, 나아가 중앙정부와 지자체간의 수직적 연계를 바탕으로 연계된 조직들의 질 높은 정책정보 산출과 대민 서비스의 질적 수준 향상을 기할 수 있다.

### (6) 최근 동향: 정보공동이용센터

#### (가) 개념 및 의의

행정정보공동이용은 국민들이 인·허가 등 각종 민원신청시에 필요한 구비서류를 제출하지 않아도 민원담당자가 전산망으로 확인하여 민원을 처리하는 전자정부 서비스를 의미한다. 이에 따라 기존에 인·허가 등의 민원을 신청하기 위해서 국민들은 직접 해당 업무를 담당하는 관공서를 찾아서 필요한 구비서류를 제출해야 했지만 이러한 절차가 축소되어 국민의 부담과 비용이 감소된다. 또한 국민뿐만 아니라 공무원 역시 업무처리 과정시 필요한 각종 정보나 자료는 직접 공문을 요청하는 등의 절차를 거쳐야 했으나 이러한 부담이 대폭 완화되었다. 예컨대, 보건복지부의 경우 기초생활수급자 선정을 위하여 27개 기관, 215종의 정보가 필요하여, 기존에는 2~3개월이 소요되었던 절차가 행정정보공동이용

서비스를 통하여 3일 이내로 선정 기간이 대폭 감소되었다(행정안전부, 2011).

## (나) 필요성

행정정보공동이용이 도입되기 이전에 발생 가능하였던 문제점은 다음과 같다(행정정보공유추진위원회, 2011).

첫째, 민원사무 신청시 많은 구비서류를 제출해야 하는 번거로움이 있었다. 2008년 기준 민원사무의 약 73%에 달하는 내용이 이를 준비하기 위해 국민들이 직접 관공서에 방문하여 많은 구비서류를 제출해야 하는 불편함이었다.

둘째, 개인정보에 대한 보안문제가 발생할 수 있었다. 인·허가 신청 등 민원사무를 처리하기 위해 본인확인절차로서 이름과 주소, 주민등록번호뿐만 아니라 필요에 따라 주민등록등본을 제출해야 하는 경우가 있다. 이렇게 제출된 구비서류는 분실의 위험이 있으며 특히 분실 시 개인정보 보안에 큰 문제점이 있었다.

셋째, 기관별 정보의 중복수집·관리로 예산의 낭비가 발생하였다. 기관별로 필요한 정보가 원활하게 유통될 수 없기 때문에 각각의 기관이 중복하여 정보를 수집, 관리하는 경우가 많았다. 이러한 예산의 중복투입은 정부의 효율성을 저하시키며, 같은 사항에 대해 불일치된 자료가 발생할 수 있어, 행정기관에서 보유한 자료의 신뢰성이 저하되는 문제도 발생할 수 있다.

넷째, 종이 구비서류의 특성에 기인하는 문제가 발생할 수 있다. 서류의 위·변조 문제가 상존하였다. 발급받은 종이문서는 위·변조의 위험에 노출될 수 있으며, 이를 악용할 경우 더 큰 사회적 비용이 발생할 수 있다. 또한 연간 4억 4천만 통의 서류가 행정기관에서 발급되어 종이 구비서류 발급 및 보관에 따른 행정력의 낭비도 발생하였다.

## (다) 주요서비스
### ① 맞춤형 정보조회 체계

맞춤형 정보조회 체계는 개인정보 보호를 강화하기 위하여 구비서류정보 중 업무처리에 꼭 필요한 정보만을 하나의 화면(One Screen)으로 제공하는 서비스를 말한다(행정정보공유추진위원회, 2011).

기존의 서류에서는 해당 업무에 필요한 사항 외에도 작성해야 하는 경우가 많았다. 하지만 군필 여부나 납세 여부 등은 진위(Y/N) 확인만으로도 업무처리에 충분한 정보를 제공한다. 따라서 맞춤형 정보조회 체계는 업무처리가 가능한 최소한의 정보만을 작성하게 함으로써 국민은 보다 편리하고 간편하면서도 개인정보를 보다 보호할 수 있고, 업무담당자는 필요 정보만을 처리함으로써 편리성과 효율성이 증진될 수 있다.

② 전자민원서류관리시스템

전자민원서류관리시스템은 국민들의 무(無)방문(non-stop) 민원처리를 지원하기 위하여 민원신청시에 직접 작성하여 제출하는 사업계획서, 임대차계약서, 사업장 약도 등 민원구비서류와 민원의 요청으로 민원발급기관에서 발급한 서류 등 민원관계 서류를 전자적으로 등록·보관·열람하는 시스템이다(행정정보공유추진위원회, 2011). 이는 수요자 맞춤형 행정정보공동이용체계 중 하나로서 민원서류를 전자문서로 변환하는 작업뿐만 아니라 변환된 전자문서를 보관한다. 이로써 민원인이 직접 작성한 서류도 온라인으로 제출할 수 있고, 처리 및 결과 확인까지 온라인 민원처리의 전 과정을 제공함으로써 민원신청을 위한 기관방문에 소요되는 시간과 행정부담을 크게 덜 수 있다.

③ 정보유통서비스 개선

정보유통서비스는 행정·공공·금융기관 간에 필요한 행정정보를 암호화하여 안전하게 유통해 주는 서비스로서, 사회복지통합관리망 등 국가적인 과제를 효율적으로 지원하는 서비스이다. 또한 오프라인 매체(DB, USB 등)로 유통 중인 행정정보에 대한 안전성 확보를 위해 오프라인 유통정보를 암호화하여 온라인으로 안전하게 유통하는 정보유통서비스도 연차적으로 전환되고 있다(행정정보공유추진위원회, 2011).

(라) 추진전략 및 비전

행정안전부는 다부처간의 연계를 위한 범정부적 기반환경을 조성하고 타 기관의 업무를 지원하기 위해 행정정보공동이용체계 구축사업을 2005년부터 꾸준히 추진해오고 있다. 또한 2011년 4월 이후 중앙 행정기관·공공기관의 정보유통허브를 구축하고 스마트 공동이용서비스를 제공하기 위해 '수요자 맞춤형 행정정보공동이용체계 3차 확대 구축사업'을 추진하고 있다.

① 구비서류 감축을 통한 국민편익을 증진

전자민원서류관리서비스를 통하여 불필요하고 중복된 구비서류 제출을 감소시켜 국민의 편익을 증진시킨다.

② 기관간 정보공유로 정보소통의 혁신

스마트한 맞춤정보 유통서비스를 확대하고 정책정보 등 공동이용의 범위를 확대한다. 또한 범정부 정보유통 허브(HUB)를 구축하고 지능형 정보소재 안내서비스를 제공하여 기관 간의 정보소통이 원활하게 하여 정부의 중복 수집·관리로 인한 비효율을 타파한다.

③ 이용자 중심의 서비스 제공

맞춤형 정보조회(One Screen) 및 사실확인(Y/N) 서비스를 확대한다. 또한 공동이용 시스템의 편의성을 제고하는 한편 개인정보 보호 및 정보보안을 강화하여 이용자 중심의 서비스를 제공한다.

④ 정보공동이용의 문화를 확산

행정정보공동이용센터를 설치 및 운영하고 공동이용 관련 법·제도를 정비한다. 또한 현재의 공동이용운영관리 체계를 개선하고 공동이용 활성화를 추진하여, 편리하고 안전한 정보 공동이용이 실현되고 생활화될 수 있는 문화를 확산시킨다.

⑤ 민본·협업·녹색행정 구현

위와 같은 네 가지 추진전략을 통하여 국민의 구비서류 준비비용, 행정기관의 서류 발급비용 등 사회적 기회비용을 절감하여, 민본 및 협업행정이 가능하게 하고, 종이서류 발급량 감축 및 이동 감소로 탐소 배출량을 저감하여 녹색행정을 구현한다.


## 4) 협업 (*Collaboration*)

### (1) 협업의 의미

협업이란 동일 생산과정이나 관련 있는 생산과정에서 다수의 노동자가 상호협력하여 행하는 작업형태를 말한다. 협업은 자본주의 이전의 생산양식에서도 흔히 찾아볼 수 있는데, 그것은 여러 생산조건을 공유하거나 공동체적 작업에 기초를 둔 것이었다. 자본주의사회에서 협업의 특징은 다수의 노동자가 동시에 동일 생산과정에서 동일 자본가의 지휘·감독 아래 동일 상품을 생산하여 높은 잉여가치를 창출한다는 점에 있다. 협업은 다수의 노동자가 생산수단을 이용함으로써 생산수단의 절약을 가져오고, 개개인의 경쟁심을 자극하여 개별적 노동능력이 증대되는 이점이 있다.

### (2) 협업설계의 개념

협업설계는 지리적, 위치적인 제약을 해결하여 업무 프로세스를 원활하게 하고, 또한 개발기간과 비용을 단축하기 위한 방안 중의 하나이다. 기존의 문서나 전화, 팩스를 이용한 의사전달 또는 교환의 경우 내용의 오해를 가질 수 있는 부분이 크고 의사전달도 원활하지 않았다. 그리고 지리적으로 떨어져 있는 경우 회의를 하기 위해 방문해야 하는데 이러한 경우 시간적, 비용적 손실도 크다. 이러한 문제점들을 보완하고자 협업설계 시스템에 대한 연구가 활발하게 진행되고 있다. 협업설계의 핵심 용어를 살펴보면 다음과 같다.

① 공동작업 : 구성원들이 지적, 학구적, 실용적인 부문에서 서로 같이 공동으로 일을 하는 일종의 프로세스다. 과거에는 개개인간의 서신 또는 전화를 통한 교류를 의미하였다.

② 전자적 공동작업 : 과거와는 다르게 각 개인들을 전자메일, SNS와 같은 수단을 사용하여 연결하고 인터넷상에서 서로 접근 가능하게 한다. 이는 협동 참가자들이 시공을 초월하여 통신할 수 있게 함으로써 건물, 국가, 대륙의 서로 다른 부문에 있는 사람들도 서로 정보를 교환하고, 공유된 문서, 아이디어로 작업을 같이 수행·연구하고, 자신들만의 고유 경험을 일에 반영할 수 있도록 한다.

③ 협업: 전체 제품 개발 프로세스 내에서 공동작업의 방법론과 기술들을 함께 사용함을 의미한다. 따라서 여기에는 설계 그룹, 부서 및 개발팀 설계자들과 같은 환경 내에서 같이 일을 하는 확장기업(extended enterprise) 내의 파트너사와 협력업체들을 모두 포함한다.

## (3) 협업시스템 관련 기술

협업시스템 관련 기술을 표로 정리하면 〈표 9-2〉와 같다.

〈표 9-2〉 협업시스템 관련 기술

| 구 분 | 내 용 |
|---|---|
| POS(Point Of Sale; 판매시점관리) | 매입, 배송과 같은 활동에서 발생하는 각종 정보를 컴퓨터로 보내어 각 부문을 효과적으로 이용할 수 있는 정보로 가공하여 전달 |
| EDI(Electronic Data Interchange; 전자자료 교환) | 부서간 거래 데이터(부서간의 컴퓨터에 의한 자료의 전달, 보고 등)를 표준적인 규약으로 순서를 명확히 하여 컴퓨터 네트워크에 의하여 교환 |
| EOS(Electronic Order System; 온라인 발주 시스템) | 발주단말기를 사용하여 발주데이터를 발주처(도매업)의 컴퓨터에 전화회선을 통해 직접 전송함으로써, 도매업에서 납품/매입전표를 발행하여 납품하는 발주방식 |
| EC(Electronic Commerce; 전자상거래) | 광의의 전자상거래는 기업이나 소비자가 컴퓨터 통신망상에서 행하는 광고, 발주, 상품과 서비스의 구매 등 모든 결제 활동을 뜻한다. |

## (4) 협업형 정부모형

협업형 정부의 이상적인 모습은 다음 몇 가지 특징들로 정리될 수 있을 것이다.

① 협업형 정부를 통해 정부 포털이 활성화되고 정보격차 해소를 위한 다양한 접근이 시도된다. 협업형 정부는 문서를 디지털화하고 이에 따라 그것을 공개함을 원칙으로 한다. 기기에 접근

성이 높아짐은 당연한 이치다.

② 기관별 정보화에서 수평·수직적 정보화로 전환되어 경계없는 행정업무 처리와 서비스가 가능해진다. 협업형 정부는 외부와의 연계성을 지님을 기본으로 한다. 그것은 내부와의 관계를 차단하는 것이 아니라 내부 업무간의 연계성 위에 형성된다. 이에 벽이 존재하던 정부간의 업무에 효율적인 교류를 가능하게 한다.

③ 차세대 전자정부는 고객관계관리(CRM) 기법을 활용한 맞춤형 서비스와 민·관 통합서비스를 제공한다. 과거의 일방향적인 의견 전달에서 온라인 포럼 등을 통한 쌍방향적인 국민참여가 확대되고 인터넷 투표, 온라인 선거운동 등 국민이 정책의사 결정에 직접 참여하게 된다.

④ 정부와 민간의 정보네트워크가 상호연계되는 거대한 국가신경망체계가 구축돼 정부서비스를 받기 위해 별도로 정부를 방문할 필요 없이 현장에서 실시간으로 처리되는 '무(無)방문'(non-stop) 서비스가 실현된다. 그만큼 정보화의 영향력과 정부 효율성이 높아진다는 의미다.

⑤ 언제 어디서나 네트워크에 접속할 수 있는 유비쿼터스 환경이 구현되면 국민들은 모바일, 스마트TV, 홈네트워크 등 모든 정보채널을 통해 전자정부 서비스를 이용할 수 있다. 전자정부에 대한 정보접근성이 무한대로 확대되는 것이다.

이외에도 협업형 정부는 교통유발부담금 부과대상 건물에 차량 유출입 센서를 부착해 실시간으로 교통량을 파악하고 이에 따라 정확히 계산된 부담금을 부과할 수도 있다. 또 정부기관에서 구매한 모든 기계장비 등에 센서와 칩을 내장하고 네트워크로 연결하면 그 활용정도와 고장유무를 실시간으로 파악해 불필요한 구매를 줄일 수도 있다.

## (5) 협업시스템의 향후 방향

급속하게 변화하는 정보화 환경 속에서 정부는 국가경쟁력 유지, 강화를 위해서 스마트 기술을 도입하여 정책환경을 예측하고 신속한 대응을 하려는 끊임없는 시도를 하고 있다. 이러한 정부의 요구는 웹 서비스의 등장으로 가속화되고 있다. 웹 서비스를 기반으로 지능적으로 정책을 수행하는 지능형 e-거버넌스의 핵심기술 및 지식관리 기술이 차세대 e-거버넌스의 핵심기술로 떠오르고 있다.

최근 정부시스템에 지식처리기술을 접목하여 비즈니스 애플리케이션(application)을 제도화하고 업무상황에 동적인 대응을 하기 위해 비즈니스 규칙엔진(Business Rule Engine) 기술이 연구되고 있으며, 비즈니스 규칙엔진을 이용한 규칙관리시스템(Rulebase Management System)을 적용한 기업 업무프로세스 처리가 증가하고 있다.

또한, 정부가 보유하고 있는 노하우, 아이디어, 전략 및 담당자의 업무처리 프로세스를 시스템적으로 반영하여 구현하는 데는 한계가 있다. 이러한 기존 응용 시스템 개발에서 발생하는 한계점을 극복하기 위하여 비즈니스 지식을 응용 프로그램의 코드에서 분리하여 별도의 지식베이스로 관리하고 지식처리기술을 적용하여 업무를 처리하는 응용시스템 구현에 많은 정책적 관심을 쏟을 필요가 있다.

### (6) 최근 동향: 스마트 워크(Smart Work)

#### (가) 개 념

정보통신기술의 급격한 발달과 스마트 폰을 비롯한 다양한 매체의 등장은 기존의 업무 방식을 탈피한 미래지향적인 업무 환경을 요구하고 있다. 이러한 환경에서 등장한 개념이 스마트 워크(Smart Work)로서, 이는 "다양한 장소와 이동 환경에 구애받지 않고 언제 어디서나 원하는 업무를 자유롭고 효율적으로 처리할 수 있도록 제공해 주는 미래지향적 업무 환경 서비스"를 말한다. 이는 원격 협업을 통해 보다 실시간으로 의사소통이 가능하고, 문제해결을 신속하게 처리할 수 있게 해 준다(정명수 외, 2011).

〈표 9-3〉 스마트 워크의 유형과 장·단점

| 유형 | 근무형태 | 장 점 | 단 점 |
|---|---|---|---|
| 재택 근무 | 자택에서 본사 정보통신망에 접속하여 업무 수행 | • 별도의 사무 공간 불필요<br>• 출퇴근 시간 및 교통비 부담 감소 | • 노동자의 고립감 증가와 협동업무의 시너지 효과 감소<br>• 고립감으로 직무 만족도 저하<br>• 보안성 미흡으로 일부 업무만 제한적 수행 가능 |
| 이동 근무<br>(모바일<br>오피스) | 모바일 기기 등을 이용하여 현장에서 업무 수행 | • 대면업무 및 이동이 많은 근무환경에 유리 | • 스마트폰 등을 활용한 위치추적 등 노동자에 대한 감시통제 강화 |
| 스마트<br>워크센터<br>근무 | 자택 인근 원격사무실에 출근하여 업무 수행 | • 본사와 유사한 수준의 사무 환경 제공 가능<br>• 근무실적관리 용이<br>• 보안성 확보 용이<br>• 직접적인 가사·육아에서 벗어나 업무집중도 향상 가능 | • 별도의 사무 공간 및 관련 시설 비용부담<br>• 관련 법 및 제도 정비 필요<br>• 관리조직 및 시스템 구축 필요 |

※ 자료: 이재성 외(2010: 79)에서 수정.

#### (나) 특 징

스마트 워크는 단순하게 스마트 폰과 같은 기기의 도입으로 사무 환경이 바뀌는 일시적인 현상을 의미하는 것이 아니다. 즉, 이는 휴대전화의 도입으로 인하여 사무실 전화 외에 이동 중에도 얼마든지 업무상의 전화를 받을 수 있는 것과 같이 단편적인 업무의 변화만을 의미하는 것이 아니라, 업무 전반, 예컨대 모바일 기기를 통한 이동 중 메일이나 전자

보고, 전자결재 등과 같이 업무 전반에 걸쳐 근본적인 방식 자체가 변하게 됨을 의미한다
(이재성 외, 2010: 80).

스마트 워크가 가능하기 위해서는 이를 뒷받침할 수 있는 기반시설 및 체제가 갖추어져
야 한다. 예컨대 공공장소의 와이파이(Wi-Fi)나 광역무선통신망 등을 통해 원활한 통신이
가능해야 하며, 정보공동처리시스템 등이 마련되어야 스마트 워크의 실현이 가능하다.

스마트 워크는 사무실과 같은 물리적인 공간이나 시간에 얽매이지 않는다. 즉, 언제 어
디서든 필요에 따라 업무를 처리할 수 있다. 따라서 업무 담당자에게 업무처리의 재량이
주어지며 이는 업무의 효율성과 생산성 향상으로 이어질 수 있다.

### (다) 스마트 워크의 보안 위협 요소[1]

### ① 물리적 보안 위협

개인 휴대기기인 스마트 폰의 특성상 이용자의 부주의로 인해 기기 및 메모리카드 등을
도난·분실할 위험성이 존재한다(이형찬 외, 2011: 13). 이는 단순한 분실에서 끝나지 않고
그 안에 저장된 업무정보나 개인정보의 외부 유출을 의미하기 때문에 매우 심각한 상황을
가져올 수 있다. 또한 기존에는 물리적 공간이 제한되어 있기 때문에 그만큼의 보안이 보
장될 수 있었다. 하지만 스마트 워크의 경우 시간과 공간의 제한을 받지 않기 때문에 상대
적으로 노출된 장소에서 업무를 처리할 가능성이 높다. 하지만 이는 제3자에게 각종 정보
가 노출될 수 있음을 의미한다. 또한 공동으로 사용하는 PC의 경우 자신이 사용하는 데이
터 기록이 해당 PC에 남아 있을 수도 있다.

아울러 스마트 워크는 사용자가 휴대 가능한 단말기를 이용하여 업무를 처리한다는 특
징을 가진다. 이는 언제 어디에서나 다양한 업무를 처리할 수 있다는 장점을 가지는 반면,
단말기의 분실 및 도난의 위험이 항상 존재하며, 분실 및 도난이 발생할 경우 단말기에
저장된 정보가 유출될 위험이 매우 크다는 단점을 가지고 있다.

### ② 소프트웨어 보안 위협

스마트 워크 환경에서는 인터넷 환경에서 문제가 되고 있는 다양한 보안 문제가 동일하
게 발생할 수 있다. 인터넷 등 다양한 경로를 통해 프로그램 및 파일을 다운로드할 수 있는
오픈된 환경 속에서는 악성바이러스 및 악성코드 애플리케이션이 발생할 가능성이 매우 높
다. 특히 스마트 폰 환경에서 자유롭게 애플리케이션이 유통될 수 있는 환경에서는 이러한
보안문제가 PC에 비하여 더 빨리 확산되기 때문에 파급효과는 더 크다고 할 수 있다.

---

1) 스마트워크의 보안 위협에 대해서는 이형찬(2011: 13~14)과 정명수 외(2011: 56~58)를 참고
하여 정리하였음.

③ 네트워크 보안 위협

기존의 업무처리는 사무실과 같은 제한된 물리적 공간 내에서 이루어졌기 때문에 기업 내부의 자료를 어느 정도 보호할 수 있었다. 하지만 스마트 워크 환경에서는 다양한 스마트 기기를 통해 외부의 무선 네트워크 등 외부망이나 외부 전산망을 통해 접속·관리된다. 이에 따라 중앙에서는 일반적인 스마트 워크 근무자들이 사용하는 외부 통신망의 보안을 통제할 수 없다. 또한 이러한 방식은 도청 및 중간자 공격에 취약하여 원격으로 접속하는 동안 전송되는 내부 중요 데이터들이 유출되거나 통신내용이 변경되어 전송될 수 있는 보안 위협이 있다.

④ 모바일 센터 보안 위협

스마트 워크 환경에서는 스마트폰이 사내 사설망 혹은 사내 서버 공격의 경유지로 활용될 수 있는 보안위협이 존재한다. 사내 사설망으로 운용되는 일반적인 기업의 업무용 전산망에 비인가된 장비 혹은 비인가된 사용자는 외부에서 접근이 불가능하다. 하지만 스마트폰 자체의 취약점을 이용해 스마트폰을 악성코드로 감염시키게 되면, 공격자는 외부 네트워크에서 3G 망을 통해 감염된 스마트폰으로 접속할 수 있게 되고, 다시 감염된 스마트폰에서 Wi-Fi를 통해 사내 내부망에 직접 접근하거나 혹은 외부 무선망을 통해 간접적으로 사내 사설망으로의 접근이 가능하게 된다. 이와 같은 방법으로 공격자가 사내 사설망에 접근하게 되면, 사내 사설망에서 전송되는 정보들을 수집하거나 사내 주요 서버를 공격하는 등의 보안 위협이 발생할 수 있다.


## 5) 정보자원관리(IRM)

### (1) IRM의 의의

정보자원관리(IRM)란 정보의 창출, 수집, 처리, 전송, 저장과 관련된 일련의 관리기능이라고 일반적으로 정의할 수 있다. 다시 말하면, IRM이란 정보 자체의 관리뿐 아니라, 인사, 장비, 자금 등과 같이 관련된 자원들의 관리와 자료처리, 통신, 사무자동화 그리고 정보관리를 위한 기술 등의 관리를 포함하는 개념이다.[2]

---

2) 미국예산관리청(OMB-1995)의 정의를 살펴보면, 정보자원관리란 정부기관의 정보업무부담, 수집, 발생, 사용 및 보급에 관련된 기획, 예산편성, 조직편성, 지휘, 훈련, 그리고 통제를 뜻한다. 이 개념은 정보 자체 및 이와 관련된 인력, 기구, 기금, 그리고 기술과 같은 자원들의 관리를 포함한다(OMB Circular(회람)A-130).

우리나라에서 정보자원관리(IRM: *Information Resource Management*)의 필요성에 대한 이슈는 전자정부에 대한 논의가 본격화되기 이전부터 제기되었다. 미국에서 문서감축법(Paperwork Reduction Act of 1995)과 정보기술관리개혁법(Information Technology Management Reform Act of 1996)을 제정하여 예산관리청(OMB)을 중심으로 연방정부의 정보자원관리체제를 확립하게 되자, 우리도 정보자원관리에 대한 필요성을 인식하기 시작하여 다양한 연구와 법제도 정비방안이 제시된 것이다(명승환, 2002).

## (2) IRM의 필요성

정보자원관리에 대한 필요성이 대두되는 이유는 국가적 차원에서 공공부문의 정보자원은 정보의 생성주기(*life-cycle*)에 따른 정보의 관리측면(행정관리 및 문서업무)과 정보시스템 및 정보기술 등의 정보기술관리 측면이 계획-예산-인력-조달 등과 연계되어 관리되어야 하는데, 현실은 그렇지 못하기 때문이다. 즉, 전자정부 및 각종 정보화관련 사업과 연계하여 정보기술의 도입, 운영 및 유지보수, 폐기까지 일련의 과정을 일관되게 관리함으로써 투자의 효율성과 시스템 간의 상호운용성을 확보하고 낭비요소를 줄일 수 있는 관리체계와 이를 뒷받침할 법제도를 확보함으로써 정보기술에 의한 행정혁신을 가속화하는 데 그 의의가 있다.

## (3) IRM의 구성요소

Lewis, Snyder & Rainer(1995)는 최근의 연구에서 정보자원관리의 구성개념은 다차원적이라고 밝히고 포괄적, 이론적 모형을 구성하였다. 이들은 문헌분석을 통해 정보자원관리의 구성요소를 추출한 후, 이를 바탕으로 한 설문조사 결과를 요인 분석하여 최종적으로 다음과 같은 8가지의 정보자원관리 요소를 도출하였다. 다음은 정보자원관리의 실현을 위한 핵심적인 8가지 요소이다.

① CIO(*Chief Information Officer*): 조직 전반에 걸쳐 정보기술, 정책, 계획, 관리, 구매에 관하여 책임을 담당하는 CIO가 선정되어야 한다.
② 계획: 조직의 목적을 반영하고, 중앙 및 분산기술을 포괄하며 최종사용자를 포함하고 신기술의 잠재성을 평가할 수 있도록 정보시스템 및 기술에 대한 계획을 수립하여야 한다.
③ 보안: 접근 통제, 데이터 보안, 보안인식 제고, 재난복구 계획 등이 포함된 종합적인 보안대책이 마련되어야 한다.
④ 기술통합: 정보처리, 정보통신 및 사무자동화를 포함한 정보기술에 대한 종합적이고 통합적인 접근방법이 이루어져야 한다.

⑤ 자문위원회: 고위관리자와 사용자에게 시스템 및 기술적인 문제에 대해 자문할 수 있는 자문위원회가 조직되어야 한다.

⑥ 통합모델: 문서업무 처리절차, 개발방법론, 시설 및 정보의 목록, 조직 전반에 걸친 기술표준, 자동화 개발도구 등에 관련된 통합모델이 정립되어야 한다.

⑦ 정보통합: 데이터 및 응용시스템의 통합으로 사용자간에 데이터가 공유되어야 한다.

⑧ 데이터 관리: 데이터 사전의 활용 및 데이터 소유권에 대한 관리 등 조직 전반에 걸친 데이터 구조 및 데이터 관리기능이 설정되어야 하고, 이는 데이터베이스 관리자에 의해서 관리되어야 한다.

## (4) IRM의 성공요인

미국의 GAO(General Accounting Office)는 최근 수행한 연구결과를 통해 성공적인 정보자원관리를 위해 필요한 몇 가지 요소들을 제시하였다(Caudle, 1996). 이러한 점들은 효율적인 정보자원관리를 위한 중요한 요인이 될 수 있다(문신용, 1999). 이를 정리하면 다음과 같다.

① 리더십: 정보자원관리의 변화가 관리층 특히 최고관리층의 리더십과 지휘하에 이루어져야 한다.

② 전략적 관리: 정보자원관리에 대한 의사결정을 전략적인 관리과정에 통합한다. 대부분의 조직은 계획, 예산, 성과평가로 이어지는 전략적인 관리과정이 있는데, 여기에 정보자원관리를 적용하고 통합하는 것이 바람직하다는 것이다.

③ 성과관리: 성과관리를 통해 조직의 임무목표와 정보자원관리의 결과가 연결되어야 한다. 즉 여타 부문과 마찬가지로 성과측정을 통해 정보자원관리가 조직목표 달성에 어느 정도 기여했는지를 알아보아야 한다는 것이다.

④ 비용이 아닌 투자로 인식: 성공적인 조직에서는 정보자원관리와 관련된 비용을 단순히 비용적인 차원에서가 아니고 조직에 장기적인 효용을 주는 투자로 간주한다. 구체적으로 재무, 인사, 정보자원관리 등 주요분야의 책임자들로 구성되는 위원회를 통해 정보자원관리와 관련된 프로젝트의 승인 여부를 기여도, 위험, 편익과 비용을 기준으로 결정한다.

⑤ 프로세스 혁신(BPR): 정보자원관리를 효율적으로 수행하기 위해 조직의 전반에 걸쳐 BPR과 같은 혁신적인 조치를 수반한다. 성공적인 조직은 정보기술의 도입과 함께 프로세스의 리디자인(re-design)을 수행한다. 현재의 프로세스와 성과를 측정하고, 자원의 한계와 개선 가능성을 인식한 후 정보자원관리와 연계하여 프로세스를 개선하는 것이다.

⑥ IRM 담당자와 라인 간의 연계: 조직의 리더십과 기술적인 요소를 고려하여 정보자원관리의 담당자와 라인 간의 관계를 효율적으로 정립한다. 즉 "고객과 공급자의 관계"를 통해 서로 협력하고, 라인조직에 있는 구성원들은 정보자원관리 담당자의 지원을 빌어 실제로 프로그

램을 수행하고 조직목표 달성에 대한 책임을 지게 된다. 또한 정보자원관리기술의 개발을 위해서 양측이 모두 참여하여 서로 보완할 필요가 있다.

국정 최고책임자의 리더십과 국정관리의 비전에 따라서 각 부처수준의 전략적 관리가 이루어지고 임무에 대한 전략계획 및 성과관리가 가능하게 되는데, 이때 정보자원의 전략적 활용을 통한 업무적 요구를 뒷받침해 주는 제도, 기술, 조직, 관리 및 정책적 개념이 정보자원관리이다. 즉, 범정부적 수준에서 마련된 정보자원관리 정책 및 제도는 개별 부처 혹은 기관의 정보자원관리 관련 조직의 구축 및 관리를 지도하고 지원하는 기능을 수행한다. 그리고 개별 부처는 정보자원관리 관련 조직의 구축 및 관리를 통해서 정보통신기술을 조직화하게 되며, 정보통신기술을 통해서 처리되고 교신되는 정보는 업무과정에 투입되어 특정업무를 지원하고 조직의 임무를 성취하게 되는바, 정보자원관리는 한마디로 조직 전반의 혁신 및 공공가치의 창조와 관련된 총체적 논리구조를 뒷받침하고 있는 개념이다 (〈그림 9-2〉 참조).

〈그림 9-2〉 정보자원관리의 총체적 개념구조 및 논리모형

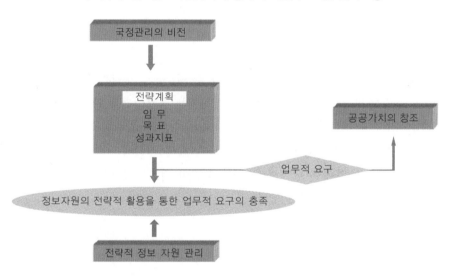

## (5) IRM의 국내 현황

우리나라 역시 그 시작은 늦었지만 IRM을 실시하고 있다. 아직 그 수준이 다른 나라와 비교하여 높은 단계는 아니지만 전자정부를 실현하기 위해 꼭 필요한 것이 IRM이라고 한다면 그렇게 부정적인 시각에서만 바라볼 필요는 없을 것 같다. 여기에서는 우리나라의 관련 법·제도와 도입한 정보시스템, 그리고 문제점과 개선방안 등에 대해서 알아보고자 한다.

(가) 우리나라의 정보자원관리 관련 법제

우리나라의 현행법령 중에는 미국의 문서작업감축법(Paperwork Reduction Act)과 같이 정보자원관리의 개념을 체계화하거나 정보자원을 통합적으로 관리하는 단일법제는 존재하지 않는다. 어쩌면 이 점이 가장 큰 문제라고도 할 수 있다. 정보화촉진기본법은 모법 역할을 하고는 있지만 정보화 사회 건설을 위한 인프라 구축에 초점을 둔 법이고, 기타 관련법들은 특정목적과 범위에 한정된 법들이다. 한편, 전자정부법은 전자정부사업을 활성화하고 행정업무의 전자화를 앞당기는 데 기여하고는 있지만, 정보화촉진기본법과의 충돌을 의도적으로 피하여 행정업무의 효율성 제고와 전자적 처리 차원의 대민서비스 향상에 머물고 있다.

(나) 정보시스템

우리나라는 지식정보자원유통체계를 구축하였다. 한국정보문화진흥원을 국가지식정보자원관리센터로 지정하고 국가지식정보자원통합검색시스템(http://www.knowledge.go.kr)을 운영하며, 과학기술, 문화, 역사, 교육학술 등 4대 중점분야에 대한 종합정보센터와 정보통신분야를 시범정보센터로 운영하고 있다.[3]

(다) 제도적 문제점

정보정책을 총괄적으로 담당하여 통합·조정할 수 있는 상위총괄기구가 없다는 점이 큰 문제점이다. 물론 현재 정보화촉진기본법의 체제에서는 국무총리를 위원회로 하는 정보화추진위원회가 있다. 그러나 실질적으로는 각 부처별 사업을 심의하는 정도의 심의기구에 불과하기 때문에 정보자원의 체계적 관리를 위한 구체적·실질적인 역할을 수행하는 데에 한계가 있다. 그렇기 때문에 정보화책임관협의회 같이 정보자원관리의 핵심적 역할을 할 협의기구가 제대로 가동되지 않고 있다.

(6) 개선방안

기존의 제도들이 안고 있는 문제점을 해결하지 않고서 제대로 된 전자정부로 나아가기를 바란다면 헛된 공상에 불과하다. 부족한 부분은 빨리 검토하고 수정하여 국가 발전에 기여하는 법·제도로 정비해야 하며, 정비된 제도를 바탕으로 21세기에 맞는 국가경쟁력을 가진 전자정부가 될 수 있게 노력해야 한다.

---

3) 국가지식정보자원통합검색시스템은 2005년 "국가지식포털"로 변경되었다. 이후 2018년 현재는 "공공데이터포털(http://www.data.go.kr)"로 변경되어 운영중이다.

### (가) 조직목표에 맞는 정보자원관리 계획의 수립

국가기관별로 그 기관의 조직목표에 맞는 정보자원관리 계획의 수립이 필요하고, 특히 정보기술의 도입과 운영에 있어서 단계별 성과관리가 강화되어야 한다. 그러기 위해서는, 우선 공공기관의 조직목표 달성을 위한 핵심 업무별 정보기술 및 관련 자원의 세부적인 적정소요와 그 보유·관리 현황 및 연도별 추이 등에 대한 정기적인 파악이 가능해야 한다.

### (나) 정보자원관리 조직체계가 정비

정보자원관리 조직체계가 정비되어야 한다. 무엇보다 추진주체가 강력한 추진력을 발휘할 수 있도록 하기 위해서는 상위레벨의 기관에 총괄책임과 권한을 부여하는 방안과, 현재의 정보화촉진기본법의 개정을 통하여 특별위원회를 설치하는 방안이 있다. 다만, 어떠한 형태로든 총괄기관이 통합·조정의 역할을 수행할 수 있는 방향으로 추진체계가 정비되도록 개선되어야 할 것이다.

### (다) 제도 개선 및 공통기반 조성

우선 현행 제도에서 가장 취약한 부분인 정보기술의 도입과 관련된 계약제도, 외부위탁, 정보기술의 감리, 소프트웨어 예산의 확보 등 정보기술의 도입 및 운영에 대한 현행 제도의 미비점을 보완·개선하여야 한다. 또한 범정부 차원의 정보자원관리 기반조성을 위하여 통합전산환경의 조성, 국가적인 위기 및 재난에 대비한 재난복구체계의 구축, 정보자원관리 인력의 효율적 활용 등 다양한 제도의 개선이 요구된다.

### (라) 법제도 개정

현행 법제도를 충분히 검토하여 관계기관간의 충돌부분을 최소화할 수 있는 방향으로 개정되어야 한다. 그러나 장기적으로는 국가의 정보자원관리가 통합적 관점에서 추진되어야 한다는 점을 상호 인식해야 한다. 따라서 상호절충 및 협의과정에서 상호 부족한 부분을 보완한다는 차원에서 출발하여 장기적으로 통합되는 방향으로 정비되어야 한다(명승환, 2002).

### (7) 요약 및 결론

우리 정부는 과거 국가전산망사업 등 대규모 정보화사업의 추진을 통해 정보기술과 시스템 등 정보자원의 확충을 이루었다. 그러나 이를 체계적으로 관리하려는 노력이 미흡하여, 이미 구축된 시스템이나 정보기술의 도입이 소기의 효과를 못 거두어 왔던 것이 사실이다. 공공정보자원관리는 이러한 투자가 효율적으로 이루어지고, 이를 통해 행정업무의 대폭적인 개선을 지향하는 것이다. 즉 스마트 시대의 전자정부를 성공적으로 추진하기 위해 이 부분은 매우 중요하다. 공공정보자원관리의 활성화를 위해서는 법·제도적 접근, 즉 기반구조를 마련하는 것도 중요하지만 실질적인 관리·운영정책의 마련이 성공의 관건이다. 공공정보자원관리를 총괄하는 기관과 각 행정기관들이 무엇을 어떻게 추진하여야 하는지가 중요한 요소인 것이다.

그러나 가장 중요한 점은 단순한 정책의 도입이나 적용이 아닐 것이다. 실현 가능한 접근 그리고 반복되고 꾸준한 시행이 성공의 가능성을 높여줄 수 있다. 성공적인 공공정보자원관리는 목표가 아니며, 행정서비스와 행정관리의 질을 향상시킬 수 있는 중요한 수단이자 과정인 것이다(문신용, 1999: 177~178).

### (8) 최근 동향: 통합 EA[4)]

#### (가) ITA와 EA

ITA(Information Technology Architecture)란 일정한 기준과 절차에 따라 업무, 응용, 데이

〈그림 9-3〉 ITA의 개념

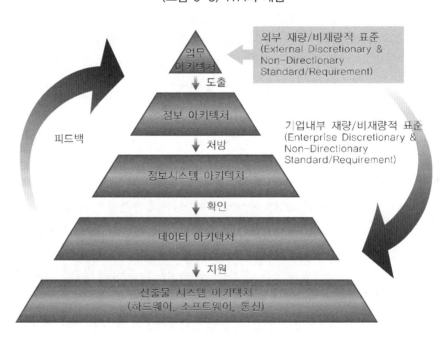

※자료: 김진희, ITA의 구성요소와 현황, 2002에서 수정.

---

4) 통합 EA의 최근 동향은 김민호(2008: 236~238) "전자정부에서 지식관리(KM) 및 정보자원관리(IRM) 법제의 문제점 및 개선방안에 관한 연구"와 김성근(2007: 3~6) "우리나라 전자정부 정보자원관리 추진 전략"을 토대로 정리함.

터, 기술 보안 등 조직 전체의 정보화 구성 요소들을 통합적으로 분석한 뒤 이들 간의 관계를 구조적으로 정리한 체계 및 이를 바탕으로 정보 시스템을 효율적으로 구성하기 위한 방법을 말한다. ITA는 아키텍처와 시스템의 총괄로서 업무 및 관리 프로세스와 정보 기술 간의 관계인 EA(Enterprise Architecture), 업무 활동에 필요한 정보 서비스인 기술 참조 모델(Technical Reference Model), 정보 서비스를 지원하는 정보 기술 표준인 표준 프로파일(Standards Profile) 등 3가지 요소로 구성된다.

EA는 ITA의 한 요소로서 '기관 내의 모든 핵심 업무프로세스의 상위수준의 설계도이며 기관전체의 정보화 환경을 정확하게 묘사한 설계도'라 할 수 있다. EA는 기관의 특성 및 목적에 따라 경영혁신, 행정업무 및 IT 업무 프로세스의 연계와 혁신, 정보화사업에 대한 투자 관리와 성과관리, 그리고 관련 법·제도·업무, IT 환경변화에 신속하게 대응하는 정보자원관리, 정보시스템의 표준화 등에 적용될 수 있다. EA를 전자정부와 관련지어 보면 '조직의 전략 방향 및 정보기술의 변화속도에도 불구하고 크게 변화되지 않을 요소들로 정보화에 대한 밑그림과 기준을 먼저 설정하고, 이를 토대로 정보화에 대한 투자계획, 정보기술 획득 및 시스템 구축, 시스템 운영 및 사후 평가 등을 수행하는 활동'으로 정의할 수 있다(김성근 외, 2004). 또한 우리 정부는 EA를 '정부업무, 업무수행에 필요한 데이터, 업무를 지원하는 응용시스템, 데이터와 응용시스템의 실행에 필요한 정보기술 등을 체계적으로 정리한 청사진으로서, 전자정부 추진의 기본 밑그림(뼈대)'으로 정의하고 있다(정충식, 2007: 294).

### (나) 정보자원관리(IRM)

정보자원관리(Information Resource Management)는 정보시스템의 구축 및 운영에 치우치기 쉬운 전자정부의 노력을 보다 목표 지향적으로 정립한 개념이다.

이러한 정보자원관리가 성공적으로 이루어지기 위해서는 〈그림 9-4〉에서 보는 바와 같

〈그림 9-4〉 정보자원관리 노력의 목표와 방향

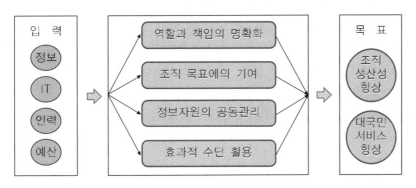

이 크게 네 가지의 방향이 필요하다(김성근, 2007: 3~6).

첫째, 역할과 책임의 명확화이다. 실제 정보화 노력에는 많은 주체의 참여가 필요하다. IT 관리자, 경영자, 현업사용자, IT 서비스 제공업체 등 매우 다양하다. 정보자원관리에서는 모든 것을 IT부문이 주도했던 예전의 방식에서 탈피하여 관련 주체가 각기 나름대로의 역할을 수행하고, 이에 따른 책임과 성과를 지는 방식을 강조한다. 특히 최고경영층의 역할과 책임이 매우 중요하다.

둘째, 조직목표에의 기여를 추구해야 한다. 이는 정보자원관리가 조직목표 달성을 위한 하나의 수단이라는 의미 그대로이다. 즉 정보화 노력이란 새로운 기술 및 시스템을 개발하는 것이라 할지라도 이는 조직목표에 기여하는 방향으로 추진되어야 하고, 이러기 위해서는 다른 자본투자와 같이 계획에서부터 구현 및 평가에 이르기까지 체계적인 관리통제 방안이 적용되어야 한다는 점이다.

셋째, 정보자원의 공동 관리이다. 정보자원은 조직의 매우 귀중한 자원이므로 상호 공유할 수 있어야 하고, 이들 정보자원이 서로 연계될 때 그 가치를 더욱 발하므로 자원을 공유하고 기관 간에 공동으로 관리될 필요가 있는 것이다.

넷째, 효과적 수단의 활용이다. 성공적인 정보자원관리란 그냥 굴러들어온 게 아니라 주어진 상황에서 더 효과적인 방안과 기법을 고안하여 적용한 결과이다. 성공사례에서 공통적으로 발견한 것은 현재의 노력을 보다 개선 또는 혁신할 수 있는 방안을 지속적으로 검토했고, 아울러 우수사례를 적극적으로 활용함으로써 가능했던 것이다. 아울러 정보자원의 관리에 일정한 기준과 표준을 적용함으로써 기술과 업무처리 방식의 변화에도 체계적으로 대응할 수 있을 것이다. 이 점에서 정보자원관리(IRM)와 기업정보설계(EA)의 접점이 있는 것이다. 즉, 정보자원관리는 전체적으로 정보기술설계(ITA) 및 기업정보설계(EA)와 통합되어 연계될 때 전자정부의 생산성은 극대화될 수 있는 것이다.

## (다) 정보자원관리(IRM)와 EA와의 관계

정보자원관리의 업무에서 EA는 원칙과 표준을 기반으로 의사결정을 지원하고 기관의 방향성을 제시하는 역할을 수행한다. 정보자원관리에서 EA라는 기준이 없다면 기관의 개별 업무, 조직, 정보시스템, 데이터 등이 독자적으로 관리되어 정보자원관리를 통해 달성하고자 하는 자원의 재사용, 공동 활용, 개별 정보시스템의 통합, 연계, 상호 운용성 확보 등을 달성할 수 없다.

정보자원관리와 EA가 통합적으로 실행되기 위해서는 다음과 같은 과제가 필요하다.

첫째, 계획 및 조직 활동에서는 기관의 비전 및 전략과 연계되는 정보자원관리 계획을 수립해야 한다. 그래야만 조직의 통·폐합, 법·제도 변경에 따른 업무의 대규모 이관 및 변경 등

환경변화로 인한 기관의 정책목표가 변경되더라도 정보화 전략계획 및 조직을 탄력적으로 변경할 수 있게 된다.

둘째, 새로운 정보화사업계획시 기관의 정책목표를 준수하는지, 현행 아키텍처와 중복되는지, 목표아키텍처와 일치하는지 등의 타당성을 검토할 수 있어야 한다(최진명, 2007: 31~32).


# 6) 아웃소싱 (*Outsourcing*)

## (1) 아웃소싱의 정의

아웃소싱은 1980년대 기업의 경영혁신과 구조조정의 일환으로 등장하였으며, 특히 미국에서는 1989년 이스트먼 코닥(Estman Kodak)이 IBM에 정보시스템을 아웃소싱하게 되고, 일본에서도 1989년 세븐일레븐 재팬(Seven Eleven Japan)이 노무라종합연구소에 정보시스템 분야를 전면적으로 아웃소싱하게 됨에 따라 본격적으로 시작되었다. 우리나라에서는 충남방적이 IBM에게 정보시스템 분야를 아웃소싱함으로써 본격적으로 도입되기 시작하였다. 이와 같은 아웃소싱은 외부를 뜻하는 'Out'과 자원활용을 뜻하는 'Sourcing'의 합성어로 외부자원을 활용하는 것으로 간단히 정의할 수 있다.

## (2) 아웃소싱의 장점과 단점

아웃소싱의 장점과 단점을 살펴보면 다음과 같다.

### (가) 장 점

① 비용절감: 정보시스템을 외부의 전문기관에 위탁함으로써 내부에서 운영하는 비용에 비해 저렴하게 서비스를 받을 수 있다.

② 현금유입: 정보시스템 관련자원을 외부전문업체에 매각함으로써 매각에 따른 현금유입이 있게 되며, 자금 유동성이 증진된다.

③ 전문인력 활용: 정보시스템 서비스를 외부 전문업체에 위탁함으로써 전문인력의 기술을 활용할 수 있다.

④ 핵심역량 강화: 정보시스템에 투입되던 조직의 역량을 좀 더 핵심적이고 전략적인 부문에 투입할 수 있다.

### (나) 단 점

① 공급자의 계약 불이행: 공급회사의 부도 등으로 인하여 계약을 불이행하거나, 의도적으로 계약을 불이행할 경우 안정적인 서비스를 보장받을 수 없다.

② 비용증가 가능성: 계약에 따른 계약 부대비용 지출, 서비스수준 향상을 위한 각종 비용의 지출, 아웃소싱 이전에는 비용 없이 처리되던 업무가 아웃소싱 후 비용 처리되는 경우 등 각종 비용증가 가능성이 있다.

③ 우수인력 상실: 인력 이전이 수반되는 경우 내부인력 직업안정성의 저해로 인한 퇴직과 인력 이전 등으로 우수인력이 상실될 가능성이 있다.

④ 공급업체 종속 가능성: 정보시스템 아웃소싱의 경우 이전된 서비스에 대하여 다시 내부로 수용하거나 제3의 업체에게 서비스를 이전하기가 어려운 것이 현실이다.

⑤ 통제력의 상실: 정보시스템에 대한 많은 권한이 외부업체에 이관됨에 따라 내부 정보화수준이 저하되어 외부 전문기관에 대한 통제력이 상실될 가능성이 있다.

## (3) 아웃소싱의 형태

아웃소싱의 형태를 살펴보면 다음과 같다.

### (가) 전면 아웃소싱

전면 아웃소싱의 개념, 장점, 단점은 다음과 같다.

① 개념: 아웃소싱 대상이 되는 업무 또는 기능에 대하여 일괄적으로 하나의 업체에게 위탁하는 형태를 말한다. 즉, 하나의 정보시스템에 대하여 전면 아웃소싱할 경우 아웃소싱 대상이 되는 정보시스템의 하드웨어, 소프트웨어, 운영인력, 네트워크 등 기타 부대장비 등을 일괄적으로 아웃소싱하게 된다.

② 장점: 한 업체와의 관계 설정으로 단일한 의사소통 창구가 마련되기 때문에 체계적인 의사소통이 가능해지고, 문제사항이 발생하거나 의견조율이 필요한 경우 조정이 용이하다. 또한, 정보시스템의 경우 시스템간 일관성을 유지하고 통합성을 높일 수 있다.

③ 단점: 모든 정보시스템 관련 자산, 기능이 하나의 업체에게 아웃소싱됨에 따라 서비스 제공 업체에 대하여 종속될 가능성이 증가하고, 내부 정보화인력이 외부업체에게 이전됨에 따라 내부 정보화수준의 저하와 전문성 결여의 가능성이 있다.

### (나) 선택적 아웃소싱

선택적 아웃소싱의 개념, 장점, 단점은 다음과 같다.

① 개념: 아웃소싱 대상이 되는 업무 또는 기능에 대하여 전문성이 있는 전문업체들에게 분할하여 위탁하는 형태를 말한다. 즉, 하나의 정보시스템에 대하여 선택적으로 아웃소싱할 경우 아웃소싱 대상이 되는 정보시스템의 하드웨어는 하드웨어 전문업체에게, 소프트웨어는 소프트웨어 개발업체에게, 네트워크는 네트워크 전문업체에게 분할하여 아웃소싱하게 된다.

② 장점: 아웃소싱을 발주하는 업체나 기관의 경우 아웃소싱 대상 정보시스템의 기능 중 전략적
으로 우수한 부분을 지속적으로 개발함으로써 전문성을 확보할 수 있다. 또 전면적 아웃소싱
에 비해 정보화 수준의 저하를 방지할 수 있으며, 계약에 따른 업체의 변경 등이 용이하다.

③ 단점: 하나의 정보시스템 또는 업무에 대하여 여러 업체들이 분할하여 관리하기 때문에 업체
간의 조정이 어려우며, 단일 계약이 아닌 다양한 업체들과의 복수계약에 따른 계약의 체결,
변경 등 계약관리의 어려움을 수반한다. 또한, 서비스 도중 문제가 발생하게 될 경우 문제의
원인에 대한 분석과 책임소재를 파악하는 것이 어렵고, 여러 개의 정보시스템 도입으로 시스
템의 일관성과 통합성을 유지하기 힘들다.

## (4) 공공부문 정보화 아웃소싱의 문제점

공공부문 정보화 아웃소싱의 문제점을 살펴보면 다음과 같다.

① 사업 특성적 측면: 공공기관과 수탁기관 사이에 업무에 대한 상호이해 결핍의 문제가 있다.
공공기관은 공익을 목적으로 하고, 수탁기관은 이윤창출을 목적으로 하기 때문에 상호이해
가 결핍될 우려가 있다.

② 조직 문화적 측면: 공무원들은 순환보직인 반면 아웃소싱은 대부분 장기계약이며, 아웃소싱
되는 업무는 핵심업무가 아니라는 조직의 인식은 아웃소싱에 있어서 큰 걸림돌이다.

③ 예산 관리적 측면: 아웃소싱은 장기계약인 반면 우리나라 회계제도는 1년 단위이기 때문에
지속적인 개발과 관리가 힘들다.

④ 법제도적 측면: 법제도상 우리나라의 아웃소싱은 최저가 낙찰제도이며, 이는 아웃소싱 기관
의 성실성과 창의성을 떨어뜨릴 우려가 있다.

## (5) 공공부문 정보화 아웃소싱의 기본방향 및 추진방안

공공부문 정보화 아웃소싱의 추진방안을 살펴보면 다음과 같다(윤병남 외, 1999).

### (가) 아웃소싱에 대한 긍정적인 공감대 형성 및 올바른 이해

아웃소싱에 대한 긍정적인 공감대 형성 및 올바른 이해가 필요한데, 이를 위한 고려사항
은 다음과 같다.

① 아웃소싱을 조직과 일자리에 대한 위협으로 생각하지 말고 개인과 조직의 경쟁력 강화의 기
회로 삼아야 한다.

② 아웃소싱의 목적은 비용절감뿐만 아니라 업무의 전문화 등도 있다는 점을 고려해야 한다.

### (나) 정보시스템의 아웃소싱 이전에 외부와의 협력가능성 검토

정보시스템 아웃소싱이라고 해서 정보시스템의 개발과 운영에 관한 아웃소싱만을 생각

할 필요는 없다. 그보다는 훨씬 폭넓고 자유로운 태도로 정보화 또는 정보기술과 관련해서 공공기관이 민간기업을 포함한 외부기관 또는 시민들과 협력함으로써 보다 나은 사회의 모습을 만들어가는 방안은 없을까를 고민하는 것이야말로 가장 바람직하고도 현명한 아웃소싱 전략이다.

### (다) 아웃소싱의 타당성 검토

국외에서 또는 민간부문에서 아웃소싱이 확산된다고 해서 국내 공공기관에서도 무조건 아웃소싱한다는 전제하에 일을 추진하는 것은 금물이다. 우선 특정업무에 대한 관련현황 분석을 통해 내부에서 잘 할 수 있는가 외부에서 잘 할 수 있는가, 아니면 양쪽을 혼합한 형태가 나은가 등에 대해 면밀히 검토할 필요가 있다.

### (라) 비용절감보다는 성과 및 서비스질, 경쟁력 향상을 목표로 한 전략적 아웃소싱 추진

특히 공공기관의 경우에는 아웃소싱의 목적이 비용절감보다는 민간자원을 활용한 공공서비스 질 및 정부생산성의 향상에 맞추어져야 한다. 비용을 절감한다는 투입 측면보다는 정부서비스 혁신과 같은 산출 측면에서 접근해야만 바람직한 성과를 거둘 수 있다.

### (6) 요약 및 결론

정보시스템 아웃소싱 추진시 먼저, 외부와의 협력가능성을 검토하고, 아웃소싱의 타당성을 검토한 다음 아웃소싱 사업을 선정하여야 하며, 그 추진목적이 단순한 비용절감이 아닌 대국민 서비스 수준의 향상을 목적으로 하는 아웃소싱이어야 한다. 또한, 명확한 아웃소싱의 목표와 전략을 수립한 다음, 협력 및 실행 가능성이 높은 영역과 신규 시스템을 우선적으로 선정하여 추진하는 것이 바람직할 것이며, 적은 노력으로 파급효과가 큰 새로운 유형의 아웃소싱 방안의 도입도 필요하다.


## 7) TQM (*Total Quality Management*)

### (1) TQM의 개념

TQM이란 조직의 종합적 품질관리를 의미하며, 이를 위해 조직 구성원의 업무수행능력을 향상시키고 작업과정상의 변이를 제거하기 위하여 구성원의 작업과정을 지속적으로 분석하는 것, 고객이 원하는 것과 그들이 어떻게 업무서비스의 질을 정의하는지를 식별하고 이해하기 위하여 고객과의 밀접한 의사소통을 유지하는 것, 업무수행과정에서 사용되는 제품들이 사용에 편리하게 고안되는 것을 확실히 하기 위하여 제품의 공급자와 협력하는 활동을 수행하는 것을 말한다. 이처럼 용어에서 보듯이 TQM은 민간경영에서 시작된 개념이다. 하지만 최근에는 정부부문에서의 응용가능성이 많이 거론되고 있다.

## (2) 정부부문으로의 도입 가능성과 한계

정부부문에 TQM 도입의 가능성과 한계를 살펴보면 다음과 같다.

### (가) TQM 도입의 가능성

정부부문에서 TQM이 채택되는 논거는 정부가 서비스를 민영화하고 저렴한 비용으로 서비스를 제공하는 민간기업들과의 계약과 서비스의 민영화에 점점 더 많은 압박감을 받는 데에서 찾을 수 있다. 지식기반 경제하에서의 정부는 민간기업과 직접적인 경쟁에 직면하게 되는데, 이때 정부조직의 관리자들은 TQM을 통한 조직의 생산성 제고와 서비스의 질 제고의 중요성을 인식하게 된다.

### (나) TQM 도입의 한계

드러커(1980)는 정부부문의 생산성 향상에 있어서의 장애물로 명확한 성과기준의 부재, 한 번에 너무 많은 일 시도, 문제해결에 과도한 인력사용, 실험정신의 결여, 제대로 된 평가부재로 인한 교육효과 미비, 한 번 시작된 프로그램에 대한 자유로운 폐지 불가능 경향 등을 들고 있다. 그리고 데밍(Deming, 1986)은 정부부문이 안고 있는 문제점들로 목표의 일관성 결여, 근시안적 사고, 실적평가와 상벌제도의 문제점, 고급 관리자의 잦은 교체, 눈에 보이는 수치에 대한 맹신 등을 지적하고 있다.

## (3) TQM의 도입의 고려사항

적절한 변화를 위한 전략과 리더십만 있으면 행정의 지속적인 위기도 창조적 혁신을 가져올 수 있는 기회로 전환될 수 있다. 정부 서비스 품질향상을 추구하는 국제적인 추세에도 불구하고 행정 분야에서는 의심이나, 지위에 대한 불안, 고용 안정성에 대한 위협 등의 여러 가지 이유로 이런 조류에 대한 대응이 늦어지고 있다. 다음은 성공적인 TQM의 실행에서 고려할 사항들이다.

① 실적제의 한계: 현 실적제는 조직원들간의 건설적인 경쟁을 저해하고, 사기를 저하하며, 두려움을 생성하고, 동기를 빼앗는다는 문제점을 안고 있다. 조직원들은 성과평가가 결과치의 향상을 요구하기 때문에 과정을 개선하여 서비스의 질을 좋게 해도 보상을 받지 못한다. 정책 서비스의 품질을 개선하기 위해서는 총체적으로 유인체계가 변화되어야 한다.

② 하향식 관리의 문제점: 시대에 뒤진 하향적 관리 스타일은 공무원들의 고객에 대한 대응성을 떨어뜨린다. 조직원들의 참여와 분권화의 요구에도 불구하고 조직의 계층제적 구조가 이를 어렵게 한다.

③ 지나친 전문화: 모든 관료조직들은 과도한 전문화와 분절화, 구획화 등으로 인하여 제한된 범위 내에서는 상당한 재량권을 보장하나, 팀웍이나 협동의 발생을 어렵게 한다는 단점을 내포한다.

④ 목표에 의한 관리(*Management by Objectives*): MBO는 목표달성뿐만 아니라 내부적 과정개선에도 실패했다. 통제에 의한 관리는 TQM으로 대체되어야 한다.

⑤ 공공부문 생산성 향상기술의 비효과성: 현재의 직무평가와 생산성 측정기술은 TQM의 실행에서 장애가 되고 있다. 질을 높이면 생산성이 하락한다는 믿음 때문에, 또 기존의 관리기법과 생산도구들에 대한 미련 때문에 TQM 도입을 꺼리는 측면이 있다.

⑥ 예산제도의 문제점: 1년 단위의 예산시스템은 각 부서로 하여금 과정을 개선하려는 동기를 제거한다. 개혁보다는 자원을 확보하고 늘리는 데 열을 올리게 된다. 점진적인 예산과정은 전체 조직을 희생해서 자신들의 권력기반을 확대하려는 태도를 조장한다.

이처럼 성공적인 TQM의 도입과 조직혁신은 인사와 재무, 정책과 조직관리 전반적인 사고의 변화와 혁신을 전제로 한다.

## 8) BPR(*Business Process Reengineering*)

### (1) BPR의 등장배경과 정의

마이클 해머에 의해 처음으로 소개된 BPR은 업무의 역할과 수행방법에 대해 근본적으로 재검토하는 것을 의미하는 것으로, 현재의 업무처리과정을 근본적으로 분석하고 여기에 새로운 방식을 도입하는 것이다. 이 이론은 마이클 해머를 비롯하여 마이클 포터, 피터 드러커, 에드워드 데밍 등의 경영학자들이 주장한 경영철학, 즉 비즈니스의 기본 수행방식에서부터 근본적인 재검토가 있어야만 경쟁에서 살아남을 수 있다는 혁신적 사고에 기반하고 있다.

BPR은 "비즈니스 프로세스를 근본 단위로 업무·조직·기업문화까지의 전 부분에 대해 성취도를 대폭적으로 증가시키기 위하여, 기존의 방식을 근본적으로 재고려하고 최신 정보기술을 활용하여 사람·기술·프로세스를 변화시킴으로써, 매우 혁신적인 기업 시스템을 재구축하는 것"이라고 정의될 수 있다.

## (2) BPR의 특징

BPR은 다음과 같은 몇 가지 특징을 지니고 있다.

첫째, 고객지향적이다. 고객이 만족할 수 있는 내부 제도나 업무체계를 구축하는 것이 우선이며, 이에 따라 수반되는 시간절감, 비용감축, 인력절감의 효과는 부수적인 사항이다.

둘째, 제로베이스(zero-base)사고에 의한 접근 즉, 기존의 방식에 대한 근본적인 재검토를 수행하는 사고의 전개가 필요하다.

셋째, 업무 프로세스에 초점을 맞추고 있다. 고객만족의 관점에서 비즈니스 프로세스를 혁신하고 스피드 있게 만들도록 한다.

넷째, 획기적인 목표설정 및 달성을 추구한다. 최소한 30% 이상, 50%에서 100% 정도의 획기적인 목표를 수립하고 BPR을 추진한다.

다섯째, 정보기술을 적극적으로 활용한다. 정보기술을 혁신의 도구로 활용하며, 혁신결과를 통합시스템으로 표준화한다.

## (3) BPR의 성공요인

BPR은 집행단계에서 3대 핵심요소인 사람, 프로세스, 정보기술을 대상으로 다음과 같은 변화를 유도하고 혁신을 추구함으로써 성공을 확보하게 된다.

### ① 사 람

성공적인 BPR의 수행을 위해 사람과 관련한 변화 및 개혁방안을 살펴보면 다음과 같다. 이러한 방안들은 조직구성원들이 BPR의 과정을 이해하고, 이에 순응하도록 하는 데 초점을 맞추고 있다.

- ▶ 제도나 규정의 유연성 검토
- ▶ 업무영역의 변경(고객, 공급자, 내부 기능간 업무인수 및 인계)
- ▶ 고객만족을 위한 직무 재설정
- ▶ 프로세스 효율화 측면의 조직 재구성
- ▶ 중복업무 제거나 과잉투자 자원 감축을 위한 집중화 유도

### ② 프로세스

두 번째는 프로세스와 관련된 변화 및 개혁방안에 관한 것이다. 이 부분은 BPR 수행의 핵심과정으로서 세심한 고려와 아울러 지속적인 노력이 필요한 부분이라고 할 수 있다.

이를 살펴보면 다음과 같다.

- ▸ 시간이 많이 걸리는 프로세스 집중 공략
- ▸ 서류가 여러 부서를 거치는 프로세스에 주목
- ▸ 저부가가치, 고부가가치 프로세스를 구분
- ▸ 불필요, 부가가치 없는 업무의 삭제
- ▸ 책임 업무수행과 관료적 간접업무 감소를 위한 업무 프로세스 통합
- ▸ 위험도 수준에 따른 업무 재조정

### ③ 정보기술

세 번째는 성공적인 BPR의 수행을 위한 정보기술과 관련한 변화 및 개혁방안으로서, 정보기술의 성공적인 도입과 활용을 위한 필요요건이라고 볼 수 있다. 이를 위해서는 BPR을 수행하는 그룹의 노력뿐만 아니라 최고관리층을 포함한 관리자 그룹의 리더십과 의지가 필요한 부분이기도 하다. 정보기술의 활용방안을 살펴보면 다음과 같다.

- ▸ 프로세스 혁신과 단축을 위한 정보 인프라 구축
- ▸ 정보흐름과 가속화 및 기능단절 방지를 위한 프로세스 재설계 및 통합 정보화
- ▸ 데이터, 정보, 지식의 통합 및 창고(Repository)화
- ▸ 프로세스 처리과정의 정보활용 및 축적을 위한 정보관리 시스템 구축
- ▸ 고객 및 공급자까지 포함한 전사적 커뮤니케이션 체제 구축
- ▸ 정보기술을 활용한 정보의 공유화, 통합 데이터베이스 구축
- ▸ 정보기술을 활용한 집중화와 분산화 추진

### (4) BPR의 실패요인

BPR의 전략을 통한 업무방식의 변화는 항상 어려운 작업이므로 조직원의 저항으로 인하여 실패로 끝날 수 있다.[5] 이러한 과거의 실패경험을 근간으로 다음과 같은 교훈 몇 가

---

5) Hammer & Stanton(1995)은 BPR 과정에서 범하기 쉬운 일반적인 실수 10가지를 제시하였다. 이러한 실수들을 지속적으로 검토하고 점검함으로써 보다 성공적인 리엔지니어링을 이끌어 낼 수 있다. 첫 번째 실수는 실제 리엔지니어링을 하고 있지 않으면서도 리엔지니어링을 하고 있다고 말하는 것이다. 두 번째 실수는 리엔지니어링의 대상을 조직으로 인식하는 것이다. 세 번째 실수는 기존 프로세스들을 분석하는 데 너무 많은 시간을 쓴다는 것이다. 네 번째 실수는 리엔지니어링을 추진하는 데 필수적인 리더십이 없이 리엔지니어링을 시도하는 것이다. 다섯 번째 실수는 재설계하는 데 있어서의 소극적인 자세이다. 여섯 번째 실수는 새로운 프로젝트 설계 당시의 이상과 시행현실과의 괴리에서 발생하는 시행착오이다. 일곱 번째 실수는 리엔지니어링을 충분히 바르게 추진하

지를 얻을 수 있다(최성, 1994).

① 의사소통의 문제: 첫째는 실패사례의 대부분이 의사소통의 문제가 원인이었다는 점이다. 예를 들면 정보처리부서에서 리엔지니어링을 주도할 때, 정보처리부서에 대한 현업부서의 이해부족과 현업부서에 대한 정보처리부서의 업무 이해부족으로 실패하는 경우가 많이 있다.
② 기존 조직 내에서의 실시: 기존 조직 내에서 리엔지니어링을 실시하는 경우 실패할 확률이 높다. 리엔지니어링의 대상은 프로세스이며 프로세스는 여러 부서에 관련되므로 리엔지니어링 업무를 전담하는 팀은 전문적인 팀을 이용하는 것이 효과적이다.
③ 책임자의 권한 유무: 리엔지니어링을 추진하는 책임자가 권한이 없을수록 실패의 확률이 높다.
④ 리엔지니어링 언급으로 인한 사기문제: 변화보다 현상유지를 더 좋아하는 것이 인간의 본성이므로 리엔지니어링이 언급되면 조직 구성원이 미리 실망하여 변화를 받아들이기 어렵게 된다.

## (5) BPR의 적용기법과 기술

BPR은 조직 전체를 대상으로 문화나 관습, 제도를 포함한 인력관련 요소와 업무 프로세스, 그리고 기술 등 모든 것을 대상으로 하기 때문에 여러 관련 기술이나 방법을 활용해야 한다.

보편적으로 사용되는 BPR의 적용기법과 기술로는 환경분석, 강점·약점 분석, 기회·위협요인 분석, 사업성공 핵심요소(CSF: *Critical Success Factor*), 프로세스 도표(*Process Map* 또는 *Process Flow Chart*), 특성요인도, 벤치마킹, 브레인스토밍, 인터뷰 기법, 검토회의, 가치사슬 분석(*Value Chain Analysis*), 직무분석, 변화관리, 프로토타이핑 등을 들 수 있다.

## (6) BPR의 단계별 추진전략

BPR은 그것이 적용되는 대상 조직의 특성을 고려한 전개가 필요하다. BPR의 표준적 추진을 위한 5단계 접근 추진전략을 살펴보면 다음과 같다.

### ① 전략구상 단계

앞으로 전개하기 위한 BPR 활동의 전략과 전술 그리고 구체적 일정계획을 수립하는 향후 활동의 중요한 시작단계가 된다. 여기서는 프로젝트 전략수립, 프로젝트 성공요인 정의, 프로젝트 인프라 구성, 세부 일정계획 수립, BPR 개시회의, 교육훈련, 기본적인 벤치

---

지 않는 것이다. 여덟 번째 실수는 조직의 일부를 성역으로 규정하면서 리엔지니어링 적용의 범위를 제한할 때 발생한다. 아홉 번째 실수는 잘못된 실행 방식을 채택하는 것이다. 마지막 열 번째 실수는 조직에 있는 사람들의 이해에 관심을 두지 않는 것이다. 이처럼 성공적인 리엔지니어링 노력은 영향을 미칠 개개인의 개인적인 요구를 고려해야 한다.

마킹 활동이 이루어진다.

### ② 진단 단계

현상의 조직상태 그대로를 진단해보고 어디에 어떤 문제가 존재하는지, 개선 포인트를 어떻게 잡으면 좋은지에 대한 점검과정이다. 주요 활동으로는 업무분석, 워크숍, 불합리제거, 즉시 개선, 대상 프로세스 선정, 기능 및 프로세스 벤치마킹 실시활동이 전개된다.

### ③ 재설계 단계

미래 프로세스를 재설계하는 과정이다. 재설계 단계의 추진활동으로는 미래 프로세스재설계, 프로토타이핑, 실천계획 수립, 실천 결의회의가 있다.

### ④ 구현 단계

구현은 지금까지 설계된 새로운 프로세스를 적용할 수 있도록 관련 인력과 기능을 실천해나가는 단계이다. 그 활동은 개혁 실시, 중간점검 및 보고회, 표준화, 종료보고회로 구성된다.

### ⑤ 유지관리 단계

최종단계인 유지관리는 1단계의 BPR 활동을 마감하고 다음 단계의 전략을 수립하여 실천하기 위한 과정이다. 여기에는 차기전략 수립, 2단계 실시활동이 포함되며 다음 과정의시작을 의미한다.

### (7) 행정조직과 BPR의 도입

행정조직에 BPR의 적용 가능성과 한계 및 적용방안을 살펴보면 다음과 같다.

### (가) 행정조직에 BPR의 적용 가능성

BPR은 조직 전반에 걸친 업무과정의 급격한 변화를 강조하기 때문에 실패의 위험도 크다. 행정조직에서도 이와 같은 실패가능성과 그 실패의 파장이 큰 BPR이 적용될 수 있는가? 전통적인 행정조직의 특성은 안정지향적이며 위험회피적이다. 따라서 BPR이 활발히논의되던 초기에는 공공부문에서 이를 적극적으로 받아들이려는 움직임이 적었고, 공공부문에서의 BPR 적용은 최악의 경우 심각한 정책실패나 공익의 훼손으로 이어질 가능성이있음을 우려했다. 행정조직은 단순히 효율적으로 양질의 서비스를 제공해 주어야 하는 일이외에 그러한 서비스를 제공해 주는 데 있어서 민주성, 형평성, 공정성, 투명성 등 다양한 가치들을 함께 고려해야만 한다. 이와 같이 다양한 가치들을 동시에 고려해야만 하는 공공조직의 특성이 효율성 및 경제성만 주로 고려하는 민간조직과는 달리 BPR을 쉽게 도입하지 못하는 이유가 될 수 있다.

그러나, 최근 들어 전통적인 국가행정의 모델이 변화되고 있다. 즉, 정부부문이 단순히 위험회피적이고 안정지향적인 특성을 지녔다고 쉽게 결론내릴 수 없는 현상들이 나타나고 있는 것이다. 예를 들면, 시민을 고객으로 대우하고 그들을 정책과정에 참여시키거나 정부규모를 축소하고 각종 규제와 레드 테이프를 제거하고, 진보된 정보기술을 활용하여 각종 전자행정서비스를 제공하며, 민관협력 및 아웃소싱 등을 통하여 새로운 정부-민간의 관계를 형성해나가는 것 등을 들 수 있다. 이러한 변화들 대부분이 정부부문에서 전통적으로 행해오던 업무과정의 급격한 변화를 의미한다.

### (나) 행정조직에의 BPR 적용의 한계점

정부부문에의 BPR 적용의 한계점들은 기본적으로 공공부분의 특수성 때문에 나타난다.

① 정부부문은 능률성과 경제성 가치 이외에 민주성과 형평성 등 다양한 가치들을 수용하여야 하기 때문에, BPR이 공익의 훼손으로 나타날 가능성이 있다. 또한 정치적 고려사항들을 수용하지 못함으로써 조직 내부뿐만 아니라 조직을 둘러싼 다양한 환경으로부터 저항과 무관심을 불러일으켜 결국 BPR이 실패할 가능성이 높아질 수 있다.

② 정부의 정책실패는 국가 전체에 미치는 파급효과가 크기 때문에 실패가능성이 높은 BPR을 쉽게 도입하기 어렵다. 막대한 예산을 도입하여 국가업무 전반에 걸쳐 BPR을 수행하였으나, 그 효과가 거의 나타나지 않으면 예산낭비로 인한 정치적 부담이 가중될 뿐만 아니라, 예기치 않은 부작용이 나타나면 그로 인한 국가 전반에 걸친 피해는 막대할 것이다. 바로 이러한 점들 때문에 BPR에 대한 적극적인 정치적 지원을 이끌어내기 어려운 것이다.

③ 정부부문에서 BPR을 적용하기 위해 원점에서 출발할 수 있는가? 정부의 정책과정과 조직운영은 수많은 이해관계인들이 다양한 방식으로 관련되어 있으며, 복잡하게 미로처럼 얽혀 있는 각종 법, 제도, 규제, 관행들로 인해 백지상태에서 모든 업무를 재구축하기가 매우 어렵다. 특히 정부조직을 지배하고 있는 경직적인 계층제 문화는 이를 더욱 어렵게 만들고 있다.

### (다) 행정조직에의 BPR의 적용방안

행정조직에 BPR을 성공적으로 적용하기 위해서는 위에서 언급한 한계점들을 인식하고 공공부분에 적합한 BPR로 수정하여 적용하는 것이 바람직하다. 즉 공무원, 시민, 정치가의 요구를 반영한 정보기술기반 BPR 접근방법을 도입할 필요가 있다. 정부부문에 적합한

BPR은 일반적으로 다음과 같은 세 가지 고려사항을 포함해야 한다.

① 관리적 합리주의뿐만 아니라 동시에 정부부문의 정치적 환경도 명확히 인식할 필요가 있다. 이제까지 정부부문에 BPR을 도입한 사례 중 상당수는 정치적 차원을 무시했기에 실패가능성을 높인 측면이 있다. 정부부문에 BPR을 도입하기 위한 분석단계에서 이러한 정치적 환경을 충분히 고려해야 한다.
② 개인에 대한 고려와 정치적 단체에 대한 고려 사이의 균형을 유지해야 한다. 정부부문에 영향을 받는 개인들은 선출직 공무원, 직업 공무원, 정치가, 유권자, 납세자, 이익집단의 회원, 공공 재화 및 서비스의 수혜자 등을 들 수 있다. 정치적 단체들은 소규모 단체(예, 지역 이익집단 등), 대규모 단체(예, 정당 등), 공공 조직(예, 정부부처 등), 사회 하부시스템(예, 교육시스템 등), 국제단체(예, 유엔 등) 등 폭넓게 분포되어 있다. 정부부문에 정보기술기반 BPR을 도입할 경우에는 이러한 두 수준, 즉 개인과 정치적 단체의 욕구를 충분히 고려해야 한다. 이러한 작업은 쉬운 일은 아니다. 하지만 어느 한 수준이 고려대상에서 제외된다면 정치적 갈등이 나타나기 때문에 성공적인 BPR을 보장하기 어렵게 된다.
③ 지속적인 시민지향성이 필요하다. BPR을 도입하였을 경우 그것이 성공적인지 아닌지에 대한 판단은 시민의 관점에서 이루어져야 한다. 즉 BPR의 수혜자는 공무원이나 정치인이 아닌 공공서비스의 소비자인 시민이어야 하며, 그 효과성에 대한 판단도 시민이 해야 하는 것이다.

## 9) CRM(*Customer Relationship Management*)

### (1) CRM의 의의

전자정부의 주요 목표 중 하나는 고객지향적인 정부를 구축하는 것이다. 이는 고객으로서 시민의 요구가 최대한 반영되어야 한다는 것을 뜻한다. 일반적으로 민간부문의 CRM(*Customer Relationship Management*)은 기업이 고객 관련 데이터를 이용하여 가치 있는 고객을 파악하고, 고객 유치 및 유지를 위해 수행하는 일련의 활동을 의미한다. 이렇게, 민간부문에서 고객의 만족도 향상과 조직목표인 이윤의 극대화를 위해 적용되어 오던 전략(정보기술)이 행정분야에서도 CRM이 공공부문에서 중요하게 인식되고 있는 것은 경영이 공급자 중심에서 소비자 중심으로 지향점이 바뀌는 것과 마찬가지로, 행정도 '공급중심'에서 '고객(시민)지향적'으로 패러다임이 변화하는 것을 의미한다. 이러한 해석이 가능한 것은 CRM이 바로 '고객(시민)지향적 기술'의 핵심적 위치를 차지하고 있기 때문이다.

## (2) CRM의 개념과 역할

CRM의 개념과 역할에 대해서 살펴보면 다음과 같다.

### (가) CRM의 개념

CRM은 고객 관련된 자료를 분석하여 고객 특성에 기초한 마케팅 활동을 계획, 지원, 평가하는 관리체계로 80년대 등장한 고객만족(CS: *Customer Satisfaction*)과 데이터베이스매니지먼트(DBM: *Data Base Management*) 등이 진화하여 출현한 개념이다. 공급자가 일방적인 척도로 고객만족을 측정하거나, 획일적인 데이터에 의존한 기존의 고객관리의 개념과는 달리, CRM은 기업가치가 고객으로부터 나온다는 기본인식에 기초하여 이메일, 설문조사, 콜센터, 인터넷 등을 통해 다양하게 축적된 데이터를 통합적으로 운영, 분석한다. CRM은 신규고객을 창출하기보다 기존의 우수고객을 유지하고 이탈고객을 최소화하는데에 중심을 두고 있다.

CRM은 단순히 데이터를 이용한 경영기법을 넘어 고객중심으로 경영전략, 조직 및 프로세스, 고객접점 등의 경영전반의 변화를 의미한다(이상민 외, 2000).

### (나) CRM의 기능

CRM은 고객이 갖고 있는 분산된 정보를 통합·분석하여 수요를 예측하고, 지속적인 피드백을 유지시켜 주며, 이를 위해 조직의 프론트오피스(front office)와 백오피스(back office)를 통합시켜 궁극적으로 비용 대비 성과를 극대화시켜 주는 역할을 한다.

## (3) 공공부문 CRM 도입의 의의

민간부문의 고객관리를 위해 출현한 CRM이 공공부문에서 필요한 것은, 행정과 경영과 마찬가지로 시민이라는 고객만족에 충실할 것을 요구받고 있기 때문이다. CRM은 전자정부가 추구하는 시민만족을 위한 Non-Stop, Any-Stop 서비스는 물론 유비쿼터스 등의 모바일 환경에서 일대일 맞춤행정서비스를 가능케 하는 핵심기술로서의 위치를 차지하고 있다. 구체적으로는 다음과 같은 의의가 있다.

첫째, 전자정부 사이트가 속속 등장함으로써 온라인 민원처리가 증가하고 그에 따른 국민의 질문도 급증함으로써 효율적인 처리가 필요하게 되었다.

둘째, 더욱 향상된 전자정부 서비스를 제공하고 국민이 정보통신기기를 철저한 셀프서비스(self-service) 채널로 사용토록 하기 위해서 정부는 다양한 사용자 특성에 기초하여 세부적으로 분할된 맞춤 서비스를 제공해야 한다.

셋째, 국민중심의 정책을 추진하는 데 있어 CRM은 유효한 수단이며, 생산성과 민주성이 높은 행정을 실현하기 위해 좋은 수단이 된다.

## (4) 공공부문 CRM의 기대효과

공공부문 CRM의 기대효과를 살펴보면 다음과 같다(이정아, 2003).

첫째, 일방적 정책제시에서 국민의견을 수렴하는 혁신된 행정을 구현할 수 있다. CRM기술은 국민과의 다양한 접점에서 들어오는 정보의 통합처리를 가능하게 함으로써, 국민에게 일방적으로 정책을 제시하던 행정을 특정정책에 대한 국민들의 직접적인 의견을 수렴하는 행정으로 변화시킬 수 있다.

둘째, 수동적 서비스에서 선행적 서비스의 형태로 행정을 변화시킬 수 있다. CRM기술은 기존의 신청주의 행정이 아닌 '적시에 국민에게 먼저 알리는' 행정을 가능케 한다.

셋째, 기존의 일괄적인 행정서비스에서 개별적 행정서비스를 가능케 한다. CRM기술은 국민 개개인의 상황이나 니즈에 관한 정보를 축적하여 개개인에 맞추어진 서비스를 제공할 수 있다.

## (5) 요약 및 결론: 고객지향적 정부(Customer-driven Government)를 위한 CRM

CRM을 통한 혁신전략은 고객만족을 통한 이윤극대화라는 경영의 본질적 가치에서 나온 전략으로 행정분야에 도입을 위해서는 경영과 행정의 가치관의 차이에서 나오는 지향점의 차이를 유념할 필요가 있다. 먼저 CRM을 위한 시민정보 수집의 경우, 경영은 보다 고객과의 계약여하에 따라 광범위한 고객정보의 수집이 가능하지만, 행정의 경우는 엄격한 법적인 틀을 벗어날 수 없다. 기업의 이윤추구와 고객의 만족을 위한 계약의 접점은 기업과 고객의 일대일 계약에 의해 조절이 가능하지만, 행정의 경우 평등의 원칙 아래, 주민등록정보와 법에 의해 일괄적으로 정보의 제공범위가 정해질 가능성이 높다. CRM이 주는 편리함은 역설적으로 개인정보를 얼마나 제공하느냐에 달려 있다고 볼 때, 정보제공범위는 개인정보보호와 시민만족이라는 두 가치관 속에서 사회적 공론을 통해 최적점을 찾아야 할 것이다.

## 10) ERP(*Enterprise Resource Planning*: 전사적 자원관리)

### (1) ERP의 개념

ERP란 독립적으로 운영되던 조직의 재무, 인사, 회계, 생산, 판매 등의 기능 혹은 업무 프로세스를 정보기술의 구현과 표준화를 통해 하나의 시스템으로 통합하여 조직의 인적·물적 등 제반 자원의 활용을 극대화하고자 하는 통합적 관리시스템을 지칭한다. ERP는 1960년대 경영정보시스템(MIS: *Management Information System*)이나 1980년대의 전략정보시스템(SIS: *Strategic Information System*)과 마찬가지로 기업경영을 위한 새로운 개념 또는 시스템으로 간주된다.

### (2) ERP의 도입목적

ERP의 도입목적은 크게 경영비전 실현과 직면한 과제의 해결을 위한 것으로 대별할 수 있다. 이러한 ERP의 도입을 통해 얻을 수 있는 효과로는 다음과 같은 점을 기대할 수 있다.

① 고객만족: ERP를 도입하는 기대치를 경쟁기업과의 차별화 관점에서 보면 고객 대응시간 최소화, 고객 만족도 향상, 고객 대응시스템 구축 등 고객에게 보다 만족감을 줄 수 있는 시스템의 구축을 들 수 있다.

② 비용절감: 기업 측으로는 제반 비용의 절감을 통한 이익의 향상을 들 수 있다. 즉 물류비를 절감하고, 인건비를 절감시켜 주며, 제반 관리경비 절감 등이 기대된다.

③ 전략적 의사결정: ERP 구현을 통해 전략적 의사결정을 지원할 수가 있게 되는데, 이러한 전략적 의사결정 시스템을 위해 데이터 웨어하우스 기법, 시뮬레이션 기능 등이 사용된다.

④ 생산성 향상을 통한 매출증대: ERP시스템의 도입은 생산능력 향상, 재고 투명성 등의 직접적 요인과, 품질향상, 제품원가 인하, 납기준수, 재고수준 최소화, 자금관리 합리화 등의 간접적 요인으로 인해 매출증대에 기여하게 된다.

⑤ 정보관리 용이: ERP시스템의 도입을 통해 주문, 조달, 생산, 판매 그리고 A/S에 이르기까지 모든 업무가 실시간으로 관리되어 항상 물류와 정보가 일치되는 관리가 가능해지고 변화에 대한 기업현상의 파악이 가능해진다.

⑥ 조직 정보기술의 선진화: 최신 정보기술 활용 차원에서 ERP도입에 따른 기대치는 종이 없는 사무실 지향, 분산·통합시스템 구현, 개방화, 워크플로(*work flow*) 등의 최신 IT 적용, 그리고 정보기술 문제의 해결 등을 통해 조직의 정보기술 활용이 선진화된다.

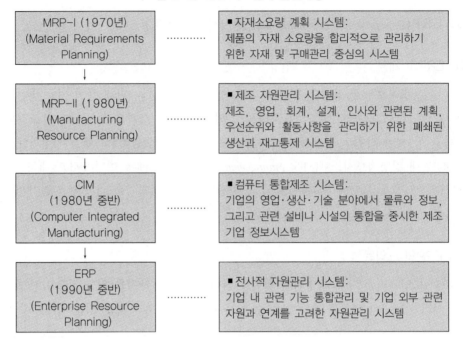
〈그림 9-5〉 ERP시스템의 발전과정

| | |
|---|---|
| MRP-I (1970년)<br>(Material Requirements<br>Planning) | ■ 자재소요량 계획 시스템:<br>제품의 자재 소요량을 합리적으로 관리하기<br>위한 자재 및 구매관리 중심의 시스템 |
| MRP-II (1980년)<br>(Manufacturing<br>Resource Planning) | ■ 제조 자원관리 시스템:<br>제조, 영업, 회계, 설계, 인사와 관련된 계획,<br>우선순위와 활동사항을 관리하기 위한 폐쇄된<br>생산과 재고통제 시스템 |
| CIM<br>(1980년 중반)<br>(Computer Integrated<br>Manufacturing) | ■ 컴퓨터 통합제조 시스템:<br>기업의 영업·생산·기술 분야에서 물류와 정보,<br>그리고 관련 설비나 시설의 통합을 중시한 제조<br>기업 정보시스템 |
| ERP<br>(1990년 중반)<br>(Enterprise Resource<br>Planning) | ■ 전사적 자원관리 시스템:<br>기업 내 관련 기능 통합관리 및 기업 외부 관련<br>자원과 연계를 고려한 자원관리 시스템 |

## (3) ERP와 BPR

ERP와 BPR은 상호 밀접한 관계를 갖는다. 즉 조직이 ERP시스템의 도입과 아울러 BPR을 추진하고자 한다면 ERP 활동과 BPR 구축활동을 통합하여 진행하는 것이 바람직하다. 이러한 ERP와 BPR의 통합은 2가지 의미를 내포한다. 첫째는 BPR 방법론의 구축단계와 ERP 구축단계를 연결하는 것이며, 두 번째는 BPR 과정에서 실현 가능한 프로세스를 설계해야 한다는 것이다. 이것은 곧이어 도입할 ERP시스템의 지원 가능성을 고려한 설계가 필요하다는 뜻이다. BPR의 관점에서 ERP시스템을 구축함으로써 얻을 수 있는 효과를 살펴보면 아래와 같다.

① 시스템 통합에 따른 효율적 업무처리: 먼저 통합시스템 구축에 따른 효과를 들 수 있다. 즉 부서간 정보의 실시간 교환이 가능해지며, 중복업무의 폐지라든지, 분할업무의 통합, 그리고 지리적인 극복이 이루어지게 된다.
② 데이터베이스 통합에 따른 효율적 정보관리: 데이터베이스의 통합 및 일원화에 따른 효과를 보면 부서간 정보교환, 중복업무 폐지, 분할업무의 통합, 정보의 정확성 유지가 가능하게 된다.
③ 업무자동화를 통한 비용절감: 업무자동화 효과를 통해 비용 및 시간의 절감, 그리고 인원의 절감 등이 가능해진다. 이러한 부분은 결국 조직이 지향하는 조직 리엔지니어링에 많은 도움을 주게 되는 것이다.

## (4) 행정조직의 혁신과 ERP

최근 정부혁신에 대한 요구가 증가되고, 경쟁력 있는 정부 및 행정조직의 구축 필요성이 대두되면서 보다 적극적이고 심도 있는 정보기술 활용의 필요성이 증가하고 있다. 그러나 우리나라 행정정보화의 상황은 정보기술의 도입 및 활용 측면에서 많은 시도와 진전이 있었지만 아직은 여러 측면에서 미흡한 실정이다. 이를 몇 가지 측면에서 살펴보면 다음과 같다.

### (가) 통합시스템 구축 미흡

먼저, 그동안의 정보시스템 구축이 부처 혹은 기관별 혹은 개별 단위업무별 위주로 이루어져 통합적인 시스템의 구축이 미흡하였다. 그 결과 정보시스템은 부문마다 독립적이고 단절적이었으며, 이 때문에 업무 프로세스의 흐름에 있어서도 업무와 업무를 일관되게 연계하는 통합화가 실현되지 못하였다. 이러한 문제는 행정업무 흐름의 신속화를 저해하고, 정보 공동활용 문제뿐 아니라 전 정부적인 통합시스템의 구축에 장애요인으로 작용하여 왔다.

### (나) 정보공동활용 미흡

정부기관간 정보공동활용의 문제는 그동안 제 1, 2차 행정전산망사업 등에서 지속적으로 추진되었지만, 기관간의 의견불일치나 시스템간의 호환성 문제 등으로 인해 미흡하였다. 이러한 문제는 행정정보화를 위한 중요한 장애요인으로 지적되었다. 이 때문에 각 기관들이 중복된 정보나 경우에 따라서는 조금씩 다른 내용의 정보를 따로따로 보유하게 되며, 행정 전반에 걸친 동일한 정보의 공유를 어렵게 만든다. 따라서 이러한 문제들이 행정기관들간의 공동업무 수행이나 원스톱 혹은 논스톱 행정서비스의 제공을 저해하게 되는 것이다.

### (다) 정보활용체제 미흡

정보활용체제의 미비 또한 시급히 개선되어야 할 사안이다. 물론 많은 행정정보를 데이터베이스화하는 것도 중요하지만 이것만으로는 부족하며, 이를 행정업무 및 대민행정서비스에 그리고 정책정보로서 충분히 활용할 수 있는 시스템의 구축이 수반되어야 한다. 그동안 우리의 행정정보화가 행정정보를 수집·저장하는 데 주력하였다면, 이제는 이를 가공·활용하고 이를 통해 정책결정 및 행정업무에 실질적인 도움을 줄 수 있는 시스템으로 변모되어야 하는 과제를 안고 있다.

### ㈜ 업무와의 연계성 부족

우리의 행정정보시스템이 행정업무와 연계성이 떨어진다는 지적이 많았다. 즉 정보기술 및 시스템의 도입을 통해 정보화의 진전은 있었지만, 이를 실제 행정업무에 제대로 연계할 수 있는 시스템이 미비하여 행정업무를 개선하는 데는 미흡하였다는 것이다. 즉 일부 행정 업무가 자동화, 전산화되었다 하더라도 일부과정 및 절차에 그쳐 여전히 수작업이 이루어 지는 경우가 많이 발견되고 있다. 따라서 앞으로의 시스템 개발과 도입은 이러한 문제를 해결할 수 있도록 이루어져야 할 것이다.

### ㈜ 정보시스템 관리비용의 증대

정보시스템 관리비용의 증가가 정부부문으로서는 커다란 부담이 되고 있다. 정보시스템 이란 단순히 도입·활용만 하는 것이 아니고 지속적으로 관리하고 기능을 향상시켜 주어 야 하는 것이다. 따라서 향후에는 관리비용의 증가문제가 정보화에 중요한 걸림돌이 될 수 있다. 이러한 문제를 어느 정도 해결할 수 있는 전략의 수립이 필요한 시점이다.

이러한 문제점을 개선하는 한 가지 방안으로서 ERP 전략의 도입은 아직은 민간분야에 서 주로 활용되고 있지만 의미 있는 시도로 생각된다.

### (5) ERP 도입시 한계점과 해결과제

정부조직에 대한 ERP의 도입과 활용이 쉬운 일은 아니며, 해결해야 할 과제 또한 많은 것이 사실이다. 그러나 경쟁력을 갖춘 행정조직으로 전환하기 위해서는 도입을 시도해 보 는 것 또한 의미 있는 일이라 할 수 있다. 이를 위한 해결과제는 다음과 같다.

### ㈜ ERP 도입에 대한 이해

먼저, 조직 최고관리층의 조직혁신과 이를 위한 ERP 도입에 대한 이해가 필수적이다. 조직의 최고책임자를 포함한 최고관리층이 조직의 변혁과 이를 위한 전략 및 수단으로서 ERP의 도입을 이해하지 못한다면 이를 구체화시킬 수 없을 뿐 아니라, 도입한다 하더라도 소기의 목적을 달성하기는 힘들 것이다.

### ㈜ 조직전략과 ERP 도입

조직의 목표와 이를 수행하기 위한 혁신전략, 그리고 ERP 도입이 밀접한 관계를 유지하 는 것이 필요하다. 조직의 혁신전략이 명확하지 못하거나, 전략과 목표가 명확한 경우라도 ERP와 밀집하게 통합되시 않는다면, 성공적인 ERP 도입과 활용은 어려워질 것이다.

### (다) 조직구성원들에 대한 고려

ERP의 성공적인 도입과 활용을 위해서는 조직 문화적 측면과 아울러 조직구성원들의 인간적 측면에 대한 고려 또한 중요한 사안이다. ERP의 도입은 조직 전반에 걸친 변화를 수반하기 때문에 이에 대한 저항이 발생하며, 이를 효과적으로 통제하지 못한다면 도입된다 하더라도 성공적인 정착과 활용은 힘들어진다. 즉 새로운 것과 이질적인 것에 대한 거부반응, 지금까지의 방식을 고수하는 고정관념, 새로운 정보시스템에 대한 거부반응과 사용기피, 동기부여와 인센티브의 미흡, 최고관리층과 실무담당자의 책임과 역할 정의 미흡 등의 문제는 ERP 도입과 정착에 커다란 장애요인으로 작용할 가능성이 크다. 따라서 ERP를 도입하여 성공적으로 구현하기 위해서는 관리층과 구성원 모두가 기존의 조직문화를 변화시키고자 하는 노력이 수반되어야 하며, 이와 아울러 조직구성원들에 대한 인간적 측면의 과제들이 함께 해결되어야 한다.

### (라) ERP의 도입에 따른 조직운영 변화

ERP의 도입에 따른 조직운영의 변화는 조직의 부분별로 이루어지는 부분의 최적화가 아니라 조직 전반에 걸친 최적화를 지향한다. 따라서 조직 전반의 업무흐름을 면밀히 파악하고, 부분간의 역할 재조정과 아울러 이를 체계적으로 조정·통합할 수 있는 방안의 모색이 필요하다.

## 11) 전략정보시스템(*Strategic Information System: SIS*)

### (1) 개 념

정보처리와 관련된 기술이 비약적으로 발전함으로 인한 정보처리 비용의 하락은 경영활동 전반에 영향을 미쳤다. 이에 다양한 정보는 기업의 하나의 핵심 무기로 인식되어 이를 전략적으로 이용하려는 노력이 확대되고 있다. 이러한 노력으로서 등장한 것이 전략정보시스템이다.

전략정보시스템(SIS: Strategic Information System)이란 기업의 경쟁우위 확보·유지, 경쟁기업의 우위삭감 등을 위해 경쟁전략에 정보시스템을 입체화시켜 전략 추진력을 강화시키고 지속적인 경쟁우위를 확보하는 시스템을 말한다(이주헌, 1993: 6). 즉, "정보기술(IT)을 이용하여 경쟁적 우위를 확보하려는 의도를 가지고 구축한 시스템"으로서 조직의 궁극적인 목표를 달성하기 위한 전략계획에 도움을 주기 위한 정보 시스템을 의미한다.

## (2) 필요성

산업혁명 이후 지속되었던 소품종 대량생산 방식이 지배하던 시장은 경제의 발달과 국제화 및 세계화로의 변화, 정보통신 매체의 발달 등으로 인해 다품종 소량생산 체제로 변화하였다. 이에 따라 소비자의 필요는 더욱 다양하고 개성화되었고, 이에 따라 상품주기는 점점 단축되었다. 이로 인해 기업은 계속해서 신제품을 출시해야 하는 압박을 받고 있다.

또한 보다 질 높은 정보와 서비스를 구하는 소비자의 구매행동은 기업으로 하여금 정보, 서비스에 의한 상품의 차별화를 이끌었고, 더 많은 고객을 확보하기 위한 방안으로서 단순한 정보 이상의 의미를 내포한 전략적 수단으로 인식하게 되었다. 이러한 다품종 소량 생산체제로의 이행, 소비자 필요의 다양화 및 개성화, 상품주기의 단축화 및 계속적인 신제품 출시 등이 전략적 정보시스템의 필요성 및 발달 배경이 되었다.

## (3) SIS 구축시 유의점

SIS 구축시 유의점은 다음과 같다.

첫째, SIS로 기업을 성공시키기 위해서는 최고경영자의 철저한 지원을 전제로 시스템을 제작해야 한다.

둘째, SIS에 관해 관련 기업이나 소비자에 대해 배려가 있는 시스템으로 되어 있는가를 확인할 필요가 있다. 이는 경쟁우위가 자신만이 아니라 관련 거래 기업이나 소비자까지 포함한 광범위한 가치사슬의 통합결과로 결정되기 때문이다.

셋째, SIS의 개발을 결정했으면 되도록 빨리 개발을 완료시켜야 한다. 이는 경쟁우위로 있는 기간이 짧아지고 투자 효과가 작아지기 때문이다.

---

## 2. 전자정부의 Back Office 구축전략 Ⅱ: 정책결정역량 제고

## 1) 정책결정지원에서의 정보시스템의 역할

### (1) 합리적 정책결정의 의미

정책결정과정이란 문제를 인지하여 적절히 대응하기 위한 조직의 정책목표를 설정하고, 설정된 목표를 달성하기 위한 대안을 탐색·비교·평가하여 그중 최적의 대안을 정책으로서 채택하는 과정이다. 합리적인 정책결정은 특정한 문제가 발생할 때 문제를 정확히 인식하고, 이와 관련된 모든 정보를 파악하여 정책목표를 설정하고, 여러 형태의 창조적 대안 탐색 및 분석, 그리고 최적의 대안을 선택하는 일련의 과정에서 합리성을 추구한다는 가정에서 출발한다.

### (2) 정책결정의 합리화를 위한 정보시스템

사이먼(Simon, 1965)은 어떤 조직이든 의사결정 시 발생하는 문제를 둘러싼 환경의 불확실성을 줄이기 위해 조직의 목표와 현실의 괴리를 좁히기 위한 노력을 한다고 보고, 정책결정과정은 곧 문제해결과정이라고 본다. 그는 특히 의사결정지원시스템 같은 고도의 시스템이 문제의 원인과 결과를 분석하는 데 도움을 줄 것이라고 예측하였다. 따라서 합리적인 정책결정을 하는 데에는 정보의 활용이 필수적이므로, 정보시스템의 도입과 활용은 정책결정과정을 합리화하는 데 필수적이라고 할 수 있다. 요컨대, 정책결정에 있어서 고도의 정보시스템의 등장은 과거보다는 합리적인 정책결정을 할 수 있는 가능성을 높여주었다.


## 2) EDPS(*Electronic Data Processing System*: 하위관리층 정보체계)

### (1) EDPS의 정의

컴퓨터를 이용하여 사무나 경영관리를 위한 데이터를 처리하는 시스템을 의미한다. 정보기술의 발달과 응용기술의 진보로 종래의 기계로 처리할 수 없었던 여러 가지 복잡한 사무처리도 가능하게 되었고, 계산, 데이터의 저장, 도표 작성, 변화 등 제반 기능을 수행함으로써 신속성, 정확성, 경제성 면에서 그 적용범위가 확대되었다.

### (2) 조직정보처리의 계층도: EDPS-PMIS-DSS

EDPS-PMIS-DSS에 이르는 조직정보처리의 계층도는 〈표 9-4〉와 같다.

〈표 9-4〉 조직정보처리의 계층도: EDPS-PMIS-DSS

| | 대상업무 | 사용자 | 사용목적 |
|---|---|---|---|
| EDPS | 단순반복업무 | 실무담당자 | 인력 및 경비절감 |
| PMIS | 정형화된 보고서 | 중간관리자 | 운영의 합리화 |
| DSS | 비정형화된 보고서 | 최고관리자 | 전략적 기획 |

## 3) PMIS(*Public Management Information Systems*: 행정정보시스템)

### (1) PMIS의 정의

PMIS는 학자들에 따라 다양하게 정의되었다. 대표적인 몇몇 학자들의 정의를 살펴보면, 데이비스와 올슨(Davis & Olson, 1985: 6)은 "행정의 목적을 달성하기 위하여, 인공적으로 설계하고 개발한 물리적 요소와 절차의 집합으로 종합적인 인간기계시스템"으로 정의하였으며, 안문석(1995)은 "공공부문 내에 있는 조직의 MIS"로 지칭하고, "행정정보체계는 행정가의 업무수행이나 정책결정을 돕기 위해 인공적으로 설계하고 제작된 하드웨어, 소프트웨어, 데이터, 그리고 절차의 집합"이라고 정의하였다.

### (2) PMIS의 구성요소

PMIS는 경영정보체계(MIS)의 개념을 공공부문으로 연장한 것으로서, 행정의 목적을 달성하기 위해 공공기관의 제반 정책과정, 행정관리, 업무, 분석 및 평가를 지원하도록 정보통신기술(IT기술)을 이용하여 인공적으로 설계된 인간과 기계의 통합체로 정의할 수 있다. 이 정의에서 PMIS는 3가지 주요 구성요소를 가지고 있음을 알 수 있는데, 그 첫째는 인간이며, 둘째는 정보통신기술, 즉, 컴퓨터와 통신기술이고, 셋째는 정보 및 정보처리 관련지식이다.

#### ㈎ 인간: 정보기술자와 정보사용자

첫 번째 구성요소로서 PMIS 상의 인간은 두 가지 부류 즉, 정보기술자와 정보사용자로 나누어 생각해볼 수 있다. 여기서 정보기술자는 전문적 정보체계 지식을 갖추고 정보체계의 기술적 측면을 담당하는 사람이고, 정보사용자는 컴퓨터를 이용하여 자신의 업무를 수행하는 사람이다.

① 정보기술자: 정보기술자는 전문요원으로서 정보체계를 개발, 관리, 운영하는 주체로서, 흔히 체계분석가, 프로그래머, 운영요원, 데이터베이스 관리자 등이 여기에 해당된다.
② 정보사용자: 정보사용자는 일정한 분야에서 정보체계를 이용하여 자신의 업무를 수행하는 자로서, 이들이 어떤 업무를 담당하고 있는가에 따라 정보체계의 목적이 달라지고 정보체계를 어떻게 응용할 것인가가 결정된다.

## (나) 기술: 정보통신기술

두 번째 요소인 정보통신기술에는 하드웨어, 소프트웨어, 데이터베이스, 네트워크 등이 포함된다. 하드웨어란 컴퓨터 본체나 모니터, 키보드 등을 말하며, 소프트웨어란 컴퓨터를 움직이는 모든 프로그램들, 예를 들면, 워드 프로세서(Word Processor)나 스프레드 시트(Spread Sheet) 등을 의미한다. 데이터베이스는 필요한 정보를 선택적으로 편리하게 이용할 수 있도록 사전에 일정한 형식에 따라 저장해 둔 자료의 집합을 말한다. 네트워크란 서로 다른 컴퓨터를 연결하거나 컴퓨터와 다른 전자기기를 연결하는 장치를 말하며, LAN(*Local Area Network*)이나 WAN(*Wide Area Network*), VAN(*Value−Added Network*), 인터넷 등이 여기에 해당된다.

## (다) 정보와 지식

PMIS를 구성하는 세 번째 요소는 정보와 정보처리 관련지식이다. 여기서 정보처리 관련지식이란 정보체계를 구축하는 전 단계에 걸친 구체적인 방법과 절차에 대한 지식을 의미한다. 즉, 정보의 필요성을 인식하는 단계에서부터 예비조사, 이용가능성 조사, 설계 및 분석, 프로그래밍 등을 거쳐 하드웨어의 도입운영, 조직과 인력관리, 그리고 정보체계의 평가 및 감사에 이르는 포괄적인 지식을 말한다.

## (3) PMIS의 변천

PMIS의 변천과정은 PMIS를 MIS의 연장이라는 관점하에 MIS의 시대별 변천과정에서 유추하여 생각해 볼 수 있다. 즉, PMIS의 시대별 변화추이는 대체로 1950년대~1960년대의 자료처리시스템(EDPS)시대에서 출발하여 1960년대~1970년대의 관리정보시스템(MIS: *Management Information System*)시대, 1970년대~1980년대의 의사결정지원시스템(DSS)시대, 1980년대의 전략정보시스템(SIS)시대의 순으로 발달되어 왔다(〈표 9-5〉 참조).

〈표 9-5〉 EDPS, PMIS, DSS/SIS와의 관계

|  | EDPS | PMIS | DSS/SIS |
|---|---|---|---|
| 사용자 | 하위관리자 | 중간관리자 | 최고관리자 |
| 시스템 성격 | Data focus | Information focus | Decision focus |
| 지향성(목적) | 인력 및 비용절감 | 운영의 합리화 | 비정형화된 의사결정지원<br>의사결정의 합리화 |

## 4) DSS(*Decision Support System*: 의사결정지원시스템)

### (1) DSS의 정의

의사결정에 있어서의 컴퓨터의 활용은 단순한 업무의 자동화나 필요정보의 제공이라는 차원을 넘어 관리자의 의사결정을 도와주는 영역까지 확대되고 있다. 이러한 정보시스템을 의사결정지원시스템(DSS)이라 한다. DSS는 1950년대와 1960년대의 카네기 그룹(Carnegie Group)6)의 의사결정에 관한 이론적 연구와 MIT그룹의 기술적 연구를 배경으로 1970년대 초 모턴(M. Scott Morton)에 의해 'Management Decision System'이라는 용어로 제시되었다.

DSS는 일반적으로 MIS를 구성하는 하위체제로서 설명되고 있는데, 그 개념정의를 살펴보면, 안문석(1995: 199)은 "의사결정을 지원하는 과정"으로 정의하고, 기획과정, 대안분석과정 및 문제해결상의 시행착오과정 등에서 이용된다고 하였다. R. Sprague와 Carlson은 "관리자로 하여금 데이터와 분석모형을 써서 반구조적이거나 비구조적인 문제를 대화식으로 해결할 수 있도록 지원해 주는 컴퓨터 기반의 시스템"으로 정의한다. 한편, 방석현(1995)은 "비구조적 문제를 해결하고자 하는 의사결정자가 자료와 모형을 활용하는 것을 지원하는 상호작용적인 컴퓨터기반의 시스템"으로 정의하였다. 이를 종합해 볼 때, DSS는 MIS를 구성하는 하위체제로서, 조직의 의사결정자가 비구조적이거나 반구조적인 문제에 대한 의사결정을 하는 데 있어서 데이터와 분석모형을 사용하여 대화식으로 해결하도록 지원하는 컴퓨터를 기반으로 하는 시스템으로 정의할 수 있다.

### (2) DSS의 개발배경

조직의 업무처리를 보다 일관성 있고 효율적으로 수행하며, 경영관리에 필요한 보고서를 자동으로 만들어내기 위해 기업들은 대형의 데이터처리시스템을 구축하였다. 이러한

---

6) 1950년과 1960년대에 미국 카네기 공과대학에서 H. A. Simon과 R. Cyert, J. March 등을 중심으로 의사결정에 관한 연구가 이루어졌다. 이들은 의사결정 연구에서 한 걸음 더 나아가 의사결정의 인지과정상의 특성, 의사결정에서 컴퓨터의 잠재성, 정보처리기술이 조직에 미치는 영향 등으로 연구를 발전시켰다. 특히·Simon은 컴퓨터를 주요 연구도구로 사용하여 컴퓨터의 작동구조에서 인간의 정보처리 메커니즘을 유추했다. 이들의 연구결과는 심리학, 인지과학, 정치경제학 등에 광범위한 영향을 미쳤고, 특히 Simon의 관리적 의사결정모델(*Administrative Decision Making Model*), 즉 만족모형(*Satisficing Model*)에 잘 나타나 있다. 또한, 의사결정 연구의 틀을 제시하여 인간의 의사결정이 완전하지 않기 때문에 컴퓨터를 이용하여 개선될 여지가 있음을 보여주고, DSS의 이론적 단서를 제시했다고 본다.

시스템들은 기업의 일상적인 거래업무를 자동화하고 통제하는 데에는 성공적이었으나, 경영관리자의 의사결정을 지원하는 데에는 실패하였다. 그 이유는 경영관리자가 의사결정을 할 때 접하는 문제의 유형과 상황이 매우 다양하고 예측하기 어렵기 때문에 기업의 일상적 운영 및 관리통제를 목적으로 구축된 시스템들은 다양한 의사결정자의 요구를 충족시킬 수 없었기 때문이었다.

이러한 단점을 극복하기 위하여 1970년대에 의사결정을 수행하거나 지원할 수 있는 정보시스템에 대한 연구가 활발하게 진행되었다. 스콧 모턴은 1970년대 초에 의사결정지원에 대한 개념으로 'Management Decision System'이라는 용어를 사용하였다. 1978년에는 킨(P. Keen)과 스콧 모턴의 저서에서 'Decision Support System'이라는 용어가 처음으로 사용되었다.

의사결정지원시스템은 기업경영에서 당면하는 여러 가지 의사결정 문제를 해결하기 위해 복수의 대안을 개발하고 비교·평가하며, 최적대안을 선택하는 의사결정과정을 지원하는 정보시스템으로 정의된다. 초기의 의사결정지원시스템은 주로 비구조적(*unstructured*) 혹은 반구조적(*semi-structured*) 문제를 해결하기 위해 의사결정자가 데이터와 모델을 활용할 수 있게 해 주는 대화식(*interactive*) 컴퓨터시스템으로 정의되었는데 이러한 정의는 너무 제한적이어서 최근에는 확대되어 정의된다.

## (3) 의사결정이 이루어지는 단계

의사결정이란 하나의 단계로 이루어진 것이 아니라 여러 단계로 이루어져 있다. Simon(1960)은 의사결정이 탐색(*intelligence*), 설계(*design*), 선택(*choice*) 및 수행(*implementation*)의 4단계로 이루어져 있다고 설명하고 있다.

### (가) 의사결정단계

① 탐색단계: 탐색단계는 조직 내에 나타난 문제를 파악하고 이해하는 단계이다. 이 단계에서는 무엇이 문제이며, 왜 이러한 문제가 생기며, 이 문제가 어떤 영향을 미치는가를 이해한다. 문제를 파악하기 위해서는 조직 내부 및 외부의 현황을 지속적으로 모니터를 하여야 한다.

② 설계단계: 설계단계는 문제를 해결할 수 있는 가능한 대안을 개발하고 분석하는 단계이다. 경우에 따라 대안이 이미 주어져 있는 경우도 있으며 어떤 경우에는 완전히 새로운 대안을 창조적으로 개발하여야 한다.

③ 선택단계: 선택단계는 가능한 대안 중 한 가지 대안을 선택하는 단계이다. 이 단계에서는 명시적이든 암묵적이든 대안을 선택하는 기준을 마련하고 기준에 따라 각 대안을 평가한다.

④ 수행단계: 수행단계는 선택된 대안을 실행하는 단계이다. 이 단계에서는 선택된 대안이 제대

로 효과를 거두고 있는지를 검토하고, 그렇지 않으면 왜 그러한 문제가 생기는가에 대한 분석을 한다.

### (나) 의사결정 단계에서 필요한 정보

위의 의사결정과정을 살펴보면 각 단계를 수행하는 데 있어 많은 정보가 필요함을 알수 있다. 첫 번째 단계에서는 조직에 나타난 여러 가지 문제점들을 파악하고 이해하기 위한 정보의 수집이 필요하고, 두 번째 단계에서는 대안을 개발하고 분석하기 위해 정보를 수집해야 하며, 세 번째 단계에서는 대안의 기준 마련과 선택을 위한 정보가 필요하고, 마지막 단계에서는 선택된 대안을 실행하는 데 따르는 문제점과 장애요인을 분석하기 위해 정보가 필요하다.

### (4) DSS의 구성요소

의사결정에 도움을 주는 의사결정시스템인 DSS는 크게 데이터베이스 관리시스템과 모델베이스 관리시스템, 그리고 사용자 인터페이스로 구성된다.

### (가) 데이터베이스 관리시스템

먼저 데이터베이스 관리시스템이란 관리자가 문제의 해결을 위해 의사결정을 하는 데 있어서 필요로 하는 데이터를 적시에 효과적인 방법으로 제공될 수 있도록 데이터베이스 자원을 관리하는 시스템을 말한다.

### (나) 모델베이스 관리시스템

모델베이스 관리시스템이란 의사결정에 있어 유사한 유형의 문제를 일관성 있게 해결할수 있도록 개발된 분석도구를 의미한다. 일반적으로 사용되는 DSS의 모델로는 통계적 요약수치들을 산출하는 통계모델, 조직성과나 특정 경제지수를 예측하는 예측모델, 주어진 데이터로부터 변수간의 관계를 분석하여 공식으로 나타내는 선형계획모델, 실제상황을 컴퓨터에 의한 모의실험으로 분석하는 컴퓨터시뮬레이션 모델 등이 있다.

### (다) 사용자 인터페이스

사용자 인터페이스란 정보시스템에 사용자가 접속하여 사용하도록 하는 접속장치 관리 프로그램으로 시스템의 성공여부를 결정하는 중요한 요인으로 지목되고 있다. 즉, 아무리 뛰어난 시스템이라고 할지라도 사용자 인터페이스가 엉성하고 사용하기 불편하게 설계되어 있다면 사용자로부터 외면당하게 된다는 것이다.

## (5) DSS의 특성

의사결정시스템에는 다양한 종류가 존재하나, 여러 DSS가 공통적으로 가지고 있는 일반적인 특성을 살펴보면 다음과 같다.

### (가) 비정형화·반정형화된 의사결정에 사용

DSS는 주로 모델링 및 계량적 분석능력에 치중하여, 단순반복 업무 위주의 구조적인 문제에는 적합하지 않고, 정형화되지 않은 비구조적 또는 반구조적 업무를 주로 지원하도록 설계되어 있다. 즉, 사전에 기획·명시할 수 없는 문제, 해결책이 잘 알려져 있지 않은 문제로서 전략적·정책적 수준의 문제들의 해결에 사용된다. 비구조적인 업무와 반구조적인 업무 가운데에서도 주로 반구조적인 업무를 지원하고, 비구조적인 업무 중에는 일부 계산능력을 요하는 부분에 한정적으로 지원한다(김효석·홍일유, 2000).

### (나) 의사결정을 지원하는 시스템

DSS는 의사결정자들을 대신하여 의사결정을 직접 해 주는 것이 아니라, 의사결정자들이 문제해결을 위해 상황판단과 여러 대안을 검토하는 데 있어 필요한 자료 및 분석도구를 제공하는 지원역할을 담당한다.

### (다) 상호대화식 시스템

의사결정자가 필요로 하는 자료 및 분석도구를 제공하는 데 있어 보다 효율적으로 지원하기 위해 DSS는 상호대화식 시스템 형식을 취하게 된다. 즉, DSS는 전통적 사무환경에서

〈그림 9-6〉 DSS의 기능적 구성요소

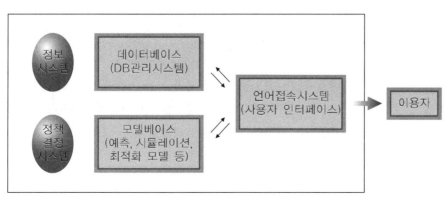

관리자가 참모 및 부하직원들과 가졌던 의사전달수단(*interface*)과 유사한 형식을 가지고 컴퓨터와 인간과의 대화가 효율적으로 이루어지도록 하기 위해 여러 가지 기술적 요건뿐만 아니라 여러 가지 상황적 요건에 대해서도 편리하게 대응하는 시스템이다.

### (라) 상향식(*bottom-up*) 시스템

DSS는 총괄적 차원에서 하향식(*top-down*)으로 개발되기보다는 개별적 차원에서 각각의 의사결정 형태별로 개발되는 상향식 방식을 채택함으로써 이용자의 상황에 보다 적합한 형태로 개발된다(신윤식 등, 1992: 181).

## 5) DW(데이터 웨어하우스)

### (1) DW의 개념

DW란 한마디로 정책 및 경영 의사결정에 필요한 정보처리기능을 효율적으로 지원하는 데이터베이스로서, 인몬(W. H. Inmon)은 "기업 의사결정 과정을 지원하기 위한 주제 중심적이고, 통합적이며, 시간성을 가지는 비휘발성 자료의 집합"이라고 정의하였다.

또한 켈리(Kelly)는 조직 내의 의사결정지원 도구들을 위한 정보기반을 제공하는 하나의 통합된 데이터의 저장공간이라고 정의하고 있다. 다시 말해 정부부문에서의 DW는 의사결정지원 데이터베이스로서 가상공간에 설치된 하나의 정책정보자료실이라 볼 수 있을 것이다.

### (2) DW의 특성

DW는 의사결정에 필요한 정보처리 기능을 효율적으로 지원하기 위한 통합된 데이터를 가진 양질의 데이터베이스로서, 다음과 같은 특성을 가진다.

### (가) 의사결정지원

DW에서의 데이터는 비즈니스 사용자들의 의사결정 지원에 전적으로 이용된다. 즉 DW가 존재하는 가장 일차적인 이유는 사용자의 의사결정을 지원하기 위한 것이다. DW는 올바른 정보를 올바른 형태로 적시에 제공하기 위해 대량의 원시 데이터를 유용한 정보로 변환하는 엔진이다(Kelly, 1994).

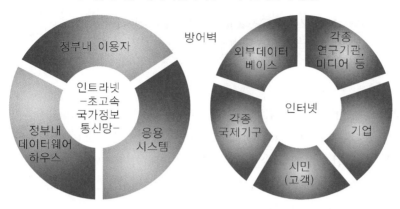

〈그림 9-7〉 데이터웨어하우스와 인터넷의 통합

### (나) 데이터의 집중

조직의 운영시스템과 분리되며, 운영시스템으로부터 많은 데이터가 공급된다. DW는 여러 개의 개별적인 운영시스템으로부터 데이터가 집중된다. 또한 DW의 기본적인 자료구조는 운영시스템의 그것들과 완전히 다르므로 데이터들이 DW로 이동되면서 재구조화된다.

### (다) 전사적 모델에 기초하여 통합

DW는 전사적 모델에 기초하여 통합된다. 기존 운영시스템의 대부분은 항상 많은 부분이 중복됨으로써 하나의 사실에 대해 다수의 버전이 존재하게 된다. 하나의 객체를 지칭하는 다양한 이름이 존재하거나 데이터가 가지는 의미가 서로 다르다. DW에서 이러한 데이터는 전사적인 관점에서 통합된다. 즉, DW는 신뢰할 수 있는 하나의 버전을 사용자에게 제공한다.

### (라) 시간성 및 역사성

시간성 혹은 역사성을 가진다. 즉 일, 월, 년 회계기간 등과 같은 정의된 기간과 관련되어 저장된다. 운영시스템의 데이터는 사용자가 사용하는 매순간 정확한 값을 가지는 데 반해, DW의 데이터는 특정시점을 기준으로 정확하다.

### (마) 접근성

컴퓨터 시스템 혹은 자료구조에 대한 지식이 없는 사용자들이 쉽게 접근할 수 있어야 한다. 접근은 많은 것을 의미한다. 조직의 관리자들과 분석가들은 그들의 PC로부터 DW에 연결될 수 있어야 한다.

## 3. 전자정부의 Front Office 혁신전략: 민주성(투명성) 제고

정부 외부의 추진전략은 전자정부를 정부 안과 정부 밖의 국가구성요소들이 만나는 접점을 중심으로 정부 내부를 Back Office로, 외부와의 접점을 Front Office로 구분할 수 있다. 전자정부를 추진하기 위해서는 정부 내부뿐만 아니라 외부와의 관계도 중요하며, 이러한 전자정부의 Front Office 관점에서는 민주성과 투명성이 강조된다. 즉, G4C(전자민원처리, *Government for Citizen*), G2B(전자기업처리, *Government to Business*) 등을 통해 전자정부의 Front Office 추진은 민주성과 투명성을 강화하는 방향으로 접근되어야 한다.

### 1) 정보공개정책

#### (1) 정보공개의 의의

정보사회에서의 정치적·경제적 활동들은 점차 정보지향적으로 변화하기 때문에 각 부문에 걸쳐 정책 및 행정상 많은 자료들을 수집하는 정부는 정보공개의 제도화에 의하여 보다 많은 자료들을 공개하여 정치적 민주화와 경제적 발전을 촉진시켜야 할 것이다. 특히 정보공개가 제도화를 통해 개인정보나 기업기밀 또는 국가기밀을 침해하지 않는 한 정부보유 정보를 공개할 의무가 있을 뿐만 아니라, 컴퓨터 네트워크나 비디오텍스 등의 수단을 통해 정보유통 메커니즘을 개발하여 무형재인 정보가 최종수요자에게 쉽게 취득될 수 있도록 해야 한다. 결국 지식정보사회에 있어서 정보공개의 제도화는 정보의 자유로운 흐름을 보장하여 국민의 정보활용과 그에 대한 접근을 용이하게 하고, 시민의 활발한 정치참여를 통해 정부활동과 권력에 대한 비판과 통제를 가능케 한다.

#### (2) 정보공개의 개념

정보공개의 개념에는 핵심사항인 정보공개청구제도와 의무적 공표제도·정보제공이 있으며, 이를 모두 포함하는 광의의 정보공개가 있다.

##### (가) 광의의 정보공개

넓은 의미의 정보공개는 '행정기관이 보유하는 정보를 외부인에게 제공하는 일체의 행위'를 의미한다. 이러한 정보공개의 개념은 다음과 같은 내용을 포함하는 광의의 개념이다 (하미승, 1996: 637~639).

첫째, 국민 개개인의 청구에 의한 의무적인 정보공개청구제도(정보공개청구제도)
둘째, 각종 법령에 의한 정부의 일방적 공표행위(의무적 공표제도)
셋째, 행정기관 스스로의 결정에 의한 자발적인 정보제공(정보제공)

#### (나) 정보공개청구제도

국민 개개인의 청구에 의한 의무적인 정보공개제도의 핵심은 정보공개청구제도이다. 이는 행정기관이 보유한 정보에 대하여 국민으로부터의 청구가 있을 때 당해 정보를 청구자에게 의무적으로 공개하도록 하는 제도이다. 이러한 개념은 좁은 의미의 정보공개에 해당한다. 이는 국민의 정당한 정보공개 요구를 거부할 수 없도록 하는 법·제도를 마련함으로써 실현될 수 있다.

#### (다) 의무적 공표제도

의무적인 정보공개제도의 또 하나의 유형은 '공표제도'이다. 공표제도는 행정기관이 법령 등 관계규정에 의하여 특정사항을 국민에게 의무적으로 알려주도록 하는 제도로서, 공고·고시·법령공포 등이 이에 해당한다. 이 제도는 특정 청구인보다 불특정 다수인에게 일방적으로 정보를 제공한다는 점에서 정보공개청구제도와 구별되며, 자발적인 제공이 아닌 의무적 공표라는 점에서 정보제공과 구별된다.

### (3) 정보공개의 촉진방안

#### (가) 전자정부시대의 정보공개

정보공개 관련제도는 전자정부 시대의 사이버스페이스 속에서 행정서비스, 금융서비스, 의료서비스 등이 일상적으로 행해지며 이러한 상황에 따른 관련제도가 준비되어져야 한다.

#### (나) 인터넷을 통하여 정보공개 촉진

인터넷은 이제 일상생활화되었으며 정보교환의 유용한 매체이다. 인터넷은 다양한 정보의 검색에 매우 편리하며 정부의 정보공개제도도 일반국민이 이러한 시스템에 적응할 수 있도록 하는 제도마련이 필수적이다.

(다) 정보공개법 적용의 제한범위

전자적 문서공개에 국한된 내용은 아니지만, 정보공개가 제대로 이루어지기 위한 필수조건은 정보공개법 적용의 제한범위를 최소화하는 것이다. 공개를 원칙으로 하고 비공개는 최소한으로 특정화시켜 열거하는 것이 타당하다. 다른 한편으로는 비공개정보의 구체화가 무엇보다도 필요하다. 여기에 덧붙여 비공개정보라도 공개하는 시기를 마련하는 것이 필요하다.

(라) 전자적 정보공개관리 관련체계 구축

정보화 추진과정의 큰 문제점 중 하나는 부처간 할거주의이며, 표준화를 바탕으로 전자적 문서공개의 활성화를 위해서는 각 부처를 총괄적으로 관리하는 독립적인 기구가 정립되어야 한다.

(4) 효 과

정보공개정책 추진전략의 효과는 전자적인 정보공개의 활성화가 어려웠던 것을 보완하여 정보의 자유로운 흐름을 보장하고 일반국민의 정보 활용과 그에 대한 접근을 용이하게 하여 국민의 정치참여와 정부권력에 대한 비판과 통제를 가능하게 만들어 준다. 또한 문서업무감축법 등 제도적으로 미흡했던 점을 보완하여 정보기술도입의 활성화, 예산의 절감, 문서보존체계 개선 등의 효과가 있다.

## 2) G4C(*Government for Citizen*: 전자민원처리)

### (1) G4C사업의 개념과 의의

"전자정부단일창구", "민원업무혁신" 혹은 약칭 "G4C"(*Government for Citizen*)라 불리는 이 사업은 정보시스템을 이용한 정부혁신의 대표적인 사례라고 할 수 있다. G4C는 인터넷 포털사이트와 정보공동이용센터의 구축을 통해 주민, 부동산, 자동차, 세금 그리고 기업 등 민원사무분야의 서비스를 고객중심으로 혁신하려는 프로젝트이다. 급속한 정책환경의 변화에 발맞추어 정보기술(IT)을 행정에 도입하여 민원업무처리를 전자화, 정보화함으로써 민원서비스의 질적 수준을 향상시키고자 하는 데 그 목적이 있다.

### (2) G4C사업의 주요내용

G4C사업은 국민생활과 기업활동에 핵심적인 주민, 부동산, 자동차, 세금, 기업 등 민원

업무를 정보화에 맞게 고객중심으로 혁신하여, 인터넷을 통한 민원처리로 기관방문, 구비서류를 최소화하게 된다. G4C사업의 주요내용을 살펴보면 다음과 같다.

### (가) 민원서비스 프로세스 혁신

국민생활에 파급효과가 큰 주민, 부동산, 자동차, 세금, 기업 등 민원사무를 민원인의 입장에서 묶어서 한꺼번에 처리할 수 있도록 하고 불필요한 구비서류를 삭제하거나 정보공동이용센터를 통해 필요한 정보를 정부기관간에 공유함으로써 구비서류를 감축하기 위한 방안을 수립한다.

### (나) 단일화된 인터넷 민원창구 구축

민원의 신청과 발급을 인터넷상으로 처리할 수 있는 시스템을 구축하는 것이다. G4C사업에서는 전국 어느 곳에서나 인터넷상에서 공개키(PKI) 기반의 인증체계를 통해 본인여부를 확인할 수 있도록 함으로써 본인확인이 필요한 민원까지도 인터넷을 통해 신청하고 처리결과를 제공받을 수 있는 단일화된 창구를 구축한다.

### (다) 정보 공동이용 시스템의 구축

정부기관의 업무수행과 대국민 서비스에 기초가 되는 핵심적인 주요정보를 국가전략자산으로 인식하여 국가기본정보로 지정하고 필요로 하는 공공기관에 통신망을 통해 온라인으로 공동활용할 수 있는 공동이용시스템을 구축하게 된다. 이에 따라, 민원서비스의 혁신뿐만 아니라 정보시스템의 시너지 효과를 극대화하고 나아가 행정관리의 효율성과 정책결정의 투명성을 제고하게 된다.

### (라) 정보화 인프라 및 법·제도의 개선

정책정보 및 민원처리정보는 개인의 사생활에 관한 내용과 중요한 정책에 관한 사항을 포함하기 때문에 정보를 안전하고 신뢰성 있게 유통할 수 있는 철저한 보안 시스템과 인증체계의 구축이 필요하다. 이를 위해 정보의 불법적인 유출, 접근 및 위변조를 막고 개인의 프라이버시를 보호할 수 있는 신뢰성 있는 보안시스템을 구축하고, 나아가 정보의 제공과 유통에 관한 법적 책임의 명확화와 기존 서면 기반의 법·제도를 전자화된 방법으로 신청, 접수, 발급할 수 있도록 하는 법적 근거를 마련해야 한다.

〈그림 9-8〉 Green민원 정책서비스

( 자주 찾는 민원서비스 )

주민등록표    토지(임야)대장    건축물대장등·초본    토지이용    지적도(임야도)
등본(초본)교부    열람·등본발급신청    발급(열람)신청    계획확인신청    열람·등본교부신청

지방세세목별    지방세납세증명    전입신고    출입국사실증명    병적증명서발급
과세(납세)증명

※ 자료: 민원24(http://www.minwon.go.kr)

## (3) G4C사업의 최근 경향: Green 민원[7]

### ㈎ Green 민원의 개념 및 목적

Green 민원이란 온라인 민원 선진화 계획을 통해 국가경쟁력 강화와 저탄소 녹색성장에 기여할 수 있는 '종이 없는 그린(Green)' 민원 정책을 말한다. 2009년 4월부터 본격적으로 추진되고 있는 이 사업은 민원사무 통·폐합, 구비서류 감축 등을 통해 민원사무를 최소화하고 존속되는 민원에 대해 최대한 온라인화한 후 온라인 이용률을 높이는 것을 목표로 하는 정책이다. 민원서비스 온라인화 방안은 행정시스템을 글로벌 스탠다드(global standard)에 맞게 개편하여 저탄소 녹색성장 기반 확충에 기여함은 물론 세계 최고수준인 우리의 IT기술과 행정시스템이 효율적으로 융합된 사례로 평가될 수 있는 정책이다.

### ㈏ 민원서비스의 현황 및 문제점

기존의 민원시스템도 통합 전자민원창구인 G4C와 홈택스(국세청) 등 54개의 기관별 전자민원시스템이 구축되어 있으나, 시스템간의 통합 환경이 갖추어지지 않은 상태에서 즉, 민원처리를 지원하는 정부문서시스템 및 행정정보 공동이용 시스템 등 민원처리지원시스템과 민원시스템간의 연계가 미흡한 실정이다. 또한 전자문서의 법적 효력이 명확하지 않고, 해킹 등 보안사고 우려, 불편한 서비스 이용절차 및 온라인 이용시에도 종이문서를 사용하는 관행 등도 온라인화를 제약하는 요인으로 작용하고 있다.

또한 처리건수가 많은 상위 500종의 민원사무 중 334종만이 온라인으로 처리가 가능하

---

7) 행정안전부 2009. 3. 26일 보도자료에서 발췌.

## 녹색효과계산기

Green 민원 서비스를 통한 녹색효과를 측정할 수 있도록 녹색효과계산기를 실제 민원홈페이지에서 제공하고 있다.

민원 신청인과 행정기관과의 거리, 민원인이 이용하는 교통수단에 따른 발생비용, 민원처리를 위한 방문 및 민원처리 소요시간 등을 고려하여 행정기관 방문에 따른 민원처리의 사회적 비용을 계산해 주며, 예상 탄소 발생량을 제공한다.

민원24상에 주민등록 등 민원서류 온라인 발급에 따라 절감되는 비용(탄소발생량 등)을 계산할 수 있는 온라인절감효과 계산기(일명 '녹색효과 계산기')를 설치하여 정부의 녹색성장 정책에 대한 민원인의 이해를 돕고 있다.

〈그림 9-9〉 녹색효과 계산기 실제 화면

**주민등록등초본을 발급받는 비용은 얼마일까요?**

본서비스는 민원인이 온라인 서비스에 따른 효과를 직접 체험할 수 있도록 제작한 프로그램입니다.

- 가까운 행정기관의 거리(왕복)는 얼마나 됩니까? ☐ Km
- 행정기관에 가실 때 타고가시는 교통수단은 무엇입니까? ☐ 번
  (1)택시(자가용) (2)버스 (3)도보 (4)지하철
- 행정기관에서 등초본발급을 위해 소요되는 시간은 얼마나 됩니까? ☐ 시간

**계산하기**

귀하께서 주민등록초본 1통을 발급받기 위해 행정기관을 방문했을 때 소요되는 비용은 ☐ 원이며, 탄소는 ☐ g을 발생하게 됩니다.

2008년 온라인 주민등록등초본 발급으로 575억원을 절감하였고, 705톤의 탄소발생을 억제하였습니다.

- 2008년 주요민원 20종 분석결과 온라인에 따라 2,394억원의 비용절감과 2,900톤의 탄소발생(나무 322그루심는 효과)를 줄였습니다.

| 주요 증명발급 민원 (20종) | 2008년 신청 (건) | 탄소발생억제량 (톤) | 절감비용 (억원) |
|---|---|---|---|
| 토지(임야)대장 | 5,476,967 | 896 | 723 |
| 주민등록표등(초)본 | 4,307,556 | 705 | 575 |
| 건축물대장 | 2,898,252 | 474 | 377 |
| 토지이용계획확인원 | 946,532 | 155 | 123 |
| 지적(임야)도 | 882,532 | 144 | 115 |
| 지방세과(납)세 | 674,261 | 110 | 88 |
| 졸업증명서 | 547,412 | 90 | 71 |
| 성적증명서 | 337,119 | 55 | 44 |
| 병적증명서 | 269,569 | 44 | 35 |
| 출입국사실증명서 | 237,410 | 39 | 33 |
| 기타(10종) | 1,151,148 | 188 | 164 |
| 계 | 17,728,758 | 2,900 | 2,349 |

- 전체민원 온라인화에 따른 절감비용은 2,813억원, 탄소발생 억제량은 30,637톤으로 이는 3,404그루의 나무를 심는 효과를 나타냅니다.
- 그러나 아직도 방문민원에 따라 4조8,995억원의 비용이 발생하고 탄소는 96,392톤이 발생하고 있습니다.(나무 10,710그루 심어야 상쇄 가능)
- 정부에서는 2010년까지 가능한 모든 민원서비스 온라인화 및 전자화를 추진하고 있으며, 이를 분석(온라인 이용률 40%)하면 비용절감효과는 2조 723억원, 탄소발생 억제량은 50,812톤(나무 5,646그루 심는 효과)에 해당합니다.

version 1.0

※ 자료: 민원24(http://www.minwon.go.kr)

며, 인감증명·전입신고와 같이 국민들과 밀접한 관련이 있는 생활민원사무는 오프라인으로 처리되고 있어 민원처리에 따른 사회적 비용이 매우 큰 상태이다.

(다) Green 민원의 정책 방향

행정안전부는 이러한 문제를 개선하여 민원처리절차를 간소화하고, 행정의 효율성을 제고시키기 위해서 다음과 같은 정책방향을 설정하였다.

# 스마트 Green 민원

온라인 민원업무 더 간편해진다
서비스선진화 2단계 사업 추진… 연내 3,000종 온라인화

행정안전부는 온라인으로 민원을 신청·발급하고 다양한 서류가 필요한 복잡한 민원업무를 온라인에서 한 번에 해결할 수 있도록 지원하는 민원서비스선진화 2단계 사업을 추진한다.

행정안전부는 최근 관련 사업을 공고하고 사업자 선정에 나섰다. 이 사업을 통해 올해 말까지 총 3,000종의 민원업무를 온라인화하고, 200여종의 민원업무를 15종으로 패키지화한 생활민원온라인 서비스를 전면 제공해 명실상부한 '그린(Green) 민원시대'를 열겠다는 전략이다.

2단계로 나눠 진행하는 민원서비스선진화는 2009년 1단계 사업을 통해 이미 556종의 민원사무를 통폐합하고, 구비서류 1,961건을 감축하는 성과를 거뒀다. 또 민원사무의 온라인화 비중을 23.8%에서 36.4%로 끌어올렸으며, 국민의 생애주기에 맞춰 15종의 일괄서비스 대상을 발굴해 이 중 5종을 온라인화했다.

2010년에 추진하는 2단계 사업에서는 온라인 신청민원은 1,000종 이상, 전자발급민원은 500종 이상으로 확대한다. 생활민원 일괄서비스는 10종을 추가로 구축하고 기존 서비스를 확대한다.

정부민원포털(www.g4c.go.kr)도 온라인 민원 확대에 맞춰 사용이 편리하게 기능을 재편·고도화한다. 이용률 향상을 위해 대량민원 사용자를 위한 바로 가기 서비스, 민원인이 많이 찾는 위젯 구축 등도 추진한다.

특히 최근 스마트폰 등 새로운 매체 보급이 확대됨에 따라 이를 고려한 민원업무 환경을 갖출 방침이다. 우선 웹 방식의 모바일 서비스 기반을 마련해 유비쿼터스 민원처리 환경을 조성하고, 시범적으로 민원사무 업무를 적용할 예정이다. 온라인이나 전화로 사전에 민원신청서 양식에 대한 설명을 듣고 작성해 제출할 수 있도록 하는 온라인 구술민원 서비스 체계도 시범 구축한다. 정부민원포털에서 민원서류를 신청·발급하고, 타 기관으로 제출까지 한 번에 할 수 있는 제3자 신청 및 제3자 발급서비스도 확대할 방침이다.

자료: 디지털타임스, 2010년 3월 24일자 8면 기사.

첫째, 실효성이 낮은 민원사무 폐지, 지나치게 세분화된 민원사무 통폐합과 공무원이 확인할 수 있는 서류 제출 요구 금지 및 민간부문의 과도한 구비서류 관행을 개선하여 민원인의 행정부담을 완화한다.

둘째, G4C와 54개 기관별 민원시스템을 연계하여 통합민원포털을 구축하고, 전자문서 위변조를 방지함과 동시에 현재 컴퓨터에 집중된 서비스 기반을 휴대전화·TV·PDA 등 다양한 통신수단으로 확대하여 유비쿼터스 민원시스템을 구축한다.

셋째, 전자문서·전자서명의 법적효력 및 적용범위를 명확히 하고 민원서류의 전자화·표준화 및 온라인상 제3자의 본인인증 절차를 간소화하여 민간부문의 민원수요를 대폭 감축할 수 있도록 법제도를 정비한다.

넷째, 온라인 서비스 이용을 활성화하기 위해 인증절차 간소화 등 민원시스템의 기능을 개선하고, 시스템에 대한 대국민 홍보와 교육을 강화한다.


### (라) Green 민원 정책사례

Green민원 정책은 행정정보서비스 민원24(http://www.minwon.go.kr)를 통해 실현되고 있다. 민원24란 국민 누구나 행정기관 방문없이 집·사무실 등 어디서든, 24시간 365일 인터넷으로 필요한 민원을 안내받고, 신청하고, 발급·열람할 수 있는 서비스를 말한다. 제공 서비스로는 민원안내, 인터넷 열람민원, 인터넷 발급민원, 생활민원 일괄서비스, 어디서나 민원 서비스로 인터넷, 방문, 전화 접수 등 다양한 민원 접수 방법을 이용하여 민원을 신청하고, 가까운 공공기관을 방문하여 편리하게 민원을 처리할 수 있는 서비스가 있다.


## 3) G2B(*Government to Business*: 전자기업처리)

### (1) G2B의 개념과 의의

G2B(*Government to Business*)는 기본적으로 정부와 기업이 만나는 경계선 영역으로, 정보통신기술의 발전과 지식기반경제 환경의 변화에 따른 중앙조달방식과 분산조달방식으로 구성된 정부 전체의 조달방식을 전자화한 것이다. 이 시스템은 조달업체에 입찰기회의 공정성을 제공하고, 전체 표준·작업량을 감소시키기 위한 환경을 개방하는 시스템이다.

### (2) G2B의 추진전략

G2B시스템은 다음의 아홉 가지 내용을 추진전략으로 한다.

① 공공기관 자체조달 지원을 위해 BPR 결과인 표준 프로세스 및 코드·서식 등에 따라 새로운 전자적 처리시스템을 개발한다.

② 기간 내 G2B시스템 구축을 위해 조달청 조달 EDI 시스템 및 기 구축된 기관별 자체 전자조달시스템, 기 보유 DB 등 기존 시스템을 활용할 수 있도록 관련자료를 최대한 제시한다.

③ 향후 정부통합전산환경 구축 등으로 G2B시스템과 조달청 자체시스템을 분리할 필요가 있을 경우에 대비해 물리적·논리적 분리에 문제가 없도록 경제적인 방법으로 구축하도록 한다.

④ 조달청 등 기관별로 구축되어 있는 전자조달시스템 중 G2B시스템 운영과 관련 없는 부분에 대한 보완은 각 기관별 사업으로 추진하고 전자입찰시스템(GoBims) 등 공공기관 자체조달용으로 기 구축된 시스템은 G2B시스템 구축에 포함한다.

⑤ 목록관리, 단가계약 상품관리 등 G2B 운영에 포함된 기능구현에 있어 S/W와 DB는 기 구축된 S/W와 DB를 참조하여 재개발하여야 하며, H/W서버에 대해서는 신규서버 도입 또는 현재 조달청 관련 H/W 활용의 방안을 강구한다.

⑥ 시스템 구축시 조달 관련 법·제도 정비를 병행 추진하여 안정적인 서비스 제공에 차질 없도록 한다.

⑦ 검토인단을 구성, 정기적 검토회의 등을 수행하여 시스템 구축시 주요 사용자, 관련기관 등의 의견을 최대한 반영한다.

⑧ 시스템 구축시 행정표준을 준수하고 개방된 기준과 프로토콜을 이용하여 관련 시스템간의 연계가 가능하도록 한다.

⑨ 행정기관이 보유·관리하는 개인정보 보호 및 전자상거래의 안정성과 신뢰성 확보를 위한 보안·백업 시스템 구축 등 필요 조치를 수행한다.


## (3) G2B의 기대효과

G2B의 기대효과를 살펴보면 다음과 같다.


### (가) 업무의 효율성 제고

G2B시스템의 구축은 통합입찰 공고기능을 통해 인터넷으로 일괄 제공됨으로써 조달업체가 정부의 입찰정보를 얻기 위해 다양한 입찰정보 매체를 통해 일일이 확인해야 하는 번거로움이 없어지게 되며, 업체기관별로 참가등록이나 신청을 하지 않고 G2B에 등록만 하면 모든 공공기관에 입찰참여가 가능하다. 이에 따라 업무의 효율성 제고가 기대된다.


### (나) 조달행정의 투명성 확보

G2B시스템을 구축하게 되면, 공공기관 측에서는 업체관련 정보(실적, 부적격업체)를 축적하여 통합관리하고 인터넷, 공중망 및 초고속통신망을 이용하여 전자표준문서를 민원인

과 인·허가 입찰기관에 고속 전송하여 민원인이 원격지에서 전자문서를 작성할 수 있다.

#### (다) 고객지향성의 향상

수요기관과 조달업체는 조달과 관련된 정확한 정보를 적시에 충분히 확보할 수 있으며, 업무와 관련한 정보를 획득함으로써 조달업무처리에 대한 만족도가 향상된다.

#### (라) 기업경쟁력 제고

민간과 호환되는 공공 표준물품의 분류체계 확립 및 시중 상품몰에의 업체 상품등록을 통한 홍보가 가능하기 때문에, 전자상거래 기반제공으로 민간 B2B활성화 유도 및 조달업체의 판로가 확대된다.

#### (마) 국민의 참여 증가

G2B시스템의 활용으로 관련자들의 사이버 공간에서의 자유로운 만남과 의견개진 기회가 더욱 확대되기 때문에, 정보공개와 더불어 시민의 정책과정에 대한 참여를 증가시켜줄 뿐만 아니라, 디지털 정보로 기록되는 전자적 행위의 사후추적이 가능하므로 공무원들의 책임성을 증진시키게 된다.

### 4) 전자부패

#### (1) 전자부패의 개념

전자부패는 "공무원, 민간계약자 또는 기타 권한을 부여받은 개인이 공공조직의 컴퓨터 시스템(또는 정보통신시스템)을 이용하여 범하는 비행, 부정 또는 범죄"로 정의할 수 있다(ICAC, 2001; 이태영, 2008: 50~51).

전자부패(e-Corruption)라는 용어는 전자정부가 등장하고 난 이후 소개된 비교적 최근의 개념이기 때문에, 이에 대한 합의된 개념 정의는 미흡한 실정이다.[8] 전자부패에 대한 개념을 나누어 살펴보면 우선, '전자(electronic)'라는 개념은 정보 통신 시스템에 해당하는데, 정

---

8) 전자부패의 개념은 협의 및 광의의 관점으로 나누어 살펴볼 수 있는데, 우선 부패수단의 변화에 초점을 맞추고 있는 협의 관점(Shadrach, 2003)에서는 "공적으로 위임 받은자 또는 기관이 사적인 이득을 추구하기 위하여 새로운 전자매체를 이용해 권한을 오용하는 행위"로 정의한다. 한편 광의 관점(최영훈 외, 2003: 63)에서는 "전자정부의 저해요인으로 작용하는 특징적인 부패현상"으로 전자부패를 정의하고 있다(이태영, 2008: 50).

보 통신 시스템은 하드웨어, 데이터베이스, 소프트웨어 네트워크를 포함한다. 이를 다시 개념적으로 설명하면 정보를 수집, 축적, 처리, 검색, 전달 등 정보를 관리하는데 사용되는 일련의 기술 수단까지를 포함한다고 할 수 있다. 이러한 경우 정보 기술은 기존의 정보를 활용하여 새로운 정보와 지식을 창출하거나 정보 시스템에 보관되어 있는 전문가의 판단, 의사결정을 이용할 수 있는 경우까지를 의미한다(Senn 1995: 12; 최창현 1993; Frenzel 1999: 10).

한편, '부패(corruption)'는 공직자가 사리사욕을 위해서 공직에 부수되는 공권력을 남용하거나 직·간접적으로 행사함으로써 법규를 위반하는 경우, 그리고 의무 불이행 또는 부당 행위 등 규범적 의무를 일탈하는 경우를 말한다. 따라서 전자부패(e-Corruption)는 국가의 정보 시스템에 접근할 수 있는 공직자가 자신의 이익을 위해 하드웨어, 데이터베이스, 소프트웨어 등의 정보 통신 시스템을 조작하여 국민에게 피해를 주는 것으로 정의할 수 있다(서승현, 2004: 148).

## (2) 전자부패의 발생요인

전자부패에 관한 적절한 자료와 사례를 찾기란 어려운 일이다. 따라서 이러한 전자부패가 불충분한 상태로 보고되고 있는 것이 일반적이며, 부패조사기관들이 컴퓨터를 통해 부패를 포함하는 보고서들을 분류하는 기준조차도 없는 실정이다. 다만 전자부패에 관하여 비교적 오래전부터 관심과 연구를 축적하여 온 호주의 반부패독립위원회(ICAC)가 지적하고 있는 전자정부의 부패 취약요인을 중심으로 전자부패의 발생요인을 정리하면 〈표 9-6〉과 같다(최영훈 외, 2003: 151~152).

〈표 9-6〉 전자정부에서 정보통신기술(ICT)의 부패취약요인에 대한 개념화

| 개념적 취약요인 | 설 명 |
|---|---|
| 자동화와 신속성 (Automation & immediacy) | 전자정부의 일처리 과정 속에서 자동화된 업무처리 과정과 속도는 기존의 감사기법이나 감독기능으로 적발하기 어렵게 된다. |
| 추가정보의 손실 (Loss of collateral information) | 공공부문의 거래에 있어서 면대면(face to face) 접촉의 부재는 거래상대방에 대한 판단기준을 온라인상에 한정함으로써 내부공무원과 결탁해 공공기관을 상대로 하는 온라인 사기의 위험성에 노출된다. |
| 접근성과 동시성 (Accessibility and Ubiquity) | 전자정부의 실현으로 시간과 장소에 구애받지 않는 서비스가 가능해졌으나 부패한 의도를 가진 공무원에게 있어서도 같은 기회를 제공할 수 있다. |
| 새로운 사업모형 (New business models) | 사업초기단계에 서비스를 난해하고 복잡하게 만듦으로써 이른바 정보격차를 유발하고 이를 통한 중간매개사업을 발생시켜 이익을 취할 수 있다. |
| 암호화 (Encryption) | 날로 복잡하고 새로워지는 암호기술은 부패행위를 입증할 수 있는 중요한 자료에도 적용됨으로써 부패행위의 규명을 어렵게 할 수 있다. |

※ 자료: 최영훈 외(2003: 152).

## (3) 전자부패의 유형9)

이태영 외(2008)는 전자부패의 개념적 유형분류를 함에 있어서 '행위자의 ICT 활용도'라는 차원에서 ICT의 활용능력을, 그리고 부패의 '통제자의 인식도'라는 차원에서 부패의 통제능력을 분류기준으로 삼아 전자부패를 유형화하였는데, 이를 도식화하면 〈그림 9-10〉과 같다.

〈그림 9-10〉 전자부패의 개념적 유형

|  |  | 행위자의 ICT활용도 | |
|---|---|---|---|
|  |  | 낮다 | 높다 |
| 통제자의 인식도 | 낮다 | 제1유형: 무지형 | 제2유형: 기술형 |
|  | 높다 | 제3유형: 방임형 | 제4유형: 해커형 |

각각의 전자부패 유형들에 대한 특징을 살펴보면 다음과 같다.

### ① 제1유형: 무지형

제1유형은 통제자의 입장에서 부패행위에 대한 통제인식이 낮고 행위자의 입장에서도 낮은 수준의 ICT활용도를 지닌 상황에서 발생할 수 있는 전자부패의 유형이다. 이러한 전자부패의 유형은 정보통신기술이 도입되는 초기단계에 발생할 수 있는 부패의 전형으로 여겨진다. 전자부패의 행위자가 부패행위를 하는 데 있어서 특별한 ICT능력을 필요로 하지 않는다는 점은 행위자의 입장에서 이러한 행위를 심각하게 고려하지 않고 있음을 특징으로 한다.

이러한 유형의 전자부패가 지니는 일반적인 공통점은 자료의 위·변조나 삭제의 행태를 보인다기보다는 단순한 정보의 유출을 통해 사익을 추구하는 유형이다. 비록 단순한 정보유출이라 할지라도 반복적인 복제가능성, 정보유통의 신속성, 유출된 자료의 영구성 등의 정보화 특성들로 인한 파급효과는 기존의 부패와 비교해 볼 때 커다란 차이점을 지닌다.

---

9) 이에 대한 내용은 이태영 외(2008)의 "전자부패의 유형과 함의: 사례를 중심으로"를 참고하여 정리하였음.

② 제2유형: 기술형

제2유형은 전자부패가 발생할 수 있는 영역들 중 전혀 새로운 영역에서 발생하는 특징을 나타낸다. 부패행위 통제자의 입장에서는 전자부패가 발생하여 막대한 손실을 입고 있음에도 불구하고 그러한 사실조차 인지하지 못하는 경우이다. 이러한 경우 부패행위자를 적발했다 하더라도 법적·제도적 미비로 인해 처벌근거가 마련되지 않아 적절한 조치를 취할 수 없는 경우가 발생할 수 있다.

③ 제3유형: 방임형

제3유형은 전통적인 부패의 영역과 새로운 부패유형이 중첩되는 영역에 존재한다. 즉 정보화 도입 이전부터 이권개입, 청탁, 뇌물 등 부패행위가 발생하던 영역에서 정보화를 수단으로 이용하는 것이다. 따라서 부패행위 통제자의 입장에서는 사전에 부패 발생 가능성을 인지하고 있는 경우가 대부분이며 적절한 조치를 취하지 않음으로써 발생하는 특성을 보인다. 이러한 유형의 전자부패는 부패행위자의 입장에서 1유형의 전자부패 유형에서와 마찬가지로 낮은 수준의 ICT능력을 이용한다. 이는 통제자의 암묵적 방조 내지 조직적 공모를 통한 부패행위인 경우에 해당된다.

이러한 유형의 전자부패는 주로 단순정보 유출의 형태를 띠며 획득한 정보를 외부에 거래하는 형태로 나타난다. 이는 전통적인 영역에서의 부패행위가 전자부패로 쉽게 전환될 수 있다는 점에 문제의 심각성이 있다.

④ 제4유형: 해커형

제4유형은 제시된 두 개의 차원 중 부패행위자의 능력과 통제자의 통제능력이 모두 높은 상태를 교차시킴으로써 나타날 수 있는 개념 유형이다. 즉 통제자의 통제능력이 높다는 것은 통제자가 이미 부패가 발생할 수 있는 영역으로 인식하고 있으며, 이에 대한 통제를 하고 있음에도 불구하고 부패행위자는 ICT능력으로 이를 피해 부패행위를 실행시키는 특징을 나타낸다. 예컨대 공공정보에 합법적으로 접근할 수 있는 권한을 가진 공무원이 평소 알고 지내는 사람이나 동료 또는 특혜를 바라는 외부인 등의 청탁을 받고 전산망의 자료를 조작하는 경우를 들 수 있다.

## 5) 전자참여

### (1) 전자정부와 시민참여의 관계 및 개념

전자적 시민참여는 정보통신기술을 활용하여 정부의 다양한 의사결정 과정에 시민이 참여하는 것과 관련된 개념으로, 이를 통해 민주적 의사결정과정을 지원하고 대의적 민주주의를 강화시키는 것을 목적으로 한다(최영훈 외, 2006: 215).

전자정부에서 시민참여와 관련한 논의는 주로 전자정부의 성숙단계와 관계된다. 전자정부가 지향하는 이념은 단계적 성숙도를 갖는데, 〈그림 9-11〉에서와 같이 1단계에서는 정부운영의 효율성 및 능률성 제고, 2단계에서는 고객지향적인 정부 서비스 제공, 그리고 마지막 3단계에서는 전자적 시민참여를 통한 민주성, 투명성, 신뢰성을 달성하고자 한다(윤상오, 2003; 한국전산원, 2004). 즉 전자정부가 지향하는 행정의 최상위 목적은 민주성과 성찰성에 도달하는 것이라고 할 수 있으며, 이러한 측면에서 전자적 시민참여는 신뢰받고 성숙한 전자정부를 달성하는 데 매우 중요한 요건이다(권기헌, 2008a: 60; 김선경, 2007: 35).

따라서 전자정부의 구현은 정부 내부의 효율성뿐 아니라, 투명성 및 민주성의 관점에서 접근되어야 하며, 이를 위해서는 정부 스스로 국민들에게 쉽고 저렴하고 편리한 방식으로 참여에 필요한 정보와 참여채널을 제공해 줌으로써 참여를 활성화시키려는 노력이 필요하

〈그림 9-11〉 전자정부 성숙도와 시민참여와의 관계

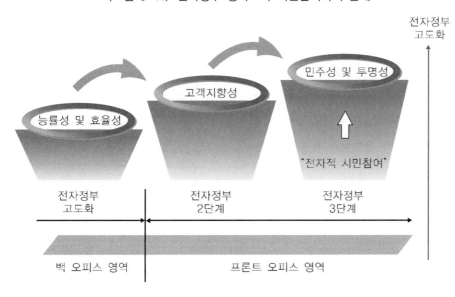

※ 자료: 김선경(2007: 36).

다(윤상오, 2003: 85). 오늘날 우리나라의 정보통신기술기반의 도입과 확충 그리고 다양한 시민참여 채널의 도입은 이러한 손쉽고 접근 가능한 시민들의 전자적 참여를 높여줄 것으로 기대할 수 있다.

## (2) 전자참여의 필요성

전자적 시민참여의 필요성은 행정의 이념적 측면, 즉 행정의 민주성 확보와 행정의 효율성 확보의 두 가지로 살펴볼 수 있다.

첫째, 행정 국가화 현상으로 행정부의 권한과 기능이 크게 확대됨으로 인해 입법부나 사법부에 의한 전통적인 행정통제는 무력하게 되고 대의정치가 퇴색될 우려가 커진 상황에서, 이러한 민주주의의 위기에 대처하고 대의제 민주주의의 한계점을 극복하기 위하여 전자적 시민참여가 필요하다. 이러한 측면은 전자적 시민참여가 직접 민주주의에 근접하여 복잡한 현대사회의 문제를 잘 해결할 수 있을 것이라고 가정한다.

둘째, 행정의 효율성을 확보하기 위하여 전자적 시민참여가 필요한데, 전자적 시민참여는 새로운 창의적 정보(의견, 대안 등)를 생성하여 정부의 비효율적 업무를 완화시키거나, 정책의 품질을 향상시키는 데 기여할 수 있기 때문이다.

전자적 시민참여의 필요성으로 제기된 행정의 민주성 확보와 행정의 효율성 확보는 두 가지 모두 추구되어야 할 사항들이지만, 이들은 상반된 경향이 있다. 예컨대, 행정의 민주성을 확보하려면 많은 시간과 노력을 들여서 시민들의 의견을 반영해야 하며, 시민들에 대한 정부의 대응 그리고 협의와 조정이 필요하기 때문에 상대적으로 행정의 효율성은 떨어질 수 있는 것이다. 하지만 정보통신기술은 이러한 상반된 측면을 어느 정도 완화시켜주는 역할을 가능하게 한다. 즉, 정보통신기술의 사용은 보다 적은 시간과 노력으로 행정의 민주성을 확보하는 데 기여할 수 있으며, 행정의 효율성을 확보하는 데도 보다 많은 대안과 경험들을 수집할 수 있는 가능성이 커졌다. 요컨대, 정보통신기술을 이용한 전자적 시민참여는 행정의 민주성과 효율성을 동시에 확보할 수 있는 방안이라고 할 수 있다(윤종현, 2007: 289~290).[10]

---

10) 전자적 시민참여의 한 형태로서 최근에 활성화되고 있는 전자투표에 관해서는 본서 제18장 참조바람.

# 민주주의서울(democracy.seoul.go.kr)

## 1. 개요

민주주의서울은 2006년에 출범한 '천만상상오아시스'를 확대·개편한 것으로 시민과 서울시가 함께 서울의 변화를 만들어가기 위한 시민 플랫폼이다. 서울시민이라면 인터넷을 통해 시정에 관한 아이디어를 제안하고 결정하는 시민참여제도의 일환이다. 민주주의서울은 크게 '제안', '결정', '실행', '서울시가 묻습니다'로 구성되어 운영된다. 제안은 서울시 전반을 아우르는 다양한 주제에 대해서 시민들이 자유롭게 의견을 나눌 수 있도록 이루어진다. 결정은 시민이 제안한 의제 중에서 일부 제안을 선정하여 토론과 투표를 통해 의제를 결정하는 것을 말한다. 실행은 시민이 집행하기로 결정한 제안이 어떻게 추진되는지 확인하는 기능이라고 할 수 있다. 또한 민주주의서울은 '서울시가 묻습니다'를 신설하여 서울시의 정책에 대한 시민들의 여론을 확인하고 함께 토론하는 공론장을 구축하여 운영하고 있다.

## 2. 운영과정

운영과정은 크게 의제 설정 단계, 공론화 단계, 결과 공개 단계로 나누어진다.

### 1) 의제 설정 단계

민주주의서울에 올라온 시민의 제안은 일정기간동안 다른 시민의 의견과 공감을 받는 과정을 거친다. 50인 이상의 공감을 받은 제안은 관련 부서로 옮겨져 전문가와 담당부서의 답변을 받게 된다. 부서의 수용을 받은 제안일 경우 부서의 수용 답변 이후 60일 이내에 추진 계획서를 작성하고, 수용불가 판정을 받은 제안은 담당부서가 불가 사유를 작성한다.

### 2) 공론화 단계

공론화 단계에서는 공론의제 선정단이 선정한 의제를 바탕으로 중요도에 따라서 시민들간의 의견을 주고받을 수 있는 온·오프라인 공론장 운영 방법을 기획한다. 온라인상에서 공론장이 생성될 경우 '서울시가 묻습니다'에서 의제를 제시하고, 오프라인에서 공론장이 생성될 경우 전문가 토론회, 타운홀 미팅, 정책 박람회를 통해 공론장을 운영한다. 이후 공론장을 통해 모아진 의견 및 제안 등의 결과를 해당 부서로 전달한다.

### 3) 결과 공개 단계

해당 부서는 전달받은 제안에 대해서 수용 혹은 수용불가 판정을 내린다. 민주주의서울은 해당 부서의 추진계획 또는 불가 사유를 공개한다. 만일 5,000명이 참여한 의

제인 경우 시장이 직접 답변을 실시한다.

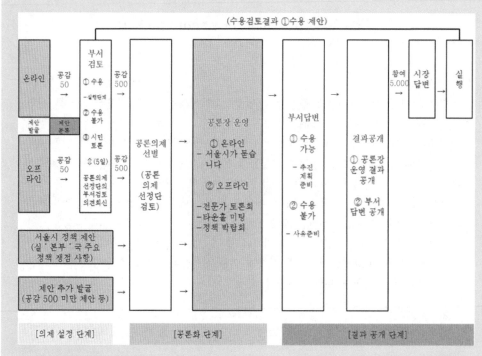

※ 자료: 서울혁신기획관(2018).

자료: 서울혁신기획관(2018), "민주주의 서울 실행계획" & 민주주의서울
(http//democracy.seoul.go.kr)을 토대로 정리함.


## 4. 전자정부 법제도 기반[11)

### 1) 한국 전자정부 법제도 개관

우리나라의 정보화는 일괄처리 위주의 단순하고 반복적인 업무를 전산화하는 1970년대

---

11) 전자정부 법제도는 행정안전부에서 발행한 "2010 국가정보화에 관한 연차보고서"; 정충식
(2009), "국가정보화 추진체계에 대한 비판적 검토: 추진체계의 변화과정을 중심으로"의 내용 중 일
부를 토대로 정리한 것이다.

의 행정전산화를 시작으로 정부에서 주도적으로 추진하였다. 1978년 이후 제1차, 제2차 행정 전산화사업 이래로 정부는 본격적으로 컴퓨터를 이용하기 시작하였으며, 1990년대 중반까지 국가기간전산망사업을 통해 우리나라의 국가정보화 추진기반을 조성하였다. 행정전산화와 국가기간전산망사업 이후 정부는 더욱 국가정보화에 주력하고, 정보통신산업의 기반을 조성하고 초고속 정보통신기반 구축사업 등 국가의 주요 정보화사업을 효율적이고 일관성 있게 추진하기 위해 1995년 8월 「정보화촉진기본법」을 제정하고, 1996년 '제1차 정보화촉진기본계획'을 수립하여 정보통신 선진국으로 도약하기 위한 노력을 진행하였다.

하지만 이후 IMF 외환위기와 지식기반경제로의 전환 등 정보화 추진환경이 크게 변화함에 따라 제1차 정보화촉진기본계획의 수정과 보완이 요구된바, 1999년 '창조적 지식기반 국가 건설'이라는 비전 달성을 위한 제2차 정보화촉진기본계획이 수립된 이후 꾸준히 더 나은 전자정부를 완성하기 위한 적극적이고 능동적인 비전이 제시되었다.

특히 2000년 이후에는 정부업무의 효율성 증진뿐만 아니라 대민서비스에 있어서 투명성을 향상하고 국민과 기업에 대한 서비스를 획기적으로 개선하기 위한 전자정부사업이 추진되었다. 이에 따라 전자민원 G4C, 전자조달, 홈텍스시스템 등 11대 전자정부사업을 추진함으로써 세계최고 수준의 전자정부 구현을 위한 기본적인 토대를 마련하였다.

구체적으로 효율적인 행정업무를 위해 내부적으로는 전자문서시스템, 문서유통시스템, 업무관리시스템 등 행정업무를 전자적으로 처리하기 위한 기본 인프라를 갖추었을 뿐만 아니라, 재정, 인사, 형사사법 등 국가의 주요 업무를 전자화하였다.

또한 국민과 기업에 대한 서비스 측면에서는 전자적 민원처리 및 민원서류 발급을 크게 확대하였으며, 행정기관 간 정보를 공동이용할 수 있는 체계를 마련함으로써 국민과 기업의 구비서류 제출부담을 경감시켰고, 온라인 국민참여 포털을 구축·운영함으로써 정책결정에 대한 국민의 참여를 크게 확대하였다.

하지만 인터넷 이용이 보편화되고 정보화가 국가사회 전반으로 확산됨에 따라, 촉진과 확산 중심의 기존 정책의 한계가 노출되었고, 이에 따른 새로운 요구가 발생하였다. 이에 따라 정부는 그동안 정보화 추진과정에서 발생한 문제점을 해소하고 '촉진'에서 '활용'으로의 정보화 패러다임 변화를 대응하기 위하여 창의와 신뢰의 선진 지식정보사회 실현을 비전으로 하는 새로운 '국가정보화 기본계획'(2008~2012)을 수립하여 추진하고 있다.

## 2) 국가정보화 기본법

정보화 관련 법령은 본질적으로 정보화를 목적으로 하는 법령뿐만 아니라 「주민등록법」

등 부수적으로 정보화와 관련된 내용을 포함하는 유관 법령으로 나눌 수 있으며, 이를 큰 틀에서 「국가정보화 기본법」을 중심으로 주요 법률을 국가사회의 정보화 촉진, IT 기술 및 산업의 지속적 발전, 정보통신 기반 고도화 등 3개 분야로 나눌 수 있다.

<그림 9-12> 정보화 관련 법·제도 분류

※ 자료: 행정안전부(2010), 50쪽 인용.

첫째, 국가사회의 정보화 촉진은 다시 1) 전자정부법, 사무관리규정, 민원사무처리에 관한 법률 등으로 구성된 전자정부·공공정보화, 2) 전자서명법, 전자거래기본법, 저작권법 등으로 구성된 정보이용환경 조성, 3) 개인정보 보호법, 신용정보의 이용 및 보호에 관한 법률, 통신비밀보호법 등으로 구성된 정보화 역기능 방지로 이루어져 있다.

둘째, IT 기술 및 산업의 지속적 발전은 소프트웨어산업진흥법, 온라인디지털콘텐츠산업발전법, 방송법, 인터넷멀티미디어방송사업법 등으로 구성된 IT산업기반 조성과 신산업 육성으로 이루어져 있다.

셋째, 정보통신 기반 고도화는 정보통신 이용촉진 및 정보보호, 전기통신기본법, 전파법 등으로 구성된 정보통신망 구축 고도화로 이루어져 있다.

이러한 3개 분야로 구성된 국가정보화 기본법을 도식화하면 〈그림 9-12〉와 같다.


## 3) 국가정보화정책

### (가) 추진배경

우리나라의 국가정보화 정책은 정치·행정·경제·사회적 이슈와 새로운 환경변화에 대응하여 문제를 해결할 수 있는 방향으로 끊임없이 변화해 왔으며, 특히 IT는 점차 사회전반의 인프라로 그 범위와 중요성이 더해가고 있다. 이에 우리나라 정부는 IT를 통한 공공기관의 생산성 향상과 서비스 개선을 위한 전자정부 프로젝트를 정보화의 핵심사업으로 추진하여 왔으며, 사회 전반에 IT를 접목시켜 국가경쟁력 및 삶의 질 향상에 기여하는 핵심 정책수단으로 활용하고 있다.

특히 이명박 정부에 들어서면서 새로운 국정비전으로 제시된 저탄소 녹색성장을 정보화를 통해 지원하고 저출산·고령화 및 IT 융합 등 미래 기술환경 변화에 대응할 수 있는 새로운 정보화 정책 개발이 필요하게 되었다. 또한 개방·공유·협업의 글로벌 정보화 트렌드에 대응하여 개별 정보시스템의 연계·통합을 통한 수요자 중심의 서비스 제공에 대한 요구가 증가되었으며, 이동전화, 반도체, LCD 등 소수 품목 중심의 불균형 성장을 극복하고 상대적으로 취약한 국내 S/W 및 서버, 네트워크 등 장비 산업의 경쟁력을 향상하기 위한 정책적 지원 필요성이 증대되었다. 아울러, 정보사회 고도화에 따른 해킹, 개인정보 유출, 정보격차 등 정보화 역기능 해소에 대한 대응책 마련이 시급해졌다.

정부는 이러한 정보화 환경변화 및 새로운 정책수요에 대응하여, 2008년 11월 '국가정보화 기본계획(2008~2012)'을 수립·발표하였다.


### (나) 추진체계
### ① 우리나라 정보화 정책 추진체계의 변화

국가정보화 추진체계가 마련된 것은 1987년 5대 국가기간전산망사업을 추진하면서부터

이다. 이후 1999년 중반 초고속 정보통신망 구축기에 접어들면서 관련 업무를 일원화하고 「정보화촉진기본법」을 제정, '정보화추진위원회'를 발족하여 정보통신부와 정보화추진위원회를 중심으로 한 추진체계가 수립·운영되어 왔다.

김대중 정부에서는 정보화추진위원회와는 별도로 다수 부처가 관련된 11대 전자정부 사업을 추진하기 위해 전자정부특별위원회를 설치·운영하였고, 노무현 정부에서는 분산되어 있던 전자정부 관련 기능을 주무기관인 행정자치부에 권한과 책임을 집중시키고, 전자정부특별위원회의 주요 사업과 예산심의·조정, 부처간 이견조정 등의 기능을 이관하였다.

② 이명박 정부의 정보화 정책 추진체계

i) 추진체계의 구성

국가정보화기본법에 따라 이명박 정부는 국가정보화 추진체계로 국가정보화전략위원회를 신설하여, 2009년 11월에 출범시켰다. 국가정보화전략위원회는 국가정보화 추진과 관련된 사항을 심의하기 위하여 대통령 소속으로 설치하였다. 국가정보화전략위원회는 기본계획 및 시행계획의 수립, 지식정보자원의 지정, 정보문화의 창달 및 정보격차 해소 사업의 우선순위 결정 등 국가정보화 전 분야에 대한 정책을 심의하는 정보화정책과 관련된 최고 기구로서의 위상을 지닌다. 또한 새로운 정보사회 패러다임을 반영한 미래지향적인 정보화정책 의제(agenda)를 발굴·추진함으로써 국가정보화의 통제탑(control tower)으로서의 위상도 확보하였다고 평가할 수 있다.

국가정보화전략위원회는 국무총리와 민간전문가를 공동위원장으로 하여 정보화 관련 중앙부처 장관 등 당연직 정부위원 15명과 정보화 분야의 민간전문가 14명 등 총 31명(공동 위원장 2명 포함)으로 구성되었다. 당연직 정부위원에는 헌법기관(4명), 중앙행정기관(9명), 지방자치단체(2명) 등에서 참여하고 있다. 또한 국가정보화전략위원회에 상정할 안건을 미리 검토하고 위원회가 위임한 안건을 심의하기 위하여 국가정보화전략실무위원회를 두고 실무위원회 소속으로 세부 아젠다를 주관하는 분야별 전문위원회(총 10개)를 두고 있다.

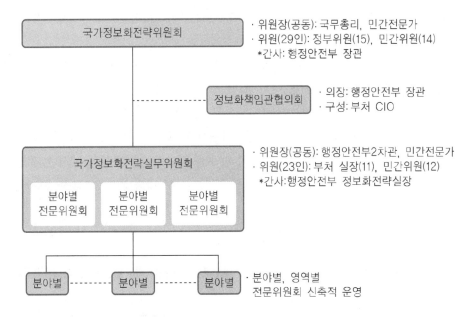

〈그림 9-13〉 국가정보화전략위원회 구성

국가정보화전략위원회
· 위원장(공동): 국무총리, 민간전문가
· 위원(29인): 정부위원(15), 민간위원(14)
  *간사: 행정안전부 장관

정보화책임관협의회
· 의장: 행정안전부 장관
· 구성: 부처 CIO

국가정보화전략실무위원회
· 위원장(공동): 행정안전부2차관, 민간전문가
· 위원(23인): 부처 실장(11), 민간위원(12)
  *간사: 행정안전부 정보화전략실장

분야별 전문위원회 | 분야별 전문위원회 | 분야별 전문위원회

분야별 — 분야별 — 분야별
· 분야별, 영역별
  전문위원회 신축적 운영

※ 자료: 행정안전부(2010), 47쪽에서 수정.


ii) 추진체계의 주요 기능

국가정보화전략위원회의 주요 기능은 국가정보화정책 총괄기능 강화, 국가정보화 유관 영역간 정책의 공조, 기본계획 및 시행계획에 따른 정보화사업 투자의 효율화, EA (Enterprise Architecture) 적용을 통한 각 부처 정보화사업의 체계화 및 국가정보화 관련 주요 시책의 관리 등이다(행정안전부, 2008).

그 밖에 국가기관과 지방자치단체는 정보화시책의 수립·시행과 조정을 위해 정보화책임관(CIO)을 두게 되어 있는데, 국가 수준에서는 각 부처의 정보화책임관들로 협의회를 구성하여 행정안전부 장관이 그 의장을 맡도록 함으로써 부처간 조정능력을 강화시키고자 노력하였다(홍성걸, 2009: 38).


(다) 비전 및 전략

국가정보화 기본계획은 새로운 정보화 비전으로 창의와 신뢰를 토대로 한 선진 지식정보사회를 제시하고 있다. 이때 '창의'란 정보통신기술을 창의적으로 활용함으로써 사회 각 부문의 효율성을 제고하고 새로운 부가가치를 창출하는 것을 뜻하며, '신뢰'는 건전한 정보문화를 확립하여 지속가능한 정보화의 추진 환경을 조성하는 것을 말한다. 국가정보화 비전은 이러한 창의와 신뢰의 정보화를 통해 국민이 편리하고 안전하게 잘 사는 선진 지식정보사회를 실현하고자 하는 것이며, 궁극적으로는 국정 비전인 '선진 일류국가 실현'에 기여하는 것을 목표로 하고 있다.

국가정보화 기본계획은 창의와 신뢰를 바탕으로 과거와 차별적인 정보화 추진을 위한 네 가지 추진전략을 설정하였는데, 이는 '활용 중심의 정보화 추진', '소통과 융합의 정보화 추진', '정보화 역기능에 대한 적극적 대응', '민관 협업의 정보화 거버넌스 체계 구축' 등이다. 이는 과거의 정보화 추진성과를 인정하면서도, 촉진과 확산 중심의 정보화 추진에 따른 한계와 문제점을 인식하고 이를 극복할 새로운 정보화 정책방향을 제시한 것으로 평가할 수 있다. 정부의 국가정보화 기본계획을 도식화하여 나타내면 〈그림 9-14〉와 같다.

〈그림 9-14〉 국가정보화 기본계획

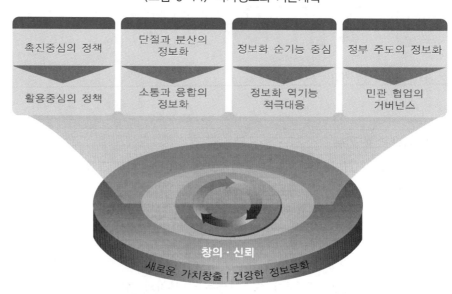

※ 자료: 행정안전부(2010), 36쪽에서 인용.

## 5. 요약 및 결론

지금까지 우리는 전자정부의 추진전략을 검토하였으며, 이를 생산성 제고와 정책결정역량 제고를 위한 전자정부 Back Office 전략, 민주성(투명성) 제고를 위한 Front Office 전략, 전자정부의 법·제도적 기반으로 나누어 살펴보았다. 각 분야별 핵심요소들을 정리하면 다음과 같다.

첫째, 생산성 제고를 위한 Back Office 구축전략은 전자문서, 공무원 정보리터러시, 행정정보 공동활용, 협업, 정보자원관리, 아웃소싱, TQM, BPR, CRM, ERP, SIS에 대해서 검토하였다. 또한, 전자문서의 최근 경향으로서 전자문서유통시스템, 공무원 정보리터러시 관련하여 CIO제도, 행정정보공동활용 관련하여 정보공동이용센터, 협업 관련하여 스마트 워크, 정보자원관리와 관련하여 통합 EA를 학습하였다.

둘째, 정책결정역량 제고를 위한 Back Office 구축전략은 정책결정지원에서 정보시스템의 역할, EDPS, PMIS, DSS, DW에 대해서 검토하였다.

셋째, 민주성(투명성) 제고를 위한 전자정부 Front Office 구축전략은 정보공개정책, G4C, G2B에 대해서 검토하였으며, 여기에서도 최근에 강조되고 있는 Green 민원, 전자부패와 전자참여(e-참여)에 대해 학습하였다.

마지막으로, 전자정부의 법제도적 토대를 시기별로 개관하였으며, 국가정보화의 기본법률이 되고 있는 국가정보화기본법과 국가정보화기본계획에 대해서 살펴보았다. 특히 이명박 정부에 들어와 중요해지고 있는 국가정보화전략위원회에 대해서 그 추진체계와 전략을 살펴보았다.

<<< **핵심** Point !

◈ 전자정부의 Back Office 구축전략 I : 생산성 제고 ◈

◎ 전자문서

▣ 전자문서

▶ 전자정부 내에서 공식적으로 생성·유통되는 전자적인 공문서(협의)
  • 시간과 비용의 과다발생 방지를 위해 전자문서의 필요성 제기

▣ 전자문서의 장점과 단점

▶ 장 점
  • 인건비 절약으로 인한 추가인원 고용 근거
  • 문서비용 절감
  • 내부업무 방법과 절차의 개선
  • 업무 당사자들과의 긴밀한 관계 유지
  • 고객들에 대한 서비스 증가
  • 인원의 효율적이고 생산적인 활용
  • 환경의 요구에 대한 신속한 대응
  • 정부조직에 대한 신뢰도 증가

▶ 단 점
  • 손상의 위험
  • 신뢰성 문제
  • 자료에 대한 획일적인 평가와 저장
  • 유사한 중복자료의 보존 가능성
  • 해당 자료의 최근성에 대한 혼란

▣ 전자문서 관리 시스템(EDMS)

▶ 개 념
  • 문서와 문서처리 과정에 대하여 새로운 정보통신 기술을 적용함으로써 업무 수행시의 효율과 성과를 향상시키고자 하는 시스템

- ▸ 핵심 기술요소
  - 전자문서 관리: 전자적으로 작성된 텍스트 형식의 문서를 관리하기 위한 기술
  - 이미지 문서 관리: 화상 입력 장치를 통하여 디지털화하여 컴퓨터에 저장되는 문서
  - 컴퓨터 출력물 관리(COLD): 대용량의 정형화된 자료를 관리하기 위한 기술
  - 워크플로: 조직 내의 문서 작업의 흐름을 관리하고 통제하기 위해 업무 프로세스의 흐름을 자동화시켜 주는 기술

## ◘ 정책과제

- ▸ 범부처적 공통 기반구조 관리체계 필요
- ▸ 문서제도나 처리, 유통과 같은 기반구조에 대한 부처간 협의 필요
- ▸ 문서제도의 개선


## ◎ 공무원 정보리터러시

## ◘ 정보리터러시

- ▸ 정보리터러시: 정보기술을 활용하여 자신이 당면한 문제를 해결할 수 있는 능력
  - 자율성 → 자율학습
  - 윤리성 → 지적재산권, 개인 프라이버시
  - 효율성 → 정보의 사용, 축적, 전달

## ◘ 공무원 정보리터러시 추진전략

- ▸ 조직 구성원의 개인 정보화 수준의 단계별 분류
- ▸ 구성원의 조직에서의 계층적 구조 속의 역할 분류

## ◘ 공무원 정보리터러시 추진 문제점

- ▸ 전산교육 수용의 한계
- ▸ 정보리터러시의 중요성 인식 부족
- ▸ 교육방법 개발의 한계
- ▸ 교육시설 및 교육여건의 한계
- ▸ 임용 전 정보화 교육의 미비

◘ **공무원 정보리터러시의 향상방안**

▸ **정보리터러시 향상방안**
- 공무원의 획기적인 정보화 인식의 전환
- 전자정부 구현과 관련된 정보화사업의 지속적 유지보수 비용 투자
- 정보화사업에 대한 장기적 관점 확보

◎ 행정정보공동활용

◘ **정보공동활용의 개념 및 필요성**

▸ **개념**: 국가기관과 공공기관이 각 기관별로 업무수행 목적상 보유하고 있는 정보를 업무수행을 위하여 기관 내 부문과 부문 또는 기관과 기업, 기관과 개인 사이에 공동으로 함께 사용하는 것

▸ **필요성**
- 비용(시간, 이동, 기타 물적 비용) 절감
- 국민의 부담 절감 및 국민의 만족도 제고
- 정부 각 기관과 조직의 능률성 향상
- 정부의 부처 이기주의 극복 및 사회문제 해결능력 증대
- 질 높은 정책정보 산출 가능

◘ **정보공동활용의 방법**

▸ **전통적 방법**: 직접적 대면접촉을 통한 정보공유
▸ **전자적 방법**: 컴퓨터시스템과 네트워크를 활용한 정보교환

◘ **정보공동활용의 유형**

▸ **행정정보화의 유형**
- 정부부처 내부의 공통 행정업무
- 정책결정 지원을 위한 정보공동활용
- 민원 서비스를 위한 정보공동활용

▸ **정보관리시스템에서의 유형**
- 집중형: 공동활용되는 정보가 복수의 기관에서 생산되는 경우 한 기관에서 통합관리하는 형태
- 분산형: 정보 생산기관에서 개별적으로 관리하고 이것을 네트워크로 연결하여 사용하는 형태

## ▣ 우리나라 정보공동활용 추진의 문제점

▶ 국가차원의 정보화정책 수립 부재

▶ 법령상의 문제　　　　　　　　▶ 정치적 지지력 부족

▶ 기술적인 문제　　　　　　　　▶ 업무적 문제

▶ 집행조직상의 문제　　　　　　▶ 정보화 인식 부족

▶ 전문인력의 문제　　　　　　　▶ 정보사용에 따른 부담 문제

▶ 재원확보의 문제　　　　　　　▶ 조직문화의 문제

## ▣ 정보공동활용의 활성화 방향

▶ 행정정보 공동활용 관련 법령 정비

▶ 정보 공동활용정책의 명확한 목표 설정

▶ 정보 공동활용의 집행추진체계 정비

▶ 정보 공동활용정책을 정부개혁 차원에서 추진

▶ 최신 정보기술의 최대 활용

▶ 정보통신 표준화 체계 정립

## ◎ 협업(collaboration)

## ▣ 협업 및 협업설계

▶ 협업: 동일 생산과정이나 관련 있는 생산과정에서 다수의 노동자가 상호협력하여 행하는 작업형태

▶ 협업설계: 지리적·위치적 제약을 해결하여 업무 프로세스를 원활하게 하고, 개발기간과 비용을 단축하기 위한 방안

## ▣ 협업시스템 관련 기술

▶ POS(Point Of Sale): 판매시점관리

▶ EDS(Electronic Data Interchange): 전자자료교환

▶ EOS(Electronic Order System): 온라인 발주시스템

▶ EC(Electronic Commerce): 전자상거래

## ▣ 협업형 정부의 전반적(이상적) 모형

▶ 정부 포털이 활성화되고 정보격차 해소를 위한 다양한 접근이 시도될 필요가 있음

▸ 고객관계관리(CRM) 기법을 활용한 맞춤형 서비스와 민·관 통합서비스 제공

▸ 거대 국가신경망체계의 구축을 통한 '제로 스톱(zero-stop)' 서비스 실현

▸ 전자정부에 대한 정보접근성의 무한대성

## ◎ 정보자원관리(IRM)

### ▣ 개 념

▸ 정보자원: 정보 그 자체와 그것을 다루는 기술, 인적 그리고 재정적 자원 포괄

▸ 정보자원관리(IRM): 정보의 창출, 수집, 처리, 전송, 유포, 사용, 저장 그리고 처분과 관련된 일련의 관리기능

### ▣ IRM의 구성요소

▸ CIO(최고정보책임자)

▸ 계획

▸ 보안

▸ 기술통합

▸ 자문위원회

▸ 통합모델

▸ 정보통합

▸ 데이터 관리

### ▣ IRM의 성공요인

▸ 리더십

▸ 전략적 관리

▸ 성과관리

▸ 비용이 아닌 투자로 인식

▸ 프로세스 혁신(BPR)

▸ IRM 담당자와 라인간의 연계

### ▣ 우리나라 IRM의 제도적 문제점

▸ 정보정책을 총괄적으로 담당하여 통합·조정할 수 있는 상위총괄기구의 부재

▸ 정보자원관리(계획, 예산, 관리·통제, 평가)에 필요한 핵심조직 및 협의체의 미비 및 통합성 결여

### ▣ 우리나라 IRM의 개선방안

▸ 조직목표에 맞는 정보자원관리 계획의 수립

▶ 정보자원관리 조직체계의 정비

▶ 제도 개선 및 공통기반 조성

▶ 법제도 정비

## ◎ CIO(Chief Information Officer) 제도

### ▣ 개 념

▶ 조직의 정보기술 및 정보시스템에 대해 총괄적으로 책임지는 고위관리자

### ▣ CIO의 자격

▶ 현업지원

▶ 정보화 계획수립

▶ 기업 내부 조정

▶ 비즈니스 계획 수립

### ▣ 운영상의 문제

▶ 유명무실한 CIO 제도

▶ 불합리한 법규 및 제도

▶ 일관성 없는 정책

▶ 정보화 담당 보좌관

### ▣ CIO 제도 개선방안

▶ CIO의 자격요건 법령으로 명시

▶ CIO 교육 의무화

▶ CIO 협의회 활성화

## ◎ 아웃소싱(Outsourcing)

### ▣ 개 념

▶ 조직의 전략적 목표를 달성하기 위해 자산의 이전을 포함하여, 정보시스템 요소의 일부 또는 전부를 외부전문업체에 위탁하여 운영하게 하는 장·단기 계약을 말함

## ◘ 장점과 단점

### ▶ 장 점
- 비용절감
- 현금유입 → 자금 유동성 증진
- 전문인력 활용 → 리드타임 없이 신기술 적용 가능
- 정확한 비용 예측 → 재무상 위험 축소
- 핵심역량 강화 → 정보시스템에 투입되던 조직의 역량을 더 핵심적·전략적 부문에 투입 가능

### ▶ 단 점
- 공급자의 계약 불이행
- 비용증가 가능성
- 공급업체 종속 가능성
- 통제력의 상실
- 보안유지의 어려움

## ◘ 아웃소싱의 형태

### ▶ 전면 아웃소싱
- 개념: 아웃소싱 대상이 되는 업무 또는 기능에 대해 일괄적으로 하나의 업체에게 위탁하는 형태
- 장점: 체계적 의사소통, 의견조정 용이, 시스템간 일관성 유지, 통합성 증진
- 단점: 서비스 제공업체에 대한 종속 가능성, 내부 정보화수준의 저하

### ▶ 선택적 아웃소싱
- 개념: 아웃소싱 대상이 되는 업무 또는 기능에 대해 전문성 있는 전문업체들에게 분할하여 위탁하는 형태
- 장점: 전문성 확보, 정보화 수준의 저하 방지, 계약에 따른 업체의 변경 등이 용이
- 단점: 업체간 조정의 어려움, 복수계약에 따른 계약관리의 어려움, 문제의 원인에 대한 분석과 책임소재 파악의 어려움, 시스템의 일관성과 통합성 유지의 어려움

## ◘ 공공부문 아웃소싱의 전략적 목표

### ▶ 비용모형
- 목적: 생산비용의 절감
- 정부기능의 외부위탁 여부는 생산비용과 거래비용의 상대적 규모에 따라 결정됨

### ▶ 기술혁신 및 확산모형
- 목적: 외부의 기술자원을 도입 및 학습함으로써 조직의 혁신과 확산 도모
- 최신정보기술을 정부 관료제 내부에 조달함으로써 국민의 행정서비스 수요에 대한 압박

을 해결하는 차원에서 정보시스템 외부조달 실시

▶ **핵심역량모형**
- 목적: 핵심역량에 자원과 노력을 집중하기 위해 정보시스템과 같은 주변기능을 외부로 위탁
- 조직의 고유한 기능, 고객에게 특히 중요한 활동을 지배·수행할 수 있는 영역 등의 핵심역량은 외부위탁하지 않음

▶ **네트워크 모형**
- 위탁자와 수탁자 사이의 자원교환이나 파트너십 등 네트워크적 관점에서 정보시스템 외부위탁하는 형태
- 최근 위탁자와 수탁자 사이의 신뢰관계 형성에 의한 범세계적 외부위탁(GSO) 확대됨

▶ **정부정책 모형**
- 목적: 민간부문의 연구개발 진흥이라는 산업정책적 목적

▶ **관료제의 정치경제학 모형**
- 외부위탁이 공식적인 통제 및 권한구조나 행정문화, 관료제화의 정도 등 관료제적 특성과 관련있다는 주장

◪ **공공부문 정보화 아웃소싱의 문제점**

▶ 사업 특성적 측면: 상호이해의 결여(공익 vs. 이윤창출 목적)
▶ 조직 문화적 측면: 공무원의 순환보직 vs. 아웃소싱의 장기계약
▶ 예산 관리적 측면: 1년 단위의 우리나라 회계제도 vs. 장기계약인 아웃소싱
▶ 법제도적 측면: 아웃소싱의 최저가 낙찰제도로 인한 아웃소싱 기관의 성실성, 창의성 하락

◪ **공공부문 정보화 아웃소싱의 기본방향 및 추진방향**

▶ 아웃소싱에 대한 긍정적인 공감대 형성 및 올바른 이해
▶ 정보시스템의 아웃소싱 이전에 외부와의 협력가능성 검토
▶ 아웃소싱의 타당성 검토
▶ 비용절감보다는 성과 및 서비스 질, 경쟁력 향상을 목표로 한 전략적 아웃소싱 추진
▶ 아웃소싱의 최종책임 인식에 기초한 지속적인 관리

◎ **TQM(Total Quality Management)**

◪ **개 념**

▶ 종업원의 업무수행능력을 향상시키고 작업과정상의 변이를 제거하기 위해 종업원의 작업과정을 지속적으로 분석하여 고객과의 의사소통 및 정책의 품질을 향상시키는

종합적 노력

□ TQM 활용을 위한 고려사항

▶ 실적제의 한계

▶ 하향식 관리의 문제점

▶ 목표에 의한 관리(MBO)

▶ 예산제도의 문제점

## ◎ BPR(Business Process Reengineering)

□ 개 념

▶ 규정된 업무를 수행하기 위하여 논리적으로 연결된 과업들의 집합체

□ 특 징

▶ 고객지향적

▶ 제로베이스 사고에 의한 접근

▶ 업무 프로세스에 초점

▶ 획기적인 목표설정 및 달성 추구

▶ 정보기술의 적극적 활용

□ BPR 성공의 핵심요소

▶ 사 람

• 제도나 규정의 유연성 검토

• 업무영역의 변경(고객, 공급자, 내부 기능간 업무인수 및 인계)

• 고객만족을 위한 직무 재설정

• 프로세스 효율화 측면의 조직 재구성

▶ 프로세스

• 시간이 많이 걸리는 프로세스 집중 공략

• 서류가 여러 부서를 거치는 프로세스에 주목

• 저부가가치, 고부가가치 프로세스를 구분

• 불필요, 부가가치 없는 업무의 삭제

• 책임 업무수행과 관료적 간접업무 감소를 위한 업무 프로세스 통합

▸ 정보기술

- 프로세스 혁신과 단축을 위한 정보 인프라 구축
- 정보흐름과 가속화 및 기능단절 방지를 위한 프로세스 재설계 및 통합 정보화
- 프로세스 처리과정의 정보활용 및 축적을 위한 정보관리 시스템 구축
- 고객 및 공급자까지 포함한 전사적 커뮤니케이션 체제 구축
- 정보기술을 활용한 정보의 공유화, 통합 데이터베이스 구축

## BPR의 실패요인

▸ 의사소통의 문제: 정보처리부서에 대한 현업부서의 이해부족 등
▸ 기존 조직 내에서의 실시: 리엔지니어링 업무를 전담하는 팀은 전문적인 팀을 이용하는 것이 효과적임
▸ 책임자의 권한 유무: 책임자의 권한이 약할수록 실패확률 높아짐
▸ 리엔지니어링 언급으로 인한 사기문제: 변화보다 현상유지를 더 선호하는 조직 구성원

## BPR의 적용기법

▸ 환경분석, 강점 · 약점 분석, 기회 · 위협요인 분석, 사업성공 핵심요소(CSF), 프로세스 도표, 특성요인도, 벤치마킹, 브레인스토밍, 인터뷰 기법, 검토회의, 가치사슬 분석, 직무분석, 변화관리, 프로토타이핑 등

## 행정조직에의 BPR 적용의 한계점

▸ 공익 훼손의 가능성 및 정치적 고려사항 수용에 대한 문제
▸ 정책의 광범위한 파급범위로 인해 실패가능성이 높은 BPR의 도입이 쉽지 않음
▸ BPR 적용을 위하여 기존의 제도/환경을 백지화하여 재구축하기 힘듬
▸ 정보기술을 활용한 BPR의 적용시 관리 · 통제비용 증가 등의 문제점 유발가능

## 행정조직에의 BPR의 적용방안

▸ 과학적 합리주의뿐만 아니라 공공부문의 정치적 환경에 대한 명확한 인식 필요
▸ 개인에 대한 고려와 정치적 단체에 대한 고려 사이의 균형 유지
▸ 지속적인 고객지향성 필요

## ◎ CRM(Customer Relationship Management)

### ❏ 개 념
- 단순히 데이터를 이용한 경영기법을 넘어 고객중심으로 경영전략, 조직 및 프로세스, 고객접점 등의 경영전반의 변화

### ❏ 역 할
- 인터넷 시대에 보다 강화된 고객의 힘을 적극적으로 활용할 수 있게 함
- 고객과의 끊임없는 상호작용을 통해 최대한의 수요 충족 및 고객접점을 확대하고 통합함으로써 온라인과 오프라인의 장점 극대화
- 조직을 고객중심으로 통합시켜 비용절감 및 조직의 가치 극대화

### ❏ 공공부문 CRM의 기대효과
- 일방적 정책제시에서 국민의견을 수렴하는 혁신행정 구현
- 수동적 서비스에서 선행적 서비스 형태의 행정으로 전환
- 일괄적 행정서비스에서 개별적 행정서비스 가능

### ❏ 고객지향적 정부를 위한 고려사항
- 행정분야로의 도입을 위해 경영과 행정이 추구하는 지향점의 차이 인식
- 조직간의 정보독점의 벽 허물어야 함
- 조직 내의 경계를 허물고 신뢰를 구축하는 소프트웨어의 변화 수반

## ◎ ERP(Enterprise Resource Planning)

### ❏ 개 념
- 독립적으로 운영되던 조직의 기능 혹은 업무프로세스를 정보기술의 구현과 표준화를 통해 하나의 시스템으로 통합하여 조직의 제반 자원의 활용을 극대화하고자 하는 통합적 관리시스템

### ❏ ERP의 도입목적 및 기대효과
- 고객만족 → 고객 대응시간 최소화, 고객 만족도 향상, 고객 대응시스템 구축 등
- 비용절감 → 물류비, 인건비, 제반 관리경비 절감 등

- ▶ 전략적 의사결정 → 데이터 웨어하우스 기법, 시뮬레이션 기능 등

◘ **ERP시스템의 기능**

- ▶ 복합기능 지원
  - 제조업의 생산형태가 단순, 반복적인 생산부터 연속 생산, 프로젝트형 개별생산까지 모두 지원하는 기능
- ▶ 분산 및 통합적 지원
- ▶ 업그레이드 용이
- ▶ BPR 지원
  - 업무 프로세스와 단위업무에 대한 요구사항을 분석하여 ERP 시스템과 연결하는 매핑 (mapping) 작업 → 기업 비즈니스 프로세스에 대한 세부업무의 재설계 진행
- ▶ 시뮬레이션 기능
- ▶ 사용자 편의

◘ **BPR 관점에서 ERP 시스템을 구축함으로써 얻을 수 있는 효과**

- ▶ 시스템 통합에 따른 효율적 업무처리
- ▶ 데이터베이스 통합에 따른 효율적 정보관리
- ▶ 업무자동화를 통한 비용절감

◘ **행정조직의 혁신과 ERP 적용의 문제점**

- ▶ 통합시스템 구축 미흡
- ▶ 정보 공동활용 미흡
- ▶ 정보활용체제 미흡
- ▶ 업무와의 연계성 부족
- ▶ 급변하는 정보기술에의 대처 미흡

◘ **ERP 도입시 한계점과 해결과제**

- ▶ ERP 도입에 대한 이해
  - 조직 최고관리층의 조직혁신과 ERP 도입에 대한 이해 필요
- ▶ 조직전략과 ERP 도입
  - 조직목표와 이를 수행하기 위한 혁신전략, ERP 도입의 밀접관 관계유지 필요
- ▶ 조직구성원들에 대한 고려
  - 관리층과 구성원 모두의 기존 조직문화 변화에 대한 노력 필요 및 인간적 측면의 과제 해결

▶ ERP의 도입에 따른 조직운영 변화
  • 부분의 최적화가 아니라 조직 전반에 걸친 최적화 지향
▶ 정보시스템 재구축의 필요성
  • 정보시스템의 부분적 개선이 아닌 전반적 재구축 필요
▶ 업무수행 프로세스의 혁신
  • ERP의 도입과 아울러 BPR의 병행 수행 필요


◈ 전자정부의 Back Office 구축전략 II : 정책결정역량 제고 ◈

◎ 정책결정지원에서의 정보시스템의 역할

◘ 정책결정의 합리화를 위한 정보시스템
▶ 정책결정에 있어서 고도의 정보시스템 등장은 과거보다 합리적인 정책결정을 할 수 있는 가능성을 보여줌

◎ EDPS(Electronic Data Processing System)

◘ 개 념
▶ 컴퓨터를 이용하여 사무나 경영관리를 위한 데이터를 처리하는 시스템

◎ PMIS(Public Management Information Systems)

◘ 개 념
▶ 행정의 목적을 달성하기 위해 인공적으로 설계하고 개발한 물리적 요소와 절차의 집합으로 종합적인 인간기계시스템(Davis & Olson, 1985)

◘ PMIS의 구성요소
▶ 인간: 정보기술자와 정보사용자
  • 정보기술자: 전문요원으로서 정보체계를 개발, 관리, 운영하는 주체
  • 정보사용자: 일정한 분야에서 정보체계를 이용하여 자신의 업무를 수행하는 자

- 기술: 정보통신기술
  - 하드웨어: 컴퓨터 본체나 모니터, 키보드 등
  - 소프트웨어: 컴퓨터를 움직이는 모든 프로그램들
  - 데이터베이스: 필요한 정보를 선택적으로 편리하게 이용할 수 있도록 사전에 일정한 형식에 따라 저장해 둔 자료의 집합
  - 네트워크: 서로 다른 컴퓨터를 연결하거나 컴퓨터와 다른 전자기기를 연결하는 장치
- 정보와 지식
  - 정보처리 관련지식: 정보체계 구축의 전 단계에 걸친 구체적인 방법과 절차에 대한 지식

## ◎ DSS(Decision Support System)

### ◘ 개 념

- 조직의 의사결정자가 비구조적이나 반구조적인 문제에 대한 의사결정을 할 때 데이터와 분석모형을 사용하여 대화식으로 해결하도록 지원하는 컴퓨터 기반 시스템

### ◘ 의사결정단계와 필요 정보

- 탐색단계: 조직 내에 나타난 문제를 파악하고 이해하는 단계
- 설계단계: 문제를 해결할 수 있는 가능한 대안을 개발하고 분석하는 단계
- 선택단계: 가능한 대안 중 한 가지 대안을 선택하는 단계
- 수행단계: 선택된 대안을 실행하는 단계

### ◘ DSS의 구성요소

- 데이터베이스 관리시스템
  - 관리자가 의사결정을 하는 데 필요한 데이터를 적시에 제공될 수 있도록 데이터베이스 자원을 관리하는 시스템
- 모델베이스 관리시스템
  - 의사결정에 있어 유사한 유형의 문제를 일관성 있게 해결할 수 있도록 개발된 분석 도구
- 사용자 인터페이스
  - 정보시스템에 사용자가 접속하여 사용하도록 하는 접속장치 관리프로그램으로 시스템의 성공여부를 결정하는 중요 요인

◘ **DSS의 특성**

▶ 비정형화 · 반정형화된 의사결정에 사용

▶ 의사결정을 지원하는 시스템

▶ 상호대화식 시스템

▶ 상향식(bottom-up) 시스템

◘ **DSS의 유형**

▶ 비정형화 · 반정형화된 의사결정에 사용

▶ 의사결정을 지원하는 시스템

▶ 상호대화식 시스템

▶ 상향식(bottom-up) 시스템

◎ **DW(Data Warehouse)**

◘ **개 념**

▶ 정책 및 경영 의사결정에 필요한 정보처리기능을 효율적으로 지원하는 데이터베이스

◘ **DW의 특성**

▶ 의사결정지원

▶ 데이터의 집중

▶ 전사적 모델이 기초하여 통합

▶ 시간성 및 역사성

▶ 주체중심적 지원

▶ 접근성

◎ **최근 이슈**

◘ **클라우딩 컴퓨팅**

▶ 개 념

• 이용자의 모든 정보를 인터넷 상의 서버에 저장하여 각종 IT 기기를 통해 언제 어디서든 이용할 수 있는 컴퓨터 환경

▶ 클라우딩 컴퓨팅의 장점
- 안전한 자료보관
- 저장공간의 제약극복
- 보안성 유지
- 시간과 공간의 비제약성
- 비용절감

▶ 클라우딩 컴퓨팅의 단점
- 해킹시 개인정보 유출의 위험
- 서버 장애시 자료이용 불가능

▶ 주요 서비스
- SaaS: 특정 소프트웨어를 필요한 시기에만 웹으로 접속하여 사용, 그에 따른 요금을 부과하는 형태의 서비스
- PaaS: 개발을 위한 플랫폼을 구축할 필요 없이 웹에서 빌려 쓸 수 있게 만든 방식
- IaaS: 서버, 저장소, 네트워크 장비 등의 IT인프라 장비를 가상화 환경으로 구축하여 필요에 따라 빌려 쓰는 방식

◘ 스마트 워크(Smart Work)

▶ 개 념
- 다양한 장소와 이동 환경에 구애받지 않고 언제 어디서나 원하는 업무를 자유롭고 효율적으로 처리할 수 있도록 제공해 주는 미래지향적 업무환경 서비스

▶ 특 징
- 업무 전반에 걸친 근본적 업무방식의 변화
- 기반시설 및 체제 기반 필수
- 물리적 시간과 공간의 비제약성

▶ 스마트 워크의 보안 위협 요소
- 물리적 보안 위협
  * 도난·분실의 위험성
  * 개인정보보안의 위험성
  * 내부정보의 외부유출 가능성
- 소프트웨어 보안 위협
  * 악성바이러스 및 악성코드 애플리케이션의 발생 및 확산 가능성
- 네트워크 보안 위협
  * 외부 통신망의 보안 통제의 어려움
  * 전송 중 내부 중요 데이터의 유출 및 위·변조의 가능성
- 모바일 센터 보안 위협
  * 스마트폰의 사내 사설망 혹은 사내 서버 공격의 경유지로 활용될 위험성 존재

## 정보공동이용센터

### ▶ 개념 및 의의
- 국민들이 인·허가 등 각종 민원신청시에 필요한 구비서류를 제출하지 않아도 민원담 당자가 전산망으로 확인하여 민원을 처리하는 전자정부 서비스
- 민원서류 구비 및 방문 등 절차 축소로 인한 국민의 부담 및 비용 감소

### ▶ 도입배경 및 필요성
- 많은 구비서류 제출의 불편함
- 개인정보에 대한 보안문제 발생의 가능성
- 기관별 정보의 중복 수집·관리로 인한 예산의 절감 필요성
- 종이서류의 위·변조 문제 및 종이 서류의 발급·보관에 따른 행정력의 낭비

### ▶ 주요서비스
- 맞춤형 정보조회 체계: 개인정보 보호를 강화하기 위하여 구비서류정보 중 업무처리 에 꼭 필요한 정보만을 하나의 화면(One Screen)으로 제공하는 서비스
- 전자민원서류관리시스템: 국민들의 무(無)방문 민원처리를 지원하기 위해 민원구비서 류와 민원관계 서류를 전자적으로 등록·보관·열람하는 시스템
- 정보유통서비스: 행정·공공·금융기관간에 필요한 행정정보를 암호화하여 안전하게 유통해 주는 서비스

### ▶ 추진전략 및 비전
- 구비서류 감축
- 기관간 정보공유로 정보소통의 혁신
- 이용자 중심의 서비스 제공
- 정보공동이용의 문화를 확산
- 민본·협업·녹색행정 구현

## 통합 EA

### ▶ ITA와 EA
- ITA: 조직 전체의 정보화 구성 요소들의 통합적 분석을 바탕으로 정보 시스템의 효율 적인 구성을 위한 방법
- ITA의 구성요소: EA, 기술 참조 모델, 표준 프로파일
- EA: 정부업무, 업무수행에 필요한 데이터, 업무를 지원하는 응용시스템, 데이터와 응용시스템의 실행에 필요한 정보기술 등을 체계적으로 정리한 청사진으로서, 전자정부 추진의 기본 밑그림(뼈대)

## 정보자원관리(IRM)

### ▶ 성공전략
- 역할과 책임의 명확화
- 조직목표에의 기여 추구
- 정보자원의 공동관리
- 효과적 수단의 활용

### ▶ 정보자원관리(IRM)와 EA와의 관계
- 정보자원관리의 업무에서 EA는 원칙과 표준을 기반으로 의사결정 지원 및 기관의 방향성을 제시하는 역할 수행
- 정보자원관리와 EA의 통합적 실행을 위한 과제
  * EA의 업무 아키텍처를 통해 업무와 정보시스템간의 관계의 식별
  * 새로운 정보화사업계획시 타당성 검토

## ◈ 전자정부의 Front Office 혁신전략: 민주성(투명성) 제고 ◈

## ◎ 정보공개정책

### 개 념

#### ▶ 광의의 정보공개
- 행정기관이 보유하는 정보를 외부인에게 제공하는 일체의 행위

#### ▶ 정보공개청구제도
- 행정기관이 보유한 정보에 대하여 국민으로부터의 청구가 있을 때 당해 정보를 청구자에게 의무적으로 공개하도록 하는 제도

#### ▶ 의무적 공표제도
- 행정기관이 법령 등 관계규정에 의하여 특정사항을 국민에게 의무적으로 알려주도록 하는 제도

### 정보공개의 촉진방안
- ▶ 전자정부시대를 대비한 제도준비
- ▶ 인터넷을 통한 정보공개 촉진
- ▶ 정보공개법 적용의 제한범위
- ▶ 전자적 정보공개관리 관련체계 구축

▶ 정보접근 단일창구 마련

■ 정보공개의 효과

▶ 국민의 정치참여와 정부권력에 대한 비판과 통제 가능
▶ 정보기술도입의 활성화, 예산의 절감, 문서보존체계 개선 등

◎ G4C(Government for Citizen)

■ 개 념

▶ 인터넷 포털사이트와 정보공동이용센터의 구축을 통해 주민, 부동산, 자동차, 세금, 기업 등 민원사무분야의 서비스를 고객중심으로 혁신하려는 프로젝트

■ 주요내용

▶ 민원서비스 프로세스 혁신
▶ 단일화된 인터넷 민원창구 구축
▶ 정보 공동이용 시스템의 구축
▶ 정보화 인프라 및 법·제도의 개선

■ 기대효과

▶ 대국민 서비스의 획기적 개선
▶ 정책결정의 투명성 강화
▶ 국가의 정보화 경쟁력 제고

■ 문제점

▶ 인터넷 접근성의 한계
▶ 비용 측면
▶ 민원의 중복성
▶ 전자인증사업과 보안의 미비

■ Green 민원

▶ 개념 및 목적
• 온라인 민원 선진화 계획을 통해 국가경쟁력 강화와 저탄소 녹색성장에 기여할 수 있는

'종이 없는 그린(Green)' 민원 정책

- 민원사무를 최소화하고 존속되는 민원에 대해 최대한 온라인화한 후 온라인 이용률을 높이는 것이 목표

▶ 문제점

- 민원처리지원시스템과 민원시스템간의 연계가 미흡
- 보안사고 우려
- 불편한 서비스 이용절차
- 온라인 이용시에도 종이문서를 사용하는 관행

▶ 정책방향

- 민간부문의 과도한 구비서류 관행을 개선하여 민원인의 행정부담 완화
- G4C와 54개 기관별 민원시스템을 연계하여 통합민원포털 구축, 전자문서 위변조를 방지함과 동시에 현재 컴퓨터에 집중된 서비스 기반을 스마트폰, 태블릿PC, PDA 등 다양한 통신수단으로 확대하여 유비쿼터스 민원시스템 구축
- 온라인 서비스 이용을 활성화하기 위해 인증절차 간소화 등 민원시스템의 기능 개선. 시스템에 대한 대국민 홍보와 교육 강화

## u-IT 행정서비스 정보통신표준화 정책

▶ 개 념

- 단말기 등 각종 IT시스템의 상호 연동에 필요한 합의된 규약(Protocol)

▶ 로드맵

- 기술별 국내 산·학·연 정보통신표준화 전문가 400여 명이 참여한 기술표준기획전담반을 통해 수립
- 4G이동통신, TV White Space 통신, 3DTV, 미래인터넷, u-Health, Green ICT 등 신규·융복합 분야를 포함한 37대 중점기술 선정
- 중점기술별 전략적 중요도 및 기술적 파급효과가 높은 중점 표준화항목을 도출, 이에 대한 국내 및 국제표준 추진을 위한 전략과 방향을 제시한 것으로 평가됨

## ◎ G4B(Government to Business)

## 개 념

▶ 정보통신기술의 발전과 지식기반경제 환경의 변화에 따른 중앙조달방식과 분산조달방식으로 구성된 정부 전체의 조달방식을 전자화한 것

## ◘ G2B 기대효과

- ▸ 업무의 효율성 제고
- ▸ 조달행정의 투명성 확보
- ▸ 고객지향성의 향상
- ▸ 기업경쟁력 제고

## ◘ G2B 정책평가(성과)

- ▸ 기업의 편리성 제고
- ▸ 조달과정의 온라인화
- ▸ 대금 지불절차의 단순화
- ▸ 물품 선택의 용이성

## ◘ G2B 정책방향

- ▸ 시스템 안정운영과 이용확산
- ▸ 고부가가치 콘텐츠 제공
- ▸ 법령과 규정정비
- ▸ 환경변화에 대응

# ◎ 전자정부 법제도 기반

## ◘ 한국 전자정부 법제도 개관

- ▸ 1970년대 행정전산화를 시작으로 정부의 주도적 추진
- ▸ 1980년대 중반까지 국가기간전산망사업을 통해 우리나라 국가정보화 추진기반 조성
- ▸ 1995년 「정보화촉진기본법」 제정 및 1996년 '제1차 정보화촉진기본계획' 수립
- ▸ 2000년 이후 정부업무의 효율성 증진뿐만 아니라 대민서비스에 있어서 투명성을 향상하고, 국민, 기업에 대한 서비스 개선을 위한 전자정부사업 추진
- ▸ 인터넷 이용의 보편화와 정보화의 전반적 확산에 따라 '국가정보화 기본계획(2008~2012)' 수립 및 추진

## ◘ 국가정보화 기본법

- ▸ 국가사회의 정보화 촉진
  - 전자정부 · 공공정보화: 전자정부법, 사무관리규정, 민원사무처리에 관한 법률 등

- 정보이용환경 조성: 전자서명법, 전자거래기본법, 저작권법 등
- 정보화역기능 방지: 개인정보 보호법 등

▶ **IT 기술 및 산업의 지속적 발전**
- IT산업기반 조성과 신산업육성: 소프트웨어산업진흥법, 방송법 등

▶ **정보통신 기반의 고도화**
- 정보통신망 구축·고도화: 정보통신망 이용 촉진 및 정보보호 등에 관한 법률 등

◘ **국가정보화 기본계획**

▶ **비 전**
- 새로운 정보화 비전으로 창의와 신뢰를 토대로 한 선진 지식정보사회

▶ **추진전략**
- 활용 중심의 정보화 추진
- 소통과 융합의 정보화 추진
- 정보화 역기능에 대한 적극적 대응
- 민관 협업의 정보화 거버넌스 체계구축

◎ 전자정부의 Back Office 구축전략으로서 생산성을 제고하는 방법에는 무엇이 있는지 생각해 보자.

◎ 공무원 정보리터러시는 무엇이며, 지식정보사회에서 공무원 정보리터러시가 왜 필요한지 논의해 보자.

◎ 정보자원관리(IRM)의 개념과 구성요소, 성공요인에 대하여 논의하여 보자.

◎ 정보화책임관(CIO)의 개념과 역할에 대하여 살펴보고, 현재 우리나라 CIP 제도의 운영상의 문제점과 개선방안을 도출해 보자.

◎ 아웃소싱의 대두배경과 장단점을 살펴보고 성공적인 공공부문 정보화 아웃소싱 방안을 생각해 보자.

◎ 종합적 품질경영(TQM)의 개념을 중요요소의 측면에서 개념을 정리하고 TQM 도입의 문제점 및 성공적 실현방안을 논의하여 보자.

◎ 기업경영혁신(BPR)의 개념과 특징을 살펴보고, 성공적인 BPR을 위한 3대 핵심요인이 무엇인지 정리한다. 또한 행정조직에의 BPR 적용의 한계점과 적용방안에 대하여 논의하여 보자.

◎ 전사적 자원관리(ERP)의 개념과 도입목적, 기능에 대하여 정리하고 행정조직에의 ERP 도입에 대하여 논의하여 보자.

◎ 전략정보시스템(SIS)의 개념과 필요성은 무엇인가?

◎ 전자정부의 Back Office 구축전략으로서 정책결정역량을 제고하는 방안에는 어떠한 것이 있는지 생각해 보자.

◎ 정책결정지원에서의 정보시스템의 역할이 무엇인지 생각해 보자.

◎ 행정정보시스템(PMIS)의 개념과 주요 구성요소에는 무엇이 있는지 정리하여 보자.

◎ 의사결정지원시스템(DSS)의 개념과 구성요소에 대하여 생각하고, DSS가 공통적으로 가지고 있는 일반적인 특성에 대하여 나열해 보자.

◎ 클라우딩 컴퓨팅의 개념과 장단점을 나열해 보자. 또한 클라우딩 컴퓨팅이 확대되었을 경우 나타날 수 있는 문제점을 생각해 보자.

◎ 스마트 워크가 무엇인지 생각해 보고, 스마크 워크의 시행시 나타날 수 있는 문제점에 대하여 논의해 보자.

◎ 정보공동이용센터의 개념을 생각해 보고, 필요성에 대하여 생각해 보자. 또한 이를 위한 추진전략 및 비전에 대하여 논해 보자.

# 고시기출문제

※ 해당 답안작성요령은 고시기출출제 시기에 맞춰서 작성되었음

[ 고시기출문제(1) ] 정부는 정책기능을 통해 가치를 창출한다. 최근에는 다수 부처 관련 업무를 통합적으로 수행하면서 기업과 국민에게 유용한 서비스를 제공하는 창의적 정부가 바람직한 모습으로 여겨지고 있다. 이러한 수요자 중심의 가치창출적 행정을 실현하기 위해 G2G, G4B, G4C 각각의 관점에서 어떠한 정보기술이 활용될 수 있는지 구현기술과 실현 방안에 대하여 설명하시오. [2011년 행시]

## [답안작성요령]

☞ 핵심 개념

본 문제는 전자정부의 서비스 유형이라고 할 수 있는 G2G(government to government), G4B(Government for Business), G4C(Government for Citizen)에 대하여 묻고 있다. 따라서 각각에 대한 명확한 개념정의를 통해 이들 간의 차이점에 대하여 언급할 필요가 있다. 우선 G2G는 정부 내 업무 처리의 전산화, 즉 정부기관 내부 및 정부 상호간 업무의 전자화를 뜻하며, G4B는 기업지원에 대한 단일 창구 시스템으로, 온라인상에 창업부터 폐업까지 민원 등의 서비스를 통합 제공하는 서비스를 말한다. 한편 G4C는 다양한 매체를 이용하여 주민, 부동산, 자동차, 세금 등 시민들이 원하는 민원 행정서비스 및 기관별 행정정보를 이용할 수 있는 것을 의미한다(권기헌, 2013: 194). 즉 이 개념들은 전자정부를 통하여 정부서비스를 제공받는 주체에 따라 분류된다고 볼 수 있다.

☞ G2G, G4B, G4C의 구현기술과 실현방안

| 구분 | 구현기술 | 실현방안 |
|------|----------|----------|
| G2G | − 클라우드 컴퓨팅(Cloud Computing)<br>− 정보자원관리(IRM)<br>− 통합 EA(Enterprise Architecture)<br>− BPR(Business Process Reengineering)<br>− TQM(Total Quality Management) | − 스마트워크(Smart Work)<br>− 행정정보공동이용센터 구축<br>− 협업 |
| G4B | − 개방형 정보제공 방식(Open API)<br>− 전자입찰시스템(GoBims)<br>− 개방된 기준과 프로토콜<br>− 전자상거래 안정성을 위한 보안 및 백업시스템 | − 기업지원 민원 포털 구축<br>− 전자조달 EDI 시스템 구축 |

| G4C | – 정보보안기술 활용<br>– 스마트폰 기술 | – 민원서비스 프로세스 혁신<br>– 단일화된 인터넷 민원창구 구축<br>– 스마트 Green 민원 |
|------|------|------|

\* 자료: 정보체계론 기출문제집; 권기헌, 2013: 136-200.

정보통신기술의 발전에 따라 선진형 전자정부 구축을 통한 G2G, G4B, G4C의 선진화도 기대를 받고 있는데, 이러한 서비스 제공 방식은 언제, 어디서나, 어떤 방식으로든 접속이 가능한 고객 지향적 전자정부로 통합될 수 있다. 이러한 전자정부의 발달은 국민에 대한 서비스 제공을 통합적으로 관리하면서 창의적인 정부가 될 수 있도록 기여하고, 정치적 참여에 있어서의 민주성과 정부업무의 효율성을 동시에 추구할 수 있게 한다(정보체계론 기출문제집 참고). 더 나아가 빅데이터, 알고리즘, 시멘틱 웹 구축은 창의적 지식관리를 통해 정책결정의 과학화를 제고할 수 있도록 도와준다. 참여·공유·개방의 Web2.0을 바탕으로 정부혁신의 올바른 방향잡기로서의 '변혁(transformation)'을 강조하는 정부3.0은 시민, 기업 등 전자정부의 인터페이스에 대한 체계적 관리를 통해 더 큰 창의적 접근 창구에 대한 지식의 체계화를 통해 더 큰 창의행정으로 거듭날 수 있게 도와줄 수 있을 것이다.

☞ 고득점 핵심 포인트

본 문제는 정보체계론의 기본적인 내용인 G2G, G4B, G4C와 관련한 최근의 기술 변화와 이를 실제로 행정에 어떻게 적용할 것인지를 묻고 있다. 정보체계론의 기출 문제들은 전자정부 하위기반에 대한 기술적인 내용을 글에 녹여 써야 하는 것들이 자주 나오는데 이에 대비하여 최신의 기술 흐름 변화를 숙지하고 있는 것이 필요하며, 이를 바탕으로 답안을 작성한다면 보다 좋은 점수를 얻을 수 있을 것이다. 더 나아가 최근 강조되고 있는 전자정부3.0에 대한 기술을 바탕으로 창의정부 구현방안을 기술한다면 더 완성도 높은 답안이 될 수 있을 것이다(본서 제9장 전자정부의 추진전략 참조바람).

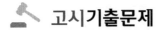 **고시기출문제**    ※ 해당 답안작성요령은 고시기출출제 시기에 맞춰서 작성되었음

[ 고시기출문제 (2) ]   최근 행정안전부와 국가정보전략위원회는 IT기반의 저탄소 업무환경으로의 전환을 위해 '스마트오피스(smart office)' 정책을 추진하고 있다. 스마트오피스를 활용한 원격근무의 의의, 긍정적 효과 및 부정적 효과, 활성화를 위한 전제조건에 대하여 논하시오. [2010년 행시]

**[답안작성요령]**

☞ 핵심 개념

본 문제는 원격근무에 대해서 묻고 있다. 원격근무, 혹은 스마트워크(smart work) 개념은 "IT를 이용해 시간과 장소에 제한 없이 업무를 수행하는 유연한 근무방식"으로, 기존의 사무실을 탈피하여 '자택근무' 혹은 자택 인근에 마련된 '스마트워크센터(원격근무센터)'에서의 근무, 혹은 '모바일근무(이동원격근무)' 등을 포함하는 개념이다. 이중 어느 하나만으로 국한시키는 오류를 범하지 말아야겠다.

☞ 원격근무의 의의

원격근무는 미국과 유럽을 중심으로 'Telecommuting'이라는 용어로 사용되기 시작하였는데, 조직의 목적 달성을 위해 서로 다른 특정장소, 이동 중, 서로 다른 시간에 원격네트워크를 통해 주어진 임무를 수행하는 것을 말하며, 불필요한 낭비요인을 제거해 보다 효율적이고 창의적으로 업무를 수행하는 것을 지향한다. 또한 저탄소 녹색성장(굳이 먼거리를 출근하지 않아도 되기에) 및 저출산 문제(재택근무가 가능하기에) 등에 대한 해결기제로서 평가받고 있다.

☞ 원격근무의 긍정적 효과와 부정적 효과

| 긍정적 효과 | 부정적 효과 |
|---|---|
| • 장소의 구애 없는 이동비용 및 시간 절약<br>• 연료절감 · 탄소배출저감으로 저탄소 녹색성장<br>• 저출산 고령화 사회의 문제해결 도모 | • 다양한 장소의 근무로 인한 정보보안 취약성<br>• 휴대기기, 인터넷 환경에서의 정보유출 문제<br>• 조직구성원 간 유대감 약화 및 고립감 문제 |

자료: 본서 제9장 전자정부의 추진전략 참조.

☞ 원격근무 활성화를 위한 전제 조건

원격근무가 보다 활성화되기 위해서는 첫째, 정부의 추진의지가 명확해야겠다. 즉 스마트 오피스, 원격근무는 그린 IT 기반으로 저출산 고령화사회의 문제까지 해결할 수 있어 그 기대가치가 높은 만큼 정부의 의지와 지원이 가장 중요하다. 다만, 그 부정적 효과 역시 적지 않으므로 중장기 계획에 따라 단계적인 확대를 모색하는 방안 등을 고려해야겠다. 둘째, 보안상의 안전장치 구축이 선행되어야 한다. 중요 데이터의 외부반출을 감시할 수 있는 '역 방화벽' 구축이라던가 원격근무 시 보안을 위한 행동지침과 규정 등이 법령화될 필요가 있다. 셋째, 원격근무를 가능케 하는 기술구현과 워크센터 구축 등이 병행되어야겠다. 화상회의시스템, 전자결재시스템 기반과 통신장애 없는 기술기반뿐만 아니라 구성원의 생활편의 등이 고려된 워크센터 설립 등은 원격근무의 필요조건이 된다. 넷째, 원격근무에 대한 유인제공과 의식개혁이다. 재택근무, 워크센터 근무 등으로 인한 업무태만의 문제가 나타나지 않도록 업무결과에 대한 성과평가와 이를 기반으로 한 보상절차 등이 합리적으로 제시될 필요가 있겠다. 또한 원격근무 시 차별화되지 않는 기회제공과 이에 대한 긍정적 의식개혁이 필요하다.

☞ 고득점 핵심 포인트

원격근무에 대한 개념은 이제 '스마트워크'라는 개념으로 발전되면서, 행정안전부를 통해 도입 시행되고 있다. 스마트워크는 정부차원에서 비용감소와 조직의 탄력성 증대를, 공무원 입장에서는 노동 유연성과 자율성 증대로 창의적 업무수행이 가능하다는 점과 업무만족도 제고로 생산성이 높아진다는 점을, 국민 입장에서는 높은 질의 행정서비스를 제공받고 생활환경이 개선될 수 있다는 점 등을 생각할 수 있겠다. 이러한 스마트워크 개념을 연계하여 답안을 작성한다면 고득점 답안이 될 수 있을 것이다.

또한, 정보보안, 정보유출의 문제에 대한 보완책과 함께 스마트워크는 기술적 장치로만 되는게 아니라 성과평가와 같은 제도적 장치와 함께 더 나아가 이를 긍정적으로 활용할 수 있는 의식개혁까지 필요함을 강조해 준다면 더 완성도 높은 답안이 될 수 있을 것이다 (본서 제9장 전자정부의 추진전략을 참조바람).

 **고시기출문제** ※ 해당 답안작성요령은 고시기출출제 시기에 맞춰서 작성되었음

---

**[ 고시기출문제 (3) ]** 공공부문에서의 BPR의 적용과 한계에 대해 논하라. [2006년 입시]

---

**[답안작성요령]**

☞ **핵심 개념**

본 문제는 BPR(Business Process Reengineering)에 대해서 묻고 있다. 특히 개념과 그것의 공공부문에 대한 적용가능성 및 한계에 대하여 논의하는 문제이다. 따라서 BPR에 대한 개념과 그것이 공공부문에 적용되게 된 배경 및 가능성, 한계에 대하여 서술해 주어야 한다.

☞ **BPR(Business Process Reengineering)의 개념**

BPR은 마이클 해머에 의해 처음 소개된 개념으로 업무의 역할과 수행방법에 대해 근본적으로 재검토하는 것을 의미하며, 현재의 업무처리과정을 근본적으로 분석하고 여기에 새로운 방식, 즉 최신 정보기술을 활용하여 사람·기술·프로세스를 변화시킴으로써, 혁신적인 조직 시스템을 재구축하는 것이다(권기헌, 2013: 168).

BPR은 1) 고객지향적, 2) 제로베이스 사고에 의한 접근, 3) 업무 프로세스에 초점, 4) 획기적인 목표설정 및 달성 추구, 5) 정보기술의 적극적 활용 등을 특징으로 한다.

☞ **BPR의 성공요인**

BPR이 성공하기위해서는 1) 시간이 많이 걸리는 프로세스 집중공략, 2) 서류가 여러 부서에 거치는 프로세스에 주목, 3) 불필요, 부가가치 없는 업무의 삭제 등 업무 프로세스를 재조정하고, 4) 프로세스 혁신과 단축을 위한 정보기술의 활용, 5) 정보기술을 활용한 통합 데이터베이스 구축, 6) 고객과 공급자까지 고려한 전사적 커뮤니케이션 체제 구축 등의 노력이 필요하다. 특히 이러한 과정에서 사람이 핵심임을 인지하고 조직구성원들이 BPR 과정을 이해하고, 이에 순응(저항 극복)하도록 하는데 많은 노력을 아끼지 말아야 한다. 즉, BPR 성공요인의 3대 핵심요소로는 사람, 프로세스, 정보기술이다(권기헌, 2013: 169-170).

☞ **공공부문에 있어서 BPR의 적용 가능성**

전통적인 행정조직의 특성은 안정지향적이며 위험회피적이다. 하지만 BPR은 조직전반에 걸친 업무과정의 급격한 변화를 강조하기 때문에 BPR이 논의되던 초기에는 공공부문에 적용가능성이 낮은 것으로 인식되었다. 그러나 1990년대 이후 NPM이 강조되면서 이러한 흐름은 바뀌기 시작했다. 즉, 공공부문이 단순히 위험회피적이고 안정지향적인 특성을 지녔다고 쉽게 결론내릴 수 없는 현상들이 나타난 것이다. 예를 들면, 시민을 고객으로 대우하고 그들을 정책과정에 참여시키거나 정부규모를 축소하고 각종 규제와 레드 테이프를 제거하고, 진보된 정보기술을 활용하여 각종 전자행정서비스를 제공하며, 민관협력 및 아웃소싱 등을 통하여 새로운 정부−민간의 관계를 형성해나가는 것 등을 들 수 있다. 이러한 변화들을 통해 공공부문에서 전통적으로 행해오던 업무과정이 상당부분 혁신적으로 변모하게 되었다.

☞ 공공부문에 있어서 BPR의 한계

이러한 BPR의 기여에도 불구하고, 공공부문에 대한 BPR의 적용은 여전히 한계를 지니며 조심스럽게 접근해야 하는 것이 사실이다. 이는 공공부문의 특수성에서 기인한다(권기헌, 2013: 173).

① 정부부문은 능률성과 경제성 가치 이외에 민주성과 형평성 등 다양한 가치들을 수용해야 하기 때문에, BPR이 공익의 훼손으로 나타날 가능성이 있다. 또한 정치적 고려사항들을 수용하지 못함으로써 조직 내부뿐만 아니라 조직을 둘러싼 다양한 환경으로부터 저항을 불러일으킬 수 있다.
② 정부의 정책실패가 미치는 파급효과는 매우 크기 때문에 전면적 구조조정을 추구하는 BPR을 도입하기는 쉽지 않다.
③ BPR은 제로베이스 사고에 의한 접근을 특징으로 하지만 공공부문에서 BPR 적용을 위하여 제로베이스에서 출발하는 것은 현실적으로 불가능하다.

☞ 고득점 핵심 포인트

공공부문의 BPR을 성공적으로 적용하기 위해서는 위에서 언급한 한계점들을 인식하고 공공부문에 적합한 BPR로 수정하여 적용하는 방안에 대해 기술하는 것이 핵심이다. 이를 위해서는 다음과 같은 방안을 서술해 주어야 한다.

① 관리적 합리주의뿐만 아니라 동시에 공공부문의 정치적 환경도 명확히 인식할 필요가 있다.

② 개인에 대한 고려와 정치적 단체에 대한 고려 사이의 균형을 유지해야 한다. 공공부문에 영향을 받는 개인들은 선출직 공무원, 직업 공무원, 정치가, 유권자, 납세자, 이익집단의 회원, 공공 재화 및 서비스의 수혜자 등 다양하게 들 수 있는 바, 어느 한 부문이 고려대상에서 제외된다면 정치적 갈등이 나타나기 때문에 성공적인 BPR을 보장하기 어렵게 된다.

③ 지속적인 고객지향성이 필요하다. BPR을 도입하였을 경우 그것이 성공적인지 아닌지에 대한 판단은 고객의 관점에서 이루어져야 한다. 즉 BPR의 수혜자는 공무원이나 정치인이 아닌 공공서비스의 소비자인 고객이어야 하며, 그 효과성에 대한 판단도 고객이 해야 하는 것이다.

따라서 본 문제는 BPR의 성공요인, 적용가능성, 한계와 함께 향후 이를 극복할 수 있는 방안을 제시해 준다면 고득점 답안이 될 수 있을 것이다(본서 제9장 전자정부의 추진전략: BPR(Business Process Reengineering) 참조바람).

# 전자정부와 정보기술:
## 정보기술의 발달과 차세대 전자정부 모형

 >>> **학습목표**

전자정부와 정보기술에서는 정보기술환경의 변화, 전자정부와 인터넷, 모바일 정부, 유비쿼터스 정부에 대해 학습하기로 한다.

첫째, 정보기술환경의 변화에서는 정보통신기술 발전 동향 및 전망을 살펴보고 이에 기초한 전자정부에 대해서 학습한다.

둘째, 전자정부와 인터넷에서는 인터넷 기술의 발전동인, 전자정부와 인터넷과의 관계 및 향후 전망에 대해서 학습한다.

셋째, 전자정부와 모바일 정부에서는 모바일 정부의 개념을 살펴보고, 전자정부와 모바일 정부의 관계를 장치특성과 사용특성 관점에서 살펴본다. 또한 해외의 모바일 정부 구현사례 및 우리나라 정책방향 논의를 통해 향후 모바일 정부의 전망에 대해 학습한다.

넷째, 전자정부와 유비쿼터스 정부에서는 유비쿼터스 정부의 개념을 살펴보고, 유비쿼터스 전자정부의 동인을 기술적·행정수요적 관점에서 살펴본다. 또한 유비쿼터스 전자정부의 기술동향 및 활용분야에 대해 학습하고, 그 비전의 실현전략을 대국민 서비스 측면, 정부 효율성 측면, 기술 인프라 측면에서 살펴본다.

# 1. 정보기술환경의 변화

## 1) 정보기술환경 동향

오늘날 정보기술에 의해 사회, 경제, 정치, 행정, 문화 등 각 방면이 급속하게 변화하고 있어 금후의 사회환경은 소용돌이의 장으로 불가측성이 점증할 것으로 전망된다. 일본의 미래학자인 增田米二는 〈표 10-1〉에서와 같이 산업사회 이후의 사회인 정보사회에서는 정보통신기술이 핵심기술이 될 것이라고 보았다.

정보기술의 일반적인 발전동향을 요약 정리하면, 1970년대의 중앙 집중적 정보화 단계에서 80년대의 분권적인 형태로 이전하다가, 1990년대에 이르러 물리적 단계에서는 분산되었으나 논리적 단계에서는 통합된 형태의 분산 정보화로 발전하고 있다. 따라서 수많은 정보기술 요소를 이러한 분산 정보화를 촉진시키는 요소로서 바라본다면 명확하게 정보화 기술동향의 맥을 잡을 수 있다.

일례로 적게는 2km에서 크게는 5km 거리를 포괄하는 근거리 통신망 또는 지역망(LAN), 여러 지역망을 연결하는 광역망(WAN), 광역망의 핵심이 되는 비동기 통신 모드 채널(ATMC), 통신망 내의 자료와 정보처리 능력의 통합을 위한 서버와 이 서버를 분산적으로 이용하기 위한 클라이언트, 자료와 정보처리능력의 통합에 사용되는 웹 서버, 정보교환을 위한 전자게시판, 전자우편 등의 정보기술들이 활용되고 있다. 이러한 기술들은 각 정보시스템을 지구 전역에서 독립적으로 운영되도록 할 뿐만 아니라 전체적으로는 마치 하나의 유기체로서 통합하는 신경망의 모습을 갖추게 한다.

〈표 10-1〉 현대사회의 특성

| 구 분 | 산업사회 | 정보사회 |
|---|---|---|
| 핵심기술 | 동력기관, 기계 | 컴퓨터 |
| 사회적 상징 | 공장 | 컴퓨터 정보시스템 |
| 시장확대 요인 | 대량 소비 | 지식탐구 및 개발기회 |
| 선도산업 | 기계 및 화학공업 | 정보통신산업 |
| 생산방식 | 분업, 전문화, 생산자(기업)와 소비자(개인) 간 생산 소비 분리 | 생산자(기업)와 소비자(개인)가 정보 공동 창출 및 이용 |
| 사회구조 | 중앙집권적 | 자발적, 개방적 |

제 3 부  전자정부론

### (1) 정보통신기술의 중요성

정보통신기술의 중요성을 살펴보면 다음과 같다.

### (가) 국민경제 핵심 성장엔진으로의 부상

1998년 이후 국내 IT산업은 연 18.8%의 성장을 지속하여 IMF 경제위기 극복과 경제 재도약의 핵심동력으로 성장하였다. 국내 정보통신산업의 부가가치액이 경상 GDP에서 차지하는 비중은 1998년 10.0%에서 2010년 16%로 증가하여 GDP에서 차지하는 정보통신산업 부가가치 비중이 증대하였다.

### (나) 정보통신 기술개발의 성과

국내외 수요와 연계된 정보통신 기술개발에 힘입어 CDMA, 반도체, TFT-LCD 등은 세계 1등 상품으로 자리잡게 되었고, IT분야가 우리나라 수출을 주도하게 되었다.

### (다) 정보통신 기술개발의 파급효과 상승

우리나라는 정보통신 기술개발에 대한 전략적 R&D투자를 통해 세계 최고의 유무선 정보인프라 구축에 성공하였다. 특히, CDMA, 반도체, ATM 등 주요 분야는 투자액 1,600억 원의 220배에 달하는 168조 원의 시장유발 효과를 창출할 것으로 보이며, 정보통신 연구개발사업으로부터 약 13조 원의 수출이 증가하였고, 대부분은 선도기반 기술개발사업의 CDMA 관련 수출에서 발생하였다.

### (2) 정보통신기술 발전동향

정보통신기술 발전추세를 보면, 정보통신기술은 이용자의 다양한 통신욕구의 니즈(*needs*)를 수용하는 추세에 있으며 고속·대용량화, 광화, 지능화, 소형화, 통합화, 융합화, 이동성 그리고 인간 친화적인 방향으로 발전할 것으로 예상되고 있다.

정보통신망은 가정까지 HDTV급 동영상 정보의 원활한 전송을 위해 약 100Mbps의 수요가 예상되어 DSL을 대체하여 궁극적으로 전자적 처리기술의 한계를 극복하고 통신망의 모든 구성요소가 광통신기술을 이용하는 전광통신망(*All Optical Network*)으로의 진화가 예상되며, 4G 이동통신의 출현으로 IP 기반의 차세대 유·무선통합기술 발전이 전망된다.

광대역(*Broadband*) 기술이 보편화됨에 따라 오감 정보의 전달이 가능한 초소형, 실감형 PDA뿐만 아니라 가전, 의료기기 등 다양한 단말을 연계하는 홈 네트워킹 기술과 통합기술의 등장으로 인해 관련기술과 산업의 급속한 발전이 예상된다. 기계장치간의 통신

(M2M)을 위한 지능형 정보처리, 언어인식 등 휴먼정보처리기술이 일반화되고 고품질의 콘텐츠 제작, 유통기술이 급속히 발전할 것이다.

또한 단말 및 시스템의 고기능화, 소형화에 대응하여 NT(Nano-Technology)기술을 활용하는 고집적, 저전력 SOC(System-On-Chip)기술로의 비약적인 발전이 이루어지고, 입체영상 디스플레이어 등 실감형 디스플레이어, Flexible 디스플레이어의 출현이 가시화되고 있다.

## 2) 정보통신기술 발전전망과 전자정부

정보통신 기술발전과 인터넷 환경의 변화는 소프트웨어 기술 분야에서 실시간성, 이동성, 실감성, 멀티미디어화, 지능화, 통합화, 지식화, 개인화 등을 지원하는 기술개발이 요구되고, 통신의 고속화로 대용량 멀티미디어 데이터의 실시간 서비스 요구가 증대되면서, 실시간 대용량 자료처리 기술, 실시간 영상처리 기술, 동기화 기술 등이 중요해질 전망이다. 또한 모바일 기술의 발달로 네트워크상에 접속하는 장소, 방법, 시간 등의 제한이 없어지고 있으며, 이에 따라 모바일 환경지원 언어 및 영상처리 기술, 이동분산처리 기술, 인터넷 정보보호 기술 등이 요구될 것이다. 공간상에 존재하는 유형·무형의 정보로서의 콘텐츠를 실제 공간과 연결시켜 주는 콘텐츠의 콘텐츠로서 새로운 GIS기술은 개방성, 네트워크 및 인터넷, 4차원, 모바일, 영상통합 등의 측면에서 크게 변화할 것으로 전망되며, 특히 CALS, GPS, PCS, 위성망, IMT 2000 등 다양한 통신매체와의 연계가 확산될 것이다.

이러한 정보통신 기술발전 전망을 바탕으로 전자정부 구현에 미치는 영향을 살펴보면 다음과 같다.

고속화된 유무선의 대용량 멀티미디어 데이터 실시간 서비스가 가능해지면서 보다 편리하고 언제 어디서나 접근 가능하며, 입체적이고 실감있는 행정처리와 행정서비스가 가능한 전자정부 정보망 기반의 구축이 가능해진다. 실시간 대용량 처리 기술, 동기화 기술, 모바일 환경지원 기술, 이동분산처리 기술 등의 발전은 전자정부 정보유통기반 측면에서 대용량 데이터와 응용 콘텐츠들을 처리할 수 있게 하였다. 소프트웨어 측면에서는 실시간성, 실감성, 멀티미디어화, 지능화, 통합화, 지식화, 개인화를 지원할 수 있는 전자정부 응용기반의 고도화를 가져와 전자정부의 사이버 공간에서 질적 수준과 현시성을 높일 수 있다.

이러한 정보기술의 급속한 발전으로 인하여 전자정부의 제반 환경은 스마트 기술환경으로 변했다. 즉, ① 공간적·지리적 제약이 없는 환경, ② 통신용량의 제약이 없는 환경, ③ 네트워크·단말기·시비스 및 콘텐츠 신택의 제약이 없는 환경, ④ 동신대상의 세약이 없는 환경으로 변화하였다.

　전자정부의 기술적 환경변화는 전면적인 이동성, 편리성, 효율성 및 안전성을 높여 줌으로써 정부 내부의 업무형태 변화와 함께 국민들과의 관계에 있어 엄청난 변화를 가져다 줄 것으로 전망된다. 이러한 정보기술 환경변화를 함축적으로 표현하여 '유비쿼터스 전자정부', '모바일 전자정부', '스마트 전자정부'로 표현할 수 있으며, 이러한 분야별 기술들이 상호 중첩되면서 새롭게 수렴하는 현상으로 나타나게 될 것이다.

## 2. 전자정부와 인터넷

### 1) 인터넷 기술 발전동인

　증기기관이 19세기의 경제를 이끌었고 전기가 20세기를 이끌었다면, 21세기 사회를 이끌어 나갈 기술적 토대는 다름 아닌 컴퓨터 네트워크이다. 1980년대 초반까지만 해도 컴퓨터 네트워크 사회는 공상과학소설에서나 등장하는 가상세계에 불과했다. 하지만 오늘날 컴퓨터 네트워크는 이미 우리 사회의 깊은 곳에 자리잡고 있다. 그리고 그러한 컴퓨터 네트워크 사회를 우리의 손끝에 연결해 주는 것이 다름 아닌 '인터넷 망'이라 할 수 있다.

　1969년 외부공격으로 인해 시스템의 일부가 피해를 받더라도 작동할 수 있는 컴퓨터 통신시스템을 제공하기 위한 목적으로 만들어진 ARPANET에서 비롯된 인터넷은 간단히 말해 지역별 혹은 단체별로 운영되는 지역 네트워크망(LAN)을 거대한 네트워크로 다시 연결함으로써 네트워크간의 자유로운 정보교환을 가능하게 한 이른바 '네트워크의 네트워크', 'NII(*National Information Infrastructure*)의 기반'이라 할 수 있다.

　하지만 각기 상이한 지역 네트워크간에는 호스트 컴퓨터와 단말기 컴퓨터의 기술적 사양에 따라 컴퓨터의 운영체계가 서로 상이하기 때문에 정보의 유통이 불가능하다. 따라서 각기 상이한 운영체계를 가진 컴퓨터간에 정보의 원활한 유통을 가능하도록 하기 위해 인터넷을 위한 표준통신규약을 사용하는데, 이를 'TCP/IP'(*Transmission Control Protocol/Internet Protocol*)라고 한다.

　TCP란 통신제어 규약으로서, 네트워크상의 어느 한 지점에서 메시지를 보내고자 할 때 이 정보에다 보낸 사람과 받을 사람의 주소에 관한 정보, 그리고 정보전송 과정에서 발생할 수 있는 에러를 검출할 수 있는 정보 등을 패킷방식으로 묶어 주는 역할을 한다. IP는 인터넷 규약으로서, 일단 패킷방식으로 묶어진 정보를 보내고자 하는 상대방 네트워크 호스트로 전송하는 데 관여한다. 즉, 인터넷 규약은 정보가 전달되고 수신되는 쌍방의 컴퓨터가 가진 기술적 차이나 운영체계의 차이를 극복하여 두 기기간에 정보의 호환성을 유지해 주는 역할을 한다. 그리고 인터넷 프로토콜을 통해서 원래의 메시지 형태로 복원된다.

그러나 전 세계적으로는 인터넷이 지니는 몇 가지 속성들이 그 발전동인으로 작용한다 (〈표 10-2〉 참조). 즉, 인터넷은 기본적으로 최소의 관리와 최대의 자유를 보장해 주면서 네트워크 내에서 연구자의 창의와 자주성을 최대한 존중해 준다. 또한 누구나 일정한 접속료를 지불하면 접근이 가능하며, 접속된 호스트들의 정보는 상호개방하는 것을 원칙으로 정보자원의 무료이용이 가능하게 되어 있다. 이러한 손쉬운 이용과 정보자원의 무료이용으로 인터넷 내에서는 쉽게 광장(*platform*)이 형성되고 있으며, 이러한 광장은 지구차원의 아이디어나 상품을 발표, 수집할 수 있는 공간을 제공해 주는 한편, 개인, 기업, 비정부기구들이 가상공동체, 가상기업을 형성할 수 있게 해 주고 있다. 이러한 관리운영 면에서의 자주성, 접근의 용이성, 정보자원의 개방성 및 광장효과성은 인터넷의 발전의 기제로 작용하고 있다.

〈표 10-2〉 인터넷의 발전 동인

| 구 분 | 내 용 |
|---|---|
| 정책적 측면 | ▪ 개방적 공공망을 지향<br>＊폐쇄적 공공망 단계: 1960년대 말 미 국방성이 주도하는 ARPANET으로 출발<br>＊제한적 공공망 단계: NSFNET와 접속하여 연구자와 민간인에게 개방<br>＊대중적 공공망 단계: GOPHER, WWW와 같은 소프트웨어 개발과 무료배포 |
| 관리 운용면 | ▪ 최소의 관리와 최대의 자유보장<br>▪ 연구자의 창의와 자주성을 최대한 존중<br>▪ 국가가 기본적 기반을 정비하고 이용자의 활력을 존중 |
| 접근 용이성 | ▪ 공중망을 통해 누구에게나 접근기회를 공평하게 보장<br>▪ 회선사용 무료(호스트 접속의 경우 일정요금 지불) |
| 정보자원 개방성 | ▪ 네트워크 안내, 검색엔진과 에이전트의 개발과 무료배포<br>▪ 접속된 호스트들의 상호개방 원칙으로 이용 가능 정보자원의 축적 |
| 광장 효과성 | ▪ 무료이용으로 인한 광장의 형성<br>▪ 네트워크 운영 및 관리에 관한 기술향상의 광장<br>▪ 지구적 규모로 네트워크의 접속, 신생기술의 실험광장<br>▪ 지구 차원의 아이디어나 상품을 발표, 수집할 수 있는 광장<br>▪ 비정부기구, 개인, 기업들의 가상공동체, 가상기업을 가능케 하는 광장 |

## 2) 전자정부와 인터넷

인터넷이 정부의 행정서비스 영역에 미치는 영향도 늘고 있다. 우선 정보사회에서 행정공개에 대한 요구는 날로 늘어가고 있는데, 국가통계에서부터 각종 민원사항의 처리현황, 그리고 국가나 공공기관이 작성한 여러 가지 보고서들은 인터넷상으로 공개되면 수많은 사람들이 편리하게 사용할 수 있다. 또한 정부는 국민들이 원활하게 모든 정보통신망을 구축할 수 있도록 국가 차원에서 하부구조를 구축하게 되는데, 최근 많은 나라들이 이러한 하부구조로서 초고속정보통신망 및 차세대 지능형 통신망 구축에 심혈을 기울이고 있다. 이러한 초고속 네트워크들은 언어, 문자, 동영상 등의 멀티미디어 자료들을 주고받을 수 있는 빠른 속도를 가지고 있기 때문에, 이를 이용하면 직접 병원에 가지 않고도 원격진료를 받을 수 있고, 법정에 출두하기 위하여 큰 도시로 나가지 않아도 원격재판을 받는 것이 가능하게 된다.

인터넷은 정치적인 측면에서도 전자민주주의와 비정부기구들이 전 세계적인 활동을 가능케 한다. 전자민주주의는 대의민주주의 한계를 보완하고자 하는 참여민주주의의 가능성을 실험하면서 인터넷의 컴퓨터망을 활용한다. 일례로, 녹색환경보호단체(Green Peace)와 같은 비정부기구들은, 국가가 국익의 문제에 부딪혀 풀기 어려운 일들을 주요 대상으로 하여 인터넷을 활용하며, 이를 사회변혁운동의 주요기제로 사용한다.

## 3) 향후 전망

사용자가 급속하게 증가하면서 인터넷은 느린 속도, 제한적인 멀티미디어 서비스, 보안문제와 같은 사용자의 불만에 직면하게 되었고 인터넷에 컴퓨터를 연결하기 위한 인터넷 주소의 고갈로 인해 새로운 형태의 인터넷이 필요하게 되었다. 이러한 현재의 인터넷의 문제점을 해결하고 실시간 멀티미디어 서비스를 제공하기 위한 인터넷 기술 연구가 진행되고 있다.

이러한 인터넷은 앞으로 여러 행정업무에 있어서 널리 이용될 것으로 보인다. 예를 들면, BPR 추진, 전자결재 및 전자문서 유통체계 구축, 국가 기본DB 공동활용, 각 부처망 정부인트라넷으로 통합, 국가재정정보시스템 구축, 부처·기관별 대민서비스 연계·통합 운영, 인증·전자서명 등 양방향 서비스체계 구축, 시군구의 행정종합정보시스템 구축, 통합무인정보단말기(KIOSK) 개발·보급, 전자국회, 사법정보의 공동활용 및 공개촉진, 정부조달 전면 EDI 추진, 공기업 CALS 및 EC 체제도입, NGIS 확대구축, ITS 기반구축 등이 그것이다.

# 3. 모바일 전자정부(M-Government)

## 1) 개 념

21세기 정보화 사회를 맞이하여 정보통신 서비스는 이동통신 서비스의 등장 및 발전으로 기존의 고정된 유선 통신망을 이용하는 개념에서 언제, 어디서나, 누구와도 통신할 수 있다는 개념으로 발전하고 있으며, 이동통신 서비스가 대중화되고 무선통신기술이 발전함에 따라 필요한 때에, 필요한 곳에, 특정 상대와, 적절한 수단을 이용하여, 어떠한 내용의 정보라도 주고받는다는 정보통신의 개인화로 발전되고 있다.

모바일 정부(mobile government)는 '국민과 기업, 정부가 무선 인터넷을 기반으로 한 휴대 단말을 통하여 정부와 관련된 각종 업무 및 정보를 처리하는 미래 정부이다. 국민과 기업 및 정부에 이동성(mobility)과 휴대성(portability)을 보장하고, 정보 접근에 대한 편의성, 적시성, 보안성, 개인화를 제공하며, 정부와 사업자가 상호 정보를 연계하여 무선 인터넷의 장점을 최대한 활용할 수 있는 특화 서비스를 중심으로 이동 대민 서비스(G2C), 이동 산업 서비스(G2B), 이동 행정 서비스(G2G)를 제공한다(임수정 외, 2010).

〈그림 10-1〉 모바일정부(M-Gov) 서비스 개념도

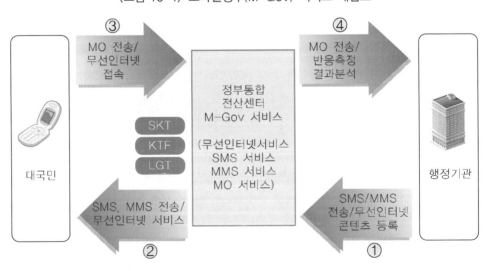

※ 사료: 성부통합선산센터(2010).

우리나라는 제3차 정보화촉진기본계획(2002~2006)에서부터 'M-Government'의 기반구축과 시범사업을 추진해오고 있다.

〈그림 10-1〉은 모바일정부 서비스 개념도를 나타낸 것이다. 정부는 통신사에 상관없이 SMS, MMS 또는 무선인터넷 등을 통해 국민들에게 행정서비스를 제공할 수 있는 시스템을 구축하여 제공하고 있다.

## 2) 모바일 정부서비스의 특징

모바일 정부 서비스의 특징은 크게 네 가지로 제시될 수 있다.

첫째, 저렴한 비용으로 수준 높은 서비스를 이용할 수 있도록 한다. 각 행정기관은 SMS(Short Message Service)·MMS(Multimedia Message Service)의 메시지 발송요금을 이동통신사들간에 동일요금을 적용하고 있으며, 서비스 제공을 위한 별도의 자체 서비스 환경을 구축하여 질 높은 서비스의 제공이 가능하도록 하고 있다.

둘째, 철저한 시스템 보안관리이다. 통합센터와 이동통신사 전용선을 이용하여 정부기관의 철저한 보안관리가 작동되고 있다.

셋째, 지속적인 서비스 품질관리이다. 전문인력을 통하여 체계적이고 지속적으로 시스템을 유지 및 보수하고 있으며, 공통된 품질관리를 통하여 모바일 서비스의 품질을 상향 평준화하고 있다.

넷째, 다양한 서비스 활용 기반 제공이다. SMS(Short Message Service)·MMS(Multimedia Message Service) 지원 서비스와 이동민원 신고 서비스를 통하여 모바일 양방향 정보전달을 구현하고 있으며, 장·단문, 동영상 메시지 송·수신 등 다양한 서비스를 이용할 수 있도록 하고 있다.

## 3) 모바일 정부서비스 제공 현황

모바일을 통한 전자정부 서비스는 언제, 어느 곳에서, 누구에게나 유연한 서비스를 제공할 수 있으며, 이러한 특징을 통해 장소로 인한 서비스 제공 한계를 극복하여 국민과의 서비스 양방향성을 제고할 수 있다. 현재 국내 공공기관의 모바일 서비스 중 청와대, 외교통상부, 서울시 등 20여개 모바일 웹과 40여개의 공공 모바일 앱(App)서비스가 제공중에 있다.

현재 정부통합전산센터는 SMS(Short Message Service), MSG(Mobile Service Gateway), WAP(Wireless Application Protocol) 서비스 기반환경을 구축하여 2006년 4월부터 행정기관

〈표 10-3〉 정부통합전산센터 제공 정부서비스 현황

| 서비스 구분 | | 내 용 |
|---|---|---|
| 메시지전송 서비스 | SMS (Short Message Service) | 40자 이내의 단문메시지를 모바일 기기로 전송 |
| | MMS (Multimedia Message Service) | 장문, 이미지, 동영상 등의 메시지를 모바일 기기로 전송 |
| 메시지수신 서비스 | MO (Mobile Originated) | 장·단문, 이미지, 동영상을 모바일기기에서 PC 등 시스템으로 수신 |
| 모바일 무선인터넷 서비스 | MSG (Mobile Service Gateway) | 모바일웹사이트 이동통신 접속을 위한 채널 |
| | WAP (Wireless Application Protocol) | 무선인터넷을 통해 제공되는 모바일웹서비스 |

※ 자료: 정부통합전산센터(2010).

을 대상으로 서비스를 제공하고 있으며, 서비스의 활성화를 위해 MMS 지원서비스(2007년 11월) 및 이동민원 신규서비스(2009년 10월) 기반환경을 추가로 구축하여 서비스를 제공하고 있다. 〈표 10-3〉은 정부통합전산센터에서 제공하고 있는 모바일 서비스 현황을 나타낸 것이다. 정부통합전산센터에서는 현재 메시지 전송서비스와 수신서비스 그리고 모바일 무선인터넷 서비스를 제공하고 있다.

〈그림 10-2〉는 모바일 정부 이용에 대한 추이를 그림으로 나타낸 것이다. 모바일 정부이용기관증가 추이를 살펴보면 2007년부터 2009년 말까지 모바일 정부를 이용하고 있는 기관들과 서비스 수가 점점 증가하고 있는 것을 알 수 있다. 또한 증가폭도 2007년~2008

〈그림 10-2〉 모바일 정부 이용기관 및 서비스 증가 추이

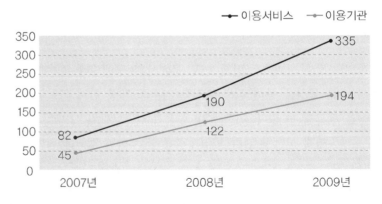

※ 자료: 정부통합전산센터(2010).

년보다 2008~2009년 사이가 더 크게 나타나고 있으며, 이러한 증가폭은 스마트폰 사용자의 증가로 인해 갈수록 커질 것으로 전망된다.

특히 최근의 스마트폰을 기반으로 하고 있는 전자정부 서비스의 도입은 스마트 워크와 효율형 정부를 표방하고 있는데, 스마트 정부(Smart Government)는 온라인 애플리케이션을 통해 사람들에게 다양한 형태의 의사소통 수단을 제공하고 있다. 국민과 적극적인 소통으로 진화하는 스마트 정부는 양방향 정부 서비스를 구축하여 다양한 매체를 통하여 내가 원하는 행정서비스를 지역적 영역을 초월하여 서비스를 받는다. 과거 전자정부 서비스가 국민 중심의 서비스였다면, 모바일 전자정부 서비스는 개인 중심의 맞춤형 서비스라 할 수 있다.

다음의 〈그림 10-3〉은 차세대 행정서비스의 발전 방향을 나타낸 것이다. 1996년부터 PC를 기반으로 한 행정서비스가 보급 및 확대되기 시작했고, 2000년대를 들어서면서부터는 점차 모바일을 기반으로 한 행정서비스가 보급되었다. 미래에는 스마트폰과 태블릿PC, 그리고 스마트 TV의 확산으로 인해 방송통신융합을 기반으로 한 행정서비스가 전개될 것으로 보인다.

〈그림 10-3〉 차세대 전자정부 서비스의 발전 방향

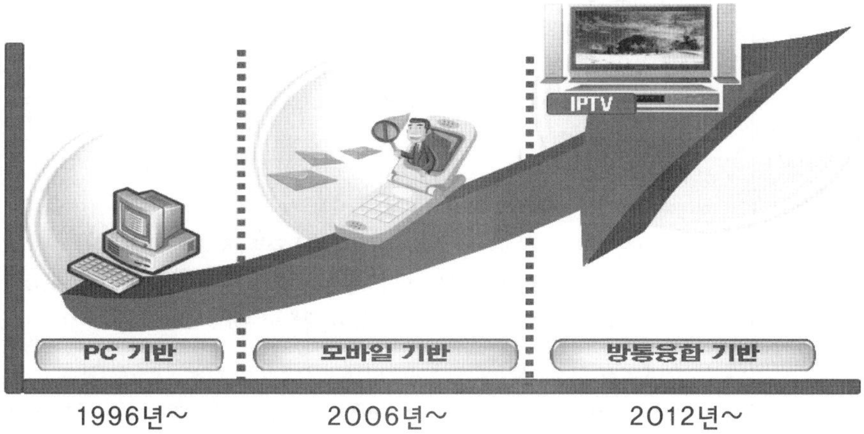

| PC 기반 | 모바일 기반 | 방통융합 기반 |
| --- | --- | --- |
| 1996년~ | 2006년~ | 2012년~ |

※ 자료: 정부통합전산센터(2010).

## 4) 주요기관별 M-Gov 서비스(SMS 지원서비스) 활용사례

| 구 분 | 세부 내용 |
|---|---|
| 민원처리 안내 | • www.egov.go.kr에서 G4C 회원가입, 민원 완료 또는 취소시 처리결과 통보 및 이용기관에 서비스 점검 공지 등〈행정안전부〉<br>• 중앙행정기관, 지자체, 교육청, 대학교 등 행정기관이 정보공개신청에 대해 통합정보공개시스템을 이용해서 결정통지상황을 정보공개청구인에게 통보〈행정안전부〉<br>• 온라인사본신청 등 민원을 처리하면서 민원접수중, 담당자지정완료, 접수완료, 수수료 결제완료 등 각 단계별 SMS 통보〈국가기록원〉<br>• AgriXt시스템을 이용하는 시·군·구청 지자체 공무원이 농림사업신청 등 민원에 대해 민원신청, 접수, 대상자선정, 자금집행 등 처리단계별로 농업인에게 진행 상황을 통보〈농림수산식품부〉<br>• 관심사건등록된 사건에 대해 사건접수, 선고, 종국결과를 사건진행단계별로 통보, 법령 사건 위헌여부신청 접수시 법령명과 사건번호를 통보, 개인사건에 대해 사건관련자일 경우 송달여부 통보〈헌법재판소〉<br>• 신규건축물 소방시설완공검사 등 민원의 접수, 처리상황, 처리결과 등을 민원인에게 통보〈강원도소방본부〉<br>• 온라인 도로 굴착 시스템에서 도로굴착신청민원의 접수, 처리상황, 관계기관 협의현황, 최종 승인결과, 도로점용료 결제현황 등 진행상황을 민원에게 알림〈전북전주시〉 |
| 내부업무 처리 | • 사건발생시 인상착의, 차량번호 등 긴급수배사항, 비상소집, 공지사항 등 전송〈경찰청〉<br>• 안심콜서비스 수혜자가 119신고를 해서 구급차, 화재구조 출동 등이 발생하면 유비쿼터스 119 신고 시스템에서 수혜자의 보호자 등 관계자에게 출동 현황 알림〈소방방재청〉<br>• 소방방재청 중앙119구조대-중앙출동지원시스템의 재난상황전파 및 출동지령의 신속한 전파〈소방방재청〉<br>• 정부원격근무지원시스템(GVPN) 서비스 이용 시 이용공무원 및 기관담당자, 센터관리자에게 서비스 관련 현황 메시지 발송〈정부통합전산센터〉<br>• 시스템 장애전파, 장애메시지 통보 등 장애발생 관리〈지방자치단체〉<br>• 화재, 구조, 구급, 재난 발생시 지역소방본부 종합상황실에서 현장소방대원, 의용소방대원 등에게 재난발생 전파, 출동지원 통보〈강원도소방본부〉 |
| 공지사항 및 정보제공 | • 지방노동관서 근로감독관이 노동관계법 위반신고사건 진정, 고소장 접수시 사실조사를 위해 사건당사자에 대해 출석요구시 우편을 이용한 방법과 병행하여 SMS 서비스 활용〈노동부〉<br>• 통계원시자료 이용고객에게 통계원시자료가 업데이트될 경우 안내문을 발송하여 원활히 이용할 수 있게 지원〈통계청〉<br>• 황사발생시 어린이, 노약자, 호흡기질환자 등 취약계층, 시설관리자, 유관기관, 언론기관 담당자에게 황사정보 전달〈기상청〉<br>• 민방위 교육 대상자에게 교육일시, 장소 등 민방위 교육 통지〈경북구미시〉 |

| 개인정보 보호 | • 이해관계인이 주민등록 등·초본을 발급한 경우 본인에게 통보〈지방자치단체〉 |
| | • 타인이 인감을 발급한 경우 본인에게 인감발급사실 통보〈지방자치단체〉 |
| | • 민원발급 본인통보, 민원서류 대리 발급 통보 등〈지방자치단체〉 |
| 기타 | • 사이버학습을 진행하면서 선생님 및 관리자 등이 시험, 과제 관리 등을 위해 학생, 학부모에게 공지사항, 전달사항 등을 사이버가정학습시스템을 통해 SMS로 전달〈광주교육청〉 |

※ 자료: 정부통합전산센터(2010).

## 4. 유비쿼터스 정부(*U-Government*)

### 1) 유비쿼터스 전자정부의 개념

유비쿼터스[1] 정부란 전자정부가 네트워크 환경을 의식하지 않는 상태에서 장소 및 기계에 구애받지 않고 자유롭게 원하는 서비스를 받을 수 있는 이른바 5 Any, 즉 Anywhere, Anytime, Anyplace, Anyadvice, Anynetwork환경에서 실현되는 정부를 의미한다(정극원 외, 2006).

유선 인터넷 기반의 전자정부는 유비쿼터스 전자정부로 가는 초기단계로 파악할 수 있다. 유비쿼터스 전자정부는 모바일 단말기, DTV, KIOSK, 전화기 등으로 전자정부에 대한 접근매체를 다양화하여 접근성을 제고하는 방향 이외에도, 이제까지 제공하지 못하였던 새로운 영역에서의 전자정부 서비스 창출과 연계하여 언제, 어디서나 필요한 정부서비스를 제공받는 고도화된 전자정부의 궁극적인 모습이라고 할 수 있다.

---

1) 라틴어 'ubique'를 어원으로 하는 유비쿼터스(Ubiqutious)는 영어의 형용사로 '동시에 어디에나 존재하는, 편재하는'이라는 사전적인 의미를 지니고 있다. 이는 필요한 조치도 사물로 하여금 스스로 수행할 수 있도록 하는 네트워크 환경을 의미하는데, 시간과 장소에 구애받지 않고 자신의 욕구에 가장 적합한, 시시각각 변화하는 생활공간 속의 신선한 상황정보를 실시간으로 제공받을 수 있는 것을 의미한다(배강원, 2009).

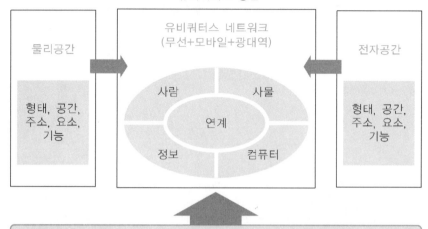

〈그림 10-4〉 유비쿼터스 전자정부의 개념

유비쿼터스 공간

| 물리공간 | 유비쿼터스 네트워크<br>(무선+모바일+광대역) | 전자공간 |
|---|---|---|
| 형태, 공간,<br>주소, 요소,<br>기능 | 사람　　사물<br>연계<br>정보　　컴퓨터 | 형태, 공간,<br>주소, 요소,<br>기능 |

유비쿼터스 패러다임
· 도처에 언제 어디서나 존재 환경/사물 속에 스며들어 보이지 않는 컴퓨터
· 인간중심의 컴퓨팅, 테크놀러지
· IT+BT+NT 등의 기술적 융합과 사회, 경제 공간적 융합을 의미

※ 자료: 배강원(2009).

## 2) 마크 와이저의 유비쿼터스 개념

마크 와이저(M. Weisier)는 21세기 정보기술의 바람직한 모습은 컴퓨터 중심이 아닌 사람 중심에서 이루어진다고 생각하였다. 예컨대 기존의 정보기술은 업무를 도와주는 보조적인 수단이기보다는 그 자체가 업무가 되어버리는 문제를 안고 있었는데, 와이저는 이 점을 깊게

〈표 10-4〉 유비쿼터스 컴퓨팅에 대한 마크 와이저의 기본 사상과 개념

| 주요 사상 | 기본 개념 |
|---|---|
| Invisible | 수많은 컴퓨터와 컴퓨팅 기술이 주변에 산재해 있기는 하지만, 사용자들이 거부반응을 느끼거나 방해받지 않도록 환경에 스며들어 자연스럽게 기능을 수행함 |
| Connected | 모든 사람·사물·컴퓨터가 서로 연결되어 궁극적으로 네트워크의 연결의 통합성(*anytime, anywhere, anynetwork, anydevice, anyservice*)을 지향 |
| Calm | 평소에는 의식할 수 없지만, 필요할 때는 사용자의 개입을 요구함으로써 인간의 집중력을 효과적으로 활용하도록 하는 사용자 중심 환경 |
| Real | 물리공간에 실존하며, 가상세계의 강화가 아니라 실제세계를 강화하는 것 |

고민하고 지적한 것이다. 이에 따라 와이저가 주창한 유비쿼터스 컴퓨팅은 기본적으로 〈표 10-4〉에 명시된 네 가지 사상을 지닌 컴퓨팅 환경으로 정의할 수 있다(연승준 외, 2004).

## 3) 유비쿼터스 전자정부의 동인

유비쿼터스 전자정부의 동인을 기술적 요인과 행정수요적 요인으로 나눠서 살펴보면 다음과 같다.

### (1) 기술적 요인: 센서기술과 RFID

유비쿼터스 전자정부의 기술적 요인으로 센서기술의 발달을 들 수 있다.

센서기술의 발달로 인한 RFID(*Radio Frequency IDentification*)는 전파신호를 통해 비접촉식으로 사물에 부착된 얇은 평면 형태의 태그를 식별하여 정보를 처리하는 시스템을 말한다. 판독 및 해독기능을 하는 판독기(RF reader)와 고유 정보를 내장한 RF 태그(RFID tag), 그리고 운용 소프트웨어 및 네트워크로 구성되며, RF 태그는 반도체로 된 트랜스폰더 칩과 안테나로 구성된다. RFID는 물류, 교통, 보안, 안전 등 다양한 응용분야에 활용된다.

### (2) 행정수요적 요인: 접근성과 맞춤행정

정부는 행정효율화와 대국민 서비스 향상을 위해 전자정부서비스를 적극 추진하고 있지만 국민의 활용도와 만족도 면에서는 의도한 만큼의 성과를 거두지 못하고 있다. 이는 아직까지 상존하는 정보격차와 공급자 관점의 서비스 제공방식, 손쉽게 서비스를 활용할 수 없는 제약조건 등 전자정부 서비스를 원활하게 활용하기 어려운 정보화 기반여건에서 기인하는 것이다.

유비쿼터스 전자정부는 '항상 어디에나' 존재하는 정부로서 특정계층의 IT에 대한 거부감을 줄여 공공서비스의 수요를 진작시킬 것이며, PC 등의 플랫폼보다 개인화된 도구로서 한 사람을 위한 맞춤행정에 적합한 전자정부의 형태로 자리 잡을 것이다.

## 4) 유비쿼터스 전자정부 기술의 최근 동향

유비쿼터스 정부를 가능케 만드는 핵심 기술들을 살펴보면 다음과 같다.

① IPv6

IPv6는 "Internet Protocol Version 6"의 줄임말이다. 인터넷 이용의 증가가 IPv4의 인터

넷 환경에 과부하가 발생하는 원인으로 작용함에 따라 IPv4의 성능에 의문점이 제기되었다. 이를 대체하기 위한 인터넷 환경이 요구됨에 따라 나타난 결과로 차세대 인터넷 환경을 위해 만들어진 차세대(Next generation) 인터넷 프로토콜이다.

② 기가(Giga) 인터넷

Giga 인터넷은 초광대역 가입자망 기술(FTTx, HFC, LAN)을 이용하여 가입자에게 최대 1Gbps급의 인터넷 서비스를 제공하는 것을 말한다. 다음의 〈표 10-5〉는 BcN과 Giga 인터넷 서비스의 가입자망 속도와 대표 서비스를 비교해 놓은 것이다.

〈표 10-5〉 BcN과 Giga인터넷 서비스 비교

| 구분 | BcN 서비스 | Giga인터넷 서비스 |
|------|-----------|------------------|
| 가입자망 속도 | 50M~100M | 100M초과~최대1G |
| 대표 서비스 | 영상전화, IPTV | 멀티앵글TV, 3DTV, Giga P2P/웹하드 |

※ 자료: 한국방송통신위원회·한국정보화진흥원(2009).

③ IP-USN

Internet Protocol-Ubiquitous Sensor Network의 약어로 사용되는 IP-USN은 기존에 있는 IP 인프라를 기반으로 광범위한 확장성을 제공하고, 센서 노드, 게이트웨이 및 싱크노드의 이동성을 보장하는 USN 서비스를 의미한다. IP-USN의 특징으로는 BcN(차세대 지능형 통신망 네트워크), IPv6(차세대 인터넷 주소체계), 와이브로, 무선랜 등 인터넷 인프라와 연계해 원하는 장소에 센서 네트워크를 구축하여 다양한 서비스 제공을 들 수 있다(오세근, 2007).

④ 클라우딩 컴퓨팅

ⅰ) 개 념

클라우딩 컴퓨팅(Clouding Computing)이란 정보가 인터넷 상의 서버에 영구적으로 저장되고, 데스크톱·태블릿PC·노트북·넷북·스마트폰 등의 IT 기기 등과 같은 클라이언트에는 일시적으로 보관되는 컴퓨터 환경을 말한다. 즉, 이용자의 모든 정보를 현재와 같이 굳이 PC에 소프트웨어를 내장해 놓지 않고, 인터넷 상의 서버에 저장하여 이 정보를 각종 IT 기기를 통해 언제 어디서든 이용할 수 있다는 개념이다. 또한 클라우딩 컴퓨터란 클라우딩 컴퓨팅 기술을 바탕으로 인터넷 상의 데이터를 저장하고 불러오는 네트워크 통신망 기능을 담당하는 컴퓨터 즉, 클라우딩 컴퓨팅이 가능한 컴퓨터를 의미한다.

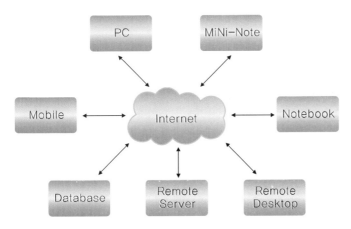

〈그림 10-5〉 클라우딩 컴퓨팅의 구현 개념도

다시 말하면 구름(cloud)과 같이 무형의 형태로 존재하는 하드웨어·소프트웨어 등의 컴퓨팅 자원을 자신이 필요한 만큼 빌려 쓰고 이에 대한 사용요금을 지급하는 방식의 컴퓨팅 서비스로, 서로 다른 물리적인 위치에 존재하는 컴퓨팅 자원을 가상화 기술로 통합해 제공하는 기술을 말한다.

ii) 클라우딩 컴퓨팅의 장점
클라우딩 컴퓨팅의 장점은 다음과 같다.

첫째, PC에 자료를 보관할 경우 하드디스크 장애 등으로 인하여 자료가 손상될 수 있는 위험이
        있는 반면, 클라우딩 컴퓨팅 환경에서는 외부 서버에 자료를 저장함으로써 안전하게 자료
        의 보관이 가능하다.
둘째, 저장 공간의 제약을 극복할 수 있다.
셋째, 개인 저장매체에 기록을 남기지 않으므로 보안성을 유지할 수 있다.
넷째, 언제 어디서든 자신이 작업한 문서를 열람·수정할 수 있다.
다섯째, 비용을 절감할 수 있다.

iii) 클라우딩 컴퓨팅의 단점
클라우딩 컴퓨팅의 단점은 다음과 같다.

첫째, 서버가 해킹당할 경우 개인정보 유출의 위험이 있다.
둘째, 서버에 장애가 발생할 경우 자료 이용이 불가능할 수 있다.

iv) 주요 서비스

클라우딩 컴퓨팅의 주요 서비스는 다음과 같다.


（ⅰ）SaaS(Software as a Service): 특정 소프트웨어를 필요한 시기에만 웹으로 접속하여 사용, 그에 따른 요금을 부과하는 형태의 서비스를 의미한다.

（ⅱ）PaaS(Platform as a Service): 개발을 위한 플랫폼을 구축할 필요없이 웹에서 빌려 쓸 수 있게 만든 방식을 의미한다.

（ⅲ）IaaS(Infrastructure as a Service): 서버, 저장소, 네트워크 장비 등의 IT인프라 장비를 가상화 환경으로 구축하여 필요에 따라 빌려 쓰는 방식을 의미한다.


## 5) 유비쿼터스 전자정부의 활용분야

지금까지의 정보화는 인터넷을 기반으로 전자공간 속에 사무실·쇼핑몰·도서관 등의 물리공간을 이주시킴으로써 물리공간이 갖는 시간적·공간적 제약점을 극복하고자 하였으며, 동시에 이러한 맥락에서 볼 때 지금의 전자정부 역시 인터넷 정보기술을 기반으로 하여 전자공간상에서 업무와 서비스를 제공하여 기존의 물리적인 제약을 극복하고자 하였다.

그러나 물리공간과 연계되지 않은 전자공간의 개척과 성장은 한계를 지닐 수밖에 없다. 전자공간은 실체가 없는 가상적인 공간이므로 불완전한 공간으로서 물리공간과 단절된 채 독립적인 공간으로 존재할 수 없다. 그러므로 물리공간과 전자공간의 최적 연계와 융합은 새로운 정보화 전략의 핵심과제라고 할 수 있겠다. 인터넷을 기반으로 급부상하고 있는 전자공간을 물리공간과 어떻게 연계할 것인가에 대한 새로운 방향을 제시하는 것이 바로 유비쿼터스 정보기술이라 할 수 있으며, 이러한 정보기술을 기반으로 하여 전자공간상의 서비스에 국한되어 물리공간과의 연계가 이루어지지 않아 많은 제약점을 드러내고 있는 지금의 전자정부의 한계를 극복하는 것이 향후 지향되어야 할 차세대 전자정부의 기본 구도라고 볼 수 있다.

이처럼 유비쿼터스 정보기술은 물리공간과 전자공간을 융합시키기 위해 전자공간을 물리공간에 통합시킴으로써 물리공간과 전자공간의 기능적, 본질적 한계를 극복하게 해 준다. 유비쿼터스 정부는 무선 & 모바일 네트워크, 센싱, 칩 등 새로운 유비쿼터스 정보통신기술을 이용한 전자정부라고 할 수 있을 것이다. 전자정부와 유비쿼터스 정보기술을 기반으로 하는 차세대 전자정부의 차이점은 〈표 10-6〉과 같이 정리할 수 있다.

〈표 10-6〉 전자정부와 유비쿼터스정부 비교

| 구 분 | 전자정부 | 유비쿼터스정부 |
|---|---|---|
| 기술적인 측면 | 초고속정보통신망과 네트워크 인터넷 기술이 기반 | 브로드밴드와 무선 & 모바일 네트워크, 센싱, 칩 기반 |
| 정부서비스 전달방법의 측면 | 신속·투명한 서비스 제공 | 지능적인 업무수행과 개개인의 수요에 맞는 맞춤형 행정서비스 제공 |
| 업무방식의 측면 | 신속성·투명성·효율성·민주성 | 실질적인 고객지향성·지능성·형평성·실시간성 |

〈표 10-6〉에서 볼 때, 전자정부와 유비쿼터스 정보기술을 기반으로 하는 차세대 전자정부의 차이는 유비쿼터스 정보기술의 개발과 발달에 따른 새로운 서비스의 가능성 측면에서 이해를 할 수 있으며, 결국 이는 하나의 연장선상에서 그 개념적 의미를 파악할 수 있을 것이다.

## 6) 유비쿼터스 전자정부에 대한 비판

유비쿼터스 전자정부에 대한 우려사항을 살펴보면 다음과 같다.

### (1) 프라이버시 침해

유비쿼터스 환경에서 개인은 언제 어디서든지 정보에 접근할 수 있지만, 반대로 항상 자신도 개방되어 있어야 한다. 특히 유비쿼터스 기술의 영향을 극대화 시켜줄 CRM 기술은 개인에 대한 정보가 축적되어 있는 것을 전제로 하며, 이러한 상황은 정보수집 주체의 마음먹기에 따라서는 언제든지 심각한 프라이버시의 침해 가능성을 열어놓게 된다. 유비쿼터스의 핵심기술인 RFID는 개인의 위치를 항상 추적 가능하게 할 것이다.

### (2) 작지만 치명적인 오류

유비쿼터스가 추구하는 이상인 모든 사물의 커뮤니케이션은 모든 사물의 컴퓨팅과 네트워크에 의해 이루어진다. 머리끝에서부터 발끝까지 모든 것에 심어져 있는 컴퓨터에서 발생하는 사소한 소프트웨어의 오류는 치명적인 문제를 일으킬 수도 있다. 의도적으로 유포된 바이러스의 피해도 여태는 개인의 컴퓨터가 고장 나는 선에서 그쳤지만, 유비쿼터스 환경에서는 상상도 할 수 없는 피해를 불러올 수 있는 것이다(이인재, 2004).

## 7) 유비쿼터스 전자정부의 비전을 실현하기 위한 전략

유비쿼터스 전자정부는 원스톱서비스의 전자정부의 고도화, 지능화된 U-전자정부 진입, 맞춤서비스의 U-전자정부 발전, U-전자정부의 고도화의 단계로 발전할 것으로 예상되고 있다(〈표 10-7〉 참조). 차세대 전자정부의 비전을 실현하기 위한 전략은 크게 대국민 서비스, 정부 효율성, 인프라 측면의 세 가지 관점에서 추진될 수 있을 것이다(오광석, 2003).

### (1) 대국민 서비스 측면

대국민 서비스 측면에서는 정보소외에 대한 배려 및 정보접근성 제고와 직접민주주의에 대한 보완을 위한 전자투표, 전자의견수렴 활성화, 능동적 쌍방향 의사소통에 근거한 고객

〈표 10-7〉 U-전자정부의 발전단계

| 기간 | 정보화수단 | 공공부문의 정보화 활용범위 |
|---|---|---|
| 2005~2007년대 (원스탑서비스의 전자정부 고도화) | 유무선 통합인터넷, 광대역망 및 유비쿼터스 요소 마련 | -온라인서비스를 오프라인과 연계시켜 통합된 서비스를 제공하기 위해 정보화 활용<br>-시민·기업의 수요·상황에 맞는 맞춤형서비스를 제공하기 위해 정보화를 활용<br>-U-Gov로 가기 위한 기본정책 및 정보보호체계마련을 통하여 전자정부 서비스의 의미 변화 |
| 2007년 이후 (지능화된 U-전자정부 진입단계) | 유비쿼터스 정보기술 | -온라인·모바일·센서·칩·음성 등 매체 독립적인 다양한 접근을 통하여 전자정부 서비스의 지능화된 접근 수행<br>-언제, 어디서나, 어느 통신망이든지, 어느 단말장치든지, 어떤 서비스든지(5Any)의 기본개념을 통해 고객중심의 보이지 않는 전자정부 서비스 혁신기반마련 및 서비스창출<br>-국가주도의 개인정보보호, 행정정보보호 등 보안요소 필수제공 |
| 2010년 이후 (맞춤형 서비스의 U-전자정부 발전단계) | 고도화된 유비쿼터스 정보기술 | -실시간·포괄적 의미 행정, 고객서비스혁신의 전자정부 구축<br>-중요 국가 기반시설에 센서 등 유비쿼터스 요소가 내장되어 국민에게 적합한 쌍방향 맞춤형 서비스를 제공<br>-정부·국민·기업의 국가운영에 대한 참여개념이 변경됨 |
| 2013년 이후 (U-전자정부 고도화단계) | 전방위적인 유비쿼터스 정보기술 | -모든 사물에 고도화된 센서·칩이 내장되어 접근매체에 대한 개념이 무의미하며 음성요소를 통해 전자정부서비스를 제공받을 수 있음<br>-제2의 유비쿼터스 정보기술을 통하여 보이지 않는 정부의 모든 분야에서의 서비스영역 확대와 보안수행 |

※ 자료: 도경화, "미래 전자정부를 꿈꾼다, U-전자정부", 행정사치부 니시털행정, 2005. 7.

관리 등이 포함되어야 할 것이다. 특히, PC 이외의 매체를 통한 전자정부에 대한 정보접근성 확대는 유비쿼터스 전자정부 실현을 위한 기본전략이 될 것이다.

## (2) 정부 효율성 측면

정부 효율성 측면에서는 행정의 투명성과 효율성이 담보될 수 있는 협업(*Collaboration*)의 관점이 새롭게 정리되어야 할 것이다. 협업체계 구현을 위해서는 법과 규제에 대한 정비가 필요할 것이며, 기술적인 측면에서는 P2P 기술이나 무선 또는 이동통신기술이 유용하게 사용될 수 있을 것이다.

## (3) 기술 인프라 측면

인프라 측면에서는 표준화 기반 위에서 범정부 통합전산환경이 완성되어야 할 것이다. 유선환경에서는 지속적으로 광대역화 방향으로 고도화되고, 무선기반 기술의 확산이 필요할 것이다. 특히, 무선 및 모바일 기술의 이용확산과 Ipv6라는 인터넷 주소체계로의 전환은 유비쿼터스 전자정부 구현을 위한 필수조건이라 할 수 있다.

유비쿼터스 컴퓨팅에 대해 이상에서 논의한 기본적인 개념을 갖고 자세하게 유비쿼터스 전자정부 구현에 필요한 기술을 살펴보면 〈그림 10-6〉과 같이 요약할 수 있을 것이다. 유비쿼터스 전자정부 구현에 필요한 기술로는 먼저 브로드밴드 통신확산 및 고도화를 통한 멀티미디어 기반의 통신환경 구축이 전제되어야 할 것이며, 이를 기반으로 하여 무선

〈그림 10-6〉 유비쿼터스 전자정부 구현을 위한 기반기술

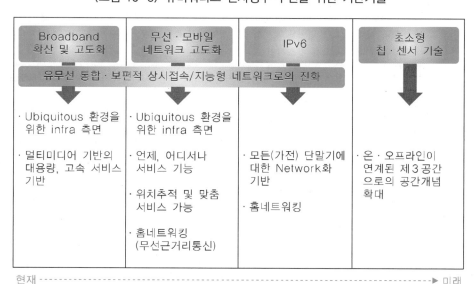

및 모바일 네트워크가 고도화되어야 할 것이다. 무선 및 모바일 네트워크 고도화는 언제, 어디서나 전자정부 서비스에 접근하기 위한 단말기의 다양화와도 직접적으로 연결된다. 유무선 네트워크 고도화는 결국 유무선 통합 및 보편적 상시접속환경으로 융합될 것이다.

유비쿼터스 전자정부의 추진은 모바일 전자정부를 구축함으로써 그 접근성을 확장한 후 KIOSK, DTV, 전화기 등으로 그 접속매체를 단계적으로 확장해 나가는 방향이 되어야 할 것이다. 또한 이제까지 제공하지 못하였던 새로운 영역에서의 전자정부 서비스 창출과 연계하여 단계적으로 추진되어야 할 것이다(〈표 10-8〉 참조). 유비쿼터스 컴퓨팅에 대한 연구는 증강현실(*Augmented Reality*)에 대한 연구로 확장되고 있으며, 이와 관련하여 국내에서 제3공간이란 개념에 대한 논의가 진행중이다. 물리적인 영역과 사이버 영역의 융합인 제3공간을 통한 전자정부 영역의 확대는 지능화된 도로와 자동차를 통한 ITS 분야, 소형 칩을 활용한 의료 분야, 스마트 먼지(*Smart Dust*) 등을 활용한 국방 분야에 우선적으로 검토될 수 있을 것이다(오광석, 2003).

〈표 10-8〉 U-Government의 서비스부문

| 부문 | U-Government |
|------|--------------|
| 유지보수 | 무선기술과 GPS기술이 결합하여 현장공무원과의 실시간적인 무선커뮤니케이션이 이루어지고, 공공설비시설의 상태가 센서링됨으로 인해 즉각적이고 예방적인 유지·정비·보수가 가능 |
| 환경 | 공장·하천에 오염모니터를 장착하여 24시간 실시간 오염원 배출량이 감시·추적되어 위법행위가 자동적으로 관찰되고 또한 부품·폐기물에 센싱칩을 부착하여 리사이클이 효율적으로 이루어짐 |
| 보건의료 | 재택의료와 원격진단이 일상화되고, 노인·장애인의 상태를 모니터링하는 센서기술을 통하여 서비스 요청 없이도 자동적으로 정확한 치료를 제공, 이를 통해 현장에서 근무하는 공무원에 대한 수요를 감소시킴 |
| 조세 | 상품구입이 이루어지는 즉시 세금이 자동적으로 지불되고 납세자의 정보가 자동적으로 갱신됨 |
| 조달 | 소형 칩을 장착한 카드나 정보 단말기, 지문, 홍채 등 바이오매트릭스를 이용한 다양한 인증시스템에 의하여 개인 인증 플랫폼이 구축되고, 고액 상품의 발주 및 결제가 안전하고 간단히 실현됨 |
| 자동차면허 | 자동차가 지능화되고 차량만기일을 자동적으로 인식, 차량의 상태를 평가하여 등록을 승인하고 등록을 위한 지불액을 즉각적으로 송달하는 센서 기술을 통하여 자동차량등록을 자동적으로 갱신함 |
| 교육 | 자유롭게 이동하면서, 네트워크를 의식하지 않은 채 실시간으로 영상이나 메모정보를 교환, 초미세 센서를 이용하여 자연환경의 관측이나 인공적인 구조물을 이용한 현장실험을 수행함 |

※ 자료: 심선경(2003).

◎ 정보기술환경의 변화

▣ 정보통신기술의 중요성

- ▶ 국민경제 핵심 성장엔진으로의 부상: 국내 정보통신산업의 비중이 크게 확대됨
- ▶ 정보통신 기술개발의 성과: CDMA, 반도체, TFT-LCD 등이 세계 1등 상품으로 자리 매김하였으며, IT분야가 수출을 주도함
- ▶ 정보통신 기술개발의 파급효과 상승: 정보통신 기술개발에 대한 전략적 R&D투자를 통해 세계 최고의 유무선 정보인프라 구축에 성공함

▣ 정보통신기술의 발전 동향

- ▶ 자료 처리의 조회 단계에서 분석 단계로의 이전
- ▶ 분산 자료 통합 처리
- ▶ 핵심 정보의 가공 추출
- ▶ 능동적 자료 제공과 정보 공유 범위 확대
- ▶ 광대역 응용 프로그램의 발달과 이로 인한 행정업무 영역의 확대

▣ 정보기술의 발달로 인한 전자정부의 제반 환경의 변화

- ▶ 공간적·지리적 제약이 없는 환경
- ▶ 통신용량의 제약이 없는 환경
- ▶ 네트워크·단말기·서비스 및 콘텐츠 선택의 제약이 없는 환경
- ▶ 통신대상의 제약이 없는 환경

◎ 전자정부와 인터넷

▣ TCP(Transmission Control Protocol) / IP(Internet Protocol)

- ▶ 각기 상이한 운영체계를 가진 컴퓨터간에 정보의 원활한 유통을 가능하도록 하기 위한 인터넷 표준통신규약
- ▶ TCP: 통신제어 규약. 네트워크상의 어느 한 지점에서 메시지를 보내고자 할 때 이 정보에다 보낸 사람과 받을 사람의 주소에 관한 정보, 그리고 정보전송 과정에서 발생할

수 있는 에러를 검출할 수 있는 정보 등을 패킷방식으로 묶어 주는 역할을 함.

▶ IP: 인터넷 규약. 패킷방식으로 묶어진 정보를 보내고자 하는 상대방 네트워크 호스트로 전송하는 데 관여함

◘ **인터넷의 정부 행정서비스 영역의 영향**

▶ 전자민주주의 실현

▶ 행정업무의 인터넷상에서의 처리

▶ 개인, 기업, NGO의 가상공동체, 가상기업 형성을 통한 자주성, 접근용이성, 정보자원의 개방성 용이

▶ 정치적 측면에서 사회변혁운동의 주요기제

◎ **전자정부와 모바일 정부(M-Government)**

◘ **전자정부와 모바일정부의 관계**

▶ **장치특성**
- 산재한 상호작용성
- 개인성과 위치 인지성

▶ **사용특성**
- 정보처리 능력
- 전송능력

▶ **환경특성**
- 보안
- 사생활
- 애플리케이션 플랫폼

◘ **모바일 전자정부의 활성화의 제약요인**

▶ 무선인터넷을 통한 모바일 멀티미디어 서비스의 느린 속도

▶ 무선 인터넷망의 미개방

▶ 모바일 플랫폼 표준화의 일관된 정책적 지원

◘ **단기적 시점에서 모바일 활성화 방안**

▶ 공급측면: 무선인터넷 인프라 확충, 무선인터넷망 개방 추진, 기술개발 및 표준정립

▶ 수요측면: 콘텐츠 개발·보급 활성화를 추진, 패킷 요금제 도입, 다양한 비즈니스 모델

개발 및 모바일 전자정부의 추진

▶ 기반측면: 무선인터넷산업 발전협의회 구성 및 운영, 배타적 독점 계약 모니터링, 법·
제도 정비

## ◎ 전자정부와 유비쿼터스 정부(U-Government)

### ◘ 개 념

▶ 언제, 어디서나 필요한 정부서비스를 제공받는 고도화된 전자정부의 궁극적인 모습

### ◘ 유비쿼터스 전자정부의 동인

▶ 기술적 요인

- 센서기술의 발달(RFID: Radio Frequency Identification)
- IPv6(다른 기종간의 통합가능성)

▶ 행정수요적 요인: 접근성과 맞춤행정

### ◘ 유비쿼터스 정보기술 기반 차세대 전자정부서비스의 방향

▶ 빠른 접속이 가능한 서비스

▶ 상시 접속이 가능한 서비스

▶ 모든 곳에서 접속 가능한 서비스

▶ 쉽고 편리하게 이용 가능한 서비스

▶ 온·오프라인 연계서비스, 지능화된 서비스

▶ 지능화된 서비스

▶ 자연스러운 사용이 가능한 서비스

### ◘ 유비쿼터스 전자정부에 대한 비판

▶ 프라이버시 침해문제

▶ 사소한 소프트웨어 오류로 인한 작지만 치명적인 문제 발생

### ◘ 유비쿼터스 전자정부의 비전 실현 전략

▶ 대국민 서비스 측면

- 정보소외에 대한 배려 및 정보 접근성 제고
- 전자투표
- 전자의견수렴의 활성화

- 능동적 쌍방향 의사소통을 근거한 고객관리 등
▶ 정부 효율적 측면: 행정의 투명성과 효율성이 담보될 수 있는 협업(Collaboration)의 관점이 새롭게 정리되어야 함
▶ 기술 인프라 측면: 표준화 기반 위에서 범정부 통합전산환경이 완성되어야 함. 유선환경에서는 지속적으로 광대역화 방향으로 고도화되고, 무선기반 기술의 확산이 필요

제 3 부   전자정부론

◎ 정보기술환경은 어떻게 발전되어 왔으며, 오늘날 정보통신기술의 중요성이 강조되고 있는 이유는 무엇인가?

◎ 정보통신기술의 발전이 향후 전자정부 구현에 어떠한 영향을 미치는지 정리해 보자.

◎ 오늘날 우리 사회의 깊은 곳에 자리 잡고 있는 인터넷의 발전 동인은 무엇인지 정리해 보자.

◎ 모바일 정부(M-Government)란 무엇인가? 전자정부와 모바일 정부는 어떠한 차이가 있는가?

◎ 유비쿼터스 정부(U-Government)란 무엇인가? 전자정부와 유비쿼터스 정부는 어떠한 차이가 있는가?

◎ 모바일 정부, 유비쿼터스 정부를 성공적으로 구현하기 위한 전략을 정리해 보고, 향후 미래 전자정부가 나아가야 할 새로운 모형에 대해서 정리해 보자.

[ 고시기출문제 (1) ]  아이폰, 안드로이드폰 등과 같은 스마트폰의 등장으로 유비쿼터스 네트워크(Ubiquitous Network)가 고도화되고 있다. 이러한 환경변화가 대국민 정책수립, 집행, 홍보, 평가활동에 어떠한 영향을 미칠 수 있는지 그 가능성과 한계에 대하여 논하시오. [2011년 행시]

[답안작성요령]

☞ 핵심 개념

본 문제는 정보기술환경의 변화에 따른 스마트폰의 등장과 확산으로 인한 유비쿼터스 전자정부의 구현이 정책과정에 어떠한 영향을 미치는지를 묻고 있다. 유비쿼터스 전자정부는 전자정부에 대한 접근매체를 다양화하여 언제, 어디서나 필요한 정부서비스를 제공받을 수 있는 정부이다. 최근 스마트폰의 활용이 확대되면서 모바일을 통해 언제, 어디서나 필요한 정부서비스를 제공받을 수 있는 유비쿼터스 네트워크가 강화되고 있다. 따라서 스마트폰과 유비쿼터스 전자정부의 개념에 대해 설명하고, 유비쿼터스 전자정부가 정책과정에서 어떻게 활용될 수 있으며, 이로 인한 문제점 및 한계를 기술하여야 한다.

☞ 스마트폰과 유비쿼터스 전자정부의 개념

유비쿼터스 정부란 전자정부가 네트워크 환경을 의식하지 않는 상태에서 장소 및 기계에 구애받지 않고 자유롭게 원하는 서비스를 받을 수 있는 이른바 5 Any, 즉 Anywhere, Anytime, Anyplace, Anyadvice, Anynetwork 환경에서 실현되는 정부를 의미한다(정극원 외, 2006). 또한 유비쿼터스 전자정부는 모바일 단말기, DTV, KIOSK, 전화기 등으로 전자정부에 대한 접근매체를 다양화하여 접근성을 제고하는 방향 이외에도, 이제까지 제공하지 못하였던 새로운 영역에서의 전자정부 서비스 창출과 연계하여 언제, 어디서나 필요한 정부서비스를 제공받는 고도화된 전자정부의 모습이다(권기헌, 2013: 253).

2007년 이른바 '아이폰 충격'을 시작으로 스마트폰 가입자가 급증하면서 유비쿼터스 전자정부는 '항상 어디에나' 존재하는 정부로서 개인 한 사람을 위한 맞춤행정에 적합한 전자정부의 형태로 자리 잡고 있다. 즉, 이러한 스마트폰의 등장과 확산은 정부의 정책과정에도 영향을 미치게 되면서, 유비쿼터스 네트워크가 강화되고 있다.

☞ 정책과정에서 유비쿼터스 전자정부의 영향

유비쿼터스 정보기술은 물리공간과 전자공간을 융합시키기 위해 전자공간을 물리공간에 통합시킴으로써 물리공간과 전자공간의 기능적, 본질적 한계를 극복하게 해 준다. 유비쿼터스 정부는 무선 & 모바일 네트워크, 센싱, 칩 등 새로운 유비쿼터스 정보통신 기술을 이용한 전자정부이다.

따라서 정책수립, 정책집행, 정책홍보, 정책평가, 정책환류 등 전반적인 정책과정에서 유비쿼터스 전자정부는 정책결정의 합리성 제고에 많은 기여를 한다.

첫째, 새로운 유비쿼터스 정보통신 기술의 도움으로 인해 정책이해관계자들과의 의사소통이 짧은 시간 내에 보다 더 편리하게 이루어질 수 있기에, 정책과정의 투명성과 민주성을 제고하면서 정책결정의 효과성과 능률성을 함께 확보할 수 있다.

둘째, 정책집행에서도 일선행정기관 및 정책대상집단과의 의사소통의 활성화를 통해 정책집행의 순응확보 및 성공적인 정책집행의 가능성이 더 커질 수 있다.

셋째, 유비쿼터스 기술은 정부서비스 전달에 있어 지능적인 업무수행과 개개인의 수요에 맞는 맞춤형 행정서비스를 제공할 수 있다.

넷째, 유비쿼터스 기술을 이용한 업무방식은 실질적인 고객지향성, 지능성, 형평성, 실시간성 등으로 참여의 비용이 낮아지고, 정부포털이나 정책안내 등의 어플리케이션을 통해 개인의 편의에 맞추어 참여할 수 있기 때문에 국민 참여도를 제고할 수 있다.

☞ 유비쿼터스 전자정부의 한계

유비쿼터스 전자정부에 대한 우려사항을 살펴보면 다음과 같다.

첫째, 개인의 프라이버시 침해의 가능성이 존재한다. 유비쿼터스 환경에서 개인은 언제 어디서든지 정보에 접근할 수 있지만, 반대로 항상 자신도 개방되어야 한다. 특히 유비쿼터스 기술의 영향을 극대화 시켜줄 CRM 기술은 개인에 대한 정보가 축적되어 있는 것을 전제로 하며, 이러한 상황은 정보수집 주체의 마음먹기에 따라서는 언제든지 심각한 프라이버스의 침해 가능성을 열어놓게 된다(권기헌, 2013: 259).

둘째, 유비쿼터스 환경에서는 정책과정의 참여 비용이 낮아짐으로 인해 적정수준을 넘어선 지나친 참여가 발생하여 비효율을 발생시킬 수 있다. 특히 정보의 그레샴 법칙(Gresham's law)과 같이 온라인상에서 이익집단에 의해 왜곡된 정보 등이 빠르게 유포되거나 여론몰이 현상이 나타날 경우 홍보나 평가가 제대로 이루어지기 힘들고 정책수립이나 집행 역시 과다한 비용 낭비를 유발시킬 수 있다(정보체계론

기출문제집, 2011)

셋째, 스마트폰 확산의 이면에는 새로운 정보격차(digital divide)가 존재한다. 스마트폰을 적극적으로 활용해 정보를 재빨리 습득하는 사람과 그러지 못한 사람 사이에 발생하는 소득별, 지역별, 연령별, 성별, 직업별 격차인 스마트폰 정보격차(smart Phone Divide)가 존재한다(권기헌, 2013: 556).

☞ 고득점 핵심 포인트

스마트폰 등과 같은 새로운 유비쿼터스 정보통신 기술의 등장과 확산은 정부의 정책과정에도 영향을 미치게 되면서, 유비쿼터스 네트워크가 강화되고 있다. 정부가 언제, 어디서나 존재하게 되면서 개개인을 위한 맞춤행정에 적합한 정부로 자리 잡게 되었다. 그러나 개인의 프라이버시 침해, 참여 과다로 인한 효율성 저하, 정보격차 등의 우려가 존재한다.

따라서 스마트폰의 등장으로 인해 유비쿼터스 네트워크가 강화된 배경을 설명하고, 정책과정에서 스마트 정보기술을 이용한 유비쿼터스 전자정부가 미치는 영향과 한계를 제시하면서, 어떻게 하면 합리적인 정책결정과정에 도움이 될 수 있는가에 대해 논의하는 것이 본 답안의 고득점 비결이다(본서 제10장 본문 전자정부와 정보기술; 유비쿼터스 정부를 참조바람).

[ **고시기출문제 (2)** ] 클라우딩 컴퓨팅 환경에서의 정보침해 문제를 서비스 제공자, 정보이용자, 개인별로 제시하고 그 해결방안에 대해 논의하시오. [2013년 입시]

**[답안작성요령]**

☞ 핵심 개념

본 문제는 클라우딩 컴퓨팅 환경에서의 정보침해 문제에 대한 설명과 이에 대한 해결방안을 제시하도록 하고 있다. 이를 위해 우선 클라우딩 컴퓨팅의 개념과 문제에 대한 설명이 필요하다. 클라우딩 컴퓨팅(Clouding Computing)은 정보가 인터넷상의 서버에 영구적으로 저장되고, 각종 IT기기 등과 같은 클라이언트에는 일시적으로 보관되는 컴퓨터 환경을 말한다. 이용자의 모든 정보를 현재와 같이 굳이 PC에 내장해놓지 않고, 인터넷상의 서버에 저장하여 이 정보를 각종 IT기기를 통해 언제 어디서든 이용할 수 있다는 개념이다(권기헌, 2013: 256 – 257).

☞ 정보침해 문제

서비스 제공자, 서비스 이용자, 제3자로 구분하여 발생할 수 있는 문제를 살펴보면, 첫째, 서비스 제공자의 정보유출로 인하여 이용자의 개인정보침해와 같은 범죄가 발생하며, 서비스 제공자가 소프트웨어를 구입하여 서버에 저장하며 이용자에게 제공하는 클라우딩 컴퓨팅의 특성상 소프트웨어를 정당하게 구입하지 않거나 사용계약을 위반하는 경우, 서비스 제공자에 의한 저작권침해가 이루어진다. 둘째, 서비스 이용자는 불법정보를 자신의 클라우드에 저장/이용하는 범죄를 저지르고, 또한 자신의 저장 공간에 영화나 음악, 소프트웨어 파일과 같은 저작물을 저장함으로써 저작권침해 범죄를 저지른다. 마지막으로 제3자에 의한 침해의 경우를 들 수 있는데, 클라우드 데이터 센터의 해킹이나 보안침해와 같은 범죄가 그 유형이라 할 수 있다.

☞ 해결방안 제시

클라우딩 컴퓨팅 환경에서의 정보침해 문제에 대한 해결방안은 첫째, 클라우딩 컴퓨팅에서의 개인정보보호 관리체계 설정, 둘째, 개인정보 관련 법령정비, 셋째, 개인정보수집 제한장치 마련, 넷째, 개인의 대응력 향상(개인정보유출고지, 잊혀질 권리의 실현), 다섯째, 개인정보침해와 국가안보의 균형, 여섯째, 실질적인 개인정보영향평가 수행 등을 제시할 수 있다(이원상 외, 2012).

☞ 클라우딩 컴퓨팅의 대표적인 사례 제시
클라우딩 컴퓨팅의 문제점을 강조하기 위해 최근 발생하였던 사례들을 언급하는 것이 효과적일 수 있다. 관련 사례를 간단히 소개하면 다음과 같다(이원상 외, 2012).

① 2008년 9월 태국의 ISP를 이용한 구글 Docs 일부 이용자 대상의 세션 하이재킹(정당한 이용자가 인증한 뒤 몰래 세션을 가로채는 보안 공격) 공격 발생

② 2009년 11월 아마존의 EC2서버가 Zeus Cirmeware의 봇넷으로 명령하고 제어하기 위한 목적으로 사용되는 사건

③ 2011년 5월에는 마찬가지로 아마존의 EC2 서버를 이용하여 소니의 네트워크를 해킹하는 사건

이러한 클라우드 서비스의 위험은 결국 국가정보원이 2012년 2월에 모든 부처에 클라우드 서비스 사용 중단을 지시하는 결과를 가져오게 되었다. 금지 목록에는 애플의 아이클라우드, 구글Docs, NHN의 N드라이브, 아마존 클라우드 서비스, 오라클 퍼블릭 클라우드, MS의 오피스365 등이 포함되었다. 이에 앞서 교육과학기술부는 전국 54개 국립대학 국책과제 연구진의 클라우드 서비스 이용을 전면 차단했고, 현재 사용 중인 서비스는 이용을 중단하거나 프로그램 삭제를 지시한 바 있다.

☞ 고득점 핵심 포인트
본 답안의 고득점 핵심 포인트는 최근 클라우딩 컴퓨팅이라는 새로운 패러다임의 등장으로 사이버범죄가 재정의 될 필요가 있다는 견해를 제시하면서 클라우딩 컴퓨팅 침해 사례를 예시로 들면서 문제의 심각성을 강조하는 것이다.

또한 클라우딩 컴퓨팅 환경에서의 개인정보침해 특징을 제시할 수 있다. 특징을 간단히 제시하면 첫째, 서비스 제공자에 의한 자기정보 통제권의 상실, 둘째, 부적절한 분석에 의한 통제의 심화에 대한 우려, 셋째, 다양한 유형의 개인정보 불법 거래 및 유통, 넷째, 서비스 제공사의 내부 직원의 실수 혹은 악의적인 내부자에 의해 발생, 다섯째, 상업적 이용에 관한 침해, 여섯째, 파기되지 않은 개인정보의 오용 가능성, 일곱째, 사법권의 부재가 클라우딩 컴퓨팅의 위험에 가장 큰 문제 등이다. 이와 같은 문제점들을 제시하면서 이를 극복하기 위한 해결방안을 위에서 언급한 바와 같이, 개인정보보호 관리체제, 법령 정비, 개인의 대응력 향상 등을 다차원적으로 연결하여 제시한다면 고득점을 위한 좋은 답안이 될 수 있을 것이다(본서, 제10장 전자정부와 정보기술-클라우딩 컴퓨팅 참조).

# 제 4 부

# 지식정부론

제3부에서 우리는 전자정부의 이론과 실제에 대해서 살펴보았다. 전자정부의 개념은 단순한 정부생산성을 증진시키는 정부경쟁력 차원뿐만 아니라, 정부-국민간의 정부권력의 의미를 이상적으로 복원시키는 의미에서 전자 민주주의를 실현하는 정부, 그리고 더 나아가 우리 사회에서 수직적, 수평적 의미의 열려 있는 의사소통을 활성화시킴으로써 진정한 의미의 신뢰 사회와 성숙한 사회를 지향하는 성찰적 정보화를 실현하는 정부로서의 다차원적 개념을 지닌다.

또한, Smart 전자정부의 비전은 1) Seamless: 부처별 서비스 연계·통합, 국민 중심의 통합·맞춤형 서비스, 2) Mobile: 모바일 전자정부, 어디서나 편리한 서비스, 3) Anytime: 국민이 원하는 시간에 언제나 이용 가능한 서비스, 4) Real time: 국민수요에 실시간으로 반응하는 서비스 대응체계, 5) Together: 기업 상생, 소외계층 배려, 국민 참여·소통으로 서비스 선진화의 관점에서 살펴보았다. 이러한 시각에서 전자정부를 접근한다면 전자정부는 지식정부를 그 하위 개념 요소의 하나로서 포용하는 넓은 의미의 전자정부가 될 것이다.

하지만 또 다른 관점에서 지식정부를 접근한다면 지식정부는 전자정부의 정보기술을 토대로 하여, 기업가적 정부에서 추구하는 정부 운영의 인센티브가 잘 제공되고, 학습정부에서 추구하는 지식의 공유와 학습이 제대로 이루어지는 정부의 의미로 이해할 수가 있다.

요컨대, 지식정부를 지식관리시스템이라는 협의의 개념에서 접근한다면, 지식정부는 전자정부의 하위개념으로 볼 수 있지만, 전자정부를 정보기술이 도입된 정부형태라는 협의의 기술적 개념으로 접근한다면, 지식정부는 전자정부보다 정부 내부의 업무처리의 효율성과 생산성 그리고 정책결정 역량이 더욱 제고된 형태의 진화된 개념으로 볼 수 있다.

제4부에서 다루어지는 지식정부의 의미는 이러한 시각을 반영한 개념으로, 기술적 요소(지식관리시스템), 제도적 요소(업무프로세스, 보상제도 등), 문화적 요소(학습과 공유) 등을 포괄하는 개념으로서 접근하였다. 먼저, 지식정부 이론을 살펴본 다음 지식정부의 추진전략에 대해 논의하기로 한다.

# 지식정부 이론

속도와 불확실성을 특징으로 하는 21세기 조직환경하에서 조직이 생존하고 성공을 거두기
위해서는 디지털 신경망 시스템의 도입을 통해 정부 내에 산재해 있는 정보와 지식을
공유하고 확산함으로써 학습이 지속적으로 일어나야 한다.

-빌 게이츠

>>> **학습목표**

　지식정부 이론에서는 지식정부 논의의 이론적 배경과 지식정부의 개념 및 비전에
대해 학습한다. 또한 우리나라 지식정부에 대한 평가에 대해 살펴보고, 그 정책적 함
의에 대해서 학습한다.

첫째, 지식정부 논의의 이론적 배경에서는 지식정부 논의의 대두ㆍ필요성을 국가혁
　　　신 시스템의 필요, 국제질서의 변화, 정보통신기술의 발달, 시민들의 요구 증
　　　대 관점에서 살펴본다.

둘째, 지식정부의 개념과 비전에서는 지식에 대한 개념정의, 지식정부의 개념을 살
　　　펴보고, 지식정부의 개념에 대해 학습한다.

셋째, 우리나라 지식정부에 대한 평가에서는 지식정부로의 전환을 위한 평가의 틀
　　　을 지식정부로의 전환과 정부개혁 정책적 관점에서 살펴본 후 정책적 함의를
　　　고찰해 본다.

## 1.   문제의 제기

'지식'이 21세기의 핵심 패러다임으로 등장하고 있다. 드러커는 자본주의 이후의 사회, 즉 탈자본주의 사회(*Post—Capital Society*)는 지난 250여 년간의 자본주의 사회를 지배했던 자본이나 천연자원 또는 노동이 생산수단이 아닌 '지식'이 지배하는 사회가 도래할 것을 예고하였다(Drucker, 1993: 29). 국가경쟁력의 핵심 요소로서 지식의 중요성은 더 이상 재론의 여지가 없으며, 지식기반경제·지식사회·창조적 지식국가로의 이행은 이제 사실이 아닌 당위가 되고 있다.

이러한 배경을 전제로 이 장은 다음 두 가지 연구목적을 가지고 구성되었다. 첫째, 지식정보사회의 핵심 개념인 '지식정부'의 개념을 이론적으로 탐색한다. 둘째로, 정부의 지식기반 국가정책의 기반과 지식정부의 추진성과를 평가하고자 한다. 먼저, 지식과 지식기반이라는 관점에서 지식정부로의 전환을 위한 분석평가의 틀을 도출하고, 이를 토대로 그간 우리 정부 내에서 진행되어 온 지식정부로의 전환 노력과 성과에 대해서 실증적 평가를 해보고자 한다.

## 2.   지식정부 논의의 이론적 배경

21세기가 빠른 속도로 진행되는 현 시점에서 세계는 무한경쟁으로 진입하고 있으며, 이는 생존과 번영이라는 기본목표를 이루기 위한 끝없는 노력을 요구하고 있다. 바로 이러한 시대적 요구를 반영하듯이, 지금 우리나라뿐 아니라 모든 국가에서는 기업이나 개인 할 것 없이 기존의 구조를 재조정하고 경쟁력을 향상시키기 위해 뼈를 깎는 혼신의 노력을 경주하고 있다.

### 1) 국가혁신 시스템의 필요

지난 200여 년간 거대한 산업사회를 이끌었던 행정조직은 거대한 것을 이끌기에 적합한 관료조직이었다. 마치 공장이 돌아가듯 관료소식 피라미드의 성섬에서 이루어진 의사결정은 계선을 타고 흘러 거대한 관료조직을 효과적으로 움직일 수 있었고, 이러한 안정적 삼각피라미드는 자본의 투입으로 인한 상품의 산출의 반복인 산업국가를 이끌어가는 데 유효한 것이었다.

그러나 한정된 자원을 둘러싼 시장의 경쟁은 더욱 치열해졌으며, 기술발달 속도의 급속한 가속화와 사회의 다원화는 사회조직이 움직이는 데 더욱 많은 고려사항을 요구하고 있다.

급변하는 환경변화에 적응하는 것은 항시 변화에 대응할 수 있는 대응태세를 갖춘 조직을 갖는 것이다. 국가적 차원에서의 이러한 적응시스템이 국가혁신 시스템이다. 국가혁신 시스템은 구성단위간의 지식과 정보의 흐름을 원활하게 하여 각 구성단위 간에 '혁신'이 원활하게 전파되는 체제이다. 지식정부는 이처럼 지식의 흐름이 국가와 정부의 구성단위 간에 효과적으로 창출·확산·활용되는 시스템으로 등장했다.

## 2) 국제질서의 변화

시간의 축과 함께 공간적으로도 세계시장 및 국제교역 환경이 혁명적으로 변화하고 있다. 동서 냉전체제가 무너지고 다극화된 국제체제가 형성되면서 국제관계도 경제실리 추구의 무

〈그림 11-1〉 정부 패러다임의 변화

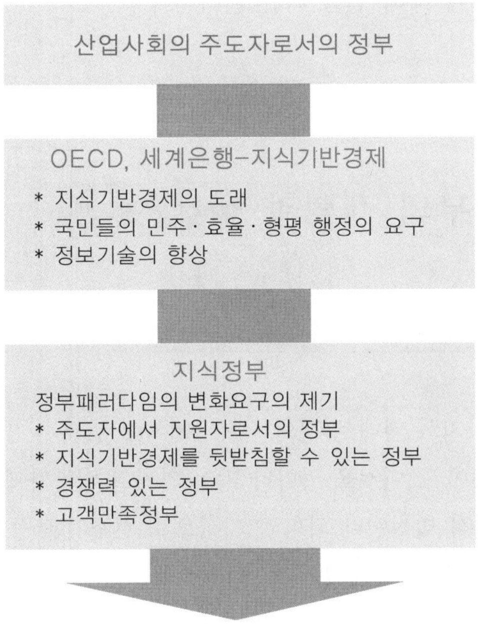

산업사회의 주도자로서의 정부

OECD, 세계은행–지식기반경제
* 지식기반경제의 도래
* 국민들의 민주·효율·형평 행정의 요구
* 정보기술의 향상

지식정부
정부패러다임의 변화요구의 제기
* 주도자에서 지원자로서의 정부
* 지식기반경제를 뒷받침할 수 있는 정부
* 경쟁력 있는 정부
* 고객만족정부

한경쟁 시대로 돌입하게 되었으며, WTO 체제로 대변되는 새로운 무역질서가 등장하였다. 이러한 개방체제는 국내 산업의 규제를 포함한 제반 경제 운용에 관한 법률, 규칙, 절차 및 관행의 문제까지 포함한 모든 부문의 경제가 투명하게 운용할 것을 요구하고 있다.

## 3) 정보통신기술의 발달

정보통신기술의 혁신적 발전은 변화추진의 도구인 동시에 더 큰 변화를 자극해 줌으로써 변화의 중요한 매체역할을 담당하고 있다. 이러한 정보기술은 새로운 일을 할 수 있는 기회와 다른 방법으로 일할 수 있는 기회를 광범위하게 제시해 주고 있으며, 정부의 역할과 조직구조의 변화를 촉진하고 정보사회에 걸맞은 '네트워크 관리자'로서의 전자정부의 모습으로 변모될 수 있는 가능성을 열어주고 있다.

## 4) 시민들의 요구 증대

이와 함께 우리는 시민들의 목소리가 더욱 커진 사회에 산다. 정부실패의 시정을 요구하는 시민들의 목소리는 커지고, 시민들과 시민단체들은 자신들의 요구에 좀 더 잘 부합하는 공공서비스와 더 많은 선택권을 원하고 있다. 이들은 민간부문에서와 같은 품질의 공공서비스를 기대하면서 그들이 낸 세금의 '비용과 효용'에 대해 더욱더 민감해지며, 관료주의화되고 비효율적인 행정에 대해 점점 더 비판적이다.

## 3. 지식정부의 개념과 비전

## 1) 지 식

OECD는 지식을 네 가지의 형태로 정의한다. 'Know-what'은 일종의 사실로서 우리가 흔히 정보라고 부르는 것이다. 이것을 얼마나 많이 가지고 있는가에 따라 전문가를 판별한다. 'Know-why'는 자연적 법칙이나 과학적 지식으로 연구기관 등에서 생산되는, 생산공정 등에 적용되는 일종의 조직적 지식이다. 'Know-how'는 어떤 일을 할 수 있는 능력을 의미하며, 'Know-who'는 누가 무엇을 얼마만큼 할 줄 아는가에 관한 지식이나(OECD,

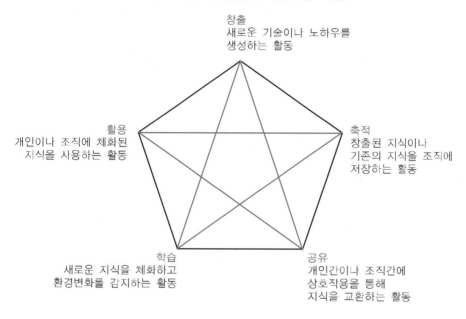

〈그림 11-2〉 지식활동의 개념과 상호작용

창출
새로운 기술이나 노하우를
생성하는 활동

활용
개인이나 조직에 체화된
지식을 사용하는 활동

축적
창출된 지식이나
기존의 지식을 조직에
저장하는 활동

학습
새로운 지식을 체화하고
환경변화를 감지하는 활동

공유
개인간이나 조직간에
상호작용을 통해
지식을 교환하는 활동

※ 자료: 윤순봉 외, 1999.

1996: 12). 전자의 두 가지 지식(*codified knowledge*)은 책을 읽거나, DB에 접속하는 등의 방식으로 얻어질 수 있는 것이지만, 후자의 두 가지 지식(*tacit knowledge*)은 주로 실제 경험에 의해 얻어진다. 삼성경제연구소(1999)는 이러한 지식활동의 단계들을 창출-축적-공유-활용-학습의 과정으로 보고 있다.

이와 같이 지식활동을 활동단계별로 구분할 때, 정부 내에서의 지식활동은 〈표 11-1〉과 같이 요약될 수 있다.[1] 정부 내에서의 지식활동은, 물론 엄밀한 의미에서 개인과 조직의 지식활동은 상호 분리될 수 있는 성질은 아니지만, 정부 조직차원에서의 조직적 지식활동과 공무원 개인의 지식활동으로 나누어 볼 수 있다. 조직의 지식활동이 행정부의 정책목표 달성을 효과적으로 달성하기 위한 것이라면, 개인의 지식활동은 공무원 개인의 생산성 증대를 위한 것이다.

---

1) 삼성경제연구소의 지식활동의 상호작용 모형은 상호 중복되는 부분이 있으며, 따라서 본서에서는 학습과 공유의 의미를 재구성하도록 한다. '학습'은 새로운 지식을 체화한다는 의미에서 '공유'와 중첩되는 의미가 있기 때문이다. 새로운 지식이 개인이나 조직 간의 네트워크를 통해 전파되어 내면화하는 과정을 여기서는 '확산'으로 규정하고자 하며, 환경변화의 감지로서의 학습은 지식의 창출과정에 편입할 수 있을 것이다. 이러한 맥락에서, 본서에서는 지식활동을 지식의 창출→ 확산→ 활용→ 축적과정으로 파악하고자 한다.

〈표 11-1〉 정부 내에서의 지식활동

| 지식과정 | 정부의 지식활동 | |
| --- | --- | --- |
| | 조직의 지식활동 | 개인의 지식활동 |
| 창출 | 정부부문의 R&D, 국민 니즈의 파악, 정책 평가를 통한 지식의 창출, 감사과정에서 발 생하는 지식 | 행정능률을 제고할 수 있는 개인의 노하우 ($know-how$) |
| 확산 | 전자정부 구현을 통한 정보의 공동활용 | 지식창고의 공개 |
| 활용 | 정책결정에의 활용 | 확산된 지식의 활용으로 인한 생산성 제고 |
| 축적 | 정부 내에서 생산된 문서(전자문서)의 분류 및 관리 | 지식창고에의 축적 |

## 2) 지식과 지식정부

　지식기반 사회에서 지식의 의미는 기업의 주요 자원인 무형자산으로서 지적 자본을 의미한다. 기업이 주식시장에서 평가되는 시장가치는 기업의 자산가치와 격차가 발생하는데, 이것은 개개의 기업이 갖고 있는 지적 자본의 가치로 인해 발생하는 것이다. 이러한 기업 내의 지식 및 지적 자본은 조직의 의사결정과 경영활동에 유용하게 활용될 수 있는

〈표 11-2〉 지식의 개념 정의

| 연구자 | 내용 |
| --- | --- |
| Nonaka & Takeuchi(1995) | 지식은 정당하고 진실된 체험과 믿음에 의해 획득된 스킬 |
| Wiig(1995) | 지식은 진실, 믿음, 전망, 개념, 판단, 기대, 방법, 노하우 등으로 이루어 진 것으로 특정한 상황과 문제해결에 적용하기 위해 축적, 구성, 통합되어 오랜 기간 보유하는 것 |
| Leibeskind(1996) | 증명과정을 통해 타당성이 입증된 정보 |
| Heibeler(1996) | 조직지는 조직시스템을 구성하고 있는 개인의 이동과 관계없이 조직이 보유 하고 있는 것으로서, 사용할 수 있고 행동에 옮길 수 있는 의미 있는 정보 |
| Davenport, Long, Beers(1998) | 지식은 경험, 상황($context$), 판단, 사상과 결합된 정보 |
| Leonard & Sensiper (1998) | 지식은 당면한 문제와 연관되고 즉시 활용될 수 있는 정보로 경험에 준거 한 것 |

개인이나 조직에 체화되어 있는 사실, 기술, 노하우, 유형, 제도 등을 의미한다. 이러한 지식에 대한 여러 학자들의 개념 정의를 종합해 보면 〈표 11-2〉와 같다.

여기서 우리는 위에서 제시된 여러 가지 지식개념들 중에서 우리의 관심사항인 정부 내에서의 지식의 의미를 좀 더 살펴보기로 한다. 정부운영에서의 지식관리는 문제해결이나 가치창출을 위한 정책형성에서 정보생산, 확산, 접근, 활용을 의미한다. 정책이론 가운데 Y. Dror의 메타정책(*Meta Policy*)이 좋은 예가 될 수 있다. 즉 정책결정을 위한 정책으로서의 가치처리, 현실처리, 문제처리, 자원의 조사·처리·개발, 정책결정 전략설정 등의 활동이 포함된다. 여기에서 지식은 정책과정의 핵심 자원역할을 하면서 정책결정 과정에서 중요한 부분이 된다(한세억, 1999).

이처럼 정부 내에서의 지식의 의미를 몇 단계로 나누어서 살펴볼 때, 정부지식은 ① 문제정의 및 해결과 관련된 지식, ② 제도구축과 운용에 관한 지식, ③ 전략적 방향에 관한 지식을 포함하는 것으로 이해될 수 있다(〈표 11-3〉 참조).

## 3) 지식정부의 개념

지식정부란 '국가사회 시스템의 생산성을 극대화시키고 고객을 만족시키는 공공서비스를 보다 효율적으로 제공하기 위해 새로운 방식으로 지식이 창출·확산·활용·축적될 수 있는 정부형태'로 볼 수 있다(권기헌, 1999). 이처럼 정부 내 지식이 창출·확산·응용될 수 있기 위해서는 다음 몇 가지 전제조건이 충족되어야 할 것으로 보인다.

〈표 11-3〉 정부지식의 의미와 내용

| 핵심 지식 | 주요 내용 |
|---|---|
| 문제정의·해결지식 | · 여론수렴<br>· 정부의 적정 역할과 영역의 설정<br>· 정책수단의 강구 및 효과편익 분석 |
| 제도구축 및 운영지식 | · 지식창출을 위한 인센티브 구축(지적재산권 보장 등)<br>· 주체 상호작용 과정의 제도·시스템화<br>· 법과 제도의 정비 |
| 전략방향 설정지식 | · 리더십 발휘<br>· 공유된 비전의 설정<br>· 정부지식의 공유와 확산<br>· 국민 니즈 파악과 성과지향 |

※ 자료: 삼성경제연구소, 1999.

첫째, 조직 내부적으로 지식이 제대로 창출될 수 있도록 인센티브체계를 갖추어야 한다. 지식과 정보는 불확실성을 내포하고 있다. 불확실성을 극복하고 혁신을 가져오려면 위험이 수반된다. 책임과 복종을 엄격하게 강요하는 관료제적 계층구조하에서, 그에 상응하는 보상체계 없이 지식을 창출하는 데 따른 노력과 희생을 감수할 공무원은 그리 많지 않을 것이다.

둘째, 창출된 지식이 축적되고 활용될 수 있기 위해서는 학습이 일어날 수 있는 조직분위기를 만들어야 한다. 지식은 무엇보다도 학습되어야 빛을 발한다. 사람도 학습할 수 있는 여건이 조성되어야 하고, 조직도 외부 환경변화에 신축적으로 적응하면서 학습이 상시적으로 일어날 수 있는 유연한 조직형태가 되어야 한다.

마지막으로, 이러한 내외부적 조건을 뒷받침해 줄 수 있는 정보기반 구축은 필수적이다. 학습된 지식의 물리적 통로로서의 정보네트워크의 구축과, 이를 실질적으로 정책에 활용할 수 있는 정보의 공유와 공동활용은 지식의 창출과 확산에 꼭 필요한 요소일 것이다.

지식정부의 구축조건을 이렇게 파악할 때, 이러한 지식정부 구성의 세 가지 기본요소는 그동안 논의되어 왔던 ① 학습조직, ② 기업가적 정부, ③ 전자정부의 논의와 연계될 수 있음을 발견하게 된다. 즉, 지식정부는 ① 환경변화에 신축적으로 적응하면서 학습이 상시적으로 일어날 수 있는 조직체계, ② 인력 및 예산의 제약 속에서 공공서비스 향상을 위한 내부 유인체계, 그리고 ③ 정책과정에서 정보의 공유와 활용, 조정과 통합이 잘 이루어질 수 있는 정보체계의 구축이 필요하다는 점에서, 지식정부의 개념은 ① 학습조직, ② 기업가적 정부, ③ 전자정부의 논의에 대한 공유점으로 파악할 수 있다(〈그림 11-3〉 참조).

〈그림 11-3〉 지식정부의 개념틀

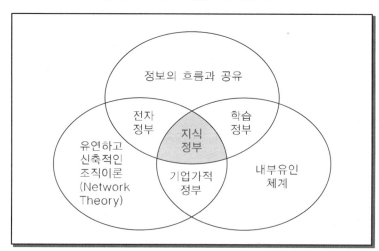

# 4. 우리나라 지식정부에 대한 평가

## 1) 지식정부의 평가의 틀

지식정부로의 전환에 대한 평가를 ① 지식정부로의 전환을 위한 정부 내의 기반평가와, ② 지식 관점에서의 정부개혁 정책의 평가라는 두 가지 틀로 구성하고자 한다.

### (1) 정부 내 기반평가의 틀

지식정부로의 전환을 위한 정부의 기반은 ① 조직문화, ② 리더십, ③ 정부지식화 주체로서의 조직구성원, ④ 정보기술의 네 가지로 살펴볼 수 있다.

첫째, 지식정부라는 새로운 개혁의 패러다임이 성공적으로 체화되기 위해서는 패러다임을 받아들일 수 있는 조직문화의 구축이 선행되어야 한다. 지식정부가 체화되기 위한 조직문화는 열린 문화이어야 하며, 정보와 지식의 교환, 협력, 믿음과 가치의 공유 등 열린 의사소통을 기반으로 하는 것이어야 한다. 이를 위해서는 조직 내 신뢰의 구축이 선행되어야 하는데, 신뢰를 측정하기 위한 투명성과 접근성이 고려되어야 한다(한세억, 1999).

둘째, 지식정부로의 전환을 위한 두 번째의 핵심 기반요소는 리더십이다. 최고 정책결정자는 지식마인드와 리더십을 갖추고 있어야 하며, 비전과 목표에 맞게 지식을 결합하여 바람직한 방향으로 활용하는 전략적 능력이 필요하다. 외부의 환경변화를 감지하고, 이를 조직 내에 전파하여 구습을 파괴하고, 새로운 패러다임을 퍼뜨리는 것이 리더의 임무이다. 지식정부라는 새로운 패러다임이 조직 내에 효율적으로 전파되기 위해서는 변혁적 리더십이 필요하다.

셋째, 정부 내의 조직구성원인 공무원은 정부지식화의 주체이다. 지식정부로의 전환을 위해 중요한 조직문화를 구성하는 것은 공무원 개개인이다. 이들이 개혁·변화를 개인적으로 어떻게 인지하느냐에 따라 조직문화가 달라진다. 따라서 이 글은 개개인과 조직문화를 개별적으로 평가하는 것은 불필요한 것으로 보고, 공무원 개개인에 대한 평가를 조직문화와 함께 하고자 한다.

마지막으로 정보기술은 지식정부로의 전환의 핵심적 틀이라 할 수 있다. 정보기술이 발달했기 때문에 행정개혁이 가능하다는 기술결정론과 행정개혁의 필요를 위해 정보기술이 발달했다는 사회결정론의 논쟁이 보여주듯, 정보기술은 현대사회의 모든 행정개혁의 논의와 단절될 수 없는 관계를 가지고 있다. 정보기술에 대한 논의 없이는 개방체제, 네트워크 조직 등 지식정부로의 이행을 위한 물리적 기반은 갖추어질 수 없다.

따라서, 이 글에서는 이와 같이 지식정부 전환의 기반분석 틀을 ① 조직구성원과 조직문화, ② 리더십, ③ 정보기술의 세 가지 요소로 보고 이를 통해 지식정부로의 이행을 위한 정부의 기반이 얼마나 갖추어져 있는가를 평가하고자 한다.

## (2) 지식 관점에서의 정부평가

지식의 관점에서의 정부개혁 정책의 평가는 학습정부, 기업가적 정부, 전자정부를 통해 현재 정부 내의 지식의 창출→ 확산→ 활용→ 축적의 메커니즘을 분석하고자 한다. 이를 위해 학습정부, 기업가적 정부, 전자정부에 대한 기존의 논의와 정부의 정책을 분석하도록 한다. 결론적으로 본서에서 지식정부로의 이행을 위한 평가의 종합적 체계는 〈그림 11-4〉와 같다.


## 2) 평가 1: 지식정부의 기반평가

### (1) 조직문화와 조직구성원

조직문화는 조직의 구성원들이 공유하고 있는 가치관, 신념, 학습, 규범, 그리고 전통 등의 정신적 집합체로서 공유가치, 경영전략, 조직구조, 관리시스템, 구성원, 리더십, 지식과 기술로 구성된다.

지식정부 내의 지식순환이 활성화되기 위해서는 내부 인센티브체계의 명확화와 팀조직 같은 유연한 조직체계의 도입이 선행되어야 한다. 실/국/본부 -과/담당관 -계로 특징지어지는 전통적 관료제 조직과 연공서열에 의한 보수체계는 환경변화에 둔감하며, 지식순환을 위한 동기부여를 공무원들에게 주지 못하고 있다.

〈그림 11-4〉 지식정부로의 전환평가의 틀

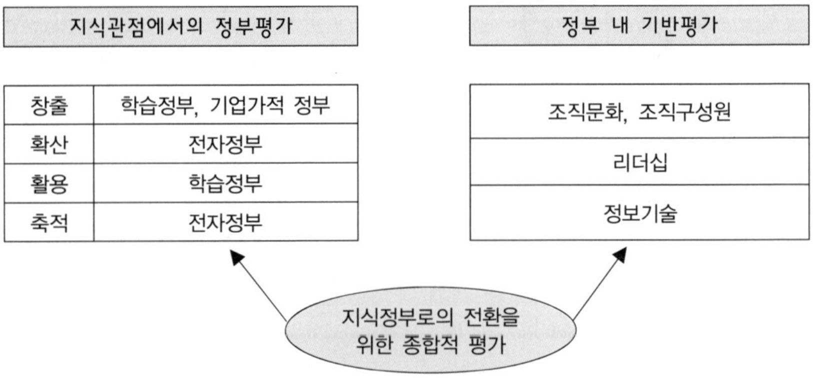

| 지식관점에서의 정부평가 | | 정부 내 기반평가 |
|---|---|---|
| 창출 | 학습정부, 기업가적 정부 | 조직문화, 조직구성원 |
| 확산 | 전자정부 | 리더십 |
| 활용 | 학습정부 | 정보기술 |
| 축적 | 전자정부 | |

지식정부로의 전환을 위한 종합적 평가

## (가) 팀조직과 행정문화

팀조직은 2005년 노무현 정부에서 행정안전부를 시작으로 도입되었으나, 이명박 정부에 들어서서 대국-대과주의로 전환되면서 사실상 유명무실해졌다.

팀제 도입의 주요 실패요인으로는 사전준비 미흡, 구성원의 수용의지 부족, 계층조직의 관행, 평가·보상 등 제도의 뒷받침 부족, 최고 경영층의 참여 및 리더십 부족 등이 꼽히며, 성공요인으로는 최고 경영층 참여 및 구성원의 의식전환, 팀 단위별 명확한 과제, 치밀한 사전준비가 지적되고 있다(임창희·가재산, 1996: 168). 이러한 요인들을 고려하였을 때, 명확한 계서적 구조하에서는 팀제의 도입과 정착에 어려움이 따르며, 따라서 팀제의 효과성을 최대로 발휘하고, 적절한 적용을 위해서는 조직 전체적인 변화와 함께, 계서적 조직문화에서의 적용에 대한 신중한 고려가 필요함을 알 수 있다.

〈표 11-4〉 전통적 기능조직과 팀조직의 차이

| 구분 | 전통적 기능조직 | 팀조직 |
|---|---|---|
| 조직구조 | 계층적 / 개인 | 수평적 / 팀 |
| 직무설계 | 단일 업무 | 전체 업무·다수 업무 |
| 목표 | 상부에서 주어짐 | 스스로 찾아내는 데 시간 투여 |
| 리더 | 강하고 명백한 지도자 | 리더십 역할 공유 |
| 지시·전달 | 상명하복·지시·품의 | 상호 충고·전달·토론 |
| 정보 흐름 | 폐쇄·독점 | 개방·공유 |
| 보상 | 개인주의, 연공주의 | 팀·능력 위주 |
| 책임 | 개인 책임 | 공동 책임 |
| 평가 | 상부조직에 대한 기여도로 평가 | 팀이 의도한 목표 달성도로 평가 |
| 업무통제 | 관리자가 계획·통제·개선 | 팀 전체가 계획·통제·개선 |

※ 자료: 임창희, 『한국형 팀제』, 서울: 삼성경제연구소, 1995.

## (나) 성과급제도와 행정문화

성과급제도는 인센티브체제로 개인의 업무생산성 극대화를 유도한다. 성과급제도는 1995년에 도입되었는데, 우리나라에는 이 제도가 합리적으로 정착되지 못한 것으로 평가되고 있다.

성과급제도를 비롯하여 실적에 근거한 보상제도가 갖는 가장 큰 어려움은 실적의 평가문제이다. 모두를 납득시킬 수 있는 실적평가는 불가능한데 그 이유로는 첫째, 평가 자체가 불완전하며, 둘째, 사람들은 자신의 성과를 과대평가하는 경향이 있기 때문이다(하상묵, 1996).

팀조직과 성과급 도입과정에서의 행정문화가 보여주듯 공무원과 공무원 사회의 정부혁신에 대한 태도는 매우 미온적이다. 현재의 정부조직은 40여 차례의 개편을 거친 산물이지만 여전히 고도성장기의 발전주의적 틀을 유지하고 있으며, 소리만 크고 실속은 없으며 잦은 정부혁신이 공무원을 지치게 하고 정부혁신에 대해 무감각하도록 만들고 있다. 이러한 양상은 혁신 체득의 메커니즘이 없이 관료들은 늘 변화의 대상으로만 치부됨으로써 혁신에 대해 거부와 저항이 발생하기 때문이다(삼성경제연구소, 1999). 과거의 공무원 사회는 가장 잘 훈련되고 성과가 높은 조직이었으나, 혁신 메커니즘이 차단되고 관료들은 수동적일 수밖에 없어 혁신에 대한 지식의 재생산이 원활하지 못한 실정이다.

## (2) 리더십

지식정부로의 이행을 위한 리더십은 비슷한 사례로 전자정부를 위한 정부의 리더십의 사례분석을 통해 평가할 수 있다. 범정부적 차원에서 전자정부의 추진은 1980년대 중반에 국가 기간전산망 사업이 추진되면서 본격화되었다고 볼 수 있다. 행정전산망, 금융전산망, 교육연구전산망, 국방 및 공안전산망 등 5개 망으로 구성된 이 사업의 추진주체는 1986년에 설치된 국가 기간전산망 조정위원회가 담당하였다. 최초의 위원장은 대통령 비서실장이었다가 1991년에는 체신부장관으로 바뀌었으며, 1996년부터는 국무총리를 위원장으로 하는 정보화추진위원회로 추진주체가 격상되었다. 그 뒤 2009년 국무총리와 민간전문가를 공동위원장으로 하는 국가정보화전략위원회를 발족시켰다.

우리나라에서 전자정부의 추진은 정보화추진위원회에서 기본방향을 설정하고 각 부처별로 정보화사업을 추진하고 있으며, 행정안전부장관이 위원회의 간사가 되어 조정역할을 하고 있다. 행정안전부 산하의 정보화 전략실에서 실무적으로 정보화 업무를 총괄하고 있다. 따라서 우리나라 전자정부의 추진형태는 다분히 톱다운(*top-down*) 방식의 수직적 분담체계를 띠고 있다고 볼 수 있다.

하지만, 예산과 정보화 사업간의 연계성이 결여되어 있으며, 수평적 위치에 있는 행정안전부는 정책을 조정할 능력이 약한 실정이다. 또한 국무총리실의 기능이 취약한 구조적 문제점으로 위원회 중심의 정책추진은 전자정부 추진의 핵심세력을 모호하게 만드는 결과를 초래한다는 비판을 받고 있다.

## (3) 정보기술·정보자원

조직은 불확실성과 모호성을 줄이기 위해 정보를 필요로 한다. 따라서 이러한 정보를 제공하고 처리해 주는 정보기술 및 정보시스템은 조직에서 중요한 역할을 담당한다. 즉, 조직 내에서의 정보기술 및 정보자원은 정보처리 기능을 통해 조직업무 수행을 지원하고, 조직이 변화하는 환경에 적절히 적응할 수 있도록 조직구성원에게 필요한 정보를 제공하며, 또한 조직이 변화를 촉진하는 역할을 담당한다. 즉, 정보기술·정보자원은 조직의 활동과 더 나아가 조직의 생존을 위해 필수불가결한 요소로 볼 수 있다. 하지만 정보기술의 시스템 보급에 비해 정보의 공동활용 등 정보자원의 활용도는 낮은 것으로 나타나고 있어 개선이 필요한 실정이다.

### (4) 종합적 기반의 평가

지식정부로의 이행을 위한 정부기반의 평가를 조직문화와 구성원, 리더십, 정보자원과 정보기술의 틀을 통해 살펴보았을 때 전체적으로 지식정부로의 이행을 위한 정부기반이 전체적으로 미흡한 것으로 나타났다. 조직문화와 구성원의 지식정부로의 이행을 위한 준비가 미흡한 이유는 공무원과 공무원 사회가 변화의 대상으로만 치부되어 자체적 혁신의 메커니즘을 갖지 못했고, 따라서 혁신에 대한 거부와 저항을 유발하고 있기 때문이라고 볼 수 있다. 지식정부로의 이행의 리더십은 전자정부 전략전개에서 보듯이 각종 위원회 위주의 개혁을 펼치면서 개혁의 대상을 제대로 장악하지 못한 것으로 평가된다. 지식정부의 가장 중요한 기반인 정부 정보기술과 정보자원 분야에서도 개인별로 PC는 어느 정도 보급되어 있으나, 이러한 개별적 시스템의 통합은 부진한 상태이고, 그룹웨어의 사용 등 정보 공동활용의 노력 역시 미진하다고 할 수 있다.

정보화의 개념은 단지 이러한 하드웨어 분야에 국한된 것이 아닐 뿐 아니라 오히려 하드웨어를 통해서 구현가능하고 제공가능한 서비스, 즉 애플리케이션이라 부르는 소프트웨어가 더욱 중요한 의미를 지니고 있다. 따라서 이제 새롭게 추진되는 국가의 경쟁력 강화를 위한 노력은 단순한 하드웨어 분야에 편중된 정보화에만 그 초점을 맞출 것이 아니라, 이보다 더 확장된 개념인 소프트웨어를 활용한 콘텐츠 분야에도 힘을 함께 실을 수 있는 지식정부, 지식국가의 건설을 위해 노력해야 할 것이다.

## 3) 평가 2: 지식 관점에서의 정부개혁 정책의 평가

정부 내 지식기반이 얼마나 갖추어졌는가에 대한 평가에 이어, 여기에서는 학습정부-기업가적 정부-전자정부라는 기존의 행정개혁 논의를 토대로 지식의 창출-활용-확산-축적이라는 과정적 시각에서 정부개혁 정책이 얼마나 지식정부로의 이행과정에 기여하고 있는가에 대해 평가해 보고자 한다.

## (1) 지식의 창출과 활용이라는 관점에서의 학습정부

### (가) 지식 창출자로서의 학습정부

학습조직에서는 개인, 집단 및 조직 등 모든 차원에서 새로운 지식의 창출이 자유롭게 이루어지며, 나아가 이들 개인, 집단, 조직 수준 간의 다차원적 지식이전을 통한 새로운 지식창출이 일어난다. 즉, 학습정부에서의 지식창출이란 객관적 정보뿐만 아니라 비가시적이고 주관적인 조직구성원의 통찰력과 사고력이 관여하는 통합적 활동이다.

이러한 학습조직의 이론을 차용하여 정부 내에서 지식창출의 출처를 살펴보면 하나는 조직적 지식의 창출이며, 다른 하나는 개인의 지식창출로 볼 수 있다. 조직적 지식의 창출은 주로 정부의 정책평가에서 창출되며, 개인 차원의 지식은 개인의 업무과정에서 창출되는 업무효율성에 관한 지식이라고 할 수 있다. 하지만, 정부 차원의 지식창출 시스템은 체계적이지 못한 것으로 평가된다. 정책평가의 기능은 최근 민간평가위원을 위촉하는 등의 진일보가 있기는 하지만, 물리적 규모와 방법론에서 새로운 정책결정을 위한 지식의 창출기능은 약한 것으로 평가된다. 이러한 문제의 대안으로 감사원의 기능에서 정책평가의 비중을 높이거나, 현재의 국무총리실의 정책평가 기능을 독립·강화시킬 것이 요구되고 있다.

### (나) 지식 활용자로서의 학습정부

지식 활용자로서의 학습정부에 대한 평가는 정책결정 과정에서 지식·정보가 얼마나 활용되는가가 평가의 대상이다. 정책결정에서 지식·정보 활용평가는 정책결정 과정에서 지식의 활용과 정책결정자 개인의 정보의 활용도를 통해 평가해 볼 수 있다.

정부차원에서의 지식은 정책결정과정에서의 전략이나 정책 또는 제도로 볼 수 있다(삼성경제연구소, 1999). 삼성경제연구소는 국가 수준에서의 지식의 내용을 〈그림 11-5〉와 같이 보고 있다.

정부의 정책결정에서 학습실패로 인한 정책실패는 외환위기와 한일어업협상 등이 대표적 사례로 꼽히고 있다(삼성경제연구소, 1999). 외환위기는 이전의 남미의 경험에서, 한일어업협상은 이전의 각종 불평등한 협상에서 충분히 학습 가능한 것이었다. 외환위기와 한일어업협상에서 얻을 수 있는 학습 가능한 지식은 각각 ① 외환위기를 감지할 수 있는 모니터링 시스템(제도), ② 환율변동제(정책), ③ 지속적 원화가치 고평가의 결과에 대한 전략적 판단 부재(전략) 등의 지식과, ① 협상력의 제고(전략), ② 협상전문가의 육성(정책), ③ 성공적 협상을 위한 관련 부처와의 협의제도(제도) 등을 꼽을 수 있으나, 이러한 지식들의 학습실패로 인하여 정책실패라는 귀결을 맞게 되었다. 이러한 학습실패는 외부환경과의

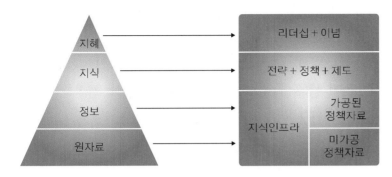

〈그림 11-5〉 국가 수준에서의 지식의 내용

※ 자료: 삼성경제연구소, 1999.

부단한 상호작용을 하는 개방성과 상호작용의 역사를 저장해 두는 기억능력이 정부 내에 부재하기 때문으로 판단된다(박광량, 1996: 77).

정책결정자 개인의 지식·정보의 활용도 역시 떨어지는 것으로 분석된다. 우리나라의 공무원들은 정책결정 과정에서의 가장 큰 애로사항을 관련 부처와의 의견조정 다음으로 관련정보의 수집으로 꼽고 있다. 또한, 정부 내의 지식시스템 구축의 전 단계인 DB의 활용도가 떨어지는 것은 DB의 내용이 양적·질적으로 절대적으로 부족하며, DB를 제공하는 부처가 비협조적이고, 기술적으로 사용이 어렵다는 점을 꼽고 있다. 이러한 연구결과는 제도적 문제로 인하여 정부 내에서 지식의 활용도가 떨어진다는 점을 시사하며, 특히 그나마 활용되고 있는 정보가 내부의 지식에 편중되어 있는 점은 정부조직이 외부의 지식을 학습하는 데 문제점으로 지적될 수 있다. 이러한 정보활용의 문제점은 궁극적으로 지식·정보의 축적이 미흡하며 지식·정보의 활용을 위한 제도적 뒷받침이 부족하다는 점을 보여준다.

### (2) 인센티브 차원에서의 기업가적 정부: 지식의 창출

기업가적 정부는 기업가적 혁신이 창출되고 동시에 효과적으로 실행되는 행정조직, 내부 유인체계, 조직문화를 가진 정부형태를 의미한다(이혜훈, 1998: 21). 지식이 창출되기 위해서는 이를 위한 내부 유인체계가 필수적인데, 기업가적 정부는 이러한 점에서 지식의 창출기능과 매우 밀접한 것으로 이해할 수 있다.

우리나라에서는 1996년 이후 성과급체계가 도입되었으나, 성과급체계의 도입은 위에서 다룬 바와 같이 실효를 거두지 못하고 있다. 공무원 사회에서 성과급을 많이 받는다는 것은 일을 잘했으므로 당연히 많이 받아야 된다는 것을 의미하는 것이 아니라 조직내에서 '외톨이'가 되는 것을 의미한다.

사회 전반적으로도 일에 대한 정당한 대가를 받는 풍토가 아직 정착되어 있지 못하다. 기업을 운영하고 정당한 부를 축적하는 풍토가 아직은 우리나라에 정착되지 못했으며, 공무원 사회에서는 더더욱 경쟁과 인센티브 문화가 정착되지 못한 것이다. 공무원 사회의 개인들은 적절한 제도와 보상이 주어지면 언제든지 다양한 지식을 창출할 준비가 되어 있다. 따라서 개인의 지식창출이 왕성하게 이루어지기 위해서는 적절한 인센티브의 보상이 당연시되는 공무원 문화가 먼저 선행되어야 할 것이다.

### (3) 지식의 확산과 축적이라는 관점에서의 전자정부

지식의 확산과 축적이라는 관점에서의 전자정부의 구현은 지식의 창출-확산-활용-축적의 과정에서 가장 진척된 부분으로 평가될 수 있다. 이러한 전자정부의 구현이 지식의 창출이나 활용과는 달리 가장 앞서 진척되는 이유로는 다른 분야와 달리 전자정부의 구현은 문화적·소프트웨어적인 것이 아닌 물리적·하드웨어적인 성격이 강하기 때문인 것으로 이해할 수 있다.

## 5. 결론 및 시사점

지식정부의 구축을 위해서는 ① 효과적 정보시스템과 ② 개인과 조직에게 혁신을 가져올 수 있는 성과체계와 같은 제도적 요인이 우선적으로 실행되어야 한다. 그러나, 정부 내의 성과급체계가 제대로 정착되고 있지 못한다는 점 등의 제도적 한계는 지식정부 구축에 큰 걸림돌이 되고 있다. 그리고 정보기술 역시 아직까지는 조직에 적합한 체계적 시스템 구축이 미비한 것으로 파악된다.

우리는 그동안 정부혁신 모형에 대한 여러 논의를 단절적·파편적으로 해왔다. 사실 학습정부나 기업가적 정부, 전자정부의 논의조차 최근의 논의로 개념정립이나 모델구축이 제대로 이루어지지 못한 상태이며, 이러한 개념들은 각각 독립적으로 이루어짐으로써 행정개혁의 논의가 많은 부분에서 개별적·분절적으로 이루어지고 있다. 기존의 행정개혁 이론들은 조직과 학습, 성과관리, 정보기술 등을 부분적으로 논의하였지만, 지식경영과 지식정부에서 정작 중요한 점은 이들 개개 요소의 통합적 논의이다. 이들은 모두 유기적으로 연결되어 있어 하나의 통합적인 것으로 논의되어야 한다. 본 연구에서 고찰한 지식정부는 학습정부, 전자정부, 기업가적 정부의 논의를 포괄할 수 있는 정부개혁 통합모형의 이론적 시발점을 제공했다는 점에서, 그리고 그러한 요소들을 토대로 한 분석의 틀을 제공했다는 점에서 의의를 지닐 것으로 보인다.

물론 앞에서도 언급한 바와 같이 학습정부, 기업가적 정부, 전자정부 개념 사이에는 중첩된 부분들이 많다. 따라서 이 장에서 언급한 지식정부의 개념으로 이들의 공유점을 사용하여 단일한 논리로 평가한 것에 대해 비판이 있을 수 있다. 그러나 본 연구는 이전의 행정개혁과 지식정부와의 관계가 절연되어 있지 않다는 점을 보여주려 했으며, 지식정부 패러다임에 대한 체계적 개념정립이 미비한 제약여건하에서 그동안 중요하게 논의되어 온 정부혁신 모형들에 대한 공통인자를 파악함으로써 지식정부의 개념을 도출하려 하였다.

지식정부는 전자정부의 정보기술을 토대로 하여, 기업가적 정부에서 추구하는 정부운영의 인센티브가 효과적으로 제공되고, 학습정부에서 추구하는 지식의 공유와 학습이 제대로 이루어지는 정부의 의미로 이해할 수가 있다. 우리는 이러한 종합적 미래정부로의 지향을 위하여 지식정부에 대한 대 구상이 필요하다. 이러한 지식정부의 대 구상은 지식정부에 대한 정책과정의 전 분야에 걸친 연구를 통해 국정관리의 의미를 재정립하는 데서 시작하여야 할 것이다. 또한 스마트 정보기술의 도입을 통해 정부 내에 산재해 있는 정보와 지식을 공유·확산함으로써 학습이 지속적으로 일어나야 한다. 지식은 21세기 사회에서의 핵심적 자본이며, 정부 내에서의 이러한 지식-부가가치의 증대는 결국 미래 지식기반 사회를 대비하는 정부의 전략이기 때문이다.

# <<< 핵심 Point !

◎ 지식정부 논의의 이론적 배경

- ▶ 국가혁신 시스템의 필요
- ▶ 국제질서의 변화
- ▶ 정보통신기술의 발달
- ▶ 시민들의 요구 증대

◎ 지식정부의 개념 및 전제조건

■ 지식에 대한 4가지 개념(OECD)

- ▶ Know-what: 일종의 사실(fact)로서, 우리가 흔히 정보(information)라고 부름
- ▶ Know-why: 자연적인 법칙이나 과학적인 지식으로 연구기관 등에서 생산되는 지식
- ▶ Know-how: 어떤 일을 할 수 있는 능력
- ▶ Know-who: 누가 무엇을 얼마만큼 할 줄 아는가에 관한 지식

■ 지식활동

- ▶ 창출
- ▶ 확산
- ▶ 활용
- ▶ 축적

■ 지식정부의 개념

- ▶ 국가사회시스템의 생산성을 극대화시키고 고객을 만족시키는 공공서비스를 보다 효율적으로 제공하기 위해 새로운 방식으로 지식이 창출·확산·활용·축적될 수 있는 정부형태

■ 지식정부의 전제조건

- ▶ 조직 내부적으로 지식이 제대로 창출될 수 있는 인센티브 체계
- ▶ 창출된 지식이 축적되고 활용될 수 있기 위해서는 학습이 일어날 수 있는 조직분위기
- ▶ 조직의 내외부적인 조건을 뒷받침해 줄 수 있는 정보기반 구축

◎ 지식정부로의 전환을 위한 정부 내 기반평가

**지식정부로의 전환을 위한 정부의 기반**

▶ 조직문화

▶ 리더십

▶ 조직구성원(정부지식화의 주체)

▶ 정보기술

**조직문화**

▶ 열린 문화

▶ 열린 의사소통(정보와 지식의 교환, 협력, 믿음과 가치의 공유)이 필요

　• 이를 위해서는 조직 내의 신뢰(*trust*)의 구축이 선행

　• 신뢰를 측정하기 위한 투명성과 접근성이 고려되어야 함

**리더십**

▶ 최고정책결정자는 지식마인드와 리더십을 갖추고 있어야 함

▶ 비전과 목표에 맞게 지식을 결합하여 바람직한 방향으로 활용하는 전략적인 능력 필요

**조직구성원**

▶ 정부지식화의 주체

▶ 지식정부로의 전환을 위해 중요한 조직문화를 구성하는 것은 구성원 개개인

▶ 조직구성원이 개혁·변화를 어떻게 인지하느냐에 따라 조직문화가 달라짐

**정보기술**

▶ 지식정부로의 전환의 핵심적인 틀

▶ 현대사회의 모든 행정개혁의 논의와 관계

　• 지식정부로의 이행을 위한 물리적 기반을 위해 정보기술에 대한 논의는 필수적임

◎ 지식의 관점에서 정부개혁정책의 평가

**지식의 창출자로서의 학습정부**

▶ 조직구성원의 통찰력과 사고력이 관여하는 통합적 활동

▶ 학습조직에서의 지식은 전문연구집단의 체계적이고 집중적인 연구개발의 노력의 결과이기도 하지만, 모든 조직구성원의 일상적인 업무활동과 반성적 성찰활동의 결과

### ▣ 지식 활용자로서의 학습정부

▶ 정책결정과정에서 지식·정보가 얼마나 활용되는가가 평가의 대상
▶ 정책결정에서 지식·정보 활용평가는 정책결정과정에서 지식의 활용과 정책결정자 개인의 정보 활용도를 통해 평가

### ▣ 인센티브 차원에서의 기업가적 정부

▶ 지식이 창출되는 기업가적 정부는 기업가적 혁신(*entrepreneurial innovation*)이 창출되고 동시에 효과적으로 실행되는 행정조직, 내부유인 체계, 조직문화를 가진 정부형태를 의미
▶ 지식이 창출되기 위해서는 이를 위한 내부유인체계가 필수적임

### ▣ 지식의 확산과 축적이라는 관점에서의 전자정부

▶ 전자정부의 구현은 지식의 창출–확산–활용–축적의 과정에서 가장 진척된 부분으로 평가
▶ 전자정부의 구현이 지식의 창출이나 활용과는 달리 가장 앞서 진척되고 있는 이유
• 전자정부의 구현은 문화적·소프트웨어적인 것이 아닌 물리적·하드웨어적인 성격이 강하기 때문임

◎ 지식의 개념은 무엇인가? 학자별 지식의 개념은 어떤 차이가 있는가?

◎ 정부지식의 의미와 내용은 무엇인가?

◎ 지식정부의 개념은 무엇이며, 전자정부와의 차이는 무엇인가?

◎ 지식정부의 구축조건은 무엇인가?

◎ 지식정부의 기반평가 중 정보기술 및 정보자원은 우리나라 정부의 기술과 자원 측면에서 어떻게 평가할 수 있는가?

◎ 지식 관점에서의 정부개혁정책의 평가를 위해 지식창출자 및 지식활용자로서의 학습정부, 인센티브차원에서의 기업가적 정부, 지식의 확산과 축적이라는 관점에서 전자정부에 대해 평가해 보자.

# 고시기출문제

※ 해당 답안작성요령은 고시기출출제 시기에 맞춰서 작성되었음

[ 고시기출문제 (1) ] 국가간, 기업간 경쟁이 더욱 가속화되고 있는 이른바 하이퍼 경쟁시대로 돌입하면서 기업과 공공기관에서 지식활용의 중요성이 강조되고 있다. 따라서 지식을 체계적으로 관리하고 이를 업무의 효과성 증대에 적용하고자 하는 지식경영(Knowledge Management)에 대한 이해와 적용이 중요하다. 이러한 관점에서 다음 문제들에 대하여 답하시오. [2009년 행시]

1) 지식(Knowledge)은 데이터(Data)와 정보(Information)를 통하여 생성된다. 이러한 지식의 개념을 데이터(Data)-정보(Information)-지식(Knowledge)의 틀을 이용하여 정의하시오.

2) 최근 웹 2.0에 의한 참여형 인터넷이 활성화되면서 이른바 위키(Wiki)방식의 지식경영 시스템(Knowledge Management System: KMS)이 매우 효과적인 차세대 지식경영 시스템의 대안으로 각광받고 있다. 이와 같은 위키방식의 지식경영시스템이 공공행정업무에 효과적으로 이용될 수 있는 사례를 제시하고 그 기대효과를 논하시오.

[답안작성요령]

☞ 핵심 개념

21세기는 지식정보사회라 할 정도로 가치 창출에 있어서 정보, 지식이 갖는 중요성이 커지고 있다. 또한 한정된 자원을 둘러싼 시장의 경쟁이 더욱 치열해졌으며, 기술발달 속도의 가속화와 사회의 다원화는 보다 효과적인 지식과 정보의 관리가 요구된다. 이러한 맥락에서 본 문제는 지식경영에 대한 이해와 적용을 서술하는 것이 핵심이다.

☞ 데이터-정보-지식의 개념

데이터는 사건, 상황 또는 상태를 설명, 분석, 이해하는 데 필요한 문제, 숫자, 기호의 단편적 조합으로 대개 업무처리의 구조적인 기록이라고 볼 수 있으며, 정보는 사건, 상황, 또는 상태를 설명, 분석, 이해한 내용으로서 데이터의 의미있는 조합이라고 할 수 있다. 데이터를 정보로 변화시키기 위해서는 지식이 필요하다. 즉 데이터는 다양한 방법으로 가치를 부여할 때 정보가 되며, 지식은 판단, 경험, 규칙에 의해 정보를 가공하여 보다 가치 있는 형태로 발전시킨 정보로서 정책결정에 활용가능한 정보이다(권기헌, 2013: 277).

위키(Wiki)란 웹 브라우저에서 다양한 주체들이 공동 문서를 작성할 수 있고, 사용자들이 내용을 추가할 수 있는 웹 페이지 모음이다. 지식경영시스템이란 지식을 하나의 자원으로 파악하고, 이를 보다 효율적으로 사용하여 조직목표를 달성하기 위한 시스템을 의미한다. 따라서 위키방식의 지식경영시스템이란 지식을 관리하는데 있어 다양한 주체가 의견을 교류하고 이를 반영함으로써 통합적이고 총체적인 지식의 보관, 활용을 이루는 경영방식이다.

☞ 위키(Wiki)방식의 적용사례: 국민신문고/서울시 천만상상오아시스

위키방식을 공공행정업무에 적용 시 정책을 집행하거나 행정수단을 결정하는 과정에서 다양한 정보의 교환이 가능하다. 국민신문고(e－people)사례는 그 좋은 예이다. 국민신문고 상에서 다양한 정책포럼이 이루어지고 있으며, 이를 통해 제도가 가질 수 있는 문제점과 한계, 보완방향에 대한 국민의 의견을 수렴할 수 있다는 장점이 있다. 더 나아가 정책 아이디어 개진 및 토론을 통해 다양한 정책참여가 가능하게 되므로 사회적 자본 형성에도 많은 기여를 한다.

천만상상오아시스 역시 시민들이 인터넷을 통해 시정에 대한 창의적인 아이디어를 제안한다는 측면에서 좋은 사례이다. 이는 상상제안·상상토론·상상실현으로 구성되어 있다. 또한 자유토론과 테마토론으로 나누어져 있으며, 테마토론은 문화, 환경, 복지, 경제 등의 분야로 나누어서 토론이 이루어진다. 그리고 이러한 토론은 제안에만 그치는 것이 아니고, 채택된 것은 집행되어진다는 측면에서 제안의 실현도를 높인 운영구조를 가지고 있다. 또한 이는 시민평가단이 평가한다는 측면에서 시민적 공정성을 확보하는 구조를 가지고 있다.

☞ 고득점 핵심 포인트

21세기는 지식정보사회라 할 정도로 가치 창출에 있어서 정보, 지식이 갖는 중요성이 커지고 있다. 또한 한정된 자원을 둘러싼 시장의 경쟁이 더욱 치열해졌으며, 기술발달 속도의 가속화와 사회의 다원화는 보다 효과적인 지식과 정보의 관리가 요구된다. 이러한 맥락에서 본 문제는 지식경영에 대한 이해와 적용사례를 묻고 있는 바, 위에서 언급한 바와 같이 국민신문고 사례나 서울시 천만상상오아시스 사례를 제시하면서 그 기대효과를 논의해 준다면 좋은 답안이 될 수 있을 것이다.

특히 참여·공유·개방을 특징으로 하는 Web2.0에 대해 명확히 기술해 주면서, 향후 이러한 기술적 발전이 빅데이터, 알고리즘, 시멘틱 웹을 활용한 전자정부3.0으로 이어지

면서 지식관리의 고도화 내지는 정책결정의 과학화에 기여해야 한다는 점도 언급하면 더 완성도 높은 답안이 될 수 있으리라 본다(본서 제11장 지식정부 이론; 서울시 천만상상오아시스 사례에 대해서는 제9장 전자정부의 추진전략 참조바람).

**[ 고시기출문제 (2) ]** 부처간·기관간에 있어서 정보공유의 촉진방안 및 한계. [2007년 입시]

**[답안작성요령]**

☞ 핵심 개념

본 문제는 정보공유의 촉진방안 및 한계에 대해 묻고 있다. 정보공유란 국가기관과 공공기관이 각 기관별로 업무수행 목적상 보유하고 있는 정보를 업무수행을 위하여 기관 내 부문과 부문 또는 기관과 기업, 기관과 개인 사이에 공동으로 함께 사용하는 것을 의미한다. 이는 지식정부로 나아가기 위한 하나의 핵심전략이다. 즉, 국가사회 시스템의 생산성을 극대화시키고 고객을 만족시키는 공공서비스를 보다 효율적으로 제공하기 위해 새로운 방식으로 지식이 창출·확산·활용·축적될 수 있는 지식정부로 나아가는 하나의 방안이다(권기헌, 2013: 144). 이러한 정보공유 및 공동활용은 시간적 비용, 이동 비용, 기타 물적 비용을 절감함과 동시에 높은 만족감을 향유할 수 있어서 결과적으로 대국민 행정서비스의 고도화가 실현시켜준다는데 그 중요성이 있다.

☞ 정보공유의 촉진 방안

정보공유를 촉진하기 위해서는 다음과 같은 제도적 장치가 필요하다.

1. 기술기반

각 부처의 데이터시스템을 연계시킬 수 있는 기술기반이 구현되어야 한다. 특히 정보공동이용이 이루어질 경우 정보 교환과 이동의 빈도가 매우 잦아지므로 정보분실이나 해킹의 위험에 노출될 수 있어 이를 방지할 수 있는 암호화 기술 역시 고도화되어야 한다.

2 공유의 유인 제공

정보공동이용을 통한 비용절감을 각 부처차원에서 자발적으로 실현시킬 수 있는(예컨대 비용 절감시 예산에 일부 반영하여 공유의 성과보상금으로 제공해 주는 등) 유인(incentive)을 제공해야 한다. 또한 공동이용시 이용요구 부처와 정보제공 부처간의 심리적 장벽을 제거될 수 있도록 상호 모두에게 일정의 혜택이 돌아갈 수 있는 유인책이 마련되어야 한다.

### 3 문화형성

정보공동이용시 부처간 이기주의나 배타적 문화가 작용할 경우 공동이용은 형식적 측면에만 머물게 되므로 이를 해소시킬 문화형성이 중요하다. 정보나눔의 문화를 형성하고 공무원의 인식교육을 통한 공동이용의 내면화가 필요하다(자료: 메가고시연구소, 정보체계론, 2012에서 수정).

☞ **정보공유의 한계 및 극복방안**

### 1. 한계

공동이용하는 정보에 대하여 소유의식이 부족해지면서 보안상 위기를 맞을 수 있으며 더불어 정부가 통합된 정보를 소유함으로 인해 국민감시가 상시화 되는 권력비대칭을 낳을 수 있다. 또한 정보공유의 과정에서 개인정보를 다루게 되는 경우에는 정보공유(행정정보공동이용)의 가치와 개인정보보호의 가치가 상호 충돌하게 된다.

### 2. 한계를 극복하기 위한 방안

먼저, 공동이용하는 정보에 대한 보안대책을 강화하고, 통합된 정보를 관리하는 통합된 제도(시스템) 구축이 필요하다. 또한 정보공유(행정정보공동이용)과 개인정보보호 양자간 가치의 균형과 조화, 즉 상충되는 법익간 상호조율과 비교형량이 이루어져야 한다. 개인정보보호는 정보의 자기결정권 및 인격권이라는 관점에서 매우 중요하게 다루어져야 하므로, 행정정보의 보유기관과 이용기관에 대하여 명확성을 유지하고 공동이용 대상정보에 대하여는 어떠한 개인정보가 포함되는지를 구체화하여 입법해야 할 것이다. 이는 곧 행정정보의 활용이라는 행정사무수행에 대한 제한으로 나타나야 한다(김민호, 2009).

☞ **고득점 핵심 포인트**

본 문제는 정보공유의 개념 기술시 이와 더불어 정보공유가 최근에 더욱더 강조되고 부각되는 배경에 대해서 설명해 주어야 한다. 즉, 스마트 전자정부로의 나아감에 있어 빅데이터의 사용과 지식관리의 중요성은 점점 더 증대되고 있는 바, 이를 위해서는 부처간, 기관간 정보공유 및 정보공동이용은 매우 중요해지고 있는 것이다. 이를 위한 촉진방안을 기술, 유인, 문화의 관점에서 기술해 주고, 한계를 기술할 때에도 이에 대한 극복방안을 함께 서술해 주는 것이 고득점 포인트라고 하겠다(본서 제9장 정보공동활용 및 제11장 지식정부 이론 참조바람).

# 고시기출문제

※ 해당 답안작성요령은 고시기출출제 시기에 맞춰서 작성되었음

**[ 고시기출문제 (3) ]**  지식정보사회에서 조직의 지속가능한 발전과 경쟁력확보를 위해서 조직이 보유하고 있는 중요한 자원인 지식에 대한 관리가 점차 강조되고 있다. 다음 물음에 답하시오.
1) '지식관리의 실패요인'에 대해 설명하시오. (5점)
2) 지식관리의 실패요인을 극복하기 위한 '지식관리체계 수립전략'을 제시하시오. (10점)

## [답안작성요령]

☞ 핵심 개념

본 문제는 지식관리를 묻고 있다. 지식은 단순한 데이터를 가공하여 보다 가치 있는 형태로 발전시킨 정보를 뜻하며, 이를 창출, 축적, 공유, 활용, 학습하는 것을 지식관리라 한다. 지식관리는 인간지향적 지식관리와 기술지향적 지식관리 두 가지로 구분할 수 있다. 인간지향적인 지식관리에서는 지식의 습득과 활용을 위한 대인접촉을 강조하여 조직문화나 평가 및 동기부여, 정보기술 등의 측면에서 상호협조 및 협력을 중요시한다. 반면 기술지향적인 지식관리는 암묵지의 형식지화, 정보기술을 이용한 지식의 공유와 활용, 지식의 축적과 재사용 가능성 제고, 조직 내 지식의 분류 및 체계 등 사람보다는 기술적 요소를 강조한다(권기헌, 2013: 294).

☞ '지식관리의 실패요인'

공공기관의 특성에 따른 기술지향적, 인간지향적 지식관리 2가지로 구분하여 실패요인을 제시할 수 있다. 기술지향적 측면에서는 1) 낮은 정보기술 기반, 2) 낮은 정보기술 활용능력, 3) 순환보직에 따른 전문성 미흡, 4) 재원확보의 어려움이 있고, 인간지향적 측면에서는 1) 업무 담당자의 잦은 변동에 대한 지속적인 관리미흡과 2) 미흡한 수준의 토론문화, 학습의 부재를 들 수 있다(김성훈, 1999).

☞ '지식관리체계 수립전략'

정부부문의 지식관리는 민간부문의 지식관리에 비추어 볼 때 아직 만족스럽지 못한 실정이다. 우리나라 정부부문의 지식관리는 기술중심적 접근, 부처 간의 장벽, 창의적인 성과에 대한 보상 결여 등의 층면에서 민간부문과 비교해 볼 때 많은 격차가 있다고 인식되고 있다. 따라서 이러한 공공부문 및 공공기관의 특성을 반영하는 공공기관 지식관리시스템의 성공적 투자전략과 구축지침을 개발할 필요가 있다(권기헌, 2012: 301-302).

1) 지식경영의 마스터플랜 수립: 지식경영 프로젝트 이슈에 관한 단계별 계획수립이 필요하다. 각 기관은 현재의 단계를 파악하고, 앞으로의 목표를 달성하기 위한 마스터플랜을 수립해야 한다.
2) 최고 책임자의 확고한 리더십: 최고 책임자의 강력한 의지와 리더십이 필요하다. 명목적인 최고지식관리자(CKO)의 임명이 아닌 역량이 있는 사람을 임명해야 한다.
3) 지식의 품질관리: 지식의 품질관리가 필요하다. 부처간 협업이 가능한 소통구조의 확립과 지식의 품질관리가 필요하다.
4) 지식문화의 구축: 지식문화는 만들어 가는 것이며, 위험한 큰 성공사례가 아닌 위험하지 않은 작은 성공 사례의 구축하고 이를 축적하는 것이 더 중요하다.
5) 국내외 최우수 사례에 대한 벤치마킹: 지식경영의 개념과 영역, 접근 방법론 등을 교육하고, 유사기능을 수행하고 있는 국내외 기관의 최우수 사례에 대한 벤치마킹이 필요하다.

☞ 고득점 핵심 포인트
본 문제는 지식정부의 중요한 요소인 지식관리에 대해서 묻고 있다. 이에 대해 지식관리를 기술지향적 관리와 인간지향적 관리의 두 가지로 나누어 정확하게 설명한 후, 문제의 핵심요지인 실패요인에 대해 기술하여야 한다. 따라서 기존에 많은 연구에서 밝혀진 성공하기 위한 요소들을 적는 것보다는 실질적으로 지식관리를 방해하고 있는 요소들에 대해 서술하여야 한다. 예컨대, 행정과 경영에는 본질적 성격의 차이가 존재한다는 점을 분명히 하고, 성과측정의 한계에 따른 지식관리의 한계, 집단주의적 조직문화, 창의적인 성과에 대한 보상 결여 등 행정적 관점에서의 한계를 명확하게 서술해 줄 필요가 있다.

# 지식정부의 추진전략

 >>> 학습목표

지식정부의 추진전략에서는 지식정부를 직접적으로 구성하는 지식관리시스템, CKO, 제도와 정부의 지식문화를 촉진시킬 수 있는 제도적·문화적 구성요소(보상제도, 인사제도, 업무프로세스, 조직문화 등)를 중심으로 지식정부의 추진전략에 대해 살펴본다.

첫째, 지식관리시스템에서는 지식관리시스템의 개념 및 의의, 지식의 개념·특성과 유형에 대해 학습한다. 또한 지식관리시스템 구축단계별 주요내용을 살펴보고, 지식관리시스템의 성공요인과 정책방향 및 과제에 대해 살펴본다.

둘째, 최고지식관리자(CKO)에서는 CKO의 개념과 등장배경, 역할에 대해 살펴보고, 정부조직내에서의 CKO 추진전략에 대해 학습한다.

셋째, 제도적·문화적 구성요소에서는 보상제도, 인사제도, 업무프로세스를 중심으로 살펴본다. 먼저, 보상제도와 인사제도는 지식창출형 문화로의 변신을 위해 필요한 제도 개선방안중심으로 살펴본다. 다음으로, 업무프로세스는 개념·의의에 대해 살펴보고, 지식창출, 축적, 공유, 활용에 대한 주요 내용을 학습한다.

마지막으로, 조직문화는 개념·의의에 대해 살펴본 후, 조직문화의 기능, 지식관리와 조직문화의 관계에 대해 학습한다.

## 1. 지식관리의 구성요소

인간지향적인 지식관리에서는 지식의 습득과 활용을 위한 대인접촉을 강조하여 조직문화나 평가 및 동기부여, 정보기술 등의 측면에서 상호협조 및 협력을 중요시한다. 인간지향적인 지식관리가 조직구성원간, 부서간 원활한 업무협조와 외부 전문가와의 협력지원 및 관리를 강조하는 반면, 기술지향적인 지식관리는 암묵지의 형식지화, 정보기술을 이용한 지식의 공유와 활용, 지식의 축적과 재사용 가능성 제고, 조직 내 지식의 분류 및 체계 등 사람보다는 기술적 요소를 강조한다.

### 1) 선행연구의 구성요소

장영철(2001)은 지식관리를 성공으로 이끄는 요소들로서 ① 지식지향적 문화의 개발, ② 조직 하부구조의 구축, ③ 효과적인 동기유발 수단들의 개발, ④ 최고경영층의 지원과 전념, ⑤ 다양한 채널을 통한 지식전파, ⑥ 목적과 용어·언어의 명확화, ⑦ 지식체계의 구조화 노력, ⑧ 경제적 가치와의 연계 등을 들고 있다.

가트너 그룹은 지식관리의 성공요인으로, ① 지식관리 초기단계에서 주요 계획과 통제를 확립, ② 전체 개발기간 동안 지식관리의 지속적인 가시화와 지원, ③ 적극적이고 강력한 조직 책임자의 리더십, ④ 최고지식관리자의 임명, ⑤ 지식관리의 계획과 통제가 적극적, 필수적, 현재적으로 유지되고 있음을 보장, ⑥ 최고의 프로젝트 관리자를 지식관리에 투입, ⑦ 완료일자 준수, 산출물의 품질보증, 편익의 발생 등을 들고 있다.

강황선(2002)은 이러한 논의들을 종합하여 지식관리의 구성요소로서 ① 전문적 인적자원의 확보와 관리, ② 유연한 수평적 네트워크 조직과 제도적인 지원 및 문화의 형성, ③ 통합적 정보기술을 활용한 지식관리시스템의 활용 등을 제시하였다.

### 2) 구성요소의 종합

Anderson Consulting(1997)은 지식관리에 필수적인 구성요소로 전략, 사람, 프로세스, 정보기술을 들고 있다. 미국생산성협회(APQC, 1998)는 리더십과 전략, 문화, 측정과 평가, 정보기술을, Davenport(1998)는 지식창고의 구축, 지식의 접근성 향상, 지식의 공유 환경 조성, 지식자산의 네 가지를 필수요건으로 제시하였다. 삼성경제연구소(1999)는 목표, 전략, 리더십, 지식자산, 지식활동, 지식인프라를 제시하였고, 김영걸·이장환(1999)은 조직적 지식, 지식관리 프로세스, 지식근로자, 정보기술을 구성요소로 제시하였다.

김영걸·김선아(2000)는 조직구조, 기술, 조직문화, 관리프로세스, 평가와 보상의 다섯 가지를 지식관리 구성요소로 제시하였고, 김효근·권희영(1999)은 전략, 프로세스, 문화 및 사람, 정보기술을 들고 있다.

이순철(1999)은 지식관리전략, 지식관리조직, 지식노동자, 지적 자산, 정보기술, 지식관리의 효과측정 등 여섯 가지를 제시하였으며, 최병구·이희석(1999)은 전략과 평가의 두 가지를 필수요소로 제시하였다. 강황선(2002)은 이러한 선행연구들을 토대로 문화, 리더십, 전략, 프로세스, 정보기술 및 평가와 보상의 여섯 가지 범주로 구분하였다. 이러한 연구들은 정부 내의 지식관리의 구축전략을 수립하는 데에 있어서 의미있는 시사점을 주고 있는 것이 사실이다. 결국 지식관리의 핵심요인은 정보기술에 있는 것이 아니라, 이를 운영하고 받아들이는 사람과 사람들 간의 관계에 의해 이루어지는 문화 등이 지식관리의 더욱 중요한 요소로서 작용한다는 것을 알 수 있다.


2. **지식관리시스템**

### 1) 개념 및 의의

정보기술, 특히 인터넷의 발달은 지식의 공유와 관리가 가능하도록 도와주고 있다. 웹기반을 이용하여 중앙과 지방이 하나의 시스템에서 지식을 공유, 관리할 수 있을 뿐 아니라, 메일 등을 통해 필요한 자료의 전송이 가능하도록 지원하고 있다. 지식관리시스템은 이러한 정보기술을 활용하여 개인적인 차원의 지식공유와 관리가 아닌 조직적인 차원에서의 지식관리를 관리할 수 있도록 전체 조직원 입장에서 지식을 체계화(지식맵)하고 관리할 수 있도록 지원해 준다.

## 2) 내 용

### (1) 지식의 개념

데이터는 사건, 상황 또는 상태를 설명, 분석, 이해하는 데 필요한 문자, 숫자, 기호의 단편적 조합으로 대개 업무처리의 구조적인 기록이라고 할 수 있으며, 정보는 사건, 상황 또는 상태를 설명, 분석, 이해한 내용으로서 데이터의 의미있는 조합이라고 할 수 있다. 데이터를 정보로 변환시키기 위해서는 지식이 필요하다. 즉, 데이터는 다양한 방법으로 가치를 부여할 때 정보가 되며, 지식은 판단, 경험, 규칙에 의해 정보를 가공하여 보다 가치 있는 형태로 발전시킨 정보로서 정책결정에 활용가능한 정보이다.

### (2) 지식의 특성

지식은 일반적인 재화 또는 서비스와는 다른 특징을 가진다. 그 대표적인 것들은 다음과 같다.

① 비소모성이다. 아무리 사용해도 소모되지 않는다.
② 비이전성이다. 일단 소유하면, 타인에게 양도해도 없어지지 않는다.
③ 누적효과성이다. 쌓이면 쌓일수록 그 효과가 누적된다.
④ 부분간 융합이 쉽게 일어나는 자기조직성이 있다.
⑤ 일반적인 서비스와 달리 저장이 가능하다.
⑥ 복제를 통해 저렴한 비용으로 무한히 재생산할 수 있는 무한재생산성이 있다.
⑦ 무한가치성이다. 즉, 여러 사람에게 공유함으로써 총가치가 무한히 증가한다.

### (3) 지식의 유형

지식의 유형을 살펴보면 다음과 같다.

(가) 지식의 형태: 암묵지(*tacit*)와 형식지(*explicit*)
언어, 문장으로 표현이 어려운 주관적이고 개인적인 암묵지와 언어, 문자 등으로 표현이 가능한 객관적이고 이성적인 형식지로 구분이 가능하다. 전자의 경우 세계관, 신념, 개인적 스킬 등이 해당되며, 후자는 이론, 기법, 매뉴얼 등이 있다. 지식관리시스템은 기존 정보시스템에서 관리대상이 되지 못했던 암묵지를 어떻게 효과적으로 관리할 것인가를 화두로 한다.

### (나) 지식의 보유주체: 개인적 지식과 조직적 지식

업무진행 과정에서 각 조직 구성원이 개별적으로 습득한 지식으로 공유되지 않고 있는 개인적인 지식과 공식적인 문서작업 등을 통해 조직에 체화되어 구성원이 공유·활용 가능한 가치있는 지식의 집합인 조직적 지식이 있다. 지식관리시스템은 개인적 지식을 지식맵 등의 체계적 관리를 통해 조직적 지식으로 변환한다.

### (다) 지식의 관리형태: 디지털지식과 아날로그지식

그룹웨어 또는 DBMS 등의 시스템에서 관리되고 있는 지식 외에도 개인 PC, 디스켓, CD-ROM 등에 디지털화되어 있는 지식과 개인적으로 알고 있는 지식 또는 문서, 자료 등의 산출물 형태로 관리되고 있는 아날로그지식 등이 있다. 지식관리시스템은 디지털지식은 물론 아날로그지식도 목록화 등을 통해 관리하고자 한다.

### (라) 지식의 존재형태: 정형정보와 비정형정보

정형정보는 숫자, 문자 등의 기호화된 정보로 레코드 형태의 정보군이다. 이러한 정형정보는 대부분의 기업에서는 데이터베이스 시스템으로 관리하고 있어 쉽게 검색, 열람이 가능하다. 비정형정보는 이미지, 그래픽, 음성정보, 영상정보 등의 정보로 기업 내 상당 정보는 이러한 비정형 데이터로 존재하고 있어 지식관리시스템이 더욱 강조되고 있다.

### (마) 지식의 생산유형: 생성적 지식과 적응적 지식

조직의 문제를 정의하고 해결하기 위해 계속적으로 실험하고 피드백을 주는 것을 강조하고, 시스템적 사고, 비전 공유, 개인적 숙달지식, 팀 학습, 창조적 긴장을 요구하는 생성적 지식과 현재의 문제를 해결하는 것에 초점을 둔 적응적 지식으로 구분할 수 있다.

### (바) 지식의 대상유형

- Know What : 무엇이 사실인가에 대한 지식
- Know Why : 자연의 법칙과 관련이 있는 지식
- Know How : 주어진 문제에 대한 처리능력과 스킬에 대한 지식
- Know Who : 누가 무엇을 알고 있는가, 무엇을 어떻게 하는가를 누가 알고 있는가에 대한 정보
- Know Where : 어디에 가면 문제를 해결할 수 있는가에 대한 정보로 넓게는 누구에게 문제
  해결에 대한 정보를 가지고 있는가(Know Who)를 포함한 지식

지식정보사회로의 급격한 이행과 함께 하루에도 수많은 지식정보가 창출됨에 따라 점차 Know Who와 Know Where가 중요한 관리대상이 되고 있다.

## 3) 지식관리시스템 구축단계

### (1) 준비 단계: 추진조직 구성

지식관리시스템은 그 준비단계부터 충분한 검토와 협의가 성공에 중요한 영향을 미친다. 따라서 준비단계에서는 전사적인 추진조직의 구성이 필수적이다. 추진조직에는 조직전반의 현안 및 업무에 통찰력을 가지고 분석능력과 프로세스를 잘 이해하는 인력이 참여하여야 한다. 또한 초기 준비단계에서부터 정보기술 활용능력이 있는 사람이 포함되어 지식관리시스템의 모델이 기술적으로 뒷받침될 수 있는 수준으로 그려질 수 있도록 해야 한다. 그렇지 않으면 지나치게 이상적인 시스템을 시도할 수 있다.

### (2) 컨설팅 단계: 내부역량 분석 및 외부환경 분석

본격적으로 지식관리시스템의 모델과 추진전략을 수립하기 위한 단계로서, 여기에서는 내부현황에 대한 이해분석은 물론 외부환경 분석과 내부 지식자산과의 연계에 대한 검토가 필요하다. 특히, 내부현황 분석을 통한 기본전략 수립 및 변화관리를 준비하기 위해서는 전사적인 프로세스 및 정보요구사항을 분석하고, 사용자 요구사항을 수렴한 후 핵심역량을 선정하는 것이 중요하다. 외부환경 분석에서는 외부환경에 대한 민감성 분석과 벤치마킹 등이 실시된다.

### (3) 개발 및 확산 단계: KMS 시스템개발 및 피드백

개발 및 확산 단계에서는 업무프로세스를 구조화한 KMS의 기본구조를 설계하고 어떤 정보기술을 도입할 것인지, 어떤 패키지를 사용할 것인지 여부 등을 결정한다.

이 과정에서는 KMS 개발 및 지식관리에 대한 체계적 교육이 병행되어야 하며, 시스템의 지속적인 사용과 확산을 위해서는 시스템 사용자의 시스템에 대한 피드백 과정을 통해 KMS을 개선, 보완하는 작업이 필수적이다.

### (4) 고도화 단계: KMS 고도화

지식관리시스템은 조직의 목표와 대처하는 환경변화에 따라 함께 유기적으로 변화하는 시스템이다. 즉, 지식의 양적 증가와 수요층 증가, 조직의 비전변화 등에 따라 시스템의 고도화가 필요하다. 1차 개발과정에서의 피드백을 지속적으로 관리하고, 새로운 정보기술을 도입해 변화관리의 확산과 정착을 수렴한 KMS 고도화가 진행된다.

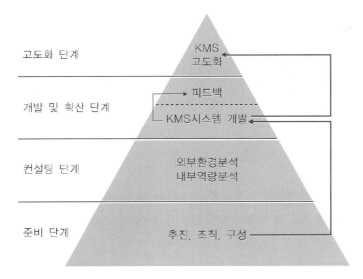

〈그림 12-1〉 지식관리시스템 구축단계

고도화 단계 — KMS 고도화

개발 및 확산 단계 — 피드백 / KMS시스템 개발

컨설팅 단계 — 외부환경분석 / 내부역량분석

준비 단계 — 추진, 조직, 구성

## 4) 지식관리시스템의 성공요인

KMS를 위해 가장 중요한 방법은 지식의 창조이다. 이는 조직구성원 개개인의 지식함양을 의미하는 것이 아니라, 조직적 지식(*Organizational Knowledge*)의 창출을 의미한다. 지식창조는 각 개인의 두뇌와 손끝에 체화되어 숨어있는 지식, 즉 암묵지를 조직이 공유할 수 있는 형식지로 전환시키는 과정으로 정의할 수 있다. 바로 이 점이 KMS를 좌우하는 핵심 성공요인으로 여겨진다. 이를 위해 기업 내부에서는 조직 내·외부에 흩어져 있는 암묵지들을 형식지로 전환시키는 방법에 대해 많은 시도와 연구를 해왔다. 조직 내부에 흩어져 있는 지식만을 모으는 것도 결코 쉬운 일이 아니며, 이를 위해서는 다양한 관점에서 총체적인 접근이 필요하다.

첫째, 지식을 공유하는 기업문화를 창출하는 것이다. 지식경영의 성공적 체제를 이룩하기 위해서는 개인은 물론이고 부서나 팀이 자기들의 업무결과로 얻어진 새로운 지식이 있다면 이것을 공유하기를 바라는 다른 팀이나 팀원들에게 기꺼이 제공해 주는 일이 무엇보다도 우선시되는 문화의 조성이 절실하게 요청된다.
둘째, 지식을 효과적으로 발굴하고 활용할 수 있는 제도와 조직구조를 정비하는 것이다. 사실, 대부분의 기업은 이미 기존의 조직 내에 각자의 필요에 따라 형식적 또는 비형식적인 다양한 지식공유가 시행되고 있거나, 그를 위한 시스템이 존재하기 마련이다. 다만 그러한 것들이 인적, 공간적 측면에서 극히 제한적인 교류에 그치고 있어 다소 폐쇄적이거나 배타적인 한계를 갖고 있다는 것이다. 따라서 조직은 인사평가나 급여 또는 비급여적인 다양한 보상 방안 등을 적극적으로 개발, 제도화하여 지식의 공유, 활용에 능동적 참여와 활동을 유도해 낼 수 있어야 한다.

마지막으로, 지식경영의 촉진제이자 실질적인 도구인 정보기술 인프라를 구축하는 것이다. 조직 안에서의 지식경영 시스템은 조직의 목표를 정확히 이해하고, 구조, 절차 및 제도적인 면에서 상당한 융통성이 반영된 시스템이어야 한다.

## 5) 정부의 지식관리시스템 정책에 대한 평가

행정안전부에서는 민간기업의 지식경영(*Knowledge Management*) 기법을 정부행정에 도입하여 행정기관의 정책결정 및 업무수행에 필요한 노하우, 경험, 아이디어, 정책자료 등 실천적 지식을 축적·조직의 공유자산으로 공동 활용하기 위한 '정부지식관리시스템 구축 기본계획'을 수립하였다.

정부지식관리센터는 기관간 지식공유를 위하여 기관별로 구축된 지식관리시스템의 지식지도(*Knowledge Map*)와 지식목록을 통합적으로 관리(각 기관에서는 센터를 통하여 타 기관의 지식에 접근)하며 정부지식관리시스템의 안정적 운영을 위한 Help Desk를 운영하고, 우수지식의 추천·포상 및 지식관리의 활성화를 위한 시책추진 등 제도운영의 중심적 역

〈그림 12-2〉 정부지식관리센터 개념도

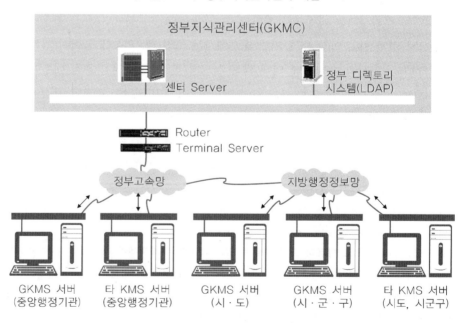

할을 담당하고 있다. 또한 정부지식관리센터를 구축하더라도 각 기관별로 지식지도 작성, 지식의 승인·삭제 등을 가능하게 하여 기관의 자율성을 확보하고 있다. 정부는 정부지식관리시스템 보급 및 정부지식관리센터 구축을 통해서 노하우 미전수로 인한 시행착오를 방지하고, 전임자의 노하우를 단기간에 습득함으로써 행정의 효율성을 극대화하는 한편, 기관간의 지식공유를 촉진하고 우수 지식사례의 확산 및 학습기회 제공으로 지식활용의 시너지 효과를 창출할 것으로 기대하고 있다.

## 6) 지식관리시스템 정책방향 및 정책과제

정부부문의 지식경영은 민간부문의 지식경영에 비추어 볼 때 아직 만족스럽지 못한 실정이다. 우리나라 정부부문의 지식경영은 기술 중심적 접근, 기록 중심의 행정문화, 부처간의 장벽, 창의적인 성과에 대한 보상결여 등의 측면에서 민간부문과 비교해 볼 때 많은 격차가 있다고 인식되고 있다(정윤수, 2001; 서의호 외, 1998). 따라서 이러한 공공부문 및 공공기관의 특성을 반영하는 공공기관 지식관리시스템의 성공적 투자전략과 구축지침을 연구 개발하는 것이 필요하다.

### (1) 지식경영의 마스터플랜 수립

지식경영 프로젝트 이슈에 관한 단계별 계획수립이 필요하다. 각 기관은 현재의 단계를 파악하고, 앞으로를 위한 지식경영 마스터플랜을 수립하여야 하며, 이때 중점관리 대상이 되는 핵심업무, 핵심사용자, 핵심지식과 그 원천을 반드시 포함시켜야 한다.

### (2) 최고책임자의 확고한 리더십

최고책임자의 인식과 태도 및 참여, 조직의 사명과 추진전략의 공유 등이 중요하다. 따라서 명목적인 CKO의 임명이 아닌 역량이 있는 사람을 임명하든지 아니면 관련교육을 실시하여야 한다.

### (3) 지식의 품질관리

현재 공공기관에서 지식경영시스템을 주로 사용하고 있는 분야는 협업이나 정책결정보다는 결재 및 문서전달이나 문서보관에 모아지고 있다. 따라서 다음 단계인 'Communica-tion' 및 'Collaboration'으로의 진행을 의미하는 '지식의 품질' 관리는 아직까지 경험하지 못한 인식의 한계에 기인한다고 생각되며, 지식업무 프로세스를 통하여 반드시 해결하여야 할 핵심요인이다.

### (4) 지식문화의 구축

국내외 모든 사례와 전문가들이 가장 강조하는 부분이다. 그러나 하나의 간단한 해결책은 없다. 지식문화는 만들어 가는 것이며, 위험한 큰 성공사례가 아닌 위험하지 않은 작은 성공사례의 구축이 더욱 중요하다.

### (5) 국내외 최우수 사례에 대한 벤치마킹

지식경영의 개념과 영역, 접근방법론 등을 교육하고, 유사기능을 수행하고 있는 국내외 기관의 최우수 성공사례에 대한 벤치마킹, 그리고 성과평가를 공식화하여 지속적으로 수행할 필요가 있다.

### (6) 지식작업 프로세스의 설정

최고책임자가 자기의 역량 증대와 함께 수행하여야 할 또 다른 과제는 기술력 한계 극복이나 자원할당이 아닌, 지식업무 관련 프로세스(예: 대상지식의 결정, 지식의 심의 및 심사, 평가, 활용, 보상 등)를 정립하고, 각 지식업무에 대한 책임 중점영역을 설정하여 공식화하는 것이다. 이러한 지식작업 프로세스들은 각각의 프로젝트 이슈와 관련되었을 뿐만 아니라, 현재의 'Content' 단계에서 다음 단계인 'Communication' 및 'Collaboration' 단계로 진행하기 위해 반드시 필요한 요소이다.

## 3. 최고지식관리자: CKO

### 1) 등장 배경

1990년대 후반 이후 지식경영에 대한 논의가 활발해지면서, 기존의 최고정보책임자(CIO: *Chief Information Officer*) 대신 최고지식경영자(CKO: *Chief Knowledge Officer*)가 등장하고 있다. CIO란 최고정보관리책임자를 말하는데, 한 조직의 정보기술과 컴퓨터 시스템 부문을 책임지고 있는 사람에게 보편적으로 부여되는 명칭이다. 하지만 최근 들어 지식의 발견·창출·전파·활용하는 것과 관련된 지식관리 활동의 중요성이 부각되면서부터 CIO에 대한 명칭이나 조직상의 역할에 대한 변화의 움직임이 서서히 일고 있다. 즉, CIO는

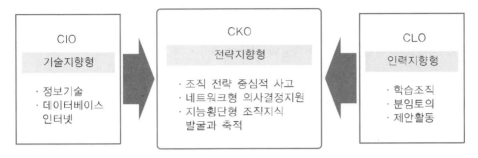

〈그림 12-3〉 CKO와 CLO, CIO의 개념적 차이

| CIO | CKO | CLO |
|---|---|---|
| 기술지향형 | 전략지향형 | 인력지향형 |
| · 정보기술<br>· 데이터베이스<br>  인터넷 | · 조직 전략 중심적 사고<br>· 네트워크형 의사결정지원<br>· 지능횡단형 조직지식<br>  발굴과 축적 | · 학습조직<br>· 분임토의<br>· 제안활동 |

CKO로 진화·발전함으로써 개인용 컴퓨터나 데이터 웨어하우스에 들어 있는 정보를 행동으로 옮길 수 있는 지식으로 변환시킬 수 있어야 한다는 것이다.

## 2) CKO의 개념

조직 내에 흩어져 있는 각종 지적 자산을 체계적인 조직운영시스템에 의하여 발굴, 관리하려는 시도에서 CKO가 탄생하였다. 조직에 따라서는 CKO의 역할이 CLO(*Chief Learning Officer*), 또는 CIO의 형태로 축소, 운영되기도 한다. 그러나 CKO는 별도의 상시 조직책임자로서 존재하는 것이 바람직하다. CLO는 이미 형식화된 지식의 일반적 공유와 학습을 추구하고, 이를 통해 양성된 인력의 재배치를 가능하게 하지만, 조직전략에 적합한 숨겨진 지식의 발굴과 체계적 관리, 공유 시스템의 개발이란 측면에서는 실효성이 다소 떨어진다. 즉, CLO는 인력지향적인 반면, CKO는 전략지향적이라고 할 수 있다.

또한 CKO는 CIO가 감당하기에는 너무 다양하고 복잡한 전략적 이슈들을 처리한다. CIO는 정보기술(IT)시스템을 이용한 정보관리 등 정보의 내용보다는 기술적 프로세스에 관심을 갖고 있다. 하지만, CKO는 지식전파의 책임을 갖고 있으며, 정보수집에서 무엇이 중요한가, 그리고 어떤 종류의 지식이 조직의 경쟁우위 강화에 필요한가에 대한 전략적 마인드를 중요시한다. 〈그림 12-3〉은 CKO와 CLO, CIO가 기본적으로 추구하는 방향이 다르다는 측면에서 개념적 차이를 설명한다.

## 3) CKO의 역할

CKO의 역할은 4단계로 구분하여 정리할 수 있다. 첫째, 조직목표에 적합한 지식의 발굴과 공유, 둘째, 조직에 필요한 베스트 프랙티스(Best Practice)를 중심으로 한 지식기반의 구축, 셋째, 네트워크에 의한 조직의 가교역할, 넷째, 조직의 전략적 성과측정과 피드백으로 나누어 볼 수 있다.

### (1) 조직목표에 적합한 지식의 발굴과 공유

기업과 마찬가지로 정부조직도 급변하는 사회환경에 적응하기 위해 끊임없는 변신, 즉 조직혁신이 필요하다. 이러한 조직혁신은 명확한 조직목표의 설정과 그 실현에 필요한 지식에 대한 이해와 발굴, 그리고 공유 노력에 의해 성공여부가 결정된다. CKO는 조직이 알게 모르게 보유하고 있는 가치 있는 지식을 IT를 매개로 하여 결집하고 조직에 전파하는 지식 전도자이다. 지식의 결집과 공유는 지식 디렉토리 작성, 인덱싱 및 유지보수, 그리고 다양한 요구지식들의 원-스톱 제공과정으로 이루어진다.

〈그림 12-4〉는 정부조직에 직·간접적으로 영향을 미치는 4가지 다른 형태의 지식원천으로부터 정부의 체계화된 지식이 산출, 정책수립에 반영되는 과정을 보여준다.

〈그림 12-4〉 정부조직에 영향을 미치는 지식

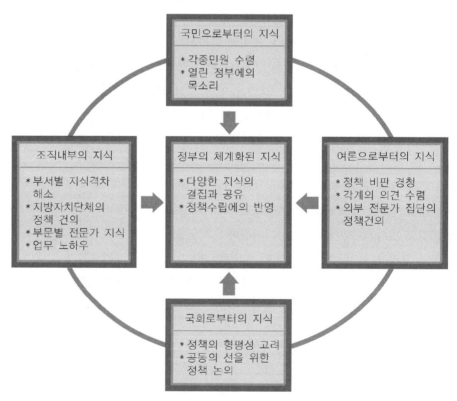

제 4 부  지식정부론

〈그림 12-5〉 지식기반의 형성과정

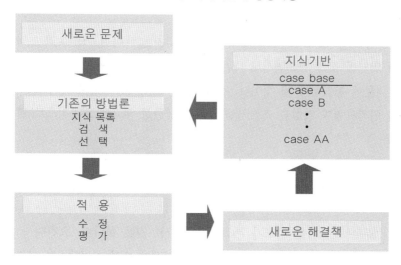

## (2) 지식 인프라의 설계자이자 관리자

CKO는 조직 내 지식 인프라(자료실, 지식기반, 인적자원, 컴퓨터 네트워크, 연구센터 등)를 설계하고 관리 감독하는 책임자이다. 또한 조직 외부에 존재하는 지식의 획득과 전파역할도 하게 된다. 여기서 지식기반이란 조직역량을 대표하는 베스트 프랙티스(*Best Practice*)를 의미하며, 지식 인프라의 핵심요소이다. 지식기반은 문제해결방법론의 축적과 문제은행식의 체계적 관리를 통해 조직이 새로운 문제에 직면한 경우 최적의 해결방안을 도출할 수 있도록 지원한다.

〈그림 12-5〉는 이러한 지식기반의 형성과정을 보여주는 그림이다.

## (3) 네트워크에 의한 조직간의 가교역할

CKO는 조직간의 커뮤니케이션 부족과 협력관계의 괴리, 그리고 조직과 조직의 외부 이해관계자 사이에 존재하는 지식격차를 해소하는 가교역할을 한다. 즉 조직의 대내외적 네트워크 기능을 활성화한다. 때문에 CKO는 조직 내의 모든 결정권자들과 수시로 접촉하여 문제의 본질과 해결방안을 논의할 수 있어야 한다.

## (4) 조직의 전략적 성과측정과 피드백

지식의 축적과 공유, 그리고 전략수립에의 반영은 조직의 전략적 성과에 유형·무형으로 기여한다. 조직성과와 관련하여 CKO는 두 가지 역할을 한다. 첫째는 조직성과를 측정하기 위해 체계적인 지식관리 시스템을 구축하는 것이다. 둘째는 성과측정을 기초로 조직간

지식격차에 따른 정책결정의 문제와 해결방안에 대해 관련 조직에 피드백하는 기능을 맡는다.

따라서 만일 이러한 CKO의 기능이 제대로 발휘되지 않는다면, "왜 우리 조직은 우수한 인적 자원과 열의를 갖고 있으면서도 다른 조직보다 생산성이 떨어지고 조직역량이 미약할까?"라는 의문에 봉착하게 될 것이다. 거꾸로, CKO의 기능이 원활하게 발휘된다면, 조직의 우수한 인적자원과 열정을 조직역량 강화와 생산성 제고에 효과적으로 결부시킬 수 있을 것이다.

### 4) 정부조직에서의 CKO 추진전략

기업이든 정부든 추구하는 목표가 본질적으로 다른 것은 아니다. 요컨대 모든 조직은 그 조직이 갖는 이해관계자로서의 고객이 있으며, 고객에 대한 가치제공을 통하여 조직의 존재 필요성을 인정받는다는 것이다. 누구를 위해 무슨 문제를 어떻게 해결하여야 하는가에 대한 조직의 기본적 과제를 해결하는 데 있어 지식기반은 일의 효율과 성과를 결정짓는 요체다. 따라서 정부는 조직이 필요로 하는 지식을 정확히 이해하고 장래에 어떠한 양상으로 변화될 것인가에 대한 비전을 가지고 있는 인물 즉, CKO 적임자를 찾고, 이러한 기능을 활성화하는 데 최선의 노력을 다해야 한다.

---

## 4. 지식창출형 조직에 부응하는 보상제도

이하에서는 지식관리시스템(인프라), CKO(지식관리의 리더십) 제도 등과 같이 지식정부의 직접적인 구성요소는 아니지만, 정부의 지식문화를 촉진시킬 수 있는 제도적·문화적 구성요소(보상제도, 인사제도, 업무프로세스)에 대해 살펴보고자 한다. 이 중에서도 특히 보상제도와 인사제도에 대해서는 일반 논의는 생략하고, 기존의 관료형 문화에서 지식창출형 문화로의 변신을 위해 필요한 개편방안을 중심으로 간략히 고찰하고자 한다. 지식창출형 문화를 구축하기 위한 보상제도를 위해서는 성과중심의 보수체제와 탄력적인 예산체제를 중심으로 살펴본다.

## 1) 능력개발과 성과중심으로 보수체계 개편

지식창출형 문화를 구축하기 위한 능력개발과 성과중심으로 보수체계 개편방안은 다음과 같다.

① 공무원 연수체계를 직무수행 능력 제고와 연계하여 재구성한다.
② 능력과 실적에 따른 합리적 차별대우를 인정하고 공무원 연봉제를 단계적으로 도입한다. 정무직을 포함한 국장급 이상 상위직에 대해 성과급을 우선적으로 도입하고, 부서별, 집단별 근무평가에 따른 부서별 성과급제를 도입한다.
③ 행정서비스의 산출과 측정이 용이하지 않은 단점을 감안한다. 개인이 제공한 정보가 생산성 향상에 얼마나 기여했는가를 기준으로 개인에 대한 보상을 해야 하는데, 행정서비스의 생산성은 단순히 전통적인 투입, 산출의 기법에 의해서는 측정하기가 어려운바, 이를 십분 감안하여 성과측정에 임한다.
④ 단점들을 보완하기 위해 암묵지를 형식지화하는 노력과 성과에 대한 평가장치를 마련하여 인센티브를 제공해야 한다.

## 2) 성과지향적 예산 제도: 경직성과 비과학성 시정

정부는 성과평가를 도입하여 투입위주의 예산제도를 혁명적으로 변화시켰다. 기본적으로 목적, 지역사회 상황지표, 목표, 성과지표를 축으로 하여 각 부처가 얼마나 목표를 잘 달성하는가를 평가한다. 이러한 방법에 의하여 각 부서의 서비스 품질과 생산성을 측정하여 목표를 초과한 관리자에게 봉급의 10%의 한도 내에서 보너스를 지급한다. 이를 통해 과거보다 적은 인원으로 양질의 서비스를 공급하는 것이 가능하게 되었다.

### (1) 투입통제 위주의 예산제도를 성과산출 지향으로 개편

지식창출형 문화를 구축하기 위한 성과지향적 예산제도를 위해 투입통제 위주에서 성과산출 지향 예산제도로 개편방안은 다음과 같다.

① 성과지표를 개발해 예산 대비 행정성과에 대한 수량적 분석이 가능하도록 조치한다(성과에 따른 예산배분).
② 기관별로 예산운용 성과를 평가하고 예산절감분을 부서 및 개인별 인센티브로 지급한다.
③ 부처별 자체 수입의 일부를 해당 부처가 직접 운영하는 수입유보권으로 허용한다. 각 부처의 수입증대 및 예산운영의 자율권 증대가 도모된다.

### (2) 예산의 낭비요인 제거

예산 항목간 융통성을 부여하고, 경비지출 주체에 대한 신축성과 재량권을 부여함으로써 예산의 낭비요인을 제거한다.

### (3) 단년도 중심 예산편성 개선

국가비전에 맞추어 5년 단위, 2~3년 단위 중장기 재정계획을 수립하고 중장기 예산 추정치가 구속력을 갖도록 하는 다년도 예산제도를 도입한다.

### (4) 디지털 예산회계시스템

성과지향적 예산제도를 위한 디지털 예산회계시스템(BAR: *Budget & Accounting Reinvention System*) 구축방안은 다음과 같다.

① 디지털 예산회계시스템은 정부예산에 대한 일반적 정보와 분석을 광범위하게 포함한 정보시스템으로 신속한 정책결정과 미래 예산수요 파악이 가능하다.
② 추가적으로 예산, 인사정보를 연계하여 정부사업의 성과나 비용을 계산하도록 보완한다.

### (5) 예산결정 프로세스의 개선

성과지향적 예산제도를 위한 예산결정 프로세스의 개선방안을 살펴보면 다음과 같다.

① 예산은 정부정책 운영의 철학이 담긴 국정운용 지침으로서의 의미를 지닌다.
② 투명하고 합리적인 예산결정 프로세스를 구축한다. 국회의 예산 심의기능을 활성화하고 정부, 정당, 국회, 이익집단 간의 의사소통을 원활히 하는 창구를 설치한다.

## 5. 지식창출형 조직에 부응하는 인사제도

지식창출형 조직에 부응하는 인사제도 구축을 위해 내부지향 의식 타파, 전문성 강조, 공무원의 경력관리 강화 등을 살펴보기로 한다.

## 1) 내부지향 의식 타파

정부관료제의 내부지향 의식 타파를 위한 개선방안을 살펴보면 다음과 같다.

① 내부지향 의식을 버리지 않고는 글로벌화의 진전, 지식시대 돌입 등 21세기 메가 트렌드에 효과적으로 대처할 수 없다.
② 기존의 관료적 제도나 문화, 조직체제의 장벽을 제거한다. 다양한 전문능력과 기술을 가진 인재를 외부에서 흡수하여 조직 내 전문성과 다양성이 살아 숨쉬도록 유도한다.
③ 조직의 할거주의와 관료주의적 타성을 불식한다. 진정한 무경계 조직이 구축되도록 낡은 제도, 관행을 과감히 타파한다.

## 2) 전문성을 강조

지식관료의 전문성을 강화하기 위한 인재충원정책을 살펴보면 다음과 같다.

① 전문적 지식과 행동력을 가진 참신한 인재를 정부조직에 충원한다.
② 계약제 임용방식의 확대 도입 등 개방형 공무원제를 정착시킨다. 그 방법으로는 전문직 공무원에 대해서는 외부 전문가를 과감하게 채용하고, 공무원과 연구기관, 대학, 민간기업 간의 교류를 늘릴 수 있도록 충분한 할당을 설정한다.
③ 고시제도의 개혁이 필요하다. 필기 시험 외에 민간 및 해외근무 경력인정 등 다양한 평가방식을 활용한다. 또한, 특채를 제도화하고 특채시기를 정례화한다.

## 3) 공무원의 경력관리 강화

지식창출형 조직에 부응하기 위한 지식관료의 경력관리 강화방안을 살펴보면 다음과 같다.

① 승진경로를 합리적으로 설정한다. 동일 혹은 유사한 직무영역 내에서 장기 근무할 수 있도록 제도화한다.
② 일반행정가주의를 발전적으로 개선하여 일반행정능력과 전문행정능력을 겸비한 T자형 고위 정책전문가를 양성한다.

## 6. 지식관리 업무프로세스

### 1) 개념 및 의의

　지식관리 업무프로세스는 조직 내 자원과 지식을 효율적으로 관리하기 위한 일련의 과정이라 할 수 있다. 지식이 지속적으로 창출·축적됨과 동시에 조직 전체로 공유, 활용되는 과정이 순환되어 또 다른 새로운 지식이 창출되는 역동적 과정을 의미한다. 특히 조직 차원에서 지식관리 업무프로세스는 조직이 보유한 지식자산을 조직 내에 공유하고 지식의 활용을 극대화함으로써 조직역량을 강화하는 활동으로, 전략적 중요성이 매우 크다고 할 수 있다(이홍재, 2004: 23~30).

　지식관리 업무프로세스는 학자들에 따라 다양하게 제시되고 있다. Ruggles(1997)는 지식프로세스를 창출, 형식화, 전파 등 세 가지 과정으로 나누어 설명하였다. "지식의 형식화"란 창출과정을 통해 생성된 지식을 언어로 바꾸는 과정으로 표면화하는 것이다. 즉, 언어화되어 있지 않은 지식을 언어로 바꾸거나 다른 형식으로 변형시키는 과정으로 지식이 객관적·구체적으로 드러나도록 하게 하는 단계이다. "지식의 전파"는 지식의 이동 및 흡수 단계이다. 지식의 고유나 지식의 축적, 지식의 전파, 그리고 지식의 배분 등의 과정을 의미한다.

　Myers(1996)는 지식관리 업무프로세스를 "지식생성, 코드화, 전이"로 구분하고 있으며, Davernport 외(1998)는 "지식획득, 저장, 공유, 활용" 등으로 정의하고 있다. 이외에도 삼성경제연구소(1999)와 권기헌(2000)은 지식관리 업무프로세스를 "지식창출, 축적, 공유, 활용, 학습"으로 규정하고 있으며, 특히 권기헌(2000)은 이 과정 중 "학습"의 중요성을 강조하고 있다.

　상기에서 언급한 학자들의 기본적인 지식관리 업무프로세스 모형과는 달리 Nonaka(1995)와 Choo(1998)는 이들보다 상위수준에서 프로세스 모델을 제시하고 있다. Nonaka(1995)는 암묵지와 형식지간의 순환적인 상호변환과정에 초점을 두고 지식창조 프로세스에 대해 SECI모형, 즉 사회화, 표출화, 종합화, 내면화를 제시하였다. Nonaka(1995)의 지식창조과정은 형식지와 암묵지간의 상호변환과정에 초점을 맞춘 것이다. 예를 들어 사회화는 암묵지에서 암묵지로의 변환과정을, 표출화는 암묵지가 상징적 표현수단을 통해 형식지로 변환되는 과정을, 종합화는 형식지가 또 다른 형식지로 변화하는 과정을, 내면화는 형식지에서 암묵지로의 변환과정을 의미한다. 일반적으로 사회화는 지식의 축적, 표출화는 지식의 창출, 종합화는 지식의 환산, 내재화는 지식의 활용 및 학습과 대응된다(권기헌, 2000; 박희서, 2001).

## 2) 내 용

지식관리 업무프로세스는 순차적이고 선형적인 과정이라기보다는 상호복합적이고 유기적으로 연결되어 순환하는 일련의 과정이다. 개별적인 지식관리 업무프로세스들은 상호독립적·배타적이지 않으며, 상호중첩적·보완적인 관계에 있다. 그리고 이러한 과정의 반복적 순환을 통해 조직에서 지식의 가치는 더욱 배가된다. 따라서 어느 한 프로세스를 지나치게 강조하거나 소홀히 한다면 전체적인 측면에서 효과적인 지식관리를 기대할 수 없다.

지식정부의 관점에서 언제나 조직구성원, 각 개인에서 창출되고 창출된 지식은 조직 내에 축적되어 조직구성원 전체에 공유·활용되는 지식으로 전환되어야 한다. 자율적으로 창출되는 각 개인의 지식이 조직 차원에서 광범위하게 공유되지 않는 한 조직이 추구하는 지적 자본으로서의 가치는 한계를 지닐 수밖에 없다. 따라서 조직차원에서의 지식관리란 커뮤니케이션, 토론, 체험 등에 의해 의사전달되고 구체화되는 것이므로 지식의 창출, 축적, 공유, 활용이 지속적으로 반복되어야 한다.

### (1) 지식창출

지식창출은 지식을 만드는 단계이며 자료나 정보의 지식화를 의미한다. 구체적으로 지식창출은 개인의 학습과 경험을 바탕으로 문제해결에 도움이 되는 새로운 기술이나 아이디어, 노하우, 절차 및 해결책을 만들어 내는 창의적 활동이다(Oldham & Cummings, 1996: 607). 지식창출은 단순히 새로운 것을 창출한다는 것 외에는 타인으로부터 수집하고, 수집한 것을 합치고 다시 섞어 새로운 것으로 가공하는 모든 것을 포함하는 개념이다. 지식창출은 지식의 생성, 형상화, 개발, 획득, 창조, 통합, 융합, 제안 등을 포함한다.

지식창출의 주된 원천은 개인의 창의성에 바탕을 둔 경험이나 아이디어라 할 수 있다. 따라서 지식창출에 있어서는 계획적이고 통제 가능한 측면보다는 동기부여나 우연히 창출되는 비체계적인 측면이 강하게 작용한다(Bhatt, 2000: 19).

### (2) 지식축적

지식의 축적은 창출된 지식을 검증·분류하고 등록·저장하는 활동이다. 다시 말해 지식축적은 기본적으로 개인지를 조직지로 전환하기 위해 창출된 지식을 지식저장소에 저장하고 조직구성원들간에 지식이 공유될 수 있도록 하는 프로세스이다. 이에 지식관리시스템 등과 같은 정보기술 인프라의 구축은 창출된 지식의 보관, 저장, 보존에 반드시 필요한 핵심요소가 된다. 하지만 제안된 지식 모두가 지식관리시스템에 축적될 수는 없기 때문에 지식의 검증작업이 반드시 이루어져야 한다.

### (3) 지식공유

지식공유는 창출·축적된 지식이 조직구성원들간의 상호작용을 통해 확산되고 내면화되는 과정이다. 지식공유는 지식창출과 마찬가지로 조직의 경쟁우위 확보를 위한 기초가 되는 중요한 상호작용의 프로세스인 동시에 상호작용은 지식공유의 핵심차원으로 간주된다. 왜냐하면 조직구성원간의 상호작용을 통해 기존지식의 전파와 새로운 지식의 창출이 가능해지기 때문이다. 따라서 지식공유를 단순히 한 조직 내에서 한 사람이나 그룹이 다른 사람이나 그룹에서 지식을 전달하거나 보급하는 활동으로만 규정할 경우 매우 제한적인 개념이 될 수밖에 없다.

지식공유는 지식관리를 정착시키는 핵심요소이다. 지식공유는 업무지침이나 매뉴얼 등에 기반한 형식지의 공유뿐만 아니라, 개인의 노하우에 의존하는 암묵지를 공유하는 것에 보다 중점을 두어야 한다. 만약 축적은 되었지만 공유되지 않는 지식은 조직적 가치로서 한계를 가질 수밖에 없다.

### (4) 지식활용

지식활용이란 지식공유 업무프로세스를 통해 획득한 지식을 실제 업무에 응용, 이용, 적용하고 그 결과를 평가하는 과정을 포함하는 활동이다. 지식활용은 조직구성원의 업무성과와 문제를 해결하는 데 직접적으로 기여하게 된다. 다시 말해 조직 내에서 지식활용은 효율적인 업무처리를 위한 지식의 이용, 보다 나은 정부서비스를 제공하기 위한 지식의 이용 및 적용, 효과적인 문제해결 및 합리적인 정책결정을 위한 지식의 응용 및 적용 등으로 구체화된다. 지식활용 역시 절대적으로 조직 내 지식의 활용만을 의미하지는 않는다. 지식축적에서도 언급한 바와 같이 다양한 원천의 지식을 활용할 필요가 있다.

## 7. 조직문화

### 1) 개념 및 의의

조직문화란 "특정 조직의 구성원들이 공유하고 있는 의식구조, 가치관, 그리고 태도의 전체"로 정의할 수 있다(민진, 2004: 420~421). 문화는 넓은 의미로 인간 생활의 양식과 모습을 나타낸다고 볼 수 있지만, 좁은 구체적인 의미로 해석하면 사회구성원들이 공통적으로 갖고 있는 의식구조, 가치관, 그리고 태도를 의미하기 때문이다.

### 2) 기 능

조직문화는 일반적으로 다음의 네 가지 기능을 수행한다(김인수, 1991: 582; 박재희, 1996: 461~462; 백기복, 1994: 582~583, 이창원 외, 2004: 538~539).

첫째, 조직문화는 조직구성원들에게 소속 조직구성원으로서의 정체성을 제공한다. 즉, 조직문화는 조직구성원들이 일반적으로 공유하는 독특한 동질성을 제공한다. 따라서 조직문화는 조직구성원들을 결합시키고 그들의 조직생활에 의미와 목적을 부여해 주면서 그들의 행동을 결정하는 중요한 요소가 된다.

둘째, 조직문화는 집단적 몰입을 가져온다. 즉 조직문화는 조직구성원들에게 조직에서 기대되는 행동의 유형 및 조직이 지향하는 바를 암시하여 구성원들의 행동을 정당화시켜주므로 문화가 강한 조직에서는 구성원들의 몰입도가 더욱 높아지게 된다.

셋째, 조직문화는 조직체계의 안정성을 높인다. 문화가 강한 조직에서는 문화적 동질성을 강화하기 위한 규범과 통제가 증가하게 되며, 이러한 규범을 벗어나는 행동에 대해서는 제재가 가해진다.

마지막으로 조직문화는 조직구성원들의 행동을 형성시킨다. 즉 조직이 그들에게 기대하는 것이 무엇인지, 어떠한 행동이 보상을 받는지, 해야 할 행동과 그렇지 않은 행동은 무엇인지에 관한 해답을 제공함으로써 구성원들의 행동을 원하는 방향으로 형성시킨다. 즉 조직문화가 일종의 학습도구로서의 기능을 수행하는 것이다(김인수, 1991: 597~602).

## 3) 지식관리와 조직문화

조직이 열심히 일하는 자세는 높이 평가하면서 아이디어나 제안에 대해서는 냉소적일 경우 구성원들이 새로운 지식의 창출에 관심을 갖지 않을 것이다. 지식활동이 활발히 진행되기 위해서는 우선 조직에서 지식에 대한 인식이 바뀔 필요가 있다. 지식조직에 호의적인 조직문화는 한 마디로 지식의 활동과정을 최대로 고무시킬 수 있는 조직풍토를 의미한다. 지식정부를 구현하기 위한 지식창출형 조직문화는 다음에 초점을 맞추어야 한다.

첫째, 창조적인 지식의 가치를 높이 평가해 주는 문화의 형성이 필요하다. 규정 중심의 업무처리에 익숙해 있거나 선례 답습적 태도는 지양돼야 한다. 효과적인 네트워크를 구축하고 있다 하더라도 조직 내·외부에서 생성된 지식을 획득하고 활용하는 데는 한계가 있다. 업무를 수행하는 데 있어서도 항상 학습하는 자세가 중요하다.

둘째, 신뢰와 협력문화의 형성이 필요하다. 지식의 창조와 활용이 개인의 역할에 의존하기보다 조직구성원들간의 교류에 의해서 더 많이 활성화된다면, 조직구성원들간의 협력을 중요시하는 문화는 필수적이다(전대성, 2000: 85). 이러한 풍토가 조성되어야 자발적으로 각자가 보유하고 있는 지식과 정보를 조직 내의 다른 구성원들에게 신속하게 제공하게 되는 것이다.

셋째, 실수에 대한 인식을 바꿀 필요가 있다. 어느 누구도 실수하는 것을 좋아하지 않지만 실수는 있게 마련이다. 만약 자신이나 타인의 실수를 인정하지 않거나 숨기거나 비난하면 부정과 죄악으로 발전할 수 있지만, 공개하여 다 함께 원인을 규명하고 재발방지에 힘을 합칠 경우 결정적인 지식창출의 장이 펼쳐지게 되는 것이다. 실수를 용납하지 않는 조직에서는 실험적이고 도전적인 시도가 나타나지 않는다. 실수는 새로운 아이디어의 원천이 될 수 있고 새로운 방식을 발견하는 데 도움을 줄 수도 있다. 조직이 실수나 실패로부터 무엇인가를 학습하는 한 실패한 실험은 없다(Marquardt & Reynolds, 1995: 101).

## 8. 결 론

이 장에서는 지식정부의 근간이 되는 지식관리시스템의 정체성과 구현방안, 지식관리책임자(CKO)의 개념과 운영방안에 대하여 알아보았으며, 이러한 지식활동을 뒷받침하는 요소로서 인사제도, 보상제도, 업무프로세스 및 조직문화에 대해서 살펴보았다. 지식관리시스템은 정부조직이 보유한 유형·무형의 가용지식을 공유하여, 정부의 업무처리 효율성과 생산성, 대민 서비스 개발 및 문제해결능력을 높이는데 그 의의 및 중요성이 있으며, 이러한 활동은 조직책임자와 지식관리책임자의 강력한 의지와 지속적인 리더십에 의해서 가능하다. 또한 지식의 창출, 축적, 공유, 활용 등 지식의 선순환 사이클이 가속화되는 조직이 지식조직인바, 이를 위해서는 기존의 관료형의 조직문화는 지식형의 조직문화로 탈바꿈해야 한다. 지식창출형 조직과 문화를 만들기 위해서는, 이 장에서 살펴본 바와 같이, 지식관리시스템과 CKO의 역할뿐만 아니라, 이를 뒷받침하는 인사제도, 보상제도, 업무프로세스 개선 등 제도적 요소들이 함께 변화되어야 하고, 이러한 기술적, 인적, 제도적 요소들이 모두 총체적·유기적으로 변모하는 모습을 보여줄 때 우리 정부의 지식관리도 한 단계 더 업그레이드될 수 있을 것이다.

## <<< 핵심 Point !

◎ 지식관리의 구성요소

**인간지향 지식관리와 기술지향 지식관리**
▶ 인간지향 지식관리
- 지식의 습득과 활용을 위한 대인접촉을 강조하여 조직문화나 평가 및 동기부여, 정보기술 등의 측면에서 상호협조 및 협력 중시
▶ 기술지향 지식관리
- 정보기술을 이용한 지식의 공유와 활용 등에 대한 지원과 관리를 중시

**지식관리의 구성요소**
▶ 정보기술에 있는 것이 아니라, 이를 운영하고 받아들이는 사람과 사람들 간의 관계에 의해 이루어지는 문화를 형성하는 것이 지식관리의 중요한 핵심요소임

◎ 지식관리시스템

**개념 및 의의**
▶ 정보기술을 활용하여 조직적 차원에서 지식을 체계화(지식맵)하고 관리할 수 있도록 하는 시스템

**지식의 내용**
▶ 판단, 경험, 규칙에 의해 정보를 가공하여 보다 가치 있는 형태로 발전시킨 정보
▶ 지식의 특성
- 비소모성
- 비이전성
- 누적효과성
- 자기조직성
- 저장가능성
- 무한재생산성
- 무한가치성

▶ 지식의 유형

- 지식의 형태: 암묵지와 형식지, 지식관리시스템은 기존 정보시스템에서 관리대상이 되지 못했던 암묵지의 효과적인 형식지로의 전환을 화두로 함
- 지식의 보유주체: 개인적 지식과 조직적 지식, 지식관리시스템은 개인적 지식을 지식맵 등의 체계적 관리를 통해 조직적 지식으로 변환시킴
- 지식의 관리형태: 디지털지식과 아날로그지식, 지식관리시스템은 디지털지식은 물론 아날로그지식도 목록화 등을 통해 관리함
- 지식의 존재형태: 정형정보와 비정형정보, 기업 내 상당 정보는 비정형 데이터로 존재하고 있어 이를 관리하는 지식관리시스템이 더욱 강조됨
- 지식의 생산유형: 생성적 지식과 적응적 지식, 지식관리시스템은 적응적 지식뿐만 아니라 생성적 지식까지 관리함
- 지식의 대상유형: Know What, Know Why, Know How, Know Who, Know Where

## ◘ 지식관리시스템 구축단계

▶ 준비 단계: 추진조직 구성

▶ 컨설팅 단계: 내부역량 분석 및 외부환경 분석

▶ 개발 및 확산 단계: KMS 시스템개발 및 피드백

▶ 고도화 단계: KMS 고도화

## ◘ 지식관리시스템 성공요인

▶ 지식을 공유하는 기업문화

▶ 지식을 효과적으로 발굴/활용할 수 있도록 하는 제도

▶ 정보기술 인프라 구축

## ◘ 지식관리시스템 정책방향 및 정책과제

▶ 지식경영 마스터플랜 수립

▶ 최고책임자의 확고한 리더십

▶ 지식의 품질관리

▶ 지식문화의 구축

▶ 국내외 최우수 사례에 대한 벤치마킹

▶ 지식작업 프로세스의 설정

## ◎ 최고지식관리자: CKO

### ⬛ 개 념

▶ 조직의 정보기술과 컴퓨터 시스템 부문을 책임지며, 개인용 컴퓨터나 데이터 웨어하우스에 들어 있는 정보를 지식으로 변환시킬 수 있는 관리 책임자

### ⬛ 역 할

▶ 조직목표에 적합한 지식의 발굴과 공유
▶ 지식 인프라의 설계자이자 관리자
▶ 네트워크에 의한 조직간의 가교역할
▶ 조직의 전략적 성과측정과 피드백

## ◎ 지식창출형 조직에 부응하는 보상제도

### ⬛ 능력개발과 성과중심으로 보수체계 개편

▶ 직무수행 능력제고와 연계하여 공무원 연수체계 재구성
▶ 능력과 실적에 따른 합리적 차별대우 인정 및 공무원 연봉제의 단계적 도입
▶ 행정서비스의 산출과 측정이 용이하지 않은 단점 감안
▶ 객관적인 평가장치에 의한 인센티브 제공

### ⬛ 성과지향적 예산 제도: 경직성과 비과학성 시정조치 필요

▶ 투입통제 위주의 예산제도를 성과산출 지향으로 개편
  • 성과지표 개발 및 성과에 따른 예산배분
  • 기관별 예산운용 성과 평가 및 인센티브 지급
  • 부처별 자체 수입의 일부를 해당 부처가 직접 운영하는 수입유보권으로 허용
▶ 예산의 낭비요인 제거
  • 예산항목간 융통성 부여
  • 경비지출 주체에 대한 신축성과 재량권 부여
▶ 단년도 중심 예산편성 개선
  • 다년도 예산제도 도입
▶ 디지털 예산회계시스템
  • 디지털 예산회계시스템의 구축 및 도입

- 예산, 인사정보를 연계
- ▶ 예산결정 프로세스의 개선
  - 투명하고 합리적인 예산결정 프로세스 구축

## ◎ 지식창출형 조직에 부응하는 인사제도

**▣ 내부지향 의식 타파**
- ▶ 기존의 관료적 제도나 문화, 조직체제의 장벽 제거
- ▶ 조직의 할거주의와 관료주의적 타성 불식

**▣ 전문성 강조**
- ▶ 전문적 지식과 행동력을 가진 참신한 인재의 고용
- ▶ 계약제 임용방식의 확대 도입 등 개방형 공무원제 정착
- ▶ 고시제도의 개혁

**▣ 공무원 경력관리 강화**
- ▶ 승진경로의 합리적 설정
- ▶ 일반행정능력과 전문행정능력을 겸비한 T자형 고위 정책전문가 양성

## ◎ 지식관리 업무프로세스

**▣ 개념 및 의의**
- ▶ 조직 내 자원과 지식을 효율적으로 관리하기 위한 일련의 과정
- ▶ 지식이 지속적으로 창출·축적됨과 동시에 조직 전체로 공유, 활용되는 과정이 순환되어 또 다른 새로운 지식이 창출되는 역동적 과정

**▣ 내 용**
- ▶ 지식창출: 지식을 만드는 단계로서 자료나 정보의 지식화 단계
- ▶ 지식축적: 창출된 지식을 검증·분류하고 등록·저장하는 단계
- ▶ 지식공유: 축적된 지식이 조직구성원들간의 상호작용을 통해 확산되고 내면화되는 단계
- ▶ 지식활용: 지식공유 업무프로세스를 통해 획득한 지식을 실제 업무에 응용하는 단계

## ◎ 조직문화

### ■ 개념 및 의의

▶ 특정 조직의 구성원들이 공유하고 있는 의식구조, 가치관, 태도의 전체

### ■ 기 능

▶ 조직구성원들에게 소속 조직구성원으로서의 정체성 제공
▶ 집단적 몰입 제공
▶ 조직체계의 안정성 높임
▶ 조직구성원들의 행동 형성

### ■ 지식관리와 조직문화: 지식정부를 구현하기 위한 지식창출형 조직문화 구현 방법

▶ 창조적인 지식의 가치를 높이 평가해 주는 문화의 형성 필요
▶ 신뢰와 협력문화의 형성 필요
▶ 실수에 대한 인식의 전환

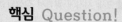

**핵심** Question!

◎ 인간지향적 지식관리와 기술지향적 지식관리의 차이를 살펴보고, 지식관리의 핵심 요인이 무엇인지 살펴보자.

◎ 지식관리시스템은 무엇이고, 지식의 유형별로 지식관리시스템은 어떠한 역할을 하는가?

◎ 성공적인 지식관리시스템 구축을 위한 정책과제를 제시하라.

◎ 최고지식관리자의 개념과 역할은 무엇인가?

◎ 정부의 지식문화를 촉진시킬 수 있는 제도적·문화적 구성요소에는 어떠한 것이 있는지 살펴보고, 이를 실현하기 위한 방안에 대해 설명하라.

◎ 지식관리 업무프로세스의 과정을 설명하라.

◎ 지식정부를 구현하기 위한 지식창출형 조직문화를 형성하기 위한 방안에 대해서 논하라.

※ 해당 답안작성요령은 고시기출출제 시기에 맞춰서 작성되었음

[ 고시기출문제 (1) ] 우리나라의 전자정부 현황은 각 부처마다 자신만의 전자정부를 갖고 있는 상황에서 기본 DB나 시스템 등 정보구조의 하드웨어(Hardware)적 인프라 구축에서 는 매우 높은 발전수준을 보이지만, 부처 간 정보의 공유라든지 협업, 그리고 지식의 창출이 라든지 학습과 같은 소프트웨어(Software)적인 지식관리 요소들에 대해서는 상대적으로 미흡한 실정이다. 이러한 맥락에서 우리나라의 전자정부는 지식관리 요소들이 활성화된 지 식정부로 한 단계 더 업그레이드될 필요가 있는 바, 지식정부를 효과적으로 실현하는데 필 요한 지식관리 요소들을 설명하고, 이러한 요소들이 활성화 될 수 있는 방안 및 구축전략에 대해서 논하시오. [2003년 행시]

[답안작성요령]

☞ 핵심 개념

본 문제는 전자정부의 외형적 성장뿐만 아니라 지식정부로의 발전이 필요하다는 전제 하에, 1) 지식정부 실현을 위한 지식관리 요소를 설명하고, 2) 그 요소들이 활성화될 수 있는 방안과 구축전략을 논의하는 것이 핵심이다.

☞ 지식정부의 개념 및 지식관리의 구성요소

지식정부란 "국가사회 시스템의 생산성을 극대화시키고 고객을 만족시키는 공공서비스 를 보다 효율적으로 제공하기 위해 새로운 방식으로 지식이 창출·확산·활용·축적될 수 있는 정부형태"이다(권기헌, 2013: 277). 지식관리시스템(Knowledge Management System) 은 정보기술을 활용하여 개인적인 차원의 지식공유와 관리가 아닌 조직적인 차원에서의 지식관리를 관리할 수 있도록 전체 조직원 입장에서 지식을 체계화(지식맵)하고 관리할 수 있도록 지원하는 역할을 한다. 이를 위한 구성요소는 인적관리요소, 지적구성요소, 기 술적 구성요소, 관리적 구성요소 등이 있다(권기헌, 2013: 295).

따라서 지식관리시스템이 활성화되기 위해서는 정보기술을 이용한 지식의 공유·활용, 지식의 축적과 확산 등 기술적 요소뿐만 아니라 전문적 인적자원 확보와 관리, 유연한 수평적 네트워크 조직과 제도적인 지원, 지식지향적 조직문화와 리더십 등 인간지향적인 요소를 고려해야 한다.

지식관리시스템의 성공요인으로는 1) 지식을 공유하는 조직문화를 창출, 2) 지식을 효과적으로 발굴하고 활용할 수 있는 제도와 조직구조의 정비, 3) 지식경영의 실질적 도구인 정보기술 인프라 구축이 필요하다. 특히 조직안에서 지식관리시스템은 조직의 목표를 정확하게 이해하고, 구조, 절차 및 제도적인 측면에서 상당한 융통성이 반영된 시스템이어야 한다(권기헌, 2013: 300; 정윤수, 2001; 서의호 외, 1998).

지식관리시스템의 구축전략으로는 1) 지식경영의 마스터플랜 수립, 2) 최고책임자 (CKO)의 확고한 리더십, 3) 지식의 품질관리, 4) 지식문화의 구축, 5) 국내외 최우수 사례 벤치마킹, 6) 지식작업 프로세스의 설정 등이 필요하다. 특히 단순히 민간기법의 도입이 아니라 공공기관의 특성에 맞는 지식관리시스템의 성공적 투자전략과 구축지침의 개발이 핵심이다.

☞ 고득점 핵심 포인트

현재 전자정부의 문제점, 즉 순환보직의 인사제도로 인한 전문성 약화, 성과지향적 유인체계 부족 등을 근거로 제시하면서 지식창출형 조직이 되기 위한 인사, 예산, 보상, 성과관리제도가 함께 발전하여야 함을 기술해 주어야 한다. 특히 1) 창조적인 지식의 가치를 높이 평가해주는 문화의 형성, 2) 신뢰와 협력문화의 형성, 3) 실수 및 학습(성실실패)에 대한 인식의 전환 등 지식관리와 조직문화의 중요성을 지적해 준다면 고득점 답안이 될 수 있을 것이다.

또한 지식관리시스템 및 지식정부가 근본적으로 왜 요구되고 필요한지에 대한 통찰을 바탕으로 논의의 방향을 이끌어가야 한다. 결국 전자정부 및 지식정부는 국민의 요구에 대응하여 보다 나은 공공서비스를 제공하는 것뿐만 아니라, 전자거버넌스 등 진정으로 국민의 행복과 신뢰받고 성숙한 사회를 만들기 위한 성찰적 국정관리를 위한 제도적 기반이 되어야 함을 강조해 준다면 더 완성도 높은 답안이 될 수 있으리라 본다(본서 제12장 지식정부의 추진전략 참조바람).

[ 고시기출문제 (2) ]    최근 우리나라는 부처 간 경계 없는 통합된 전자정부를 구축하고 있다. 이 과정에서 여러 부처가 관련되어 있는 전자정부 사업이 증가하면서 부처 간 갈등이 증가하고 있다. 우리나라 전자정부 사업에서 나타난 부처 간 갈등의 원인을 사례와 함께 제시하고, 해소방안을 논하시오. [2010년 행시]

[답안작성요령]

☞ 핵심 개념

본 문제는 전자정부 사업에서 나타난 부처 간 갈등의 원인, 사례, 해소방안에 대해 묻고 있다. 이명박 정부는 2008년 정부조직 개편을 통해 정보통신부를 해체시키고 업무를 관련 부처로 분할시킨 바 있다. 이는 전자정부가 성숙화 단계로 진입함으로 인해서 전자정부를 한 부처가 통합하여 관리하기 보다는 각 부처가 공통적으로 추구해야 할 모델로 인식한데 따른 조치이지만, 이는 부처간 갈등을 증폭시키는 단초를 제공해 주게 되었다. 박근혜 정부에서도 이는 크게 바뀌지 않았는데, 전자정부 측면은 행정안전부(전 안전행정부)가, 관련 예산과 사업은 기획재정부가, 문화콘텐츠는 문화체육관광부가, 방송 통신 융합은 방송통신위원회가 각각 맡았으며, 종합유선방송 인허가권 및 미래성장동력에 해당하는 부분은 과학기술정보통신부(전 미래창조과학부)가 각각 맡았다.

☞ 갈등 원인과 갈등 사례

전자정부 관련하여 부처 간의 갈등의 원인은 다양하게 지적할 수 있지만 주되게 논의되고 있는 것은 다음의 세 가지로 볼 수 있다.

첫째, 정보 자원의 권력화이다. 정보화시대에서 정보는 권력이라 할 수 있다. 이는 정부 부처 간에서도 동일하게 적용될 수 있으며, 핵심 정보를 어느 부서에서 더 많이 가지고 있는 거버넌스 상황하에서 주도권을 가질 수 있는 주요한 도구가 될 수 있다.

둘째, 권한 배분의 불명확성이다. 이는 2008년 정부조직 개편 이후에 정보통신부가 없어지면서 정보통신과 관련한 업무의 컨트롤 타워가 없어졌다는 비판이 제기되었고, 정보통신 업무의 배분 혹은 조정에 있어 각 부처에서 업무배분의 요청이 있어도 조정에 어려움을 겪게 된다. 최근 주목받는 그린IT를 두고 도입 초반 이를 어떤 부처가 주관할 것인가에 대해 환경부, 행정안전부(전 안전행정부), 산업통상자원부(전 통상산업부) 등이 치열한 영역다툼을 벌인 것도 그 예에 해당한다.

셋째, 협력 문화의 부재이다. 이는 부처 이기주의로 볼 수 있으며, 각 부처는 협력하여 공동의 이익을 위해 노력하기 보다는 자기 부처의 이익에만 관심이 있으며, 이러한 행태는 갈등의 주요한 원인이 된다. 국가정보화 사업의 진행 과정에서도 국가정보화 총괄기관과 예산 총괄기관사이에 국가정보화 범위를 놓고 혼선이 발생되고 있는데, 국가정보화전략위원회와 기획재정부의 국가정보화 사업 집계 범위가 다른 것도 협력문화의 부재를 단적으로 보여주는 사례이다(자료: 정보체계론 기출문제집, 2012에서 수정함).

☞ 해결방안

부처 간 갈등을 완화하기 위해서는 다양한 측면에서 논의할 수 있지만 크게 추진기구, 운영, 문화의 측면의 세 가지로 논의할 수 있다.

첫째, 추진기구 측면이다. 이전에 정보통신 관련하여 전반적인 조정과 집행을 맡았던 국가정보화전략위원회의 업무를 박근혜 정부에서는 과학기술정보통신부(전 미래창조과학부)에서 맡았다. 따라서 과학기술정보통신부(전 미래창조과학부)의 조정권한을 강화하고, 업무조정의 규정을 구체화할 필요가 있다.

둘째, 운영적인 측면이다. 현재 국가정보화기능은 다양한 부처에 분산되어 있다. 이는 운영상에서 부처 간의 협력이 용이하지 못함을 시사하고 있으며, 부처 간의 의사소통 시스템을 구축하여 의사소통을 용이하게 할 수 있도록 해야 한다.

셋째, 문화적인 측면이다. 부처 간의 협력적인 문화로 변화할 수 있도록 해야할 것이다. 아무리 시스템이 잘 구축되어 있다 할지라도 조직문화가 뒷받침되어 있지 않으면 시스템이 제대로 돌아갈 수 없기 때문이다. 따라서 지속적인 교육을 통해 협력의 문화가 조성될 수 있도록 해야 할 것이다(자료: 정보체계론 기출문제집, 2012에서 수정함).

특히 박근혜 정부는 출범이후 부처 간 칸막이 해소 및 협업을 강조한 바, 신뢰형성 및 협력문화의 조성을 위한 제도적, 운영적, 문화적 노력이 필요하다 하겠다. 중요한 것은 제도가 아니라 사람이라는 점, 그리고 문화와 의식차원의 변혁이 병행되어야 한다는 점을 깊이있게 강조할 필요가 있을 것이다.

현대사회는 다양성·복합성·역동성을 특징으로 한다. 그만큼 현대의 정책현상은 이해관계자도 많고 복잡한 양상으로 전개되고 있다. 이는 하나의 부처만이 해결을 할 수 있는 문제가 아니라 다양한 부처가 신뢰와 협력을 통해 문제를 해결해야 함을 시사한다.

본 문제에서 고득점을 얻기 위해서는 부처 간 갈등의 본질을 정확하게 기술해야 한다. 그후, 갈등을 해결하기 위한 방안을 추진기구의 권한/리더십 차원, 운영적/관리적 차원, 협력문화/신뢰형성의 차원으로 나누어서 서술해야 한다. 특히 박근혜 정부의 정부3.0이 강조하고 있는 부처 간 칸막이 제거와 협업 등의 사례를 함께 기술해 준다면 높은 점수를 받을 수 있을 것이다.

# 제 5 부

# 정보정책론 I :
## 총괄적 논의

제 5 부 정보정책론에서는 정보정책의 총괄적 논의를 한다. 먼저 전자정부와 정책결정모형을 중심으로 정보사회의 정책학에 대해서 개관하고, 전자정부와 정책결정모형에 대한 논의를 한 다음, 정보정책의 논리, 전략적 정보정책, 그리고 정보정책과 국가경쟁력에 대해서 검토한다.

 >>> 학습목표

전자정부와 정책결정에서는 정보사회에서의 정책학, 전자정부론과 정책결정론의 관계에 대해 학습한다.

첫째, 정보사회에서의 정책학에서는 전자정부와 정책학의 접점, 전자정부와 정책이론의 연계성 등에 대해 학습한다.

둘째, 전자정부론과 정책결정론에서는 정책과정에서 전자정부의 기능, 전자정부와 관련된 정책결정모형 등에 대해 학습한다.

정보사회의 정책학에 대해서 생각해 본다. 정보사회와 정책학이 만나는 접점은 어디일까? 먼저, 전자정부와 정책이론은 어떻게 연계되어 있을까? 총론에서 개관한 바 있는 논의의 틀에 의하면(정치체제모형의 관점에서 정책과정을 개관해 볼 때), 전자정부는 국민의 요구와 지지라는 정책투입이 정책산출로 이어지는 정책전환과정에서 정부운영의 조직모형으로서 기능한다. 산업사회에서는 전통적 국가통치모형(Governing)으로서의 정부관료제모형이 이 자리에 위치하고 있었지만, 지금은 지식정보사회의 도래에 따라 정부조직모형의 업데이트된 버전인 전자정부모형이 정부의 정책운영 조직모형인 것이다.[1] 이렇게 본다면 (전자정부는 정책결정이 이루어지는 정책운영모형으로서의 의미를 지니고 있기에), 전자정부와 정책학이 만나는 접점은 먼저 전자정부와 정책결정이라는 시각에서 이해할 수 있다. 즉, 정책투입-정책전환-정책산출-정책환류가 이루어지는 전반적 정책과정에서의 전자정부가 기존의 정부모형에 비해 어떻게 정책결정능력을 제고할 수 있을까 하는 문제가 전자정부와 정책이론이 만나는 첫 번째 접점이다. 좀 더 거시적인 관점에서의 두 번째 접점은 지식정보사회의 새로운 국가운영시스템으로서의 전자정부가 국가혁신 혹은 국가발전에 어떤 기여를 할 수 있을까 하는 문제, 즉 전자정부와 정보정책이라는 관점에서 접근할 수 있다.

여기에서 우리는 정부혁신 혹은 정부성과라고 불리는 정책학과 행정학의 종속변수를 먼저 짚고 넘어가고자 한다. 행정학의 관점에서는 정부성과라는 문제를 ① 정부 내부의 업

---

1) 전자정부라는 용어는 가장 학술적으로 대표성을 지니는 개념이다. 전자정부의 업데이트된 버전으로서 U-government, M-government, 지식정부 등을 포함한 Smart 전자정부를 거론하지만 이들은 모두 전자정부라는 통칭 안에서 거론되는 모형들이라고 이해할 수 있겠다. 즉, 전자정부모형은 과거 관료제모형의 병폐인 서면주의, 형식주의, 할거주의가 많이 나타나는 관료제 문화 및 행정운영시스템에서 탈피하여, 정보기술을 활용하여 학습과 공유를 통해 지식과 정보가 창출되는 지식창출형의 조직운영시스템으로 전환되는 의미를 지니는 새로운 정부통치모형의 통칭으로 이해할 수 있다. 전자정부가 '언제, 어디서나, 그리고 누구에게나' 행정서비스를 편리하게 제공한다는 Smart 전자정부의 개념도 전통적인 전자정부 모형의 하위개념이고, 전자정부가 디지털 신경망시스템과 업무재설계를 통해 새로운 지식창출형의 조직모형이 되어야 한다는 지식정부의 개념도 전자정부의 하위개념이기 때문이다. 문제는 아무리 좋은 개념이라도 시대의 변천에 따라 신선도가 떨어지고, 또한 강조점이 달라지면서 새로운 행정운영시스템이나 행정조직문화의 진화를 가져올 수도 있기에 U-government, M-government, Smart 전자정부라는 개념을 통해 정책변화를 도모하는 것은 큰 의의를 지니는 것이다.

무효율성 제고와, ② 정부 외부의 고객과의 관계에서 정부 행정서비스 만족도 제고로 정리할 수 있다.

정책학의 관점에서 정부성과의 문제는, ① 정부 내부의 정책결정역량의 제고(생산성 및 효율성의 관점)와 ② 정책결정과정 및 정책결정의 전달과정에서의 정책결정의 민주성, 투명성 및 대응성 제고의 문제로 정리할 수 있다.

따라서 전자정부와 정책이론 상호관계에 대한 주요 이슈는, ① 정책결정모형에 있어 전자정부가 어떻게 하면 정책투입으로서의 정책정보의 양과 질을 제고하여 정책결정능력을 강화할 수 있을까 하는 문제(전자정부와 정책결정)와, ② 정책으로서 결정된 정보정책이 어떻게 하면 국가·사회적 차원에서 효율성, 형평성, 민주성, 윤리성 등에 기여할 수 있을까 하는 문제(전자정부와 정보정책)로 귀결된다.

이 절에서 다루는 전자정부와 정책이론의 접점이 주로 정책결정모형을 둘러싼 정부 내부의 정책결정이론을 대상으로 하고 있다면, 다음 장 이하에서 다루는 전자정부와 정책이론의 접점은 정책산출로서의 정보정책이 어떻게 하면 조금 더 거시적인 관점, 즉 국가 전체의 경쟁력(효율성과 생산성), 형평성과 민주성, 윤리성과 성찰성에 기여할 수 있을까 하는 맥락을 다루고 있다(즉, 대상이 국가와 사회라는 외부의 고객을 대상으로 하고 있다). 요컨대, 정보사회의 정책학을 이해하는 이 책의 관점은 정책의 내부인 정책결정모형과 정책의 외부인 정보정책논리를 중심으로 정리되어 있다(〈그림 13-1〉 참조).

〈그림 13-1〉 전자정부와 정책학 접점 : 사고의 틀

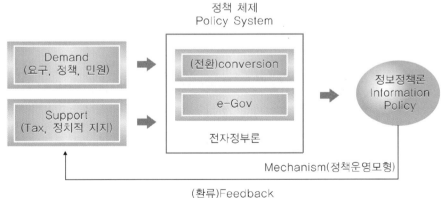

## 2. 전자정부론과 정책결정론

### 1) 정책과정과 전자정부

정책투입-정책전환-정책산출-정책집행-정책평가-정책환류로 이어지는 전반적 정책과정에서 전자정부는 정보통신기술 및 관리과학기법을 동원하여 정책결정의 합리성을 제고하는 데 많이 기여한다.

첫째, 정책투입과정에 있어 정책결정자는 정보기술의 도움으로 인해 많은 양의 정책정보를 보다 효율적으로 다룰 수 있게 되었으며, 양방향 정보통신기술 등의 도움으로 인해 정책이해관계자들과의 의사소통이 짧은 시간 내에 보다 더 편리하게 이루어질 수 있기에, 정책과정의 투명성과 민주성을 제고하면서 정책결정의 효과성과 효율성을 함께 확보할 수 있게 되었다.

둘째, 정책결정과정에서도 전자문서유통이나 전자결재의 도입뿐만 아니라 의사결정기법, 관리과학기법 등의 도입으로 인해 과학적 의사결정의 기회와 가능성은 더 높아졌다.

셋째, 정책집행에서도 일선행정기관 및 정책대상집단과의 의사소통기회의 활성화를 통해 정책집행의 순응확보 및 성공적 정책집행의 가능성은 더 커졌다.

넷째, 컴퓨터를 이용한 시뮬레이션이나 계량모형은 정책대안의 체계적 비교분석(정책분석)에 많은 도움을 주고 있으며, 정책평가도 확률, 통계학, 선형계획법과 정보기술이 접목되면서,

〈그림 13-2〉 정책과정과 전자정부: 개념적 관계에 대한 분석의 틀

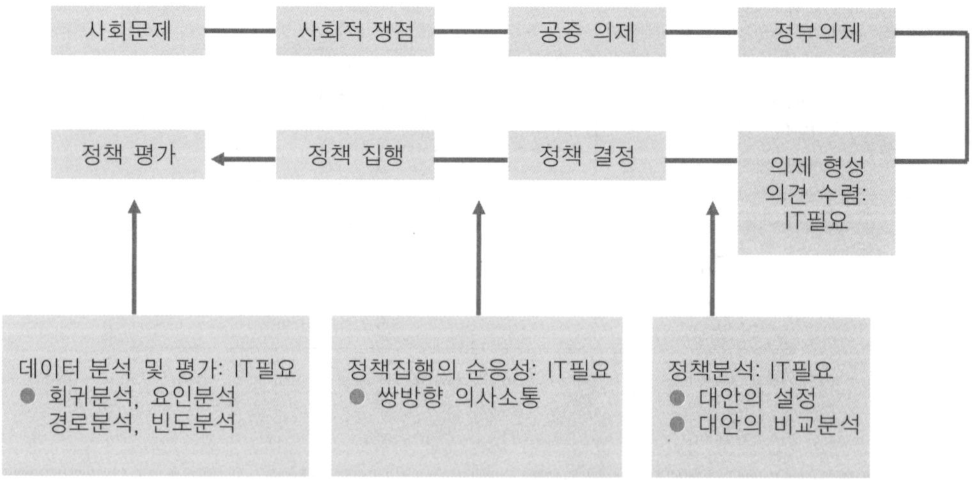

보다 합리적인 정책프로그램 평가를 할 수 있게 되었다.

마지막으로, 정책환류의 과정에서도 정보기술의 도입은 보다 더 효율적이면서도 투명한 정책기
제를 제공하고 있다(〈그림 13-2〉 참조).

현대자본주의 사회의 특성인 복잡다기성, 전문성, 상호의존성 속에서 정책결정은 불확
실성을 크게 안고 있기에, 인간의 한정된 인지능력을 보완하기 위한 스마트 정보기술을
이용한 전자정부이론은 정책이론의 핵심주제인 정책결정이론에 많은 기여를 할 수 있다.
요컨대, 정책결정과 관련된 전자정부의 역할은 어떻게 하면 필요한 정책정보를 수집·처리
하여 바람직한 정책을 결정하는 데 있어 합리적 정책기제들을 제공할 수 있을까 하는 문
제로 귀결되며, 이를 통해 어떻게 하면 과학적·합리적 정책결정에 도움을 줄 수 있을까
하는 문제로 요약 정리될 수 있다.

## 2) 정책결정의 이론모형

먼저, 정책결정모형을 간략하게 고찰해 보자. 정책결정모형은 1940~1950년대를 기점으
로 하여 행정학, 정치학, 심리학 등에서 활발히 논의·전개되었는바, 행정학의 행태주의적
접근법과 사이먼(H. Simon)의 제한된 합리성 및 만족모형에 의해 많이 발전되었다. 인간의
합리적 능력에 대한 신뢰 정도를 기준으로 인간능력을 완전히 신뢰하는 합리모형으로부터
인간의 합리적 모형을 수정하는 제한된 합리모형, 인지모형, 점증주의모형 등이 개발되었
다. 정책결정의 성격을 정확히 이해하기 위해서는 다음의 3가지 차원의 정책결정모형을
고찰할 필요가 있다.

### (1) 합리모형과 인지모형

합리모형은 인간이 이성과 합리성에 근거하여 결정하고 행동한다는 정책결정모형이다.
여기에서는 객관적 합리성에 근거한 전능(*omniscience*)의 가정과 주어진 목적달성의 극대
화를 위하여 최대한의 노력을 한다는 가정에 근거한 경제적 인간을 전제하고 있다. 합리모
형은 첫째, 해결해야 할 문제나 달성하고자 하는 목표를 명확히 하고, 둘째, 문제를 해결할
수 있는 여러 대안들을 광범위하게 모색하고, 셋째, 대안이 실행되었을 때 나타날 결과들
을 예측하고, 넷째, 평가하며, 다섯째, 이에 기초하여 최선의 대안을 선택해야 한다는 규범
적 측면이 강조되고 있다.

이에 비해 인지모형은 인간의 인지능력에 한계가 있기 때문에 합리모형에서와 같은 의
사결정이 이루어질 수 없다는 실증적 측면이 강조되고 있는데, 사이먼(Simon)과 마치

(March)의 만족모형과 제한된 합리성 개념에 의해 많은 이론적 발전이 진행되었다.

## (2) 개인적 의사결정론과 집단적 의사결정론

### (가) 개인적 의사결정론

개인적 의사결정론은 개인이 실제로 어떻게 의사결정을 하는가를 파악하는 심리학적 의사결정론으로서 사이먼의 과정론이 대표적인 예이다. 사이먼은 개인의 의사결정을 문제해결의 측면에서 기본적 의사결정 단계를 정보, 설계, 선택의 세 단계로 구분하고 있다. 첫째, 정보는 의사결정이 요구되는 상황조건을 탐색하고 문제점과 기회를 파악하는 데 필요한 자료를 조사, 수집하는 단계이며, 둘째, 설계는 문제해결을 위한 가능한 대안들을 창출, 개발, 분석하고 그에 대한 문제점 및 실현가능성을 타진하는 과정이며, 셋째, 선택은 실현가능한 여러 대안들 중에서 최적의 대안을 결정하는 단계이다.

사이먼은 그의 만족모형에서 행정인(*Administrative Man*)에 대해 가정하면서, 합리모형의 경제인(*Economic Man*)과 대비시킨다. 먼저, "합리적 인간모형"(*Economic Man Model*)에 기초한 가정을 보면 다음과 같다.

첫째, 조직목표는 알려져 있으며 목표들간에는 상호 조화되어 있어 불일치란 없다.
둘째, 조직의 의사결정자는 조직의 문제 및 기회에 대해 인식하고 있을 뿐 아니라,
셋째, 그것에 대해 정확히 파악하고 있다.
넷째, 문제를 해결하거나 기회를 이용하기 위한 준비를 함에 있어, 조직의 의사결정자는 모든 가능한 대안들과 각 대안별 기대효과에 대해 잘 인식하고 있으며,
다섯째, 관련된 상황적 요인들에 대해 완전한 지식을 가지고 있다.
여섯째, 따라서 의사결정자는 대안 중 '최적안'을 택하고,
일곱째, 대안평가는 과학적이고 합리적이다.

이러한 '합리적 인간모형'과 대비되는 '행정적 인간모형'에서의 가정을 보면 다음과 같다.

첫째, 조직목표는 때로는 모호하며 상호갈등을 가지고 있다.
둘째, 종종 조직의 의사결정자는 조직의 문제 및 기회에 대해 인식하지 못할 뿐만 아니라,
셋째, 인식하는 경우에도 많은 경우 잘못 파악하고 있다.
넷째, 의사결정은 모형에 기초하고 있으며,
다섯째, 따라서 의사결정의 '합리성'이란 인식되고 있는 조직의 가장 중요한 측면에 적용되는 경우가 대부분이고, 상당수의 경우에는 주요한 데이터나 변수가 포착되지 못하고 있다.

여섯째, 따라서 의사결정자가 가지고 있는 상황에 대한 지식이란 제한적일 수밖에 없으며, '최적안'을 택하는 것이 아니라 대안선택은 '만족할 만한 수준'에 그치게 되며,

일곱째, 대안평가는 체계적으로 하는 것이 아니라 개략적 수준에서 이루어지며, 의사결정자의 '합리성'이란 많은 제약요인에 의해 '한계 지어진 합리성'이다.

## (나) 집단적 의사결정론

집단적 의사결정론은 여러 사람들이 상호 영향을 미치면서 전체로서 하나의 결정을 내리는 과정을 연구대상으로 하고 있는데, 그 대표적인 예는 사이먼(Simon)과 마치(March)의 조직모형과 사이어트(Cyert)와 마치(March)의 회사의 행태에 관한 회사모형이다. 이러한 집단적 의사결정모형은 기계 및 동물에 있어서의 제어와 통신에 관한 이론(사이버네틱스이론)을 토대로 인간의 모든 행동도 정보와 환류에 의한 제어라는 관점에서 설명하고 있다. 집단적 의사결정모형의 주요 내용을 보면 다음과 같다.

### ① 적응적 의사결정

조직이나 회사의 집단적 의사결정에서는 합리모형에서 전제하는 목표 및 가치의 단계를 전제하지 않으며, 합리적 의사결정단계와 절차를 모두 밟아서 의사결정이 일어나지 않는다고 지적한다. 회사의 의사결정자는 그가 관심을 갖는 어떤 중요변수, 예컨대 회사의 판매량 혹은 회사의 이미지 관리를 바람직한 상태로 계속 유지하는 데 관심이 있다. 이러한 자동온도조절장치를 의사결정기제로서 작동시키는 데 있어 의사결정자가 관심을 갖는 중요 변수는 '온도'이다. 이것이 바람직한 상태를 벗어났을 때 이를 다시 바람직한 어떤 상태로 유지시키기 위해 가열장치의 레버를 높이는데, 이것이 조직의 의사결정이라는 것이다. 즉, 조직모형에서 설정하는 의사결정은 어떤 결과상태를 기대하거나 그로 인해 가치의 실현이 어떻게 되리라는 것을 염두에 두고 일어나는 것이 아니며, 조직 차원에서 늘 어떤 상태에 적응하려는 인지적 반응의 결과이다.

### ② 불확실성의 회피

조직은 환류채널에서 들어오는 몇 가지의 정보에 따라 시행착오적 적응을 한다. 따라서 대안결과가 어떠한 것인가를 사전에 알지 못함으로써 발생하는 불확실성 때문에 의사결정이 영향을 받는 일은 없다. 합리모형에서 지적하는 것처럼 새로이 추가되는 정보는 대안결과에 대한 불확실성을 감소시켜 주며 이것이 의사결정에 영향을 미치는 것이 아니라(장기적 전략을 통해 불확실성을 없애는 것이 아니라), 조직모형에서는 매일 매일 상례적으로 일어나는 피드백을 통해 단기적 대응을 하고(어떤 문제가 발생하면 해결책을 강구하고 그것이 해

결되면 다음 문제가 등장할 때까지 기다리는 식의 의사결정을 하고), 그러한 단기적 대응과정에서 환류채널을 통해 들어오는 정보들에 의해 시행착오적 적응을 하면서 불확실성을 회피한다고 주장한다.

③ 학 습

의사결정자는 어떤 문제에 대응하여 어느 한 가지 대안을 선택하여 좋은 효과를 보면 계속해서 그 대안을 채택해보는 식으로 학습과정은 매우 느리게 나타나며, 표준운영절차(SOP: *Standard Operating Procedures*)는 좀처럼 변경되지 않는다. 합리모형에서 주장하는 바와 같이 새로이 추가되는 정보에 의해 기존의 대안과 모형이 수정되어 나간다는 인과적 학습이 일어나는 것이 아니라, 조직은 경험에 의해서 조직목표를 변화시키고 관심대상을 변화시키며 탐색을 위한 절차도 수정하는 등 시간의 흐름에 따라 적응하는 의사결정행태를 보인다.

(다) 규범적 모형과 실증적 모형

실증적 모형(*Positive Model*)은 현실에서 발생하는 현상을 과학적으로(경험성, 타당성, 재생가능성을 갖는 인과관계 규명절차에 의해) 서술하고 설명하고 예측하는 목적을 지니는 경험적 모형(*Empirical Model*)이다. 실증적 모형을 토대로 한 정책결정모형에서는 요인분석, 경로분석, 회귀분석, 관리과학에서의 선형계획법, 의사결정나무(*Decision Tree*)기법, 확률이론, 게임이론, 비용-편익분석 등 각종 통계기법 및 계량모형이 주로 사용된다.

이에 반해, 규범적 모형(*Normative Model*)은 현상의 체계적 분석보다는 무엇이 바람직한 목표이며, 이를 위해서는 정책이 무엇을 어떻게 해야 바람직한지에 대한 규범적 측면을 규명하고자 하는 모형이다.

## 3) 전자정부와 정책결정

이상에서 검토한 일반론적인 정책결정모형을 바탕으로 후버(George P. Huber)는 다음과 같이 전자정부와 관련된 정책결정모형을 분류, 각각의 모형하에서 정보기술과 정보체계가 어떻게 설계되고 기능을 발휘할 수 있는지를 논의하고 있다.[2]

---

2) George P. Huber, "Organizational Actions in Response to Threats and Opportunities", *Academy of Management Journal*, Vol. 44~45, 2001.

### (1) 조직의 정책결정모형

전자정부는 조직의 정책결정모형에 적용되므로 먼저 집단의 의사결정에서 작용되는 정책결정모형들을 살펴보면 다음과 같다.

### (가) 합리모형(Rational Model)

조직이 합리적이고 분석적인 절차를 거쳐서 그 결과 가장 합리적인 결정에 이르게 된다는 모형이며, 이는 조직이 가야 할 하나의 로드맵으로서의 이념형을 제공한다는 데 의의가 있다.

### (나) 정치경쟁모형(Political Competition Model)

조직의 의사결정이란 자신 혹은 자신이 속한 하위체계에게 유리한 방향의 선택을 끌어내기 위한 조직단위들의 전략 및 전술의 결과이다. 정치경쟁모형에서는 정책결정과정에 참여하는 사람들이 각기 다른 목적을 지니고 있다는 점을 강조하고, 정책결정 분석에 있어 조직 내의 권력관계에도 주의를 기울인다는 점이 특징이다.

### (다) 프로그램 모형(Program Model)

조직의 의사결정을 좌우하는 두 요소는 프로그램과 프로그래밍인데, 집단적 의사결정은 프로그램과 프로그래밍의 결과로 파악할 수 있다. 프로그램이란 조직 내의 의사결정에 영향을 미치는 SOP, 집단규범, 예산상의 제약 등을 의미하며, 프로그래밍이란 다양하게 변화하는 조직환경 속에서 조직의 의사결정과정에 영향을 주는 또 다른 요소로서 의사결정자에 대한 전문교육, 직무훈련, 기타 여러 가지 형태의 인지적·동기적 요소들을 말한다.

조직의 의사결정은 조직 내 여러 가지 프로그램에 의해 영향을 받으며, 여러 가지 프로그래밍에 의해 변화한다. 어떤 조직의 프로그램도 쉽게 변하지 않으므로 조직의 의사결정은 비교적 예측을 쉽게 할 수 있다는 점이 특색이다.

### (라) 정책흐름모형(Policy Stream Model)

코헨·마치·올슨(M. Cohen, J. March, and J. Olsen)에 의해 정립된 모형이며, 킹든(John Kingdon)에 의해 더욱 발전된 모형으로서 정책흐름모형(Policy Stream Model)이 있다.

정책흐름모형은 정책결정과정에 영향을 주는 주요요소로서 문제(Problem), 해결책(Policy), 참여자 및 기회(Politics) 등을 들고 있으며 이러한 구성요소들의 흐름이 우연히 동시에 한곳에서 모두 모이게 될 때(시간과 우연성, 그리고 기회 강조), 비로소 정책결정이 이루어지는 것으로 파악하고 있다.

정책흐름모형은 비구조적이고 비정형적인 상황하에서의 조직의사결정에 설명력을 지니고 있으며, 상하간 계층제적 관계를 지니지 않은 대학조직, 다당제인 의회의 의사결정에 많은 설득력을 지니고 있다. 그 대표적 사례로서는 Olsen이 분석한 노르웨이 정책결정과정과 J. Kingdon이 그의 명저(*Agendas, Alternatives and Public Policies*)에서 분석한 미국의 보건정책과 교통정책에서의 의제설정과 정책결정과정이 있다.

#### (마) 평가 및 시사점

이상에서 살펴본 합리모형, 정치경쟁모형, 프로그램 모형, 정책흐름모형은 정책결정의 제각기 다양한 측면과 차원에서 설명력을 지닌다. 왜냐하면 정책결정이란 합리적 측면, 정치적 측면, 우연과 기회의 측면, 예측 가능한 절차적 측면을 모두 지니고 있기 때문이다. 따라서 전자정부를 설계하고 적용하는 데 있어, 또한 정책과학기법을 정책결정에 적용하는 데 있어 이러한 조직에서 이루어지는 정책결정과정의 다양한 측면들을 고려하여 거기에 따르는 정책정보제공과 정책결정지원이 이루어지도록 하는 것이 필요할 것이다.

### (2) 정책결정지원을 위한 정보와 분석

조직의 정책결정모형별로 필요한 정보와 지원이 무엇인가를 보면 다음과 같다. 어떤 정보와 지원이 바람직한 정책결정에 필요한지를 아는 것은 전자정부의 구체적 역할과 설계에 대해서도 많은 시사점을 줄 것이다.

#### (가) 합리모형(Rational Model)

합리모형은 많은 비판을 받음에도 불구하고 여전히 매우 유용한 모형이다. 이는 규범적 모형으로서 정책결정에 있어 하나의 방향 및 지침을 제공하고 있기 때문이다.

합리모형에 필요한 데이터는 기본데이터, 설명데이터, 실행데이터로 요약할 수 있는데, 이러한 단계별 데이터들이 요구하고 있는 사항들은 다음과 같다.

① 기본데이터(*Basic Data*): 정책결정을 위한 대안들은 무엇이 있는가? 향후 직면할 상황이나 조건은 어떠한가? 정책대안을 평가하는 데 사용되는 평가기준은 어떠한가?
② 설명데이터(*Elaborating Data*): 미래상황들의 구체적 발생가능성은? 다양한 평가기준들의 상대적 중요성은?
③ 실행데이터(*Performance Data*): 여러 가지 산출에 따르는 비용은? 지불할 수 있는 비용의 한계는?

전자정부가 합리적 정책결정에 도움을 줄 수 있는 논리적 근거도 이 모형에서 많이 찾을 수 있는데, 이러한 단계별·유형별 데이터들을 분석하는 데 있어 유용한 분석기법은 컴퓨터를 이용한 요인분석, 회귀분석, B/C 분석, 정책델파이 기법(미래예측연구) 등을 들 수 있다.

**(나) 정치경쟁모형**(Political Competition Model)
정치경쟁모형에서 필요한 사실과 데이터들은 다음과 같다.

① 정책결정에 관계되는 집단들은 누구인가?
② 각 집단이 미칠 수 있는 잠재적 영향은 무엇인가?
③ 집단 혹은 경쟁자들(정책대상집단들)에게 어떤 대안이 어떤 이익과 비용을 가져오는가?
④ 집단이나 경쟁자들에게 어떤 영향을 미칠 수 있는가?
⑤ 경쟁자들은 어떠한 전략을 선택하고 또 그 선택은 어떻게 이루어지는가?

전자정부론에서 강조하는 정보시스템적 접근이나 정책결정기법들이 합리적 정책결정단계에 가장 유용성이 높지만, 정책결정과정에 비합리적 요소들을 고려한 정치경쟁모형의 분석에서도 이상과 같은 사실과 데이터들을 알 수 있으면 정책분석과 정책결정에 많은 도움을 줄 수 있을 것이다. 예컨대, 이러한 조건들이나 가정들이 조금씩 변화하는 데 따른 정책결과의 변화를 분석하는 데 컴퓨터 시뮬레이션이 이용될 수 있고, 노사간의 협상이나 회사의 합병문제들을 분석하는 데 게임이론 등이 적용될 수 있을 것이다.

**(다) 프로그램 모형**(Program Model)
조직의 의사결정은 프로그램과 프로그래밍의 결과로 파악하며, 이러한 과정은 느리게 변화하므로 조직의사결정의 과정과 그 결과는 조직의 절차적 자료들로서 예측 가능하다고 보는 조직모형이다. 이때, 프로그램이란 사용자들로 하여금 현상유지경향을 강화시켜 주며 '어떤 특정문제에 대한 해답을 구하는 데 있어 과거의 비슷한 문제에 적용했던 방식을 다시 적용하게' 만들기 때문에, 전자정부는 새로운 대안탐색, 광범위한 대안탐색, 근본적 차원에서의 대안탐색 및 비교평가 등에 도움을 줌으로써 이러한 현상유지, 보수화 현상을 타파하도록 도와줄 수 있다는 의의를 지닌다.

만족모형, 조직모형에서 논의되는 보수화 현상을 타파하기 위해 조직은 비전 및 발전전략 제시, 그리고 정책혁신 등을 통해 과감한 정책설계(*policy design*)가 필요하다. 이것이 드로(Y. Dror)가 최적모형에서 강조한 초정책결정(*meta-policy-making*)이며, 에치오니(A. Etzioni)의 혼합탐사모형(*mixed and scanning model*)에서 강조한 근본적 결정의 필요성이기도 하다. 이때 전자정부는 주요 정책전문가와의 정책 브레인스토밍 등을 통해 정책비전과 전략제시를 위한 정책정보 투입과정에서 많은 기여를 할 수 있고, 광범위한 정책대안 탐색과 근본적 차원에서의 대안의 비교분석 평가를 하는 과정에서 효율적 작동메커니즘 역할을 할 수 있으며, 더 나아가 정책의 비전과 로드맵에 대한 주요 정책대상집단과의 양방향 대화 및 홍보활동에서도 많은 도움을 준다.

### (라) 정책흐름모형(Policy Stream Model)

시간의 흐름 속에서 문제와 해결방안과 기회가 상호작용을 통해 의사결정이 이루어진다고 보는 이 모형은 정보지원이 필요한 문제들로서 다음과 같은 사항이 있다.

① 미래 발생할 문제와 기회는 어떤 것이 있으며 언제, 어떠한 식으로 발생할 것인가?
② 해결방법은 어떠하며, 언제 어떻게 마련될 것인가?
③ 정책결정기회는 어떤 것이 있으며, 언제 어떻게 마련될 것인가?

정책흐름모형이 초점을 두는 것은 쉽게 예측되지 않는 사건들이므로 이러한 유형의 정책결정에서 필요로 하는 정보지원은 동태적이고 역동적인 과정 속에서 이루어져야 한다. 이때 전자정부의 역할은 동적이고 끊임없이 변화하는 정책환경 속에서 정책관리자에게 필요한 정보들을 탐색하여 제공하는 기능이다. 동적이고 끊임없이 상호작용하는 환경 속에서 앞에서 제시된 데이터나 사실들이 발생할 확률에 대한 이론을 토대로 '문제'나 '해결방안'을 분석하는 데 유용한 의사결정나무를 이용한 정책분석이나 컴퓨터 활용기법들이 정책결정에 도움을 줄 수 있을 것이다.

### (3) 요약 및 시사점

이상에서는 먼저 조직과 집단의 정책결정모형들을 합리모형, 정치경쟁모형, 프로그램모형, 정책흐름모형으로 나누어서 살펴보고, 정책결정모형별로 전자정부에서 지원해줄 수 있는 핵심정보와 정책지원이 무엇인가를 검토하였다. 전자정부는 정보체계를 토대로 체계적 정보검색, 다양한 형태의 대안설정, 광범위한 대안의 비교분석을 위한 컴퓨터 활용 등을 가능하게 해 주므로, 합리모형에서 강조하는 과학적 정책결정과정의 제 단계에 있어 체계적 정보의 활용과 분석에 많은 도움을 준다.

하지만 정책결정이란 합리적 측면, 정치적 측면, 우연과 기회의 측면, 예측 가능한 절차적 측면을 모두 지니고 있기에, 각각의 모형은 서로 다른 차원에서 설명력을 달리한다. 비합리석 요소(정치석 요소, 우연과 기회의 요소, 점증주의직인 싱례직 요소)들에 대한 대응에서도 적용에 있어 정도의 차이는 있겠으나, 전자정부가 중요한 기여를 할 수 있을 것이다. 앞으로 전자정부를 설계하고 적용하는 데 있어 정책결정과정의 이러한 다양한 측면들을 고려하여 거기에 따르는 정책정보제공과 정책결정지원이 이루어지도록 하는 것이 요긴하다 할 것이다.

◎ 정보사회의 정책학: 논의의 틀

▣ **전자정부**

▶ 국민의 요구와 지지라는 정책투입이 정책산출로 이어지는 정책전환과정의 정책체제의 정부운영모형

▣ **전자정부와 정책학의 접점**

▶ 전반적 정책과정에서의 전자정부는 기존의 정부모형에 비해 정책결정능력을 제고시킬 수 있는 방안임

▶ 또한 전자정부는 새로운 국가운영시스템으로서 국가혁신에 기여함

▣ **전자정부와 정부성과**

▶ 행정학 관점
- 정부 내부의 업무효율성 제고
- 정부 외부에 대한 행정서비스 만족도

▶ 정책학 관점
- 정책투입으로서의 정책정보의 양과 질을 제고하여 정책결정능력 강화
- 정보정책의 국가 · 사회적 차원에서 효율성, 형평성, 민주성, 성찰성으로의 기여

◎ 전자정부론과 정책결정론

▣ **정책과정과 전자정부**

▶ 정보통신기술 및 관리과학기법을 통한 정책결정의 합리성 제고
- 많은 양의 정책정보를 보다 효율적으로 다룰 수 있음 → 효과성, 능률성 증진
- 정책투입과정에서의 정책이해관계자들과의 의사소통시간 단축 → 민주성, 성찰성 제고

▶ 과학적 의사결정의 기회와 가능성 향상

▶ 정책집행과정에서의 정책대상집단과의 의사소통기회의 활성화 → 순응확보 용이

▶ 체계적 비교분석 및 합리적 정책프로그램 평가 가능

▶ 정책환류과정에서의 효율적이고 투명한 정책기제 제공

## ◗ 정책결정의 이론모형

### ▶ 합리모형과 인지모형

- 합리모형: 인간이 이성과 합리성에 근거하여 결정하고 행동한다는 정책결정모형
- 인지모형: 인간의 인지능력 한계에 기초 합리모형 비판

### ▶ 개인적 의사결정론과 집단적 의사결정론

- 개인적 의사결정론: 개인이 실제로 어떻게 의사결정을 하는가를 파악하는 심리학적 의사결정론
- 집단적 의사결정론: 조직의 여러 사람들이 상호 영향을 미치면서 전체로서 하나의 결정을 내리는 과정 연구 → 적응적 의사결정, 불확실성의 회피, 학습
- 규범적 모형: 무엇이 바람직한 목표이며, 이를 위해서 무엇을 어떻게 해야 바람직한지에 대한 규범적 측면을 규명하고자 하는 모형
- 실증적 모형: 현실에서 발생하는 현상을 과학적으로 서술하고 설명하고 예측하는 목적을 지니는 경험적 모형

## ◗ 전자정부의 정책결정

### ▶ 조직의 정책결정모형

- 합리모형: 조직이 합리적이고 분석적인 절차를 거쳐서 가장 합리적인 결정에 이르게 된다는 모형
- 정치경쟁모형: 각기 다른 목적을 가진 정책결정과정에 참여하는 사람들 사이의 권력관계를 통해 자신에게 유리한 방향의 선택을 이끌어내기 위한 전략 및 전술의 결과로서 조직의 의사결정을 설명하는 모형
- 프로그램 모형: 조직의 의사결정은 조직 내 여러 가지 프로그램에 의해 영향을 받고, 여러 가지 프로그래밍에 의해 변화한다는 모형
- 정책흐름모형: 정책결정과정에 영향을 주는 네 가지 구성요소(문제, 해결책, 선택기회, 참여자)가 우연히 한곳에서 모두 모이게 될 때 정책결정이 이루어진다는 모형

### ▶ 정책결정지원을 위한 정보와 분석

- 합리모형: 합리적 정책결정에 도움을 주는 논리적 근거 제공
- 정치경쟁모형: 정치적 상황을 고려하여 정책분석과 정책결정에 많은 도움
        → 예시) 정책결과의 변화분석을 위한 컴퓨터 시뮬레이션 등
- 프로그램 모형: 새로운 대안탐색, 광범위한 대안탐색, 근본적 차원에서의 대안탐색 및 비교평가 등에 도움을 줌으로써 현상유지, 보수화 현상을 타파하도록 도움
- 정책흐름모형: 쉽게 예측되지 않는 사건을 위한 동태적이고 역동적인 정보지원 제공 가능
        → 예시) 의사결정나무를 이용한 정책분석 등

◎ 전자정부와 정책학이 만나는 접점은 무엇인지에 대해 논하여 보자.

◎ 정책과정에서 전자정부가 기여하는 바는 무엇인지 설명하라.

◎ 정책결정의 이론모형으로 합리모형과 인지모형, 개인적 의사결정론과 집단적 의사
결정론, 규범적 모형과 실증모형에 대해 설명하라.

◎ 조직의 정책결정모형으로서 합리모형과, 정치경쟁모형, 프로그램 모형, 정책흐름모
형에 대해서 설명하고, 각 모형이 정책결정을 위해 필요한 정보와 지원이 무엇인
지 논하여 보자.

## 고시기출문제

※ 해당 답안작성요령은 고시기출출제 시기에 맞춰서 작성되었음

[ 고시기출문제 ]  국가의 중요한 정책결정에 있어 인공지능 기반의 전문가시스템(Expert System)의 효용에 대한 관심이 높아지면서 정보시스템의 활용이 급격히 증가하였다. 그러나 이와 같은 활발한 활용에도 불구하고 인간이 직접 수행하는 것과 비교되면서 그 한계 또한 종종 지적되고 있다. 전문가시스템의 개념 및 효과, 그리고 전문가시스템을 행정에 적용할 때의 한계와 극복방안을 비판적으로 논하시오. [2013년 입시]

[답안작성요령]

☞ 핵심 개념

본 문제는 최근 정책결정에 있어 활용이 증가하고 있는 인공지능 기반의 전문가시스템(Expert System)에 대한 명확한 이해와 사고를 가지고 있는지 묻고 있다. 따라서 먼저 전문가시스템의 개념과 긍정적 측면(효과)을 기술해주어야 한다. 이어서 전문가시스템이 가지는 한계에 대해 고찰하고, 이를 극복하기 위한 방안을 제시해야 한다.

전문가시스템(Expert System)이란 특정 분야의 전문가적 지식과 경험 등을 컴퓨터에 기억시킴으로써, 고도의 정책결정에 있어 컴퓨터가 전문가와 같은 판단이나 추론을 행하는 컴퓨터 기반 지적 시스템을 의미한다. 일반적으로 이러한 시스템은 축적된 경험이나 프로그램에 기술되어 특정 상황에 적용할 수 있는 규칙들을 가지고 있는 지식베이스를 포함한다.

☞ 전문가시스템의 효과 및 한계

1. 효과

① 기존 컴퓨터시스템이 가지는 단기기억용량의 한계, 정보 접근성의 한계 등의 문제를 해결할 수 있다.

② 기존 컴퓨터시스템이 단순 자료만을 처리하는데 비해, 전문가시스템은 불완전·부정확한 정보를 가지고도 추론이 가능하다.

③ 전문가시스템은 입력된 지식만큼 다양한 관점에서 문제를 접근할 수 있다는 장점이 있다. 즉, 의사를 결정할 때 가능한 대안과 문제를 바라보는 방식, 그리고 의사결정 과정에 대한 다양한 논리적인 접근법을 제시한다.

④ 다양한 전문가의 지식을 추출하여 저장하므로 어느 한명의 판단능력보다 우수한 의사결정의 결과를 이끌어 낼 수 있다.

⑤ 전문가시스템의 지식은 영구 보존이 가능하다.

## 2. 한계

전문가시스템이 지니는 장점에도 불구하고, 이를 국가 정책결정에 적용할 때에는 매우 조심해야 한다. 정책결정, 특별히 국가의 중대한 정책결정은 복잡한 현실과 끊임없이 변하는 미래, 다양한 이해관계와 이에 비롯된 갈등상황, 새로운 규칙의 등장 등 수많은 요인들에 영향을 받는다. 즉, 기존의 해결책에 대한 합의가 이루어지지 못한 사항들이 다수 존재하며, 기억되지 않은 다양한 변수들이 유동적으로 움직이고 있다. 이를 간주관적(interpersonal)인 판단이나 직관, 통찰력이 배제된 전문가시스템에 의존한다는 것은 어불성설이다. 정책학은 인간의 존엄성을 추구하는 학문으로써 정책대상집단과의 끊임없는 의사소통과 교류, 그리고 그에 기초한 정책판단을 주문하고 있다. 이러한 유동적 환경에 대한 고려가 배제된 기계적 사고와 판단은 자칫 매우 위험한 정책실패를 초래할 수 있기에 조심스러운 접근이 필요하다고 하겠다. 구체적으로는 다음과 같은 한계를 지적할 수 있다.

첫째, 전문가시스템은 인간과 사회의 바뀐 조건에 대응하여 새로운 상황에 대한 고려를 반영하지 못한다.

둘째, 정책결정시 인간은 다양한 맥락적 요소를 최대한 고려하여 판단하지만, 전문가시스템은 문제 그 자체에만 집중하여 기계적으로 연관성이 적다고 나타나는 주제와 맥락은 배제하는 한계를 지니고 있다. 정책은 특히 맥락지향적인 학문임을 명심할 필요가 있다.

셋째, 지식을 표현할 수 있는 표준이 없다. 또한 일정한 형식으로 지식을 표현한다 해도 논리학에 근거한 다양한 속성(property)을 표현하는데에는 여전히 심각한 한계를 지니고 있다.

☞ 전문가시스템의 한계 극복방안

당시 빅데이터, 알고리즘, 시멘틱 웹 등에 기반한 전자정부3.0이 주목받고 있다. 따라서 전자정부의 중요한 전략으로서 전문가시스템 또한 이전의 한계점을 극복하기 위한 방안들에 대한 논의가 이루어지고 있다.

예를 들면, 시멘틱 웹(Sementic Web: 단순한 key word 검색이 아닌 용어가 지닌 의미를 통해 찾아가는 검색장치)을 이용한 전문가시스템이다. 시멘틱 웹을 이용한 전문가시스템은 웹을 지식베이스로 사용하기 때문에 기존의 전문가시스템처럼 한 분야에서만 국한되어

이용되어지는 시스템이 아니라 다양한 분야의 지식을 활용한다는 장점이 있다. 또한 지식의 추가 및 수정이 자유롭고 누구나 쉽게 지식을 생성해 낼 수 있다는 특징을 지니고 있다. 특히 의미기반 검색엔진과 지식관리, 다양한 알고리즘의 활용, 빅데이터를 활용한 집단지성(collective intelligence) 등은 크게 진보한 매력이라고 할 수 있다.

하지만, 여기에도 여전히 위에서 비판한 한계가 적용되기에 국가정책결정에 있어서는 매우 조심스러운 접근이 필요하다 하겠다. 특히 누구나 쉽게 지식을 만들어 웹에 올려놓을 수 있으므로 잘못된 지식이 난립하는 상황이 발생할 우려도 있으며(손종수, 2008), 이러한 오류는 주요 정책결정시 심각한 피해를 양산할 수 있다. 때문에 본 답안에서는 기술적 진보를 통한 한계 극복도 중요하지만 결국 핵심은 정책결정당사자인 사람이라는 점을 명확히 기술해야 한다.

☞ 고득점 핵심 포인트

본 문제는 최근 활용도가 증가하고 있는 전문가시스템에 대해서 묻고 있다. 문제에서 정책결정에 있어서의 전문가시스템의 한계를 비판적 관점에서 기술해 줄 것으로 명시적으로 요청하고 있으므로, 이에 따른 개념 및 한계와 그 극복방안에 대해 분명히 해 주어야 한다(본서 제5장 정보정책론 참조바람).

# 제14장

# 정보정책의 논리

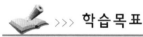

>>> 학습목표

정보정책의 논리에서는 정보정책의 원칙, 논리에 대해 살펴본 후 전략적 정보정책에 대해 학습한다.

첫째, 정보정책의 원칙에서는 정보정책에 대한 정부의 기본원칙에 대해 살펴본다.

둘째, 정보정책의 논리에서는 사회적 활력의 진작, 인간적인 망 건설과 공공가치 보존, 사회적 형평성 제고, 정신적 가치의 문제 등을 중심으로 살펴본다.

셋째, 전략적 정보정책에서는 전략적 정보정책의 의의에 대해 살펴보고, 정보산업 정책의 우선순위를 고려하기 위한 기준변수에 대해 학습한다. 이후 전략적 정보정책 요소와 국가경쟁력의 관계를 살펴봄으로써 전략적 정보정책 혹은 첨단정보산업 정책모형에 대해서 학습한다.

진정한 문명사회를 위한 정보사회의 정책이념은 정보의
상업성과 공공성 간의 균형을 유지하면서 보편적 서비스와
접근개방성의 문제에 많은 초점을 두는 것이어야 한다.
―Lewis M. Branscomb

빌 게이츠(Bill Gates)는 그의 저서 『미래로 가는 길』(*The Road Ahead*)에서 다음과 같이
말한다.

정보고속도로는 사람들의 의식을 바꾸어 놓을 것이다. 당신은 집을 나오지 않고도 금융, 법률,
심지어는 의료서비스까지 받을 수 있을 것이다. … 우리가 접할 수 있는 교육프로그램의 내용도
엄청나게 다양해질 것이다. … 거주선택의 폭도 크게 넓혀줄 것이다. … 그러나 이 모든 중요한
변화가 현실화되는 데에는 몇십 년이 걸릴 것이다. 대부분의 사람들은 자기에게 익숙한 것을 고
집하는 경향이 있기 때문이다. 그들은 여간해서는 자기에게 낯익은 방식을 바꾸려고 하지 않는
다. 그러나 새로운 세대는 새로운 가치관을 몰고 올 것이다. 우리의 아이들은 멀리 떨어진 곳에
서 정보통신수단을 이용하여 일한다는 관념에 아무런 거부감을 느끼지 않으면서 자랄 것이다.
우리가 전화기나 볼펜을 당연시하듯이 그들은 이 정보통신수단을 자연스럽게 받아들일 것이다
(Bill Gates, 1996: 155~156).

정보사회가 된다고 하여 갑작스러운 변혁이 오는 것이 아니라, 상당 부분 전통적 삶의
양식이나 인간적 사회관계는 유지된 채로 사회변화가 진행될 것이라는 것 ― 이는 지금
진행되고 있는 정보통신기술의 진전속도를 생각한다면 오히려 희망적 견해에 속한다. 정
말 사회인들의 충격과 일탈을 최대한 줄이면서, 그리고 가급적 전통적 가치를 보존하면서
정보사회를 진행시키는 것은 우리의 목표이기도 하다. 이렇게 될 수 있을까? 이렇게 되기
위해서는 어떠한 정책마인드가 필요할까? 어떠한 형태의 정책적 접근이 정보사회를 진정
한 문명사회로 만들 수 있을까? 이러한 질문들은 정책학도면 당연히 가지게 되는 연구질
문들이다.

미국 정부는 정보정책에 관한 다섯 가지 정부의 기본원칙을 발표한 바 있는데, 이는 정
보정책의 논의원칙을 정하는 데 많은 참고가 되고 있다. 민간투자의 장려, 경쟁의 증진과

보호, 소비자에 대한 공개적 접근의 제공, 정보사회에서 가진 자와 못 가진 자 사이의 간격을 줄일 수 있도록 보편적 서비스의 유지 및 향상, 그리고 새로운 규제구조가 빠른 기술과 시장의 변화에 대응할 수 있도록 유연성을 확보한다는 것이 그 주요 골자이다.

① 민간투자의 장려
② 역동적이고 공정한 경쟁의 촉진
③ 융통성 있는 규제 프레임워크의 정비
④ 통신망의 상호 공개접속 제공
⑤ 보편적 서비스의 보장

결국 정보화의 효율성을 저해하지 않으면서, 인간소외와 전통적 가치를 최대한 보존하는 일이 정보정책의 방향 설정에 그대로 반영되어야 한다. 한편으로 정부생산성과 민간의 활력이 질식되지 않도록 하면서, 다른 한편으로 정보교육과 민주적 절차의 보장을 안전판으로 대다수 국민들을 정보화 과정과 절차로부터 소외시키지 않는 일이 중요하다. 이를 위해서는 근본적으로 정보문화 및 정보윤리의 형성이 뒷받침되어야 한다. 이러한 인간중심의 정책이념의 구성적 요소를 그림으로 표현하면 〈그림 14-1〉과 같다.

〈그림 14-1〉 인간중심 정책이념의 구성요소

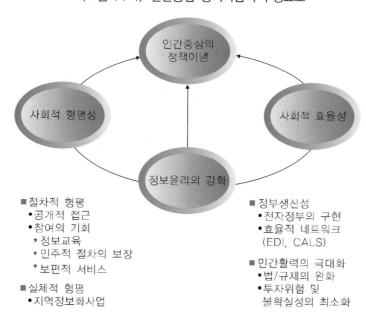

## 2. 정보정책의 논리

### 1) 사회적 활력의 진작

정보기술이 우리 사회에 가장 큰 기여를 할 것으로 여겨지는 분야는 기업, 교육, 의료 및 환경영역이다. 시간과 공간 그리고 조직의 제약을 벗고 투자와 창의성이 효율을 발휘하는 일에 정보기술은 핵심적 역할을 할 것이다. 새로운 스마트 기술은 기업과 기업 간 산업과 산업 간의 경계를 제거하고, 부문별로 흩어져 존재하는 자원들을 유기적으로 연결시켜 '국가사회 차원의 시너지 효과'를 극대화할 것이다. 또한 새로운 쌍방향 원격 정보통신기술은 더 나은 의료혜택을 가져오고, 교육분야의 전달방식에 혁명적 변화를 가져올 것이다.

정보사회의 특징인 지구적 활동범위의 확대, 지식과 자본의 상호작용의 강화, 작업의 효율화 등을 최대한 활성화하기 위해서는 정보기술의 사회적 활력을 길러야 한다. 상기한 정보정책의 5대 원칙 중 상위 3개는 이러한 필요성에 근거한다. 여기에서는 이러한 사회적 효율성을 극대화시킬 수 있는 방안으로, 정보기술의 개발 및 투자의 문제, 투자환경 조성을 위한 여건정비의 문제, 그리고 정부생산성의 제고문제에 대해 검토해 보기로 한다.

#### (1) 정보기술의 개발 및 투자

기업은 시민이 원하는, 그리고 기업이 필요로 하는 정보기술의 개발에 박차를 가하여 정보화로 사회적 효율성을 제고시켜야 한다. 이러한 투자는 정부와 기업이 상호연대하여 원칙과 방향성을 설정하고, 정부가 이 원칙을 고수하며 기업이 이에 능동적으로 참여함으로써 활성화될 수 있을 것이다. 또한 정보화의 삶 속에서 하루하루를 숨쉬며 살아가는 개인들은 정보기술 또는 기업의 정보화 활동의 '열린 구도' 속에 참여함으로써, 이러한 효율성은 더욱더 탄력이 붙을 것이다.

#### (2) 민간투자와 창의성의 제고

사회적 활력의 핵심은 민간투자와 창의성이 정부규제에 질식됨이 없이 제 가치를 발휘하는 일이다. 기업이 미래에 대한 확신이 서지 않고 투자의욕이 감퇴되면 고용이 안정될 리가 없다. 정부는 민간기업의 활력에 장애가 되는 정부규제를 최소화하고, 불확실성을 감소시켜 기업의 미래인식에 대한 영역을 최대한 확보해 주어야 한다. 이를 위해서는 정부정책의 투명성과 공정성이 제고되어야 하며, 민간의 참여를 활성화하여야 한다. 또한 기업활동에서 걸림돌이 되고 있는 각종 법규 및 제도 등 규제환경에 대한 정비가 필수적이다.

### (3) 정부생산성의 제고

정보기술 및 네트워크의 공급과 수요의 창출 등이 제대로 이루어지기 위해서는 정부의 역할이 매우 중요하다. 정부부문의 생산성은 효율적 기업활동에서 중요한 환경요소가 되기 때문이다. 따라서 정부는 그 스스로 정보체계의 네트워크를 구축하여, 민간에게 공공서비스를 효율적으로 제공하는 일에 노력을 기울여야 한다. 정부가 민간기업을 독려하고 사회발전을 유도하기는 고사하고 걸림돌이 된다는 비난은 최소한 받지 말아야 할 것이다.

행정의 효율성과 행정서비스의 질적 수준을 제고하기 위해서는 정보통신기술을 행정에 수용하여 행정의 정보화를 촉진하고, 정부부처간 정보의 공동활용 시스템을 구축하는 것이 필요하다. 정부의 역할 수행방식의 변화를 질적으로 뒷받침하기 위해서는, 국가기구의 내부적 역량도 정보관리 및 전달에서 효율적 체제로 재편되어야 할 것이다.

## 2) 인간적인 망의 건설과 공공가치의 보존

기업의 투자는 상업성과 영리성을 근간으로 하므로 근본적으로 공공성이나 비영리적 공적 이해관계와는 친하지 않을 수밖에 없다. 따라서 정부는 민간투자의 활력과 상업적 경쟁의 원칙이 사회의 공적 가치를 손상시키는 방향으로 진행되지 않도록 세심한 주의를 기울일 필요가 있다.

### (1) 인간적인 망의 건설

우리는 화려한 기술에 현혹될 것이 아니라 정말 인류가 필요로 하는, 그리고 인간의 요구에 부응하는 정보사회를 건설하여야 한다(Menichelli and Blau, 1994). 시민공동체의 정보욕구에 부응하는 일, 시민들의 문화의식을 고양시키는 일, 청소년과 학생들에게 건전한 정보의식을 함양시켜 주는 일, 인터넷에서 공공의 영역을 확대하는 일 등 ─ 정보정책은 이러한 일들에 필요한 시범사업과 응용서비스 활용에 더 많은 주의를 기울여야 한다.

인간적인 망의 건설이 유효하게 추진되기 위해서는, 정보망 위에 담게 될 정보내용의 다양성이 보장되어야 한다. 우리는 평소 상업성에 묻혀서 잘 들리지 않는 목소리를 경청할 필요가 있으며, 이러한 소외된 사람들의 접근가능성을 확대해 주어야 한다. 시민들과 시민단체 그리고 비영리 공공기관들은 정부의 행정정보에 쉽게 접근할 수 있어야 한다. 이러한 노력들은 '공공의 장'의 확대를 통해 건전한 시민사회의 형성과 강화에 궁극적으로 많은 도움을 줄 수 있을 것이다.

## (2) 공공가치의 보존

의사소통 방식의 변화는 생활양식의 변화를 몰고 온다. 새로운 커뮤니케이션 기술은 사회 내 존재하는 사람들을 새로운 방식으로 엮을 것이다. 새로운 형태의 인간관계 변화는 사회의 변동을 초래한다. 우리가 살고 있는 공동체의 존재양식이 변하면서, 우리는 지금까지 우리가 지켜왔던 전통적 형태의 삶의 방식으로부터 조금씩 멀어지게 될 것이다.

1970년대 맥루한(Marshall McLuhan)은 정보사회의 도래와 함께 평화롭고 친근감이 넘치는 전자형태의 '지구공동체'의 출현을 예측했다. 그러나 현재 진행되는 정보사회의 진행양상을 보면, 넓게 의견을 공유하는 정이 넘치는 사회가 아니라, 이해관계가 일치하는 사람들끼리만 통하는 고도로 분업화되고 단절화된 전자공동체만이 존재할 뿐이다. 인터넷이나 페이스북을 이용해서 사이버스페이스상의 친구나 동호인을 만드는 동안, 전통적 의미의 공동체적 연대감은 점차 소멸되고 있다. 직장에서의 근무환경도 이제 지역적 끈을 상실하고 있다. 점차 많은 사람들은 어떤 특정 장소에 모여서 일하는 것이 아니라, 전자공동체에서 연결된 가상기업에서 일을 하고 있다.

새로운 의사소통 기회의 확대는 삶의 방식과 공동체의 모습을 변화시킨다. 그러나 변화될 처지에 있는 우리 삶의 양식 중에서 보존하고 싶은 것들도 많이 있다. 정보화의 물결 속에서도 "아! 저런 것은 그대로 두었으면 좋겠다"고 생각되는 부분이 있다. 또한 그중에는 고유한 내생적 가치는 보존하면서, 전달방식이나 수단적 차원은 정보화로 무장시킴으로써 도태되지 않도록 해야 할 가치들도 많이 있다. 이러한 형태의 것들은 생래적으로 정보화에 약한 것들이 대부분이다. 대개가 그대로 두면 상업주의와 정보화의 물결에 휩쓸려 그 흔적도 찾아보기 어려운 것들이다. 정보화의 추진동력의 근원에는 기술과 자금과 추진력이 필요하기 때문이다. 장애자복지, 환경, 종교시설, 시민운동, 오지(奧地)의 정보문화시설 등이 그 예에 속한다. 세류(世流)나 유행에 너무 휩쓸리지 않는, 인간의 모습을 한 공동체의 유지·보존이 필요하다.

## (3) 다양성의 보장

정보사회 표현의 주요 매개수단은 뉴미디어가 될 것이다. 이는 정치, 문화, 개인 간의 서신에 관한 주요한 영역을 제공하게 될 것이다. 정보망의 민주적 운영을 위해 준수해야 할 원칙은 표현의 자유와 다양성의 보장으로 기존의 언론 자유를 새로운 형태의 미디어 환경에 맞게 수정할 필요가 있다.

## 3) 사회적 형평의 제고

사회적 형평성에 대한 개념정의를 한마디로 내리기는 어렵지만, 1960년대 신행정론을 대표하는 학자인 프레드릭슨(Frederickson)이 정의한 개념을 중심으로 살펴보면 "형평성은 인간과 인간의 상호작용을 규제하는 공정성과 정당성, 그리고 올바른 대우의 정신과 습관을 의미한다. 따라서 그것은 자연권이나 정의와 동의어"라고 규정하고 있다. 즉, 사회적 형평성 개념은 그 자체가 윤리적 성격이 짙으며, 법률의 영역보다 오히려 도덕적 영역에 속한다고 할 수 있는데, 구체적이고 실천적 대응방안이 모색되고 논의되어야 하는 이유도 바로 여기에서 기인한다.

인간중심의 정보사회는 단순히 기술적으로 뛰어나고 경제적으로 여유 있는 계층만이 아니라, 모든 시민을 위해 열려 있어야 한다. 잘 살건 못 살건, 도시에 살건 시골에 살건, 나이가 많건 적건, 모든 사람이 차별 없이 정보에 접근할 수 있어야 한다. 정보사회에서 정보는 언제 어디에서라도 접근이 가능해야 하며, 정보접근이 용이하도록 접근하는 비용이 저렴해야 한다. 또한 정보사회에서의 참여기회는 평등하게 열려 있어야 하며, 빈부의 격차가 정보이용의 장애요인이 되지 않도록 하여야 한다.

### (1) 보편적 서비스의 실현

정보화의 진전은 구체적 서비스의 실체가 나타나기 전에 이미 관련 사업자들에게 무한한 사업기회를 제공하고 있다. 그러나 정보의 양이 많아지고, 네트워크가 점차 넓어지며, 많은 사람에게 연결된다 하더라도, 혜택이 고르게 배분되지 않을 수 있다. 이러한 문제의식을 바탕으로 보편적 서비스 개념에 접근해야 한다. 보편적 서비스는 누구에게나 무료혹은 싼 가격으로, 경제적·정치적·사회적 활동에 참여할 수 있는 최소한의 기회를 보장하는 정책적 선택을 의미한다. 남녀노소 그리고 계층간 차별을 두지 않고 모든 사람이 이용 가능한 요금으로 정보자원을 이용할 수 있도록 지원한다는 것이 보편적 서비스 개념이며, '정보가 곧 힘'이라는 등식하에서 정부가 정보자원에 대한 동등한 접속보장을 책무화하는 것이다.

### (가) 컴퓨터 커뮤니케이션의 제도화

보편적 서비스는 사용자·참여자로서 통신욕구의 충족과 권리를 넘어서서, 시민으로서 정보욕구와 커뮤니케이션욕구, 참여욕구를 신장시키는 데 필요한 컴퓨터 커뮤니케이션의 제도화를 요구한다. 이는 시민들이 참여할 수 있는 공공영역을 확보하는 문제와 밀접하게 연관되어 있기 때문이다. 정보의 공공재적 가치와 속성은 다수에 의해 아무리 이용되어도 정보 자체가 소모되지 않는 '비소모성'과, 다른 사람의 정보의 획득을 배제시키기 어려운 '비배제성', '비경합성'을 가지고 있다. 도서관, 학교, 박물관 등은 누구나 정보를 접할 수 있는 공공성이 요구되며, 자유로운 정보유통체제가 확립될 수 있도록 제도적으로 장려할 필요가 있다.

### (나) 균형 있는 지역정보화 추구

시민의 문화적 수준을 고양시키고, 문화적 혜택을 시민들에게 골고루 전달하기 위해서는 네트워크의 지역화가 필요하다. 또한 특정지역과 계층에 편중되어 있는 고품질정보(*elite communication channel*)가 지역적으로 분산되고 확대될 수 있는 정책적 선택이 필요하다. 이러한 정보의 지역분산화는 그 절대적 기본조건으로 정보인프라의 지역적 분산이라는 정책과제를 전제로 한다.

### (다) 정보수용성의 제고

국가적으로 가정이나 직장에서 통신기기 등 뉴미디어가 가져오는 생활양식의 변화에 적응하지 못하는 경우, 문화지체 현상이 우려된다. 그것은 국민 개개인이 정보활용 기술에 익숙하지 못함으로써 야기되는 비능률과 불편, 낭비 등의 형태로 나타난다. 정보혁명의 급진전으로 인해 각 부문에 이러한 현상은 더욱더 심각해질 것으로 추정되므로 실질적 컴퓨터 교육이 가능하도록 하기 위해서는 다양한 소프트웨어의 개발을 통해 컴퓨터를 알지 못하는 이들도 쉽게 접할 수 있게 하는 것이 필요하다.

### (2) 공개적 접근의 보장

정보와 정보에 대한 접근가능성은 정보사회의 핵심적 요소이다. 이는 정보사회에서 제기되는 여러 형태의 문제발생 근원지이기도 하다(Craig, 1979; Nimmo, 1985). 모든 정보서비스 제공업자들이 저렴한 비용으로 아무런 차별 없이 전송설비 및 네트워크 시설에 접속할 수 있는 환경조성이 필수적이다. 정보기반 구조에 자유롭게 접속할 수 있게 됨으로써 정보서비스의 유용성을 배가시킬 수 있기 때문이다. 또한 공개성은 정보의 누적성과 결합하여 컴퓨터간의 연동을 통해 사회적 공익을 창출해 낸다.

## 공공기관의 정보공개에 관한 법률

① 정보공개 제도의 법제화
② 국민이면 누구나 자기에게 이해관계가 있는지의 여부를 불문하고 공공기관 등이 지니는 정보의 공개를 법적으로 청구할 수 있는 권리를 갖게 됨
③ 공개 대상: 원칙적으로 행정기관이 보유한 모든 정보
  ▼ 정보공개의 예외가 되는 정보들
  · 법령에 의해 공개가 금지된 정보
  · 국가안전·국방·외교 등 국가이익의 침해우려가 있는 정보
  · 국민의 생명·신체·재산 및 공공의 안전·이익의 침해우려가 있는 정보
  · 재판·수사·형 집행중인 정보
  · 의사결정 또는 내부검토중인 정보
  · 개인 사생활의 침해 우려가 있는 정보
  · 영업상 비밀에 관한 정보
  · 특정인 또는 집단에게 부당한 이익을 주는 정보 등
④ 정보공개 요구에 대해 결정이 곤란한 경우: 정보공개심의위원회를 설치·운영
  · 자의적 판단을 방지, 원활한 공개 절차를 이행
⑤ 정보공개 제도운영의 윤리적 딜레마
  * 시민단체 등에서 행정기관의 행태를 감시하려는 의도로 정보공개를 청구하는 경우
  · 행정기관에게 불리하게 작용할지 모르는 정보를 스스로 공개해야 되기 때문에 비공개 결정을 내리기 쉬움
  * 법률적 하자는 없으나 윤리적으로 민감한 사안인 경우
  · 방어적 자세로 대응하기 쉬움

자료: 정보문화센터, 『정보화 윤리』, 2002.

### (3) 결론 : 사회적 격차의 해소

　　정보사회에서 정보를 '가진 자'와 '못 가진 자' 간의 괴리는 산업사회 이상의 문제를 가질 것으로 전망되고 있다. 물질과 에너지에 정보의 격차가 더해지는 까닭이다. 정부는 보편적 서비스라는 관점에서 이러한 문제에 접근해야 하며, 정보통신기반의 구축에서 '연결누락'이 없도록, 산간벽지 및 농촌지역에 투자를 소홀히 해서는 안 된다. 이러한 정책접근이 실패할 때 정보빈민계층의 문화적·사회적·정치적 충격은 엄청날 것이다. 국제적 차원

서울시장과 구청장들의 업무추진비(판공비)에 대한 지출증빙서류도 시민들이 요구할 경우 공개해야 한다는 법원 판결이 나왔다. 서울행정법원 행정11부(재판장 조용호)는 2001년 7월 25일 참여연대와 푸른시민연대가 서울시 및 서울시 25개 구청장을 상대로 낸 소송에서 이같이 판결했다. 재판부는 판결문에서 "공개대상 서류가 6만 6,782장에 달하는 방대한 양이기는 하나, 여러 개별 기관에 나눠져 있어 각 기관이 복사할 양은 많지 않은 상태"라며 "복사과정에서 서울시 측이 현저히 업무에 지장을 받는다고 보기 어려우므로, 서울시 측은 공개하는 것이 마땅하다"고 밝혔다. 참여연대는 지난해 6월 서울시 측에 "기관운영 업무추진비 내역 등의 복사본을 달라"며 정보공개를 청구했지만, 지난해 7월 서울시 측이 "복사분량이 많아 복사해 줄 수는 없고 열람만 가능하다"며 거부하자 소송을 냈다.

▶ 위 사례의 경우는 정보공개 요구에 대해 복사가 아닌 열람을 허용한 것은 공개 자체를 거부한 것은 아니었지만 요구를 제기한 측의 의도를 충분히 수용하지 않은 것이다. 이와 같이 정보공개를 거부하거나 공개방식의 제한에 있어 그 사유가 명확하고 합리적이지 않거나 법적으로 정해진 비공개사유를 행정기관의 입장에서만 해석하는 경우에 법원은 정보공개를 요구한 원고에 유리하게 판정하는 경향을 보이고 있다.

자료: 조선일보, 2001. 7. 26; 정보문화센터, 『정보화 윤리』, 2002에서 재구성.

에서도 마찬가지이다. 일부 정보선진국들의 투자목적이 국가경쟁력 증강과 시장확보에만 있다면, 세계공동체 전체에는 부정적 영향이 심각하게 될 것이다.

## 4) 가장 근본적 문제들: 정신적 가치의 문제

사실 정보사회의 유토피아론과 디스토피아론의 핵심적 분기점은, 평등 및 보편적 서비스 문제와, 공개적 접근 및 참여의 문제로 귀결된다고 해도 과언이 아니다(Bates, 1989: 24). 문명화된 정보사회를 만들기 위한 우리의 노력은 인간적인 망의 건설과 공공가치의 보존, 그리고 사회적 형평성의 문제에 많은 중점을 두어야 할 것이다. 그러나 이러한 모든 정책적 원칙의 뒷받침이 되는 것이 정보교육과 정보윤리의 문제이다.

### (1) 정보교육

보편적 서비스가 컴퓨터 커뮤니케이션을 통해 어떻게 시민들의 정치, 경제, 사회, 문화적 참여를 북돋우고, 참여에 요구되는 정보를 습득하고 교육받을 권리를 신장시키는가 하는 데에 중점을 둔다면, 정보의 선택과 활용의 문제는 더욱 실질적 교육과 훈련의 문제로 귀결된다. 이는 사용자들 스스로가 정보추구에 대한 필요성을 얼마나 인식하고 있는가, 필요성을 충족시킬 능력과 방법을 알고 있는가 하는 문제와 관련되어 있다. 정보고속도로가 어떠한 기술적 가능성을 제공한다고 할지라도, 사용할 사람들이 사용의 필요성을 느끼지 못하거나 사용하지 않게 되면 아무 소용이 없다. 따라서 시민들 스스로 필요성을 인식하는 교육과 훈련과정은 그 무엇보다도 중요한 정책함의를 제공한다.

## (2) 정보윤리·정보문화

국민들의 정보화 마인드를 확산하고, 정보화에 대한 사회적 합의를 도출해야 하며, 행동이나 규범적 차원에서 정보윤리를 정립할 필요가 있다. 정보윤리에 관한 이슈는 특히 다음의 세 가지 차원에서 제기된다.

첫째, 정보사회에서의 절도나 파괴행위이다. 정보의 비가시성으로 인해 정보에 대한 절도행위를 하는 컴퓨터 해커들은 기존의 가치관 속에 특별한 죄의식 없이 범죄를 저지르게 된다는 것이다. 이것은 곧 인간성의 파멸로서 정보사회의 근본적 문제점이 된다.

둘째, 음란정보 및 원하지 않는 정보의 무차별적 전파로 인하여, 미성년자의 정서발전을 저해하고 일종의 정보공해로서 인간들의 정서를 메마르게 한다. 영상매체에서의 외설물 문제는 ① 어린이 사용의 문제와, ② 성인 중에서 외설물을 원하지 않는 시청자들의 보호문제로 나눌 수 있다. 인터넷과 같은 네트워크를 대상으로 규제하는 것은, 그 환경이 전세계적이기 때문에 재판관할권의 문제가 뒤따른다. 근본적 대책으로는 청소년들의 건전한 의식과 자각을 높이는 교육이 이루어져야 한다. 이와 함께 인터넷 일반 이용자들의 정보통신 윤리성에 대한 인식과 자각을 높이는 노력도 필요하다. 인터넷서비스 제공업자들의 정보윤리에 대한 계몽이 활성화되어야 하며, 국제적 인터넷 포럼을 구성해 전세계 국가들이 연합하여 정보윤리규범을 제정할 필요가 있다.

셋째, 내용보안의 문제와 지적소유권의 문제이다. 정보의 범람과 전산화로 인하여 정보의 복제나 도용이 쉬워지고, 망을 통해 중요정보에 대한 침입이 가능하므로 보안과 지적 소유권의 문제가 제기된다. 이러한 문제점들은 정보사회를 모방사회로 전락시킬 수도 있는 것들이다.

## 5) 연계된 이슈들

### (1) 개인의 프라이버시 보호

정보사회에서의 프라이버시 침해 문제는 심각하게 대두되고 있다. 개인은 공공 네트워크, 스마트폰, 태블릿PC, 스마트TV, 주문형 비디오 그리고 홈쇼핑 등의 사용에서 사생활을 침해당할 소지가 있다. 국제적 영역에서도 디지털시대의 개인적 자유와 사생활을 보호할 필요가 있다.

### (2) 국가정보망 안전관리

국가의 중요한 정보자원 유출이나 침해를 방지하고 컴퓨터 범죄를 예방하기 위해, 중요정보자원을 파괴하는 행위나 컴퓨터 바이러스 유포 등에 대한 대책의 강구가 시급하다. 이상의 논의를 정리하면 다음 〈그림 14-2〉와 같다.

〈그림 14-2〉 정보사회의 정책논리와 구조

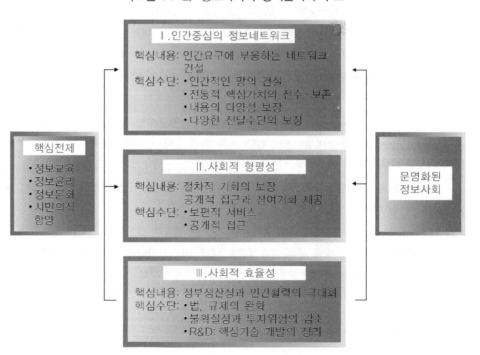

## 6) 결론: 정신적 가치와 시민의식의 함양

　정보사회가 진정으로 문명화된 사회가 되기 위해서는, 기술 위주가 아닌 인간의 요구에 바탕을 둔 인간적인 망의 건설이 필요하며, 정보망 위에 담게 될 정보내용의 다양성이 보장되어야 한다. 일반 국민들이 공유하지 않는 정보고속도로는 아무런 쓸모가 없다. 인간중심의 정보사회는 단순히 기술적으로 뛰어나고 경제적으로 여유 있는 계층만이 아니라, 모든

**정책 사례**  cases in policy

　○○도 ○○시가 운영하는 인터넷 홈페이지에 시정을 비판하는 글을 올린 시민에게 게시문 삭제를 강요한 시공무원 2명이 경찰에 입건됐다. ○○경찰서는 최근 시 홈페이지 자유게시판에 실명으로 비판성 글을 올린 네티즌에 대해 행정전산망을 이용, 주소를 추적하는 등 개인정보를 유출한 혐의(공공기관의 개인정보보호에 관한 법률 위반)로 ○○시청 ○동사무소 김모(45·6급)씨 등 시청 공무원 2명을 입건했다.

　경찰에 따르면 강모(33·여)씨는 지난달 20일 시 홈페이지에 '○○시가 ○동 아파트 단지 내 멀쩡한 인도경계석을 교체한 것은 예산낭비'라는 요지의 글을 올렸다. 강씨는 "○○시가 엄청난 예산을 들여 멀쩡한 보도블록을 들어내고 새로 교체한 것은 불필요한 예산낭비 아니냐"며 시에 해명을 요구했다. 그러나 ○○시는 잘못을 인정하거나 해명하는 대신 홈페이지 관리 전산직 공무원과 동사무소 직원 등을 동원, 게시자인 강씨를 찾아내 자진삭제를 요청했다. 이에 대해 강씨는 "시민으로서 정당한 의사표현"이라며 맞섰고 공무원들은 아파트관리소장과 동대표 등까지 동원, 5~6차례 집을 방문해 계속 종용한 끝에 5일 만에 문제의 글을 삭제토록 했다. 이 과정에서 정신적으로 시달린 강씨가 공무원 등을 주거침입 혐의로 경찰에 고발했으며 수사과정에서 관련 공무원에 대해 개인정보유출 혐의가 적용됐다.

　▶ 위 사례와 같은 경우는 행정전산망상의 개인정보가 유출되어 본래의 목적에 맞지 않게 사용되었으며 그 결과 본인의 의사와 기대에 현저히 어긋나게 되었다. 홈페이지 게시판을 통한 어떤 국민의 의사표현이 행정기관의 입장에서 부당하다고 여겨졌을 경우 일차적으로 바로 그 게시판에서 반론을 제기하거나 해명하는 것이 타당하다. 비록 게시물 삭제의 동의를 얻으려는 시도는 올바르더라도 방법에서 부당한 정보유출이 발생하였으며 또 본인의 기대와 의사에 반대되게 사용되었는바, 정보화시대를 맞이한 공무원의 자세에 대해서 많은 교훈을 주는 사례이다.

　　　　자료: 문화일보, 2001. 8. 23; 정보문화센터, 『정보화 윤리』, 2002.

시민을 위해 열려 있어야 한다.

그러나 이러한 모든 정보사회의 핵심 원칙들이 제대로 잘 실행되기 위해서는, 정보윤리의 확립과 이에 바탕을 둔 시민의식의 함양이 근본적이다. 정보화로 파생되는 부정적 현상을 방지하고 정보화의 순기능을 유지하기 위해 건전한 정보윤리의 확립과 실행은 필수적이며, 이를 위해서는 정보교육의 강화가 무엇보다도 중요하다. 우리는 평소 상업성에 묻혀서 잘 들리지 않는 목소리를 경청할 필요가 있으며, 이러한 소외된 사람들의 접근가능성을 확대해 주어야 한다. 학생들에게 건전한 정보의식을 함양시켜 주는 일, 시민들의 문화의식을 고양시키는 일, 시민공동체의 정보욕구에 부응하는 일 — 정보정책은 이러한 일들에 더 세심한 주의를 기울여야 한다.

## 3. 전략적 정보정책

이 절에서는 '정보화를 통한 사회적 효율성의 극대화'라는 주제에 관해 좀 더 논의하고자 한다. 이는 국가와 시장과의 관계에 대한 전략적 접근 및 추진체계에 관한 문제로서, 시장의 효율성 강화를 위한 정보정책적 시각에 해당된다. 여기에서는 전략적 정보정책의 기본이념과 정책의 틀인 기준 및 전략요소, 이를 추진할 추진체계에 대해 고찰해보고자 한다.

### 1) 전략적 정보정책의 의의

#### (1) 정보정책의 기본이념

우리나라 정보정책의 기본이념은 국가사회의 경쟁력강화와 21세기 국민들의 삶의 질(*quality of life*) 향상에 있다.

그러나 정보정책의 목표 및 과제를 국가경쟁력 강화에만 초점을 둘 것이 아니라, 정보화 추진과정에서 나타나는 불건전한 정보의 범람, 정보독점 및 정보격차, 프라이버시와 지적재산권 침해 등의 제반 부작용을 줄이고, 바람직한 방향으로 정보문화기 확산될 수 있도록 하여야 한다. 이를 위해서는 정보통신 관련 법·제도·조직이 정비되어야 하며, 정보화 교육 및 정보이용의 대중적 기반조성을 통해 개개인이 성보사회에 적응하고 골고루 혜택을 받을 수 있는 방향으로 보편적 서비스(*universal service*) 제공정책이 시행되어야 한다.

### (2) 전략적 사고

국가정책의 전략적 집행이라는 측면에서 보면, 이러한 정책요소들간에도 정책의 우선순위를 평가하여 입체적 정책구조를 형성할 필요가 있다. 즉, 한정된 자원의 제약하에서 정책의 국가사회 전체에 대한 파급효과와 시장창출 효과 등을 생각하지 않을 수 없으며, 이러한 관점에서 정책의 전략적 우선순위를 정하는 것이 필수적 일이기 때문이다. 정보통신산업의 경쟁력 강화라는 측면에서는 더욱 그러하다.

전략(*strategy*)이란 일반적 정책 중에서도 파급효과가 큰 정책들의 집합체라고 볼 수 있다. 좋은 방향의 정책이라도 투자의 우선순위나 자원의 제약이라는 측면에서 모두 집행할 수는 없으며, 이런 의미에서 우선순위가 높고 파급효과가 큰 몇몇의 정책군에 집중적 지원과 관심(*focus*)을 두는 것은 매우 큰 의의를 갖는 일이라 하겠다.

## 2) 전략적 요소와 국가경쟁력

### (1) 기준 및 요소의 설정

정보산업 정책의 우선순위를 고려할 때, 산업성·기술성·시장성의 세 가지 기준을 제시하고자 한다.

첫째, 산업적 파급효과이다. 정부는 부가가치가 높으면서 전후방 연관효과가 큰 산업을 중점적으로 지원해야 하며, 이러한 산업육성의 가능성을 내포하고 있는 정책에 우선순위를 두어야 한다.

둘째, 기술적 파급효과이다. 비슷한 맥락에서 지원되는 사업이 정보통신산업의 전반적 기술수준의 향상을 가져오거나, 개발된 핵심 기술이 타기술로의 응용가능성이 높은 산업부문, 그리고 이러한 요소를 포함하는 정책에 우선순위를 두어야 한다.

셋째, 시장적 파급효과이다. 산업성과 기술적 파급효과가 크더라도 수요자의 이용적 측면이나 시장의 수요효과를 고려하지 않고서는 경쟁력을 논할 수 없을 것이다. 이러한 세 가지 변수의 기준설정에 대해 정리하면 〈표 14-1〉과 같다.

이러한 세 가지 기준변수를 입체모형으로 그리면 〈그림 14-3〉과 같다. 이 그림에서 A~H는 각 정책요소들의 위치를 예시적으로 나타낸 것인데, 이 중 가장 바람직한 위치로는 세 가지 축이 모두 높게 나타나 있는 D가 될 것이다.

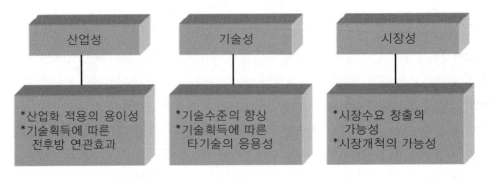

〈표 14-1〉 전략적 정책요소의 기준설정

| 산업성 | 기술성 | 시장성 |
|---|---|---|
| *산업화 적용의 용이성<br>*기술획득에 따른<br> 전후방 연관효과 | *기술수준의 향상<br>*기술획득에 따른<br> 타기술의 응용성 | *시장수요 창출의<br> 가능성<br>*시장개척의 가능성 |

〈그림 14-3〉 전략적 정책요소 변수의 효과모형

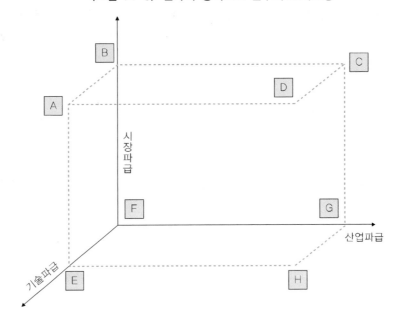

　　한국 정보정책의 현실적 여건을 고려하고 위에서 제시된 세 가지 기준을 고려해 볼 때,
전략적 공급 측면에서 우리나라는 차세대 지능형 통신망 구축의 가속화가 필요하고, 핵심
기술 및 전문인력의 육성이 시급한 과제이다. 전략적 수요 측면에서는 기업과 산업부문의
수요를 창출하고, 정보교육을 통해 차세대의 주역이 될 정보인을 양성하며, 지역정보화 사
업을 통해 지역의 정보수요를 창출하는 것이 절실한 과제이다. 또한 전략적 환경조성을
위해서는, 현재 추진되고 있는 전자정부 전략의 질적인 고도화가 필요하며, 기업의 경쟁환
경조성을 위한 법, 규제제도(framework)의 정비가 중요한 과제이다. 이러한 전략요소간의
관계를 그림으로 요약·정리하면 〈그림 14-4〉와 같다.

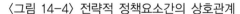

〈그림 14-4〉 전략적 정책요소간의 상호관계

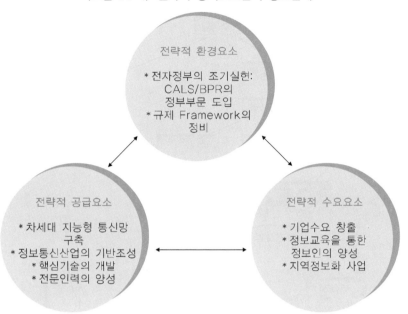

전략적 환경요소

\* 전자정부의 조기실현:
  CALS/BPR의
  정부부문 도입
\* 규제 Framework의
  정비

전략적 공급요소

\* 차세대 지능형 통신망
  구축
\* 정보통신산업의 기반조성
\* 핵심기술의 개발
\* 전문인력의 양성

전략적 수요요소

\* 기업수요 창출
\* 정보교육을 통한
  정보인의 양성
\* 지역정보화 사업

## (2) 전략적 정보정책 요소와 국가경쟁력

이상에서 논의한 전략적 공급, 수요, 환경의 세 요소 간 상호작용의 결과로 완성되는 한 국적 정보인프라 기반(KII: *Korea Information Infrastructure*)은 포터(M. Porter)가 제시한 기 업경쟁력의 결정인자인 기업활동, 요소공급, 국내수요, 관련 지원분야의 제 측면에서 생산 성 제고에 많은 기여를 하게 되며, 이는 산업경쟁력과 국가경쟁력 제고로 연결된다. 이러 한 정보인프라 기반과 기업경쟁력 그리고 정부생산성과 국가경쟁력과의 총체적 관계를 도 식화하면 〈그림 14-5〉와 같다.

## (3) 인식의 틀: 민간주도와 정부의 지원

정보정책을 전략적으로 추진하는 과정에서 한 가지 정책적으로 고려되어야 사항은, 이 러한 분야의 육성을 누가 주도할 것이냐의 문제와, 정부가 어떤 시각을 가지고 정보산업정 책을 추진해 나갈 것인가 하는 점이다.

세계 정보통신 시장의 개방체제로의 변화 및 정보통신 기술의 혁명적 변화는 기업의 경 영전략을 바꾸게 하고 있으며, 또한 민간과 정부와의 관계도 새롭게 정립할 것을 요청하고 있다. 무한경쟁의 적자생존시대에는 오직 경쟁력 있는 기업만이 성장을 추구할 수 있으며, 정부도 기업과 일원이 되어 세계시장 속에서 뛰고 있다. 기업경쟁력의 핵심인 상품경쟁력

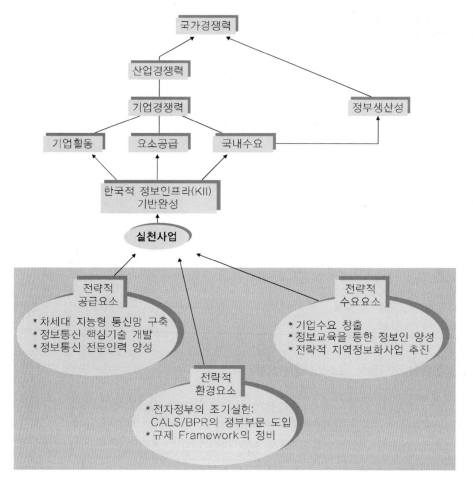

〈그림 14-5〉 전략적 정보정책 요소와 국가경쟁력

의 최후 판단자는 그 상품의 최종 이용자(*end–user*)인 고객이며, 고객의 편에 서서 고객이
원하는 서비스를 값싸고 신속하게 개발하고 제공하는 기업은 성장하게 되고, 소비자에게
외면 당하는 기업은 경쟁의 대열에서 낙오될 수밖에 없다. 즉, 경쟁력 향상의 초점은 기술
과 아이디어 개발을 통해 소량다품종적 측면에서 이용자의 편리성과 만족(*needs*)에 부응하
도록 하는 데 있다. 정보화시대에 사람들은 물질적 풍요 못지않게 정신적 가치와 개성을
추구하고 있으며, 이러한 새로운 사회생활 양식 및 패턴은 지난 산업사회에서의 대량생산
을 통한 물질의 풍요를 추구하던 시대와는 뚜렷이 대비되고 있다. 변화된 가치추구 및 사
회패턴은 종래의 정부정책 방향 및 정부-민간의 역할관계를 새롭게 재조명할 것을 요구하
고 있다. 기술과 사회변화에 순발력 있게 대처하는 데 핵심이 되는 동인은 기업과 민간의
자율과 창의에 있으며, 자율과 창의는 시장원리의 요체인 경쟁에서 오기 때문이다.

제 5 부  정보정책론 I : 총괄적 논의

이러한 관점에서 볼 때, 국가사회 정보기반 조성은 민간부문의 자율과 창의성이 시장상황에 맞게 탄력적으로 추진될 수 있도록 주도하여야 하며, 정부는 이러한 환경과 경쟁요건을 조성하는 데 필요한 지원을 아끼지 말아야 할 것이다. 즉, 정부는 보호, 규제 및 개입을 대폭적으로 축소하고, 기업활동에 대한 걸림돌을 제거함으로써 경제주체가 공정하게 경쟁할 수 있는 경쟁원칙(*rules of game*)을 정립하여야 한다.

그러나 이것은 정부의 역할이 축소된다거나 소극적으로 된다는 것으로 해석되어서는 안되며, 정보화시대에는 정부의 역할과 정책기능이 바뀌면서 분야에 따라서는 더욱 강력한 정책적 역할이 요구되는 부분도 있다. 대표적으로, 전략적 정보산업정책분야를 들 수 있다. 국가사회 정보화를 촉진시키고 효율적으로 앞당기기 위해, 국가적 파급효과가 큰 사업을 중심으로 정부가 전략적 지원을 통해 초기의 시장실패를 방지하고, 경쟁환경을 조성하는 일은 매우 중요하다. 또한 정보화 과정에서 정부는 관련 정책 이슈를 잘 설정하고, 정책대안을 제시할 수 있는 집단들을 참여시키며, 공정한 정책토론이 될 수 있도록 하고, 선정된 정책이 실질적으로 집행될 수 있도록 보장해 주는 역할을 담당하게 된다. 이러한 정부의 지원은 민간부문의 투자 리스크(*risk*)와 불확실성(*uncertainty*)의 완화를 통해, 민간부문의 투자를 활성화시키는 중요한 역할을 한다.

정부의 개입이 민간의 창의성을 질식시키는 일이 있어서는 안 된다는 중요한 명제와 시장환경의 불확실성 감소를 위해 정부의 집중적 지원이 필요하다는 것은 상충되는 것이 아

〈그림 14-6〉 전략적 정보산업 정책의 연구프레임

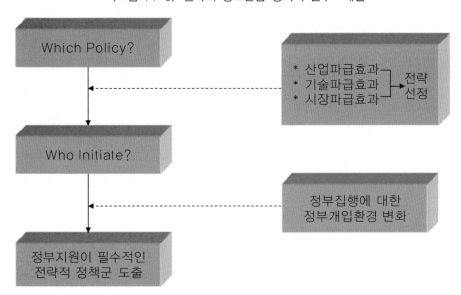

니다. 경우에 따라서는 선도시험망 사업, 시범사업 및 예비사업(*pilot project*) 등과 같이 정부와 민간의 협력사업이 더욱 효과를 발휘하는 경우도 있다(Fields, 1993: 15; 한국전자통신연구소, 1996b: 73). 이상의 논의를 그림으로 정리하면 〈그림 14-6〉과 같다.

**사례**

### 정보화의 중앙정부와 민간부문의 협력사례

▸ **핀란드의 울루 지역(Oulu Region)**

울루 지역은 핀란드 북부의 중심 도시로서 북구 최초의 산업단지이며 북구의 실리콘밸리라 불리고 있다. 울루 지역의 성공요인은 다음과 같이 네 가지로 분류해 볼 수 있다.

① 지방정부가 지역의 변화에 주도적 역할을 담당했다는 점,
② 지방정부가 지역의 주요 연구개발 단지에 투자(Technopolis: 20%, Oulutech LTD: 30%, Medipolis: 55%, Teknoventure LTD: 26%)는 물론 연구단지 지원을 담당하는 Hitech Service에는 100% 투자했고,
③ 지역대학의 역할이 중요했다고 볼 수 있는데 이 지역의 대학이 통신 및 의학교육에 집중하였고 이들의 연구결과와 배출된 인력을 바탕으로 신산업단지가 형성될 수 있었다는 점,
④ 지방정부는 우선 일정 지역을 설정하고, 이를 바탕으로 관련 서비스를 제공하여 연구개발 업체를 모아 시너지를 창출하고 다시 이를 통해 지역의 이미지를 제고하여 첨단기술의 회사들을 유치하는 전략적 접근을 시도했다는 점이다.

▸ **아일랜드의 National Digital Park**

민관합동으로 시작된 아일정보화랜드의 신산업단지의 경우는 세계적 수준의 소프트웨어 수출, 낮은 법인세, 영어 사용이 가능한 기술인력이라는 세 가지 성공요인을 적극 활용할 수 있다는 점이 강점이다. 또한 아일랜드 정부와 산업단지인 CityWest의 개발자인 부동산개발자가 공동으로 추진하는 민관합작형태를 띠고 있으며, 최적의 업무환경을 제공함으로써 타 지역과 경쟁적 우위를 확보하려 노력하고 있고, 최대한 지원을 제공하려는 정부의 태도(*supportive business environment*)가 강점으로 작용한다.

## 3) 결 어

21세기 경쟁의 핵심 이슈는 '시간과 공간의 극복'이다. 정보기술의 도입과 초고속 정보망의 구축을 통해 기업 내에서 시간·공간·조직의 제약을 극복하고, 더 나아가 기업·정부·국민 간의 유기적 연결을 통해 국가사회의 전반적 시스템을 '지능화'(intelligence)시키는 일이야말로, 국가경쟁력 강화의 핵심 기제가 될 것으로 보인다. 여기에서는 이러한 맥락에서, 우리나라의 국가경쟁력 제고를 위한 정보화 전략방안에 대해 논의하였다.

공급적 측면·수요적 측면과 함께, 유기적으로 연계되어야 할 것이 환경요소의 정비이며, 이를 위해 정부는 전자정부의 실현과 법·제도의 정비, 규제환경의 조성 등을 통해, 국가사회 전반에 걸친 정보공동체(information community) 구현을 가속화해야 한다. 이러한 노력의 결과로 완성되는 정보통신정책은 국가경쟁력 강화와 국민생활의 삶의 질 향상을 통해, 21세기의 문명화된 선진국가로 발돋움하는 데 핵심적 국가전략 수단이 될 것이다.

차세대의 번영과 세계경영의 기회는 절로 오지 않는다. 미래를 투시하고 이에 부응하는 정책 패러다임의 전환 및 실천이 있어야 한다. 기업의 창의성과 생산성이 자생할 수 있는 기회와 환경이 마련되어야 한다. 이러한 정책의 기반조성이 없다면, 우리에게 '21세기 비전과 세계 일류국가의 실현'이란 어둡기만 하다.

<<< **핵심** Point !

◎ 정보정책의 원칙

▶ 민간투자의 장려
▶ 역동적이고 공정한 경쟁의 촉진
▶ 융통성 있는 규제 프레임워크의 정비
▶ 통신망의 상호공개접속 제공
▶ 보편적 서비스의 보장


◎ 정보정책의 논리

▶ 사회적 활력의 진작
  • 정보기술의 개발 및 투자
  • 민간투자와 창의성의 제고
  • 정부생산성의 제고
▶ 인간적인 망의 건설과 공공가치의 보존
  • 인간적인 망의 건설
  • 공공가치의 보존
  • 다양성의 보장
▶ 사회적 형평의 제고
  • 보편적 서비스의 실현
  • 공개적 접근의 보장
  ▶ 근본적 문제: 정신적 가치의 문제
  • 정보교육
  • 정보윤리, 정보문화
▶ 개인의 프라이버시 침해문제 대두. 암호기술의 중요성이 부각. 암호기술을 개발하고
  사용하는 데 장애가 되는 규제조치 완화

## ◎ 전략적 정보정책

▸ 기본이념: 21세기 국가사회의 경쟁력강화와 국민들의 삶의 질 향상

▸ 지식정보화의 정책적 의미
  • 국가의 경쟁력과 국민의 삶의 질을 높이기 위해 정보통신기술을 바탕으로 국가운영에 관한 지식과 정보의 생산, 축적, 전달, 처리, 이용을 원활히 함으로써 국가의 효율성과 생산성을 높이는 것임

▸ 정보산업 정책의 우선순위 기준
  • 산업적 파급효과
  • 기술적 파급효과
  • 시장적 파급효과

▸ 정보정책의 전략적 추진 과정에서의 고려사항
  • 누가 주도할 것이냐의 문제와 정부의 정보산업정책 추진에 대한 시각
  • 국가사회 정보기반 조성은 민간부문의 자율과 창의성이 시장상황에 맞게 탄력적으로 추진될 수 있도록 주도해야 함
  • 정부는 이러한 환경과 경쟁요건을 조성하는 데 필요한 지원 역할

▸ 국가혁신을 위한 정보정책의 총합적 노력은 수요측면과 공급측면의 두 차원에서 조화롭게 이루어져야 함

◎ 정보정책에 관한 다섯 가지 정부의 기본원칙은 무엇인가?

◎ 정보사회에서 인간적인 망의 건설이란 무엇을 의미하는 것이며, 어떠한 방법을 통해 건설할 수 있는가?

◎ 정보사회에서 정보를 '가진 자'와 '못 가진 자'간의 괴리가 상당해질 것으로 전망되는데, 이러한 상황을 극복하기 위해 정부에서 접근해야 할 관점과 방법은 무엇인가?

◎ 정보의 활용과 선택에 관련하여 시민들이 보장받아야 할 기본권리는 무엇인가?

◎ 정보윤리란 무엇을 의미하는 것이며, 정보윤리에 관한 이슈가 제기되는 세 가지 차원은 무엇인가?

◎ 정보사회에서 개인의 프라이버시 문제가 제기되는 핵심 이유는 무엇인가? 이를 해결하기 위한 방안은 무엇인가?

◎ 정보산업정책의 우선순위로 산업성·기술성·시장성의 세 가지 기준이 제시되고 있다. 이를 설명하라.

◎ 정보정책을 전략적으로 추진하는 과정에서 정부는 어떤 시각을 가지고 정보산업을 추진해 나갈 것인지에 대해 설명하라. 민간과 정부 각각의 역할 분담은 어떻게 이루어져야 하는가?

## 고시**기출문제**

※ 해당 답안작성요령은 고시기출출제 시기에 맞춰서 작성되었음

[ 고시기출문제 (1) ]  세계 각국은 행정의 민주성과 효율성을 제고하기 위하여 전자정부를 통하여 고객 지향적 서비스를 제공하려고 노력하고 있다. 그러나 전자정부를 추진하는 환경은 국가마다 다르고 전략도 상이하다. 예를 들면, 행정효율과 성과를 중시하는 신공공관리에 초점을 둘 수 있고, 참여와 개방을 추구하는 뉴거버넌스에 초점을 둘 수도 있다.

1) 우리나라의 전자정부는 어떠한 관점에서 추진되었는지를 설명하시오.
2) 전자정부의 성공요인과 장애요인을 설명하시오.
3) 변화하는 환경에 부합하는 미래 전자정부의 방향과 전략을 논의하시오. [2011년 입시]

[답안작성요령]

☞ 핵심 개념

전자정부는 정보통신기술을 기반으로 보다 효과적인 대국민 서비스를 제공하고 행정서비스에 대한 높은 대응성과 책임성을 확보하려는 행정체계라고 말할 수 있다. 이를 통해 전자정부는 궁극적으로 행정의 효율화, 시민지향적 서비스, 참여 민주주의 확대 등을 지향할 수 있다. 본 문제에서는 전자정부의 개념, 유형(단계), 전자정부 추진의 특징, 개선 방향 등을 이해하고, 우리나라에서의 사례와 접목하여 설명할 수 있어야겠다. 더 나아가 최근 제기되고 있는 정부3.0과 연계하여 미래 전자정부의 방향과 전략을 논해 주는 것이 핵심이라 하겠다.

☞ 한국의 전자정부 추진과정 및 관점

1970년대 후반에서 80년대 전자정부 도입기에서는 행정전산화 사업이 시행되었고, 80년대에서 90년대 들어서는 기반조성기로 국가기간전산망이 구축되었으며, 90년대 이후로는 전자정부의 구현을 위한 다양한 사업이 확대 추진되며 각 정부별로 정보화관련 계획과 비전이 발전단계에 맞춰 제시되기도 하였다.

우리나라에서 전자정부 추진의 주된 관점은 다음과 같다.

첫째, 효율성 위주의 정책 추진이다. 즉 전산화 시스템을 통해 종이 없는 행정과 네트워크 관리 등으로 행정비용을 감소시켜 예산낭비를 최소화하겠다는 생산성 관점이 강하게 나타났다.

둘째, 공급자 위주의 관점이다. 국민의 편의증진 의미보다는 정부 자체의 기능성 향상과 편의도모를 위한 측면에서 접근하게 된 경향이 강하게 나타나고 있다.

셋째, 양적 성장 위주의 전자정부 추진이다. 즉, 정부 주도적인 전자정부 추진으로 소프트웨어 측면보다는 하드웨어 측면에서의 양적 성장에 더욱 큰 비중을 두고 있었다. 즉, 참여와 개방을 추구하는 뉴거버넌스 관점보다는 행정효율과 성과를 중시하는 신공공관리(NPM) 관점에서 전자정부가 추진되어 왔다고 할 수 있다.

☞ 성공요인과 장애요인 분석

| 성공요인 | 장애요인 |
| --- | --- |
| 국가적 관심<br>경쟁력 제고 수단으로서 IT발전을 추구하면서 전자정부의 발전도 함께 추진됨 | 내부적 장애요인<br>• 효율성 측면의 강조로 민주성 제고 등에 미약<br>• 정권별로 전자정부 추진체계·비전 등 변화 거듭 |
| 인프라 구축<br>초기부터 정보화사업에 대한 관심이 집중되며 인프라 구축에 예산과 자원 지원이 이뤄짐 | 외부적 장애요인<br>• 하드웨어 중심으로 소프트웨어 경쟁력 부족<br>• 국가적 관심에 비해 국민적 관심 부족 |

자료: 본서 제14장 정보정책의 논리 참조.

☞ 전자정부의 발전방향

① 비전의 정립: 전자정부의 지향점은 정부의 생산성 제고를 위한 행정업무의 효율화만으로 끝나는 것이 아니라 국민 참여 확대를 통한 민주성과 함께 고객 지향적인 정부 서비스로서 소통을 강화할 수 있는 방향으로 비전이 정립될 필요가 있다. 또한 이러한 비전이 구현될 수 있도록 정책적 추진력이 뒷받침될 수 있어야겠다. 지금까지 정부 입장에서 전자정부가 발전되어 왔다면, 이제는 국민 입장에서 전자정부가 설계되고 실행되어야 한다.

② 추진체계의 지속적 정비: 전자정부의 세계적 위상 가운데에서도 컨트롤 타워의 정립, 국가정보화전략위원회의 조정력 문제 등 전자정부의 추진체계에 있어서는 다양한 요인들이 해결해야 할 문제점으로 지적되고 있다. 새로운 정부 하에서 이뤄진 조직개편에서도 행정안전부(전 안전행정부)가 전자정부 업무를 담당하는 한편 방송과 통신을 담당하는 방송통신위원회와 과학기술정보통신부(전 미래창조과학부) 등 분절적 체계가 유지되고 있어 통합과 조정의 문제, 독립성의 문제, 부처 간 의사소통 문제를 해결할 수 있도록 지속적으로 노력할 필요가 있다.

③ 국민참여의 내실화: 국민신문고, 서울시 오픈시스템 등 국민참여를 유도하는 우수사례들이 소개되고 있으나, 우리나라 전자정부의 현실은 시민의 진정한 참여에 대한 평가는 아직 부족한 것이 현실이다. 전자정부가 실질적인 소통의 통로로 작용하며, 진정한 양방향성 전자정부 및 공공영역의 장 활성화로 인한 시민담론 기능의 강화가 필요하다고 하겠다.

④ 소프트웨어 산업 육성: 하드웨어 중심으로 발전되어온 전자정부는 이제 소프트웨어 산업의 육성으로 그 경쟁력을 더욱 높일 필요가 있겠다. 특히 스마트 정부 시대, 유비쿼터스 정부, 모바일 정부, 빅데이터를 활용할 수 있는 정부로서 이러한 소프트웨어 산업의 육성은 차세대 전자정부 시대를 이끄는 데 큰 역할을 할 것이다.

☞ 전자정부3.0

새 정부는 정부3.0의 비전 혹은 궁극적인 최종 목적을 정부 부처 간 그리고 정부와 민간이 협업하며 신 부가가치를 창조하고 맞춤행복을 국민에게 제공하는 창조정부 구현이라고 표명한다. 박근혜 대통령이 대선 후보 시절 대선 공약으로 제시한 정부3.0은 정보통신기술을 활용하여 융합의 중요성을 강조하며, 정부혁신을 구현하려는 국정기조를 설정한 것으로 이해할 수 있다. 이를 위해 우리나라의 정부3.0 추진에서 필요한 점은 다음 세 가지로 요약할 수 있다.

첫째, 행정기관이 중심이 아닌 국민이 중심이 되어 진행되어야 한다. 정부 행정의 대부분은 대국민 '서비스'이기 때문에 행정 행위의 객체로써의 국민이 아닌, 공공 서비스를 받아야하는 주체로서 국민을 중심으로 정부3.0이 구축되고 작동되어야 한다.

둘째, 현재의 민원업무를 전산화하는 수준을 벗어나서 다양한 네트워크, 플랫폼, 콘텐츠를 제공하여, 국민들이 보다 쉽고 현실적으로 체감하는 서비스를 제공하도록 해야 한다.

셋째, 정부3.0은 개인 맞춤형 서비스를 제공하여야 한다. 이것은 국민의 필요에 맞게 공공서비스가 제공되어야 한다는 것인데, 단순한 문제제기나 진정(陳情, petition)에 대응하는 민원 서비스가 아니라 환경의 변화, 국민의 특성에 따라 자동으로 적응하는 진정 스마트한 정부가 되어야한다는 뜻이다.

☞ 고득점 핵심 포인트

'정부3.0, 유능한 정부' 추진방향에 따르면 '공개·공유·소통·협력' 등을 통해 맞춤행복의 실현을 추구하고 있다. 또한 기존의 수직적이고 일방적인 정보 공개에서 벗어나서 모든 정보와 지식을 공개하고 공유하여 정책의 방향을 잡고 함께 문제해결하는 것을 목표로 하고 있다.

　구체적인 정책과제로는 '개인별 맞춤형 행정서비스'를 부처 간에 연계하여 제공하는 것과 '민원24'를 통해 생활민원정보가 맞춤형으로 통합 제공되는 방식으로 개선되는 것, 공공기관의 정보 공개 확대 등을 들고 있다. 이와 같이 정부에서 발표되는 정책 및 추진계획 등에 지속적인 관심을 갖고 이러한 내용들이 함께 서술될 수 있다면 더욱 완성도 높은 답안이 될 것이다(본서 제14장 정보정책의 논리; 권기헌, 행정학강의(박영사), 제14장 전자정부 3.0을 참조바람).

[ 고시기출문제 (2) ]　정부, 기업, 시민사회간의 협력적 관계를 지향하는 거버넌스의 관점에서 전자국회 즉, 입법부 정보화의 추진방향과 전략을 논하라. [2004년 입시]

[답안작성요령]

☞ 핵심 개념

　본 문제의 핵심개념은 입법부 정보화로서 전자국회이다. 따라서 서두에 전자국회의 개념과 목적 및 등장배경에 대해서 기술해주어야 한다. 이를 토대로 거버넌스의 관점에서 추진방향과 전략을 서술해 주어야 한다.

　전자국회란 전자정부의 시대에 맞추어 국회 운영에 정보통신기술을 적용·활용하는 것을 의미한다. 이는 국회 내외의 입법지식 및 국정운영 관련 지식과 정보의 통합 활용을 가능케 하며, 국민과의 소통을 활성화하여 열린 국회를 구축함을 의미한다. 즉 전자국회는 입법과정에 있어 효율적 업무처리와 함께 전자민주주의 실현에 기여하려는 목적을 가지고 있다

☞ 전자국회 추진방향 및 전략(거버넌스의 관점)

　본 문제의 핵심 요지는 '거버넌스'의 관점에서 전자국회의 추진방향과 전략을 논하는 것이다. 따라서 단순하게 전자국회의 추진방향 및 전략을 기술하는 것이 아닌 의회 내부적·대정부·대국민 전략 등과 같이 거버넌스 행위자별로 세분화하여 기술하는 것이 필요하다.

| 의회 내부 전략 | 기술적 측면 | 의회내부의 시스템 전자화(국회의 의사기록 또는 현장중계 등에 정보통신기술이 적용되어 빠른 시간 내에 정보가 전달 및 저장될 수 있게 하는 시스템 등) |
| --- | --- | --- |
| | 구조적 시스템적 측면 | 의회의 입법과정 전자화(발의된 법안이 전자화되어 온라인 상에서 확인될 수 있는 구조적·시스템적 측면) |
| 대정부 전략 | 행정 입법 측면 | 국회와 정부 간의 관계에 있어 정보통신기술을 활용하여 정보공유와 의견공유 그리고 입법과정이 처리된다면 시간과 비용의 낭비를 막고 보다 높은 수준의 협력을 끌어낼 수 있음 |
| | 국가 정보화 | 입법부 정보화의 추진은 행정부 정보화와의 연계 하에서 이루 |

| | | |
|---|---|---|
| | 측면 | 어져야 하는 바 정보 공동 활용의 시스템을 마련하고 국가의 통합적 측면에서 양자가 연계되어 정보화가 이루어 질 수 있도록 협조하여야 함 |
| 대국민 전략 | 정보 접근성 강화 | 입법과정에 대한 정보를 국민이 쉽게 접할 수 있어야 함. 즉, 정보화를 통해 국민의 정보 접근성을 강화해야 함. 이는 국민의 참여의 강화로도 연결됨 |
| | 국민의 감시 기능 상시화 | 입법부의 독주를 견제하고 대리인으로서의 의회의 역할을 부각시키기 위해서는 의회에 대하여 국민의 감시가 상시화 되어야 함. 이는 국회 스스로가 자정력을 갖추게 함과 동시에 국민에 의한 사후적 관리가 가능하도록 하는 것을 의미함 |

자료: 메가스터디 기출문제집, 2012 수정.

☞ 고득점 핵심 포인트

본 문제는 거버넌스의 관점에서 전자국회에 대하여 논할 것을 요구하고 있다. 따라서 관계 주체별로 세분화하여 서술함과 동시에 협력적 네트워크를 통한 앞으로의 발전방향과 전략을 논의해주는 것이 좋을 것이다.

# 제6부

# 정보정책론Ⅱ:
## 영역별 논의

제6부에서는 정보정책론의 영역별 논의를 한다. 먼저 정보정책에 대한 이론적 틀을 국가(정부)-시장(기업)-시민사회(NGO)라는 국정 거버넌스의 분석기준을 중심으로 검토한 다음, 이러한 이론적 틀을 토대로 정보정책의 각론들에 대해서 쟁점과 내용들을 정리하고자 한다.

조금 더 구체적으로는 초고속정보통신기반정책(BcN사업), 첨단정보산업정책, 지역정보화정책, 정보화마을정책, u-City정책 등 국가(정부)차원의 정책과 전자상거래정책, 표준화정책, 지적재산권보호정책, 방송통신융합정책, 디지털콘텐츠정책, 녹색성장정책 등 시장(기업)차원의 정책, 그리고 행정정보공개정책, 보편적 서비스정책, 개인정보보호정책, 온라인상의 익명성과 관련된 정책(인터넷 실명제), 컴퓨터 범죄예방 정책 등 시민사회차원의 정책들에 대해서 논의한다.

# 정보정책론 개관:
## 정보정책에 대한 논의의 틀

 >>> 학습목표

정보정책론 개관에서는 정보정책에 대한 논의의 틀을 학습한다. 또한 전자정부 개념의 세 가지 차원을 살펴본 후, 정보정책의 세 차원에 대해 학습한다.

첫째, 정보정책에 대한 논의의 틀에서는 국정 거버넌스 분석단위를 중심으로 한 정보정책 논의의 틀에 대해 학습한다.

둘째, 전자정부 개념의 세 차원에서는 생산성 차원, 민주성 차원, 성찰성 차원으로 분류하여 살펴본다.

셋째, 정보정책의 세 차원은 국가(정부)-시장(기업)-시민사회(NGO)를 주체로 생산성-민주성-성찰성의 차원으로 나누어서 살펴본다.

## 1.  개관: 정보정책에 대한 논의의 틀

　　정보정책을 어떤 범주로 유형화할 것인가에 대한 정형화된 논의는 찾기 어렵다. 기존의 정보정책론 교과서는 병렬적으로 나열해 놓은 경우가 많았다. 이 책에서는 정보정책의 정책이슈별 분류유형화를 시도하는데, 구체적인 방법으로는 국정 거버넌스 이론에서 논의하는 국가(정부)-시장(기업)-시민사회(NGO)의 세 가지 기준을 이용해 분석하기로 한다(〈그림 15-1〉 참조).

　　국가(정부)는 기업과 시민사회를 정책대상으로 하여 정책을 결정하고 집행하는 정책운영의 주체로서, 국가(정부)가 정책운영에 있어서 중점을 두는 부분은 크게 세 가지다. 첫째, 경제영역에서는 국가경쟁력(정부생산성) 강화이고, 둘째, 정치영역에서는 참여민주주의의 활성화이며, 셋째, 사회영역에서는 건강한 시민공동체의 형성이다.

〈그림 15-1〉 정보정책 논의의 틀: 국정 거버넌스 분석단위를 중심으로

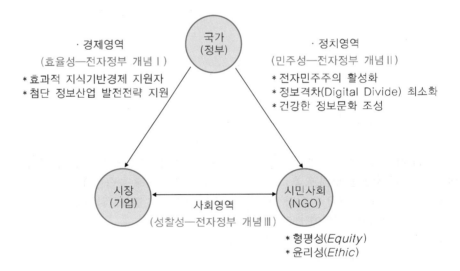

## 2. 전자정부 개념의 세 차원

정보정책에 대한 논의의 틀은 이 책에서 중요하게 강조하는 전자정부 개념의 세 차원과도 일치한다. 전자정부 개념의 첫 번째 차원은 생산성(*productivity*) 차원이다. 전자정부는 정보기술을 이용하여 정부 내부 운영의 생산성을 극대화하여, 시장에서 기업 활동을 효율적으로 지원해 주는 생산적 정부이다. 지식기반경제하에서 민간부문의 자율성과 창의성이 극대화될 수 있도록 기업과 고객에게 효율적인 서비스를 제공해 줄 수 있는 정부이다. 이를 위해서는 먼저 정부 내부의 생산성을 극대화해야 하는데, 이를 위해 정부 내부 운영시스템에 디지털 신경망 기술을 효과적으로 이용한다.

전자정부 개념의 두 번째 차원은 민주성(*democracy*) 차원이다. 전자정부는 정보기술을 이용하여 전자민주주의를 활성화시키는 정부이며, 이를 통해 정책과정에서의 투명성 제고 및 정치과정에서 시민의 참여를 활성화시키는 민주적 정부이다.

전자정부 개념의 세 번째 차원은 성찰성(*reflexibility*) 차원이다. 전자정부는 정보기술을 이용하여 사회공동체의 수평적·수직적 커뮤니케이션을 활성화시키는 정부이며, 이를 통해 조화롭고 통합된 사회를 구현하고 더 나아가 신뢰받고 성숙한 사회공동체를 이루는 성찰적 정부이다.

## 3. 정보정책의 세 차원

정보정책의 차원에서도 이러한 세 차원의 분석 단위는 그대로 이어진다. 국가(정부)-시장(기업)-시민사회(NGO)를 주체로 생산성-민주성-성찰성의 차원으로 나누어서 검토할 수 있다.

정보정책의 첫 번째 차원은 국가와 정부 차원에서의 생산성 혹은 효율성(*efficiency*) 문제이다. 정부는 국가(사회)를 대상으로 국가경쟁력 강화를 위해 효율성 차원에서, 정보정책이라는 정책수단을 효과적으로 사용해야 한다. 이러한 정보정책의 유형으로는 초고속정보통신기반 정책, 전략적 정보산업정책(첨단정보산업정책), 지역정보화정책, 정보화마을정책, u-City

정책 등을 들 수 있다.

둘째, 정보정책의 두 번째 차원은 시장(기업)과 관련된 정부의 정책인데, 이러한 차원의 정보정책은 시장의 효율성 강화와 관련된 정책들이다. 시장 및 기업의 효율성 제고와 관련된 정보정책의 유형으로는 전자상거래(EC/CALS)정책, 표준화정책, 지적재산권보호정책, 방송통신융합정책, 디지털콘텐츠정책, 녹색성장정책 등을 들 수 있다.

셋째, 정보정책의 세 번째 차원은 시민사회(NGO)와 관련된 정부의 정책인데, 이러한 차원의 정보정책은 성숙한 시민공동체 구현을 위해 민주성(*democracy*), 형평성(*equity*), 성찰성(*reflexivity*) 문제와 관련이 깊다. 정보정책과 관련하여 시민사회(NGO)가 특히 관심을 갖는 부분은 민주성, 형평성, 성찰성인데, 민주성 차원의 정보정책의 유형으로는 전자민주주의의 활성화 정책, 투명한 행정정보공개 정책 등을 들 수 있고, 형평성 차원의 정보정책유형으로는 정보격차 해소정책, 정보리터러시 함양정책, 보편적 서비스 정책 등을 들 수 있으며, 윤리성(성찰성) 영역의 정보정책유형으로는 개인정보보호정책, 온라인상의 익명성과 관련된 정책(인터넷 실명제), 컴퓨터 범죄예방 정책 등을 들 수 있다.

〈표 15-1〉 정보정책의 유형

국가(정부)-시장(기업)-시민사회(NGO) 분석단위 및
효율성-민주성-성찰성의 정책이념을 중심으로

| 거버넌스 분석단위 / 거버넌스 정책이념 | 국가(정부) | 시장(기업) | 시민사회(NGO) |
|---|---|---|---|
| 효율성 (생산성) | • 초고속정보통신기반정책 (BcN)<br>• 첨단산업정책<br>• 지역정보화정책<br>• 정보화마을정책<br>• u-City정책 | • 전자상거래정책 (EC/CALS 등)<br>• 표준화정책<br>• 지적재산권보호정책<br>• 방송통신융합정책<br>• 디지털콘텐츠정책<br>• 녹색성장정책 | |
| 민주성 | | | • 전자민주주의정책<br>• 행정정보공개정책 |
| 형평성 | | | • 정보리터러시정책<br>• 보편적 서비스정책<br>• 국제정보정책 |
| 윤리성 (성찰성) | | | • 개인정보보호정책<br>• 온라인상의 익명성과 관련된 정책(인터넷실명제)<br>• 컴퓨터 범죄예방정책 |

사실 모든 정책들은 서로 연계되어 있기에 차원과 영역을 명확하게 분류하는 것은 불가능하다. 효율성과 민주성도 연계되어 있고, 형평성과 성찰성도 연계되어 있다. 다만 본서에서의 정책 유형화는 추진 주체가 누구인가 하는 문제와 어떤 이념에 더 많은 관심을 가지고 있느냐 하는 주제를 중심으로 정보정책을 분류해 봄으로써 정보정책의 유형화를 시도해 보고자 한다(〈표 15-1〉 참조).

<<< **핵심** Point !

◎ 정보정책에 대한 논의의 틀

▸ 정보정책을 어떤 범주로 유형화할 것인가에 대한 논의가 중요
▸ 국가는 기업과 시민사회를 정책대상으로 하여 정책을 결정하고 집행하는 정책 운영의
  주체로서, 국가가 정책운영에 있어서 중점을 두는 부분은 세 가지로 논의됨
  • 경제영역에서 국가경쟁력 강화
  • 정치영역에서 참여민주주의의 활성화
  • 사회영역에서 건강한 시민공동체의 형성

◎ 전자정부 개념의 세 차원

▸ 생산성
  • 정부 내부의 생산성을 극대화
  • 정부 내부 운영시스템에 디지털 신경망 기술을 효과적으로 활용
▸ 민주성
  • 정보기술을 이용하여 전자민주주의를 활성화
  • 정책과정에서의 투명성 제고 및 정치과정에서 시민의 참여를 활성화
▸ 성찰성
  • 정보기술을 이용하여 사회공동체의 수평적·수직적 커뮤니케이션을 활성화
  • 신뢰받고 성숙한 사회공동체를 실현

◎ 정보정책의 세 차원

▸ 국가와 정부 차원에서의 생산성 혹은 효율성 문제
  예시) 초고속정보통신기반정책(BcN사업), 전략적 정보산업정책(첨단정보산업정책),
       지역정보화정책, 정보화마을정책, u-City정책 등
▸ 시장(기업)과 관련된 정부의 정책으로서 효율성 강화와 관련된 정책
  예시) 전자상거래(EC/CALS)정책, 표준화정책, 지적재산권보호정책, 방송통신융합
       정책 등

▶ 시민사회(NGO)와 관련된 정부의 정책으로서 성숙한 시민공동체 구현을 위한 민주성·윤리성·형평성과 관련된 정책

예시) ① 민주성 차원의 정보정책유형: 전자민주주의의 활성화 정책, 투명한 행정정보 공개정책

② 형평성 차원의 정보정책유형: 정보격차 해소정책, 정보리터러시 함양정책, 보편적 서비스 정책

③ 윤리성 영역의 정보정책유형: 개인정보보호정책, 온라인상의 익명성과 관련된 정책(인터넷 실명제), 컴퓨터 범죄예방 정책 등

◎ 국가(정부)가 정책운영에 있어서 중점을 두는 사항에 대해 세 가지로 정리해 보자.

◎ 정보정책에 대한 논의에서 크게 중요하게 강조되는 전자정부 개념의 세 차원은 생산성, 민주성, 성찰성이다. 이 세 차원의 개념을 설명하고 정책방향에 대해 언급하라.

◎ 정보정책의 세 차원은 무엇이며, 각 차원별 강조되는 정보정책에 대해 언급하라.

**[ 고시기출문제 (1) ]** 이명박 정부의 정보화정책 추진체제에 대하여 서술하시오. [2011년 입시]

**[답안작성요령]**

☞ 핵심 개념

본 문제는 정보화 환경변화 및 새로운 정책수요에 대응하여 과거 "정보화 촉진"을 위한 정책에서 "정보화 활용"으로 정보화 패러다임 변화에 대응하기 위해 추진된 이명박 정부의 정보화정책 추진체제에 대해 설명하는 핵심이다. 정보화정책은 전 부처와 연계되어 있는 하나의 행정 혁신으로서 이를 종합적으로 조정하고 분배하는 추진체계의 역량이 중요한 역할을 하게 된다. 따라서 정보화정책 변화에 따른 이명박 정부의 정보화정책 추진체계의 성과와 한계를 기술하여야 한다.

☞ 정보화정책 변화와 이명박 정부의 정보화정책 추진배경

우리나라의 정보화는 1970년대 일괄처리 위주의 단순하고 반복적인 업무를 전산화하는 행정전산화를 시작으로 정부에서 주도적으로 추진하였다. 1990년대 중반까지 국가기간전산망사업을 통해 우리나라 국가정보화 추진기반을 조성하였다. 그후 정보통신사업의 기반을 조성하고 초고속 정보통신기반 구축사업 등 국가의 주요 정보화사업을 효율적이고 일관성있게 추진하기 위해 1995년 정보화촉진기본법을 제정하고, 1996년 제1차 정보화촉진기본계획을 수립하였다.

그러나 이후 IMF 외환위기와 지식기반경제로의 전환 등 정보화 추진환경이 크게 변화함에 따라 2000년 이후 정부업무의 효율성 증진뿐만 아니라 대민서비스에 있어서 투명성을 향상하고, 국민, 기업에 대한 서비스 개선을 위한 전자정부사업이 추진되었다.

이후 인터넷 이용이 보편화되고 정보화의 전반적 확산에 따라 "촉진과 확산" 중심의 기존 정책에 한계가 노출되었다. 이에 따라 이명박 정부는 정보화의 환경변화와 새로운 정책수요에 대응하여 그동안 정보화 추진과정에서 발생한 문제점을 해소하고, "촉진"에서 "활용"으로의 정보화 패러다임 변화를 대응하기 위하여 '국가정보화 기본계획(2008-2012) 수립하여 추진하였다.

☞ 이명박 정부의 정보화정책 추진체제와 성과

국가정보화기본법에 따라 이명박 정부는 국가정보화 추진체계로 대통령 소속 국가정보화전략위원회를 신설하여, 2009년 11월에 출범시켰다. 국가정보화전략위원회는 기본계획 및 시행계획의 수립, 지식정보자원의 지정, 정보문화의 창달 및 정보격차 해소 사업의 우선순위 결정 등 국가정보화 전 분야에 대한 정책을 심의하는 정보화정책과 관련된 최고 기구로서 위상을 지닌다.

또한 새로운 정보사회 패러다임을 반영한 미래지향적인 정보화정책 의제를 발굴, 추진함으로써 국가정보화의 통제탑(control tower)으로서의 위상도 확보하였다고 볼 수 있다.

국무총리와 민간전문가를 공동위원장으로 하여 정보화 관련 중앙부처 장관 등 당연직 정부위원 15명과 정보화 분야의 민간전문가 14명 등 총 31명으로 구성되었다. 이는 민간 협력을 바탕으로 운영할 것을 주문하는 것이다.

또한 국가기관과 지방자치단체는 정보화시책의 수립, 시행과 조정을 위해 정보화책임관(CIO)를 두고 있으며, 국가수준에서는 각 부처의 정보화책임관협의회를 두어 정보화정책의 토론장을 마련함으로써 거버넌스 체제를 구축하였다고 볼 수 있다.

그리고 국가정보화 기본계획은 창의와 신뢰를 바탕으로 과거와 차별적인 정보화 추진을 위한 네 가지 추진전략을 설정하였는데, 이는 '활용 중심의 정보화 추진', '소통과 융합의 정보화 추진', '정보화 역기능에 대한 적극적 대응', '민관 협업의 정보화 거버넌스 체계 구축' 등이다. 이는 과거의 정보화 추진성과를 인정하면서도, 촉진과 확산 중심의 정보화 추진에 따른 한계와 문제점을 인식하고 이를 극복할 새로운 정보화 정책방향을 제시한 것으로 평가할 수 있다(권기헌, 2013: 213 - 214).

☞ 이명박 정부의 정보화정책 추진체제의 한계

① 방향성의 부재: 국가정보화전략위원회는 당초 범정부 전사아키텍처(EA)를 통한 국가 정보화 통합 및 연계 강화를 위해 설립됐다. 그러나 출범 후 스마트워크(smart work) 등 스마트정부 구현으로 활동 범위를 넓혔다. 이러한 방향성을 놓고 국가정보화전략위원회는 내부 갈등을 겪었다. 일부 위원들은 당초 설립 목표인 국가정보화 통합을 중점적으로 추진해야 한다고 주장한 반면 위원장을 비롯한 일부 위원은 국가정보화의 큰 그림을 그려야 한다는 시각이다.

② 권한 부족: 국가정보화전략위원회가 실질적인 권한을 갖지 못하였다. 국가 정보화 사업을 추진하기 위해서 각 부처는 국가정보화전략위원회를 거치지 않고 정보화 사업의 기획과 예산 수립을 진행하는 경우도 많다.

③ 보고체계의 한계: 국가정보화전략위원회가 대통령 직속 기구임에도 불구하고 대통령 보고체계를 갖추지 못하고 있다(자료: 메가고시연구소, 정보체계론, 2012에서 수정).

☞ 고득점 핵심 포인트

우리나라의 국가정보화 정책은 정치, 행정, 경제, 사회적 이슈와 새로운 환경변화에 대응하여 문제를 해결할 수 있는 방향으로 끊임없이 변화해 오고 있다. 그러나 정보화정책은 전 부처와 관련성이 높고, 자원의 배분과 권한의 귀속에 대하여 갈등이 많이 발생한다. 그러므로 이러한 갈등을 조정하고, 정부 조직 내외부간 정보 공유와 기술 연동을 위한 통합적이고 연계성이 높은 추진체계가 필요하다.

따라서 이러한 측면에서 이명박 정부의 정보화정책 추진체계 수립 배경을 설명하고, 추진체제의 성과와 한계를 제시하면서, 향후 추진체제의 발전 방향을 제시하여 주면 더욱 완성도 높은 답안이 될 것이다(본서 제9장 본문 전자정부의 추진전략; 전자정부 법제도기반을 참조바람).

[ 고시기출문제 (2) ]  최근 우리 사회는 지식정보화가 급격히 진행되면서 국민들의 활동 무대가 실제 공간에서 사이버 공간으로 이동하고 있다. 이 과정에서 과거에 경험하지 못한 새로운 사회적 문제들이 발생하고 있다. 인터넷을 통한 특정사안에 대한 허위사실 유포, 특정인에 대한 악의적인 비방 등이 대표적인 예이다. 이로 인해 사이버 공간에 대한 정부규제의 필요성이 제기되고 있다. 다음 물음에 답하시오. [2008년 행시]
1) 사이버 공간에 대한 정부개입의 정도에 따른 규제유형을 제시하시오.
2) 위의 규제유형들이 갖는 장단점을 비교설명하고 적정한 정부규제방안을 제시하시오.

[답안작성요령]

  ☞ 핵심 개념

  본 문제는 사이버 공간에 대한 정부규제의 필요성, 유형 및 방안에 대해 묻고 있다.

  사이버 공간에 대한 정부규제 유형을 정부개입의 정도에 따라 제시한다면, 그 정도가 강에서 약의 순으로 정부단독으로 규제하는 경우, 제3자가 규제하는 경우, 자율적 규제의 경우로 제시할 수 있겠다.

  각 유형에 대해 간단히 설명하면, 첫째, 정부가 단독으로 규제하는 경우 정부개입정도가 가장 강한 규제로서 규제 대상을 미리 공고하고 그에 따라 어길 경우 처벌하는 경우이다. 둘째, 제3자에 의한 규제는 민간기구에 의한 규제로서 규제 세부내용에 대해서는 정부가 관여할 수 없으며, 규제방침이 결정된 후 처벌에 대해서는 공공기관에 의존하는 경우이다. 셋째, 자율규제는 규제를 실행함에 있어, 그리고 규제를 어길 경우에도 정부가 관여하지 않는 규제를 말한다. 즉, 정부의 개입이 가장 약하며, 구성원간 상호규제, 공동협약으로서 규칙을 제정하고, 공식적인 처벌은 없으며 법에 의한 규제가 아닌 특정문화를 정착시키는 데 기여하고자 하는 바가 큰 유형이다.

  ☞ 각 유형의 장단점 및 적정한 정부규제방안

  앞서 제시한 각 규제유형의 장단점을 설명하면, 첫째, 정부 단독 규제의 경우 장점으로는 규제에 관한 리더십이 발휘되며 규제의 방식과 처벌 기준이 명확하여 국민들의 신뢰를 높일 수 있으며, 법에 의한 관리로 규제에 관해 체계적인 실행이 가능하여 규제집행의 일관성을 높일 수 있다. 단점으로는 민간부문의 자율성을 저해하고, 빠르게 변화하는 사회 및 기술의 속도에 적응하지 못할 수 있으며, 정부부패, 공권력 남용 등이 발생할 수 있다.

둘째, 제3자 규제의 경우 장점으로는 정부규제보다 사회 및 기술 즉, 현실의 변화에 대한 적응이 빠르며, 따라서 불필요한 규제를 제거하거나 최소화할 수 있어 규제의 효율적 집행을 높일 수 있다. 단점으로는 사익을 위한 규제가 발생하여 공정한 경쟁을 위한 규제가 어려울 수 있으며, 규제에 관한 합의가 어려울 수 있다.

셋째, 자율규제의 경우 장점으로는 특정 처벌이나 법에 의존하지 않고 구성원들 간의 합의를 통해 규칙을 도출함으로써 구성원의 협력을 도모하고 그에 대한 높은 준수 또한 기대할 수 있으며, 사전적 통제로서 사후적 통제가 미치지 못하는 부분까지 영향을 미칠 수 있다. 단점으로는 구성원들의 자발적인 노력에 의존하여 도덕적 해이가 나타날 가능성이 높으며, 그로 인한 피해에 대한 구제가 어렵다. 또한 자율규제이므로 강제수단이 없어서 민간부문을 규제하는 영향 및 효과가 저조할 수 있다.

따라서 적정한 정부규제방안은 추진기구 운영에 있어서 민간과 정부가 협력하여 운영함으로써 독단적인 판단, 부패문제를 해결할 수 있고, 규제에 대한 재평가를 통해 불필요한 규제를 삭제하고, 부작용을 줄일 필요가 있다. 그리고 자율규제를 장려하여 처벌을 위한 법의 의한 규제가 아닌 사전적 통제로서 예방차원에서 바람직한 문화를 정착시키는 장치가 고안되어야 할 것이다.


☞ 고득점 핵심 포인트

사이버 공간에 대한 정부규제 즉, 사이버 공간에서의 바람직한 국정운영방식을 묻는 질문으로 정부 개입의 정도에 따른 규제 유형을 설명하고, 각 장단점을 비교하여 종합적인 관점 즉, 거버넌스적 접근을 제시하는 것이 핵심이다. 즉, 정부주도, 민간주도, 거버넌스 등의 유형을 제시한 후, 사이버 공간의 자율성 존중과 민간부문의 부족한 공공성을 보완하기 위해 거버넌스적 접근이 바람직하다는 점을 논리적으로 부각시킨다면 고득점 답안이 될 수 있으리라 본다.

본서 제15장에서 살펴보았듯이, 정부 중심, 민간기업 중심이 아닌 민간-정부의 협력적 거버넌스에 의한 방향설정의 중요성 및 민간의 자율성을 존중하는 방향으로의 자치 거버넌스(자율규제)의 효과를 강조해 줄 필요가 있을 것이다(본서 제15장 정보정책의 틀: 거버넌스 분석단위 참조바람).

# 제16장

# 국가경쟁력 차원의 정보정책:
## 생산성 영역 정책
초고속정보통신기반정책(BcN정책), 정보통신산업정책,
지역정보화정책, 정보화마을정책, u-City정책

>>> 학습목표

국가경쟁력 차원의 정보정책에서는 주요 이슈들인 초고속정보통신기반정책(BcN정책), 정보통신산업정책, 지역정보화정책, 정보화마을정책, u-City정책에 대해 살펴본다.

첫째, 초고속정보통신기반정책에서는 개념과 응용분야에 대해 살펴본다. 또한 우리 나라 초고속정보화정책의 집행에 관한 이론적 모형과 집행전략 모형에 대해 학습한다.

둘째, 정보통신산업정책에서는 정보통신산업의 개념 및 정보통신산업정책의 의의에 대해 학습한다. 지식기반경제에서의 정보통신산업정책 패러다임의 변화, 발전 방향 및 정책과제에 대해 살펴본다.

셋째, 지역정보화정책에서는 지역정보화의 개념과 필요성에 대해 살펴보고, 우리나 라의 지역정보화 정책의 문제점과 정책방향 및 과제에 대해 학습한다.

넷째, 정보화마을정책에서는 정보화마을의 개념과 추진체계 및 현황에 대해 살펴보 고, 우리나라의 운영성과에 대해 학습한다.

다섯째, u-City정책에서는 u-City의 개념과 특성 및 추진현황에 대해 살펴보고, 우리나라의 추진방향 및 과제에 대해 학습한다.

## 1. 초고속정보통신기반정책(BcN정책)

### 1) 개 관

초고속정보통신기반은 미국의 클린턴 행정부에 의해 제안되어 전 세계적인 관심을 불러일으켰다. 이후 초고속정보통신기반은 수십 년간의 컴퓨터 이용의 폭발적 증가와 통신기술의 비약적 발전을 통해 실현 가능하게 되었다. 이러한 컴퓨터와 통신기술을 이용하여 정보를 수집·가공하여 우리가 직면한 많은 문제와 의문에 대한 해답을 얻고 새로운 제품, 새로운 서비스 및 새로운 산업의 탄생도 가능하게 되었다. 이와 같은 변화를 주도하는 주체는 통신 사업자, 케이블 TV, 컴퓨터 산업인데, 초고속정보통신기반정책은 국내 정보통신산업의 빠른 발전을 유도하여 국가 사회의 정보화를 촉진하는 효과를 가지고 있다.

초고속정보통신기반은 통신, 컴퓨터, 방송 분야를 위한 기존의 정보구조와 최신 컴퓨터 및 통신기술을 적용한 새로운 정보구조를 통합함으로써 효율적으로 구축될 수 있다. 아울러 초고속 정보통신기반정책이 성공적으로 추진되기 위해서는 정보수요 측면과 정보공급 측면의 요인들이 상호 연결되어 균형을 이루면서 충족되어야 한다. 정보공급과 수요가 원활히 연결되어 초고속정보통신기반이 성공적으로 정착되기 위해서는 정보전송층과 정보유통층, 정보응용층, 정보사회층이 상호관련을 갖고 상호순환하여 연쇄적인 촉발효과를 가질 때, 상호상승적인 정보공급과 정보수요가 이루어지며, 결과적으로 정보화가 성공적으로 정착될 수 있을 것이다.

### 2) 초고속정보통신기반의 개념 및 응용분야

#### (1) 개념 및 정의

초고속정보통신기반은 음성, 데이터, 영상 등 여러 유형의 필요한 정보를 빠른 속도로 언제 어디서나 편리하고 저렴하게 주고받는 것을 가능하게 하는 물리적 통신망뿐만 아니라, 정보기기 및 소프트웨어 그리고 주변 환경인 관련 법, 사회제도, 문화, 이용 관습 등을 포함하는 새로운 사회간접자본을 의미한다. 따라서 초고속정보통신기반의 광의적인 개념은 초고속정보통신망, 관련 정보통신기기 및 소프트웨어와 관련된 주변환경을 총칭하는 것이다.

정보고속도로(*Information Superbighway*)는 초고속정보통신망 개념의 일반화된 용어이다. 초고속정보통신기반을 가능하게 하는 기술은 현재 가능하거나 새로이 제안된 고속 네트워킹 및 고급 컴퓨터 기술 등이다. 고속 네트워킹 기술은 SONET(*Synchronous Optical Network*), ATM(*Asynchronous Transfer Mode*), HIPPI(*High-Performance Parallel Interface*), 무선, 고급 위성 및 광 네트워킹 기술 등을 포함한다. 고급 컴퓨터 기술은 대규모의 병렬처리, 클라이언트-서버, 고급 프로세서 및 입·출력 아키텍처 등이 주요 역할을 할 것이다. 이러한 최신 컴퓨터와 통신망을 이용하는 의료 화상, 복잡한 모델링, 화상회의, 멀티미디어 정보 서비스 등과 같은 새로운 멀티미디어 응용은 매우 혁신적인 기술들이다.

하지만 이들 기술이 아무리 복잡하다 하더라도 소수의 정보기술 엘리트만 이용할 수 있는 것은 아니다. 초고속정보통신기반이 제공하는 고급 정보서비스를 누구나 이용할 수 있으려면 이 서비스를 보다 저렴하게 더 많은 사람에게 접근 가능하도록 하는 정책이 필요하다(우리는 이러한 정책의 일환으로 보편적 서비스 정책과 정보리터러시 정책에 대해서 검토하였다).

## (2) 응용 분야

초고속정보통신기반의 다양한 응용분야는 교육, 의료, 정부 서비스, 환경, 도서관리, 법률 등의 분야로 나눠 볼 수 있다. 교육과 관련된 서비스로는 대화형 학습 또는 다양한 데이터베이스를 통한 정보검색과 원격교육 및 원격 멀티미디어 외국어교육 서비스 등이 있고, 이는 시간과 거리의 제약을 초월한 형태로 제공된다. 새로운 의료서비스를 통해 양질

〈그림 16-1〉 정보통신기반 순환 일반모형

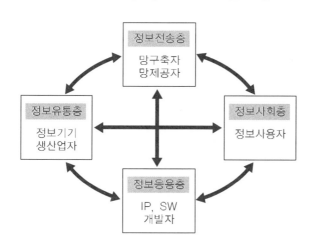

의 의료혜택 수혜자를 늘리고 의료자원에의 접근 및 의료서비스 질을 개선할 수 있다. 새로운 의료서비스에는 원격진료, 응급환자 의료정보, 혈액유통 관리, 통합 외래진료 예약, 그리고 의료자원 수급 모니터링 등이 있다. 대국민 서비스를 획기적으로 개선시키는 방안 중의 하나는 초고속정보통신기반을 이용한 전자정부이다. 이를 통해 제안된 서비스로는 전자주민등록증, 도시종합정보서비스, 저작권정보서비스, 특허기술정보서비스, 종합지리 정보서비스 등이 있다. 환경과 관련된 서비스로는 환경정보서비스와 방재기상정보서비스 등이 있다. 도서관리와 관련된 서비스로는 전자도서관, 전자박물관, 전자미술관 및 문화재 정보서비스 등이 있다. 법률 분야에 새로 제안된 서비스로는 원격 화상재판 및 판례정보서 비스 등이 있다.

## 3) 우리나라의 초고속정보통신기반 구축계획과 성공적 집행모형

당초 우리나라에서는 2010년까지 초고속, 대용량의 정보고속도로인 초고속정보통신기 반을 구축하려는 계획을 수립·추진중에 있었다. 하지만 국내외적인 상황변화에 대처하기 위하여, 1995년부터 2005년까지 연 4조 2,443억 원을 투입하여 공공기관 및 산업체, 일반 가정을 초고속정보통신망으로 연결하는 계획을 추진하였다.

현재 우리나라의 초고속정보통신기반정책의 계획수립 및 추진현황에서 나타나는 집행 모형은 거의 모두가 통신사업자와 연계하여 중앙정부가 주도하는 하향식 통제모형 방식으로 추진되고 있다. 그러나 초고속정보통신기반정책은 많은 하위정책수단들로 구성되어 있으며, 이러한 하위수단들은 각각 적합한 다양한 집행전략모형들이 선택적으로 적용될 때 성공적으로 추진될 수 있다.

### (1) 초고속정보화정책 집행에 관한 이론적 모형

초고속정보화정책 집행에 관한 이론적 모형으로는 다음과 같은 모형들이 있다.

#### (가) 통제모형의 집행(Control Model)

통제모형의 집행관은 정치·행정 이원론과 계층적 통제 개념에 바탕을 둔 전통적 기획과 통제를 강조한다(Sabatier & Mazmanian, 1980; Thompson, 1984). 이 모형에서 집행문제는 어떤 설계상의 오류도 없이 정책을 집행으로 변환시킬 수 있을 것인가 하는 정책집행의 문제로 보고 있다. 그리하여 그들은 집행을 정책의 논리적 결과로 본다.

### (나) 협상모형(*Bargaining Model*)

협상모형은 집행과정을 강조하며 정책목표와 정책결정의 중요성을 부정하거나 감소시켰다(Elmore, 1979; Lipsky, 1978). 이 모형에서 집행의 가장 중요한 관건은 집행자가 처방된 정책에 순응하여 따르는 것이 아니라, 그것을 수행해 나아가야 할 일선관료의 입장에서 개인의 자발적 의사로 정책의 목표에 합의하여 정책에 관여할 수 있도록 되어야 한다고 본다. 즉, 상호흥정과정과 정치적 조정과정을 통하여 관계자들의 상호조정을 강조하는 모형이다.

### (다) 진화모형(*Evolution Model*)

진화모형에서 집행은 정책을 수행하는 것뿐만 아니라 정책을 재구성하는 기능이 있다는 것을 강조한다(Majone & Wildavsky, 1978). 정책의 목적은 다양하며 조직구성원에 의한 인지적 제약이 따르고 환경의 동태성이 자원에 대한 정책제약으로 작용한다. 그리하여 이 입장은 정책을 성공시키기 위해서는 정책집행과정이 전개될 때 집행과정상의 여러 장애를 찾아내고 통합시켜야 한다고 본다.

### (라) 민영화모형(*Privatization Model*)

정부의 정책을 민간에게 이양하여 민간기업 주도로 집행하게 하는 것이 민영화모형이다. 사바스(Savas)는 민영화를 "공공서비스의 제공에 있어 정부의 영역을 줄이고 민간의 영역을 늘리는 것"으로 정의하고 있다. 이는 시장경제의 원리를 정책집행에 적용하는 경우를 말한다. 민영화모형은 정부규제의 비효율성을 인정하고, 시장경제의 원리를 정책집행 개념에 도입함으로써 경제적 능률성을 제고시킬 수 있으며, 국가자원을 보다 효율적으로 배분할 수 있다는 시장원리의 철학적 믿음에 그 바탕을 두고 있다.

### (2) 정책수단별 성공적 집행전략모형

초고속정보통신기반정책은 정책수단과 수단별 정책과제에 따라 전략적 정책집행모형이 다르게 적용되어야 한다. 즉, 초고속정보통신기반정책은 중앙정부와 지방정부, 주민, 기업 등이 적극적이고 능동적으로 참여할 때 성공적으로 추진될 수 있다. 초고속정보통신기반 정책의 추진체계는 〈그림 16-2〉와 같이 정리할 수 있는데, 초고속정보 공급측면과 초고속정보 수요측면을 비롯한 많은 하위정책수단들의 정책과제들은 지방자치단체 중심으로 하는 상향식 정책집행모형과 지역기업 및 주민 중심으로 추진하는 민영화모형, 그리고 중앙정부와 지방정부 등 여러 기관들의 상호협조 속에서 이루어지는 진화모형 등을 적용하는 것이 바람직한 것으로 보인다.

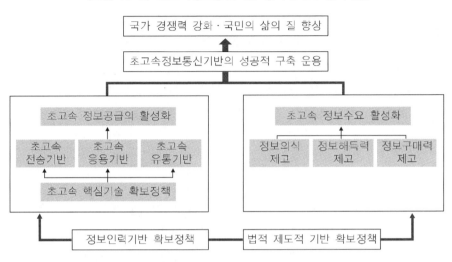

〈그림 16-2〉 초고속정보통신기반 정책체계와 정책내용

국가 경쟁력 강화 · 국민의 삶의 질 향상

초고속정보통신기반의 성공적 구축 운용

초고속 정보공급의 활성화

초고속 전송기반　초고속 응용기반　초고속 유통기반

초고속 핵심기술 확보정책

초고속 정보수요 활성화

정보의식 제고　정보해득력 제고　정보구매력 제고

정보인력기반 확보정책　　법적 제도적 기반 확보정책

## 4) 우리나라 초고속정보통신기반정책의 문제점

범세계적인 지식과 정보의 흐름을 연결시켜 주는 지식네트워크의 구축은 필수적이며, 이를 위하여 통신망의 고도화, 효율화를 위한 지속적인 투자가 이루어져야 한다. 초고속정보통신기반의 구축은 무한경쟁의 소용돌이 속에서 국가경쟁력을 강화하여 국가의 장기적인 생존능력을 확보하려는 것이 목적이다. 또한, 초고속정보통신기반은 경제 및 사회의 효율성과 국민생활의 전반적인 삶의 질을 향상시켜 국제사회의 중심국가로 발돋움하기 위한 원동력이다.

우리나라는 세계 최고의 인터넷 인프라 구축을 목표로 국가사회 정보화를 추진하기 위해 1996년 6월에 정보화촉진기본계획을 마련, 2010년까지 3단계로 나누어 각 단계별로 추진할 정보화목표를 제시한 데 이어, 같은 해 9월에는 구체적 실천계획인 정보화촉진시행계획을 확정했다.

그러다 1999년 지식기반경제가 새로운 화두로 떠오르는 등 정보화 여건이 크게 바뀌면서 정보화촉진기본계획을 수정, 초고속 정보망을 당초 계획보다 5년 앞당겨 2005년까지로 마무리짓는 것을 핵심으로 한 '사이버코리아 21'을 마련, 추진해 왔다.

그 결과 초고속 정보통신망 구축사업의 첫 삽을 뜬 지 불과 5년 만인 지난 2000년 12월 지식정보 시대의 대동맥인 초고속 정보통신망을 당초 계획보다 2년 앞당겨 전국 144개 주요 지역까지 보급하였다.

우리나라가 이처럼 초고속정보통신기반 사업을 단시간에 성공적으로 이룰 수 있었던 것
은 다음과 같은 이유를 들 수 있다.

첫째, 종합적이고 체계적인 정보화추진체계의 확립이다. 즉 정보화촉진기본법 제정(1995), 정보
화기획 전담부서 및 정보화촉진 기금설치(1996), 정보화추진위원회(1996)·정보화전략회
의(1998) 구성 등 범국가적 추진체계를 확립하여 체계적인 사업진행 준비를 하였다.

둘째, 상황변화에 적합한 정보화 비전을 제시하였다는 점이다. 즉, 국정 최고책임자의 강력한 추
진의지를 바탕으로 정보화촉진기본계획, 사이버코리아 21 등 정부가 비전과 전략을 제시
하며 민간과 긴밀한 협력체제를 구축하였다.

셋째, 1980년대 구축된 전국적인 자동전화망과 국가기간전산망사업 등을 통해 조성된 인프라를
초고속정보통신망으로 지속적으로 고도화시켰다.

넷째, 초고속 인터넷, CDMA 등 전략부문에 대한 집중적 선도투자와 경쟁환경 조성을 통한 민
간투자를 유도하였다.

다섯째, 인터넷에 적합한 문화적 특성을 바탕으로 정부와 민간이 협력하여 전국민 정보화교육
등 정보이용계층의 저변확대를 추진하였다는 점이다.

그러나 아직도 우리나라의 초고속사업은 여러 문제점을 안고 있으며, BPR 부족 등 사회
전반의 운영시스템 개선의 부족으로 생산성 및 투명성 향상 등 정보화의 가시적 성과가
미흡하다고 볼 수 있는데, 이러한 문제점은 전자정부의 구현에 걸림돌로 작용하고 있어
이들에 대한 전략적 대처가 요구되고 있다.

## 5) 초고속기반 구축의 가속화를 위한 정책과제

최근 정부에서는 인터넷 이용자의 폭발적인 증가에 대응하고 지식정보사회에 국가경쟁
력의 핵심기반을 마련하기 위하여 당초 2010년까지 구축할 예정이던 초고속정보통신망을
5년 앞당겨 2005년까지 조기에 완성하였는데, 이는 매우 바람직한 방향의 정책수정이라고
볼 수 있다. 이하에서는 이러한 기간단축에 부응하면서 초고속기반구축의 가속화를 위해
요구되는 정책방향 및 과제를 살펴보고자 한다.

### (1) 급변하는 정보통신 환경의 반영

초고속정보통신기반의 점진적 발전을 감안하여 볼 때, 광케이블 중심의 망 구축사업에
서 한 걸음 나아가, 광대역 종합정보통신망(B-ISDN: *Broadband Integrated Services Digital
Network*), 인터넷, 케이블 TV망을 적극적으로 활용하는 방안이 강구되어야 한다. 또한 현

재 망 구축을 지원하는 국가 망 사업체제에, 국가 및 공공기관이 일정 수준의 정보통신서비스를 받을 수 있도록, 기간사업자와의 서비스 계약체제로 사업을 확대시킬 필요성이 제기된다. 또한 급변하는 기술과 시장수요를 고려할 때, 종합유선방송 사업자, 위성방송 사업자 및 초고속망 사업자를 통합적으로 선정·관리할 수 있는 방안이 마련되어야 한다.

### (2) 정부인식의 전환

초고속정보통신기반 구축사업 초기에 각국의 정보화정책 추진과정에서 위기의식을 느낀 정부는, 동 사업을 제안하고 시행함으로써 선도적인 역할을 담당하였다. 그러나 이제 정부는 정부실패를 야기할 수 있는 집행자의 역할에서, 민간의 역할을 보완하는 촉진자와 구매자로 그 역할이 바뀌어야만 하며, 민간부분이 담당하기 어려운 표준화, 법제도 여건정비, 규제완화 등에 역점을 두는 것이 바람직하다.

### (3) 초고속사업과 국가사회 정보화의 관계정립

초고속사업은 기존의 망 구축 중심의 사업전개에서 탈피하여, 망 구축과 아울러 이용자의 수요를 파악하고, 이용자의 활용이 적극 활성화될 수 있도록 유도되어야 한다. 현재의 초고속사업은 빠른 성장을 보이고 있는 반면 물리적 기반에만 편중하여 정보활용에 관한 민간참여 활성화를 위한 정책수단 및 제도적 장치가 미비하다는 문제점을 지니고 있다. 또한, 초고속사업에 상응하는 수요기반이 미약하다는 한계도 드러난다. 따라서 초고속사업은 전체적인 국가정보화를 위한 계획하에서 국가사회 정보화라는 목표를 달성하는 전략적 개념으로 재정립되어야 한다. 사업의 목표설정에서도 공급측면보다는 이용자의 관점을 중심으로 한 목표설정이 필요하다.

## 6) 최근 이슈: BcN(차세대 지능형 통신망 네트워크)

### ① 의 의

최근에 초고속정보통신기반은 BcN으로 진화하고 있다. BcN(Broadband Convergence Network)은 광대역 멀티미디어 서비스를 언제 어디서나 이용할 수 있도록 하는 차세대 통합 네트워크이다. 이는 현재 개별적인 망들이 갖고 있는 한계를 극복하고 미래에 나타나는 유·무선의 다양한 접속환경에서 고품질의 음성, 데이터 및 방송이 융합될 수 있도록 해주는 차세대 지능형 통신망 사업이다. 통신시장의 경쟁심화, 수익성 저하, 소비자 요구의 다양화 및 통신비 부담증가, 그리고 유·무선 통신기술의 발달 등이 다양한 컨버선스 서비스를 출현하게 하고, 광대역 통신시장의 발전을 촉진시키는 요인이 되고 있다(류원 외, 2007).

② 특 징

BcN의 특징은 다음과 같다(신용식 외, 2004).

첫째, 음성과 데이터 통합이다. IP를 기반으로 한 유선전화 또는 그 이상의 품질 수준을 가진 음성 서비스 및 멀티미디어 서비스를 경제적으로 제공한다.

둘째, 유·무선 통합이다. 단일 식별번호, 통합 단말 등을 통하여 유선·무선망간 최적의 접속 조건으로 끊김 없는 광대역 멀티미디어 서비스 제공이 가능하다.

셋째, 통신과 방송의 융합이다. 차세대 광대역 통신망(FTTH, beyond 3G 등)을 기반으로 개인화 및 주문화된 고품질 양방향 방송 서비스 제공이 가능하다.

넷째, 유·무선 접속 계층, 전말 및 응용 계층 등 네트워크 전체 계층에서의 보안이 보장된다.

다섯째, 표준 Open API 도입에 의한 통신 및 방송응용 서비스가 네트워크 외부로 개방된다.

여섯째, 홈 네트워크 및 유비쿼터스 환경 등이 네트워크 인프라를 통하여 통합된다.

일곱째, 유·무선의 다양한 접속 환경에서 끊김 없는 네트워크 접속이 가능하고, 홈 네트워크의 기기 제어 등 기능을 함께 갖는 다기능 통합 단말이 제공된다.

여덟째, 홈 네트워크, 정보가전 등의 광범위한 IP주소 수요를 충족하기 위하여 가입자 이용 환경 부터 통합 전달망까지 전체 네트워크에 IPv6가 적용된다.

## 2. 정보통신산업정책

오늘날 인류는 아직 초보적인 산업화 단계에 머물러 있는 국가들도 많지만, 많은 국가들은 고도화된 산업사회를 구축하고 컴퓨터와 정보기술의 급격한 발전을 계기로 정보의 가치가 어느 때보다도 중요한 지식정보사회로의 전환과정을 경험하고 있다. 정보사회의 진전과 더불어 정보통신산업정책에 대해서도 사람들은 관심을 기울이게 되었다. 정보가 곧 경쟁력이라는 것을 인식한 것이다. 이하에서는 국가경쟁력의 핵심이 되는 정책수단인 정보통신산업정책의 개념과 의의, 문제점 및 발전방향에 대해 검토하도록 한다.

## 1) 정보통신산업의 개념 및 정보통신산업정책의 의의

### (1) 정보통신산업의 개념

정보통신산업의 개념은 협의와 광의로 구분할 수 있는데, 널리 사용되는 개념은 협의의 개념이다. 이러한 관점에서 정보통신산업을 정의하면 정보통신산업은 정보활동에 필요한 정보기술 및 제품 그리고 관련서비스를 생산, 판매, 유통시키는 산업 일체를 의미한다. 여기서 정보활동이란 정보를 수집, 가공, 처리, 저장, 전달하는 일련의 활동을 의미하며, 정보기술이란 컴퓨터 하드웨어 및 소프트웨어와 통신설비, 그리고 뉴미디어를 포괄하는 의미이다. 한편 광의의 정보통신산업에는 신문, 잡지, 출판업 등과 같은 비전자계의 정보산업, 즉, 전자계 이외의 정보산업까지도 포함된 것으로 넓게 해석하고 있지만 실제로는 적용되지 않고 있는 실정이다.

협의의 정의에 의한 정보통신산업은 정보를 기본적으로 경제재로 파악한다. 즉, 희소성을 보유하거나 또는 그 생성과 획득과정에 비용이 수반되는 무형의 재화로 보고 있다. 국가경쟁력에 기여하는 정보통신산업의 역할은 두 가지로 정리할 수 있다.

첫째, 정보통신산업은 그 스스로 새로운 정보시스템 개발을 통해 정보이용자들의 정보획득 및 이윤창출을 도와줌으로써 고도정보사회에서 높은 부가가치를 창출하는 산업이 되고 있다.
둘째, 정보통신기술은 타 산업, 즉 제조업, 유통업, 금융업 등 산업의 제 분야에 초고속정보통신기반을 제공함으로써 기업 생산성 향상은 물론 기업활동의 효율성을 제고시켜 주며, 궁극적으로는 초고속 정보통신기술을 활용하여 전국을 연결하는 네트워크를 구축함으로써 국가사회 내 흩어져 있는 정보나 자원을 연결시켜 국가의 지능을 업그레이드하는 등 국가경쟁력 제고에 결정적인 역할을 하게 된다.

### (2) 정보통신산업정책의 의의

정보통신산업정책은 정보통신산업의 구조 고도화 및 국제경쟁력 제고를 위한 정보기기 및 통신기기, 세계 수준의 정보통신망 구축, 소프트웨어 산업, 데이터베이스 산업 등 기술개발정책과 연계된 효율적이고 체계적인 정보관련 산업육성정책을 수립 집행해야 한다. 정보사회는 자본, 토지, 노동과 같은 전통적인 경제요소에 바탕을 둔 산업사회와는 달리 정보, 기술, 지식을 중심으로 한 경제요소의 부가가치 창출이 부각되는 사회이다. 이에 따라 컴퓨터, 소프트웨어, 통신, 반도체 등이 중심이 된 정보통신산업이 사회의 새로운 기반구조 및 중추산업으로 발달하고 있다. 최근 들어, 정보기술(IT) 외에도 생명공학기술(BT), 나노기술(NT) 등이 부각되면서 새로운 가지창출의 과학기술들이 등장하고 있지만, 아직은

〈표 16-1〉주요 기술의 경제적 중요성 비교

| 구 분 | 정보통신<br>기 술 | 우주<br>기 술 | 원자력<br>기 술 | 재 료<br>기 술 | 생명공학<br>기 술 |
|---|---|---|---|---|---|
| 신제품, 서비스의 창출범위 | 9 | 2 | 2 | 4 | 4 |
| 공정개선 / 제품 / 서비스원가<br>절감 기여도 | 9 | 2 | 1 | 4 | 3 |
| 기술의 응용범위 | 10 | 2 | 2 | 4 | 4 |
| 사회적 수용도 | 9 | 6 | 3 | 9 | 5 |
| 기업이익의 창출능력 | 10 | 3 | 2 | 6 | 3 |
| 1990년대 고용에 미치는 영향 | 10 | 1 | 1 | 2 | 2 |

주: 10은 최대치, 1은 최소치.
자료: OECD, "New Technologies in the 1990s: A Socio-economic Strategy", 1998.

정보통신기술이 부가가치 창출 면이나 응용범위 면에서 가장 높은 기술로 평가된다. 〈표 16-1〉은 정보통신기술이 다른 주요 기술에 비해 경제적·사회적 파급효과와 중요성이 월등히 크다는 점을 말해 주고 있다. 세계 각국이 인터넷이나 소프트웨어 및 콘텐츠 사업과 같은 정보통신산업을 국가전략산업으로 삼고 집중투자하는 이유가 여기에 있다.

## 2) 지식기반경제에서의 정보통신산업정책 패러다임

국가정책의 전략적 집행이라는 측면에서 보면 정책요소들 사이에 우선순위를 평가하여 입체적 정책구조를 형성할 필요가 있다. 즉, 한정된 자원의 제약하에서 정책의 국가사회 전체에 대한 파급효과와 시장창출 효과 등을 생각하지 않을 수 없으며, 이러한 관점에서 정책의 전략적 우선순위를 정하는 것은 필수적인 일이다. 정보통신산업의 경쟁력 강화라는 측면에서는 더욱 그러하다.

전략이란 일반적인 정책 중에서도 파급효과가 큰 정책들의 집합체라고 볼 수 있다. 좋은 방향의 정책이라도 투자의 우선순위나 자원의 제약이라는 측면에서 모두 집행할 수는 없으며, 이런 의미에서 우선순위가 높고 파급효과가 큰 몇몇의 정책군에 집중적 지원과 관심을 두는 것은 매우 큰 의의를 갖는 일이라 하겠다.

산업화 시대에서 정부의 산업정책의 논리적 근거는 시장실패의 조정이었다.[1] 그러나 경

---

1) 시장실패란 경제활동에 따른 개인적 수익(비용)과 사회적 수익(비용)의 차이가 발생하여 시장에 맡길 경우 사회가 원하는 결과를 가져오지 못하는 현상을 말한다. 기술개발은 시장실패의 대표

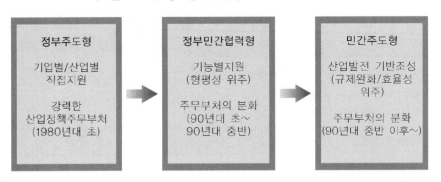

〈그림 16-3〉 정보통신산업정책 패러다임의 변화

제가 지식기반경제로 전환하면서 정책의 관점은 시장실패의 조정에서 시스템실패의 조정으로 발전하고 있다. 1980년대 이후 정보통신정책의 수립 및 집행과 관련한 정책추진체계를 나타내는 정보산업정책 패러다임의 변화는 〈그림 16-3〉과 같다.

〈그림 16-3〉에서 볼 수 있듯이 새로운 정책패러다임의 가장 중요한 특징은 정보통신산업의 특성상 정부주도의 산업발전은 불가능할 뿐만 아니라 바람직하지도 않으며, 시장의 변화에 민감한 민간기업이 산업발전을 주도하도록 해야 한다는 점이다. 민간주도의 산업발전은 궁극적으로 시장에 대한 국가의 간섭을 최소화할 때 이루어질 수 있다. 따라서 민간주도의 산업발전을 실현하기 위한 최적의 대안은 "규제완화"이다. 그러나 규제는 그 뒤에 반드시 규제로부터 혜택을 받는 이익집단이 존재하기 때문에 정치적 갈등이 없이 완화되기는 어렵다. 세계시장만이 의미를 갖는 정보통신산업에서 각종 보호규제를 바탕으로 이익을 취하는 기업은 궁극적으로 산업발전에 기여할 수 없다. 민간주도의 정보통신산업 발전전략이 성공하기 위해서는 궁극적으로 민간기업의 능력, 즉, 세계시장에서의 경쟁력이 제고되어야 한다.

지식기반경제가 확산되면서 지식의 파급과 활용의 중요성이 강조되고 더불어 지식기반경제에서의 정부의 역할로서 정보통신산업 육성을 위한 정부의 역할모형이 요구되고 있다. 새로운 정부 역할모형은 〈그림 16-4〉에서 보듯이 지식의 창출, 축적 및 확산으로서의 지식집약적 산업의 활성화여건 조성, 정보통신 인력양성, 정보통신 연구개발 및 기술의 축적을 포함하고 있으며, 지식기반경제로의 정책기조 변화로서 정보통신정책 및 제도의 변화, 지식기반경제 인프라지원 측면에서의 정보통신기반의 구축과 새로운 기업경영환경의 구축이라는 내용을 총체적으로 포함한다.

---

적인 경우이다.

〈그림 16-4〉 지식기반경제에서의 정부의 새로운 역할모형

| 지식기반경제에서 정부의 역할 | 정보통신산업 육성을 위한 정부의 역할 (정보통신산업정책) | |
|---|---|---|
| 지식의 창출, 축적 및 확산 | 지식 집약적 산업의 활성화여건 조성 | ▸ S/W, 콘텐츠, 인터넷 산업의 발전환경 조성 |
| | 정보통신 인력양성 | ▸ 정보통신 전문인력의 양성<br>▸ 국민적 기본소양으로서의 정보통신 교육의 확산 |
| | 정보통신연구개발 및 기술의 축적 | ▸ 대학중심의 창의적 기술혁신체제의 구축 |
| 지식기반경제로의 정책기조 변화 | 정보통신 정책 및 제도의 변화 | ▸ 시장경제원리의 존중 및 확산 유도 |
| 지식기반경제 인프라지원 | 정보통신기반의 구축 | ▸ 초고속정보통신망 구축 등 네트워크의 고도화 |
| | 새로운 기업경영환경의 구축 | ▸ 정보통신 벤처환경의 조성 |

## 3) 정보통신산업정책 발전방향 및 정책과제

여기에서는 위에서 논의한 지식기반경제에서의 정보통신패러다임과 정부의 새로운 역할모형을 토대로 정보통신산업정책의 발전방향에 대해 모색해 보기로 한다. 이러한 모형과 분류에 충실하기 위해 여기에서의 정책분석과 발전방향도 ① 지식기반경제로의 정책기조 변화, ② 지식의 창출, 축적 및 확산을 위한 정책, 그리고 ③ 지식기반경제 인프라지원 측면의 정책으로 나누어서 살펴보기로 한다.

### (1) 지식기반경제로의 정책기조 변화: 민간주도와 정부의 지원

정보산업정책을 전략적으로 추진하는 과정에서 한 가지 정책적으로 고려되어야 할 사항은, 이러한 분야의 육성을 누가 주도할 것이냐의 문제와, 정부가 어떤 시각을 가지고 정보산업정책을 추진해 나갈 것인가 하는 점이다.

세계 정보통신시장의 개방체제로의 변화 및 정보통신기술의 혁명적 변화는 기업의 경영 전략을 바꾸게 하고 있으며, 또한 민간과 정부와의 관계도 새롭게 정립할 것을 요청하고 있다. 무한경쟁의 적자생존시대에는 오직 경쟁력 있는 기업만이 성장을 추구할 수 있으며, 정부도 기업과 일원이 되어 세계시장 속에서 뛰고 있다.

기업경쟁력의 핵심인 상품경쟁력의 최후 판단자는 그 상품의 최종 이용자인 고객이며, 고객의 편에 서서 고객이 원하는 서비스를 값싸고 신속하게 개발하고 제공하는 기업은 성장하게 되고, 소비자에게 외면 당하는 기업은 경쟁의 대열에서 낙오될 수밖에 없다. 즉, 경쟁력 향상의 초점은 기술과 아이디어 개발을 통해 다품종 소량 생산적인 측면에서 이용자의 편리성과 만족에 부응하도록 하는 데 있다.

지식정보시대에 사람들은 물질적 풍요 못지않게 정신적인 가치와 개성을 추구하고 있으며, 이러한 새로운 사회생활 양식 및 패턴은 지난 산업사회에서의 대량생산을 통한 물질의 풍요를 추구하던 시대와는 뚜렷이 대비된다. 변화된 가치추구 및 사회패턴은 종래의 정부 정책 방향 및 정부-민간의 역할관계를 새롭게 재조명할 것을 요구하고 있다. 기술과 사회 변화에 순발력 있게 대처하는 데 핵심이 되는 동인은 기업과 민간의 자율과 창의에 있으며, 자율과 창의는 시장원리의 요체인 경쟁에서 오기 때문이다.

정부의 개입이 민간의 창의성을 질식시키는 일이 있어서는 안 된다는 중요한 명제와, 시장환경의 불확실성 감소를 위해 정부의 집중적인 지원이 필요하다는 것은 상충되는 것이 아니다. 다만, 실제로 후자의 지원을 하는 과정에서 종종 민간부문의 역할이 경시되는 사례가 발생하고 있다는 점에 주의를 기울일 필요가 있으며, 따라서 양자간의 균형선을 적절히 긋는 것은 중요한 일이다. 경우에 따라서는 선도시험망 사업, 시범사업 및 예비사

〈그림 16-5〉 정보통신산업정책의 정책기조

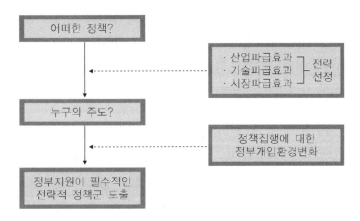

업 등과 같이 정부와 민간의 협력사업이 더욱 효과를 발휘하는 경우도 있다(Fields, 1993:15). 이상의 논의를 그림으로 정리하면 〈그림 16-5〉와 같다.

## (2) 지식의 창출, 축적 및 확산

지식기반경제로의 이행을 위해서는 위에서 논의한 지식기반경제로의 정책기조 변화를 전제로 지식의 창출, 축적 및 확산을 위한 정책을 수행하여야 한다. 여기에서는 이러한 기능적 목표를 위해 추진되어야 할 정보통신산업정책의 주요 정책과제로서 ① 정보통신 연구개발 및 기술의 축적, ② 정보통신 인력양성, ③ 지식 집약적 산업의 활성화여건 조성의 문제에 대해 검토하기로 한다.

### (가) 정보통신 연구개발(R&D) 및 기술의 축적

지식기반경제에서 가장 중요한 국가자원은 지식과 정보이다. 따라서 지식기반경제가 제대로 구축되기 위해서는 먼저 가치 있는 지식과 정보가 개발될 수 있어야 할 것이다. 특히, 선진국에 비해 상대적으로 취약한 우리나라의 지식 및 기술수준을 배가시키기 위해서는 지속적인 연구개발에 의한 지식의 창조와 기술의 축적이 반드시 선행되어야 한다.

### (나) 정보통신 전문인력 양성

지식기반경제에서 가장 중요한 국가자원은 지식이 체화된 인력이며, 양질의 전문인력이 배출될 수 있는 교육체계가 필수적이다. 노동시장의 유연성을 제고하여 전문인력이 지식 집약적 산업의 적재적소에 배치되도록 하여야 할 것이다. 이를 위해서는 우선 개인의 인적자원 개발인센티브를 극대화하는 정책을 추진해야 한다. 유망 직종 및 직업에 대한 정보를 개인에 제공함으로써 자연스럽게 수급불균형이 해소되도록 추진하고, 훈련 및 교육의 재정적 부담은 덜어주고 선택의 폭은 높여주는 정책을 추진하여야 할 것이다. 또한, 지식기반경제의 핵심산업으로 떠오르고 있는 정보통신산업의 경쟁력 강화를 위한 우수 전문인력 확보도 필수적이다.

### (다) 지식집약적 산업의 활성화여건 조성

지식기반경제에서는 소프트웨어, 디지털콘텐츠, 인터넷 등 첨단산업정책을 전략적으로 지원하여 이들 산업의 활성화여건을 조성해야 한다. 이러한 방향으로의 발전을 위한 정책과제를 검토해 본다.

### ① 소프트웨어산업

우리나라 소프트웨어산업의 경쟁력을 확보하기 위해서는 이를 위한 제도기반을 조성하는 것이 가장 절실히 요구된다. 이를 위해서는 소프트웨어 제품의 성능에 대한 국제적 수준의 품질인증을 지속적으로 확대 실시하여 국내 소프트웨어 제품의 품질경쟁력을 제고시키고 소프트웨어 품질인증으로 국내업체들이 고품질의 소프트웨어를 개발할 수 있도록 유도하여야 한다.

### ② 디지털콘텐츠산업

디지털콘텐츠산업의 활성화를 위해서는 우선, 디지털콘텐츠 관련 법령을 정비하고 범정부 차원의 육성체계와 산업정책의 정립을 통한 범정부적인 디지털콘텐츠산업 지원체계가 구축되어야 한다. 디지털콘텐츠 유통의 활성화를 위해서는 거래인증, 식별체계, 표시제도 등 디지털콘텐츠 유통제도를 조기 정착시켜 안전하고 투명한 디지털콘텐츠 유통체계를 확립시켜야 한다. 또 온라인콘텐츠 마켓플레이스[2] 구축, 온-오프라인 연계 유통시범사업 등을 통해 온라인콘텐츠의 유통을 활성화하고 영세기업들의 수익기반을 확충시켜야 한다.

### ③ 인터넷산업

인터넷은 단순한 정보가 아닌 고차원의 멀티미디어화 정보를 제공하는 미디어로 성장할 것이므로 인터넷 콘텐츠산업 육성·지원이 이루어져야 한다. 또한 고속 네트워킹 기술과 인터넷망 관리기술, 정보처리 및 제공기술 등과 같은 인터넷관련 기술을 개발하여야 하며, 인터넷 수요기반 확충을 위해 다양한 가입자망과 요금제도를 지원하고 이용자 측면에서 정보화 마인드를 확산시키고 정보이용능력을 향상시켜야 할 것이다.

## (3) 지식기반경제 인프라 지원

지식기반경제를 구축하기 위해서는 건실한 인프라가 필수적이다. 범세계적인 지식과 정보의 흐름을 연결시켜 줄 수 있는 지식네트워크의 구축은 필수적이며, 이를 위하여 통신망의 고도화, 효율화를 위한 지속적인 투자가 이루어져야 한다. 초고속정보통신기반의 구축은 무한경쟁의 소용돌이 속에서 국가경쟁력을 강화하여 국가의 장기적인 생존능력을 확보하려는 것이 목적인바, 차세대 지능형 네트워크 사업으로의 발전적 진화를 통해 경제 및 사회의 효율성과 국민생활의 전반적인 삶의 질을 향상시켜야 할 것이다.

---

2) 온라인콘텐츠 마켓플레이스: 디지털영상, e-Book, 디지털음악 등 디지털콘텐츠가 저작권을 보호받고 전자결제되면서 거래내역이 투명하게 관리되고 전자거래가 이루어지는 시범 시스템.

## 4) 요약 및 결론

지금까지 논의한 지식기반경제로의 이행을 위한 핵심 전략과제를, 정책기조, 네트워크, 인력, 기술, 환경조성이라는 관점에서 정리해 본다.

전략이란 일반적인 정책 중에서도 파급효과가 큰 정책들의 집합체로 볼 수 있다.

좋은 방향의 정책이라도 투자의 우선 순위나 자원의 제약이라는 측면에서 모두 집행할 수는 없으며, 이런 의미에서 우선 순위가 높고 파급효과가 큰 몇몇의 정책군에 집중적 지원과 관심을 두는 것은 매우 큰 의의를 갖는 일이다. 지식국가를 구현하기 위한 핵심 구성 요소로서 인적 자원, 기술, 조직네트워크, 환경의 중요성은 다른 연구에서도 지적되었다 (한세억, 1999).

첫째, 지식기반경제가 확산되면서 지식의 파급과 활용의 중요성이 강조된다. 이를 위해서 정부는 시장경제원리를 존중하고 확산이 유도될 수 있도록 정책기조를 바꾸어야 한다. 직접적인 시장의 개입을 통한 지식 집약적 산업의 육성보다는, 지식기반경제의 국가 사회적 비전을 제시하고 시장경제체제의 역동성을 유지함으로써 시장의 자발적인 형성과 창의적인 행동을 유도하여야 할 것이다. 또한 이를 위해서는 사전적인 경제적 규제를 최소한으로 줄이며, 불공정 거래가 일어날 수 있는 가능성을 최소화하는 방향으로 법과 규제제도를 정비하여야 할 것이다.

둘째, 범세계적인 지식과 정보의 흐름을 연결시켜 줄 수 있는 지식네트워크의 구축은 필수적이며, 이를 위하여 통신망의 고도화, 효율화를 위한 지속적인 투자가 이루어져야 한다.

셋째, 지식기반경제에서 가장 중요한 국가자원은 지식이 체화(體化)되어 있는 인력이며, 양질의 전문인력이 배출될 수 있는 교육체계가 필수적이다. 노동시장의 유연성을 제고하여 전문인력이 지식 집약적 산업의 적재적소에 배치되도록 하여야 할 것이다.

넷째, 선진국에 비해 상대적으로 취약한 우리나라의 지식 및 기술수준을 배가시키기 위해서는 지속적인 연구개발에 의한 지식의 창조와 기술의 축적이 반드시 선행되어야 한다. 우리나라는 주요 선진국에 비하여 연구개발 정부부담률 및 대학에의 지원 역시 상당히 미흡한 수준이다. 따라서 연구개발정책은 대학의 연구자원 활용을 극대화하고 산업계와의 연계 강화를 통한 창의적 연구개발체제를 확립하여야 할 것이다.

마지막으로, 지식기반경제에서는 소프트웨어, 콘텐츠, 인터넷 관련산업을 전략적으로 지원하여 이들 산업의 활성화여건을 조성할 필요가 있으며, 새로운 벤처기업이 육성될 수 있도록 새로운 기업경영환경이 구축되어야 할 것이다.

21세기 국가혁신의 핵심이슈는 "시간과 공간의 극복"이다. 정보통신기반의 구축을 통해 기업·정부·국민을 유기적으로 연결시키고 국가사회시스템을 지능화할 수 있어야 하며, 이를 통해 국가사회 내에 지식이 창출, 축적되고 확산될 수 있는 여건을 조성해야 한다. 또한, 첨단정보통신산업의 전략적 육성을 통해 국가사회 내에 부문별로 흩어져 존재하는 자원들을 유기적으로 연결시켜 국가 차원의 시너지 효과를 극대화시키는 일이야말로 우리나라 국가경쟁력 제고의 핵심 정책수단이 될 것이며, 우리나라를 창조적 지식기반 국가로 발전시키는 길이다.

## 3. 지역정보화정책

### 1) 문제의 제기: 정보화와 지역사회

#### (1) 지역사회의 실태

정보화는 인간의 삶의 질을 높여주며, 정치·경제·사회적 상황을 보다 유익한 방향으로 변화시키고 문화의 발달 및 서비스의 향상을 가져다 줄 것이라는 긍정적 측면도 있지만, 지역간 계층간 정보의 집중 및 사유화 등으로 인하여 사회적 불평등을 초래할 우려가 있다. 현실적으로 우리나라 농·어촌지역의 경우 도시지역과 비교해 볼 때 정보화 수준이 매우 저조한 실정이다. 농·어촌마을은 PC 등의 정보기술을 사용할 수 있는 젊은 연령층의 도시 전출, 낮은 소득수준 등으로 정보화 인프라가 구축되지 못하고 있다. 더욱이 지리적 공간은 넓지만 정보통신수요자가 적은 농·어촌지역에 통신서비스업체들이 고가의 정보통신망을 구축한다는 것은 시장경제의 원리에 비추어 볼 때 결코 쉬운 일이 아니다.

#### (2) 지역정보화의 등장배경

원격통신의 혜택을 가장 많이 누려야 할 지역이 정보화시대의 혜택에서 소외되었다는 점은 심각한 사회문제가 아닐 수 없다. 정보화시대에 농촌지역도 정보통신망을 구축하고 다양한 정보전달매체를 이용하여 필요한 정보를 제공하고, 의사결정을 도와주며, 제반 사회, 경제, 문화적 행위를 효율적으로 수행할 수 있도록 정보통신기술과 서비스를 제공함으로써 농촌주민의 삶의 질을 향상시켜 나아가야 한나.

## 2) 지역정보화의 개념 및 필요성

### (1) 개 념

지역정보화란 전국 어느 곳에서든 정보에 대한 균등한 접근을 보장해 지역간 정보격차를 완화하고 지역의 여건과 특성에 적합한 정보통신시스템을 구축하는 것을 당면 과제로 하며, 나아가 지역경제를 활성화하고 지역사회의 주거환경을 개선해 지역간 균형발전과 국가사회 전반에 활력을 불어넣는 것이 궁극적인 목표이다. 결과적으로 지역정보화란 행정정보화, 산업정보화, 사회정보화, 정보의 산업화 등을 통해 지역과 지역 간, 지역과 중앙 간, 그리고 지역과 외국 간의 정보격차를 해소할 뿐만 아니라, 제반 환경의 격차도 해소해 국가사회의 균형발전을 적극적으로 유도하는 활동이다.

21세기에는 비디오 및 컴퓨터 등의 정보통신기술을 이용한 전자마을회의 개최 등 지역주민의 필요와 요구가 최대한 반영되는 정보시스템을 통해, 지방자치의 본래 취지에 부합되는 주민자치가 가능해질 것으로 전망된다. 전자공동체와 전자의회는 지역주민들이 무엇을 얼마만큼 원하는지를 신속히 파악하여 적절한 서비스를 제공할 수 있으며, 이를 통하여 지방정부는 기업가적 서비스를 제공할 수 있다. 또한, 지역정보화는 기업과 공장의 지방분산을 촉진하여 지역경제를 활성화시키며, 지역정보화사업은 지역개발전략으로 사용되어 다양한 국토공간의 형성에 기여한다.

### (2) 필요성

지역정보화는 정보의 지역적 격차의 해소와 균형적인 국가발전을 도모하기 위하여 반드시 필요한 것이라고 할 수 있다. 이러한 측면에서 볼 때, 지역정보화는 지역간 균형발전을 위해서 미래사회의 풍요로움을 약속하는 정보화의 지역간 격차를 해소하는 내용을 지닌다. 즉, 지역정보화의 목적은 해당 지역의 행정, 사회생활, 산업활동에 필요한 각종 정보를 생산·가공·유통할 수 있는 최신의 정보미디어와 네트워크를 갖추고, 정보 자체를 그 지역의 목표나 특성에 맞게 체계화하여 지역활동에 효과적으로 활용함으로써 지역의 전략적 발전을 도모하는 데 있다.

국토의 균형발전뿐만 아니라 지역의 자체 발전을 위하여 지역정보화가 이루어져야 한다는 당위성은 대략 다음과 같이 정리할 수 있다.[3]

---

3) 이 부분을 정리하는 데 참고한 문헌은 다음과 같다. 김성태, "지역정보화정책의 성공적인 집행방안에 관한 연구", 1993. 12; 한국정보문화센터, 『초고속 정보통신』, 창간호, 1995; 한국통신정책학회, "초고속정보통신기반의 발전전략", 1995; 서진완, "'정보화시범마을'의 평가방법 및 활용에

### (가) 지역경제 활성화

지역정보화는 지역경제 활성화에 중요한 관건이 된다. 현재의 정보기술은 산업분야에서 중요한 전략적 자원으로 여겨지며, 치열한 산업경쟁에서 살아남기 위해서는 산업활동 각 방면의 정보화가 중요한 역할을 하게 된다. 또한, 정보화시대에 진입하는 시대적인 상황에서는 정보화 자체를 하나의 산업으로 발전시켜 정보의 산업화를 만들어 냄으로써 산업의 정보화, 정보의 산업화를 통하여 지역경제 활성화에 중요한 역할을 하게 된다.

### (나) 지역주민의 생활여건 향상

지역정보화는 지역주민의 생활수준을 안락하고 윤택하게 해 준다. 고도의 정보시스템을 이용하면 생활정보 제공, 대도시 집중현상 해소, 재택근무 가능, 정보통신에 의한 의사소통 강화로 지역주민에 대한 생활의 질을 높여주게 된다.

### (다) 지역 행정서비스 향상

지역정보화는 지역주민에 대한 행정서비스의 질을 향상시켜 준다. 지역주민에게 각종 등록, 인허가 등의 민원업무를 신속히 편의제공함은 물론 지역개발 계획에 대한 지역주민 간 자료와 인식의 공유를 가능하게 하고 행정서비스를 향상시켜 지역 자체의 응집력을 강화시킬 수 있다.

### (라) 지역의 특수성에 따른 정보화 추진

지역정보화는 지역차원의 특성과 필요에 따라 정보화를 추진할 수 있도록 해 준다. 즉, 정보화가 지역의 독특한 지리적·사회경제적·문화적 여건과 특성에 따라 지역별로 다양하게 이루어짐으로써 지역주민들의 선호에 맞는 정보화를 가능하게 해 준다.

## 3) 우리나라의 지역정보화 정책: 문제점 및 정책방향

### (1) 사용이 불편한 공급자 위주의 서비스 제공

지역 정보서비스를 제공하려는 다양한 노력에도 불구하고, 정보서비스의 실질적인 이용이 이루어지지 않는 것을 가장 큰 문제점으로 볼 수 있는데, 그 원인은 ① 서비스 시스템

---

관한 연구", 2002; 정우열, "정보화시범마을의 운영평가와 정책적 과제", 2003; 김선경, "서울시 정보화관련 공무원들의 인터뷰를 통한 전자정부서비스의 문제점 분석", 2003; 권기헌, 『정보체계론』, 나남출판, 2003 등.

이 복잡하고, ② 서비스의 사용이 어렵고 불편하며, ③ 공급자 위주의 서비스가 제공되고, 마지막으로 ④ 실질적인 시민의 수요가 반영되지 않기 때문인 것으로 분석할 수 있다.

### (2) 예산상의 낭비와 부족

정보서비스를 사용하는 지방자치단체의 공무원 입장에서 업무기능에 맞는 시스템개발이 안 되고, 공급자 위주여서 실제로 업무에 활용하기가 어려운 부문이 발생하여 많은 비용낭비가 초래되었다. 또한, 현재 지역정보화에 있어서 가장 힘든 문제는 예산 문제이다. 구청단위에서 볼 때 서울시나 중앙에서 지역정보화 추진계획이나 지시에 비해 예산은 전적으로 뒷받침되지 않기 때문에 지역정보화가 효과적으로 추진되기 어렵다. 서버나 장비 구입비 등은 행정안전부에서 일부 지원이 되기도 하지만, 그 외에는 본질적으로 구청 자체에서 이루어지도록 하기 때문에 자치구의 예산부족 문제가 많이 발생하고 있다.

### (3) 기존 시스템과의 연계성 미약

행정안전부에서 추진하는 중앙-지방 전자정부 구축모델은 전국적인 통합시스템이라는 단일화된 모형으로 이루어졌는데, 이는 전국적으로 평균적인 정보화 수준을 달성하는 순기능이 있는 반면, 이로 인한 부작용도 많이 초래되고 있다. 정보화란 지역문화와 지역생활의 반영이다. 특정 지역에 걸맞는 정보화 모델은 그 지역의 특수성과 역사성을 반영한 정보시스템이라야 한다.

### (4) 법·제도의 미비

법적인 측면에서 볼 때, 지금 현재 정보화시대에 맞지 않는 현행법이 너무 많아서(전자정부법, 전자서명법 같은 총괄적인 법이 있기는 하지만), 자치지역 단위에서 전자정부사업을 하려다 보면 어딘가에서 법에 맞지 않아 걸리는 부분이 발생하기 때문에, 우선 현재의 법령들과 전자정부서비스 간에 불일치하는 요소들을 검토하여 법적으로 정비하는 작업이 필요하다. 제도적인 측면에서의 문제를 보면, 지금의 전자정부서비스들은 기존의 불필요한 행정절차제도 위에 이루어지는 것이어서 각종 불필요한 단계가 전자정부서비스에서도 이루어져야 하는 비효율적인 측면이 발생한다. 작고 효율적인 정부를 추구하는 전자정부 구현에 적합한 정책목표를 달성하기 위해서는 기존의 불필요한 제도를 과감하게 정비하는 것이 먼저 선행되어야 한다.

### (5) 전문인력의 부족

무엇보다 정보화를 담당할 인력이 양적으로 부족하다. 현재 정보화사업은 지방자치단체

수준에서 독자적으로 수행하는 것이 많은 상황이기 때문에 정보화업무를 수행할 인력이 부족한 열악한 환경에 처한 지역 자치구는 실제적으로 정보화업무를 제대로 처리하기가 어려운 실정이다.

다음으로 담당 공무원의 정보마인드의 결여나 능력부족 문제가 있다. 모든 행정서비스가 디지털의 형태로 바뀌어 가는 상황이기 때문에 전자정부서비스를 제공하는 것이 당연하지만, 문제는 공무원의 전자서비스에 대한 인식 및 능력이 부족해서, 정책적 요구 수준에 부응하지 못하는 실정이다.

## 4) 정책방향 및 정책과제

지역정보화는 국가균형발전을 위한 전략적 개념이다. 지역정보화는 대도시의 특성으로 나타나는 정보화의 획일성, 대량성, 중앙성에서 지역에 대한 개별성, 다양성, 시공간 초월성(분산성)으로 지방을 활성화하는 측면으로 진행되어야 한다. 지역정보화의 중요한 성공요소 역시 중앙정부의 지원보다는 정보기술 보급 및 활용, 정보화 의식, 지역주민의 참여와 관심이다. 이 같은 지적들은 중앙정부가 주도하는 일방통행식의 정보화가 점차 의미가 없어지고 있다는 점을 시사한다.

지방자치 시대가 고도화될수록 지역의 고유역할이 강조될 것이다. 지역정보화의 성공적인 구축은 향후 지역사회의 정보화 성숙을 한층 촉진할 수 있는 잠재력을 가지고 있다. 지역에 생활의 기반을 갖고 있는 지역주민들을 위한 정부 행정서비스의 향상과 지방정부의 비용절감을 가져올 수 있으며, 풀뿌리 민주주의의 정착을 위한 전자적 민주주의의 실현이 가능하며, 지역주민의 삶의 질적인 향상을 가져올 수 있을 뿐만 아니라, 결과적으로 지역경제의 활성화를 촉진할 수 있는 기대효과를 제대로 거두기 위해서도 효과적인 지역정보화 추진을 위한 정책적 지혜를 모아야 할 것이다.

지역정보화를 효과적으로 추진하기 위한 정책과제는 다음 세 가지로 요약될 수 있다.

첫째, 정보화를 통해 지역간 균형발전을 유도해야 하며, 정보통신기반의 구축이나 지역주민의 정보접근에 지역간 격차가 존재하지 않도록 해야 한다. 지역간 균형발전은 결코 단기간에 이루어질 수 없는 과제이다. 따라서 정부와 지방자치단체 그리고 지역기업 및 주민들이 공동으로 지역의 사회경제적 기반을 강화할 수 있는 정보화사업을 선택해야 한다.

둘째, 민간의 주도적 참여와 지역주민의 자율성을 최대한 확대해 나가야 한다. 현재 지방자치단체의 재정적 취약성으로 인해 지역정보화는 중앙정부에서 주도하고 있으며, 민간의 참여도 부진한 실정이다. 따라서 지역주민의 필요와 요구를 최대한 반영하고 정보화의 결과가 실생활에 직접 활용될 수 있도록 지역주민의 적극적인 참여를 촉진하는 방향으로 추진되어야 한다.

마지막으로, 지역적으로 특화된 정보를 보유해야 하며, 이러한 특성을 고려한 지역정보화가 추진되어야 한다. 지역의 행정환경, 지리적 환경, 인적 자원, 산업구조 등 지역특성 및 제반 지역문제를 감안하여, 지역별로 특화된 정보화정책을 수립해야 한다. 또한, 지역의 고유한 정보를 보존하기 위해서는 정치, 행정, 경제, 문화 등 지역에 고유한 정보의 온라인화를 통해 지역정보 베이스를 구축할 필요가 있다.

## 4. 정보화마을정책4)

### 1) 개 념

정보화마을은 행정자치부(2001)가 시행한 정책으로 정책성공사례에 들어간다. 초기에는 정보화시범마을이란 이름으로 시작되었다. "정보화마을"은 도시와 농어촌을 포함한 정보소외 지역에 인터넷 이용환경을 구축하여 정보접근 기회를 높이고, 주민의 실생활 및 경제활동과 밀접한 콘텐츠를 구축하여 다양한 정보를 제공함으로써 지역 주민의 정보 생활화와 소득증대에 기여하고 지역 커뮤니티 형성을 촉진하는 마을을 의미한다. 이는 지역정보화정책의 일환으로 볼 수 있으나, 중요성을 감안하여 여기서는 독립하여 서술하기로 한다.

### 2) 추진배경

2000년대 초반부터 추진된 다양한 정보화 사업들은 지역간 정보격차 완화 및 지식정보 강국을 지향한 전자정부 사업으로서 상당한 성과를 이루었다. 그러나 이러한 발전에도 불구하고 한국 경제의 압축 성장 과정에서 누적된 지역간 소득 불균형과 정보격차가 표출되었고, 이를 개선하기 위한 대안으로서 정보화마을사업이 도입되었다. 이러한 정보화시범 마을 조성은 그동안 행정자치부가 시행한 '마을정보센터', '사이버타운 조성' 등 정보화마

---

4) 이에 대한 내용은 이자성 외(2011), "정보화마을의 자립운영 요인에 관한 탐색적 연구"와 예광호(2010), "정보화마을 소득 격차 완화 방안"을 토대로 정리함.

을과 유사한 사업을 '정보격차 해소에 관한 법률(2001. 11)'의 제정 및 시행에 따라 정리하여 본격적인 정보화마을사업으로 추진하게 되었다.

## 3) 추진체계 및 현황

정보화마을사업은 행정안전부, 자치단체(광역, 기초), 마을 간 역할 분담 체계를 가지고 있다. 각 추진 주체별 역할을 살펴보면, 우선 중앙정부는 정보화마을에 대한 기획 및 추진을 담당한다. 중앙정부는 이를 통해 정보화마을 조성을 위한 자문과 기관별 협의를 수행하고, 대상 지역 및 전담 사업자를 선정하며, 법·제도 개선 및 소요예산을 확보하는 등의 행정 지원 업무를 수행한다.

지방정부는 대상마을 선정을 위하여 중앙에서 제시한 지침에 준한 자료를 준비하고, 선정 후 중앙에서 지원하는 국고보조금을 역시 중앙의 지침에 준하여 집행하게 되며, 이후

〈표 16-2〉 정보화마을 조성 현황

| 시도 | 계 | 마을 조성 현황 | | | | | | | |
|---|---|---|---|---|---|---|---|---|---|
| | | 2001 (1차) | 2002 (2차) | 2003 (3차) | 2004 ~5(4차) | 2006 (5차) | 2007 (6차) | 2008 (7차) | 2009 (8차) |
| 총계 | 363 (103) | 22(5) | 73(3) | 79(10) | 87(18) | 26(15) | 34(23) | 30(17) | 12(12) |
| 서울 | 0 | – | – | – | – | – | – | – | – |
| 부산 | 4 | – | 1 | 2 | 1 | – | – | – | – |
| 대구 | 2 | 1 | 1 | – | – | – | – | – | – |
| 인천 | 0 | – | – | – | – | – | – | – | – |
| 광주 | 4 | 1 | 1 | 2 | – | – | – | – | – |
| 대전 | 1 | – | – | 1 | – | – | – | – | – |
| 울산 | 3 | 1 | 2 | – | – | – | – | – | – |
| 경기 | 61(33) | 3(2) | 7 | 12(5) | 23(14) | 6(4) | 6(4) | 6(4) | – |
| 강원 | 52(21) | 3(1) | 10(1) | 9(1) | 8(1) | 9(7) | 6(4) | 4(3) | 3(3) |
| 충북 | 22(6) | – | 5 | 3 | 5 | 1 | 4(3) | 2(1) | 2(2) |
| 충남 | 39(5) | 1 | 11 | 9 | 10 | 2(1) | 3(2) | 3(2) | – |
| 전북 | 39(10) | 2 | 6 | 8 | 13(3) | 4(3) | 2(1) | 2(1) | 2(2) |
| 전남 | 48(14) | 2 | 8 | 13(4) | 11 | 1 | 4(3) | 6(4) | 3(3) |
| 경북 | 44(6) | 5(2) | 14(2) | 10 | 10 | 1 | 3(2) | 1 | – |
| 경남 | 29(6) | 2 | 6 | 7 | 5 | – | 3(2) | 3(2) | 2(2) |
| 제주 | 17(2) | 1 | 3 | 3 | 3 | 1 | 3(2) | 3 | – |

※ 자료: 예광호(2010: 67), "정보화마을 소득격차 완화방안".
　　2010년 6월 현재. ( )안의 숫자는 시도 자체적으로 조성한 마을.

마을의 지속적 발전을 위한 각종 활동을 전개한다.

마지막으로 추진 대상 마을은 사업의 원활한 추진을 위하여 민·관·학으로 구성된 정보화마을운영위원회를 구성하여 협조지원체계를 구축함으로써 주민의 참여를 유도하는 등 자생적인 운영이 될 수 있도록 추진하고 있다. 2010년 6월까지 조성된 마을 현황을 살펴보면 〈표 16-2〉와 같다.

## 4) 운영성과

정보화마을 사업은 농·어촌·산간 지역 등 정보소외지역에 초고속 인터넷 환경 구축과 PC 보급을 통해 주민들에게 정보 접근 기회를 제공하여 지역주민의 정보 생활화를 통한 삶의 질 증진을 도모하고 있다. 또한 지역 고유의 특산물을 활용한 전자상거래 활성화와 상품관리 및 체험상품과 관광상품을 활용한 관광객 유치 등을 통한 지역경제력 강화, 나아가서는 지역공동체 형성 및 활성화를 유도함으로써 지역 경쟁력 향상에 기여하였다.

정보화마을은 2001년 25개 시범마을로 시작해 사업주체인 행정안전부 및 광역자치단체 예산의 증감 등 요인으로 연도별 조성 마을수의 차이는 있으나, 매년 그 수가 증가하여 2010년 6월까지 363개가 조성되어 최초 조성 마을 수 대비 약 1,400% 이상의 증가율을 보이고 있다. 정보화마을의 주요 운영 성과를 살펴보면 〈표 16-3〉과 같다.

〈표 16-3〉 정보화마을 운영 성과

| 구분 | | 2006년 | 2009년 | 2010년 |
|---|---|---|---|---|
| 정보격차해소 | 마을주민 교육실적(연) | 19,726명 | 39,798명 | 14,527명 |
| | 마을 홈페이지 게시판 게시 건수 | 548,707건 | 3,545,447건 | 1,071,869건 |
| 지역공동체 활성화 | 온라인 회원수 | 28,473명 | 97,958명 | 17,424명 |
| | 커뮤니티 신규 개설 건수 | 1,769건 | 1,269건 | 422건 |
| | 커뮤니티 게시 건수 | 148,788건 | 269,036건 | 217,477건 |
| 지역경쟁력강화 (전자상거래) | 특산물 판매 | 2,356백만 원 | 8,986백만 원 | 3,875백만 원 |
| | 체험 관광 | 569백만 원 | 4,499백만 원 | 1,381백만 원 |
| | 언론매체 홍보 건수 | 687건 | 2,302건 | 826건 |

※ 자료: 예광호(2010: 68), "정보화마을 소득격차 완화방안"; 2010년은 4월 기준.

# 충남 예산 증실골 사과정보화마을

### 1. 개 요

충남 예산 증실골 사과정보화마을은 예산군의 남서쪽에 위치하고, 홍성군과 접해 있으며 당진대전고속도로를 통해 외부에서 접근이 용이하다. 예산군의 대표 특산물 중의 예산 8경의 하나인 "사과"를 1940년대부터 재배하는 지역으로 팔봉산 자락의 발달된 황토 구릉지와 충분한 가을햇살, 알맞은 밤낮의 일교차 등의 천혜의 자연환경을 자랑하고 있다. 또한 지하 500m의 암반수를 확보하여 언제나 깨끗한 물로 농사를 짓기 때문에 과육이 치밀하고 과즙이 많으며, 아삭아삭 씹히는 맛이 일품이며, 새콤달콤한 맛과 향기가 입안 가득 맴 돈다. 여기에 고객들로 하여금 안심하고 껍질째 먹을 수 있도록 친환경 농법을 통해 사과를 재배하고 있으며, 국립농산물관리원으로부터 친환경 농업인증을 받았고, 2003년에는 마을 숙원 사업인 정보화마을을 조성하게 되었다.

### 2. 정보화마을 추진

정보화마을 도입 전에는 여타 다른 농촌지역과 마찬가지로 갈수록 급변하는 환경변화와 치열한 경쟁이 계속되면서 많은 어려움이 있었다. 하지만 2003년 3차 정보화마을로 지정되어 2004년 10월에 정보센터가 마을회관 2층에 설치되고, 이어 가구마다 한대씩 78대의 PC 보급 및 인터넷 회선 설치가 완료되면서 주민들의 정보의 생활화가 가능해졌다. 그 당시만 하여도 자녀들 교육에 필요한 PC를 보유한 가구는 있었지만, 정작 소득증대를 위한 정보화 매체활용 및 정보화능력은 거의 전무한 상태였다. 따라서 최초 정보화마을 조성 당시 마을 주민 대부분이 '정보화 문맹'에 가까웠지만, PC와 인터넷 활용을 위한 지속적인 정보화교육을 통해 정보화 활용능력이 향상되기 시작하였으며, 사진편집과 홈페이지 구축 등 교육이 다양하게 이루어짐에 따라 농가마다 개인홈페이지, 블로그를 활용하여 다양한 정보와 전자상거래를 이용하여 소득까지 증진시키고 있다.

## 3. 정보화마을 효과

과수원의 특성상 착과가 시작되면 속칭 '밭떼기'를 전문으로 하는 장사꾼(중간 도매상)이 몰려와 선 계약을 하고나면 사실상 딱히 할 일도 없는 실정이었다. 정보화마을이 조성된 이후 전자상거래를 이용한 새로운 수요창출을 위해 "내 나무 갖기–사과나무 분양, 직접 내 손으로 수확의 기쁨–사과따기 체험"을 도입하기로 결정하였으며, "증실골 사과마을"이라는 공동브랜드를 가지고 온/오프라인(전화주문 포함)으로 생산자와 소비자들 간의 직거래 판매방식을 추진하게 되었다.

이제 생산만 하면 팔리던 시대는 지났다. 경쟁이 치열해진만큼 생산은 기본이고 여기에 적극적인 홍보와 마케팅이 필요하다. 차별화가 없다면 구매고객을 잡을 수가 없다. 이에 증실골 사과정보화마을에서는 우리나라 고유 명절인 설과 추석에 "명품사과"라는 이름으로 다른 상품과 차별화된 상품을 개발하였다. "명품사과"라는 이름에 걸맞게 백화점 같은 곳에서나 볼 수 있는 포장기술을 개발하여 가장 좋은 사과를 한 개씩 고급 포장하여 노랑, 분홍, 초록 같은 얇은 색지로 포장을 한번 더하여 상자에 넣어 본 결과, 고급 선물 같은 느낌으로 주는 사람도 받는 사람도 모두 만족하는 히트 상품이 되어 조기 품절되는 효자 상품이 되었다.

하지만 마을에서는 이 상품으로 그치지 않고 최근엔 "프리미엄 사과"를 개발하여 설, 추석 명절 때마다 최상품의 선물용 상품을 출시하여 또다시 조기 품절로 마을의 효자 상품이 되었다. 여기에서 그치지 않고 각종 행사에 적극 참여하며, 각종 기관 단체 및 회사의 홈페이지 게시판에 적극 홍보를 하고, 이메일과 DM발송, 모바일 문자발송 등을 활용한 꾸준한 고객관리로 지속적인 판매가 이루어지도록 적극 노력하고 있다.

증실골 사과정보화마을은 "사과나무 분양과 사과따기 체험 프로그램"을 도입하면서 큰 호응을 얻었다. 이제 변화는 선택이 아니라 필수다. 증실골 마을에서는 농업도 산업이라는 마인드를 토대로 사과쥬스, 사과와인, 사과쨈, 사과고추장, 사과식초 등 특화된 사과 가공 상품과 사과와인 만들기, 사과김치 만들기, 사과마을 민박, 사과마을 주말 농장 등 숙박과 체험관광을 겸한 다양한 프로그램을 개발 도입하여 고객과의 유대를 더욱 탄탄하게 해나갈 계획이다. 예산 8경과 문화축제(매헌문화제, 능금축제, 국제 풍물제, 예당호반축제)와 가을에 열리는 사과축제인 능금축제와 여름 휴가철에 인근에 있는 예당저수지에서 열리는 예당호반축제에는 많은 관광객이 즐겨 찾아 농촌체험관광과 연계를 통해 더 큰 효과를 기대하고 있다.

자료: 유명숙(2011), "지역속으로: 정보화마을; 충남 예산 증실골 사과정보화마을".

## 1) 개 념

u-City는 유비쿼터스 컴퓨팅과 정보통신 기술을 기반으로 도시 전반의 영역(공간, 사물, 인간, 서비스 등)을 융합(Convergence)하여, 통합되고(Integrated), 지능적이며(Intelligent), 스스로 혁신되는(Innovative) 도시라고 정의된다(이병철 외, 2007: 73). 즉, u-City는 시간과 장소에 구애받지 않고 언제, 어디서나 인터넷 접속이 가능한 유비쿼터스 기술을 기반으로 하는 미래형 첨단도시로서 네트워크가 도시 곳곳에 있어 교통, 방범, 방재업무 등이 자동으로 처리되는 도시라고 할 수 있다. 이 역시 지역정보화정책의 일환으로 추진되는 것이나, 여기서는 별도로 서술하기로 한다.

## 2) 특 성

u-City는 현실 도시에 강력한 유비쿼터스 컴퓨팅 기술이 접목된 것이기 때문에 현재의 도시보다는 더 강력하고, 사이버 도시보다 현실적이라는 점에서 구분된다. 완전히 구현된

〈그림 16-6〉 u-City의 특성

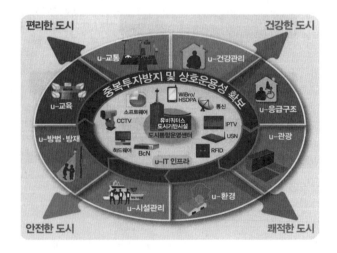

※ 자료: 한국정보화진흥원(2010: 100).

〈표 16-4〉 u-City 추진현황

| 단위 | 현재 추진 중 | 추진 예정 |
|---|---|---|
| 광역자치단체 | 특별 · 광역시 전체(7곳)<br>강원, 경북, 충북, 충남(4곳) | 특별 · 광역시 전체(7곳)<br>강원, 경남, 경북, 전북, 충남(5곳) |
| 기초자치단체 | 강릉, 경산, 구미, 고양, 공주, 광명, 김포, 동두천, 마산, 부여, 성남, 수원, 아산, 연기(세종시), 용인, 용평, 익산, 제주, 정읍, 창원, 충주, 통영, 평창, 평택, 파주, 하동, 화성(27곳) | 고양, 과천, 공주, 광명, 군포, 김포, 김해, 남양주, 마산, 삼척, 성남, 수원, 순창, 속초, 아산, 안산, 양양, 양주, 오산, 완주, 용인, 원주, 의정부, 익산, 정읍, 제주, 청주, 춘천, 충주, 통영, 파주, 평택, 포천, 화성(34곳) |

※자료: 정병주(2008), "2008년도 u-City 추진현황과 과제".

u-City는 도시 스스로가 필요에 따라 센싱 및 감시기술을 통하여 정보를 수집·축적하고 대안을 제시한다. 도시에 구축된 시설과 시설, 시설과 인간 간의 커뮤니케이션이 가능하고, 인간은 언제 어디에 위치해 있든지 간에 커뮤니케이션할 수 있다는 특성을 지닌다. 유비쿼터스 기술이 보편화된 u-City에서는 정부(u-gov.), 의료(u-Health Care), 교육(u-Edu.), 생활(u-life) 등 각 부문별로 변화가 발생할 것이다(한세억, 2007: 70~71).

## 3) 추진현황 및 내용

u-City는 유비쿼터스 컴퓨팅 기술을 기반으로 다양한 u-서비스를 제공하여 도시민에게는 안전하고 풍요로운 생활을 통해 삶의 질을 향상시키고, 산업에 새로운 사업 공간을 창출하여, 효율적인 도시 관리 및 환경보존을 가능하게 한다.

국내에서 진행 및 계획하고 있는 u-City 사업은 전국적 규모로 이루어지고 있으며, 주로 정부기관 및 지자체를 중심으로 추진되고 있다(〈표 16-4〉 참조). 또한, 지자체별 추진 내용을 살펴보면 〈표 16-5〉와 같다.

〈표 16-5〉 u-City 추진내용

| 과제 | 지역 | 주요 내용 |
|---|---|---|
| 목조문화재 u-안전관리시스템구축 | 전라북도 | * 국가, 도 지정 목조문화재 200개소(14개 시군) 대상으로 침입 감시, 화재 조기 발견 등의 재난관리체계 구축 및 대응체계 마련의 서비스 표준모델 개발 |
| 체험형 u-오동도자연생태공원 서비스구축 | 여수시 | * 오동도에 유비쿼터스 기술을 활용하여, 천혜의 자연생태환경을 과학적으로 관리하고, 관광객에게 u-생태체험 서비스 개발 |

| u-비즈니스 선도지역 (ubi-Z) 구축 | 강릉시 | * 기존 독립적으로 추진되던 환경, 헬스, 관광서비스를 경포도립공원, 시외버스 터미널, 강릉휴게소를 연계한 융합서비스 모델 개발 |
|---|---|---|
| 녹색 IT기반 탄소배출량관리서비스 구축 | 광주광역시 | * 공동주택/공공기관 탄소배출량 측정 및 감축 유도 서비스, 탄소배출권 모의거래시스템, 대기환경 모니터링 시스템, 스마트 계량시스템 구축 등 u-City 융·복합 서비스 모델을 결합하여 가시적이고도 미래지향적인 u-City 서비스 모델 개발 |
| u-IT기반 도시시설물 안전 서비스 모델 구축 | 부산광역시 | * 다양한 도시시설물의 안전을 실시간으로 관리하고, 재난에 신속히 대처하며, 체계적인 통합관제가 이루어질 수 있는 u-IT 기반 도시시설물 안전 서비스 모델 구축 |
| 새와 사람이 공존하는 u-천수만 생태관광 모델 구축 | 서산시 | * 서산 천수만을 대상으로 수질오염 모니터링, 밀렵/쓰레기 무단투기 등의 환경감시 서비스, 농작물 피해예방서비스, 생물다양성관리계약서비스 등의 단위 서비스 융·복합을 통해 u-환경 및 관광 서비스 모델 개발 |
| u-상쾌한 문화공간 서비스 구축 | 경주시 | * 경주지역 주요 문화재(대릉원, 첨성대, 안압지 일대) 및 세계문화엑스포 공원에 u-체험서비스, 사적지 u-방범/방재 서비스, 안압지 수질모니터링, u-쉼터서비스, u-자전거서비스, 무인발권 서비스 모델 개발 |
| USN기반 도심 시설물 안전관리 시스템 구축 | 제천시 | * 도시조명관리, 결빙지역 안내관리, 도로시설물 원격안전계측 및 독거노인 대상의 독거노인 안심서비스 등 융·복합 통합관리 서비스 개발 |
| 위치정보기반 u-Guide 서비스구축 | 인천광역시 | * 세계도시축전행사 중 u-IT 신기술을 활용한 u-City 기반조성<br>* 전시장 행사 및 관람동선을 연동하여 최적화된 관람스케줄 제공<br>* 관람객의 현재 위치에서 근접한 부대시설 및 행사장 정보 제공 |

※ 자료: 한국정보화진흥원(2010: 86), 『한국정보화백서』.

## 4) 추진방향 및 과제

우리나라는 1996년 정보화촉진법을 제정하고, 정보화촉진기금을 신설하여 많은 정보화 관련 사업을 추진하였다. 그 결과 전자정부 사업들이 정부 업무 전반에 정보통신기술이 도입되는 양적인 확대는 이루었으나, 실제 효과는 기대에 훨씬 미치지 못하였다는 비판을 받고 있다. u-City 정책의 경우에 있어서도 적용 분야가 다양한 만큼 이러한 문제점을 인식하여 정부주도 방식은 지양되어야 한다. 특히 u-City의 구축은 특정기관에서 중심이 되어 집권적으로 추진하는 체계는 바람직하지 않다. 유비쿼터스기술의 응용분야가 특정적이라는 점을 감안한다면 u-City 사업을 집권적으로 추진하는 것은 더욱 바람직하지 않다.

따라서 각 부처나 지방정부 그리고 지역단체들이 해당 업무나 지역의 여건에 맞는 유비쿼터스기술의 응용서비스를 도입할 수 있도록 분권적인 체계로 시행하여야 u-City의 효과를 극대화할 필요가 있다. 특히 중앙정부와 관련하여 u-City의 추진체계는 기반 통신시설에 대한 연구개발 및 투자는 중앙정부 차원에서 집권적으로 시행하되, 구체적인 응용서비스에 대한 계획의 수립과 집행은 각 부처나 실국 및 지방자치단체에 일임하는 방안을 검토할 필요가 있을 것으로 보인다(김준한, 2004).

**정책 사례** *cases in policy*

## 용인·흥덕지구 u-City

### 1) 개 요

용인시 기흥읍 영덕리 일원 214만6천㎡ 부지 내에 위치한 용인·흥덕지구는 2009년 7월까지 170여억 원의 사업비가 투입되어 광케이블 통신망과 공공정보상황실을 설치하며, 공동주택, 상업·업무용 건물 등에도 초고속정보통신건물 1등급(공동주택의 경우 특등급) 이상의 구내 통신선로 설비가 구축되었다.

〈그림 16-7〉 용인흥덕지구 구성도

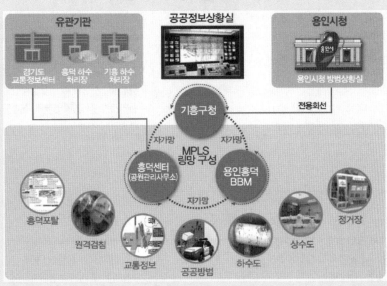

### 2) 주요 서비스

## (1) u-방범

| 개요 | 주요기능 | 기대효과 |
| --- | --- | --- |
| 용인흥덕 u-City 내에 방범용 CCTV를 설치하여 도시의 치안, 방범을 강화하고 대처함으로써 신도시 입주민들이 안심하고 거주할 수 있는 환경을 제공하는 서비스임. | * 도시 전역을 대상으로 방범 감시<br>* 현장에 설치된 CCTV와 센터간 음성통신<br>* 응급상황 실시간 대처<br>* 현장시스템 비상벨을 누를 경우 인근의 CCTV들이 자동적으로 현장을 집중감시<br>* 범인 예상 도주로 추적가능<br>* 적용기술: 영상저장, 영상검색, 영상감시, 영상분배시스템 | * 24시간 방범감시를 통한 시민의 안정된 주거생활 보장<br>* 범죄의 사전 예방 효과<br>* 범죄 발생 시 사후 증거 확보 |

## (2) u-교통

| 개요 | 주요기능 | 기대효과 |
| --- | --- | --- |
| 교통정보서비스는 차량검지기(VDS)를 통해 수집된 원시 교통정보를 가공/처리하여 교통정보제공시스템(VMS, WEB)을 통해 흥덕지구의 도로이용자에게 교통정보 및 돌발상황정보, GIS정보 등을 서비스함. | * 기본 교통정보(교통량, 속도) 수집<br>* 운전자에게 교통정보 제공<br>* 실시간으로 모니터링 수행<br>* 운전자의 속도정보 제공<br>* 타 연계기관과의 교통정보 교환 | * 차량의 교통량과 평균속도를 산출하고, 도로 정체정보를 제공하여 도로의 효율적 이용<br>* 실시간 교통정보를 제공하여 쾌적한 주행환경을 보장하고, 돌발상황에 따른 2차적인 사고 예방<br>* 설치된 CCTV를 통해 도로영상을 수집하고, 돌발상황을 운영자가 직접 확인하여 신속한 후속처리 가능 |

## (3) u-상수도정보화

| 개요 | 주요기능 | 기대효과 |
| --- | --- | --- |
| 상수도정보화 서비스는 용인시 상수도사업소에서 운영 중인 유수율 관리 시스템에 통합 수용이 가능하도록 용인·흥덕지구 내 상수관로에 압력계 및 관련현장 감시시설을 구축함. | * 원격 모니터링<br>* 누수관리<br>* GIS DB 구축 | * 실시간으로 수집되는 유량 및 유압 정보를 모니터링하는 기능을 제공하며, 트랜드 분석 및 과거자료 조회 등 관리자 운영에 필요한 기능을 제공<br>* 이상유량 및 압력분석에 의해 개략 누수구간을 판별하고 누수예상구간을 표시 및 알람 통보 |

| 개요 | 주요기능 | 기대효과 |
|---|---|---|
| | | 하는 기능 제공<br>* 상수관망과 관련된 시설물의 기초 정보와 유지관리정보를 DB화하여 이력 정보 축적 |

## (4) u-하수관거 모니터링

| 개요 | 주요기능 | 기대효과 |
|---|---|---|
| 하수관거 모니터링 서비스는 하수관거의 누수상태를 감시하기 위해 유량계와 강우계를 설치하여 상시 모니터링과 분석을 수행하고, GIS 기반의 하수관망 해석기법을 통해 특정 상황에서의 부정류 해석, 통수능 예측, 침수지역 분석, 관거교체 우선순위 결정지원 등의 기능을 제공함. | * 모니터링 및 경보/현장 제어반 정보 제공<br>* 관망분석/모델링 및 의사결정 지원 | * 유량(유속, 수위), 강우 이상상황 경보발생시 SMS로 신속한 통보<br>* 관거, 맨홀, 구역정보 유량계, 강우계 정보 등 현장제어반 정보의 원격지 활용<br>* 침입수, 유입수 및 우수 분석 등 예측자료 활용<br>* 통수능분석, 침수지역분석으로 관거교체의사 결정 |

## (5) u-원격검침

| 개요 | 주요기능 | 기대효과 |
|---|---|---|
| 원격검침 서비스는 상수도 사용량 및 관련정보를 검침원이 각 수용가를 댁내 방문하지 않고, 수용가 근처에서 검침용 PDA를 이용하여 자동으로 수집하는 서비스임. | * 수용가 정보관리 및 데이터 전송<br>* 관련시스템 연계<br>* 그룹 검침 및 개별 검침<br>* 누수 가능성 진단 및 계량기 관리 | * 수용가의 기본정보를 추가, 삭제, 변경하는 기능을 제공하여 데이터 관리의 효율성 제공<br>* 현재 운영 중인 요금관리 시스템의 요금산정에 활용<br>* PDA는 통신 가능범위 안의 수용가에서 계량값을 동시에 검침하여 검침 효율 향상<br>* 사용량을 전월 사용량과 비교하여 누수의 가능성 진단 |

(6) u-미디어보드

| 개요 | 주요기능 | 기대효과 |
| --- | --- | --- |
| 용인 흥덕의 IT인프라를 활용하여 시정정보, 교통 정보 및 각종 생활정보 등의 다양한 콘텐츠를 큰 화면의 영상을 통해 시민들에게 실시간으로 제공함. | * 도시정보: 시정정보, 첨단도시 홍보<br>* 생활정보: 기상정보, 교통정보, 재난·재해정보<br>* 상업홍보: 지역상업홍보, 기업홍보<br>* 기타: 각종행사 중계, 이벤트 대행<br>* Web Based Interface : 조작의 간편화, 실시간 동영상 분배 | * 디지털 도시의 거리풍경 구성<br>* 다양한 정보를 효과적으로 도시 민에게 전달<br>* 각종 긴급 뉴스를 통한 재해 예방<br>* 다양한 도시미디어 통합관리가능 |

(7) u-흥덕포털

| 개요 | 주요기능 | 기대효과 |
| --- | --- | --- |
| 지역주민에게 흥덕지구 내 유익한 정보를 웹 서비스 방식으로 제공함. | * 공공서비스 연계: 공공정보 및 환경정보 표출<br>* 디지털상가 지원: 흥덕지역 상가, 학원, 병원 등에 샵 블로그 제공<br>* 커뮤니티 활성화: 블로그 및 동호 회서비스 구현, 게시판 토론방 등 제공<br>* 생활문화 정보 제공: 지역의 생활, 문화, 관광, 행사 등 생활문화 구현<br>* 외부연계 정보 제공: 용인시청, 기흥구청, 용인신문과 연계하여 정보 제공 | * 지역주민 정보교류 활성화<br>* 상가, 학원, 병원 등의 블로그 에 다양한 정보를 제공하여 상점 이용 편리성 제공<br>* 흥덕지구 내 상권의 활성화 도모<br>* 용인흥덕 u-City 홍보 |

자료: 한국정보화진흥원(2010: 38~41), "u-City 우수 사례".

◎ 초고속정보통신기반정책(BcN)

▶ 개념 및 정의
  • 초고속정보통신기반은 음성, 데이터, 영상 등 여러 유형의 필요한 정보를 빠른 속도로 언제 어디서나 편리하고 저렴하게 주고받는 것을 가능하게 하는 물리적 통신망뿐만 아니라, 정보기기 및 소프트웨어 그리고 주변 환경인 관련 법, 사회제도, 문화, 이용 관습 등을 포함하는 새로운 사회간접자본. 최근에는 BcN(차세대 지능형 통신망 네트워크) 사업으로 진화하고 있음

▶ 응용분야
  • 교육
  • 의료
  • 정부 서비스
  • 환경
  • 도서관
  • 법률

▶ 초고속정보화정책 집행에 관한 이론적 모형
  • 통제모형의 집행(Control Model)
  • 협상모형(Bargaining Model)
  • 진화모형(Evolution Model)
  • 민영화모형(Privatization Model)

▶ 정책수단별 성공적 집행전략모형
  • 초고속정보 공급정책: 초고속정보전송기반 구축정책, 초고속정보유통기반 확보정책, 초고속정보 응용기반 확보정책
  • 초고속정보 수요정책: 정보의식 및 정보해득력 제고정책, 초고속정보구매력 확보정책, 초고속정보화제도 기반정책

▶ 초고속기반 구축 가속화를 위한 정책과제
  • 급변하는 정보통신 환경의 반영
  • 정부인식의 전환
  • 초고속사업과 국가사회 정보화의 관계정립

▶ 최근이슈: BcN(Broadband Convergence Network)
  • 개념: 광대역 멀티미디어 서비스를 언제 어디서나 이용할 수 있도록 하는 차세대

통합 네트워크
- 특징
  * 음성과 데이터 통합
  * 유·무선 통합
  * 통신과 방송의 융합
  * 네트워크 전체 계층에서의 보안 보장
  * 통신 및 방송응용 서비스가 네트워크 외부로 개방
  * 홈 네트워크 및 유비쿼터스 환경 등이 네트워크 인프라를 통하여 통합
  * 유·무선의 다양한 접속 환경에서 끊김 없는 네트워크 접속 가능, 다기능 통합 단말
    제공
  * 전체 네트워크에 IPv6가 적용된다.

## ◎ 정보통신산업정책

▶ **정보통신산업의 개념**
- 정보활동에 필요한 정보기술 및 제품 그리고 관련 서비스를 생산, 판매, 유통시키는
  산업 일체

▶ **정보통신산업정책의 의의**
- 고도 정보사회에서 높은 부가가치 창출
- 기업 생산성 향상 및 기업 활동의 효율성 제고
- 국가의 지능 업그레이드를 통한 국가 경쟁력 제고

▶ **지식기반경제에서의 정보통신산업정책 패러다임**
- 정부주도형
- 정부민간협력형
- 민간주도형

▶ **정보통신산업정책 발전방향 및 정책과제**
- 지식기반경제로의 정책기조 변화: 민간주도와 정부의 지원
- 지식의 창출, 축적 및 확산
- 지식기반경제 인프라 지원

## ◎ 지역정보화정책

▶ **지역정보화 등장배경**
- 정보화시대 농촌지역도 정보통신망 구축, 다양한 정보전달매체를 이용하여 필요한 정

보를 제공하고 의사결정에 도움을 주는 등 제반 사회·경제·문화적 행위를 효율적으로 수행하기 위한 서비스 제공 필요

▶ **지역정보화의 개념 및 필요성**
- 개념: 행정정보화, 산업정보화, 정보의 산업화 등을 통해 지역과 지역간, 지역과 중앙간, 그리고 지역과 외국간의 정보격차를 해소할 뿐만 아니라, 제반 환경의 격차도 해소해 국가사회의 균형발전을 적극적으로 유도하는 활동
- 필요성: 지역경제 활성화, 지역주민 생활여건 향상, 지역 행정서비스 향상, 지역 특수성에 따른 정보화 추진

▶ **지역정보화 정책의 문제점**
- 사용이 불편한 공급자 위주의 서비스 제공
- 예산상의 낭비와 부족
- 기존 시스템과의 연계성 미약
- 법제도 미비
- 전문인력 부족

▶ **지역정보화 정책의 정책방향**
- 정보화를 통한 지역간 균형발전 유도
- 민간의 주도적 참여와 지역 주민의 자율성 확대
- 지역적으로 특화된 정보 보유, 지역 특성을 고려한 지역정보화 추진


◎ **정보화마을정책**


▶ **개 념**
- 도시와 농어촌을 포함한 정보 소외 지역에 인터넷 이용환경을 구축하여 정보접근 기회를 높이고, 주민의 실생활 및 경제활동과 밀접한 콘텐츠를 구축하여 다양한 정보를 제공함으로써 지역 주민의 정보 생활화와 소득증대에 기여하고 지역 커뮤니티 형성을 촉진하는 마을

▶ **추진배경**
- 그동안 행정자치부가 시행한 '마을정보센터', '사이버타운 조성' 등 정보화마을과 유사
- '정보격차 해소에 관한 법률'(2001. 11)의 제정 및 시행에 따라 정리하여 본격적인 정보화마을사업으로 추진

▶ **추진체계 및 현황**
- 행정안전부, 자치단체(광역, 기초), 마을 간 역할 분담 체계
- 중앙정부는 정보화마을에 대한 기획 및 추진을 담당. 중앙정부는 이를 통해 정보화마을 조성을 위한 자문과 기관별 협의를 수행하고, 대상 지역 및 전담 사업자를 선정하며, 법·제도 개선 및 소요예산을 확보하는 등의 행정 지원 업무를 수행

- 지방정부는 대상마을 선정을 위하여 중앙에서 제시한 지침에 준한 자료를 준비하고, 선정 후 중앙에서 지원하는 국고보조금을 역시 중앙의 지침에 준하여 집행하게 되며, 이후 마을의 지속적 발전을 위한 각종 활동을 전개
- 추진 대상 마을은 사업의 원활한 추진을 위하여 민·관·학으로 구성된 정보화마을운영위원회를 구성하여 협조지원체계를 구축함으로써 주민의 참여를 유도하는 등 자생적인 운영이 될 수 있도록 추진

## ◎ u-City정책

▶ 개 념
- u-City는 유비쿼터스 컴퓨팅과 정보통신 기술을 기반으로 도시 전반의 영역(공간, 사물, 인간, 서비스 등)을 융합(Convergence)하여, 통합되고(Integrated), 지능적이며(Intelligent), 스스로 혁신되는(Innovative) 도시

▶ 특 성
- 완전히 구현된 u-City는 도시 스스로가 필요에 따라 센싱 및 감시기술을 통해 정보를 수집·축적하고 대안을 제시한다. 도시에 구축된 시설과 시설, 시설과 인간 간의 커뮤니케이션이 가능하고, 인간은 언제 어디에 위치해 있든지 간에 커뮤니케이션할 수 있다는 특성

▶ 추진현황 및 내용
- u-City는 유비쿼터스 컴퓨팅 기술을 기반으로 다양한 u-서비스를 제공하여 도시민에게는 안전하고 풍요로운 생활을 통해 삶의 질을 향상시키고, 산업에 새로운 사업 공간을 창출하여, 효율적인 도시 관리 및 환경보존 가능
- 국내에서 진행 및 계획하고 있는 u-City 사업은 전국적 규모로 이루어지고 있으며, 주로 정부기관 및 지자체를 중심으로 추진

▶ 추진방향 및 과제
- 각 부처나 지방정부 그리고 지역단체들이 해당 업무나 지역의 여건에 맞는 유비쿼터스기술의 응용서비스를 도입할 수 있도록 분권적인 체계로 시행하여 u-City의 효과를 극대화할 필요
- 중앙정부와 관련하여 u-City의 추진체계는, 기반 통신시설에 대한 연구개발 및 투자는 중앙정부 차원에서 집권적으로 시행하되, 구체적인 응용서비스에 대한 계획의 수립과 집행은 각 부처나 실국 및 지방자치단체에 일임하는 방안을 검토할 필요

◎ 초고속정보통신기반정책의 개념은 무엇이며 응용분야는 무엇인가?

◎ 초고속정보화정책의 성공적 집행전략 모형은 무엇인가?

◎ 초고속기반구축 고도화를 위한 정책과제는 무엇인가?

◎ 초고속 사업에서 진화하고 있는 차세대 지능형통신망 사업인 BcN의 개념과 특징에 대해서 정리해두자.

◎ 정보통신산업의 개념과 중요성은 무엇인가?

◎ 정보통신산업정책의 발전방향과 정책과제는 무엇인가?

◎ 지역정보화정책의 등장배경과 개념, 필요성에 대해 생각해 보자.

◎ 정보화마을정책의 개념과 추진배경은 무엇이며, 추진체계는 어떻게 나누어지는가?

◎ u-City정책의 개념과 특성에 대해 생각해 보자.

◎ u-City정책 활성화를 위한 정책추진방향과 과제는 무엇인가?

[ 고시기출문제 (1) ]　전 세계적으로 경제침체 현상이 나타남에 따라 각국의 정부는 경제활성화를 위한 다양한 대책을 발표하고 있다. 아울러 온난화 현상 등으로 인하여 환경파괴 현상이 가속화되고 있어 녹색성장이 주요한 이슈가 되고 있다. 이러한 과정에서 정보통신기술(IT)과 국가경제활성화 및 녹색성장 간의 관계를 규명하고, 정보통신기술이 국가경제활성화와 녹색성장에 기여할 수 있는 방안에 대하여 설명하시오. [2009년 입시]

[답안작성요령]

☞ 핵심 개념

정보정책은 국가 경쟁력, 시장 효율성, 사회적 성찰성(윤리성) 차원 등 다차원적 구조를 가지고 있다. 본 문제는 특히 국가경쟁력 관점에서의 IT정책에 관한 문제이다. 이중 IT기술이 국가경제활성화 및 녹색성장에 기여할 수 있는 방안에 대해서 묻고 있다.

☞ 녹색성장의 개념

녹색성장은 경제·환경의 조화 및 균형된 성장을 의미한다. 이러한 녹색성장의 의의는 세가지로 구체화될 수 있다(권기헌, 2013: 469).

첫째, 환경과 경제의 선순환을 의미한다. 이는 성장패턴과 경제구조의 전환을 통해 환경과 경제 양축의 시너지(Synergy) 효과를 극대화시키며, 핵심주력산업의 녹색화, 저탄소형 녹색산업 육성, 가치 사슬의 녹색화 추진이라고 할 수 있다.

둘째, 삶의 질 개선 및 생활의 녹색혁명을 의미한다. 이는 국토, 도시, 건물, 주거단지 등 우리 생활 모든 곳에서의 녹색생활 실천 및 녹색산업 소비기반 마련을 의미하며, 버스, 지하철, 자전거 등 녹색교통 이용을 활성화하고, 지능형 교통체계에 기반한 교통효율 개선을 추진하고자 한다.

셋째, 국제 기대에 부합하는 국가 위상 정립이다. 이는 국제적 기후변화 논의에 적극 대응함으로써, 녹색성장을 국가발전의 새로운 모멘텀(momentum)으로 활용하며, 녹색 가교 국가로서 글로벌 리더십 발휘를 통해서 세계 일류의 녹색선진국으로 발돋움하고자 한다.

녹색성장은 지구온난화, 에너지위기 등의 문제가 점차 증대되면서 환경보전을 위한 노력 자체가 국가경제활성화의 수단으로 평가받고 있다. 특히 경제위기를 타개하고 에너지 자립도를 높이기 위해 선진국을 중심으로 녹색성장에 대한 관심이 확산되고 있다. 즉 기존의 경제성장 패러다임의 한계에 직면하여 새로운 수익창출 모델로서 경제성장과 환경보호를 동시에 추진하는 새로운 패러다임이 대두되고 있는 바, 그 한 방안이 IT를 활용한 환경친화적 저탄소 녹색성장이라는 개념이다. 특히 IT기술은 저탄소형 국토개발 및 녹색교통체계를 가능하게 해주는 기반기술이라는 점에서 녹색성장의 비타민과 같은 역할을 하는 기술이다. 기존의 산업구조의 녹색화, 온실가스 감축 모니터링, 녹색기술의 개발, 환경과 경제 양축의 시너지 극대화에도 필수적인 기반기술로서 작용한다.

효율성 못지않게 강조되어야 할 부분이 휴먼 네트워크이다. 정보통신기술은 산업효율성의 신성장동력의 개념을 넘어서서 인간 중심의 정보네트워크 구축을 가능하게 한다. IT를 활용한 생태공간 조성확대, u-그린 시티 조성 등은 단순한 효율성을 넘는, 더 큰 개념으로 국가경제 및 삶의 질에 기여하게 된다.

☞ 고득점 핵심 포인트

본 문제는 정보정책의 원칙과 논리를 이해하고 이를 통한 국가경쟁력 향상을 위한 방안으로써 녹색성장의 개념을 이해하는데 있다. 특히 최근 지구온난화, 에너지 위기 등 다양한 환경문제의 해결을 위한 정보통신기술의 올바른 활용방안을 제시하는 것이 핵심 포인트이다.

정보정책은 사회적 효율성 뿐만 아니라 인간중심의 정보네트워크를 정책논리로 한다. 사회적 효율성은 정보기술의 개발 및 투자, 민간 투자와 창의성의 제고, 정부생산성의 제고를 통해 사회적 활력을 진작시키고자 하는 반면, 인간 중심의 정보네트워크는 인간적인 망의 건설과 공공가치 보존 및 다양성의 추구 등을 통해 지속가능한 발전을 가능케 한다.

본 문제에서도 IT기술을 통한 녹색성장의 발전방안을 논함에 있어 1) 경제위기를 타개하고 에너지 자립도를 높이기 위한 신성장동력의 창출이라는 방안과 함께 2) 녹색도시, 녹색교통체계, 생태공간의 조성 등 지속가능한 발전을 향한 IT의 중요성과 역할이 강조되어야 한다. 이를 통해 국가경제발전의 새로운 패러다임으로의 전환이 강조될 필요가 있다 (본서 제14장 정보정책의 논리; 제16장 국가경쟁력 차원의 정보정책; 제17장 녹색성장의 비전과 전략 참조바람).

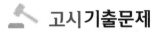

## 고시기출문제

**[고시기출문제(2)]**  정보화를 통해 지역균형발전을 촉진시킬 수 있는 방안을 논하시오.
[2012년 행시]

**[답안작성요령]**

☞ **핵심 개념**

짧은 문제이지만 출제의도 파악이 힘든 문제이기도 하다. 먼저 정보화와 지역균형발전의 의미를 파악해 볼 필요가 있다. 생각해보면, 현실적으로 우리나라 농·어촌지역의 경우 도시지역과 비교할 때 정보화 수준은 매우 저조한 실정이다. 따라서 소외된 지역과 사람에 대한 문제는 심각한 사회문제가 아닐 수 없다. 이에 지역에서의 정보화는 정보의 지역적 격차 해소와 균형적인 국가발전을 도모하기 위하여 반드시 필요한 것이라고 할 수 있다. 따라서 본 문제에서는 지역정보화는 지역 간 균형발전을 위해서, 또한 미래사회의 풍요로움을 약속하는 방안으로서, 정보화의 지역 간 격차를 해소코자 하는 정책적 의미를 지니고 있음을 명확히 밝혀줄 필요가 있다.

☞ **지역정보화를 통한 지역균형발전의 촉진 방안**

지역정보화란 전국 어느 곳에서든 정보에 대한 균등한 접근을 보장해 지역 간 정보격차를 완화하고 지역의 여건과 특성에 적합한 정보통신시스템을 구축하는 것을 당면과제로 하며, 나아가 지역경제를 활성화하고 지역사회의 주거환경을 개선해 지역 간 균형발전과 국가사회 전반에 활력을 불어넣는 것이 궁극적인 목표이다. 결과적으로 지역정보화란 행정정보화, 산업정보화, 사회정보화, 정보의 산업화 등을 통해 지역과 지역 간, 지역과 중앙 간, 그리고 지역과 외국 간의 정보격차를 해소할 뿐만 아니라, 제반환경의 격차도 해소해 국가사회의 균형발전을 적극적으로 유도하는 활동이다(권기헌, 2013: 393). 지역정보화의 기대효과는 ① 지역경제 활성화, ② 지역주민의 생활여건 향상, ③ 지역 행정서비스 향상, ④ 지역의 특수성에 따른 정보화 추진 효과 등을 들 수 있다.

따라서, 정보화를 통한 지역균형발전의 촉진 방안은 다음과 같이 나누어 생각해볼 수 있겠다.

1) 저발전 지역에 대한 정보화 인프라 보급: 낙후된 지역에 대한 정보화 인프라 보급 및 확충은 지역정보화 활성화를 위해 매우 필요하며, 이에 행정안전부(전 안전행정

부)에서는 '정보화마을'이라는 정책을 이미 실행하고 있기도 한다(사례는 아래에 별도 설명). 최근 인터넷망 발전, 스마트 기기의 대중화 등으로 인프라 구축비용이 축소되는 점 역시 저발전 지역에 대한 정보화 인프라 보급에 미치는 긍정적 영향을 주고 있다.

2) 지역 간 연계 확대: 지방행정정보화 사업의 경우, 개별 지자체의 우수시스템에 대한 벤치마킹과 공동 활용 등으로 지역 간 격차 해소와 연계 확대가 자연스럽게 이뤄질 수 있도록 지원체계가 갖춰질 필요가 있다. 일례로 중앙정부의 교부금 등이 마련될 수 있다면 정보화 측면에서의 지역균형발전에 많은 도움이 될 것이다.

3) 정보화사업 관련 지방이전 확대: 정보화 사업은 물리적, 지리적인 입지에 큰 영향을 받지 않는다는 점에서 IT관련 기업의 지방이전 등을 통해 정보화 산업의 클러스터를 지역에 구축한다면 지역균형발전을 더욱 도모할 수 있을 것이다.

☞ 정책사례: 정보화마을

1. 등장배경 및 필요성

한국 경제의 압축 성장 과정에서 누적된 지역 간 소득 불균형과 정보격차를 개선하기 위한 대안으로서 정보화마을사업이 도입되었다. 이러한 정보화시범마을 조성은 그동안 행정안전부(전 안전행정부)가 시행한 '마을정보센터', '사이버타운 조성'등 정보화마을과 유사한 사업을 정보격차 해소에 관한 법률(2001.11)의 제정 및 시행에 따라 정리하여 본격적인 정보화마을사업으로 추진하게 되었다.

2. 개념

정보화마을은 행정안전부(전 안전행정부(2001))가 시행한 정책으로 정책 성공사례로 꼽히고 있다. 정보화마을은 도시와 농어촌을 포함한 정보소외 지역에 인터넷 이용환경을 구축하여 정보접근 기회를 높이고, 주민의 실생활 및 경제활동과 밀접한 콘텐츠를 구축하여 다양한 정보를 제공함으로써 지역 주민의 정보 생활하와 소득증대에 기여하고 지역 커뮤니티 형성을 촉진하는 마을을 의미한다.

3. 운영성과

① 정보화마을 사업은 농·어촌·산간 지역 등 정보소외지역에 초고속 인터넷 환경 구축과 PC 보급을 통해 주민들에게 정보 접근기회를 제공하여 지역주민의 정보 생활화를 통한 삶의 질 증진을 도모하였다.

② 지역 고유의 특산물을 활용한 전자상거래 활성화와 상품관리 및 체험상품과 관광상품을 활용한 관광객 유치 등을 통한 지역경제력 강화, 나아가서는 지역공동체 형성 및

활성화를 유도함으로써 지역 경쟁력 향상에 기여하였다.

&#9755; 고득점 핵심 포인트

본 문제는 정보화를 통해 지역균형발전을 이루기 위한 방안을 묻고 있다. 따라서 기존에 시행되어 성공한 정책사례(예컨대, 정보화마을 사례 등)를 제시하고, 이 사례들이 가지는 함의와 앞으로의 개선점 및 발전방향에 대해서 논의해 주면 좋을 것이다. 특히 향후 발전방안을 1) 저발전 지역에 대한 정보화 인프라 보급, 2) 지역 간 연계 확대, 3) 정보화사업 관련 지방이전 확대 등을 중심으로 보다 내실화있는 실질적인 지역정보화 발전이 이루어질 수 있도록 강조해 주고, 이를 1) 정보화를 통한 지역 간 균형발전 유도, 2) 지역주민의 정보접근에 대한 격차 해소, 3) 민간의 주도적 참여 유도, 4) 지역적으로 특화된 정보의 개발 등 다양한 정책방안과 연계하여 서술해 준다면 완성도 높은 답안이 될 수 있으리라 본다(본서 제16장 지역정보화 및 정보화마을 정책 참조바람).

# 제17장

# 시장효율성 차원의 정보정책:
## 생산성 영역 정책
### 전자상거래, 지적재산권, 정보표준화, 방송통신융합정책

e-government

>>> 학습목표

시장효율성 차원의 정보정책에서는 전자상거래정책, 지적재산권보호정책, 정보통신표준화정책, 방송통신융합정책, 디지털콘텐츠정책, 녹색성장정책으로 나누어 살펴본다.

첫째, 전자상거래정책에서는 전자상거래의 개념과 특징, 문제점, 최근 스마트폰 사용에 따른 모바일 결제 정책 등 최근 이슈에 대해 살펴본다. 정책 우리나라 전자상거래 정책방향 및 과제에 대해 학습한다.

둘째, 지적재산권보호정책에서는 지적재산권의 개념과 특징, 지적재산권제도의 기본이념과 목적에 대해 살펴본다. 또한 지적재산권과 관련하여 쟁점이 되는 이슈들(저작권과 이용권, 독점과 경쟁, 공정한 사용의 문제, P2P기술, 디지털방송, CCL 제도, 한미 FTA와 관련한 지적재산권 문제 등)에 대해서 살펴본다. 그리고 지식기반의 지적재산권체제 확립을 위한 국가정책방향에 대해 학습한다.

셋째, 정보통신표준화정책에서는 표준화, 정보통신표준화의 개념과 필요성에 대해 학습한다. 또한 표준화의 기능을 순기능과 역기능적 측면에서 살펴보고, u-IT 행정서비스 정보통신표준화 정책 등 정보통신표준화의 정책방향에 대해 학습한다.

넷째, 방송통신융합정책에서는 방송과 통신의 차이를 정의, 목적, 특성별로 살펴본다. 또한 방송통신융합과 관련하여 망중립성, 규제정책 등에 대해 살펴본 후 방송·통신 융합의 정책적 함의에 대해 학습한다.

다섯째, 디지털콘텐츠정책에서는 디지털 콘텐츠의 개념과 중요성, 정책추진체계 및 디지털 콘텐츠 산업 분류 및 기술동향에 대해 학습한다.

여섯째, 녹색성장정책에서는 녹색성장의 개념, 중요성, 국가전략으로서의 녹색성장에 대해 학습한다.

## 1.　전자상거래정책

　현대 정보화시대는 인터넷이나 전화로 집에서 상품을 구입하고 환불하는 시대가 되었다. 상품 구입시에 직접 상점이나 백화점 등지로 가야만 하는 시대는 이제 먼 옛날이야기처럼 되어버렸다. 이러한 것을 가능케 한 것은 전자상거래라는 새로운 개념의 도입 때문이었다. 하지만 인터넷이나 전화 등 통신기기를 이용한 전자상거래기술은 우리에게 혜택을 가져다주기도 하지만, 피해도 속출하고 있다. 그렇다면 이러한 편리한 기술인 전자상거래를 유지하기 위한 정책방향과 정책과제는 무엇인지에 대해 살펴볼 필요가 있다.[1]

### 1) 전자상거래의 개념

　전자상거래는 그 내포하는 의미가 다양하여 일률적으로 정의한다는 것이 매우 어렵다. 협의의 관점에서 전자상거래 개념은 "전자적 수단을 이용하여 사이버 공간에서 이루어지는 거래행위"라고 정의된다. 하지만 보다 광의의 관점에서 전자상거래는 기업과 기업간 또는 정부와 기업간에 통합적인 자동화된 정보체계 환경하에서, 전자적인 매체, 전자적 기술과 수단을 이용하여 재화의 흐름이 수반되는 일상적인 상거래뿐만 아니라, 마케팅, 광고, 조달, 서비스, 생산, 수송, 행정, 재무, 구매 등을 포함하는 광의의 개념으로서 거래에 필요한 제반 정보를 교환하는 방식을 의미하기도 한다.

　전자상거래의 가장 큰 장점은 시간과 공간의 제약이 없다는 것으로, 직접 매장까지 나가는 번거로움을 덜 수 있고 거래대금은 주로 신용카드로 결제된다. 또 유통비용이나 건물 임차료 등의 비용이 전혀 없으며, 전 세계 모든 인터넷 가입자가 잠재고객이란 점에서 첨단 황금어장에 비유되기도 한다.

---

　1) 전자상거래정책을 정리하는 데 참고한 문헌은 다음과 같다. 홍승욱, 『전자상거래의 문제점과 발전방향에 대한 연구』, 성균관대 국제통상대학원 학위논문, 2000; 문은희, 『효과적인 전자상거래를 위한 마케팅 전략에 관한 연구』, 광주대 경상대학원 학위논문, 2002; 신일철, 『전자상거래 발전에 따른 문제점과 대응방향에 대한 연구』, 강원대 대학원 학위논문, 2002; 장화준, 『전자상거래 활성화 방안에 관한 연구』, 울산대 정보통신대학원 학위논문, 2002 등.

## 2) 전자상거래의 특징

첫째, 유통과정의 간략화를 들 수 있다. 전자상거래는 기존의 도매상과 소매상을 거쳐 소비자에게 제품이 전달되던 시스템에 비해 네트워크를 통해 판매자와 구매자를 직접 연결하여 거래를 하기 때문에 중간 유통과정을 생략한다는 특징이 있다.

둘째, 시간과 공간의 구애를 받지 않고 24시간 내내 상거래활동을 수행할 수 있어 기업과 소비자의 활동의 폭을 넓혔다.

셋째, 효율적인 마케팅을 위한 고객에 대한 정보는 주로 시장조사를 하거나 직접 소비자를 대면하는 영업사원을 통하여 수집되고 정리되었으나, 전자상거래는 축적된 데이터베이스를 통하여 특정 고객을 상대로 1:1 마케팅이 가능해짐에 따라 고객에 대한 효율적인 마케팅과 관리가 가능해졌다.

넷째, 판매영업에서의 차별성을 들 수 있다. 기존의 상거래는 상품의 전시, 판매, 영업 등을 위해 판매공간이 필요했지만, 전자상거래는 기존의 물리적인 공간이 필요 없어지고 네트워크를 통해 정보의 제공, 상품의 홍보, 매매가 가능해졌다.

다섯째, 고객의 요구에 즉각적으로 대응이 가능해졌다. 전통적인 상거래가 비교적 고객의 불만에 대한 대응이 늦고 고객의 욕구 포착이 늦은 반면, 네트워크 상에서는 실시간 서비스가 가능하기 때문에 고객에 대한 신속한 대응이 가능해졌다.

여섯째, 소액자본의 사업전개가 가능해졌다. 기존의 사업에 있어 필요했던 토지, 건물구입 등의 거액자본이 필요 없게 된 것이다.

## 3) 전자상거래의 현황

국내에서 본격적인 전자상거래의 시작은 1996년 인터넷몰이 개설된 후부터 전자상거래의 관심이 고조되면서 국내에서는 전자상거래를 조기에 도입하려는 움직임이 활발해졌고, 이는 급속히 확대되고 있는 추세이다.

## 4) 국내 전자상거래 정부부문의 지원 현황

지식경제부에서 전자상거래 관련 정부지원 법률을 보면, 전자거래기본법 제정(2002), 전자서명법 개정(2001), 온라인디지털콘텐츠산업발전법 제정(2001) 등이 있다. 정책적 지원 내용을 보면, B2G 전자상거래 지원(2조 6,050억 원), 전통산업과 중소 벤처기업의 e-비즈니스화 지원, 그리고 e-비즈니스의 글로벌화를 추진한 우리기업의 해외진출 지원 등이 있

| 쇼핑몰 | 내용 | 연간 매출액<br>(2017년 기준) | URL |
|---|---|---|---|
| 이베이<br>옥션<br>(옥션) | 국내 최초의 인터넷 경매 사이트로 시작하여 현재 경매는 물론 즉시구매, 고정가 판매 등 다양한 방식으로 물품을 구매 또는 판매할 수 있는 국내 대표적인 온라인 마켓플레이스. | 9,518억 원 | http://www.auction.co.kr |
| 인터파크<br>INT | 국내 최초의 인터넷 쇼핑몰로서, 12년간의 풍부한 경험을 통해 확고한 브랜드 파워와 독자적인 기술력을 갖추고 국내 전자상거래 시장의 선두주자이자 전문 유통기업으로 성장함. | 4,243억 원 | http://www.interpark.com |
| 티몬 | 2010년에 창설된 한국 최초의 소셜커머스(social commerce)업체. | 3,572억 원 | http://www.ticketmonster.co.kr |
| 롯데닷컴 | 롯데의 풍부한 실물 유통망과 전자상거래 노하우를 결합하여 차별화된 인터넷 쇼핑 서비스를 제공하는 종합 e-비즈니스 회사. | 1,945억 원 | http://www.lotte.com |

※ 자료: 전자공시시스템(http://dart.fss.or.kr)

다. 앞으로의 정책적 추진은 인프라는 대단하나 산업에서의 e-biz 활용은 미흡하므로 정부는 전자상거래 활성화를 위해 법·제도 정비, 인프라 확충 지원, e-learning 지원, G4B 시스템 구축 선행사업 착수를 지원하는 쪽으로 방향을 잡았다.

또한 전자상거래와 관련된 초고속정보통신기반 고도화를 위해 인터넷 접속망의 고도화(초고속망: 20Mbps급, 이동통신망: 2Mbps급), 저렴한 이용환경 조성 등 네트워크 인프라 개선에 중점을 두고 있다.[2]

## 5) 전자상거래의 문제점

전자상거래에 있어 전자문서는 거래를 증명하거나 혹은 거래인증 등에 있어 필수적인 부문이다. 현재 전자상거래와 관련된 법률은 전자거래기본법, 전자서명법, 온라인디지털콘텐츠산업발전법, 무역업무 자동화촉진에 관한 법률, 전산망확장보급과 이용촉진에 관한

---

2) "전자상거래 정책방향", 산업자원부, 2002; "우리나라 표준동향과 e-Biz정책 방향", 산업자원부, 2002; "e-비지니스 현황 및 전망 세미나", 산업자원부, 2004.

<표 17-2> 정부의 전자상거래 법률 및 정책 지원 현황

| 기 관 | 추진내용 |
|---|---|
| 지식경제부 | 전자서명법 개정(2001), 온라인디지털콘텐츠산업발전법 제정(2001), 전자거래기본법 제정(2002), 전통산업과 중소 벤처기업의 e-비지니스화 지원(2002), e-비지니스의 글로벌화를 통한 우리기업의 해외진출지원(2002), e-biz 활용을 위한 전자상거래 활성화를 위해 법/제도 정비, 인프라 확충 지원, e-learning 지원, G4B시스템 구축 선행사업 착수(2004), 20Mbps급 초고속망, 2Mbps급 이동통신망 구축 등의 인터넷접속망의 고도화, 저렴한 이용 환경 조성 등 네트워크 인프라 개선(2002) |

※ 자료: 전자상거래 정책방향(2002), 산업자원부.
　　우리나라 표준동향과 e-Biz정책 방향(2002), 산업자원부.
　　e-비지니스 현황 및 전망 세미나(2004), 산업자원부.

법률, 공업 및 에너지기술조정에 관한 법률, 방문판매 등에 관한 법률, 민법, 상법, 사무관리규정, 법원사무관리규칙, 행동규제 및 민원사무기본법시행령 외에 조세, 공공기록 관리, 지적 및 농지 관리, 주민등록 관리, 해운 및 항만업무 관련기록 관리, 상업등기 관리 등과 관련된 많은 법령에서 전자문서 관련규정을 두고 있어 체계적인 정비가 미비하다.

## (1) 현행 전자문서교환(EDI) 관련법령의 체계적 검토 필요

각 법령마다 표준화여부와 출력물의 포함여부 등에 대한 개념정의에 차이가 있으며, 전자문서 자체에 대해서만 규정하고 그것의 이용절차 및 신뢰성 확보를 위한 제도적 장치가 미흡한 점을 개선해야 한다. 현재 개별법에 정의된 전자문서교환 및 전자거래에 관련된 법 규정을 통합하여 효력을 통일시키는 작업도 필요하다.

## (2) 전자문서교환(EDI) 기본법 제정과 전자문서 인정 필요

전자상거래에 있어서 청약 및 승낙의 의사표시와 계약의 성립시기 문제 및 전자거래계약의 성립장소 등 전자문서교환과 관련된 법적 문제를 통일적으로 정립할 필요가 있다. 또한, 전자문서교환 및 전자상거래를 활성화하기 위해서는 전자문서의 문서상 인정에 대한 근본적인 해결이 선행되어야 한다. 전통적 개념의 종이문서는 정보전달 기능, 입증 기능, 상징적 기능의 3가지 기능을 담고 있다. 전자문서의 경우 정보전달의 효율성 측면에서는 종이문서보다 우월하나, 입증기능과 상징적 기능의 경우에 아직은 한계를 나타내고 있어, 전자상거래의 걸림돌로 작용하므로 이에 대한 법제도적, 기술적 보완대책이 필요하다.

## (3) 지적재산권의 보호 미흡

전자상거래에 있어서는 제품의 개념이 물질적인 것뿐만 아니라 콘텐츠도 포함하고 있으므로 지적재산권의 문제가 많이 발생한다. 또한, 네트워크상에서 보호되고 있는 저작물이 국제적으로 유통되면서 저작권이 침해당하는 사례도 빈번하게 발생된다. 네트워크의 특성상 네트워크로부터 다운로드 받을 때 서버에 그 내용이 복사되는데, 이때 지적재산권의 침해여부에 대한 명확한 정의가 아직 없다. 또한, 기업의 이미지 제고와 소비자의 선택 보호를 위해서는 실제 기업의 상표 및 상호와 전자공간상의 상호가 일치하도록 하는 것이 바람직하다.

### (4) 국가간의 법·제도의 불일치

국제 전자상거래에서 가장 큰 문제는 인터넷이나 전자상거래에 대한 개념이나 정책 등에 대한 이해가 국가간, 지역간에 매우 다르다는 점이다. 또한, 국제적인 규범을 만드는 것 자체가 상대적으로 소외 대상이거나 국가, 기업들에게는 대단히 위험한 현상이라는 점도 문제이다. 즉, 정보화 낙후지역에서는 각자의 이해관계를 정확히 파악하고 의견을 투입할 기회조차 상실할 위험이 있다. 제조업과 서비스, 유통, 지적 상품, 오락, 금융 등 대부분의 분야에서 우위를 갖고 있는 선진국들은 시장위주의 정책방향을 제시하고 있는데, 모든 면에서 열세에 있는 국가는 '시장과 일자리를 동시에 잃는' 사태에 직면하게 되며, 저임 노동력만 제공하는 경제구조에 편입될 가능성도 있다.

## 6) 전자상거래 정책방향 및 정책과제

### (1) 정부의 전자상거래에 대한 비전제시와 선도적 역할 수행

정보기술적 특성상 많은 불확실성을 가진 전자상거래를 촉진하기 위해서는 우선 정부의 전자상거래에 대한 명확한 비전이 제시되어야 하며, 공공조달부문 등의 전자상거래 활성화를 위한 정부의 선도적 역할이 요구된다. 공공조달부문과 국방부문의 전자문서교환 (EDI) 및 전자상거래는 정부, 통신사업자, 공기업, 민간기업 등에 많은 영향을 미치며, 산업에 대한 파급효과가 매우 크다. 따라서 다른 공공행정업무분야에서도 정보기술을 적극 도입함으로써 정보이용 활성화를 위한 분위기 조성을 선도적으로 할 필요가 있다.

### (2) 정보이용 활성화를 위한 전자문서 이용의 확대

전자상거래가 활성화되려면 상품 거래시 계약의 법적 효력, 책임소재 등에 관한 상법, 민법, 형법상에서 제기되는 문제에 대해 정비방향을 수립하고 관련법과 제도를 정비하여야 한다. 현행 민법, 상법, 민사소송법 등 현행법은 전자문서를 고려하시 않은 채 대부분

종이문서와 기명날인, 서명 등에 의한 법률행위와 업무처리를 규정하고 있다. 관련법령을 연구, 조사하여 가능한 한 전자문서 및 전자서명을 인정하는 방향으로 법률을 정비할 것이 요망된다.

### (3) 전자상거래와 관련된 주변산업 및 시장의 육성

전자상거래가 진전되면서 장기적인 문제도 중요하지만 중단기적으로 전자상거래에 필요한 정보통신기기나 소프트웨어의 표준 독립성 문제와 더불어, 주변기기와 소프트웨어 시장 자체가 중요한 산업이 될 것이다. 따라서 정책의 초점도 중장기적인 방향과 더불어 전자상거래를 위해 필요한 상품과 정보통신서비스의 진흥에 맞추어야 한다.

### (4) 국제협력 강화 및 국제규범 설정에 대한 원칙 수립

국제적인 전자상거래의 활성화에 맞추어 해외의 법제 동향을 조기에 수용하여 국내법과 국제상거래법규의 일치를 도모하고, 국제적인 공조방안을 적극 강구해야 한다. 또한, 인터넷을 통한 전자상거래는 경제활동의 탈국경화를 초래하여 관련법규의 국제적 통일을 요구할 것인바, 국제법규의 제정작업에 적극 참여하여 국내법과의 관계를 적절히 조정해야 한다. 국제간의 전자상거래에서 발생할 수 있는 소비자분쟁 등 법적 문제의 효율적 해결을 위한 국제사법공조방안을 적극적으로 모색하고, 전자상거래 관련기구와 회의에 능동적으로 참여하는 것이 필요하다.


## 7) 최근 이슈: 무선 전자상거래 및 스마트폰에 따른 모바일 결제

### (1) 무선 전자상거래의 개념

무선 전자상거래(m-commerce)는 이동통신 네트워크 기술과 무선단말기를 기반으로 하여 언제 어디서나 필요한 시점에 행할 수 있는 상거래를 의미한다. 즉, 모바일 폰(hand-held phone), PDA, 노트북 등 무선단말기를 이용하여 B2B, B2C를 비롯하여 컨텐츠, 정보제공, 오락, 게임 등을 포함하는 모든 유료화된 상거래를 의미한다.

### (2) 등장배경

무선 전자상거래의 등장배경으로는 기술적 측면, 고객 측면, 이동통신사업자 측면에서 파악할 수 있다.

첫째, 기술적 측면에서는 이동통신 네트워크 및 단말기술의 급격한 발달로 인하여 무선인터넷 및 IMT-2000서비스의 구현이 가능해졌으며, PDA, 스마트폰, HPC, 노트북 등 무선인터넷을 구현할 수 있는 다양한 단말기의 개발이 빠르게 이루어지고 있다는 점이다.

둘째, 고객 측면에서는 고객들의 무선 전자상거래에 대한 수요가 급증하고 있다는 점이다. 고객들은 유선 전자상거래의 한계인 이동성의 제한을 극복하고 언제, 어디서나, 어느 상황에서든지 인터넷과 상거래를 이용하기를 원하고 있다.

셋째, 이동통신사업자 측면에서는 이동통신사업자의 새로운 수익원 창출이라는 관점에서 무선 전자상거래의 중요성이 급증하고 있다. 이동통신사업자들은 이동통신서비스시장의 성숙단계 진입으로 인한 가입정체 등과 같은 음성통화 서비스의 한계가 드러남에 따라 새로운 부가가치를 창출하는 신규 서비스의 개발 및 제공을 모색하게 되었다(김문구, 2002: 34~35).

### (3) 스마트폰과 전자상거래

#### ① 의의 및 배경

최근 이른바 '아이폰 충격'을 시작으로 스마트폰 가입자가 급증하며 국내 스마트폰 시장이 급성장하고 있다. 이에 대응하여 국내 금융기관들이 스마트폰을 활용한 업무시스템의 개발을 타진하고 있는데, 크게 모바일뱅킹을 업그레이드한 스마트폰뱅킹의 구현, 스마트폰을 활용한 업무지원시스템의 개발, 고객지향적인 스마트폰 애플리케이션 제공 등의 형태로 나타나고 있다.

인터넷뱅킹과 비교가 안 될 정도로 미약했던 모바일뱅킹의 거래규모와 거래건수는 스마트폰의 등장으로 인하여 급증하고 있다. 아울러 그동안 폐쇄적인 이동통신사 중심의 무선인터넷 환경 등으로 인하여 극히 제한적인 수요만을 창출하였던 무선인터넷 서비스가 스마트폰 환경에서의 무선인터넷 개방 및 합리적 데이터요금제 출시 등에 힘입어 서비스 활성화 기반을 갖게 됨으로써 모바일 경제활동이 급속도로 확대되고 있는 것이다. 또한 스마트폰 단말기의 진화와 신제품 출시 및 4세대 이동통신기술 본격화는 스마트폰 기반의 경제활동 규모 확대를 촉진시킬 것으로 전망된다.

#### ② 전망 및 과제

향후 모바일뱅킹은 스마트폰뱅킹으로 재편되면서 스마트폰뱅킹 서비스가 보다 다양해질 것으로 예상된다. 결국 스마트폰의 등장과 확산은 지급결제시스템에도 변화와 대응이 필요하다는 것을 의미한다. 스마트폰의 확산을 비롯한 IT기술의 발달로 인하여 그동안 예상하지 못했던 거래위험에 노출되어 지급결제시스템의 안정성이 위협받고 있으며, 또한 지급결제시스템에 참가하는 비금융기관이 많아지면서 이들의 참가적격성 논란, 새로운 지급수단의 등장으로 증가하는 신종 금융사고의 발생가능성과 전자금융거래 당사자의 책임 분담문제 등 급변하는 지급결제환경을 둘러싼 법적 문제점이 드러나고 있어, 이에 대한 대책이 시급한 실정이다.

③ 정책방향

향후 스마트폰뱅킹에 대한 정책방향을 검토하면 다음과 같다.

첫째, 지급결제시스템의 보안성 및 신뢰성 강화가 필요하다. 스마트폰에 기반을 둔 금융서비스는 더욱 확산될 것으로 전망되고 향후 스마트폰이 지급결제와 뱅킹 부문에서 주력 채널로 성장할 것으로 예상되므로 지급결제시스템 리스크에 대한 적절한 대응과 관리를 통해 지급결제시스템의 안정성을 확보하는 것이 중요하다.

따라서, 전자금융거래 사용량의 급증에 대비한 지급결제관련 정보시스템 및 백업설비 증설, 신뢰할 수 있는 제3자에 의한 금융애플리케이션의 통합 개발 및 관리, 지급결제시스템 참가자의 참가 요건 강화, 모바일 지급결제의 보안성 강화 및 정책적·기술적 보완, 중앙은행의 정책과제에 대한 검토를 통하여 지급결제시스템이 처한 리스크를 관리하고 이에 대응하려는 노력이 필요하다.

둘째, 지급결제시스템에 대한 법제도적 정비가 필요하다. 지급결제시스템의 안정성을 확보하기 위하여 이를 둘러싼 법률문제도 명확히 규율되어야 한다. 법적 안정성이 지급결제시스템의 안정성으로 연결될 것이라는 점에서 모바일 지급결제를 둘러싼 법률문제에 관한 심도 있는 논의와 제도적 보완이 이루어져야 할 것이다.

비금융기관의 지급결제시스템 참가 요건의 법제화, 신종금융사고의 증가와 책임분담문제에 대한 대응방안, 사전대응을 통한 법적 공백의 최소화 등 급변하는 지급결제환경을 둘러싼 법적 문제의 해결에 대해서도 검토해야 한다.

셋째, 국제적 차원의 협력과 공조시스템이 필요하다. 우리 정부가 추진하고 있는 동북아금융허브 구상과 관련하여서도 효율적이고 안정적인 지급결제시스템을 구축하는 것이 중요한 만큼 지급결제시스템의 안정성을 위협하는 리스크를 효율적으로 관리하고, 이에 대응하며 지급결제 환경을 둘러싼 법적 문제를 해결하기 위한 논의를 지속적으로 전개함으로써 주변국보다 한 발 앞서서 지급결제환경의 변화에 대응하고 효율적이고 안정된 지급결제시스템을 구축할 수 있도록 해야 할 것이다(김필수, 2010: 30).

## 8) 요약 및 결론

오늘날 현대사회에서 전자상거래는 없어서는 안 될 중요한 거래수단으로서 유통구조의 간략화와 소비자의 요구에 적극 대응할 수 있는 등 많은 장점을 가지고 있다. 그러나 그

단점 또한 간과할 수 없다. 따라서 우리의 과제는 전자상거래의 장점을 극대화하고 단점을 최소화할 수 있는 제도적 방안을 정비하는 것이다. 또한, 전자상거래는 국내에서의 거래에서 나아가 국가간의 거래로 확장되고 있는바, 국가간의 제도적 차이를 좁혀 나가는 방향으로의 정책적 대응이 필요하다.

## 2. 지적재산권 보호정책

자본주의의 구조적 규정 속에서 형성되는 현실정보상황에서 정보의 생산과 분배는 자본주의적 상품교환의 논리를 따른다. 이에 따라 정보재는 지적재산으로 보호되며, 이를 위한 제도적 장치가 지적재산권(IPR: *Intellectual Property Rights*)이다.

### 1) 지적재산권의 개념과 특징

#### (1) 개 념

지적재산권이란 인간의 지적 창작물에 관한 권리와 표지에 관한 권리를 총칭하는 일반적인 의미의 지적재산권의 개념과, 정보사회의 도래로 인하여 발전 변화하는 개념으로서의 새로운 지적재산권의 개념으로 나누어 살펴볼 수 있다.

#### (가) 일반적 의미의 지적재산권의 개념

일반적 의미의 지적재산권의 개념을 세계지적소유권기구(WIPO)와 WTO로 나누어 살펴본다.

#### ① 세계지적소유권기구(WIPO)의 개념 정의

세계지적소유권기구(WIPO: World Intellectual Property Organization) 설립조약 제2조 제8항에 의하면 "지적재산권이라 함은 문학·예술 및 과학적 저작물, 실연자의 실연, 음반 및 방송, 이간 노력에 의한 모든 분야에서의 발명, 과학적 발견, 의장, 상표, 서비스표, 상호 및 기타의 명칭, 부정경쟁으로부터의 보호 등에 관련된 권리와 그 밖에 산업, 과학, 문학 또는 예술분야의 지적 활동에서 발생하는 모든 권리를 포함한다"라고 규정하고 있다.

<표 17-3> 지적재산권의 범주와 내용

| 종 류 | | 내 용 |
|---|---|---|
| 산업재산권 | 특허권 | 물(생물, 식물, 무생물, 물건, 물질) |
| | | 방법(사용, 취급, 용도) |
| | 실용신안권, 의장권, 상표권 | |
| 저작권 | 저작재산권(복제권, 공연권, 방송권, 2차 저작물 작성권 등) | |
| | 저작인격권(성명표시권, 공표권, 동일성 유지권 등) | |
| | 저작인접권(실연자, 음반제작자, 방송사업자의 권리 등) | |
| 신 지적재산권 | 산업저작권 | 컴퓨터, 프로그램, 반도체칩, 회로배치설계 |
| | 첨단산업저작권 | 첨단정보기술, 첨단생명공학기술 |
| | 정보재산권 | 영업비밀, 뉴미디어, 데이터베이스 |
| | 영업재산권 | 프랜차이징, 등장인물, 상품화권, trade dress |

※ 자료: 권용수, 1995.

② WTO 의 개념 정의

WTO 제1조 제2호는 지적재산권을 정의하는 대신에 "본 협정의 목적상 '지적재산'이라는 용어는 제2부 제1절에서 제7절까지의 대상인 모든 범주의 지적재산을 지칭한다"고 규정한 후, 제2부 제1절에서 제7절까지의 권리에 '저작권 및 저작인접권, 상표, 지리적 표시, 의장, 특허, 집적회로의 배치설계, 미공개정보의 보호'에 대해서 규정하고 있다.

(나) 정보사회의 새로운 지적재산권의 개념

각국 정보화의 진전과 정보기술발전에 따른 새로운 지적 산물의 보호를 위해 저작권과 산업재산권 이외에 산업저작권, 첨단산업저작권, 정보재산권 등 새로운 지적재산권을 지적재산권의 범주에 포함시키고 있다.

① 산업저작권은 컴퓨터 프로그램 및 소프트웨어, 데이터베이스 등 창작의 방법과 내용에 있어서는 전통적인 저작권적 측면과 유사하나 산업적 활용이 주요기능인 지적 생산물에 대한 소유권을 지칭한다.
② 첨단산업재산권은 생명공학 기술, 반도체 직접회로 설계 등 첨단산업에 관련된 산업재산권을 말한다.
③ 정보재산권이란 상품의 제조, 판매, 영업, 그리고 기획 등의 분야에 있어서 상품화될 수 있는 정보와 이의 전달수단에 대한 소유권을 의미한다.

### (2) 특 징

지적재산권은 무형의 정신적 재화인 지적재산을 그 보호대상으로 하므로 권리의 범위가 매우 관념적이고 추상적이다. 독점·배타적 성격의 지적재산권은 그 창작자가 향유함으로써 경쟁적 우위를 차지한다. 지적재산권은 정신적 창조에 바탕을 둔 것으로서 인격적 요소가 매우 강하며, 산업재산권이나 저작권 대상인 발명 등이나 저작물은 무형물이므로, 장소를 달리한 무한한 이용이 가능하고 전파성 또한 매우 강한 국제적인 성격을 띠고 있다.

## 2) 지적재산권제도의 기본 이념과 목적

지적재산권제도의 기본 이념은 인간의 지적 창작물의 표현에 대해 상업적으로 이용할 수 있는 권리를 설정함으로써 창조적 활동을 자극하여 아이디어를 창출해 내고, 그 표현물을 전파하여 공공복리에 기여토록 하는 것이라고 일반적으로 정의된다.

지적재산권제도의 기본 목적은 저작권자의 노력에 대한 보상차원이 아닌 문화예술의 발전을 촉진함으로써 그 혜택을 사회의 모든 성원이 두루 누릴 수 있게 한다는 것이다. 다시 말해서 지적·예술적 창작물을 만들어 낸 사람의 권리를 일정한도 내에서 보호해 줌으로써 그의 창작의욕을 고취시키고, 이를 통해 일반적인 공동선을 증진시킨다는 것이다.

## 3) 쟁 점

### (1) 저작권과 이용권

지식경제에서의 지적재산권의 위상은 저작자의 권리를 보호함으로써 지식의 사회적 생산을 촉진한다는 지적재산권의 목표(저작물의 공공재적 성격)와 수단(사용재적 성격) 중에서 결정될 것이다. 지적재산권을 최대한 보장하고자 하는 최근의 추세는 후자의 측면을 강조한 것이다. 즉, 지적재산권의 사회적 의미가 약화되고 경제적 의미가 강화된다.

### (2) 독점과 경쟁

지적재산권에 대한 시장주의적 접근은 독점이 경쟁을 낳는다는 슘페터적인 창조적 파괴를 전제한다. 즉, 일정기간 독점적 지위를 보장함으로써 이노베이션을 유인한다는 것이다. 고도기술의 독점에 대해 이른바 기술의 '잠금효과'와 '네트워크효과'를 제기하기도 한다. 운영체제(OS)의 경우에는 각 OS간에 기술적 호환성이 없기 때문에 하나의 OS가 시배적 지위를 차지하게 되면, 대다수 응용 프로그램이 그 운영체계에 기반을 둘 수밖에 없게 된다(잠금효과). 그리고 정보화가 진척될수록 지배적인 위치를 차지한 운영체계의 지배력은 더욱더 강화된다(네트워크효과). 이런 의미에서 지적재산권의 강화는 특정 기업의 독점적 지위를 더욱 굳혀 줄 것이다.

### (3) 공정한 사용의 문제

공정한 사용은 상업적인 목적 이외의 공리적인 목적으로는 제한적으로 저작물을 이용할 수 있게 하는 제도이다(저작권 침해에 대한 항변으로 인정). 공정한 사용의 문제는 새로운 저작권 기반에서 뚜렷한 해법이 나오지 못하고 있다. 극단적으로는 이용허락을 통한 저작물의 이용을 원칙으로 하는 방안도 나오고 있다.

### (4) P2P 기술

냅스터, 소리바다 등은 서버를 통해 약간의 도움을 받거나, 아예 도움을 받지 않으면서 개인 사용자들간의 무한한 정보복제가 가능하므로, 서버소유자를 처벌한다 하더라도 모든 정보복제자를 처벌하는 것은 불가능하다.

### (5) 디지털 방송

아날로그 시대의 TV, VCR과 달리 디지털 방송은 복제하더라도 디지털 특성상 전혀 손실이 없으므로 복제시 저작권상의 문제가 발생한다.

## 4) 일반적인 저작권과 디지털 환경에서의 저작권

### (1) 일반적인 저작권의 배타적 권리의 내용

저작권자에게 부여된 배타적 권리는 ① 저작물을 복제물이나 음반으로 복제하는 복제권, ② 원 저작물에 기초해서 2차적 저작물을 작성하는 2차적 저작물 작성권, ③ 판매 또는 대여, 임대, 대출을 통한 점유의 이전에 의해 복제물 또는 음반을 공중에게 배포하는 배포권, ④ 어문, 음악, 연극 및 무용저작물 및 무언극, 영화, 그리고 시청각 저작물의 경우 당해 저작물 공연권, ⑤ 어문, 음악, 연극 및 무용저작물 및 무언극, 그리고 미술, 도안 및 조각저작물과 영화나 시청각저작물의 정치화면의 경우 당해 저작물을 전시할 수 있는 전시권 등이다.

### (2) 디지털 환경에서의 배타적 권리의 내용

저작권자로부터 소유권을 이전받았거나 이용허락을 받은 사람이 제3자에게 해당 복제물을 전달할 수 있는 배포권은 인정되지만 이때 반드시 물리적 전달행위가 수반되어야 함에도 불구하고 컴퓨터를 통한 저작물의 거래에는 이것이 적용되지 않는다는 것이다. NII와 같은 정보망에서의 배포권은 역시 디지털 환경에서 새로이 대두된 이슈인데, 일반적으로 '최초판매' 이론에 의해 특정 복제물이나 음반의 소유자가 저작권자의 허락 없이 해당 복제물이나 음반을 판매하거나 소유를 이전할 수 있는 것은 당연한 것으로 받아들여진다. 그런데 문제는 합법적으로 제작되지 않은, 즉 저작권을 침해하는 복제물을 배포하는 사람은 침해의 책임을 져야 한다는 것이다.

## 5) 지식기반의 지적재산권체제의 국가정책의 방향

정보사회는 컴퓨터를 비롯한 각종 정보통신기기의 사용이 보편화된 사회이며, 다양한 정보재의 경제적 비중과 역할이 유례없이 중요해지는 사회이다. 따라서 이런 효율적 관리와 적정한 통제가 이루어지도록 국가정책이 이루어져야 한다.

### (1) 지적재산권의 통합적 관리 필요

현재 우리나라에서는 지적재산권을 지식경제부, 특허청, 그리고 문화체육관광부가 관리한다. 우리나라도 세계지적재산권기구나 미국 통상대표부의 기능처럼 '지적재산부처'와 같이 각종 지적재산권을 효율적으로 관리하기 위한 정부부처가 필요하다.

### (2) 전문인 양성

지적재산권과 관련된 문제는 법률적 문제이건 기술적 문제이건 매우 전문적인 지식을 필요로 하므로 해당분야에 대한 전문적인 지식을 갖춘 많은 인재를 양성해야 하며, 각 분야별 대응방안에 대한 연구가 부단히 진행되도록 분위기를 유도해야 한다.

### (3) 지적재산권의 보호와 육성을 위한 연구와 자본의 투자

지적재산권은 경제적 파급효과 혹은 손실효과가 크다. 따라서 국가는 우리의 지적재산권 보호에 대해 기존의 소극적인 입장에서 탈피하여 적극적인 입장으로의 전환이 필요하다.

## 6) 최근 이슈

### (1) CCL(Creative Commons License)

#### ① 개 념

CCL(Creative Commons License)은 저작권자가 자신의 저작물에 대한 이용방법 및 조건을 표시하여 이용자들이 그 방법과 조건 내에서 자유롭게 저작물을 이용할 수 있도록 하는 방법을 말한다. 예를 들면, 상업적 이용 금지·변경 금지 등과 같은 규정을 붙여 놓는 것으로 저작자는 그중에 필요한 라이선스 유형을 선택하여 저작물에 표시함으로써 자신의 저작물에 대한 이용범위를 설정하여 자유롭게 공유하도록 할 수 있게 하는 개념을 말한다(손승우, 2010: 251).

#### ① 등장배경

Creative Commons Project는 20여년 전 리처드 스톨만이 시작한 자유소프트웨어 운동에서 아이디어를 얻어 시작되었다. Creative Commons는 창작자의 생계를 보호하고 창작활동의 동기를 부여함으로써, 다양한 창작물들이 창조될 수 있는 기반이 되는 배타적인 권리를 부정하지 않는다. 인터넷의 진정한 가치가 공유와 참여, 개방에 있음을 알리는 것이 CC 프로젝트의 중점이다. 즉, 디지털 기술의 발전이 야기한 온라인상에서의 복사와 스크랩(또는 copy & paste)을 통한 정보 공유 행위의 사회문제화, 저작권법 차원에서의 갈등을 공유와 개방으로 풀어나가자는 것이다. CCL은 기존 저작권에 대한 무시나 저작권자에 대해 무조건적 공유와 개방을 강요하는 것이 아니라, 자신의 콘텐츠가 더 많은 사람들과 공유되길 원하는 저작자들이 개인화된 이용허락 의사를 저작물에 표시할 수 있는 CC 라이선스라는 도구를 제공함으로써 지식정보 공유와 저작권 보호라는 상반된 두 입장을 만족시키기 위한 노력으로 시작되었다(한국데이터베이스진흥센터, 2006: 14).

#### ③ 특 징[3]

CCL은 전 세계적인 무료 라이선스로, 기존의 다른 라이선스와는 다른 여러 가지 특징을 가지고 있다.

---

3) 이에 대한 내용은 크리에이티브 커먼즈 코리아(www.cckorea.org)에서 제공하는 자료를 토대로 정리함.

첫째, 자유로운 이용을 장려함과 동시에 저작권자의 권리를 보호한다. 저작권법에 의한 저작권의 보호가 기본적으로 저작자에게 배타적인 모든 권리를 부여하되, 특정 범위 내에서 제3자에게 이용을 허락하는 폐쇄적인 방식인 반면, CCL은 원칙적으로 저작물에 대한 이용자의 자유로운 이용을 허용하되 저작권자의 의사에 따라 일정 범위의 제한을 가하는 방식이다.

둘째, 컴퓨터 프로그램을 제외한 모든 저작물에 사용할 수 있다.

셋째, 저작권법에 의하여 효력이 뒷받침된다. CCL은 전혀 새로운 저작권 체계를 만드는 것이 아니라 어디까지나 현행 저작권법의 틀 안에서 움직이면서 저작물의 이용관계를 더욱 원활하게 만드는 역할을 한다. CCL이 적용된 저작물의 이용자가 그 라이선스에서 정한 이용방법 및 조건에 위반된 행위를 하였을 경우에는 당연히 저작권의 침해에 해당하고, 따라서 저작권자는 저작권법에서 규정하고 있는 권리구제방법을 행사할 수 있다.

넷째, 누구나 무료로 사용할 수 있다.

다섯째, 전 세계적인 라이선스 시스템으로 다른 나라의 CCL도 쉽게 이해하고 활용할 수 있다. CCL은 전 세계적(worldwide)인 라이선스 시스템이다. 2010년 9월을 기준으로 CCI (Creative Commons International)의 일환으로 한국, 일본, 중국, 대만 등의 아시아국가, 독일, 프랑스, 이탈리아 등의 유럽국가, 미국, 캐나다, 브라질 등의 미주 국가 등 50여 개국이 CCL을 도입하여 운영하고 있고, 이집트, 코스타리카, 아일랜드, 나이지리아 등에서 도입을 준비 중에 있다. CCL은 각 국가마다 그들 고유의 법체계에 따른 몇 가지 수정이나 추가가 이루어지는 외에는 기본적으로 공통된 라이선스 내용과 방식을 갖고 있을 뿐만 아니라, 각 국가의 언어와 함께 영문으로 작성되어 게시되므로 자국민이 아닌 자도 그 나라의 저작물에 적용된 CCL을 쉽게 이해하고 그에 맞추어 저작물을 이용할 수 있는 장점이 있다.

④ 구성요소

CCL의 구성요소 즉, 이용자에게 부과하고 있는 "이용방법 및 조건"의 구체적 내용은 기본적으로 〈표 17-4〉와 같은 4가지이다. 한국판 CCL도 현재는 이를 채택하여 이들을 조합하여 만든 의미 있는 6개의 라이선스를 〈표 17-5〉와 같이 제공하고 있다(한국데이터베이스진흥센터, 2006: 14).

## (2) 한미 FTA관련 지적재산권 문제

① 문제의 소재

미국의 일방적인 우위 속에서 자국의 기준을 강요하고 있는 대표적인 분야 중 하나가 지적재산권 분야이며, 향후 FTA 협상타결에 따라 국내산업의 위축이 불가피한 상황에 처해 있다.

지적재산권은 일정 기간 배타적 이용의 권리를 저작권자에게 보장함으로써 창작의 유인을 제공하는 동시에 사회 문화의 발전을 위한 이용의 활성화를 목적으로 한다. 우리나라

〈표 17-4〉 Creative Commons License의 구성요소

| 구성요소 | 설 명 |
|---|---|
| **BY.** Attribution (저작자표시) | 저작권법 상 저작인격권의 하나로, 저작물의 원작품이나 그 복제물에 또는 저작물의 공표에 있어서 그의 실명 또는 이명을 표시할 권리인 성명표시권(right of paternity, 저작권법 제12조 제1항)을 행사한다는 의미이다. 따라서 이용자는 저작물을 이용하려면 반드시 저작자를 표시하여야 한다. |
| **$** Noncommercial (비영리) | 저작물의 이용을 영리를 목적으로 하지 않는 이용에 한한다는 의미이다. 물론 저작권자가 자신의 저작물에 이러한 비영리 조건을 붙였어도 저작권자는 이와는 별개로 이 저작물을 이용하여 영리행위를 할 수 있다. 따라서 영리 목적의 이용을 원하는 이용자에게는 별개의 계약으로 대가를 받고 이용을 허락할 수 있다. |
| **=** No Derivative Works(변경금지) | 저작물을 이용하여 새로운 2차적 저작물을 작성하는 것뿐만 아니라 새로운 저작물의 작성에 이르지 못하는 저작물의 내용, 형식 등의 단순한 변경도 금지한다는 의미이다. |
| **◎** Share Alike (동일조건변경허락) | 저작물을 이용한 2차적 저작물의 작성을 허용하되 그 2차적 저작물에 대하여는 원저작물과 동일한 내용의 라이선스를 적용하여야 한다는 의미이다. 즉 비영리 조건이 붙은 원저작물을 이용하여 새로운 2차적 저작물을 작성한 경우 그 2차적 저작물도 역시 비영리 조건을 붙여 이용허락하여야 한다. |

※ 자료: Creative Commons Korea 웹사이트(www.creativecommons.or.kr)

역시 세계저작권기구(WIPO)의 세계저작권조약(WCT)과 WTO의 무역관련 지적재산권조약(TRIPS)에 가입하여 그 의무를 이행하고 있다.

그러나 미국의 다국적 기업들은 여기에 만족하지 않고 미국이 추진하는 자유무역협정에 적극적으로 개입하며 지적재산권 협상을 주도하고 있으며, 그 결과 인류의 지적재산에 대

〈표 17-5〉 Creative Commons License의 종류

| 라이선스 유형 | 정 의 |
|---|---|
| 저작자표시 | 저작자에 대한 표기를 하고 기존에 부여된 라이선스를 수정 없이 유지하는 조건 하에 사용과 배포가 허가되고, 저작물에 대한 변경의 경우 저작자에 대한 표기 조건만으로 허가되는 라이선스 |
| 변경금지 | 저작물에 대한 변경작업을 제외한 '저작자표시' 라이선스 |
| 저작자표시-비영리-변경금지 | 저작물에 대한 변경작업 및 영리목적을 제외한 '저작자표시' 라이선스 |
| 저작자표시-비영리 | 영리목적을 제외한 '저작자표시' 라이선스 |
| 저작자표시-동일조건변경허락 | 저작물에 대한 변경의 경우 기 부여된 라이선스를 수정 없이 유지하는 조건을 필요로 하는 '저작자표시' 라이선스 |
| 저작자표시-비영리-동일조건 변경허락 | 영리목적을 제외한 '저작자표시-동일조건변경허락' 라이선스 |

※ 자료: 김태현(2006), "사용자 제작콘텐츠 활성화의 촉매, CC 라이센스".

한 공유보다는 미국의 다국적 기업의 이익을 확대하는 방향으로 지적재산권의 국제규범을 강화시키고 있어 우리나라 입장에서는 정책적 대응방안에 대한 강구가 필요한 실정이다.

### ② 한미 FTA와 지적재산권

한미 FTA에서도 지적재산권 분야는 저작 권리자의 시각에서 제도를 강화함으로써 미국 산업의 독점적 이윤을 확대하려고 하고 있다. 2006년 3월 세계무역기구의 보고서에 따르면, 미국이 2004년 한해에 지적재산권 로열티로 벌어들인 수입이 513억 달러에 달하고 있다. 더구나 미국의 요구대로 지적재산권을 강화하면 미국은 무려 190억 달러의 흑자를 보지만, 한국은 153억 달러의 적자로 세계에서 가장 손해가 클 것이라는 것이 세계은행의 분석이다.

한미 FTA에서 지적재산권과 관련한 주요 쟁점들은 다음과 같다(심재철, 2008: 64~66).

첫째, 저작권 보호기간 연장: 정부에서는 저작권 보호기간 연장으로 연간 약 71억 원(향후 20년간의 피해액 산정 및 현재 가치화)의 추가 로열티가 부담되는 것으로 예측하고 있다. 분야별로는 출판 분야간 연간 21억 6천만 원, 캐릭터 분야가 연간 약 49억 2천만 원으로 추정하고 있다.

둘째, 일시적 저장: 일시적 저장에 대하여 복제권을 인정하되, 각주조항으로 공정이용(fair use) 의 예외를 명시함에 따라 누리꾼들의 인터넷 사용에 일부 제약이 발생할 가능성이 있다.

셋째, 기술적 보호조치: 접근통제 기술적 보호조치를 포함한 기술적 보호조치의 우회를 금지하고, 예외조항을 구체적으로 열거하고 있는데, 접근통제 기술적 보호조치 인정 시 기존에는 저작자의 허락 없이 가능했던 음악, 사진 등을 인터넷상에서 듣고 보는 행위가 제약될 수 있다는 우려가 있다.

넷째, 온라인 서비스 제공자의 개인정보공개제도: 선진제도 도입차원에서 온라인 서비스 제공자 (OSP)가 권리자에게 저작권을 침해한 사람의 개인정보를 제공할 수 있는 절차를 마련할 수 있도록 규정하고 있다. 그러나 가입자의 개인정보를 저작권자에게 제공할 경우, 사생활 침해 가능성 또는 제도의 남용 가능성이 있다는 문제가 제기되고 있다.

다섯째, 법정 손해배상제도: 선진제도의 수용 차원에서 결정된 법정 손해배상제도 도입으로 인해 국내 손해배상금액이 크게 증가할 것이라는 문제가 제기되고 있다.

여섯째, 대학가 불법복제 단속: 부속서한의 형식을 통해 대학가 불법 서적복제 단속 및 계도활동을 강화하는 내용을 규정하고 있다.

일곱째, 영화관 도촬 단속: "전송하거나 복사하기 위하여(to transmit or make a copy) 고의로 녹화장치를 사용하거나 사용하려고 시도하는 자(any person who knowingly uses or attempts to use)에 대하여 형사절차가 적용"되도록 규정하고 있다.

여덟째, 인터넷 사이트 폐쇄: "양 당사국이 저작물의 무단 복제, 배포 또는 전송을 허용하는 인터넷 사이트를 폐쇄하고, 인터넷상의 지적재산권 보호에 대하여 효과적인 집행을 일반적으로 규정하는 목적에 동의함"을 규정하고 있다.

③ 전망 및 대책

경제의 글로벌화로 인해, 지식 재산의 중요성을 인식하게 됨에 따라 지적재산권과 관련한 활동의 국제화는 더욱 급속히 진행되고 있다. 따라서 한미 FTA와 관련하여 지적재산권 정책을 대국적인 관점에서 입안할 필요가 있다. 이에 몇 가지 정책적 대안을 제시하면 다음과 같다.

첫째, 지적재산정책을 확대, 개편하여 지적 재산 전반에 걸친 모든 지적재산을 총망라하여 관리할 수 있는 시스템의 구축이 요구된다. 우리나라로서도 세계적인 지적재산권 시스템의 구축과 국가 간의 외교교섭 활동 등에 적극적으로 노력하지 않으면 안 되는 상황에 처해 있다. 그러한 상황 속에서 부처별 예측력이나 대응력에는 한계가 있다. 이러한 문제점을 극복하기 위해서는 전 국가 차원에서 산재해 있는 정부 부처의 기능을 일원화할 필요가 있고, 한 방향으로 정책을 실현해 나갈 수 있는 기구를 설치함으로써 한미 FTA를 포함해서 앞으로 협상할 국가들과의 대응에서 경쟁력을 갖춰야 한다.

둘째, 기업과 대학 및 연구기관들이 일정한 역할을 분담하여 시너지를 발휘할 때 우리가 지적재산의 강국이 될 수 있을 것이다. 특히 장기적인 프로젝트, 기초 연구 분야, 기반 요소 기술 분야에 대한 기업의 투자가 힘든 부분에 관하여는 분담하여 연구개발하고, 지적재산권을 확보하는 것이 향후 우리나라가 관련 산업의 주도권을 갖는 데 큰 역할을 할 수 있을 것이다.

셋째, 국내에서 지적재산 침해에 대한 보호 체계가 좀 더 효율적으로 이루어질 수 있도록 법적인 개선이 이루어져야 한다. 특히 특허 사건의 경우 관할의 집중이 안 됨으로 인하여 효과적인 보호에 어려움이 초래되고 있는 실정이다(양용석, 2007: 50~51).

---

◆ 생각해볼 문제　　**<누구를 위한 지적재산권정책이어야 하는가?>**

지적재산권은 어디까지 보호되어야 하는가? 지적재산권은 저작물을 이용하려는 사회적인 요구와 저작물에 대한 경제적인 소유권의 갈등에서 비롯된다. 그러나, 최근 지적재산권의 문제는 비단 '저작'과 '이용'에 관한 문제뿐만 아니라, 저작물을 통해 또 다른 부가가치를 생산하는 산업의 육성에 관한 문제도 제기되고 있다. 여러분이 지적재산권 정책담당자라면 원저작자의 소유권과 이의 사회적 이용에서 발생하는 후생, 이 저작물을 통해 생산할 수 있는 또 다른 부가가치가 주는 후생에 관한 정책 중 어느 방향을 택할 것인가? 아래의 사례를 통해 생각해보도록 하자.4)

---

4) 이 문제에 관한 경제학적인 분석은 「안일태 외(2005), "지식정보사회의 지적재산권과 경제정책", IT의 사회, 문화적 영향연구: 21세기 한국 메가트렌드 시리즈, 정보통신정책연구원」을 참고할 것.

## P2P 판결 두고 '엇갈린 반응' 보이는 업계

2005년 6월 26일 미 연방대법원이 인터넷을 통해 파일을 공유하는 P2P서비스를 둘러싼 소송에서 영화사와 음반사들의 손을 들어주었다. 법원은 그록스터와 같은 P2P 업체들이 자체 네트워크에서 발생하는 지적재산권 위반 행위에 대한 책임이 있다고 결정했다. 9명의 대법관들이 만장일치로 내린 이번 판결은 지적재산권 침해를 조장하는 사업을 진행하는 업체들이 그들 고객의 불법행위에 대해 책임을 져야 한다고 말했다. 데이빗 사우터 판사는 판결문을 통해 "지적재산권 침해가 목적인 장치를 배포하는 이들이 장치의 침해 가능성을 명확히 명시하거나 침해를 조장하는 데 적극적으로 참여했을 경우 침해 행위 결과에 책임을 져야 한다"고 말했다. 이번 판결은 지적재산권 업체에게는 예상외의 결과인 동시에 향후 강력한 대응책으로 작용될 것으로 보인다. 또한 현재 파일교환이 일반화된 인터넷에도 큰 변화가 있을 것으로 보인다. 이번 판결로 음반업계와 영화업계는 다른 파일교환 업체들에 대한 소송을 제기할 수 있는 구실을 확보하게 됐다. 이와 함께 애플 컴퓨터의 아이튠즈와 같은 합법적인 음악서비스에게도 반가운 소식이 되고 있다. 경쟁자라고 할 수 있는 무료 다운로드 음악의 불법성이 더욱 인정된 셈이기 때문이다.

음반업체와 영화업체는 이번 판결에 대해 자신들의 완전한 승리라며 환영하는 분위기다. 워너 뮤직 그룹의 CEO 에드가 브론프맨은 성명서를 통해 "오늘의 역사적인 판결이 전하는 가장 중요한 메시지는 기술의 발전과 혁신을 이루는 과정에서 음악가, 가수, 그 외에 다른 엔터테인먼트 종사자들이 희생돼서는 안된다는 것이다. 이번 이 중요한 판결로 아티스트와 창조적 공동체는 IT 산업과 공동번영의 길을 모색할 수 있을 것"이라고 말했다.

한편 관련 P2P 업체들은 이번 판결이 다양한 분야의 IT 업체에 대한 소송으로 확산될 수 있다며 우려의 뜻을 나타냈지만 그들의 소프트웨어를 계속 배포할 것이며 불법행위는 저지르지 않을 것이라고 말했다. 스트림캐스트의 CEO 마이클 와이스는 "모피어스가 지적재산권 침해를 부추기거나 권장하지 않았다는 사실은 밝혀질 것이다. 우리는 이를 위해 투쟁할 것이며 기술 혁신 또한 멈추지 않을 것이다. 또한 새로운 제품을 내놓을 것"이라고 말했다.

◆ 실리콘 밸리에 드리워진 먹구름?

대법관들은 그록스터와 같은 파일교환 업체들이 그들의 소프트웨어를 사용하는 이들에 의한 지적재산권 침해에는 책임이 없다고 판결한 2건의 하급법원 판결을 검토했다.

대법원은 이에 대한 청문회를 3월 말 가졌다.

IT 업계는 지난 1984년 대법원이 내린 소니 베타맥스 판결이 뒤집힐 것인가를 두고 공판과정을 면밀히 주시해 왔다. 당시 대법원은 법률을 위반할 목적으로 사용될 수 있는 기술이라 할지라도 실질적으로 해당 기술이 상업적인 불법 목적으로 사용되지 않는 한 판매자에게 책임이 없으며 판매 또한 합법이라고 결론지어진 바 있다. 그동안 IT 업체들은 P2P 네트워크를 통제하는 새로운 지적재산권 관련 표준이 타분야의 첨단기술 제품의 걸림돌로 작용될 수 있다며 우려해왔다. 소니 VCR에 대한 판결로 CD-RW와 애플의 아이팟, PC 등의 많은 제품들이 그동안 개발과 판매에 있어 법의 보호를 받아왔다. 그러나 이번 판결에서 대법원은 1984년의 판결에 대한 수정여부나 해석을 명확히 하지 않았다. 사우터 대법관은 베타맥스 판결이 고객으로 하여금 지적재산권을 침해하도록 적극적으로 유도하거나 권장하는 업체들에게 방패가 되지는 않았다고 전했다. 또한 P2P 업체들은 이러한 범주에 해당된다고 판결하였다.

사우터 대법관이 작성한 판결문에는 "그록스터나 스트림캐스트가 사용자들이 지적재산권 콘텐츠 다운로드를 막는 노력을 하거나 지적재산권 파일의 공유를 금지했다는 증거는 없는 만큼 두 회사는 전 넵스터와 같이 사용자들을 앞세운 지적재산권 침해의 온상이 되려고 한 것"이라고 명시되어 있다.

이번 판결을 비판하는 측에서는 대법원이 P2P 업체들이 위법을 저질렀다는 몇 가지 사례를 지적한 것 외에는 사용자들의 불법행위를 유도했다는 분명한 기준이나 자료를 제시하지 않았다고 전했다. 일부 IT 업체 인사들은 새로운 기술을 보유한 신흥 기업들을 대상으로 더 많은 소송이 제기될 수 있다고 말했다. 미 컴퓨터·통신 산업협회(CCIA)의 CEO인 에드 블랙은 "첨단 기술의 혁신과 발전을 저해하는 위험한 판결이다. 지금까지 소니와 관련된 판결이 방패막이나 우산이었다면 이제 거기에 구멍이 몇 개 뚫렸다고 봐야 할 듯"이라고 말했다. CEA의 기술정책 부사장 마이클 페트리코네는 "이번 판결은 IT 업계 전체에 있어 위험요소로 작용될 것이다. 또한 이번 판결의 영향을 받지 않는 중국과 인도의 회사들과의 경쟁관계에서 불리해질 것"이라고 설명했다.

#### ◆ 미 대법원의 판결내용

대법원은 P2P업체인 그록스터와 모피우스의 모회사인 스트림캐스트네트워크들이 저작권을 침해할 목적으로 특정장치를 사용하는 제3자의 행위와 결과에 대해 책임을 져야한다고 판결문에서 밝혔다. 이로써 앞서 하급법원이 P2P업체들에게 사용자의 파일 교환 행위에 대한 책임이 없다는 판결 내용을 뒤집은 셈이다.

당초 하급법원들은 지난 1984년 소니에 대한 대법원의 판결을 근거로 제시했었다. 1984년 당시 대법원은 VCR을 이용해 고객들이 영화를 불법 복제하는 행위에 대해 VCR제조사인 소니가 법적인 책임을 지지 않아도 된다고 판결한 바 있다.

## 3. 정보통신표준화 정책

### 1) 표준화의 개념

#### (1) 표준과 표준화

표준화란 물건, 개념, 방법, 절차 등에 관해 통일화, 단순화한 규정으로 일종의 약속과 같은 성격을 띤다. 사회생활에 필요한 이들 요소들을 그대로 방치해 두면 무질서화, 복잡화되어 관련자들의 상호이해에 장애를 주는 것은 물론 사회생활을 불편하게 만든다. 따라서 이와 같은 불편을 예방하고 관계자들간의 공정한 이익과 편익을 도모하기 위해서는 위에서 말한 물건, 개념, 방법, 수속 등을 의식적, 조직적으로 관리, 통제하고 그것들을 최대한으로 통일화, 단순화시킨 규정, 즉 표준을 설정할 필요가 존재한다.

#### (2) 정보통신표준화의 개념

정보통신표준화란 한마디로 각종 프로토콜(*protocol*)이나 정보통신 규약을 정립하는 활동이라고 할 수 있다. 달리 말하면 단말기 등 각종 IT시스템의 상호 연동에 필요한 합의된 규약(Protocol)을 말한다(정보통신표준화지침). 사람간의 통신에 언어가 필요한 것과 같이 IT

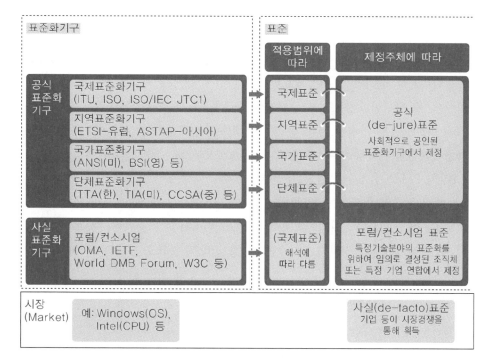

※ 자료: 정보통신표준화 추진체계 개론, 2008.

시스템간의 통신에는 IT표준이 필요하며, IT표준은 휴대인터넷, 인터넷 전화, DMB 등 새로운 IT서비스 제공의 필수 요소라고 할 수 있다. 즉, 표준은 기기간 정보를 주고 받을 때 대화방법의 사전약속을 의미하며, 표준화(Standardization)는 사전약속을 만드는 절차를 의미한다(정보통신기술협회 표준화추진체계 분석서, 2006: 9~10).

## 2) 기본원칙

정보통신표준화정책을 위한 가장 근본적인 두 가지의 철학적 근거는 인적·물적 자원의 효율적인 활용을 강조하는 효율성과 참여의 공정성, 투명성을 강조하는 민주성에 있다. 양자는 정보통신표준화과정의 전체를 통제하는 기본원리이며, 표준화의 목적을 효과적으로 달성하기 위한 근본원리가 된다.

정보통신표준화 과정에서 표준화의 목적을 달성하도록 일관성을 유지해야 할 필요가 있는데, 이때 적용되는 원리로서 효율성의 원리는 객관성의 원리, 다수이익의 원리 및 고정의 원리로, 민주성의 원리는 일반적 합의의 원리와 보편성의 원리로 세분된다.

## 3) 단계별 로드맵

　최근 우리나라는 국내·외 기술표준화 환경분석, 민·관 표준화 수요조사 등을 바탕으로 국제표준화추진에 선택과 집중이 필요한 정보통신 37대 중점기술을 선정하고, 이에 대한 표준화 전략을 제시한 「정보통신 중점기술 표준화로드맵 Ver. 2010」을 수립하였다.

　본 표준화로드맵은 기술별 국내 산·학·연 정보통신표준화 전문가 400여 명이 참여한 기술표준기획전담반을 통해 수립되었으며, 기술개발과 표준개발의 효율적인 연계를 위하여 관계부처 PM/PD, 기술별 담당관 및 관련분야 전문가들의 검토를 통해 정보통신표준화 관련 계획들 간의 일관성을 유지하였다. 또한, 4G이동통신(WiBro Evol., LTE Adv.), TV White Space 통신, 3DTV, 미래인터넷, u-Health, Green ICT 등 신규·융복합 분야를 포함한 37대 중점기술을 선정하고, 각 중점기술별 전략적 중요도 및 기술적 파급효과가 높

〈표 17-6〉 37대 중점기술의 표준화 추진방향

| 구 분 | 특 성 | 추진전략 | 37대 중점기술 |
|---|---|---|---|
| 초기 표준화 분야 | • 미래핵심기술 및 정보통신 유망서비스 관련 선행적 분야<br>• 상용화에 성공할 경우 해당 기술분야의 국제적 선도 가능<br>• 투자에 대한 위험(Risk)이 높음 | • 국제표준화활동 지원 강화 (초기단계부터 선도전략추진)<br>• IPR 확보를 위한 선도기술 개발 병행 | 차세대DMB, TVWS통신, 미래인터넷, u-Navigation, Green ICT, IPv6 Multi-networking, WPAN/WBAN, 차세대컴퓨팅, 3DTV, UHDTV, Gigabit WLAN, VnR, u-Health, VLC, SOC, 차세대통합무선재난통신 |
| 표준 경쟁 분야 | • 표준화와 기술개발이 진행 중으로 표준경쟁이 치열 | • 국제표준화 선도가능분야 도출 및 활동 강화<br>• 전략적 국제제휴를 통한 기술 및 표준의 Catch-up 전략 추진 | 4G이동통신, BcN통합제어, MoIP, 차세대RFID, USN, 바이오인식, 텔레컨버전스, u-Home, 차세대웹, LAN/MAN, 차세대IPTV, 통합식별체계, ID관리/개인정보보호, 응용보안/평가인증, 네트워크/시스템보안, 모바일SW플랫폼, IT SoC, 암호/인증/권한관리, 지능형로봇 |
| 표준 성숙 미상용 분야 | • 국제표준이 이미 성숙되었으나, 기술개발 및 상용화가 초기단계 | • 기술개발 지원 및 국제표준 조기 도입<br>• 조기상용화를 통한 시장선점 | 차세대DRM |

※자료: 정보통신기술협회(www.tta.or.kr)

은 중점 표준화항목을 도출하여, 이에 대한 국내 및 국제표준화 추진을 위한 전략과 방향을 제시한 것으로 평가된다.

한편, 국가비전으로 제시된 저탄소 녹색성장 실현을 위한 핵심분야인 Green ICT 표준화 계획수립의 일환으로, 중점기술별 표준화 대상항목들의 $CO_2$ 배출 감소효과, 전력/에너지 소비 감소효과, 폐기물 감소효과 분석 등 Green ICT 연관성에 대한 추가분석 내용도 포함하고 있다(정보통신기술협회 2010. 2. 4. 37대 중점기술 표준화 추진전략 제시보도자료).

## 4) 표준화의 필요성

### (1) 경제발전의 측면

표준은 국내산업의 발전과 국제경쟁력을 높여주는 지렛대 역할을 한다. 표준화는 신규사업자의 시장참여를 촉발하고 적절한 경쟁환경 육성과 시장활성화를 촉진할 수 있다.

### (2) 기술발전의 측면

국제표준화활동의 참가를 통해 선진기술을 조기에 도입할 수 있으며, 선행표준의 연구와 개발, 그리고 시기적절한 적용으로 중복투자를 방지하고 관련 산업의 발전을 지원할 수 있다.

### (3) 이용자 보호

표준화에 의해 달성된 생산비 절감, 경쟁촉진은 소비자로 하여금 제품을 좀 더 싸고 편리하게 이용할 수 있게 한다.

### (4) 표준의 유형

산업표준은 크게 공적 표준(*de jure standard*)과 사실상 표준(*de facto standard*)으로 나뉜다. 공적 표준은 공적 단체의 인증에 의한 표준으로서 국가표준 또는 국가간 협의에 의한 국제표준 등이 있고, 공적 표준을 선취하기 위한 예비표준과, 공적 표준을 사용하기 위한 실장표준 또는 상세표준을 이 범주에 포함시킬 수 있다. 사실상 표준은 시장경쟁의 결과로서 나타난 사후적 표준을 지칭하는 것이며, 시장주도표준이라고도 하며 효율적인 시장표준을 겨냥하여 포럼이나 컨소시엄 형태를 형성하여 정하는 자발적인 표준들이 포함된다.

〈그림 17-2〉 표준화 패러다임의 변화

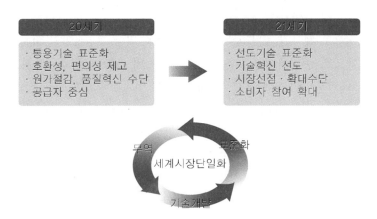

※ 자료: 정보통신기술협회 표준화추진체계 분석서, 2006.

## 5) 표준화의 기능과 역기능

### (1) 표준화의 기능

표준화의 순기능적 측면을 살펴보면 다음과 같다.

#### ㈎ 불확실성과 위험의 감소, 거래비용의 감소

시장거래과정에서 발생하는 거래비용은 주로 어떤 상품이나 생산요소에 대한 정보획득과 관련되는 탐색비용이나 측정비용과 같이 거래과정에서 미리 예상하지 못한 비용이다. 거래비용은 위험한 상황하에서 상황 적합적 계약을 하는 데 소요되는 비용, 도덕적 위해(*moral hazard*)와 관련되어 상대방의 행태가 불완전하게 관찰되는 경우의 상대방의 심리상태를 관찰하는 데 드는 비용, 그리고 역선택과 관련된 정보수집비용 등이다(Kindleberger, 1983; Sputter, 1989; Williamson, 1975; Vining & Weimer, 1988; 송희준, 1991). 표준은 경제주체들이 거래비용의 부담 없이는 시장에서 거래되는 상품이나 생산요소의 품질 또는 생산과정과 관련된 정보를 획득하기 어려운 시장실패 상황하에서 정보획득에 소요되는 비용을 절감시켜 주는 효율적인 제도 또는 장치이다.

#### ㈏ 네트워크 외부효과와 규모경제의 실현

표준은 일단 개발되면 모든 생산자에게 유용하며, 한 생산자에 의한 표준채택 및 사용이 다른 생산자의 사용을 배제하지 않는 공공재적 성격을 가진다. 또한, 표준에 대한 생산자 및 소비자의 사용증가를 통하여 모든 사람의 편익이 증가할 수 있다. 네트워크의 규모가 클수록 네트워크 가입자의 효용이 증대되는 네트워크 외부효과, 특히 수요 측면에서의 규모의 경제가 달성된다.

### (다) 노동이동의 증진

표준은 정보산업 조직의 인력관리와 관련하여 정(*positive*)의 내부효과를 증진시킨다 (Spulber, 1989). 즉, 표준은 OJT와 같은 형태로 노동계약에 참여하지 않은 근로자의 비공식적인 직장훈련의 효과를 제고시킨다. 즉 한 직장에서 축적된 표준화된 기술은 다른 직장에서도 활용될 수 있다.

### (라) 시장의 확대

제품의 표준화는 시장 내에서 호환시장의 규모를 확대하는 효과를 가져온다. 호환시장의 규모가 커질수록 보완상품의 가격은 하락하고 더 쉽게 구할 수 있게 된다. 이에 따라 보다 두터운 2차 시장 또는 대체구매시장의 형성을 유발한다. 이것은 시장에서 제품의 품질에 대한 경쟁에서 가격에 대한 경쟁으로 전환시킴으로써, 소비자에게 보다 값싼 제품의 선택을 가능하게 한다(Farrell and Saloner, 1985: 71~72).

### (2) 표준화의 역기능

표준화의 역기능적 측면을 살펴보면 다음과 같다.

### (가) 공공재 문제의 유발

표준은 그 자체가 하나의 공공재적 성격을 갖는다. 즉, 개발된 기술이 표준화되면 어느 누구도 그 표준에 내재된 기술을 쉽게 복제할 수 있기 때문에 개발된 표준에의 무임승차가 가능하다. 즉, 표준화는 창의적 발명과 기술혁신에 대한 무임승차를 촉진하고, 기술개발에 대한 투자를 기피할 인센티브를 가지고 있다.

### (나) 제품 다양성의 감소

제품의 표준화는 시장 내의 다양성을 감소시켜 소비자의 선호에 따른 제품의 선택에 지장을 준다. 특히, 정보사회로 진입함에 따라 소비자의 소득증대에 따라 제품의 선택에 있어서 차별성을 추구하는 경향이 강해지는 상황하에서 규격화된 제품은 고객들의 기호를 만족시켜 주지 못한다.

### ㈐ 열등 표준으로의 고착 가능성

표준화가 반드시 시장 내에서 장기적으로 사회에 유익한 방향으로 이루어진다는 보장은 없다. 즉, 시장 내에서 상대적으로 덜 효율적인 제품 또는 기술로 시장 표준화가 이루어질 가능성이 있다. 이 경우 기술개발에 대한 유인이 감소함으로써, 장기적으로 시장의 비능률성을 초래할 수 있다. 표준화된 본 제품의 부품에 대하여 끼워 팔기(*tying*) 등의 형태로 법적인 보호를 부여할 경우, 경쟁억제를 통하여 독점이윤을 보장함으로써 사회 전체의 복지를 감소시킨다.

### ㈑ 기술혁신의 둔화

표준이 일단 채택되어 시장을 지배하게 되면 과도한 타성을 유발하여 새로운 효율적인 표준이 새로 개발된다고 하더라도 그것을 채택하기보다는 거부 또는 방해할 가능성이 크다(Farrell and Saloner, 1985; 1986). 특히, 기술개발이 혁신적이지 않고 기존 기술에 대한 개량적 성격을 띨 경우는 표준 채택은 더욱 지연될 수 있다.

## 6) 정보통신표준화정책의 주요 쟁점

### (1) 표준 공급의 적시성 문제

표준 공급의 적시성 문제는 어떻게 하면 '표준화를 보다 신속하게 추진하여 적시에 표준을 공급할 것인가?'에 대한 논의이다. 이는 최근 들어서 정보통신분야의 급속한 기술변화와 서비스의 다양화, 세련화에 따라 정보통신기술 표준화의 대상 건수가 급속히 증가하고 있다는 점과, 다른 한편으로는 개개의 기술표준의 복잡성 정도와 분량이 그만큼 증가한 데 반하여 표준화의 방법과 절차는 크게 개선되지 못하고 있다는 데에서 기인한다.

### (2) 표준의 적실성 문제

표준의 적실성 문제는 크게 두 가지 측면으로 압축될 수 있는데, 하나는 수많은 표준화 대상 중에서 시장수요와 고객요구에 비춰 '어떻게 하면 보다 더 필요한 표준을 만들 것인가?'와 관련된 우선순위 선정의 문제이고, 다른 하나는 표준의 질에 관련된 것으로서 표준이 제품화의 지침으로 활용되기 위해서는 보다 충실하게 만들어져야 한다는 점이다.

### (3) 표준화와 지적재산권의 조화 문제

표준화가 공통의 규격제정과 이의 이용을 통한 외부효과를 노리는 것이라면, 지적재산권 보호제도는 개인의 지적인 활동결과에 적절한 인센티브를 부여함으로써 기술혁신과 사회발전을 추구하는 것이다. 주로 문제가 된 것은 표준화하려는 어떤 기술의 전부 또는 일부가 이미 특허 등에 의하여 지적재산권으로 보장되는 경우에 이들간의 관계를 어떻게 하면 바람직하게 조정할 수 있을 것인가 이다.

### (4) 표준화 관련자료의 전자화 처리 문제

문서처리 및 전달의 전자화는 전반적으로 사회가 정보화되어 가면서 일반화되고 있다. 특히, 정보통신표준화 분야는 표준화를 통한 특정 기술의 보급 및 활용을 촉진시키는 주요한 수단으로서 작용하기에 각국의 표준화정책에 있어서 상당한 관심을 모으고 있다.

### (5) 상호연동성 확보 문제

상호연동성의 문제는 어느 국가나 지역을 막론하고 표준화를 추진함에 있어서 필수적으로 고려되어야 할 사항으로서, 기술표준화 대상의 우선순위를 결정함에 있어서도 중요한 고려요인으로 작용한다.


## 7) 정보통신표준화의 정책 방향

### (1) 일반적 정책방향

표준화는 민간 및 시장 중심적으로 추진되어야 한다. 창조성이 고양되고 사용자의 요구사항이 잘 반영되는 표준화가 되어야 한다. 이를 위한 정부의 역할은 각종 지원과 가이드라인의 수립이며, 주 활동자는 민간이 되어 발전하는 기술과 시장의 요구를 최대한 반영한 시의적절한 표준을 개발해야 한다. 학계는 장기적 관점에서 새로운 표준화의 대상을 제시하고 필요한 기초 기술들을 개발하여야 한다.

### (2) 정부의 역할

정부의 지원은 많으면 많을수록 좋으나 간섭은 최소화될수록 좋다. 지원이 있는 경우 흔히 감독, 감시와 간섭이 따르게 마련인데 간섭이 많아지면 자율성이 작아지고 피동적이 되며 새로운 아이디어의 창조와 자유로운 토론에 방해가 된다.

국가표준에 대해서는 정부에서 최대한 주도하여야 할 것이다. 첫째, 해당기술에 대하여 국가표준이 필요한가를 엄격히 검토하고 표준화여부를 결정해야 하며, 표준화취지와 그 사용목표를 분명하게 명시해야 할 것이다. 또한, 내용에 있어서 같은 분야의 국내단체 표준과의 충돌성이 가능한 한 적어야 하며, 민간단체 표준을 제한하는 특성이 가능한 한 최소화하여야 한다.

### ㈎ 민간의 표준화활동 지원

정부 역할의 최우선은 민간의 표준화활동을 지원하는 것이다. 이를 위해 단체 표준에 참여하는 민간 업체들이 평등한 조건하에서 공정하게 경쟁할 수 있도록 여건을 마련해야 하고 이를 감시해야 한다. 또한, 복수단체 표준이 인정되는 경우 상호 표준간에 충돌이 발생하지 않도록 사전에 조정하고, 상호운용성에서 문제가 발생하였을 때 문제를 유연하게 해결할 수 있도록 하는 제도가 필요하다.

### ㈏ 표준화 전문인력 양성 지원

정부는 표준화 전문인력을 양성하는 데 필요한 정책적 지원을 아끼지 말아야 한다.

### ㈐ 표준기술 연구개발 지원

정부는 표준화와 관련된 기술의 연구개발과 공동작업 환경, 그리고 시험 및 인증에 필요한 환경구축을 지원해야 한다.

## 8) 표준화와 지적재산권

### (1) 표준화와 지적재산권의 관계: 갈등관계

기술 표준화는 기술공유를 통한 효율성 제고와 기술의 연계 및 통합을 통한 개발과 경쟁촉진이라는 공동목표에서 출발한 것인 반면, 특허권을 비롯한 지적재산권은 기술개발과 촉진을 도모하되 그 유인책으로서 기술에 대한 독점 배타권을 부여하는 데에서 출발한다. 따라서 표준화와 특허권은 산업표준의 성립과정에서 필연적으로 대립되는 관계를 갖게 된다. 즉, 기술표준화의 추진을 효율적으로 하려는 입장과 지적재산권을 보호하려는 입장이 맞서게 되는 것인데, 기술개발에 있어서 규범성과 다양성의 양면의 균형에 관한 문제로 귀결된다.

### (2) 지적재산권이 표준화에 미치는 영향

### ㈎ 긍정적 효과

지적재산권이 표준화에 미치는 긍정적 효과는 다음과 같다.

① 공공재 문제의 해결과 적정한 기술혁신의 공급

지적재산권 보호가 표준화와 관련하여 갖는 긍정적 효과는 무임승차 등 공공재 문제의 해결과 적정한 기술혁신의 공급이다. 정보통신기술은 일단 표준화되면 네트워크 외부효과로 인하여 많은 사람들에게 편익을 제공하는 전형적인 공공재로서, 네트워크 사용상의 비배타성, 비경쟁성으로 인하여 선두 발명자의 노력에의 무임승차가 비교적 용이하다. 이들은 위험도가 높은 벤처산업에 대한 투자보다는 타인이 기술혁신을 하기를 기다리고 있다가 혁신의 결과물에 대하여 저렴한 가격으로 복제 또는 재생할 수 있기 때문에, 발명 또는 기술혁신이 사회적으로 바람직한 수준 이하의 저공급 상태를 가져올 수 있다. 따라서 과도한 표준화보다는 지적재산권을 보호해 줄 필요가 있는 것이다.

② 불공정경쟁에 대한 제도적 구제

또 다른 긍정적 효과로는 불공정경쟁에 대한 제도적 구제를 통하여 기술혁신을 촉진한다는 것이다. 시장자율화에서 단기이윤을 추구하는 대부분의 사람들은 위험도가 높은 정보기술에 대한 투자를 기피하게 된다. 지적재산권 보호를 통한 기술보호는 창조적 발명품의 불법사용과 위조상품 같은 불공정 경쟁행위의 규제를 통하여 발명가와 창작자의 기대이익을 실현시켜 기술혁신을 지속시킨다.

(나) 부정적 효과

표준화에 대한 지적재산권 보호의 부정적 효과로는 과도한 지적재산권의 보호는 정보기술의 발전 저해를 가져올 수 있다는 점과 독점으로 인한 폐해를 들 수 있다.

① 기술발전 저해

과도한 지적재산권 보호의 첫 번째 부정적 효과는 기술발전 저해이다. 과도한 지적재산권의 보호는 정보기술의 공동이용 저해, 외부효과의 감소 등으로 인해 정보기술의 발전에 저해요인으로 작용할 수 있다. 이는 표준화의 긍정적 측면에 대한 상쇄효과로 이해하면 쉽게 알 수 있다.

② 독점의 문제

과도한 지적재산권 보호의 두 번째 부정적 효과는 독점의 문제이다. 지적재산권에 대한 과도한 보호는 시장경쟁에 대하여 독점가격과 독점공급을 보장함으로써 서비스 질의 저하를 가져오기 쉽다.

## 우리나라 표준화 성공사례: Wibro 국내 및 국제표준화 동시 추진

휴대이동초고속인터넷 기술인 Wibro를 국내 고유기술로 개발하고, IEEE 802.16e 국제표준에 반영 및 ITU-R참조표준으로 채택되었다. 다수의 국내 특허 기술을 국제표준에 반영하여, 2005년 10월 기준 OFDMA기술에 대한 국내기업 특허를 51%나 차지하였다.

또한, 2007년 10월 ITU 전파통신총회에서 3세대 이동통신의 6번째 표준으로 채택되는데 이어 11월 세계 전파통신회의에서 와이브로 주파수대가 4세대 세계공통대역으로 채택되었다. 이를 통해 얻게 된 경제적 효과는 상용화 이후 5년 내 900만 명의 가입자를 확보하고, 3조 원에 해당되는 새로운 시장형성을 기대할 수 있다. 또한 269만 명의 신규고용창출과 17조 원의 생산유발, 6조 2천억 원의 수출유발효과, 7조 원의 부가가치 창출효과를 가져올 것으로 평가된다. 이 외에도 DMB 표준화 성공사례가 있다.

〈그림 17-3〉 Wibro 추진과정

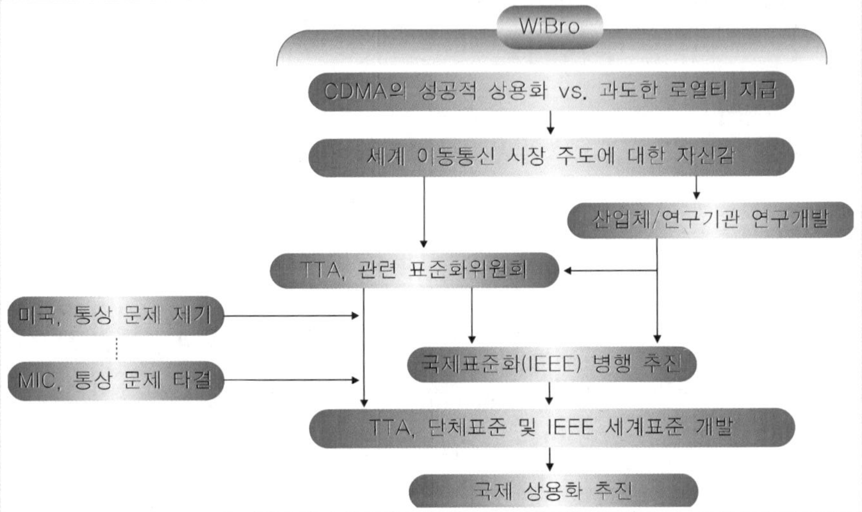

```
                          WiBro

        CDMA의 성공적 상용화 vs. 과도한 로열티 지급

           세계 이동통신 시장 주도에 대한 자신감

                                    산업체/연구기관 연구개발

         TTA, 관련 표준화위원회

 미국, 통상 문제 제기

                             국제표준화(IEEE) 병행 추진
 MIC, 통상 문제 타결

              TTA, 단체표준 및 IEEE 세계표준 개발

                    국제 상용화 추진
```

※ 자료: 정보통신기술협회(www.tta.or.kr)

## (3) 표준화와 지적재산권 관계에서 발생하는 정책적 쟁점

표준화와 지적재산권 관계에서 발생하는 정책적 쟁점은 다음과 같다.

① 지적재산권에 의하여 보호되는 것(특허)을 표준에 포함시키는 것이 바람직한 것인가?
② 지적재산권의 대상을 표준에 포함시키는 경우에도 특허를 어떻게 조기에 공개하도록 유도할
  것인가?
③ 특허가 공개되지 않았을 경우의 문제를 어떻게 해결할 것인가?
④ 표준을 실행하는 것과 관련하여 특허의 사용허락 조건을 어떻게 결정할 것인가?

## (4) 표준과 지적재산권의 갈등 해결을 위한 정부 및 표준제정기관의 정책방향

표준화와 지적재산권 보호의 문제는 양자가 모두 매우 중요한 사회적, 경제적 정당성을
가지고 있기 때문에 어느 하나를 취사선택할 수 없는 문제이다. 게다가 이론적으로 양자를
조화시키기란 대단히 어려운 문제여서 결국 어느 쪽에 더 비중을 둘 것인가의 문제는 그
나라 고유의 사회적, 문화적, 경제적 요인을 포함한 종합적 국가전략 차원의 문제가 된다.

① 표준을 제정하는 과정에서 지적재산권이 조기에 공개될 수 있도록 제도적 뒷받침이 필요하다.
② 표준을 공개하는 확약서를 보다 간결하고 명확하게 하고, 이에 기초하여 지적재산권 관련 데
  이터베이스를 구축하고 이를 제공하여야 한다.
③ 정책의 명확화: 현행 정보통신표준화 관련 지적재산권 취급요령을 좀 더 상세하고 명확하게
  규정하여, 간결하고 명확한 지적재산권 정책방침을 채택할 필요가 있다.

## 9) 최근 이슈: 4G 기술표준화 논의(LTE 기술과 와이맥스)

### (1) 개 념

4G는 4 Generation의 준말로서 4번째 통신 기술표준을 의미한다. 1세대, 2세대, 3세대
등 통신기술표준을 구분할 때 사용하며, 영문 Generation의 초성인 G를 붙인 것이다. 이러
한 4G의 통신기술에는 몇 가지가 있는데 LTE 혹은 LTE-A, wimax-a(Wibro Evolution)
등이 있다. 우선, LTE(Long Term Evolution)란 4번째 통신기술표준의 몇 가지 기술 방식
중 하나로 4세대 무선통신의 표준이다. 다음으로, WiBro(와이브로)란 최근 스마트폰에서
흔히 말하는 와이파이(Wi-Fi)를 확대적용한 이동형 무선통신기술로 건물 밖에서도 사용할

<표 17-7> LTE와 Mobile-Wimax의 비교

| 구 분 | LTE | WiBro |
|---|---|---|
| 개요 | 3GPP계열 GSM/WCDMA | IEEE 802.16표준 |
| 기반기술 | OFDMA-FDD | OFDMA-TDD |
| 대역폭 | 20MHz | 20MHz |
| 속도(Dn/Up) | 100Mbps/50Mbps | 100Mbps/100Mbps |
| 주요국 | 유럽, 중국 등 기존 GSM계열 기반국가 | 한국, 중앙아시아 등 신흥국 |
| 특징 | WCDMA 사업자, CDMA사업자 등 대부분의 기존 이동통신사가 채택 각국의 주도적 통신서비스 사업자는 기존기술의 연장선 상에 있는 LTE지지 | 유선사업자가 초고속인터넷의 무선확장으로 사용 2-3위 업체 또는 3G환경이 충분히 구축 되지 않은 국가들이 지지 |
| 장점 | 전세계 이동통신 가입자의 80% 이상이 가입한 GSM 및 WCDMA 계열 3G망과의 연동이 용이하며, 2-3G를 통해 기술적 검증 완료된 상황 | 이미 상용화서비스 제공중(Wave2) IP기반으로 기술이 간단하고 기존 유선망과의 통합 용이 |
| 단점 | 현재 상용화되지 않음 2-3G 연동으로 WIMAX대비 기술이 복잡 | 상용화된 국가가 아직 많지 않음 브로드밴드 사업자 위주로 서비스 제공 현재 음성통신 미제공 |

※ 자료: 김남훈, 차세대 이동통신 경쟁과 와이브로 서비스 전망, 하나금융경영연구소. 2009. 9.

수 있어 무선랜보다 한 단계 진화한 인터넷을 말한다. 외국에서는 모바일 와이맥스라고 하며, 우리나라에서 순수 국내 기술 개발에 성공하며, 2005년 국제 표준으로 채택되었다. 그 뒤 국제적으로 많은 참여자들이 함께 하여 대부분 중동, 아시아, 아프리카 등 브로드밴 드 구축이 미흡한 지역 및 저개발국가들이 도입하고 있다. 우리나라 방송통신위원회에서 도 와이브로 활성화 3대 정책방향과 8대 과제를 발표하여 국내 WiBro 서비스 활성화에 대한 정책적 의지 및 청사진을 제공하였다(김남훈, 2009).

### (2) 우리나라 현황

3G 이동통신의 경우 SKT, KT가 WCDMA방식을 사용하고, LG+가 CDMA계열인 '리 비전 A'라는 방식을 사용하고 있다. 4G 이동통신의 경우에는 SKT와 LG U+가 LTE 방식, KT가 Wimax 혹은 Wibro Evolution 방식을 사용중이거나 혹은 사용예정이다. KT의 경우 Wibro를 4G라고 대대적인 광고를 하다가 11월부터 LTE를 시작하기로 발표하였다. SKT 의 경우에는 LTE 전국망에 대한 확실한 계획은 아직 없는 상태이다. 이런 상황에서 LTE 선국망은 LG U+가 가장 먼저 빠르게 구축완료될 것이라 예상할 수 있다.

# <와이브로 vs LTE>

LTE와 와이브로의 대결에서 전문가들은 압도적으로 LTE의 우세를 점치고 있다. LTE는 세계적 추세이며 비용 절감 측면에서도 효과가 있다는 이유에서다. 장재혁 한국전자통신연구원 기술경제연구부 선임연구원은 "기술적 차이는 없으나 단말기 수급면에서 세계적 추세인 LTE가 유리할 것으로 보인다"며 "WCDMA사업자는 3G 시장에서 주도권을 확보하고 있기 때문에 다수 통신사업자들의 LTE 전환은 규모의 경제로 인해 장비단가의 인하와 표준화로 인해 글로벌 로밍을 쉽게 할 수 있다는 장점이 있다"고 말했다. 또 "고대역인 와이브로에 비해 저대역인 LTE는 네트워크 구축비용에 있어서도 절감 효과가 있다"고 말했다.

와이브로의 활성화가 너무 늦지 않았느냐는 지적도 있다. 장재현 LG경제연구원 책임연구원은 "어떤 사업자와 장비 업체가 들어가는지 동향을 볼 필요가 있다"며 "LTE는 WCDMA사업자, CDMA사업자 등 대부분의 기존 이통사가 채택해 4G 시장을 주도할 것으로 보인다. 와이브로는 이미 상용화했다는 장점은 있으나 활성화가 늦어 LTE에 따라잡히는 형국이다"고 말했다.

김종기 산업연구원 융합산업팀 통신기기 연구원도 "초반 시장은 비슷하거나 와이브로가 앞설 것으로 보인다. 그러나 장기적으로 봤을 때 와이브로는 일찍 상용화했으나 활성화가 늦었고 세계시장 추이를 보면 아무래도 해외에서도 영향력이 큰 LTE가 탄력을 받지 않을까 생각한다"고 말해 이를 뒷받침했다.

◆ 정책사례: 방통위 4G전략 '와이브로−LTE 공동 발전'으로

방송통신위원회가 와이브로를 롱텀에볼루션(LTE)과 함께 발전시키는 방향으로 이동통신 고도화를 추진한다. 지난 5월 와이브로 사업자 의무투자 이행기간이 완료된 가운데 와이브로 홀로서기 전략 대신 경쟁서비스인 LTE와 공존을 모색하는 것으로 풀이된다.

20일 방통위는 오는 9월 와이브로 사업자 주파수 재활용 계획서 제출과 내년 3월 와이브로 주파수 재할당을 앞두고 새로운 와이브로 활성화 정책을 마련 중이라고 밝혔다.

이를 위해 방통위는 최근 정보통신정책연구원(KISDI)에 '와이브로−LTE 공진화 방안' 연구과제를 의뢰했다. 연구사업 기간은 연말까지다.

방통위는 9월 와이브로 사업자 주파수 재활용 계획서를 받으면 와이브로−LTE 공진화 연구 중간결과물을 더해 활성화 방안을 수립할 방침이다.

와이브로 서비스는 2006년 이후 2조 원에 가까운 투자가 이뤄졌지만 현재 가입자 수는 50만 명 수준에 머물고 있다. 3개 사업자 체제로 출발했지만 도중에 하나로텔레콤이 사업권을 반납하면서 KT와 SK텔레콤만이 서비스를 제공중이다. 그나마 KT가 전체 가입자의 80% 이상을 갖고 있는 등 그간의 투자기간과 비용에 비해 성과는 적은 편이다.

이러한 가운데 지난 5월 말 와이브로 투자 이행기간이 완료되고 내년 3월 와이브로 주파수 재할당이 예고되면서 차기 와이브로 활성화 정책이 어떤 모양이 될지 관심이 높은 상황이다.

일단 KT와 SK텔레콤은 지난 5년간 주어진 의무투자는 마쳤다. 방통위는 20일 전체회의를 열어 두 회사의 와이브로 허가조건 및 이행계획에 따른 추진실적에 이행완료 승인을 의결했다.

두 회사는 내년 3월 와이브로 주파수를 재할당받기 위해서는 9월 중 주파수 재활용계획서를 만들어 방통위에 제출해야 한다. KT와 SK텔레콤이 와이브로 추가 투자에 어느 정도 의지를 밝힐지는 아직 미지수다.

정부는 이들 사업자의 자발적인 투자 계획서를 바탕으로 와이브로 추가 활성화 방안을 수립하되 LTE와 공조를 모색할 방침이다. SK텔레콤, LG유플러스에 이어 KT도 연내 LTE 상용화를 추진하는 상황에서 와이브로 단독 활성화 계획 수립은 의미가 없다는 판단에서다.

최시중 방통위원장도 지난달 한국방송기자클럽 토론회에 참석한 자리에서 "LTE와 와이브로를 한 쪽만 선택하는 게 아니라 투 트랙으로 간다"고 밝힌 바 있다.

와이브로가 경쟁기술인 LTE와 공동 진화를 모색한다는 것은 호재와 악재라는 양면성을 지니고 있다는 평이다.

정부가 사업자 의무투자이행기간이 끝났음에도 다시 한 번 활성화 방안을 마련한다는 점은 긍정적인 측면이 있다. 반면에 더 이상 와이브로만을 위한 집중 지원은 없을 것이라는 부정적인 면도 간과할 수 없다.

변수도 있다. 수면 위로 떠오른 와이브로 기반 제4이동통신사업이 성사된다면 정부의 와이브로 정책은 일대 변화를 맞을 전망이다. 와이브로 투자 확대 의지가 부족한 사업자에 한해 일부 주파수를 회수해야 한다는 의견이 있는 것 또한 향후 정책수립의 변수로 꼽는다.

조해근 방통위 와이브로활성화팀장은 "와이브로와 LTE 공동 진화방안을 마련할 방침"이라며 "사업자의 투자계획과 KISDI의 연구내용을 더해 활성화 계획을 만들 계획"이라고 설명했다.

자료: ET news 2011. 7. 21.에서 발췌

국내에서 4G 투자를 시작한 곳은 SKT와 LG U+인데, SKT의 경우 LTE를 통해 데이터 서비스만 제공하고, LG U+는 음성과 데이터 서비스를 모두 지원 예정이다. 세계적으로 4G 방식으로는 LTE를 많이 사용하고 있는 추세이다. LTE방식은 WCDMA 표준화 기구인 3GPP가 WCDMA 다음 통신 방식으로 고안했기 때문에 3G로 사용하고 있는 WCDMA와 높은 호환성을 보여준다. 해외에서도 LTE방식의 4G단말기가 많이 나와 있기 때문에 국내에 4G를 사용할 수 있는 단말기가 도입된다면 분명 LTE 통신망에서만 사용가능하며 시간이 지날수록 LTE방식의 단말기가 늘어날 가능성이 높다.

◆ 생각해볼 문제  **<LTE라고 해서 SK텔레콤과 LG U+는 같을까?>**

우선 방식 면에서는 SK텔레콤과 LG U+가 선택한 'LTE'는 동일하다. 과거 3G에서 WCDMA 방식을 SK텔레콤과 KT가 선택했던 것처럼 말이다. 하지만, 자세히 살펴보면 약간 다른 모습을 나타내고 있는데 현재만 놓고 보면 SK텔레콤의 LTE는 LG U+에 비해서 많이 떨어지는 모습을 보여주고 있다.

현재 4G서비스 형태 비교 'SK텔레콤 vs LG 유플러스'
　　　SK텔레콤 : 4G LTE 속도 약 37Mbps
　　　LG유플러스 : 4G LTE 속도 약 75Mbps

다른 걸 다 빼놓고 Mbps라는 부분만 놓고 보면 LG유플러스가 2배 빠르다. 분명히 같은 'LTE'방식인데 왜 그럴까?

LG 유플러스는 10MHz 대역폭을 이용해서 다운로드 75Mbps와 업로드 36Mbps를 지원하고 있다. 그에 비해서 SK텔레콤은 5MHz 폭만 활용하고 있어 LG 유플러스에 비해서 절반 정도의 속도만 지원하고 있는 것이다. 그래서 LG유플러스가 자사의 LTE 서비스에 대해서 '가장 빠른 4G와 대한민국 최강 LTE'라고 표현한 것이 틀린 것은 아니다.

LTE는 LG 유플러스쪽이 좋을까?

현재 상태만 놓고 보면 분명히 'LG 유플러스'가 우세하다. 하지만 고려해야 할 것이 있다. 'SK텔레콤이 언제까지나 반쪽짜리 서비스를 할 것이냐?'와 '4G가 서비스 안 되는 지역에서는 어떨까?' 하는 것이다.

'SK텔레콤이 언제까지나 반쪽짜리(5MHz) 서비스를 할 것이냐'는 질문에 대한 답은 SK텔레콤 네트워크CIC 사장이 이야기한 것처럼 '12월부터는 단방향 10MHz가 가능하다'라고 할 수 있다. 즉, 12월 전까지는 어쩔 수 없이 LG 유플러스에 뒤질 수밖에 없다는 것. 물론 그와 함께 '연말까지 30만 고객을 예상하는데 현재 5MHz 대역으로 충분히 속도가 나온다'고 말하고 있지만 사용자 입장에서는 속도 커버에 대한 믿음은 그렇게 다가오지 않는다.

'4G가 서비스 안 되는 지역에서는 어떨까?'라는 질문에 대해서는 SK텔레콤이 조금 앞서는 게 사실이다. 이유는 바로 현재 사용중인 3G 서비스 때문인데, LG 유플러스는 CDMA방식에서 제한적인 서비스(로밍 등)와 가장 최신 규격인 리비젼B에서도 다운로드 9.3Mbps와 업로드 5.3Mbps에 불과하기 때문에 SK텔레콤의 WCDMA인 HSPA+의 다운로드 21Mbps와 업로드 5.76Mbps와 비교하면 다소 부족한 것이 사실이다.

이는 LTE가 완벽히 서비스되기 전에는 기존 3G방식으로 SK텔레콤의 우세가 예상되는 게 사실이다. 그런 상황을 누구보다 잘 알고 있는 LG 유플러스는 SK텔레콤보다 빨리 연말까지 수도권, 광역시 등 전국 82개 도시에 서비스를 할 예정이며, 내년 7월까지 전국 망을 완성할 계획이다.

그러면, olleh KT는 어떨까?

사실 '4G'로 가장 행복한 기업은 'olleh KT'이다. 왜냐면 현재 LTE가 아닌 wibro로 4G서비스를 제공하고 있기 때문이다. 왜 KT만 LTE가 아닌 와이브로 방식을 제공하고 있을까? 와이브로는 국내 기술로 KT가 이미 갖고 있는 망을 활용할 수 있다. 그래서 현재 LTE보다 와이브로망을 활용한 서비스가 더 저렴하고 안정적일 수 있다.

즉, KT는 갖고 있던 망(시설)을 잘 활용하다가 오는 11월부터 LTE를 준비하겠다는 것인데, 사용자들에게 얼마나 어필할 수 있냐가 웃을 수 있는 관건임에는 틀림없다. 최근 5,000원으로 와이브로를 서비스하는 egg단말기의 경우는 물량이 없어서 판매를 할 수 없을 정도로 사용자들에게 인정받고 있으니 이 점을 생각하면 olleh KT의 4G서비스가 가장 먼저 성공했다고 볼 수 있다. (참고로 KT는 55요금제를 사용하는 사용자에게 2년 약정으로 30GB의 와이브로를 5천원에 제공중이다)

하지만, KT도 LTE를 하게 된다면 지금과 같은 서비스를 유지할 수 있을까? 당연히 불가능할 것이다. 다른 이통사와 마찬가지로 망(시설)에 투자해야 하는 금액이 있기 때문에 이렇게 저렴한 서비스를 기대하는 것 자체가 불가능하다는 것이다.

이런 저런 상황을 보면 현재 가장 좋은 선택은 KT이며, 그 다음은 LG 유플러스와 SK텔레콤 순서이다. 그런데 문제는 이동통신사들이 그들의 서비스를 제공할 때 '약정기간'이라는 계약 조건으로 두고 있으며, 이 기간이 약 2년이라고 볼 때 이 순위가 변경될 가능성이 매우 높다는 것이다. 2년은 고사하고 6개월 후에 순서가 180도 달라져도 이상할 게 없는 세상 아닌가.

## 10) 요약 및 결론

21세기는 세계가 정보통신기술에 의하여 사이버공간을 통하여 하나로 통합되어 나간다는 관점에서 볼 때 국제적 표준은 그 중요성이 더해가고 있다. 우리나라의 산업도 이러한 환경에서 얼마나 빠르게 적응해 나갈 것인지에 성패가 달려 있다고 해도 과언이 아니다. 우리나라가 다른 분야에 비하여 디지털 정보통신 분야에 상대적으로 경쟁력이 앞서 있다고 평가되지만, 이제, 특허권만을 따로 떼어 독립적으로 고려하는 전통적 지적재산권 접근 방식으로는 권리행사의 효과가 반감될 수밖에 없는 시대에 접어들고 있어, 국제산업표준 제정에 적극 참여하여 특허권 등의 지적재산권을 효율적으로 활용하여 독점시비를 피하면서도 세계 시장에 손쉽게 파고들 수 있는 면밀한 전략이 절대적으로 요구된다.

◆ 생각해볼 문제

위에서 본 바와 같이 정부와 같은 권위 있는 기관이 우위의 기술을 표준으로 선택하면, 불확실성과 거래비용을 감소시키고, 규모의 경제를 실현할 수 있지만, 잘못된 선택은 lock-in 현상(잠금효과) 등으로 인해 두고두고 잘못된 선택의 비용을 감수해야 할 수도 있다.

아래의 첫 번째 사례는 표준화 정책을 논의할 때 가장 잘 인용되는 'QWERTY' 키보드 이야기로 보다 배우기도 쉽고 타이핑 시간을 훨씬 단축시켜주는 '드보락' 키보드가 어째서 지금은 사용되지 않고 있는지를 보여주고 있다.

두 번째 사례는 정부가 초고속 휴대인터넷의 표준으로 채택한 '와이브로'(WiBro)라는 우수한 기술의 사업권을 따낸 한 사업체가 사업권을 포기한 전무후무한 사건을 보여주고 있다. 여러분이 우리나라의 휴대 인터넷 정책을 책임지고 있는 당국자라면 어떻게 표준을 선정하고 누구에게 사업권을 줄 것인가? 아니면 시장에 표준 선정에서 사업자 선정까지 모두 맡길 것인가? 경쟁의 비용을 줄이면서, 잘못된 표준으로 인한 비용을 최소화할 수 있는 최적화된 대안을 생각해보도록 하자.

◆ 정책사례 1: QWERTY(쿼티)키보드 vs 드보락 키보드

현재 전 세계적으로 통일된 타자기나 컴퓨터 키보드의 자판을 '쿼티'(*QWERTY*) 자판이라 한다. 쿼티 자판이란 자판의 영문 처음 부분이 Q-W-E-R-T-Y의 순으로 배열된, 현재 우리가 사용하고 있는 자판이다. 이 자판형은 1873년에 개발되어 현재에 이르고 있는 것으로서 지금은 우리가 아무런 불편없이 사용하지만 자판의 배열을 보면 궁금증이 생긴다. Q-W-E-R-T-Y라... 알파벳순서도 아니고 그렇다고 자음과 모음을 분리해 놓은 것도 아니라서 기억하기에 여간 불편하지 않다.

지금은 거의 사용하고 있지 않지만, 다른 자판도 있다. 1932년 미국의 오거스트 드보락(August Dvorak) 교수가 1932년에 고안한 글자판이다. 사실 드보락(*Dvorak*) 자판과 비교할 때, 쿼티 자판은 배우기도 힘들고 영문을 타이핑하는 데 수배의 시간이 소요되는 것이다.

하지만 드보락 자판은 성공적으로 고안되어 개발되었음에도 불구하고 QWERTY자판에 밀려 지금은 거의 사용되지 않고 있다. 왜 이런 현상이 일어났을까?

쿼티 자판은 쇼울(C. L. Shole)에 의해 개발되었다. 이 자판은 초기의 타자기 자판에서 두 개의 연속하는 키가 서로 엉키는 문제를 방지하기 위해 가장 많이 쓰이는 알파벳들을 서로 뒤섞어 놓음으로써 시간적 비효율성을 감수하면서 엉킴의 문제를 방지하고자

고안되었다(당시 대부분의 타자수들은 단지 두 개의 손가락만을 이용했다고 한다).

그러나 타자기가 널리 보급되면서 일반화되고 사람들은 두 손의 모든 손가락을 사용하여 타자하게 되었고, QWERTY자판이 효율적이지 않다는 것을 알게 되었다. 또한 연속하는 키가 서로 엉키는 문제도 전동타자기가 나온 다음부터는 기술적으로 해결이 가능해져 더 이상 QWERTY자판의 특장점은 단점에 비해 부각되지 않게 되었다.

이에 1932년 워싱턴대학교 드보락(August Dvorak) 교수는 타자시간과 움직임을 연구한 끝에 고유한 드보락 자판을 개발하기에 이르렀다. 드보락 자판은 많이 쓰이는 A, O, E, U, I, D, H, T, N 등의 알파벳을 자판 중앙에 배열하고 덜 쓰이는 알파벳은 자판열의 위, 아래로 분산시킴으로써 효율을 극대화한 모델이었다. 또한 드보락 키보드는 양손의 사용으로 연속적인 키 입력을 처리하도록 고안되어 엉킴 현상을 방지하고 타자의 리듬을 살리도록 고안됨으로써 시간을 절약하고 손에 무리가 가는 것을 방지했다.

그러나 60여 년이 흐른 지금에도 드보락 자판을 사용하는 타자기는 거의 찾아볼 수 없다. 상대적인 장점이 과학적으로 입증되었음에도 불구하고 사람들은 QWERTY자판을 이용하며, 제조업체에서도 QWERTY자판을 고집하는 현상을 어떻게 설명해야 할까?

이는 사용자들의 습관 및 QWERTY자판을 사용하면서 익숙해진 손버릇을 쉽게 고칠 수 없었던 데에서 그 원인을 찾아볼 수 있다. QWERTY자판이 불편하지만 이미 보급된 이 자판 형태에서 새로운 드보락 자판에 익숙해지도록 타자습관을 바꾸는 것이 어려웠던 것이다. 즉, 드보락 자판이라는 새로운 개혁(innovation)은 QWERTY자판이라는 구제도에 익숙해진 대중들에게 확산되지 못했던 것이다. 또한 타자기를 사용하는 이용자층뿐 아니라 제조업자, 판매망, 타자 교육학원 등에서도 급박한 기술개혁을 감수하면서 새로운 기술을 다시 배우고 보급할 충분한 이유를 찾지 못했던 것이다.

자료: 김환균, http://koreada.com/jboard/?p=detail&code=mbc&id=31&page=7

◆ 정책사례 2: 와이브로 혼란 최소화할 때다

하나로텔레콤이 와이브로(휴대인터넷)사업을 중도에 포기한 것은 단순히 개별 통신사업자의 경영전략으로 보고 그냥 지나칠 사안이 아니다. 정부가 선정한 기간통신사업자가 불과 3개월도 채 안돼 통신서비스 사업권을 스스로 철회한 것은 사상 처음 있는 일일 뿐만 아니라 그것도 서비스 일정이 제시되고 장비 개발까지 마무리된 시점에서 벌어진 것이어서 앞으로 통신서비스 정책 추진에 적지 않은 영향을 미칠 것으로 판단되기 때문이다. 더욱이 휴대인터넷 사업자를 3곳으로 선정해 유효경쟁 정책의 표본을 보이려 했던 정부의 의도가 퇴색하게 됐다는 점에서도 그러하다. 또 휴대인터넷은 단순한 차세대 통신서비스가 아니라 정부가 야심차게 추진해 온 IT839전략의 핵심 서비스였다는 점에서 정부의 정책 추진에 문제가 있는 것이 아닌가 하는 의구심마저 든다.

물론 하나로텔레콤이 어렵게 따낸 휴대인터넷 사업을 포기하는 데에는 여러 가지 사안이 고려됐을 것이다. 발표대로 연평균 성장률이 5% 미만으로 예상되는 초고속 인터넷 시장의 성장 둔화와 파워콤의 가세로 인한 사업 환경 악화에 따라 주력 사업에 역량을 집중함으로써 경쟁력을 강화하기 위한 것일 수 있다. 또 신규 통신서비스에 막대한 자금이 투입되는 만큼 자금 문제도 고려됐을 수 있다. 하지만 이보다도 동시다발적으로 출현하고 있는 차세대 통신서비스로 인한 불투명한 시장 전망이 사업권을 반납하는 데 결정적으로 영향을 미쳤을 것이라는 업계의 시각이 오히려 더 설득력이 있다.

휴대인터넷은 무선랜과 휴대폰 무선인터넷의 장점을 갖추고 있다는 점에서 차세대 통신서비스로 인식돼 왔던 게 사실이다. 특히 이동통신시장에서 CDMA 방식에 이어 최대의 생산유발 효과를 가져올 황금어장으로 꼽혔다. 우리나라가 자체적으로 휴대인터넷 기술을 개발한 것도 이런 이유에서였다. 그러나 최근 초고속하향패킷접속(HSDPA) 등 3.5세대 이동통신기술 개발이 본격화하고 예상보다 빨리 상용화가 가능해지면서 휴대인터넷의 장점이 점차 희석되고 있는 상황이다. 이동통신서비스 사업자이면서 휴대인터넷 사업자이기도 한 SK텔레콤이 휴대인터넷 사업을 '보완재'로 보고 사업을 추진하는 것도 이런 맥락에서다. 물론 이에 대한 논란은 작년부터 전개돼 왔던 것이지만 이번에 하나로의 사업권 포기로 인해 또다시 휴대인터넷 시장 전망에 대한 불안감이 고개를 들 것으로 판단된다.

중요한 것은 이제부터다. 하나로텔레콤의 사업권 철회로 인해 혼란스러워진 차세대 통신서비스에 대한 비전을 정부가 이른 시일 내 재검토해야 한다. 휴대인터넷이 차세대 성장동력의 하나로 선정돼 있고, 또 자체기술 개발을 완료할 정도로 의욕을 갖고 추진해 왔던 점을 감안할 때 불확실성을 하루빨리 해소할 필요가 있는 것이다. 우리가 확보한 휴대인터넷 시스템이 이른 시일 내 상용화할 때 세계 휴대인터넷 시장을 선점할 수 있는 계기가 된다는 것을 기존 CDMA 휴대폰이 잘 보여준다. 사업자 입장에서 보면 휴대인터넷 사업이 침체된 통신시장에 새로운 성장동력을 제공하는 기회 요인이 되기도 하지만, 서비스의 조기 정착 및 활성화가 불투명한 위협요인이 함께 존재한다. 특히 휴대인터넷은 엄청난 투자가 요구되는 만큼 남은 두 사업자가 혼란 없이 일정에 맞춰 제대로 서비스할 수 있도록 다각적인 지원과 정책적 고려를 아끼지 않아야 할 것이다. 물론 여기에는 사업자의 자율성을 최대한 보장해 주는 형태로 진행돼야 한다.

이와 함께 이번 사태를 계기로 통신서비스사업권자의 중도 포기에 따른 제재 방안도 강구할 필요가 있다. 또한 통신사업자의 상황을 고려하지 않은 채 상충가능성이 있는 차세대 통신서비스 기술을 한꺼번에 도입해 사업자에게 부담을 주는 정부의 정책도 재고돼야 한다.

지난 1990년대 이후 '방송·통신의 융합'은 다중매체 분야에서 가장 핵심적인 개념이 되었다. 방송과 통신의 융합은 별개의 분리된 영역이었던 방송부문과 통신부문이 정보기술의 발전과 수요의 다양화에 따라 네트워크와 서비스의 구분이 점차 사라져 산업구조와 규제제도가 지속적으로 통합되어 가는 현상을 지칭한다.

## 1) 방송과 통신의 차이: 정의, 목적, 특성

방송과 통신의 법적 정의를 살펴보면, 방송은 방송프로그램을 기획, 편성 또는 제작하고 이를 전기통신설비에 의하여 공중(개별계약에 의한 수신자 포함)에게 송신하는 것(방송법 제2조)이며, 통신은 유선, 무선, 광선 및 기타의 전자적 방식에 의하여 부호, 문언, 음향 또는 영상을 송신하거나 수신하는 것(전기통신기본법 제2조)이라고 할 수 있다.

방송과 통신의 정책 및 규제목적에 대해서는 우선 방송은 공익적 측면을 강조하고 엄격한 진입, 편성 및 운영을 규제한다. 이는 내용의 사회적, 문화적, 도덕적 가치를 중시하고 정치세력간의 균형을 통한 중립성을 확보하기 위함이다. 이에 반해 통신의 정책 및 규제목적은 경제적, 산업적 측면을 강조하는 것으로 효율성과 시장원리가 그 바탕이다. 이는 기술 및 독과점 규제, 공정경쟁 환경을 조성하고 통신비밀 보호 등 이용자를 보호하기 위함이다.

〈표 17-8〉 융합과 관련된 용어의 해석

| 출 처 | 해 석 |
|---|---|
| FCC (미연방 통신위원회) | 융합은 특정 네트워크를 통해서 제공되는 서비스나 상품을 경쟁관계에 있는 또 다른 네트워크를 제공하는 것을 말함. 예를 들어 케이블TV 사업자가 시내전화를 제공하거나, 시내전화 사업자가 비디오 서비스를 제공하는 것임. |
| ITU (국제전기 통신연합) | 융합은 기존 인프라를 통해 새로운 서비스를 제공하는 것, 새로운 형태의 인프라를 개발하는 것, 새로운 능력을 제공하기 위해 기존 서비스와 기술들을 향상시키는 것 등을 의미하며, 이전에는 별개의 분리된 상태로 있던 기술, 시장 혹은 정치적으로 정의된 산업구조들을 통합하는 기술, 시장 혹은 법 규제적 능력으로 정의될 수 있음. |
| OECD | 융합은 현재의 경제 섹터들간의 기술적, 규제적 경계가 모호해지는 현상을 말하며, 방송·통신의 융합은 네트워크, 서비스 및 기업조직이라는 세 차원에서 진행됨. |
| McKinsey | 융합은 곧 가능하게 될 새로운 쌍방향 멀티미디어서비스를 말함. |

방송과 통신의 특성은, 방송은 일방향적이고 불특정 다수의 공중을 대상으로 하며, 음성 및 영상 방송프로그램 정보를 송신하는 것인 데 반해, 통신의 특성은 쌍방향적이며 선택한 참여자만 사용 가능하고 음성 및 데이터 정보를 송수신한다는 점이다.

## 2) 방송·통신 융합의 전개

### (1) 융합의 개념

방송·통신 융합현상에서 융합이라는 개념은 디지털기술 발전 등 전반적인 환경변화에 따른 새로운 현상을 지칭하는 용어이나 명확하지 않은 개념이다. 일반적으로 방송·통신 융합은 광대역화된 단일망을 통하여 방송서비스와 통신서비스를 동시에 제공함으로써 사업분류, 규제상의 경계가 불분명해지는 현상을 말한다.

### (2) 융합의 전개

방송과 통신의 융합에 대해서는 다양한 관점에서 설명하고 있는데, 이러한 관점은 산업 간 경계영역의 모호, 새로운 다중매체서비스, 망을 중심으로 한 물리적인 네트워크 등의 차원으로 분류할 수 있다. 방송·통신 융합은 무엇을 강조하는가에 따라 달리 표현되기도 하는데, 보통 OECD의 지침에 따라 크게 망(네트워크)의 융합, 서비스의 융합, 기업의 융합 등 세 분야로 구분하여 설명되는 것이 일반적이다(〈표 17-9〉 참조).

〈표 17-9〉 방송·통신 융합의 구조

| 수 준 | 방 송 | 융 합 | 통 신 |
|---|---|---|---|
| 망<br>(네트워크) | • 지상·위성<br>• 마이크로파<br>• 비디오/판매 | • 망 공유<br>• 망 통합<br>• VDT | • 동선·광섬유<br>• 케이블·위성<br>• 마이크로파 |
| 서비스 | (변환되지 않은)<br>• 라디오/TV 프로그래밍 편성 계획 전송(1 대 M) | • 화상회의·VDT<br>• 데이터방송<br>• 협송(_narrow-broad-casting_)<br>• 쌍방향서비스 | (변환된)<br>• 음성·데이터<br>• 이미지(1 대 1) |
| 기업 | • 하드웨어 제작 서비스 영역 | • 이중 제작<br>• 교차소유·교차제공 | • 하드웨어 제작 서비스 영역 |

※ 자료: OECD, _Telecommunications and Broadcasting: Convergence or Collision?_, 1992: 13.

### (가) 망의 융합

이는 방송망과 통신망의 구분이 점차 불명확해지는 것을 말한다. 즉, 방송이 방송망뿐만 아니라 통신망을 통하여도 전송되며 또 통신도 통신망뿐만 아니라 방송망을 통하여 행하여지는 현상을 말하는 것이다. 이러한 망 융합의 가장 큰 요인은 기술의 발달이다. 즉, 유무선 통신기술의 발전에 따라 방송 및 통신망의 대역폭이 넓어지고 상·하향으로의 정보전달 기술이 발달하여 여러 서비스를 동시에 같은 망에서 처리할 수 있게 되는 것이다. 또한 하드웨어뿐만 아니라 소프트웨어, 즉, 망들을 통하여 전달되는 데이터, 음성, 화상 등 정보도 디지털화하여 교환되고 처리되는 정보의 형태가 방송과 통신서비스에 따라 구분되지 않는다는 것도 한 요인이다.

### (나) 서비스의 융합

방송과 통신 서비스의 구분이 불분명해지는 경계 영역적 서비스의 출현을 의미한다. 방송에서 불특정 다수가 아닌 특정인에 대한 수신을 목적으로 하는 서비스가 증가하고 있으며, 방송의 쌍방향성을 위한 기술도 발전하고 있다. 통신 분야도 다수의 수신자에게 제공되는 일방향성 서비스가 증가하고 있으며, 통신망의 대역폭 증가 등의 이유로 영상 서비스의 제공이 점차 활성화되고 있다.

### (다) 기업의 융합

방송사업자가 통신사업을 하며 통신사업자가 방송사업에 진출하는 것을 말한다. 현재까지 방송과 통신의 융합 중 가장 보편적으로 볼 수 있는 현상이다. 기업의 융합이 일어나는 이유는 방송 사업자와 통신 사업자가 연합, 합병 등에 의하여 하나가 되기도 하고 한 분야의 사업에 종사하던 사업자가 다른 분야로 진출하여 생기기도 한다. 이러한 기업의 융합을 통해 해당 기업간의 경쟁이 심화되며 이런 경쟁에서 유리한 고지를 선점하기 위하여 또는 경쟁을 회피하기 위하여 각 기업들은 연합, 합병 등을 통하여 규모를 증가시키는 경향을 보인다. 따라서 방송과 통신시장의 융합으로 시장규모가 대규모화되고 기존 법제도의 틀을 변화시키고 있는 것이다.

### (3) 융합의 특성

융합이 가속화하더라도 서비스 제공방식이 변화할 뿐 방송과 통신의 전통적 속성이 사라지는 것은 아니다. 현재 방송·통신 융합에 대한 논의는 지나치게 기술 중심으로 전개되고 방송·통신 융합으로 전통적인 방송과 통신의 영역이 사라질 것이라는 전망은 부적절하다고 할 수 있다.

## 3) 방송·통신 융합에 대한 기존의 논의

방송·통신의 융합이 종전에 예측되지 못한 것은 아니다. 정보화에 대한 논의가 시작되었던 70년대 이후 컴퓨터와 커뮤니케이션의 급속한 발전과 이에 따른 두 기술의 융합은 방송과 통신의 구별을 어렵게 할 것이라는 예측이 있었다. 그러나 1992년 이후 방송·통신의 융합 개념이 본격적으로 사용되기 시작하고, 융합이 현실화되기 시작하였으며, 우리나라에서도 1996년 이후 논의가 본격화되기 시작하였다.

융합에 대한 기존의 연구는 크게 세 가지로 나누어 볼 수 있다.

첫째, 기술결정론적인 접근방식이다. 이는 융합에 대한 논의 중 가장 오래된 것이다. 기술결정론은 기술의 발전이 방송과 통신을 융합하는 동인으로 간주한다. 특히 디지털기술의 발전은 컴퓨터에 집적되어 왔고, 70년대부터 디지털기술이 통신부문으로 전이되기 시작하여 이미 C&C 혁명이 이루어지고 있다고 본다. 더욱이 90년대부터 디지털기술의 방송부문으로의 도입은 방송과 통신의 경계영역을 없애기 시작하여 방송과 통신의 융합현상을 초래하고 있다. 디지털기술의 발전은 광대역 기술, 압축 기술, 쌍방향 기술 및 사용자 인터페이스 기술 등과 더불어 매체의 융합, 서비스의 융합으로 가시화되고 있다.

둘째, 산업결정론적 접근방식이다. 즉 산업이 융합을 촉진시키는 동인이며, 이는 온라인 서비스, 시스템 통합(SI) 등 신규서비스에 대한 기회를 제공한다는 것이다. 특히 정보통신산업은 융합을 촉진시키는 핵심 요소이며, 이는 틈새 서비스 기회들이 많은 소규모 벤처기업들의 성공을 불러일으키는바, 산업이 융합을 새로운 기회창출의 요인으로 간주되고 있다. 따라서 방송과 통신의 융합을 현재의 산업간 경계가 모호해지는 현상으로 보고 산업, 서비스 측면에서 융합을 바라보는 것이다. 그러므로 이미 선진국에서 벌어진 방송사업자와 방송사업자, 방송사업자와 통신사업자, 영상사업자와 방송사업자 간의 기업적 통합 및 제휴는 방송·통신 융합을 선도한다는 것이다.

셋째, 정책추진론적 접근방식이다. 방송·통신 융합은 해당 국가의 정책적 프로그램에 의해 추진되는 측면이 있으며, 법제도 및 규제제도 정비를 통해 가속화될 수 있다는 관점이다. 우리나라의 '초고속정보통신기반' 등의 비전은 정부의 주도로 정보사회의 중추적 역할을 담당할 정보인프라를 조기 구축하여 정보통신산업의 발전기반을 조성하여 국가경쟁력을 확보하기 위한 것이다.

종합적으로 볼 때, 방송·통신 융합에 대한 기존의 연구들은 기술, 산업, 정책 중심으로 이루어지고 있는바, 사회적 추동에 대한 접근은 결여되어 있다. 사회적 추동이란 정보통신기술이나 산업의 추진력에 대한 사회 구성원의 사회문화적 대응능력을 의미한다. 따라서 개개인의 생활이나 사회공동체의 차원에서 필요성과 수용력 등에 대한 보완이 필요하다.


## 4) 방송·통신 융합의 정책적 함의

### (1) 융합의 본질

융합의 본질은 방송서비스의 진화와 통신사업자의 확대 두 가지로 나누어 볼 수 있다.

첫째, 방송서비스의 진화이다. 방송·통신의 융합현상의 한 측면은 방송이 디지털화하면서 방송
　　서비스가 제공되는 형식이 진보되고 다양하게 확장되는 것이며, TV, 라디오의 방송프로
　　그램뿐만 아니라 데이터, 멀티미디어서비스를 제공하게 된다. 그리고 일방향적으로 전송
　　하던 아날로그 방송에서 데이터방송 등 쌍방향적인 서비스가 가능하다는 것이다.
둘째, 통신사업자의 사업확대이다. 방송망과 통신망의 융합현상 및 논의의 확대는 결국 통신사업
　　자의 방송서비스 제공에 용이하게 작용하며, 통신사업자들은 음성, 데이터시장의 성장 확대
　　를 위해 방송콘텐츠를 제공하여 새로운 수익원 창출의 필요성이 증대한다. 이러한 통신사업자
　　들의 사업다각화에 대한 욕구가 방송·통신 융합추진에 대한 강력한 추진동인으로 작용한다.

### (2) 융합시대 정책적 함의

방송·통신 융합시대의 정책적 함의는 다음과 같다.


#### (가) 방송과 통신의 분류기준 재정립

융합이 가속화함에 따라 방송과 통신의 특성을 방송망과 통신망, 서비스 제공방식(일방
향성과 쌍방향성), 단말기에 따라 구분하는 것은 무의미하다. 방송·통신 융합서비스 특성
으로 제시하는 쌍방향성은 디지털 기술의 발전에 따른 방송개념이 확대된 형태 내지는 방
송의 하위개념에 추가되는 것으로 보는 것이 바람직하며, 쌍방향성은 통신이 갖는 고유한
특성이 아니라 기술발달로 추가되어진 방송서비스의 형태이다. 그리고 무엇보다 중요한
것은 제공하는 서비스가 방송콘텐츠인가, 공중을 대상으로 유통되는 공영방송적 속성을
갖는가 하는 점이 될 것이다.


#### (나) 융합현상과 규제정책 함의

새로운 멀티미디어 환경과 수용자에 대한 고려가 필요하며 방송이용에 있어서 시간과
공간 제약성의 극복으로 방송의 사회적 영향력이 더욱 확대될 것이라는 전망이 제기되고
있다. 그리고 방송과 통신의 융합 현상을 지나치게 기술중심의 기술결정론으로 접근하기

보다 사회문화적 관계 속에서 파악할 필요가 있다. 기술은 공중 전달체(*common carrier*)가 발전하는 것에 불과하고, 중요한 것은 사회·문화적 영향력을 갖는 콘텐츠이다. 콘텐츠가 방송프로그램이거나 방송과 유사한 콘텐츠인가 하는 것이 중요한 규제정책의 기준이 될 수 있는바, 이러한 관점에서 사회문화적 규제의 중요성은 더욱 부각된다고 하겠다.


## 5) 방송·통신 융합의 정책적 쟁점

### (1) 망중립성

#### ① 개 념

망중립성이란 인터넷으로 전송되는 데이터 그래픽을 내용·유형·제공사업자·부착된 단말기 등에 상관없이 동일하게 처리하는 것을 의미한다. 즉, 망중립성은 인터넷을 이용하는 이용자들의 권리와 이익과 관련된 개념으로, 최초로 통신망을 독점하고 있는 사업자가 다른 사업자가 네트워크에 접근하는 것을 제한함으로써 시장과 단말 등 관련 산업을 독점하는 것을 방지하기 위한 것으로 형성된 개념이다. 따라서 망중립성의 핵심내용은 통신사업자가 운영하는 네트워크에 대한 접근성을 임의적으로 제한하면 안 된다는 것이 핵심이 된다(정보통신산업진흥원, 2011).


#### ② 망중립성의 조건

초고속인터넷 사업자들이 서비스나 콘텐츠를 차별해서는 안 된다는 망중립성의 내용을 보장하기 위해서는 비차별(Non-discrimination), 상호접속(Interconnection), 접근성(Access)의 3가지 원칙이 적용되어야 한다(곽정호, 2006).

망중립성의 3가지 원칙을 살펴보면 다음과 같다.

첫째, 비차별성이다. 이는 '망운영 사업자의 트래픽(traffic; 상호소통 및 통신)을 포함한 모든 트래픽은 동일하게 처리되어야 한다'를 의미한다. 이를 다른 말로 '비트 동등성'(Bit Parity) 이라고도 일컫는데, 이는 모든 비트(bit)를 공정하게 취급하여야 한다는 의미로 특정 트래픽을 처리하기 위해 우선순위를 부여해서는 안 된다는 것을 의미한다.

둘째, 상호접속이다. 이는 망사업자는 다른 어떤 망사업자와도 상호접속을 허용하고, 상호접속할 수 있는 권리가 있음을 의미한다. 따라서 모든 통신망은 상호접속을 가능하게 하는 합리적 수준의 접속점이 제공되어야 하며, 경쟁업체의 망도 합리적인 요금으로 상호접속을 허용해야 한다는 것이다. 이에 따라 상호접속을 통해 원활한 트래픽 소통이 될 수 있도록 여유용량을 확보해야 한다.

셋째, 접근성이다. 이는 모든 최종이용자가 다른 어떤 최종이용자와도 연결될 수 있다는 것을 의미한다. 또한 e-메일과 같은 소규모의 컨텐츠 일부분도 망에 재접속할 수 있어야 하고, 따라서 어떠한 트래픽도 통신망의 어떠한 지점에서라도 시작할 수 있고, 도달될 수 있어야 한다.

---

**정책**
**사례** *cases in policy*

## [망중립성 해법 탐구] 인터넷 업계가 말하는 망중립성

스마트폰을 통한 모바일 인터넷 사용이 늘면서 데이터망 품질이 예전 같지 않다는 불만이 늘고 있다. 페이스북에 글 하나 올리려 해도 몇 분씩 걸리고, 모바일 메신저 친구에게 보낸 메시지는 한나절이 지나서야 전달되는 경우가 늘고 있다.

그런데 이런 상황에서 통신사가 자사 메신저 메시지를 카카오톡 메시지보다 우선 전송한다면, 망중립성은 네트워크를 오가는 각종 콘텐츠가 차별받지 않아야 한다는 원칙이다. 즉, 망사업자와 콘텐츠사업자들이 서로 차별받지 않고 공평한 접근권을 보장받아야 한다는 것을 말한다. 네트워크를 보유한 사업자가 임의대로 콘텐츠를 통제한다면 인터넷 및 콘텐츠산업은 활력을 잃을 수밖에 없다.

■ 예측가능성 떨어져
스마트폰으로 촉발된 모바일 혁명에 힘입어 최근 우리나라 IT 업계는 오랜만에 혁신과 창업 열풍이 일고 있다. 역량 있는 개발자들이 다양한 창의적 애플리케이션을 통해 직접 소비자와 만날 수 있게 됐다. 2000만 가입자 돌파를 눈앞에 둔 카카오톡이나 다음커뮤니케이션 마이피플 같은 앱은 이런 혁신의 대표적 예라 할 수 있다.

하지만 이들 앱은 매출 감소를 우려한 통신사들에 의해 차단 논란에 휩싸이기도 했다. '유료화 검토'나 '인터넷전화 차단' 등이 이슈가 되면서 사용자들 사이에 소모적인 논쟁이 일었다. '내가 만든 콘텐츠나 서비스가 언제 차단될지 모른다'는 막연한 우려가 현실화되면서 비즈니스의 예측 가능성이 떨어지고 있는 것이다. 이는 특히 신생 벤처 기업들의 활동에 더 큰 장애가 되고 있다.

■ 열린 인터넷, 열린 생태계
이처럼 망중립성 원칙이 확고하게 세워지지 않으면 인터넷을 중심으로 한 건강한 생태계 구축은 어려워진다는 것이 인터넷 업계의 우려다. 비즈니스 불확실성은 생태계 교란의 한 부분일 뿐이다. 공정경쟁이 저해되고 이용자는 자유롭게 자신이 원하는 서비스를 선택할 수 있는 권리를 잃게 된다.

이는 결국 혁신을 가로막고 창의성을 억눌러 산업 발전을 가로막고 소비자 불편을 초래하는 등 사회 전반에 부정적 영향을 미치게 된다. 인터넷은 사용자 선택을 극대화할 수 있는 개방형 구조로 출발했고, 이러한 인터넷의 잠재력을 극대화하기 위해선 망중립성 원칙에 기반해 콘텐츠와 서비스 생태계를 구축하는 것이 최우선 과제란 주장이다. 한종호 NHN 이사는 "네트워크 개방 정도는 산업과 경쟁의 기본 구조를 결정하고 혁신을 유지하는 데 중요한 역할을 한다"고 지적했다.

■ 투명하고 차별 없는 인터넷

모바일 인터넷 중심으로 IT 환경이 급변하면서 기존 유선 인터넷 중심 망중립성 논의도 일부 변화하고 있다. 유선망과는 다른 무선망의 기술적, 환경적 특징이 있기 때문이다. 하지만 투명성과 접속 차단 금지, 불합리한 차별 금지 등을 골자로 하는 망중립성 핵심 원칙은 지켜져야 한다는 것이 인터넷 업계의 요구다.

이는 미국 연방통신위원회(FCC)가 인터넷의 개방성과 자율성 유지를 위해 채택한 망중립성 고시와 맥을 같이하는 것이기도 하다. 네트워크 운영에 대한 정확한 정보 공개로 합리적 선택과 경쟁을 촉진하고, 합법적인 콘텐츠나 서비스의 접속을 차단하는 것을 막아 네트워크사업자의 영향력이 콘텐츠 시장에 전이되는 것을 막아야 한다는 것이다. 또 합법적인 트래픽 전송에 대해 불합리한 차별을 가할 수 없도록 했다.

■ 해외에서도 논의 활발

망중립성은 해외에서도 첨예한 이슈다. 네덜란드는 지난달 스카이프나 왓츠앱 등 인터넷전화·모바일 메신저를 사용하는 사람에게 추가 요금을 물리지 못 하도록 하는 것을 골자로 하는 망중립성법을 통과시켰다.

네덜란드 통신기업 KPN이 "모바일 메신저 '왓츠앱' 사용 증가로 문자메시지 수익이 줄어 1분기 수익이 안 좋았다"며, 인터넷전화나 모바일 메신저 사용자에게 별도 요금을 매기겠다는 계획을 밝힌 것이 발단이 됐다.

이에 고객들이 자신들이 사용하는 애플리케이션을 통신업체가 어떻게 알았는지 의문을 제기하면서 사생활 침해 이슈로 번졌다. 결국 이 같은 움직임이 의회의 망중립성법안 통과로 이어졌다.

EU는 지난 2009년 통신 규제지침에 투명성과 서비스 품질(QoS) 등 망중립성 관련 내용을 보강한 바 있다. 2010년 망중립성 관련 의견 수렴을 시작, 지난 4월 "통신사업자의 부당한 트래픽 관리 우려가 존재하나 현 시점에선 추가 규제 도입 정당성을 판단할 근거가 없다"는 결론을 내렸다. 관련 이슈에 대한 지속적 모니터링으로 추가 규제 도입 여부를 결정한다는 계획도 밝혔다.

미국은 상대적으로 망중립성 요구가 크다. 오바마 행정부와 민주당은 초고속인터넷 보급과 이를 기반으로 한 인터넷산업 혁신 등을 위해 망중립성에 관심이 높은 편이다. 미국 연방통신위원회(FCC)는 작년 12월 투명성, 차단 금지, 불합리한 차별 금지 등을 골자로 하는 망중립성 고시를 발표한 바 있다.

자료: etnnews, 2011년 7월 28일자.

### (2) 수직규제와 수평규제

정보통신과 컴퓨터 관련 기술이 발달함에 따라 다양한 서비스의 욕구가 증대되고 있다. 이러한 현상으로 인해 통신, 통신과 비통신 산업간의 융합을 유발하는 원동력이 되고 있으며, 이러한 융합현상은 통신과 방송의 영역을 구분하기 어렵게 하여 통신사업자와 방송사업자간의 경쟁을 심화시키고 있다.

---

**정책 사례** *cases in policy*

#### 방송위 "컨버전스 시대 '수평규제체계' 도입 필요"

"미디어 컨버전스 시대에는 '수평 규제'라는 새로운 규제 체계가 필요하다."

방송위원회 이효성 부위원장은 12일 개막된 'KCTA 2006 콘퍼런스' 행사의 첫 기조 연설자로 나서 "방송·통신 융합시대에 맞는 새로운 규제 정책, 이용자를 중심에 놓는 새로운 컨버전스 정책이 필요하다"고 역설했다.

새로운 규제체계에 대해 이효성 부위원장은 '기술 및 네트워크 중립성을 보장하는 수평적 규제'를 대안으로 내세웠다. "방송망을 이용해 통신서비스를 할 수 있고, 통신망을 이용해 방송서비스도 할 수 있게 됨에 따라 기술·네트워크를 중심에 놓고 방송이냐 통신이냐를 따질 것이 아니라, 서비스(콘텐츠) 특성에 따라 유사한 서비스에 대해서는 일관된 규제 틀을 적용하는 것이 바람직하다"는 것이다.

이효성 부위원장은 "OECD에서도 수평규제를 컨버전스 환경에 맞는 새로운 규제정책의 대안으로 보고 있다"며, "수평규제로의 전환을 위해 유사한 서비스는 동일 규제하고, 진입·겸영과 관련한 규제는 완화하며, 경쟁규제를 보강하고, 멀티미디어서비스는 활성화할 것을 주장하면서, 플랫폼 시장과 콘텐츠 시장에 서로 다른 규제 원칙이 있어야 된다"고 설명했다.

이 부위원장은 또 "융합의 발전 전망이 현재의 인터넷·방송·통신 위주에서 금융·유통·교육·의료·교통 등의 영역으로도 확대될 것으로 예상된다"면서, "그런데도 '방송은 단방향성, 통신은 쌍방향성'이라는 자기중심적인 규정에 매몰돼 이 모든 것을 통신 기반 서비스로 해석한다면 새로운 미디어 환경에 오히려 혼란만 불러오게 될 것"이라고 경고했다.

자료: 디지털데일리, 2006. 6. 12.

이에 따라 부처간의 규제관할권에 관한 문제가 야기되고 있으며, 이보다 심각한 문제는 규제체계로 지적되고 있다. 이는 "수직적 규제체계"의 문제를 말하는데, 통신과 방송의 전통적인 규제체계는 서비스와 네트워크를 한 단위로 묶어서 각각의 서비스별로 독립된 규제를 적용하였다. 하지만 융합이 진전됨에 따라서 통신과 방송서비스의 요소들이 수평적 · 수직적으로 결합된 새로운 서비스가 등장하게 됨에 따라 기존의 수직적 규제체계에 혼란이 발생하였다(이상규, 2007). 이에 따라 "수평적 규제체계"의 도입이 대두되고 있는데, 이는 앞서 언급하였던 수직적 규제체계의 해결을 위한 것이다. 수평적 규제란 서비스를 구성하는 요소나 기능을 수평적으로 분리하여서 동일한 특성을 가진 요소와 기능을 각각 하나의 계층으로 구분하는 것을 의미한다.

수평적 규제의 원칙은 구체적으로, 첫째, 동일한 계층에 대하여 동일한 규제원칙을 적용하며, 둘째, 서로 다른 계층 간에는 규제간섭을 최소화하자는 규제체계를 말한다.

정책적 측면에서 수평적 규제체제의 장점은 다음과 같다(Whitt, 2004).

> 첫째, IP 기반의 환경에서 합리적이고 유지 가능한 법적 · 제도적 틀을 제공해 준다.
> 둘째, IP 기반 애플리케이션에 대한 전통적 통신규제 및 ISP(Internet Service Provider) 의무부과 등 근거없는 규제를 방지한다.
> 셋째, 정부 규제가 인터넷 발전을 저해하는 것을 방지하며, 규제 및 공정경쟁 정책의 가장 중요한 이슈인 가입자구간에서의 경쟁을 극대화할 수 있는 등의 장점이 있다.

## 5. 최근 이슈

### 1) 디지털 콘텐츠산업 육성정책

#### (1) 개 념

디지털 콘텐츠란 기존 아날로그 형태로 존재하던 정보, 문화 창작물 등의 콘텐츠가 디지털화된 것을 의미한다. 디지털 콘텐츠에는 디지털화된 형태로 표현되는 출판, 영화, 방송, 사진 등의 시각적 미디어와 음악, 라디오 등의 청각적 미디어, 게임이나 데이터베이스 등 상호반응적인(interactive) 형태를 취하고 있는 콘텐츠까지 광범위한 분야가 포함된다(한국 소프트웨어진흥원, 2007: 53).

〈표 17-10〉 디지털 콘텐츠산업 육성정책의 전개과정

| 시기 | | 주요 정책 | 핵심 내용 |
|---|---|---|---|
| 정책태동기<br>(1997년 이전) | | · 정보이용활성화 종합대책(1992)<br>· 한국데이터베이스진흥센터설립(1993)<br>· 정보통신산업발전종합대책(1996)에 의해 멀티<br>미디어콘텐츠 및 컴퓨터게임을 전략S/W산업으<br>로 설정<br>· 한국멀티미디어콘텐츠진흥센터 설립(1997)<br>· 공공DB개발사업에 680억원 투입(1994~<br>1997) | 콘텐츠산업육성을 담당하는 전담<br>조직의 최초 설립으로 산업육성<br>정책의 기반 조성<br><br>주된 정책사업은 공공 DB활성<br>화가 주류 |
| 멀티미디어 콘텐츠<br>산업기반조성<br>(1997~1999) | | · 한국멀티미디어콘텐츠진흥센터 등을 통합 한국<br>소프트웨어진흥원 설립(1998)<br>· 멀티미디어콘텐츠산업육성계획(1998.12) 수립<br>· Cyber Korea 21(1999.3)의 일환으로 정<br>보제공<br>· 유통사업자(IP, ISP) 육성 계획 수립 | 콘텐츠분야를 독자적인 육성<br>정책이 필요한 산업부문으로<br>인식하게 됨<br><br>독립적인 산업육성계획의 수립<br>과 실천이 시작 |
| 디지털콘텐츠산업<br>육성기반 확충<br>(2000~2002) | | · 디지털콘텐츠산업 활성화 계획 수립 시작(2000)<br>· e-Book산업 활성화 종합대책(2000)<br>· 디지털콘텐츠산업발전 종합계획(2001) 수립<br>· 문화부와 공동 디지털문화콘텐츠기술개발(2001)<br>추진<br>· 무선 e-Commerce 활성화 방안(2001)<br>· 인터넷 방송사업 육성대책(2001)<br>· 온라인디지털콘텐츠산업발전법(2002.1) 제정<br>· 디지털영상콘텐츠전문투자조합 결성(2002) | 콘텐츠산업육성의 법적 추진<br>근거마련 및 전담조직 지정으로<br>지원사업이 본격화 |
| 온라인<br>디지털콘텐츠<br>산업<br>종합육성<br>기본계획<br>추진 | 제1차<br>기본계획<br>(2003~<br>2005) | 제1차<br>온라인디지털콘텐츠산업발전기본계획 수립<br>(2003. 2) | 2010년 콘텐츠생산 세계 5위<br>권 진입 목표 |
| | 제2차<br>기본계획<br>(2006~<br>2008) | 제2차<br>온라인디지털콘텐츠산업발전기본계획 수립<br>(2006. 2) | '디지털생태계'를 견인하는 온라<br>인 콘텐츠 선도국가 도약 목표<br><br>우량기업육성, 수출증대, 시장<br>규모 확대의 연차별 목표 설정 |

※ 자료: 한국소프트웨어진흥원(2007), 13쪽에서 인용.

## (2) 중요성

지식정보화사회의 핵심산업이며 최대의 고성장산업기술의 발전과 네트워크 고도화에 기반한 새로운 유통 및 배급 윈도우의 잇따른 등장에 힘입어 최근 시장매력도가 크게 증대되고 있다. 특히 IMT-2000, 위성방송 등 새로운 모든 디지털 매체가 인터넷으로 융합됨에 따라 디지털콘텐츠가 국가발전을 좌우하는 핵심요소로 등장하였으며(남영호, 2009: 119~148), 브로드밴드와 모바일 네트워크의 고도화(FTTH 및 HSDPA)뿐만 아니라 위성/지상파 DMB, WiMax/Wibro, Wi-Fi, IPTV 등 새로운 네트워크와 미디어의 등장에 따른 윈도우의 확장으로 디지털 콘텐츠산업은 최적의 성장기회가 도래하였다. 이에 따라 디지털 콘텐츠는 새로운 네트워크의 시장 수용과 확대를 좌우할 주요 성공요인으로 부상하였다. 즉, 글로벌 마켓을 대상으로 하는 산업(Global Business)으로 등장하고 있으며, 다양한 매체를 활용하는 고부가가치 산업(One-source Multi-use Business)으로 유통, 영화, 출판, 만화 등 기존 오프라인 산업과 융합하여 새로운 부가가치를 창출시키고 있다.

## (3) 정책추진체계

디지털 콘텐츠산업 육성정책은 방송통신위원회와 문화체육관광부를 중심으로 추진되어 왔다. 방송통신위원회는 디지털 정보기술과 융합된 새로운 산업으로서 디지털 콘텐츠산업을 추진하고, 문화체육관광부는 문화콘텐트 분야의 디지털 콘텐츠산업 육성정책을 추진하여 왔다. 그 외에 지식경제부 등에서는 독자적 산업 육성이 아닌 관련 산업 육성방안의 일환으로 디지털 콘텐츠산업의 육성으로 접근하였다(한국소프트웨어진흥원, 2007: 22).

## (4) 디지털 콘텐츠 산업분류 및 기술동향

디지털 콘텐츠(DC) 산업 표준산업분류(KSIC)는 다음과 같이 분류할 수 있다. 즉, 1) 콘텐츠의 공급부문, 2) DC플랫폼 및 네트워크 부문, 3) DC 관련 소프트웨어 부문, 4) DC제작 및 유통부문이다.

디지털 콘텐츠산업의 기술동향은 디지털 콘텐츠 제작편집 기술과 디지털 콘텐츠 유통관리기술로 나누어 살펴볼 수 있다. 우선 디지털 콘텐츠 제작편집 기술의 경우에는 3차원 음향, VR 및 그래픽, 3차원 게임 및 애니메이션, 하이퍼텍스트 등의 기술이 있으며, 디지털 콘텐츠 유통관리기술의 경우에는 아키아빙(Archiving) 기술, CMS(Contents Managements System) 등 콘텐츠관리기술과 인증 및 추적 기술, 콘텐츠 유통기술, 워터마킹과 암호화, DRM 등 디지털 콘텐츠보호기술이 핵심기술로 등장하였다(한국소프트웨어진흥원, 2007).

## 콘텐츠 강국, 과감한 투자 선행돼야

　세계 콘텐츠산업 규모는 1조 3,566억 달러로 이미 자동차산업(1.2조 달러), IT산업 (8,000억 달러)을 능가했으며, 연평균 5%씩 성장하여 2014년 1조 6,900억 달러에 이를 전망이다. 우리나라 콘텐츠산업 규모도 2009년 69조 원에서 연평균 10%씩 성장하여 2015년 약 150조 원에 달할 것으로 전망된다. 이러한 예측은 스마트폰·스마트 TV·태블릿PC와 같은 스마트미디어의 급속한 확산으로 더욱 설득력을 얻고 있다. 스마트미디어의 가치를 더욱 높일 수 있는 것은 바로 콘텐츠이기 때문이다.

　세계 각국은 콘텐츠산업의 주도권을 쥐기 위해 치열한 각축전을 벌이고 있다. 세계 1위의 내수시장을 보유한 미국은 콘텐츠산업을 주도하면서 정부차원에서 연구개발 등에 간접지원을 제공하고 있다. 세계 2위 내수시장을 가진 일본은 문화대국이라는 목표를 세우고 정부 주도 하에 인재육성, 자금조달, 불법복제 방지 등에 초점을 맞춘 콘텐츠산업 육성정책을 펴고 있다. 영국 정부는 1997년부터 콘텐츠산업(창조산업)을 금융업에 이은 국가주력산업으로 육성하고 있으며, 중국 정부도 내수시장에서의 경쟁력 향상과 해외시장 진출을 위해 대규모 자본을 투입하여 글로벌 미디어기업을 육성하는 데 박차를 가하고 있다.

　반면, 우리나라는 한류를 통해 세계시장에서 두드러진 성과를 보이고 있지만, 아직까지 여러 가지 측면에서 콘텐츠 선진국과 어깨를 견줄 만한 수준에 미치지 못하고 있다. 무엇보다 우리나라는 내수시장이 협소하다. 2010년 세계 콘텐츠시장 점유율을 살펴보면 미국이 32.4%, 일본이 12.3%, 독일이 3.7%인 반면 우리나라는 2.2%에 불과하다. 내수시장에서 얻은 수익을 다시 제작비로 투입하여 자국 콘텐츠 경쟁력을 높이고, 이를 기반으로 해외시장에 진출하는 것이 콘텐츠산업 활성화의 일반적 흐름이라는 점에서, 우리나라는 극복하기 어려운 한계를 안고 있는 셈이다. 또한 다양한 콘텐츠를 제작하기 위한 인력·시설·창작·기술 인프라가 열악하다. 콘텐츠 기획과 창작기능을 담당할 고급인력이 제한되어 있고, 시설이나 장비와 같은 인프라가 충분하지 못하다. 이로 인해, 매출액 10억 원 미만의 콘텐츠기업이 전체 기업의 81%를 차지하고 있고, 온라인콘텐츠 유통활성화에 따라 불법복제가 확산되고 있으나 뾰족한 대책이 보이지 않는다.

　그 때문에 국내시장이 직면하고 있는 이러한 문제점을 해소하고 콘텐츠산업을 국가 전략산업으로 육성하기 위해서는 다음과 같은 과제에 대한 과감한 정부예산 투입이 필요하다. 첫째, 창의인재 육성이다. 창의인재는 단기간에 확보되기 어렵다. 때문에 의무교육 과정에서는 학생들이 선택할 수 있는 창의교육 프로그램을 마련하고, 대학과 사회에서는 보다 세분화된 교육프로그램을 개설하여 창의인재 육성시스템을 구축할 필요가 있다. 둘째, 창업여건 개선이다. 창의교육을 받은 인재가 자신의 아이디어를 콘텐츠사업으로 연계시키고자 할 경우 기술·설비·재정 지원을 받을 수 있는 제도를 강화할 필요가 있다. 셋째, 창작여건 개선이다. 지상파방송사나 대기업 계열회사에 속해 있지 않은 콘텐츠인력은 대부분 열악한 여건 속에서 근무하고 있다. 따라서 이들의 창작활동이나 생활안정을 위한 제도적 뒷받침이 필요하다. 넷째, 콘텐츠제작 확대를 위한 인프라 구축과 재원조달 방안 확충이다. 물론 미디어기업의 자체적인 투자의지가 중요하지만 안정적 콘텐츠제작을 위한 설비구축과 다양한 재정지원 제도의 확충이 요구된다. 다섯째, 국내 콘텐츠기업의 해외진출 지원이다. 킬러콘텐츠 해외진출을 위해 공동제작 투자펀드를 조성하고, 프로그램 포맷을 개발 및 수출하고, 해외수출지원기구 간 협의체를 구축하여 공동으로 네트워크를 확보하는 등 해외수출을 위한 다각적 지원방안 모색이 필요하다. 여섯째, 콘텐츠산업의 선순환 구조를 마련하기 위해 콘텐츠사업자, 플랫폼사업자, 기기사업자간 공정거래 환경을 조성하고 불법복제 차단을 통한 저작권 보호에 나서야 한다.

자료: 송종길, 디지털타임스 디지털포럼, 2011년 7월 18일 22면.

## 2) 녹색성장정책

### (1) 녹색성장의 개념 및 의의

녹색성장은 경제·환경의 조화 및 균형 성장을 의미한다. 이러한 녹생성장의 의의는 세 가지로 구체화될 수 있다.

첫째, 환경과 경제의 선순환을 의미한다. 이는 성장패턴과 경제구조의 전환을 통해 환경과 경제 양축의 시너지(Synergy)효과를 극대화시키며, 핵심주력산업의 녹색화, 저탄소형 녹색산업 육성, 가치 사슬의 녹색화 추진이라고 할 수 있다.

둘째, 삶의 질 개선 및 생활의 녹색혁명을 의미한다. 이는 국토, 도시, 건물, 주거단지 등 우리 생활 모든 곳에서의 녹색생활 실천 및 녹색산업 소비기반 마련을 의미하며, 버스, 지하철, 자전거 등 녹색교통 이용을 활성화하고, 지능형 교통체계에 기반한 교통효율 개선을 추진하고자 한다.

셋째, 국제 기대에 부합하는 국가 위상 정립이다. 이는 국제적 기후변화 논의에 적극 대응함으로써, 녹색 성장을 국가발전의 새로운 모멘텀(momentum)으로 활용하며, 녹색 가교 국가로서 글로벌 리더십 발휘를 통해서 세계 일류의 녹색선진국으로 발돋움하고자 한다.

※자료: 대통령직속 녹색성장위원회 홈페이지(http://www.greengrowth.go.kr)

## (2) 녹색성장의 중요성

녹색성장의 중요성은 전지구적 중요문제와 그 맥을 같이하고 있다.

첫째, 지구 온난화로 인한 환경위기 심화이다. 지구 온난화는 인류생존의 위협요인으로 작용하고 있다. 실제 지난 100년 세계 평균기온 0.74℃ 상승, 금세기말 최고 6.4℃ 상승이 예상되며, 가뭄·홍수·폭염, 생태계 파괴 등의 형태로 표출되어, 기후변화로 인한 경제손실은 매년 세계 GDP의 5~20%에 해당될 정도이다(스턴보고서, 2006). 실제 한국은 지구 온난화에 취약하며 직접적인 영향을 받는다. 국내 평균기온 상승률은 세계 평균수준을 크게 상회하고 있다. 지난 100년간(1912~2008) 우리나라는 평균기온이 1.7℃ 상승하였으며, 이처럼 지구 온난화에 따른 한반도 영향은 심화되고 있다. 겨울철 지속기간이 약 22~49일 단축, 여름철에 집중호우와 고온현상이 반복되고, 폭염으로 '94~'05년 사이 2,127명이 사망하였으며, 2007년 말라리아 환자 2,227명 증가하였다.

둘째, 에너지 위기이다. 글로벌 에너지·자원 고갈 위기가 심화되고 있다. 전 세계적 경제성장 및 신흥경제국 수요 증가로 에너지 수급 불균형이 심화되고 있다. 중국의 경우, 석유 소비량이 2배 이상 급증('97~'08)하였으며, 화석연료 중심의 에너지 소비구조로 자원고갈이 가속화되어, 전 세계 에너지원의 85%를 화석연료에 의존하고 있다. 화석연료 과다사용으로 온실가스 배출량도 급격히 증가하고 있다. 우리나라는 화석연료에 대한 수입의존도가 높은 구조이며, 신재생에너시 보급 수준도 미미하다. 또힌 에너지 다소비 산업인 제조업 등의 비중이 높은 산업구조를 갖고 있다(에너지 다소비업종 비중(2006): 한국 8.0%, 일본 4.6%, 미국 3.1%).

셋째, 신성장동력 창출의 필요성이다. 경제위기를 타개하고, 에너지 자립도를 높이기 위해 선진국을 중심으로 녹색성장에 대한 관심이 확산되고 있다. 70년대 오일쇼크 이후, 에너지 자립국을 성취한 덴마크, 독일 등을 모델로 하는 녹색성장 모델이 확산중이다. 탄소배출권 시장, 신재생에너지 등 녹색시장·녹색산업을 새로운 국가 성장동력으로 활용하려는 움직임이 증가 추세이다. 한국은 중화학, 전자 등 주력산업 육성 등을 통해 고도의 경제성장을 달성하였으나, 최근에는 저성장 국면에 진입하였다. 경쟁우위 산업발전을 통해 비약적 성장을 거두었으나, 최근 새로운 경제성장 동력 확보가 필요한 것이다. 실제 GDP규모 '93년 세계 12위를 기록한 이래 15년간 11~13위로 정체중이다.

넷째, 새로운 패러다임으로의 전환 필요성이다. 기존 경제성장 패러다임의 한계에 직면하여 글로벌 경쟁 심화로 수익창출 모델을 변환하지 않으면 현 경쟁력 유지도 어려울 것으로 전망된다. 국내의 가격경쟁력에 기초한 요소 투입형, 제조업 수출 중 환경·탄소 규제 등 감안시, 화석연료 의존구조로는 경제·사회·환경의 부정적 영향이 불가피하다. 에너지 수요가 증가하는 추세인 현 경제구조에서 화석연료에 대한 높은 의존은 대기오염 등 환경오염을 심화시킬 전망이다. 따라서 우리나라는 녹색변환(Green Conversion)을 통해 경제성장과 환경보호를 동시에 추진하는 새로운 패러다임이 대두되고, 산업별 가치사슬 전체를 환경친화적 저탄소형으로 전환해 경쟁우위를 확보하고, 신규시장을 창출하는 신 패러다임이

〈그림 17-5〉 녹색성장의 비전

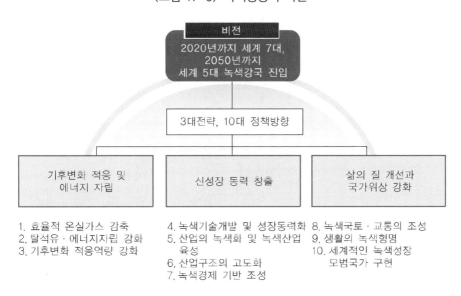

비전
2020년까지 세계 7대,
2050년까지
세계 5대 녹색강국 진입

3대전략, 10대 정책방향

| 기후변화 적응 및 에너지 자립 | 신성장 동력 창출 | 삶의 질 개선과 국가위상 강화 |

1. 효율적 온실가스 감축
2. 탈석유·에너지자립 강화
3. 기후변화 적응역량 강화

4. 녹색기술개발 및 성장동력화
5. 산업의 녹색화 및 녹색산업 육성
6. 산업구조의 고도화
7. 녹색경제 기반 조성

8. 녹색국토·교통의 조성
9. 생활의 녹색혁명
10. 세계적인 녹색성장 모범국가 구현

※ 자료: 대통령직속 녹색성장위원회 홈페이지(http://www.greengrowth.go.kr)

요청되고 있다. 기후변화와 에너지 문제를 적극적인 의지와 범국가적인 노력을 통해 위기가 아닌 기회로 활용해야 하는 것이다.

### (3) 국가전략으로서의 녹색성장

녹색성장의 수립근거는 다음과 같다. 법적 근거로 들 수 있는 저탄소녹색성장기본법 제9조에 따르면, 국가의 저탄소 녹색성장을 위한 정책목표·추진전략·중점추진과제 등을 포함하는 국가전략을 수립·시행하게 되어 있는데, 이는 국가전략으로서 저탄소 녹색성장과 관련한 최상위 국가계획, 저탄소 녹색성장을 위한 국가 정책의 기본방향 제시, 연도별 달성목표, 투자계획, 수행주체 등 실행방안 구체화, 범부처, 시민단체, 민간전문가 등 국민참여형 국가계획이라고 할 수 있다.

녹색성장의 10대 정책방향은 1) 효율적 온실가스 감축, 2) 탈석유/에너지 자립 강화, 3) 기후변화 적응역량 강화, 4) 녹색기술개발 및 성장동력화, 5) 산업의 녹색화 및 녹색산업 육성, 6) 산업구조의 고도화, 7) 녹색경제 기반조성, 8) 녹색국토/교통의 조성, 9) 생활의 녹색혁명, 10) 세계적인 녹색성장 모범국가 구현 등으로 구성되어 있다.

◎ 전자상거래 정책

▣ 전자상거래의 개념

▸ 협의: 전자적 수단을 이용하여 사이버 공간에서 이루어지는 거래행위

▸ 광의: 기업과 기업 간 또는 정부와 기업 간에 통합적인 자동화된 정보체계 환경하에서, 전자적인 매체, 전자적 기술과 수단을 이용하여 재화의 흐름이 수반되는 일상적인 상거래뿐만 아니라, 마케팅, 광고, 조달, 서비스, 생산, 수송, 행정, 재무, 구매 등을 포함하는 개념

▣ 전자상거래의 특징

▸ 유통과정의 간략화

▸ 기업과 소비자의 활동 폭 확장

▸ 고객에 대한 효율적인 마케팅과 관리 가능

▸ 판매영업 차별성

▸ 고객의 요구에 즉각적 대응 가능

▸ 소액자본의 사업전개 가능

▣ 전자상거래의 문제점

▸ 현행 전자문서교환(EDI) 관련법령의 체계적 검토 필요

▸ 전자문서교환(EDI)기본법 제정과 전자문서 인정 필요

▸ 지적재산권의 보호 미흡

▸ 국가간의 법·제도의 불일치

▣ 전자상거래 정책방향 및 정책과제

▸ 정부의 전자상거래에 대한 비전제시와 선도적 역할 수행

▸ 정보이용 활성화를 위한 전자문서 이용의 확대

▸ 전자상거래와 관련된 주변산업 및 시장의 육성, 국제협력 강화 및 국제규범 설정에 대한 원칙 수립

## ◎ 지적재산권 보호정책

**☐ 지적재산권의 정의**

▶ 세계지적소유권기구(WIPO)
  - 문학·예술 및 과학적 저작물, 실연자의 실연, 음반 및 방송, 이간 노력에 의한 모든 분야에서의 발명, 과학적 발견, 의장, 상표, 서비스표, 상호 및 기타의 명칭, 부정경쟁으로부터의 보호 등에 관련된 권리와 그 밖에 산업, 과학, 문학 또는 예술분야의 지적 활동에서 발생하는 모든 권리

▶ 세계무역기구(WTO)
  - 제1조 제2호는 지적재산권을 정의하는 대신에 "본 협정의 목적상 '지적재산'이라는 용어는 제2부 제1절에서 제7절까지의 대상인 모든 범주의 지적재산을 지칭한다"고 규정한 후, 제2부 제1절에서 제7절까지의 권리에 '저작권 및 저작인접권, 상표, 지리적 표시, 의장, 특허, 집적회로의 배치설계, 미공개정보의 보호'에 대해서 규정함

**☐ 지적재산권제도의 기본 이념**

▶ 인간의 지적 창작물의 표현에 대해 상업적으로 이용할 수 있는 권리를 설정
▶ 창조적 활동을 자극하여 아이디어를 창출, 그 표현물을 전파하여 공공복리에 기여

**☐ 지식기반의 지적재산권체제에서 국가정책의 방향**

▶ 지적재산권의 통합적 관리 필요
▶ 전문인 양성
▶ 지적재산권의 보호와 육성을 위한 연구·자본 투자 필요

## ◎ 정보통신표준화 정책

**☐ 정보통신표준화의 개념**

▶ 정보의 생산, 가공, 유통 및 축적활동 등 정보통신과 관련된 제품 및 서비스 등의 호환성과 연동성을 확보하고, 정보의 공동활용을 촉진하기 위해 정보통신 주체간에 합의된 규약의 집합

**☐ 정보통신표준화정책의 철학적 근거**

▶ 효율성
▶ 참여의 공정성

▸ 민주성

◘ **표준화의 기능**

▸ 순기능
  • 불확실성과 위험의 감소, 거래비용의 감소
  • 네트워크 외부효과와 규모경제의 실현
  • 노동이동의 증진
  • 시장의 확대
▸ 역기능
  • 공공재 문제의 유발
  • 제품 다양성의 감소
  • 열등 표준화로의 고착 가능성
  • 기술혁신의 둔화

◘ **주요 쟁점**

▸ 표준 공급의 적시성 문제
▸ 표준의 적실성 문제
▸ 표준화와 지적재산권의 조화 문제
▸ 표준화 관련 자료의 전자화 처리 문제
▸ 상호연동성 확보 문제


◎ **방송통신융합정책**

◘ **방송과 통신의 법적 정의**

▸ 방송: 방송프로그램을 기획, 편성 또는 제작하고 이를 전기통신설비에 의하여 공중에게
  송신하는 것
▸ 통신: 유선, 무선, 광선 및 기타의 전자적 방식에 의하여 부호, 문언, 음향 또는 영상
  을 송신하거나 수신하는 것

◘ **방송과 통신의 정책 및 규제목적**

▸ 방송: 공익적 측면을 강조하고 엄격한 진입, 편성 및 운영을 규제
▸ 통신: 경제적, 산업적 측면을 강조

◘ 특 성

▶ 방송: 일방향적이고 불특정 다수의 공중을 대상으로 하며, 음성 및 영상 방송프로그램 정보를 송신

▶ 통신: 쌍방향적이며 선택한 참여자만 사용 가능, 음성 및 데이터 정보를 송수신함

◘ 방송과 통신의 융합

▶ 방송과 통신의 융합에 대한 관점(OECD의 지침)
  • 망의 융합
  • 서비스의 융합
  • 기업의 융합

▶ 융합에 대한 접근방식
  • 기술결정론적 접근방식
  • 산업결정론적 접근방식
  • 정책추진론적 접근방식

▶ 망중립성
  • 개념: 인터넷으로 전송되는 데이터 그래픽을 내용·유형·제공사업자·부착된 단말기 등에 상관없이 동일하게 처리하는 것을 의미함
  • 망중립성 조건: 비차별, 상호접속, 접근성

◎ 디지털 콘텐츠산업 육성정책

▶ 아날로그 형태로만 존재하던 정보, 문화 창작물 등의 콘텐츠가 디지털화된 것
▶ 지식정보화사회의 핵심산업, 최대의 고성장산업기술의 발전과 네트워크 고도화에 기반한 새로운 유통에 힘입어 최근 시장매력도가 크게 증대

◎ 녹색성장정책

▶ 개념 및 의의
  • 경제·환경의 조화 및 균형 성장을 의미함
  • 첫째, 환경과 경제의 선순환
  • 둘째, 삶의 질 개선 및 생활의 녹색혁명
  • 셋째, 국제 기대에 부합하는 국가위상 정립

▶ 중요성
- 지구온난화로 인한 환경위기의 심화
- 에너지 위기
- 신성장동력 창출의 필요성
- 새로운 패러다임으로 전환의 필요성

▶ **녹색성장의 10대 정책방향**
- 효율적 온실가스 감축
- 탈석유/에너지 자립 강화
- 기후변화 적응역량 강화
- 녹색기술개발 및 성장동력화
- 산업의 녹색화 및 녹색산업 육성
- 산업구조의 고도화
- 녹색경제 기반조성
- 녹색국토/교통의 조성
- 생활의 녹색혁명
- 세계적인 녹색성장 모범국가 구현

## 핵심 Question!

◎ 전자상거래의 개념은 협의의 관점과 광의의 관점으로 나누어 살펴볼 수 있다. 각각의 개념을 정리해 보자.

◎ 전자상거래의 특징은 무엇인가?

◎ 전자상거래에서 나타날 수 있는 문제점으로는 어떠한 것들이 있는가?

◎ 전자상거래의 정책방향과 정책과제는 무엇인가?

◎ 지적재산권의 개념은 일반적 의미의 지적재산권의 개념과 정보사회의 새로운 지적재산권으로 나누어 살펴볼 수 있다. 각각의 개념을 설명해 보자.

◎ 지적재산권의 특징은 무엇인가?

◎ 지적재산권을 둘러싸고 나타날 수 있는 쟁점은 무엇인지 생각해 보자. 특히 최근 신지적재산권으로 불리는 CCL 제도 및 한미 FTA와 관련한 지적재산권 문제에 대해서도 정리해두자.

◎ 정보통신표준화의 개념은 무엇인가?

◎ 정보통신표준화정책을 위한 두 가지 철학적 근거를 설명해 보라.

◎ 정보통신표준화의 필요성은 무엇인가?

◎ 표준화의 순기능과 역기능을 설명하라.

◎ 표준화정책에서 나타날 수 있는 주요 쟁점은 무엇인가? 최근 LTE기술과 와이맥스의 표준화 경쟁의 쟁점을 정래해두자.

◎ 방송과 통신의 차이를 정의, 목적, 특성을 기준으로 설명해 보라.

◎ 방송과 통신의 융합이란 무엇을 의미하는 것인가?

◎ 망중립성이 의미하는 것은 무엇이며, 망중립성의 조건은 어떠한 것들이 있는가?

◎ 디지털 콘텐츠란 무엇이며, 왜 중요한 것인지에 대해 설명해 보라.

◎ 디지털 콘텐츠산업의 발전을 위한 정책과제는 무엇인가?

◎ 녹색성장이란 무엇이며, 왜 중요한 것인가?

◎ 녹색성장의 10대 정책방향은 어떠한 것들이 있는가?

## 고시기출문제

---

**[ 고시기출문제 (1) ]** 기후환경 변화가 국제적 이슈로 떠오르면서 '저탄소 녹색성장'을 위한 중요한 전략으로 '그린 IT(Green IT)'도입이 주목받고 있다. 이러한 관점에서 다음 문제들에 대하여 답하시오. [2009년 행시]

1) 기업의 관점에서 그린 IT를 활용하여 창출할 수 있는 수익모델(비지니스 모델)을 사례로 들어 설명하시오.

2) 그린 IT 활성화를 위한 정부의 역할을 규명하고, 관련 정책효과를 평가할 수 있는 방안에 대하여 논하시오.

---

**[답안작성요령]**

☞ 핵심 개념

본 문제는 그린 IT를 활용하여 창출할 수 있는 수익모델과 그린 IT 활성화를 위한 정부의 역할 및 관련 정책효과를 평가할 수 있는 방안에 대해 묻고 있다. 정부에서 강조하는 '녹색성장'이 민간부문의 주요 행위자인 기업들에게 이윤창출의 기회로 인식되어 현실화될 때 정책적 의의를 지닐 수 있으며, 이러한 정책의 효과적인 목표달성을 위하여 객관적인 정책평가 등 정부의 역할을 제시해 주는 것이 핵심이다.

☞ 그린 IT를 활용한 수익모델

녹색성장을 위한 정책은 환경과 경제의 선순환, 삶의 질 개선 및 생활의 녹색혁명, 국제기대에 부합하는 국가 위상정립 등의 차원에서 구체화되어야 한다. 특히 지구 온난화로 인한 환경파괴 속 자원의 고갈이 야기하는 에너지 위기 때문에 정보통신기술을 활용하여 환경파괴를 최소화할 수 있는 신성장동력의 창출이 필요하다.

최근 빅데이터를 이용하여 건물 내부의 에너지사용 패턴과 내부온도 등을 실시간으로 조정하여 에너지 효율을 향상시키는 그린데이터 센터(Green Data Center) 구축 등이 좋은 정책사례가 될 수 있다. 자원의 소비와 생산에 직·간접적인 영향을 받는 기업의 입장에서 녹색성장의 정책이 이윤창출에 긍정적인 역할을 한다는 인식이 생겨야 민간부문의 활동에 강한 동인으로 작용할 수 있기 때문에 이는 수익모델에서 중요한 역할을 한다고 볼 수 있다. 특히 요즘처럼 국가적으로 절전운동을 벌이는 상황 속에서 이러한 기술을 활용한 수익사업이 실현된다면 정책대상자들이 실질적인 혜택을 얻게 되어 사회 전반적인 변화로 연결할 수 있을 것이다.

### ☞ 정부의 역할 및 정책평가 방안

1번 문제에서 기업의 수익창출을 묻는 것은 결국 정책대상집단들의 행동변화를 유도하기 위하여 어떠한 방식으로 동기부여 및 정책순응을 촉진할 것인지 고찰하기 위한 것이라고 할 수 있다. 이는 정부의 역할은 녹색성장을 위한 민간부문의 사업을 지원하는 지원자(동기부여자, 정책순응 촉진자) 역할이 강조되어야 함을 의미한다. 즉 정부는 녹색경제 기반조성, 녹색국토 및 녹색교통의 기반조성 등을 통해 민간기업들이 그린 IT 사업에 참여할 수 있도록 동기부여 해야 한다. 또한, 산업의 녹색화, 녹색산업의 육성과 함께 관련 법제도적 기반을 마련함으로써 그린 IT 사업이 활성화될 수 있는 촉진방안을 모색해야 한다.

한편 정부는 동 사업의 정책효과를 평가하기 위하여 중간 모니터링과 함께 정책효과성을 진단하여 총체적인 사업의 피드백을 게을리하지 말아야 한다. 정책평가의 공정성을 제고하기 위해서는 민간전문가를 포함하는 평가위원회를 구성하는 것이 바람직할 것이며, 객관적인 평가지표의 발굴을 통해 동 사업이 성공적으로 정착할 수 있는 제도적 기반을 마련해야 할 것이다.

### ☞ 고득점 핵심 포인트

최근 기후변화에 대응하여 효율적 온실가스 감축을 위한 저탄소 녹색성장 정책에 대해서 묻고 있다. 특히 그린 IT 사업의 수익모델이 성공하기 위한 다양한 민관 협력적 거버넌스의 중요성에 대해 묻고 있다. 따라서 본 문제는 위에서 제시된 그린데이터 센터(Green Data Center) 구축 사례를 중심으로 정부가 기업의 사업 참여를 유도할 수 있는 기반 조성 역할을 해야 함을 강조해야 하는 것이 핵심이다.

정부는 녹색경제 기반조성과 함께 관련 법제도적 기반을 마련함으로써 그린 IT 사업이 활성화될 수 있는 촉진방안을 모색해야 한다. 또한, 동 사업의 객관적 효과평가를 위한 다양한 방안을 강구해야 한다는 점을 제시함으로써 정부가 민간부문과 협력적 관계 속에서 비전과 전략 제시 등 적극적인 자세로 사회변화를 유도해야 하는데 초점을 두고 답안을 작성해야한다(본서 제17장 시장효율성 차원의 정보정책 – 녹색성장의 중요성과 전략 참조바람).

 **고시기출문제**  ※ 해당 답안작성요령은 고시기출출제 시기에 맞춰서 작성되었음

**[ 고시기출문제 (2) ]** 디지털컨버전스로 인한 통신·방송융합에 대비한 추진체계 및 제도정비 방안에 대해 설명하시오. [2006년 입시]

**[답안작성요령]**

☞ 핵심 개념

본 문제는 디지털컨버전스로 인해 예상되는 통신·방송융합 현상에 대비하기 위하여 정책의 추진체계 및 제도정비를 위한 방안을 묻고 있다. 방송통신융합정책은 디지털컨버전스(정보기술의 발전에 따라 네트워크와 서비스의 구분이 점차 사라지는 현상)으로 인해 광대역화된 단일망을 통해 방송서비스와 통신서비스를 동시에 제공됨으로써 사업분류, 규제상의 경계가 불분명해지는 현상을 말한다(권기헌, 2013: 457). 공익적 측면을 강조하는 방송과 경제적·산업적 측면을 강조하는 통신의 융합정책을 위해 우리나라에서는 방송통신위원회가 출범되었다.

☞ 방송통신융합정책의 의의

방송은 일방향적이고 불특정 다수의 공중을 대상으로 하며 음성 및 영상 방송프로그램 정보를 송신하는데 비하여, 통신은 쌍방향적이며 선별된 참여자만 사용이 가능하고 음성 및 데이터 정보를 송수신하는 것이 특징이다. 방송·통신 융합은 보통 OECD의 지침에 따라 크게 망(네트워크)의 융합, 서비스의 융합, 기업의 융합 등 세 분야로 구분하여 설명되는 것이 일반적이다(권기헌, 2013: 458 참조).

☞ 정책적 쟁점 및 해결방안

방송통신융합정책의 주요 쟁점은 망중립성과 규제의 형식 등이 있으며, 우리나라에서 이를 주관하는 정부기관은 방송통신위원회(혹은 종합유선방송 인허가권의 경우 과학기술정보통신부(전 미래창조과학부))이다.

1. 망중립성의 문제

망중립성은 인터넷으로 전송되는 데이터 그래픽을 내용·유형·제공사업자·부착된 단말기 등에 상관없이 동일하게 처리하는 것이다. 이는 최초로 통신망을 독점하고 있는 사업자가 다른 사업자가 네트워크에 접근하는 것을 제한함으로써 시장과 단말 등 관련 산업을 독점하는 것을 방지하기 위하여 형성된 개념이다.

망중립성을 보장하기 위하여 비차별(Non-discrimination), 상호접속(Interconnection), 접근성(Access)의 세가지 원칙이 적용되어야 한다(곽정호, 2006; 권기헌, 2013: 461). 예컨대, 스마트폰으로 촉발된 모바일 혁명에 힘입어 최근 우리나라 IT 업계는 오랜만에 혁신과 창업 열풍이 일고 있다. 2000만 가입을 돌파한 카카오톡이나 다음커뮤니케이션 마이피플과 같은 앱은 이런 혁신의 대표적인 예이다. 하지만 이들 앱은 매출 감소를 우려한 통신사들에 의해 차단 논란에 휩싸이기도 했다. 이때 비차별성, 상호접속, 접근성의 원칙을 토대로 "열린 인터넷, 열린 생태계"를 형성해야 한다는 이론적 근거가 되는 것이 바로 망중립성이다.

### 2. 규제형식의 문제

방송통신 융합현상은 통신사업자와 방송사업자간의 경쟁을 심화시켜 주무 부처간의 규제관할권과 규제체계에 대한 문제가 야기되고 있다. 즉 통신과 방송의 전통적인 규제체계는 서비스와 네트워크를 한 단위로 묶어서 각각의 서비스별로 독립된 규제, "수직적 규제체계"가 적용되었으나, 융합의 진전에 따라 "방송망을 이용해 통신서비스를 할 수 있고, 통신망을 이용해 방송서비스도 할 수 있게 됨에 따라 기술·네트워크를 중심에 놓고 방송이냐 통신이냐를 따질 것이 아니라, 서비스(콘텐츠) 특성에 따라 유사한 서비스에 대해서는 일관된 규제 틀을 적용하자는 "수평적 규제체계"도 제기되고 있다(Whitt, 2004; 이상규, 2007; 권기헌, 2013: 464의 사례 참조바람).

☞ 통신·방송융합의 추진체계

방송통신위원회는 기존의 방송위원회의 방송 정책 및 규제 기능과 정보통신부의 통신서비스 정책과 규제 기능을 총괄한다. 주요 기능은 크게 융합 측면, 전파 측면, 방송통신시장 측면으로 나눌 수 있다. 1) 융합 측면에서는 정책 수립과 융합서비스 활성화, 2) 전파 측면에서는 전파 관련 정책 수립, 3) 방송통신시장 측면에서는 방송통신정책의 수립과 방송통신사업자 불공정행위에 대한 감시가 이루어진다.

☞ 통신·방송융합의 추진체계에 대한 평가

2011년 3월 제1기 방송통신위원회 임기가 만료되었는 바, IPTV, 무선 인터넷 활성화, 스마트폰 도입, 와이브로 활성화, 디지털 방송전환의 무난한 추진 등에 대해 긍정적인 평가를 받았다. 부정적 측면으로는 1) 방송통신위원회가 방송과 통신 영역을 모두 포함하고 있음에도 지나치게 방송관련 영역과 정책에만 집중하는 모습을 보임으로 인해 한국의 통신기술정책에 대한 투자가 미약했다는 비판을 받고 있다. 2) 방송통신위원회가 실질적으로 정부에 종속될 수밖에 없는 구조를 가지고 있어 정부 여당의 입장만을 반영하는 정책으로 이어졌다는 비판을 받았다.

☞ 발전방안

따라서 향후 통신·방송융합 추진체계의 발전방안은 좀 더 방송통신위원회가 독립적인 위상을 갖고 실질적인 권한을 가질 수 있도록 위원회의 구성에 있어 공정성이 확보될 필요가 있다. 또한 방송통신위원회의 주요 쟁점 목표를 더욱 세분화하고 특히 통신 분야에 대한 관심과 투자가 병행될 필요가 있을 것이다(자료: 정보체계론 기출문제집, 메가스터디, 2012 참조).

☞ 고득점 핵심 포인트

방송통신 융합이 가속화됨에 따라 방송과 통신의 특성을 방송망과 통신망, 서비스 제공방식(일방향성, 쌍방향성), 단말기에 따라 구분하는 것은 무의미하다. 따라서 방송과 통신의 분류기준을 재정립해야하며, 이 경우 쟁점이 되는 것이, 언급했듯이, 망중립성의 문제와 규제형식의 문제이다. 본 문제의 경우에는 이러한 쟁점으로 중심으로 미래지향적 발전방안을 서술해 주되, 우리나라의 통신·방송융합의 추진체계를 현실적으로 주관하고 있는 방송통신위원회의 제1기 평가를 중심으로 제도적인 개선책도 언급해 준다면 깊이있는 답안이 될 수 있으리라 본다(본서 제17장 방송통신융합정책 및 사례 참조바람).

제18장

# 시민사회 차원의 정보정책 I :
## 민주성 영역 정책
전자민주주의 및 정책의 투명성 강화 영역

>>> 학습목표

정보정책은 우리 사회의 효율성 증진 차원을 넘어서 진정한 형태의 전자민주주의가 실현될 수 있도록 많은 정책적 노력을 기울여야 한다. 정보정책과 관련하여 시민사회 (NGO)가 특히 관심을 갖는 부분은 민주성, 형평성, 윤리성인데,[1] 민주성 차원의 정보정책의 유형으로는 전자민주주의의 활성화 정책, 투명한 행정정보 공개정책 등을 들 수 있고, 형평성 차원의 정보정책유형으로는 정보격차 해소정책, 정보리터러시 함양정책, 보편적 서비스 정책 등을 들 수 있으며, 윤리성 영역의 정보정책유형으로는 개인정보 보호정책, 온라인상의 익명성과 관련된 정책(인터넷 실명제 등), 컴퓨터 범죄 예방 정책 등을 들 수 있다.

이러한 관점에서 제18장 시민사회 차원의 정보정책에서는 민주성 영역의 이슈 및 쟁점과 민주성 및 투명성 영역의 정보정책에 대해 학습한다.

첫째, 민주성 영역의 이슈 및 쟁점에서는 정보정책에서 전제조건으로 논의되어야 할 시민의식과 정치참여의 문제, 사회적 감시망의 확대와 심화의 문제에 대해 학습한다.

둘째, 민주성 및 투명성 영역의 정보정책에서는 전자민주주의 정책과 행정정보 공개정책에 대해 살펴본다. 전자민주주의 정책에서는 전자민주주의의 등장배경을 공급적 측면과 수요적 측면에서 살펴보고, 전자민주주의의 개념과 기능, 시각, 발전방향에 대해 학습한다. 행정정보공개정책에서는 행정정보공개의 의의와 필요성, 역기능과 문제점, 정보공개 확대방안에 대해 학습하며, 특히 최근 경향으로서 전자적 정보공개에 대해서 사례로 학습하기로 한다.

---

1) 시민사회(NGO)는 민주성, 형평성, 윤리성(성찰성) 영역의 정보정책들에 많은 정책적 관심과 비판 그리고 지지를 보이고 있다. 그렇다고 물론 시민사회나 NGO들이 효율성(생산성) 차원에서의 정책들에 대해 관심이 없다는 의미는 아니다. 경우에 따라서는 위에서 논의된 정보정책들 중에서도 시민사회의 보편적 권익에 반하는 정책이라든지 민주성이나 형평성보다는 기업 차원의 효율성에만 초점을 두고 추진되는 정책에 대해서는 심한 반발을 보이는 경우도 많다. 예컨대, NGO들이 추진하는 시민들의 시청자 방송주권과 관련된 방송통신정책이나 방송통신융합정책이 그러한 사례들이다.

## 1) 시민의식과 정치참여

전자식 참여행위는 일반 시민들에게 새로운 정치환경의 인식을 가시화시키는 데 긍정적인 영향을 미칠 것으로 보인다. 그러나 정보화로 인한 개인주의의 만연과 익명성 보장 증대 등의 문제점들로 인해 시민들의 정치에 대한 진정한 참여를 제고시킬 수 있을지는 미지수이다.

또한, 대다수의 시민들은 복잡한 정치적 문제들을 신중히 검토하고 그 문제점을 상세히 이해하기가 용이하지 않으며, 따라서 습관적이거나 충동적인 반대 또는 찬성의 의사표시가 뒤따를 우려가 높아서, 대중민주주의의 폐해를 가속화시킬 위험성마저 내포한다 (Schiller, 1988). 논쟁의 소지가 많은 문제에 대한 통신망 토론은 극단적인 입장을 취하는 메시지에 의해서 종종 양극단으로 나누어진다. 토론이 독설과 모욕적인 말과 야유로 격하되는 일이 놀라울 정도로 자주 일어난다. 그 결과 진지한 토론이 이루어지는 경우는 매우 드문 일이다(Clifford Stoll, 1996: 30).

더욱이 권위적이고 권력지향적인 정치인들이 전자미디어를 통한 상징조작을 이용하여 다수의견을 조장할 수 있는 정치적 음모도 배제할 수 없다(Kellner, 1990). 이러한 맥락에서 갠디(Gandy)는 원격감지행위와 같은 고도감시기술의 발전 때문에 시민권의 확장보다는 정치권의 관료체제가 더욱 강화되고 있다고 강조한다(Gandy, 1989: 61~76). 요컨대 시민의식의 확대가 수반되지 않은 정보기술의 향상은 민주화보다는 정치적 통제화를 강화시키는 수단으로 변질될 수 있다는 점에 대해 주의를 기울일 필요가 있다고 하겠다.

## 2) 사회적 감시망의 확대와 심화

정보사회가 심화되면 될수록 사회 전반에 걸친 감시망이 점차 확대되고 있으며, 사회통제의 그물망이 더욱더 촘촘해지고 있다(이윤희, 1996: 4~5). 전자정부의 확대는 국민 개개인들의 신상자료가 컴퓨터에 일일이 수록되고 체계적으로 집적되게 함으로써, 사회 일반 구성원들에 대한 감시망의 영역을 확대시키고 있다.

전자주민카드 시행을 위해 발급센터에 만들어지는 거대한 개인정보 데이터베이스는, 조지 오웰(George Orwell, 1903~1950)의 『1984』에 나오는 '빅 브라너스'(big brothers)를 연상시키는 전제정치의 상징물이 될 위험성도 배제할 수가 없다. 또한 이러한 제도가 시행될 경우 도난과 분실에 따르는 개인정보의 유출과 악용에 따른 사회적 비용도 적지 않은 문제가 될 것이다.

국가의 공식적인 행정전산망의 확대와 함께, 민간영역에서도 사회감시망의 확대와 심화현상이 일어나고 있다. 예컨대, 회사와 백화점, 은행 등에서 작동되는 정교한 비디오 장치에 의해 사회구성원들의 일상적 활동들이 낱낱이 기록 보관된다. 또한 현대식 유선사회의 기술적 장치들은 전 사회의 구석구석에 걸쳐 내밀한 감시와 관찰을 가능하게 한다. 케이블 텔레비전망은 상품과 정보내용에 대한 소비자의 선호도를 지속적으로 분석, 관리하고 있으며 각종 금융기관이나 보험회사들도 개인들의 거래 및 소비욕구 등에 관한 정보를 수집·축적하고 있다. 특히 오늘날 다양한 신용카드가 등장하고 외상거래가 활발해짐에 따라 신용보고업을 전문으로 하는 민간회사들이 늘어나고 있는데, 이들이 수집하고 분석하는 자료의 내용은 수입, 재산, 채무, 예금 등의 경제적인 것에만 국한되지 않고, 약물중독, 정신건강, 여자관계 등 사생활에 대한 정보까지도 포함한다.

더 나아가 무선통신의 발달로 사람마다 고유한 번호가 눈에는 보이지 않는 투명 바코드 형태로 부여됨으로써, '주민등록번호' 대신에 '바코드 번호'가 인간을 대표하게 되며, 전산번호와 인간은 한 몸이 되어 사람이 이 세상에 살아 있는 한, 하늘과 땅속 어디에 있든지 찾아 연결할 수 있게 될 날도 멀지 않게 되었다.

이렇게 정보화는 사회전반에 걸친 감시망의 확대를 가능케 하고 있으며, 시민의 일상생활에 침투하면서, 극단적으로 말하자면 사회 전체를 하나의 커다란 감옥으로 전환시킬 위험성을 내포한다. 개인의 프라이버시 문제와도 연계된 이러한 문제들은, 한 걸음 더 나아가 우리 사회가 극히 소수의 인원으로도 대다수 사람들의 정보를 효과적으로 관리하고 통제하는 일이 가능하게 되었음을 의미하며, 국가사회 전체의 관점에서도 진정한 의미의 민주주의 발달을 저해하는 위험한 요소들이다.

민주성 및 투명성 영역의 정보정책

## 1) 전자민주주의 정책

### (1) 전자민주주의의 등장배경

전자민주주의의 등장배경을 공급적 측면과 수요적 측면으로 나누어서 살펴보면 다음과 같다.

### ㈎ 공급적 측면: 정보기술의 발달

정치과정은 참여자들의 특정 의사교환방식에 의하여 영향을 받게 된다. 그리스 도시국가에서는 언어와 구술이 직접민주주의 유형에 영향을 미쳤으며, 근대의 행정국가에 있어서는 관료제와 인쇄물이 민주주의 방식을 결정짓는 중요 요인이었다. 최근의 정보기술의 발전에 의한 인터넷과 스마트기술의 출현은 새로운 민주주의 모형인 전자민주주의를 탄생시키고 있다.[2]

#### ① 전자민주주의의 실현

상호작용성의 특징을 가진 새로운 정보기술의 출현은 투표와 정책결정과정 등에 있어 국민의 직접참여를 용이하게 했다. 정보기술에 있어서 대표적인 것으로 인터넷과 스마트폰을 들 수 있다. 인터넷과 스마트폰은 특정시민에게 선거와 국민투표에 있어 전자적으로 투표할 자격을 부여하고 여론조사를 용이하게 하며, 정부와 시민 그리고 정치 후보자와 투표자 간의 상호작용을 강화함으로써 정치참여의 장을 대폭 확대하며 직접민주주의로의 전환을 야기한다.

#### ② 전자민주주의의 실현조건

전자민주주의의 실현조건을 살펴보면 다음과 같다.

ⓐ 시민들의 보편적 접근이 가능한 정보통신망 구축

---

2) 이 절에서 참고한 문헌은 다음과 같다. 김성태, 『전자정부론』, 법문사, 2003; 백경재, "한국의 전자민주의 현황과 전개방향: 정치관련 사이트 분석을 중심으로", 숙명여대 정치외교학과 대학원 학위논문, 2001 등.

ⓑ 정부, 학계, 시민, 언론인, 기타 전문가들의 가상공간상 상호교류

ⓒ 올바른 정보기기 활용을 위한 시민교육프로그램

ⓓ 가상공간이 상업목적으로만 활용되는 것을 방지하기 위한 제한과 규제

ⓔ 비엘리트집단을 포함한 전자정부의 태스크포스 기획팀 운영

ⓕ 가상공간을 통해 형성된 여론이 정부정책에 반영될 수 있도록 하는 장치

ⓖ 상호작용적 멀티미디어로의 기술발전

## (나) 수요적 측면: 사회적 필요성

대의민주주의 한계와 정부의 문제해결능력의 한계로 인해 발생한 공공선의 파괴를 더 이상 방치하지 않으려는 목적에서 시민사회 스스로 정치세력화되기 시작하였다. 이러한 시민의 역할과 정부와의 역학관계 변화는 전자민주주의를 가능하게 하였다. 또 다른 측면에서는 정부개혁의 측면에서 등장한 고객지향주의, 시장형 기제의 확산, 개인주의적 가치관에 따른 시민의 사회적 활동의 확산으로 인해 제한된 시민의 개념이 확대되게 되었으며, '적극적 시민'이라는 개념이 등장하였는바, 이러한 사회적 수요가 직접민주주의의 계기를 형성하고 전자민주주의가 그 새로운 기회를 제공한 것이다.

## (2) 전자민주주의의 개념과 기능

### (가) 전자민주주의의 개념

전자민주주의는 정치과정에서 대표자를 통하는 것이 아니라, 정보통신기술, 특히 컴퓨터 매개통신을 통하여 국민이 직접 자신의 의사를 표현하고 투표할 수 있게 됨으로써, 대표민주주의를 보완 내지 대체할 수 있는 정치참여제도이다. 이런 정치형태는 '전자민주주의', '인터넷 민주주의', '사이버 데모크라시', '키패드 민주주의' 등 다양한 이름으로 표현된다.

### (나) 전자민주주의의 기능

전자민주주의의 기능은 다음과 같다.

### ① 쌍방향성

정보기술이 가져다준 가장 큰 의미의 변화는 '쌍방향 커뮤니케이션'이라는 데서 특징을 찾을 수 있다. 과거 기술적 제약으로 인해 상호작용을 하지 못했던 개인 및 집단들 간의 커뮤니케이션의 연결을 증가시켜 사회적 네트워크의 밀도를 높이고, 온라인 내 전자공동체의 활성화를 가져온다.

② 접근성

접근성은 전자민주주의를 이룩하는 중요한 기제이자 수단이다. 접근성은 어떠한 사안에 접근할 수 있는 정도를 측정하는 것으로서 정보기술의 발전정도와 경로의 다양성에 의해 확보된다. 정보사회에는 접근성의 확보로 인해 시민의 참여가 유도되고 참여에 의해 다양한 의제가 설정되며, 개인이나 집단이 다양한 접근경로로 정책결정과정에 영향을 끼치게 된다.

③ 정보의 유용성

새로운 정보기술은 다량의 정보를 다양하게 시·공간의 제약을 받지 않고 빠른 속도로 전달할 수 있는 능력을 가진다. 이러한 정보기술의 유용성이 시민들에게 양질의 정보를 제공해 주고, 이러한 정보를 제공받은 시민들은 정책을 토론하거나 결정할 수 있는 역량을 가지게 된다.

## (3) 전자민주주의에 대한 시각

### (가) 대의민주주의의 보원적 수단 관점

전자민주주의의 논의는 대의민주주의의 결점을 보완하려는 의도에서 시작되었다고 보는 관점이다. 즉 직접민주주의를 구현하려는 것이 아니라 대의민주주의를 개선하고자 하는 것이며, 따라서 정보통신기술을 통한 정보채널의 확대에 더 큰 관심을 둔다.

### (나) 직접민주주의의 완전실현 수단 관점

전자민주주의는 인터넷이라는 정책기제를 사용하여 국민의 정책참여를 실현하고, 나아가 직접민주주의를 실현할 수 있다는 관점이다.

### (다) 통합적 관점

전자민주주의가 대의민주주의를 보완한다는 이론과 이를 완전 대체하여 직접민주주의를 실현한다는 관점은 배타적 구분을 하기보다는 상대적인 관점으로 이해하는 것이 바람직하다는 관점이다. 즉 정보기술의 발전과 도입수준과 시민사회의 성숙정도에 따라 전자민주주의의 기여도는 달라질 수 있다고 보는 것이다.

## (4) 전자민주주의에 대한 긍정론과 부정론

### (가) 긍정론적 관점

전자민주주의에 대한 긍정론적 관점을 살펴보면 다음과 같다.

① 토플러(Alvin Toffler)의 견해

정보통신기술의 발달로 산업사회에서 정보사회로의 변화를 예고하였다. 그는 제2의 물결인 산업화에 이어 제3의 물결을 정보화로 보았다.

② 론펠트(David Ronfeldt)의 견해

정보가 권력의 원천이고 정보가 정치체제의 통치원리와 조직원리의 근간이 되는 '사이버로크라시'(Cyberocracy)의 시대가 도래할 것이라고 예견하였다.

③ 바버(Benjamin Barver)의 견해

정보기술을 이용한 강한 민주적 대화, 강한 민주적 결정, 강한 민주적 행동을 제도화하는 전자타운회의, 복수선택이 가능한 투표와 여론조사, 비디오텍스를 통한 정보제공 등으로 강한 민주주의의 실현 가능성을 주장하였다.

④ 달(Robert Dahl)의 견해

유토피아적 민주주의 구상에서 컴퓨터와 원격통신 장비를 이용하여 시민들의 정치적 식견을 향상시키고 정치적 의사결정에서 보다 많은 참여를 유도할 것이라 주장했다. 이런 긍정론적 관점을 가진 학자들은 첨단 정보기술이 직접민주주의를 실현할 것이라고 본다.

(나) 긍정론적 관점의 전자민주주의의 장점

긍정론적 관점에서 본 전자민주주의의 장점은 다음과 같다.

① 신속한 의사소통

정보통신기술은 시간, 공간, 복잡성의 이유로 토론의 곤란을 지적한 대의민주주의의 한계를 극복하여 토론이 가능하게 하며, 시공간의 제약 없이 다른 이들과의 정보 및 의견을 실시간으로 교환할 수 있도록 하고 최선의 합리적 선택을 하게 한다.

② 시민참여의 증대

전자민주주의하에서의 즉시성으로 인해 시민들이 자기결정의 요구를 충족시키는 데 있어 장애가 되었던 중요한 제한들이 기술에 의해 극복됨으로써 참여를 증대할 수 있으며, 이런 참여의 증가를 통해 정치적 의식 또한 높일 수 있다. 하지만 즉시성의 발현과 참여의 증대가 곧 높은 정치의식으로 이어질 수 있는가에 대해서는 논란의 여지가 있으며, 이들이 포퓰리즘(populism)을 어떻게 극복할 수 있을지도 중요한 대목이다.

### ③ 정치참여과정의 직접화

전자투표, 전자청문회, 전자국회 등의 도입은 정치과정 혹은 정책결정과정에 대한 시민들의 직접적인 참여를 촉진한다. 전자민주주의하에서는 시민들이 중재 없이도 직접 관련 정책담당자들에게 접근할 수 있을 뿐만 아니라, 신속한 정보교류와 시민 네트워크를 통해 시민의 의견을 공론화할 수 있다.

### ④ 정보접근의 용이성

인터넷을 통해 값싼 비용으로 정보를 이용, 획득할 수 있으며, 정보의 범위도 다양하고 넓다. 그리고 사이버 공간의 활용을 통해 정치활동의 거래비용(transaction cost)을 절감할 수 있다.

### ⑤ 정치의 투명성 확보

시민들이 사이버 공간을 통해 항시적으로 정부와 정치인과 접촉함으로써 그들 활동에 대한 감시와 압력을 행사하고, 정부기관이나 정치인이 인터넷을 통해 시민과 유권자의 요구를 신속하게 직접 들어 정치와 행정에 즉시 반영함으로써 정부와 정치인의 책임성과 대응성을 높일 수 있다. 또한 정부와 정치인에 대한 정보가 공개됨으로써 정치의 투명성을 높일 수 있다.

### (다) 부정론적 관점

전자민주주의에 대한 부정론적 관점을 살펴보면 다음과 같다.

### ① Gandy의 견해

자동화된 고도의 감시기술의 발전으로 인해 시민권의 확장보다는 감시의 대상이나 방법이 훨씬 폭넓고 정교하게 전개될 것이다. 이 경우 감시대상은 시민 누구나 해당될 수 있으며, 감시 주체는 정치집단이나 기업으로서 그들의 정치적 이익이나 경제적 이익 확보를 위해 사용될 수 있는 우려가 있다.

### ② 강정인의 견해

정보기술의 도입은 정치의 대중조작, 연예화의 강화, 정보과부하에 따른 일반 시민들의 정치적 무력감과 방관자 의식의 강화, 정보의 집중과 독점 및 조작에 따른 전제정치의 위험성을 야기시킬 우려가 있다.

(라) 부정론적 관점의 전자민주주의의 단점

부정론적 관점에서 본 전자민주주의의 단점(문제점)을 살펴보면 다음과 같다.

① 정보의 과부하 및 부정확성

인터넷에서는 많은 정보가 제공된다. 하지만 이런 정보가 정확한 것인지에 대한 판단과 분석은 불가능하다. 이러한 정보의 과부하, 부정확성 등의 문제는 시민의 정보수용능력을 초과하여 오히려 시민들의 판단과 결정을 어렵게 할 수 있다.

② 실질적으로 소수인 참여 주체

컴퓨터와 인터넷 접속비용과 관련된 '경제적 제한', 컴퓨터의 이용방법을 습득하기 위한 '시간적 제한'에 의해 전체 인구에 대비해 인터넷 접속인구는 상대적으로 소수라는 것이다. 그러나 이러한 점은 보편적 서비스정책의 강력한 추진으로 극복될 수 있는 문제이다.

③ 대표성의 문제

대표성의 문제와 관련해서는 다음과 같은 의문이 제기될 수 있다.

첫째, 다수의 참여가 전체를 대표할 수 있는가?
둘째, 다양한 계급과 계층적 이해를 어떻게 공정하게 반영할 것인가?
셋째, 이러한 다수의 참여가 민주주의의 본질적 향상을 가져올 것인가?

④ 전자전제주의의 위험성

일반대중이 사이버공간에서 독단적이고 무책임한 발언과 선동을 함으로써 다중의 횡포가 존재할 수 있다. 또한 높은 기술 독재적 대중주의 형태가 출현할 수 있다. 최악의 경우 소수의 엘리트가 새로운 정보기술을 장악하는 전자전제주의를 야기할 수도 있다.

⑤ 실질적인 참여와 불평등

정보의 편중화, 정보수요와 이용능력의 격차로 오히려 실질적인 참여에 있어 참여의 기회를 저해할 수 있다.

(5) 전자민주주의 현황과 발전방향

전자민주주의와 관련한 최신 제도로서의 전자투표의 다양한 쟁점과 발전방향에 대해 검토하면 다음과 같다.

① 전자투표의 개념

전자투표의 개념은 어느 범위까지 활용하느냐에 따라 즉, 범위에 따라 구분할 수 있다.

첫째, 협의의 개념으로는 전자투표란 유권자의 투표하는 행위가 전자매체를 이용해 직접적으로 이루어지는 투표, 키오스크 투표(예: 일본)를 말한다.

둘째, 광의의 개념으로는 투표관리의 모든 과정에 전자적 매체를 활용하는 것이다. 즉, 선거인명부 작성, 투표, 개표, 집계의 모든 과정 또는 일부 과정에서 전자매체를 활용해 이루어지는 투표 형태를 말한다.

셋째, 최광의의 개념으로는 투표와 관련한 모든 과정에서 전자매체가 사용되는 경우를 말한다. 즉, 투표의 주체와 범위 및 방법 등을 정할 때부터 시작해 주민들이 이 과정을 쉽게 참여할 수 있도록 전자적 공간을 제공하며 주민서명 또한 전자서명으로 대체하는 것을 포함하는 개념이다.

다음으로 전자투표는 장소에 의해 개념을 분류할 수 있다.

첫째, 전통적인 관점에서의 개념이다. 이는 고정적, 협의적인 관점으로서 규정에 의해 정해진 장소와 시간에 의해 행해지는 투표를 말한다. 이는 지정된 장소에서 지정된 시간에 전산망과 연결된 전자투표 단말기에 투표하는 것을 의미하며, 현재의 투표 방식에 정보기술을 접목한 수준을 말한다.

둘째, 전자적 관점에서의 개념이다. 이는 광의의 전자투표, 선거인이 투표소가 아닌 장소에서 PC와 스마트폰, 또는 스마트TV 등 인터넷 또는 유선 네트워크와 같은 인프라 구조를 이용하는 투표방식을 말한다. 협의의 개념과 구분하기 위해 원격투표 방식(RVEM: Remote voting by electronic means)이라고 한다.

② 전자투표의 의의

전자투표는 선거업무의 전자화를 촉진하여 국민에게 보다 편리한 선거서비스의 제공이라는 전자정부적 서비스이다. 이러한 의미에서 전자투표 시스템의 도입은 종이투표를 전자투표기로 대체하거나 단순히 행정과정에서 발생하는 비용절감과 정보제공이라는 차원을 넘어 선거에 대한 국민의 만족도를 높이고 현행 민주주의 제도를 한층 더 업그레이드시키는 과정으로 인식될 필요가 있다. 즉, 전자투표는 새로운 의사결정수단을 제공하여 민주주의를 성장, 발전시키고, 초고도정보화에 걸맞은 민주주의의 재설계과정이라고 볼 수 있다.

전자투표는 선거관련 업무의 프로세스혁신을 통해 선거서비스를 전자적으로 유권자에

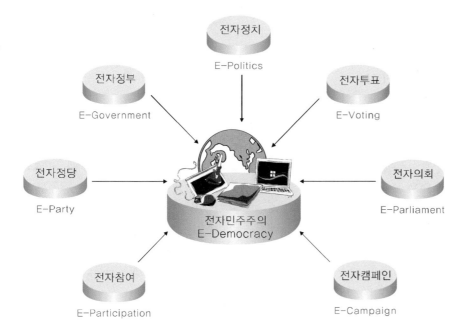

〈그림 18-1〉 전자민주주의의 구성개념

전자정치
E-Politics

전자정부
E-Government

전자투표
E-Voting

전자정당
E-Party

전자민주주의
E-Democracy

전자의회
E-Parliament

전자참여
E-Participation

전자캠페인
E-Campaign

※ 자료: 전자선거추진협의회 홈페이지(http://www.e-voting.go.kr)

게 제공함으로써 편의성을 높이게 될 것이며, 기존 선거제도의 문제점을 보완하여 보다 민주적인 선거제도 구현에 기여하는 등 민주적인 정책결정의 수단적 기제가 될 수 있다.

③ 전자투표의 유형
전자투표의 유형은 크게 세 가지 방식으로 구분할 수 있다.

첫째, 전자판독 투표방식이다. 이는 유권자가 후보자의 이름이 인쇄된 투표 카드에 자신이 원하는 후보자의 이름을 선택해, 연필, 펜으로 표시하거나 구멍을 냄으로써 투표 내용을 자동으로 판독할 수 있게 하는 방식을 말하며, 펀치 카드 투표방식, 스캐너 장치를 이용한 투표 방식이 있다.

둘째, 전자기록 투표방식이다. 이는 유권자가 투표용지 대신에 컴퓨터 단말기를 이용하는 방식이다. 유권자는 컴퓨터 화면에 나타난 후보자들 이름을 터치하거나 버튼을 누름으로써 투표권을 행사하게 되며, 컴퓨터는 자동적으로 표를 집계한다. 또한 투표용지로 인한 부정행위 혹은 오류 발생의 여지가 없으며 표의 집계가 대단히 신속하다는 장점을 지닌다. 하지만 이 방식은 컴퓨터 프로그램 상에 오류가 있을 경우 치명적인 결과를 초래하며, 투표 장비를 마련하는데 소요되는 비용이 상대적으로 높은 편이다.

셋째, 인터넷 투표방식이다. 위의 두 가지 방식은 유권자가 지정된 장소에서 투표하기 때문에, 유권자 등록 및 선거인명부 작성 시 유권자에 대한 편의성 제공에 무관심하며, 투표용지 혹은 투표 장비가 필수적으로 요구되기 때문에 예산 낭비가 많다. 상대적으로 인터넷 투표 방식은 유권자 친화적이며 비용 면에서 효율적이다. 기본 절차는 전통적 투표 방식과 크게 다르지 않다.

**용어해설 | 유비쿼터스 보팅(u-Voting)** 유비쿼터스 보팅(Ubiquitous Voting)이란 언제 어디서나 시간적·공간적 제약을 받지 않고 유·무선 환경에서 자유롭게 투표할 수 있는 방식이다. 터치스크린 방식의 전자투표와 전자인증을 통한 인터넷투표를 포함하며, 더 나아가 노트북, PDA, 유선전화, 스마트폰, 스마트TV 등 다양한 매체를 활용함으로써 유권자 및 후보자에게는 편리하고 공정한 투표환경을 제공하고 선거진행자에게는 선거효율을 극대화하는 개념을 의미한다. 본문에서 언급한 인터넷 투표방식에 더하여 최근 스마트매체의 모든 방식을 포함한 개념이라고 할 수 있다.

자료: 전자선거투표연구회(http://www.u-voting.com)

#### ④ 우리나라 전자투표의 발전단계

우리나라의 전자투표는 발전단계에 따라 세 단계로 구분된다. 제1단계는 시범적용 단계(2005~2007)로 전자투표 및 인터넷선거 시범시스템이 구축되고, 주민투표, 위탁선거, 민간선거에 적용되었다. 제2단계는 전자투표기 투표단계(2008~2012)로 통합선거인명부 DB가 구축되고 각 투표소에서 통합선거인명부 DB에 네트워크를 통한 접속이 가능하게 된다. 제3단계인 유비쿼터스 투표(u-Voting)단계(2012년 이후)에는 u-Voting에 입각한 인터넷 선거시스템이 구축되며, 2012년 국회의원선거에서는 개인 PC, 노트북, PDA, 휴대전화, ARS, 이동투표차량 등 각종 단말기를 이용하여 투표가 가능해질 전망이다. 물론 키오스크 방식의 전자투표와 기존의 종이투표 그리고 인터넷투표가 동시에 실시될 것이다.

#### ⑤ 우리나라 전자투표 관련법규

전자투표가 근거하고 있는 관련법규로는 대표적으로 공직선거법을 들 수 있다. 공직선거법 제278조(전산조직에 의한 투표·개표)의 규정에 의하여 투표 및 개표 사무관리를 전산화하여 실시하기 위해서는 국회에 교섭단체를 가지는 정당과 협의하여 결정하도록 하였으며, 이러한 협의를 위하여 국회에 교섭단체를 구성한 정당이 참여하는 전자선거추진협의회를 설치·운영할 수 있도록 하고 있다.

그 외에도 전자정부구현을 위한 행정업무 등의 전자화 촉진에 관한 법률, 정보통신기반보호법, 전자서명법, 개인정보 보호법, 정보통신망이용촉진 및 정보보호 등에 관한 법률

〈그림 18-2〉 전자투표 발전단계

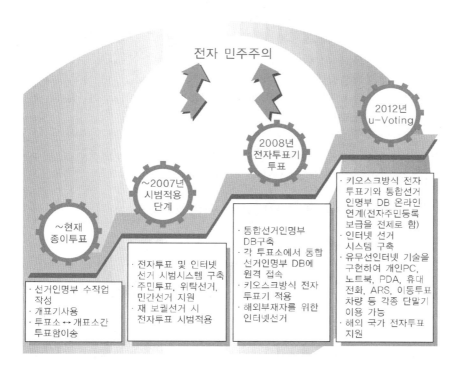

전자 민주주의

2012년
u-Voting

2008년
전자투표기
투표

~2007년
시범적용
단계

~현재
종이투표

· 선거인명부 수작업
  작성
· 개표기사용
· 투표소 ↔ 개표소간
  투표함이송

· 전자투표 및 인터넷
  선거 시범시스템 구축
· 주민투표, 위탁선거,
  민간선거 지원
· 재 보궐선거 시
  전자투표 시범적용

· 통합선거인명부
  DB구축
· 각 투표소에서 통합
  선거인명부 DB에
  원격 접속
· 키오스크방식 전자
  투표기 적용
· 해외부재자를 위한
  인터넷선거

· 키오스크방식 전자
  투표기와 통합선거
  인명부 DB 온라인
  연계(전자주민등록
  보급을 전제로 함)
· 인터넷 선거
  시스템 구축
· 유무선인터넷 기술을
  구현하여 개인PC,
  노트북, PDA, 휴대
  전화, ARS, 이동투표
  차량 등 각종 단말기
  이용 가능
· 해외 국가 전자투표
  지원

※ 자료: 고선규(2006: 38)에서 인용.

등에 근거하고 있다.

⑥ 전자투표의 실행 절차

전자투표가 이루어지는 절차는 다음과 같다. 우선 본인확인방법으로 본인확인 서버를 설치하고 투표장과 전용회선을 설치하여 확인한다. 투표장 입구에서 투표권이 발급되고 주민증 스캐너를 통한 주민번호 자동인식을 통해 서버의 선거인 등재여부 및 이중투표여부를 확인한다. 본인확인이 끝나고 유권자로 인정되면 지문인식기를 통해 지문을 스캔 받아 서버에 저장하고 투표카드(스마트카드)를 발급한다. 투표기에 투표카드를 삽입하면 후보자 선택화면이 나타나고 후보자를 선택하면 선택한 후보자가 맞는지의 여부를 확인하고 투표가 종료된다. 이렇게 투표한 결과는 암호화되어 CF메모리카드에 저장된다. 마지막으로 투표결과가 저장된 CF메모리카드를 개표용 허브에 장착하여 개표소로 이동시킨 후 개표 PC에 연결하여 전산개표가 실시된다(양영철, 2007).

　**터치스크린 투표**　터치스크린 투표는 은행 현금인출기와 유사한 방식으로 화면에 나타난 후보를 손가락으로 선택하는 방식이다. 투표절차는 ① 통합선거인명부데이터베이스에서 선거인 여부를 확인하고 선거인에 해당하는 투표정보를 입력한 투표카드를 발급, ② 기표대에 설치되어 있는 터치스크린투표기에 투표카드를 넣으면 선거인에게 해당하는 투표화면 자동 표시, ③ 투표기 화면에 나타난 후보자 중 선택할 후보를 손가락 끝으로 살짝 누름, ④ 선택한 후보가 맞는지 확인하고 프린터에 투표결과가 제대로 기록되어 있는지 확인, ⑤ 투표기에서 투표카드가 배출되면 투표카드 반납함에 투입으로 이루어진다.

　우리나라에서 추진하는 방식은 선거인명부데이터베이스는 네트워크로 연결하되, 투표기는 네트워크와 연결하지 않고, 프린터에 투표결과를 인쇄하여 보관함으로써 투표결과에 대해 해킹, 조작 등의 우려를 원천적으로 배제할 수 있도록 한다.

**〈그림 18-3〉 터치스크린 투표절차 가상도**

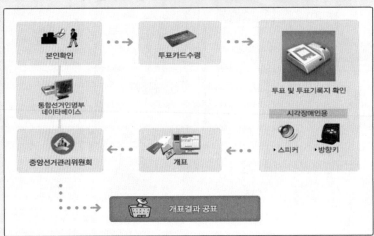

자료: 전자선거추진협의회 홈페이지(http://www.e-voting.go.kr)

### ⑦ 전자투표의 긍정적 기대효과 및 역효과

전자투표의 긍정적 기대효과는 크게 두 가지를 들 수 있다.

첫째, 주민 참여의 증대 효과를 통해 직접 민주주의 범위가 확대된다. 이러한 주민들의 참여 확대는 공공선택의 입장에서 보면 개인의 정치적 선호 표출이 용이해짐으로써 집단 전체의 효용성을 극대화하게 된다. 또한 시간과 장소의 한계를 극복하며 장애인을 비롯한 소외계층의 참여를 용이하게 하며, 따라서 민주주의의 대표성의 문제가 해결된다.

둘째, 선거와 투·개표 과정의 경제성과 효율성을 제고할 수 있다. 즉, 선거과정을 전반적으로 관리하기 때문에 경상적 경비를 대폭 절감할 수 있다. 특히 후보 등록, 선거인명부 작성과 공람, 투·개표 인력의 운영, 투표용지 인쇄 등의 비용 절감이 가능하다. 또한 개표의 신속성과 정확성이 제고되며, 결과적으로 민주주의에 대한 신뢰성을 확보할 수 있다(고선규, 2006: 40~41).

하지만, 전자투표의 역효과도 있는데, 이는 크게 세 가지를 들 수 있다.

첫째, 기술적인 측면에서 오는 역효과, 즉 보안문제이다. 이는 해킹 등 외부에서 투표 시스템에 관여하는 경우와 전자투표 시스템에 안정성을 담보할 수 있는 기술 수준이 이루어지지 못하고 있다.

둘째, 문화적 측면에서 오는 역기능이다. 이는 수용 능력의 한계로 전자투표에 대한 수용 거부가 발생할 수 있다. 또한 정보 격차가 발생가능하며, 이러한 정보 격차의 차이는 전자투표기의 접근에서 차이를 가져올 것으로 예상된다. 또한 정보 격차로 인해 소외된 주민들은 투표에 기권을 하거나 다른 사람이 대신해 주는 대리 투표의 가능성을 높여서 결국 투표 결과의 왜곡 현상을 초래할 수 있다.

셋째, 경제적 측면의 역기능이다. 즉, 비용이 과다할 것을 예상할 수 있으며, 일본의 연구에 의하면 전자투표기는 활용이 30회 이상 되어야 비용이 비로소 보상된다고 한다. 이러한 이유로 인해 투자비용에 비해 얼마나 이득이 나올 것인가에 대한 반발이 있을 수 있다(양영철, 2007).


## 2) 행정정보공개정책

### (1) 행정정보공개의 의의

#### (가) 개 념

행정정보공개제도라 함은 정부기관(공공기관)이 보유한 정보를 일부 비공개로 하여야 할 정보를 제외하고는 누구에게나 청구에 응해서 열람·복사할 수 있도록 공개하는 제도를 말한다. 정보공개제도는 사전절차제도의 전제로서 그리고 헌법상 권리로서의 국민의 '알 권리'를 실현하는 독자적인 제도로서 현대 민주주의를 실현하는 매우 중요한 제도이다.

정보공개는 전자민주주의 핵심요소로서 정부 내의 정보가 공개되는 것만으로도 전자민주주의 구현에 상당한 효과를 볼 수 있을 것이다. 전자정보공개제도를 통해 먼저 행정의 투명성이 제고될 수 있으며, 이를 통해 정부의 정책에 대한 공론이 형성되어, 궁극적으로 정부의 정책의 질이 제고될 수 있다.

이러한 정보공개제도의 가장 큰 의의는 국민의 알 권리 보장과 국정의 투명성 확보이며, 이를 통해 국민의 신뢰성 확보 및 국민의 권익 보호를 실현할 수 있을 것이다.

(나) 법적 근거

행정정보공개의 법적 근거로는 헌법적 근거와 실정법적 근거가 있다.

① 헌법적 근거

정보공개청구권은 '알 권리'의 한 요소를 이룬다고 보는 것이 헌법재판소의 입장이다. '알 권리'의 헌법적 근거에 대해서는 견해의 차이가 있다. 즉, 헌법에 명시된 표현의 자유로부터 근거를 구하는 견해가 있는 한편, 국민주권의 원리, 표현의 자유, 인간의 존엄성, 행복추구권과 인간다운 생활을 할 권리 등에서 복합적으로 근거를 구하는 견해가 있다.

② 실정법적 근거

정보공개청구권은 '알 권리'에 근거하여 인정되는 것이나, 공개되어서는 안 되는 비밀정보, 정보공개절차, 공개가 거부된 경우의 불복절차 등의 여러 법적 문제에 관하여 정보공개청구권이 실효성 있게 보장되기 위하여 법률에 의해 구체적으로 규정되어야 한다. 이런 관점에서 정보공개청구권을 구체적으로 보장하기 위해 1996년 12월 31일 '공공기관의 정보공개에 관한 법률'이 제정되어 1998년 1월 1일부터 시행되고 있다.

## (2) 정보공개의 필요성과 역기능

(가) 정보공개의 필요성

정보공개의 필요성으로는 국민의 알 권리 보호, 국민의 정보이용 용이, 민주주의 존립전제, 국정에 대한 신뢰성 확보를 들 수 있다.

① 국민의 알 권리 보호

정보공개는 국민의 '알 권리'의 충족을 위하여 필요하다. '알 권리'는 개인의 인격형성을 위한 전제이며, 개인의 자아실현을 가능케 하는 헌법적 권리로서 인간의 행복추구의 중요한 내용이 된다. 개인이 인간으로 성장하고 인간다운 인격체로서 존재하기 위해 국민은 세계와 국가(정책) 및 사회에 대한 지식과 사실을 알 권리가 있다.

② 국민의 정보이용 용이

국가기관은 1차적으로 자신의 공적 임무 수행을 위하여 방대하고 다양한 정보를 수집·축적하고 있다. 정보공개는 이러한 정보를 시민이 유용하게 활용할 수 있게 한다.

③ 민주주의 존립전제

정보공개는 민주주의의 존립을 위해서도 필수적이다. 민주주의와 국민자치를 실현하기 위하여서는 국민이 정부가 하는 일에 관한 정보를 투명하게 알아야 하며, 이에 근거해 올바른 정치적 의견의 표명, 선거권의 행사, 여론의 형성이 가능하고, 국정과정에 참여하고 국정에 대한 올바른 감시와 비판을 할 수 있다.

④ 국정에 대한 신뢰성 확보

정보공개에 의한 정부의 실현은 국정운영의 투명성을 확보하고, 민주적이고 공정한 국정운영을 구현함으로써 국정에 대한 국민의 신뢰성을 확보하게 된다. 또한 정보공개는 부정·부패의 방지를 위해서도 필수적으로 요청된다.

(나) 정보공개의 역기능

정보공개에 따른 역기능은 다음과 같다. ⓐ 국가비밀이나 개인정보가 침해될 우려가 커지게 된다(정보공개법과 개인정보 보호법의 관계에 대해서는 〈표 18-1〉 참조). ⓑ 경쟁상대가 되는 기업의 비밀을 탐지하기 위한 목적으로 악용될 소지가 있다. ⓒ 정보공개를 위한 문서목록작성, 전담기구의 설치, 인력충원 등 행정부담이 증가된다. ⓓ 부실한 정보의 유통이나 조작된 정보가 공개될 우려가 있다. ⓔ 정보접근능력이 있는 자만이 정보를 접함으로써, 정보접근능력이 있는 자는 결과적으로 정보접근능력이 없는 자보다 유리해져서 사회적 형평성을 저해할 우려가 있다.

(3) 우리나라의 정보공개 정책의 문제점

우리나라의 정보공개 정책의 문제점을 살펴보면 다음과 같다(이근주, 2003).

(가) 전자적 정보공개 활성화의 어려움

현재 시행되는 정보공개법은 전자적 정보공개보다는 기존의 수작업을 중심으로 한 문서에다가 전자문서를 하나의 부가적인 의미로만 인정하기 때문에 전자적인 정보의 청구나 공개가 허용되지 않고, 단지 정보의 개념에 포함된다.

(나) 사전적 정보공개의 미흡

현 제도상으로는 사전적, 적극적으로 공개가 가능한 행정정보의 대부분이 청구-판단절차를 거쳐서 공개되고 있다. 현행법상 공공기관의 사전적 자발적 정보공개는 단순 권고조항에 불과(법 21조)하여 법적으로는 공공기관이 국민의 청구가 없을 경우에는 어떠한 행정

〈표 18-1〉 정보공개법 및 개인정보 보호법의 관계

| 구 분 | 공공기관의 정보공개에 관한 법률 | 개인정보 보호법 |
|---|---|---|
| 제 정 | 법률 제5242호(1996.12.31.)<br>• 2017.7.26. 새 법률 시행 | 법률 제4734호(2011.3.29. 제정)<br>• 2017.10.19. 새 법률 시행 |
| 입법목적 | • 국민의 알 권리 보장<br>• 국정운영의 투명성 확보 | • 개인의 자유와 권리 보호<br>• 개인의 존엄과 가치 구현 |
| 대상정보 | • 공공기관이 보유·관리하는 정보 | • 개인신상 관련 정보<br>(개인정보 파일 및 종이문서 포함) |
| 법률<br>미적용 대상 | 본서 공공기관의 정보공개에 관한 법률의 "정보공개에 예외가 되는 정보들" 참고 | • 공공기관이 처리하는 개인정보 중 통계법에 따라 수집되는 개인정보<br>• 국가안전보장과 관련된 정보 분석을 목적으로 수집 또는 제공 요청되는 개인정보<br>• 공중위생 등 공공의 안전과 안녕을 위하여 긴급히 필요한 경우로서 일시적으로 처리되는 개인정보<br>• 언론, 종교단체, 정당이 각각 취재·보도, 선교, 선거 입후보자 추천 등 고유 목적을 달성하기 위하여 수집·이용하는 개인정보 |
| 적용대상기관 | • 국가기관<br>• 지방자치단체<br>• 공공기관의 운영에 관한 법률 제2조에 따른 공공기관<br>• 그 밖에 대통령령으로 정하는 기관 | • 공공기관(국가행정기관, 지방자치단체, 국영기업체 등)<br>• 민간 통합(민간부문까지 확대) |
| 청구권자 | • 국민<br>• 외국인(외국인의 정보공개 청구에 관하여는 대통령령으로 정함 | 본인 |

정보도 공개할 법적 의무가 없기 때문이다. 그러나 공공기관이 보유한 모든 정보가 그 공개에 있어서 청구-공개여부 판단의 절차를 필요로 하지 않는다. 상당부분의 정보는 그러한 청구가 없어도 정부가 자발적으로 공개할 수 있으며, 이것이 사회 전체적으로도 커다란 편익의 증가로 이어진다는 사실을 인식할 필요가 있다.

(다) 정보공개에 대한 공무원과 국민의 인식의 차이

정보공개가 잘 이루어지지 않는 원인으로 대부분의 공무원은 국민의 무리한 정보공개요구를 꼽고 있으나, 전문가 집단은 공무원의 부정적이고 소극적인 인식과 폐쇄적 조직문화를 꼽고 있다. 이러한 공무원과 민간의 커다란 인식차이는 정보공개제도가 활성화되지 못

하는 중요한 원인이다.[3]

## (라) 공개대상 정보의 관리문제

공공기관의 정보공개가 실효를 거두기 위해서는 우선 공공기관에서 생산되는 정보의 관리가 철저하게 이루어져야 한다. 공공기관의 문서가 생산시점부터 잘 관리가 되지 않을 경우 문서의 존재여부를 외부에서 확인하기 매우 어려우며 내부적으로도 효과적인 정보의 관리가 어렵게 된다. 특히 문제가 되는 것은 생산되는 모든 문서가 은폐나 누락되지 않고 모두 목록화되어야 한다는 점이다.

## (4) 정보공개 확대방안

정보공개 확대방안을 살펴보면 다음과 같다.

## (가) 정보공개 확대 기본방향

현행 행정정보공개제도는 국민의 정보공개 청구를 전제로 하여 공개와 비공개여부의 판단기준과 처리절차, 비공개시 사후구제방안 등에 국한되고 있다. 정보공개를 획기적으로 확대하기 위해서는 국민의 공개신청 이전 단계부터 접근하여 행정기관에서 생산하는 문건의 체계적인 관리, 행정기관의 사전·자발적인 정보공개 등을 우선적으로 고려하여 공개청구의 수요를 사전에 충족시키는 노력이 있어야 한다.

## (나) 문서 생산시점부터 공개여부 판단 및 철저한 관리
### ① 문서목록 DB화 및 철저한 관리

문서목록의 DB화는 등록된 문서를 대상으로 한다. 따라서 문서 자체가 등록이 되지 않으면 문서목록의 DB화는 실효를 거두기 어렵다. 따라서 정식 기안문서뿐만 아니라 보고서, 계획서, 메모, 회의록 등 모든 내부결재문서를 포함해서 공공기관에서 생산되고 수집된 모든 문서가 누락되지 않고 등록되어 관리될 수 있는 대책이 필요하다.

---

3) 대부분의 공무원은 국민의 무리한 정보공개 요구를 지적하고 있다(33.4%). 그 다음으로 공개여부 판단과 관련된 불명확한 기준이나 복잡한 처리절차(24%), 정보관리 시스템의 미비(12.4%), 그리고 정보유출을 꺼리는 폐쇄적인 조직문화(12.1%)를 지적하고 있다. 반면에 전문가집단의 경우 행정정보공개제도가 활성화되지 못한 원인으로 행정정보 공개에 대한 공무원의 부정적이고 소극적인 인식을 가장 많이 지적하였으며(30%), 그 다음으로 정보유출을 꺼리는 폐쇄적인 조직문화가 26%를 차지한다. 하지만 행정실상을 고려치 않는 무리한 정보공개 요구 등 국민들의 지나친 요구를 지적한 경우는 한 명에 불과하여 공무원과는 커다란 인식의 차이를 보이고 있다(이근주, 2003).

② 문서생산단계에서 공개여부 결정

현행 공공기관의 기록물관리법 제12조는 생산단계에서부터 공개 및 비공개여부를 분류하여 관리하도록 한다. 이처럼 법제도상으로는 원칙적으로 문서의 생산단계에서 공개여부를 결정하는 시스템으로 전환되었음에도 불구하고, 대부분의 공무원의 경우 공개여부를 지극히 형식적으로 인식하고 있는 실정이다. 따라서 문서의 생산 단계에서의 공개, 비공개여부를 결정하는 시스템으로 나아가기 위해서는 보다 구체화된 공개와 비공개의 기준을 정립하는 것이 선행되어야 한다.

③ 비밀문서의 관리체계 개선

비밀문서의 경우 1급에서 대외비까지 공개시 파급될 효과에 따라 분류되나, 행정내부의 편의에 따라 과대 분류될 가능성이 크며, 이는 합법적으로 국민의 알 권리를 침해할 가능성이 크다. 따라서 문서의 분류시 비밀여부 설정을 엄격한 기준 아래 시행하고, 비밀이라 하더라도 일정시일이 지나거나 비밀로서의 가치를 다했을 경우에는 폐기되지 않고 공개되는 체계를 세워야 한다.

④ 사전적 적극적 정보공개의 확대

사전적 적극적 정보공개의 확대를 위해서는 다음 사항이 필요하다.

ⓐ 사전적 정보공개 의무화: 현행 정보공개법 제21조의 정보공개규정은 사전적 정보공개에 대하여 규정하고 있으나 단순한 권고규정에 불과하다. 공공기관에서 자율적으로 시행하도록 하고 있지만, 이행의 수준이 매우 미흡한 것이 사실이다. 따라서 동 조항을 "공공기관은 공개청구되지 아니한 정보로서 국민이 알아야 할 필요가 있다고 인정되는 정보에 대하여는 이를 적극적으로 국민에게 제공하여야 한다"식으로 의무조항으로 개정하고, 그 구체적인 행정정보의 범위와 방법 등에 관하여는 시행령에 규정하도록 하여야 할 것이다.

ⓑ 직권에 의한 정보공개 기준 마련: 정보공개법에 공공기관의 사전적·적극적 정보공개를 의무화하여 이를 실행해 나가기 위해서는 그 대상과 방법에 대한 구체적인 기준이 필요하다. 법적인 근거나 기준이 없이 시행될 경우에는 사회적 압력의 정도, 기관장의 관심도 그리고 담당공무원의 실천의지에 따라 집행의 수준이 차별화되거나 실행이 제대로 안될 가능성이 많으므로 구체적인 기준을 마련하는 것이 꼭 필요하다고 하겠다.

⑤ 공무원 인식 제고

정보화교육 혹은 신임관리자 교육 등의 기존의 교육프로그램에 정보공개에 대한 내용을 포함해 공무원의 정보공개에 대한 올바른 인식과 이해를 갖도록 해야 할 것이다.

## (5) 요약 및 결론

정보통신기술의 발전은 국민이 원하는 정보를 국민이 원하는 방식으로 쉽게 접근할 수 있도록 하였다. 이러한 정보접근도의 향상은 정보의 비대칭에 기인한 부패문제의 해결에 큰 실마리를 제공한다. 정보통신기술의 가능성은 무한하다고 할 수 있다. 무한한 가능성을 실현하는 것은 정부의 정책의지이다. 인터넷, 이동전화 등 정보통신기술을 보다 적극적으로 활용하여 국민과 정부가 보다 많은 정보를 공유할 수 있게 된다면 정보의 부족과 비대칭에 기인한 부패문제는 상당부분 해결될 수 있을 것이다.

## 전자적 정보공개로서의 정보공개포털(www.open.go.kr)

### 1) 개 요

우리나라 정보공개제도는 1990년대 들어서면서 정부차원의 논의가 시작되었고, 1992년 청주시 행정정보공개조례 제정, 1994년 3월 「행정정보공개 운영지침」(국무총리 훈령)이 제정·시행되면서 기본 모습을 갖추기 시작하였다. 정부는 1994년 학계·언론계·법조계 등 관계전문가 10인으로 '정보공개법안 심의위원회'를 발족하여 여러 차례에 걸친 법안 심의와 공청회, 당정협의, 입법예고 등을 거쳐 1996년 12월 31일 「공공기관의 정보공개에 관한 법률」을 제정·공포하여 1998년 1월 1일부터 시행하였다. 이는 세계에서 13번째이고, 아시아에서는 최초로 정보공개제도를 도입한 것이며,[4] 그간 국민의 정보 접근권 확대를 위해 국민 편의 위주의 정보공개포털(www.open.go.kr)을 구축하여 온라인으로 편리하게 정보공개 청구를 할 수 있도록 지원하였으며, 사전정보공표나 원문정보공개 등 적극적인 제도개선으로 국민의 정보 접근성을 제고하여 왔다. 이후 법령의 전부 또는 일부개정 등을 거쳐 현재에 이르고 있다.

### 정보공개제도 주요 연혁

| | |
|---|---|
| 1992.1 | 청주시 행정정보공개조례 제정 |
| 1994.7 | 총리훈령인 행정정보공개운영지침 시행 |
| 1996.12 | 공공기관의 정보공개에 관한 법률 제정<br>(세계 13번째, 아시아 1번째) |
| 2003.6 | 총리훈령인 행정정보공개의 확대를 위한 지침 제정 |
| 2004.1 | 공공기관의 정보공개에 관한 법률 개정<br>(행정정보 공표 등 전면개정) |
| 2006.10 | 공공기관의 정보공개에 관한 법률 개정<br>(비공개 대상 정보 범위 세부기준 수립·공개) |
| 2008.2 | 공공기관의 정보공개에 관한 법률 개정<br>(정보공개위원회 소속 이관) |
| 2011.10 | 공공기관의 정보공개에 관한 법률 시행령 개정<br>(정보공개책임관 등) |
| 2013.8 | 공공기관의 정보공개에 관한 법률 개정<br>(원문정보공개 제도 도입) |
| 2014.12 | 공공기관의 정보공개에 관한 법률 시행규칙 개정<br>(별표: 수수료 개정) |

| 2016.5 | 공공기관의 정보공개에 관한 법률 개정<br>(정보공개청구조서 서명 허용) |
|---|---|
| 2016.12 | 공공기관의 정보공개에 관한 법률 시행령 및 시행규칙 개정<br>(출자기관의 범위 명확화 등) |

※ 자료: 행정안전부(2017)

### 2) 정보공개 운영 현황

정보공개 청구건수는 지속적으로 증가하는 것으로 나타났다. 2016년에는 756,342건의 정보공개 청구가 접수되어 2015년 691,963건 대비 9.3% 증가하였고, 정보공개법이 최초로 시행된 1998년 26,338건에 대비 약 29배 증가하였다.

〈연도별 정보공개 접수 현황〉

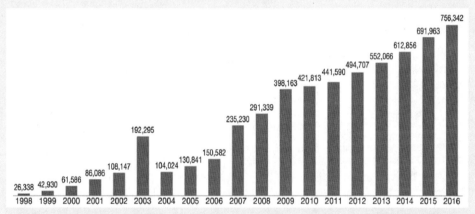

※ 자료: 행정안전부(2017)

### 3) 정보공개 처리 절차

정보공개 처리절차는 다음과 같다.

※ 자료: 정보공개포털(www.open.go.kr)

### (1) 정보공개 청구

• 청구인은 원하는 정보가 있을 경우 정보공개시스템(www.open.go.kr)에서 원문을 조회하거나 이를 보유·관리하는 공공기관에 정보공개 청구서를 기재하여 제출할 수 있다.

> 〈청구서 기재사항〉
> 청구인의 이름·주민등록번호 및 주소
> 청구하는 정보의 내용, 정보형태, 공개방법 등

• 청구를 받은 공공기관은 정보공개처리대장에 기록하고 청구인에게 접수증을 교부하며, 접수부서는 이를 담당부서 또는 소관기관에 이송하게 된다.

### (2) 공개여부의 결정

• 공공기관은 청구를 받은 날부터 "10일" 이내에 공개여부를 결정해야 하며, 부득이한 경우 10일의 범위내에서 연장할 수 있다. 공공기관은 청구정보가 제3자와 관련이 있는 경우 제3자에게 통보하고 필요한 경우 그 의견을 청취하여 결정하게 된다.

### (3) 정보공개

• 정보의 공개를 결정한 때에는 공개일시·공개장소 등을 명시하여 청구인에게 통지하되, 공개를 결정한 날로부터 "10일" 이내에 공개하여야 한다. 만일 공개청구량이 과다하여 정상적인 업무수행에 현저한 지장을 초래할 우려가 있는 경우 정보의 사본·복제물을 먼저 열람하게 한 후 일정기간별로 교부하되 2개월 이내에 완료하여야 한다. 한편 정보를 비공개로 결정한 때에는 비공개 사유·불복방법 등을 명시하여 청구인에게 지체없이 문서로 통지하여야 한다.

## 4) 운영성과 및 발전방향
### (1) 성 과

2014년 3월 중앙행정기관 및 시·도, 2015년 3월 시·군·구 및 교육기관, 그리고 2016년 3월에는 공기업 및 준정부기관의 원문정보공개 서비스가 실시됨에 따라 세계 최초로 도입된 원문정보공개가 시행 3년만에 정부기관에서 공공기관까지 확산되었다.

원문정보공개 건수는 시행초기인 2014년도에 38만건(중앙행정기관 6만, 시·도 18만, 시·군·구 14만 1천)에서 2016년도에는 523만건(중앙행정기관 11만 4천, 시·도 36만, 시·군·구 76만, 교육기관 391만 4천)으로 대폭 증가하였고, 원문정보 다운건수는 2014년도에 50만건(일평균 1,811건)에서 2016년도에는 228만(일평균 6,339건)으로 2014년 대비 4.6배 증가하였다.

(2) 발전방향

정보공개포털(www.open.go.kr)의 향후 발전방향을 정리하면 다음과 같다.

첫째, 원문정보공개 시행으로 원문이 인터넷으로 바로 공개됨에 따라 모든 직원에게
    정보공개법의 이해 및 적용의 중요성은 커져가고 있다. 따라서 정보공개 담당자
    중심의 정보공개 교육뿐만 아니라, 모든 직원(특히, 간부직)의 인식제고를 위한
    교육을 강화하는 방향으로 정보공개 교육방향을 전환해 나갈 필요가 있다.
둘째, 기관의 노력으로 원문정보공개 서비스 기반이 마련됨에 따라 이제는 원문정보공
    개의 양적 성장에 이어 국민에게 유용하고 활용 가치가 높은 정보를 지속 제공
    함으로써 정보공개의 신뢰성 확보를 위해 노력해야 하며, 또한 기관별 국민에게
    유용한 원문 정보 사례를 꾸준히 발굴하여 정보공개포털을 통해 표출·홍보함으
    로써 국민의 관심 제고를 위해 노력해 나갈 필요가 있다.
셋째, 사전정보공표목록 확대라는 양적 측면에서의 성과와 병행하여 공표정보가 국민
    생활이나 경제활동 등의 필요를 충족시켜 주고 있는지에 대하여 검증하고 부족
    한 부분을 발굴하여 보완해 나가는 과정을 지속적으로 반복, 사전정보의 질적인
    성과를 달성함으로써 정보공개의 신뢰성을 제고해 나갈 필요가 있다.
넷째, 정보공개를 통한 국민의 알권리 보장 등 공적 이익 확대와 개인정보보호를 통한
    정보주체 권리 보장이 상호 조화롭고 효율적으로 운영될 수 있도록 상호보완적
    으로 개인정보보호에 기반한 정보공개 제도를 운영할 필요가 있다.
다섯째, 정보공개 제도를 악용하여 고의적으로 과다한 양을 청구하거나, 유사정보의
    반복 청구, 청구 후 취하 또는 타기관 소관 정보의 지속적 청구 등 국민의 알권
    리 보장을 위한 본래 취지와 달리 행정력 낭비를 초래하는 오·남용 사례에 대
    해 합리적 대책을 마련할 필요가 있다.

자료: 행정안전부(2017), "2016년도 정보공개 연차보고서"를 토대로 정리함.

---

4) 현재 전 세계 약 70개 국가들이 정보공개법을 제정·운영하고 있으며, 일본(1999년), 독일
(2005년), 중국(2007년)이 관련법을 제정한 바 있음.

## <<< 핵심 Point !

◎ 민주성 영역의 이슈 및 쟁점

▶ 시민의식과 정치참여
▶ 사회적 감시망의 확대와 심화

◎ 민주성 및 투명성 영역의 정보정책

▣ 전자민주주의 정책
▶ 전자민주주의 등장배경
　• 공급적 측면: 전자민주주의의 실현
　• 수요적 측면: 사회적 필요성과 수요
▶ 전자민주주의의 개념과 기능
　• 개념: 정치과정에서 대표자를 통하는 것이 아니라, 정보통신기술을 통해 국민이 직접 자신의 의사를 표현하고 투표를 할 수 있게 됨으로써 대표민주주의를 보완 내지 대체할 수 있는 정치참여제도
　• 기능: 쌍방향성, 접근성, 정보의 유용성
▶ 전자민주주의에 대한 시각
　• 대의민주주의의 보완적 수단 관점
　• 직접민주주의의 완전실현 수단 관점
　• 통합적 관점
▶ 전자민주주의에 대한 긍정론과 부정론
　• 긍정론적 관점: 토플러(Alvin Toffler), 론펠트(David Ronfeldt), 바버(Benjamin Barver), 로버트 달(Robert Dahl)
　• 부정론적 관점: 갠디(Gandy), 강정인
▶ 전자민주주의의 발전방향: 전자투표
　• 전자투표의 개념
　　－ 유권자의 투표하는 행위가 전자매체를 이용해 직접적으로 이루어지는 투표
　　－ 선거인명부 작성, 투표, 개표, 집계의 모든 과정 또는 일부 과정에서 전자 매체를 활용해 이루어지는 투표 형태
　　－ 투표의 주체와 범위 및 방법 등을 정할 때부터 시작해 주민들이 이 과정을 쉽게

참여할 수 있도록 전자적 공간을 제공하며 주민서명 또한 전자서명으로 대체하는 것을 포함하는 개념
- 전자투표의 의의
  - 선거관련 업무의 프로세스혁신을 통해 선거서비스를 전자적으로 유권자에게 제공함으로써 편의성 제고
  - 기존 선거제도의 문제점을 보완하여 보다 민주적인 선거제도 구현에 기여
- 전자투표의 긍정적 기대효과: 직접 민주주의 범위가 확대, 선거와 투·개표 과정의 경제성과 효율성을 제고
- 전자투표의 역효과: 보안문제, 문화적 측면에서 오는 역기능, 경제적 측면의 역기능

## 행정정보공개정책

### ▶ 개 념
- 정부기관이 보유한 정보를 일부 비공개로 하여야 할 정보를 제외하고는 누구에게도 청구에 응해서 열람·복사할 수 있도록 공개하는 제도

### ▶ 필요성
- 국민의 알 권리 보호
- 국민의 정보이용 용이
- 민주주의 존립전제
- 국정에 대한 신뢰성 확보

### ▶ 역기능
- 국가비밀이나 개인정보 침해
- 기업의 비밀 탐지 등의 목적으로 악용
- 문서목록작성 전담기구 설치, 인력충원 등 행정부담 증가
- 부실한 정보의 유통이나 조작된 정보가 공개될 우려
- 사회적 형평성 우려

### ▶ 우리나라 정보공개 정책 문제점
- 전자적 정보공개 활성화 어려움
- 사전적 정보공개의 미흡
- 정보공개에 대한 공무원과 국민의 인식 차이
- 공개대상 정보의 관리문제

### ▶ 정보공개 확대방안
- 정보공개 확대 기본방향 정립
- 문서 생산시점부터 공개여부 판단 및 철저한 관리

**핵심** Question!

◎ 시민사회 차원의 정보정책 중 민주성 영역의 이슈 및 쟁점에 대해 생각해 보자.

◎ 전자민주주의의 개념과 기능은 무엇인가?

◎ 전자민주주의에 대한 서로 다른 시각을 정리해 보자.

◎ 전자민주주의에 대해서는 긍정론과 부정론으로 나누어 볼 수 있는데, 각 입장에서의 대표적인 학자와 주요 논의는 무엇인가?

◎ 전자투표의 개념과 의의에 대해 생각해 보자.

◎ 전자투표의 긍정적 측면과 부정적 측면은 무엇인가?

◎ 행정정보공개정책의 필요성과 역기능은 무엇인가?

◎ 우리나라 정보공개정책의 문제점과 정책의 확대방안에 대해서 설명하라.

## 고시기출문제

---

**[ 고시기출문제 (1) ]** 정보통신기술의 고도화에 따라 전자민주주의 구현의 가능성이 제고되고 있다. 정부나 지방자치단체가 취할 수 있는 전자민주주의 구현을 위한 방안에 대하여 설명하시오. [2009년 입시]

---

### [답안작성요령]

☞ **핵심 개념**

본 문제는 전자민주주의에 대한 이해를 통해 이를 실제적으로 구현하기 위한 방안이 무엇인지에 대하여 묻고 있다. 이에 대한 답을 위해서는 전자민주주의의 개념과 특징에 대하여 살펴본 후, 실제적으로 이를 구현하기 위한 방안에 대하여 제시하여야 한다.

☞ **전자민주주의의 개념 및 특징**

전자민주주의의 등장배경은 공급적 측면인 정보기술의 발달과 수요적 측면인 사회적 필요성으로 볼 수 있다. 전자민주주의는 정치과정에서 대표자를 통하는 것이 아니라, 정보통신기술, 특히 컴퓨터 매개통신을 통하여 국민이 직접 자신의 의사를 표현하고 투표할 수 있게 됨으로써, 대표민주주의를 보완 내지 대체할 수 있는 정치참여제도이다(권기헌, 2013: 485). 이러한 전자민주주의의 긍정적인 측면으로는 신속한 의사소통, 시민참여의 증대, 정치참여과정의 직접화, 정보접근의 용이성, 정치의 투명성 확보 등이 있으며, 반면 부정적 측면으로는 정보의 부정확성 및 과부하, 실질적으로 소수인 참여 주체, 대표성의 문제, 전자전제주의의 위험성, 실질적인 참여와 불평등 등이 있다.

☞ **전자민주주의 구현 방안**

전자민주주의가 구현되기 위해서는 우선 시민의 참여를 확대시키려는 노력이 필요하다. 이를 위해서는 첫째, 전자민주주의를 위한 기술구현과 시스템을 마련하는 것이 필요하다. 즉 기본적으로 인터넷을 통해 다양한 의견이 게재되고 공유될 수 있는 기술 구현이 필요하다. 인터넷 상에 시민들이 참여할 수 있는 여러 가지 장치들을 마련한다고 하더라도 실제적인 참여가 없으면 아무 소용이 없기 때문에 국가 전체적으로 관심을 가질 수 있도록 홍보 및 이벤트를 하는 방안도 모색해 보아야 한다.

둘째, 참여기회를 확대시켜야 한다. 전자민주주의가 시행될 경우 이러한 채널에 접근할 수 있는지에 따라 정보격차(digital divide)가 문제시될 수 있다. 특히 정보소외계층, 즉 노인, 장애인 등에게 온라인 참여는 오프라인 참여보다 제약이 될 수 있으므로 이들을 위한 매뉴얼 개발과 교육 등과 같은 지원이 이루어져야 한다. 이는 기기의 보급뿐만 아니라 실제적인 활용을 가능하게 하여 보다 많은 국민들에게 참여 기회를 확대시킬 수 있다.

다음으로는 전자민주주의에서 나타날 수 있는 부작용을 해소할 수 있는 제도적 장치를 구축해야 한다. 전자민주주의의 심각한 결점으로 해킹이나 개인정보유출과 같은 보안상의 문제를 지적할 수 있다. 이러한 문제로는 전자투표의 조작위험이나 익명성에 기반한 허위 정보 노출, 개인정보유출로 인한 피해 사례 등이 대표적이며, 정부는 이에 대한 처벌을 엄격하고 명확히 하여 부작용으로 인한 피해를 최소화 시켜야 한다.

마지막으로 정보공개를 활성화해야 한다. 정부는 국민의 대리인으로서 정보비대칭으로 인한 권력 불균형을 해소해야 한다. 정부활동에 대한 정보제공은 시민의 정부에 대한 신뢰성을 향상시키며 사회적 자본 구축을 통해 시민참여를 활성화시킨다. 따라서 제공되는 정보에 대한 접근성을 높여야하며 정보목록을 DB화하고 다양한 검색기능을 활용할 수 있게 해 주어야 한다(정보체계론 기출문제집 참고).

☞ 고득점 핵심 포인트

본 문제는 전자민주주의에 대한 이해를 통해 이를 구현하기 위한 방안을 묻고 있다. 이에 대하여는 두 가지 접근이 가능한데, 첫째는 위의 예처럼 전자민주주의를 구현할 때 나타날 수 있는 문제점을 짚으며 이를 해소할 수 있는 방안을 제시하는 것이고, 둘째는 구현방안을 기술적, 법·제도적, 문화적 측면에서 깊게 살펴보는 것이다. 두 경우 모두, 1) 기술적 문제: 기반기술과 함께 해킹, 개인정보유출 등 보안 문제, 2) 법제도적 문제: 전자투표 및 정보공개 확대방안을 위한 법제도의 마련, 3) 문화적 측면: 시민참여에 대한 사회적 자본 구축, 신뢰 형성, 시민 교육과 함께 공무원 인식 제고 등의 노력이 체계적으로 기술되어야 한다. 단순한 문제인 것 같으나 많은 이슈들을 담고 있기 때문에 논리적인 답안을 위해 충분한 사전지식이 요구된다(본서 제18장 전자민주주의 발전방안 참조바람).

**고시기출문제**　　　※ 해당 답안작성요령은 고시기출출제 시기에 맞춰서 작성되었음

---

[ **고시기출문제 (2)** ]　최근 전자민주주의의 실현수단으로 전자투표제도의 도입이 검토되고 있지만, 이를 공직선거에 도입하기 위해서는 여러 유형의 문제가 선결되어야 한다는 지적이 있다. 이러한 관점에서 다음 문제들에 대하여 답하시오. [2009년 행시]

1) 전자투표제도 도입에 대한 찬반을 논하고, 전자투표제도의 유형별 장단점을 기술하시오.
2) 공직선거에 전자투표제도를 도입하고자 할 때 전제가 되는 기술적 기반 및 사회·문화적 기반에 대하여 논의하시오.

---

[답안작성요령]

　☞ 핵심 개념

　본 문제는 전자투표에 대해서 묻고 있다. 전자투표(electronic voting)란 정보통신기술을 활용한 투표를 의미하며, 넓게는 직접적인 전자방식 투표를 비롯해 투표상황 분석, 집계 등 투표와 관련된 영역에서 정보통신기술을 활용함을 뜻한다(권기헌, 2013: 490). 다만 최근 들어 찬반논의가 되고 있는 것이 전자방식의 직접투표에 대한 것이므로, 이를 중심으로 논의를 전개하는 것이 본 문제의 핵심 의도이다.

　☞ 전자투표 도입의 찬반 논란

| 찬성측 입장 | 반대측 입장 |
| --- | --- |
| • 편이성으로 인한 참여의 기회 확대<br>• 시간과 장소 구애 축소되어 투표율하락 방지<br>　예) 민주당 서울시장 후보경선에 터치스크린<br>　　(kiosk)방식 전자투표로 15분만에 투표완료 | • 투표행위에 대한 감시 없이 개별적 투표 진행<br>• 이로써 대리투표, 내용조작, 결과유출 등 가능<br>• 익명성 보장도 완전히 보장되지 않을 수 있음<br>• 투표 신뢰도 저하 및 이로 인한 비용 증대 우려 |

　　자료: 본서 제18장 전자투표의 개념, 의의, 유형 참조.

　찬성의 논거로는 1) 신속한 의사소통, 2) 시민참여의 증대, 3) 정치참여과정의 직접화, 4) 정치의 투명성 확보 등을 들 수 있고, 반대의 논거로는 1) 정보의 과부하 및 부정확성, 2) 전자전체주의의 위험성 등을 들 수 있겠다(권기헌, 2013: 488–489). 따라서 제도의 부작용 및 사회적 피해가 막대해질 수 있으므로, 전자투표 기반을 먼저 확고하게 마련한

후 단계적으로 제도를 도입하는 접근방안이 요구된다.

☞ 유형별 장단점

| 전자기계식 투표<br>(전자판독투표방식, 전자기록 투표방식) | 네트워크 방식 투표<br>(인터넷 투표방식) |
|---|---|
| • 투표행위 자체의 전자화 관점에서 접근<br>• 지정된 장소에서 종이투표 대체, 전자기계 활용<br>• 대리투표 위험을 사전에 방지<br>• 단점: 장소 제약 없는 편의성은 실현 못함 | • 온라인 접속 채널을 마련, 각자 원하는 장소 투표<br>• 유비쿼터스 실현, 전자투표의 편이성 극대화<br>  – 장소 제약 및 시간의 기회비용 최소화<br>• 단점: 투표조작 및 대리투표 가능, 해킹 위험 |

자료: 본서 제18장 전자투표의 개념, 의의, 유형 참조.

☞ 공직선거 시 도입을 위한 전제
① 기술적 기반: 대리투표, 투표결과 조작 등의 부작용 해소를 위한 보안기술이 우선임. 개인정보 입력 및 인증방식 도입, 선거관리위원회의 독자적 보안 키 형성 등 필요
② 사회적 기반: 국민 누구나 전자투표를 할 수 있는 '정보화 능력' 제고 필요, 즉 전자투표에 참여 가능한 디지털 디바이스(digital device) 소유여부 문제(digital divide) 해소
③ 문화적 기반: 대리투표 등 방지를 위해서는 성숙된 시민사회의 문화적 기반이 중요

☞ 고득점 핵심 포인트
전자투표에 대한 찬반의견은 팽팽하게 대립하고 있기에, 최대한 균형 있는 시각에서 서술하는 것이 필요하되, 구체적 사례를 통한 의견 제시는 가능하겠다. 전자투표에 대한 사회적 논의가 매우 '정치적'이고 '현실적' 문제라는 점에서 이러한 고민을 반영시키는 접근이 필요하다. 즉, 기술적 기반, 사회적 기반, 문화적 기반을 토대로 접근하는 것이 중요할 것이다(본서 제18장 전자민주주의 및 전자투표 참조바람).

[ 고시기출문제 (3) ]　현재 많은 행정기관의 웹사이트에서 다양한 형태의 온라인 참여를 실시하고 있다. 이러한 온라인 참여를 행정에 도입했을 때 예상되는 효과를 설명하시오. [2006년 행시]

**[답안작성요령]**

☞ 핵심 개념

본 문제는 온라인 참여시 예상되는 효과를 묻고 있다. 이때 온라인 참여란, 정책 및 행정 과정에 일반 국민이 참여해 정책결정 등에 영향을 미칠 때 컴퓨터나 스마트폰 등 정보통신매체를 활용하는 것을 의미한다.

이때 함께 논의해야하는 개념으로서 전자민주주의가 있는데, 전자민주주의란 정치과정에서 대표자를 통하는 것이 아니라 정보통신기술, 특히 컴퓨터 매개통신을 통하여 국민이 직접 자신의 의사를 표현하고 투표할 수 있게 됨으로써, 대표민주주의를 보완 내지 대체할 수 있는 정치참여제도를 의미한다(권기헌, 2013: 485).

그러나 온라인 참여를 통해 무조건 전자민주주의가 실현되는 것은 아니기 때문에 온라인 참여의 다양한 효과에 대하여 논의한 후, 향후 전자민주주의가 실현될 수 있는 방안에 대한 논의가 이어져야 한다.

☞ 온라인 참여의 긍정적 효과

① 신속한 의사소통: 정보통신기술을 통하여 대의민주주의의 한계를 극복하여 직접 토론이 가능하며, 시공간의 제약 없이 다른 이들과의 정보 및 의견을 실시하고 이를 교환함으로써 최선의 합리적 선택을 가능하게 한다.

② 시민참여의 증대: 온라인 참여를 통한 즉시성은 시민의 자기결정 요구를 충족시키는데 장애가 되었던 주요 제한들을 기술을 통해 극복함으로써 참여를 증진시킬 수 있다.

③ 정치참여과정의 직접화: 전자투표, 전자청문회, 전자국회 등의 도입은 정치과정 혹은 정책결정과정에 대한 시민들의 직접적인 참여를 촉진한다. 또한 신속한 정보교류와 시민 네트워크를 통해 시민의 의견을 공론화할 수 있다.

④ 정보접근의 용이성: 인터넷을 통해 값싼 비용으로 정보를 이용, 획득할 수 있으며,

정보의 범위도 다양하고 넓어진다.

⑤ 정치의 투명성 확보: 사이버 공간을 통해 시민들이 정부 및 정치인과 접촉함으로써 그들의 활동을 감시하고 압력을 행사한다. 또한 정부와 정치인에 대한 정보가 공개됨에 따라 정치의 투명성을 확보할 수 있다.

☞ 온라인 참여의 부정적 효과

① 정보와 과부하 및 부정확성: 인터넷에는 많은 정보가 존재하여 이러한 정보가 정확한 것인지에 대한 판단과 분석이 불가능하며, 이러한 정보의 과부화, 부정확성 등의 문제는 시민의 정보수용능력을 초과하여 오히려 시민들의 판단과 결정을 어렵게 할 수 있다.

② 대표성의 문제: 온라인 참여 시 다수의 참여가 전체를 대표할 수 있는지, 다양한 계급과 계층적 이해를 어떻게 공정하게 반영할 것인지, 아울러 다수의 참여가 민주주의의 본질적 향상을 가져올지에 대한 근본적인 문제가 제기된다.

③ 전자전제주의의 위험성: 일반대중이 사이버공간에서 독단적이고 무책임한 발언과 선동을 함으로써 다중의 횡포가 존재할 수 있다.

④ 실질적인 참여와 불평등: 정보의 편중화, 정부수요와 이용능력의 격차로 오히려 실질적인 참여에 있어 참여의 기회를 저해할 수 있다.

☞ 고득점 핵심 포인트

온라인 참여와 전자민주주의의 개념 등은 그리 까다롭지 않은 문제이다. 따라서 각각의 효과를 나타낼 수 있는 최근의 사례를 함께 소개한다면 보다 차별화된 답안이 될 수 있을 것이다. 예컨대, "국민신문고제도"나 "서울시 천만상상오아시스"를 통하여 시민들은 인터넷을 통하여 간편하게 정책을 토론하거나 혹은 정책제안, 민원신청 및 부패신고까지 다양하게 정책 및 행정과정에 참여할 수 있지만, 옳지 않은 일이나 이념적 문제 혹은 감정적 문제에 대규모 전자서명운동이 인터넷상에서 순식간에 번지는 일이 일어나는 실제 사례를 소개하면서 나타나는 문제점이나 위험을 기술해 준다면 바람직할 것이다(본서 제18장 전자민주주의의 위험성과 발전방향 참조바람).

[ 고시기출문제 (4) ]　전자부패는 전자정부가 등장하고 난 이후에 소개된 최근의 개념이다. 다음 물음에 답하시오. [2017년]
1) 전자부패의 개념과 발생 원인을 설명하시오. (5점)
2) 전자부패를 방지할 수 있는 방안에 대하여 설명하시오. (5점)

[답안작성요령]

☞ 핵심 개념

1. 전자부패의 개념

부패(corruption)란 공직자가 사리사욕을 위해 공직에 부수되는 공권력을 남용하거나, 직·간접적으로 행사함으로써 법규를 위반하는 경우, 그리고 의무 불이행 또는 부당 행위 등 규범적 의무를 일탈하는 경우를 말한다. 따라서 전자부패(e-corruption)란 "국가의 정보 시스템에 접근할 수 있는 공직자가 자신의 이익을 위해 정보 통신 시스템을 이용하여 범하는 비행, 부정 또는 범죄"로 정의할 수 있다(서승현, 2004: 148; ICAC, 2001).

2. 전자부패의 발생원인

전자부패는 최근에 발생한 개념으로써 아직 이에 대한 유형 및 사례, 분류 기준 등이 명확하게 보고되지 않았다. 다만, 비교적 전자부패에 관하여 오래전부터 관심과 연구를 축적해온 반부패독립위원회(ICAC)가 제시하고 있는 전자정부의 부패 발생요인(취약요인)을 정리하면 다음과 같다.

첫째, 전자정부 시대의 업무 처리 과정은 자동화와 신속성(automation & immediacy) 및 신기술의 발달로 인하여 기존의 감사 혹은 감독의 방식으로 통제하기 어렵다는 문제가 발생한다.
둘째, 공공부문 거래에 있어 면대면 접촉이 부재함에 따라 거래 당사자에 대한 추가정보의 손실(loss of collateral information)로 인하여 역선택의 오류, 혹은 거래 상대방간의 도덕적 해이(moral hazzard)로 인하여 지대추구 행위가 발생할 수 있다.
셋째, 접근성과 동시성(accessibility & ubiquity)의 향상은 서비스의 질을 신장시킴과 동시에 부패한 의도를 가진 공무원에 있어서도 같은 기회를 제공한다.

넷째, 새로운 사업모형(new business models)으로 인하여 복잡한 사업 단계별 정보격차를 통해 중간매개사업을 통한 부당 이익을 취할 수 있다.

다섯째, 복잡한 암호화(encryption)는 부패행위를 증명할 수 있는 자료에 대해서도 동일하게 적용됨으로써 부패행위의 규명을 어렵게 할 수 있다.

이 외에도 전자부패를 확산시킬 수 있는 조직적 요인으로써 문제라고 인정하거나 받아들이지 않는 행위, 발생사실 자체를 인식하지 못하는 행위, 정확히 보고하지 않는 행위, 철저히 조사하지 않거나, 혹은 부패방지능력 및 내부보고체계를 갖추지 못한 행위 등을 들 수 있다(권기헌, 전자정부론: 202－205).

☞ 전자부패 방지방안

전자부패에 대응하여 전자정부 부패 방지를 위한 제도 구축 방안을 크게 정보시스템 차원, 관리 및 운영 차원, 법·제도 차원, 인식 및 문화 차원으로 구분하여 제시할 수 있다.

1) 정보시스템 차원: 전자부패 방지를 위한 정보시스템의 관리방안 구축이 필요하다. 예방적 관리를 위하여 부패발생 유형 시나리오 개발 및 관련 정보를 관리하여야 하며, 시스템적으로 업무 처리의 모든 과정에 대한 전자감시체계를 구축할 필요가 있다. 즉, 행정정보 시스템 간의 연계를 통해 데이터의 오류 및 변질 여부를 실시간 혹은 near－real－time으로 모니터링하는 시스템을 구축함으로써 업무시스템 접근에 대한 기록 관리 및 실시간 감시 체계가 가능하도록 정보시스템 차원에서의 개선이 필요하다.

2) 관리 및 운영 차원: 업무 운영 및 관리방식에 있어 ① 업무시스템에 대한 접근권한의 직급별·업무별 구분의 명확화 강화, ② 체계화된 매뉴얼의 설정, ③ 불합리한 관행의 개선, ④ 공무원의 채용 및 인사배치 방식에 변화를 주는 등의 노력이 요구된다.

또한 정보시스템의 감사기능을 강화할 필요가 있다. 이를 위하여 반부패에 대한 인식과 능력을 겸비한 시스템 관리자 확보, 전자감사체제에 부합하는 전문적 인력 양성(책임관 제도 운영) 등 조직관리 시스템을 구축하여야 한다.

3) 법·제도적 차원: 규정에 어긋나는 업무 처리 또는 업무 미처리 등이 발견될 경우 이를 적발할 수 있는 업무처리 조례 및 규정을 시스템화하여야 하며, 부처별 연계 및 협업 업무가 증가한 만큼 부정이 의심되는 사례가 발생할 경우 정보의 공유 및

처벌이 용이하도록 제도 개선이 필요하다. 특히, 전자정부의 경우 급변화하고 있기 때문에 현행 법제도의 지속적 보완 및 개정, 부패 발생에 대한 처벌 강화 조항 신설 등 노력이 요구된다.

4) 인식 및 문화적 차원: 마지막으로 정보 윤리 및 업무 윤리 교육을 강화하여야 하며, 이를 통해 개인적 차원으로서 업무 담당자의 인식 및 조직문화를 변화시킬 필요가 있다.

☞ 고득점 핵심 포인트

본 문제는 전자정부의 긍정적 기능의 이면에 부정적 이면, 특히 '전자부패'에 관하여 개념 및 유발 요인을 논의하고, 이를 방지할 수 있는 방안에 관하여 질문하고 있다. 최근 정보화의 확산 및 전자정부 실현에 있어 시스템을 오남용하는 문제가 공직사회의 새로운 문제로 부상하고 있다는 배경을 간략히 언급하고, 전자부패의 개념 및 발생원인, 전자부패를 방지할 수 있는 제도적 방안을 서술하여야 한다. 특히 전자부패 방지를 위한 제도적 방안에 대하여 단순히 서술식으로 답안을 구성할 것이 아니라, ① 정보시스템 차원, ② 관리 및 운영 차원, ③ 법제도적 차원, ④ 인식 및 문화 차원 등으로 구분하여 체계적으로 서술한다면 고득점 답안을 작성할 수 있을 것이다.

# 시민사회 차원의 정보정책Ⅱ:
## 윤리성(성찰성) 영역 정보정책

>>> **학습목표**

   정보정책은 정부 서비스의 효율성, 민주성 차원을 넘어서, 우리 사회가 진정으로 서로간에 신뢰하고 성숙된 문화를 만드는 '성찰하는' 공동체를 실현하는 데 기여해야 한다. 이러한 관점에서 제19장 시민사회 차원의 정보정책Ⅱ에서는 윤리성(성찰성) 영역의 정보정책에서 검토되어야 할 이슈들로써 프라이버시와 개인정보 보호, 인터넷상의 익명성 문제, 사이버 범죄의 대응정책에 대해 학습한다.

첫째,  프라이버시와 개인정보 보호에서는 프라이버시권과 개인정보 보호의 개념, 특징에 대해 살펴보고, 프라이버시권과 개인정보 보호권의 관계에 대해 학습한다. 또한 개인정보의 침해와 이로 인한 사회적 결과에 대해 살펴보고, 개인정보 보호를 위한 정책 및 법·제도에 대해 학습한다. 아울러 이에 관한 최근 경향으로서 EU의 데이터 보호규제지침의 특징과 면책조항체제에 대해서 사례로써 학습하기로 한다.

둘째,  인터넷상의 익명성 문제에서는 정보사회의 익명성, 익명성으로 인한 사이버 범죄, 규제정책(인터넷 규제, 포털사업제 규제, 제한적 본인확인제 등)에 대해 학습한다.

셋째,  사이버 범죄의 대응정책에서는 사이버 범죄의 정의와 특징, 유형에 대해 살펴보고, 사이버 범죄에 대한 정책적 대응체제와 정책과제, 그리고 윤리적 규범 확산정책에 대해 학습한다.

# 1. 프라이버시와 개인정보 보호

사생활 침해의 문제는 정보사회로 진전되기 이전의 단계에서는 언론 등에 의하여 개인의 사적인 사항이 알려지는 정도의 수준에 해당하는 것이었으나, 그 후 컴퓨터의 발달로 각종 정보를 전자적으로 기록함에 따라 종합적·집단적·체계적 양태로 정보를 수집·가공·처리할 수 있는 상황에 이르게 되었다. 이는 정보의 대량·고속처리, 집중·결합 검색 및 원격처리를 용이하게 함으로써 개인의 사생활 침해의 우려를 한층 증대시키고 있다.

또한, 각국의 초고속정보통신망의 구축, 인터넷의 보편적 이용, 사이버공간(사이버스페이스)의 등장, 전자상거래의 증대 등으로 각종 정보를 상호유기적으로 결합·가공·처리할 수 있게 되었고, 공간적·시간적 제약을 받지 않고 유통되어 개인의 사생활에 대한 침해의 문제를 더욱 심각하게 하고 있다. 따라서 여기서는 개인정보 보호의 필요성과 개인정보 침해의 사회적 결과 및 이에 대한 정책적 대응방안을 논의하도록 하겠다.

## 1) 프라이버시권

프라이버시는 사회적·문화적 의미를 갖는 개념으로서 시대·장소·개인의 삶의 주기 및 사회·심리적 요인에 의하여 변화되는 상황적 개념이다. 프라이버시권은 1960년 이전까지는 소극적 의미인 '혼자 있게 할 권리'를 의미하였고, 그 후 컴퓨터의 발달 등과 함께 적극적 의미로서 '자기에 관한 정보를 통제할 수 있는 권리'를 의미하는 것으로 변화하여 오늘날에 이르고 있다.

### (1) 소극적 프라이버시권의 개념

프라이버시 권리가 처음으로 독자적 권리로서 논의된 것은 1890년 S. D. Warren과 L. D. Brandeis의 유명한 논문인 "The Right to Privacy"에서였다.

그 후 프라이버시 권리가 처음으로 인정된 판례는 조지아주 최고법원의 1905년 Pavesich사건에서였으며, 프라이버시 권리가 확고부동한 법원칙으로 승인되는 데 결정적 역할을 한 판례는 1931년의 Melvin사건이었다. 그러나 상술한 바와 같이 프라이버시가 권리로서 정립·인식되었음에도 불구하고, 이때의 프라이버시권은 '혼자 있게 할 권리', 즉 '자기 자신에 대한 정보를 알리지 않을 능력 또는 개인에 대한 정보수집을 방지할 수 있는 권리'라는 소극적 의미의 권리로 이해되었다.

## (2) 적극적 프라이버시권의 개념

현대사회가 고도로 분화됨에 따라 조직간의 의존성이 높아져 타인과의 접촉이 빈번히 발생하므로 '혼자 있게 할 권리'라는 것은 사실상 불가능하다. 또한, 정보기술의 발달로 정보화가 진전됨에 따라 컴퓨터의 보급확산, 정보처리시스템의 등장, 정보처리장치의 발달로 정보가 대량으로 수집·가공처리, 고속처리, 집중검색, 원격처리가 가능하게 됨에 따라 개인의 정보는 당사자의 의도와 무관하게 생산·유통·이용될 수 있게 되었다. 따라서 종래의 소극적 프라이버시권 개념에 대한 재검토가 논의되었던 것이다. 이러한 견해들을 나열해 보면 다음과 같다.

A. F. Westin은 "프라이버시란 개인·단체 또는 기관이 스스로 언제 어떻게 어느 정도 자기의 정보를 타자에게 유통시키느냐를 결정하는 권리"라고 정의하는바, 이러한 개념은 프라이버시라는 용어가 함축하는 비밀과 사회로부터의 도피라는 이미지를 불식하고 개인의 주체적 인격발동과 연결되는 적극적 기능을 갖는 프라이버시 개념을 정립하고자 하는 것이다. 이에 의하면 프라이버시권은 인간으로서 존엄과 자유에 대한 불가결의 구성요소가 되는 권리로서 "개인이 자기에 관한 정보를 통제할 권리", 즉 '자기정보통제권' 또는 '자기정보결정권'을 의미하게 된다. 이는 타 실체가 자신의 정보를 처리 이용하는 행위에 대하여 통제할 수 있는 권리와 조건이 형성된 상태를 의미하므로 적극적 의미로서의 권리를 말하는 것이다.

각국의 법률이 공통적으로 인정하는 자기정보통제권의 내용은 다음과 같다.

> 첫째, '정보열람청구권'으로 개인은 누구나 자신의 정보를 보유한 기관에 대해 자신에 관한 정보를 열람할 것을 청구할 수 있고, 해당기관은 정당한 이유가 없는 한 열람을 허용하여야 한다는 것이다.
>
> 둘째, 정보의 정정·보완청구권으로 정보주체는 자신에 관한 정보를 열람한 결과 정보내용이 부정확하거나 불완전한 것이면 정정·보완을 요구할 수 있고, 정보보유기관은 그 요구가 이유 있다고 판단되는 때에는 그 부분을 정정·보완하여야 한다.
>
> 셋째, 정보의 사용중지 및 삭제청구권으로서 개인정보의 취급에 관하여 정보보유기관이 법규에 정한 의무를 위반하거나, 그 법규의 취지에 반하여 부적절하게 이용하는 경우에는, 개인은 당해 정보의 사용중지 및 삭제를 청구할 권리를 갖는다.

## 2) 프라이버시권의 특징

### (1) 프라이버시: 인격권

프라이버시(인격권)의 특징은 다음과 같다.

#### ① 인간 전속적 권리

프라이버시 침해에 대한 보호를 요구할 권리는 당연히 그 피해자에게 전속한다.

#### ② 자연인의 권리

프라이버시권은 개인의 정신적 고통을 구제한다.

#### ③ 자아실현 보장의 수단성

프라이버시는 개인의 행동에 대한 타인의 접근을 제한함으로써 자유를 얻고, 이는 자아실현을 가능하게 한다.

#### ④ 대체성

프라이버시는 절대적 권리는 아니며, 편리함, 정보의 자유, 공적 자료에의 접근, 언론의 자유 등과 교환할 수 있는 대체성(*trade-off*)이 있다. 예를 들어, 고용주는 구직자의 이력에 대해 알 권리가 있다.

#### ⑤ 선행 조건성

프라이버시는 공동체가 유지되는 데 필요한 신뢰공간을 만들어 내는 선행 조건성(*prereqisite*) 권리이다.

### (2) 프라이버시와 상충적 개념

#### (가) 프라이버시권과 알 권리

알 권리는 국민이 정치적·사회적 현실 등에 대한 정보를 자유롭게 알 수 있는 권리, 또는 이러한 정보에 대해 접근할 수 있는 권리를 말하며, 개인의 자기표현을 가능하게 하는 즉 표현의 자유를 보다 가치있고 실효적인 것으로 하기 위해 없어서는 안 될 권리이다. 그러나 알 권리는 프라이버시와 상충되는 관계에 있어, 오늘날 프라이버시 권리에 대한 침해는 ㉠ 사생활의 사실인 섯처럼 받아들여질 염려가 있는 사항, ㉡ 일반인의 감수성을

## 한국 '개똥녀'... 블로거들 뜨거운 논란

지난 6월 한국의 인터넷을 시끄럽게 한 '개똥녀' 논쟁이 미국 블로거들의 뜨거운 논쟁으로 번졌다.

워싱턴 포스트는 7일 '지하철 소동이 남을 망신 주는 인터넷의 힘에 대한 시험대로 확대되다'라는 제하의 기사를 통해 한국의 지하철에서 애견의 배설물을 치우지 않고 사라졌던 '개똥녀'(Dog Poop Girl) 사건은 인터넷의 힘과 함께 '해결되지 않은(인터넷 세상의) 미래의 한 구석'을 엿보게 하고 있다면서 이를 둘러싼 전문가들의 분석과 블로거들의 논쟁을 소개했다.

조지 워싱턴 대학의 대니얼 J. 솔로브 법학 교수는 "개똥녀 사건은 자기 개가 저질러 놓은 것은 치워야 한다는 대부분의 사람들이 동의할 규범을 담고 있다"면서 "그러나 한 개인의 규범 위반에 대해 영구한 기록을 갖는 것은 마치 '디지털 주홍글씨'로 그들을 낙인 찍음으로써 (위반에 대한) 제재를 완전히 새로운 수준으로 올려놓는 것"이라고 해석했다.

집단행동 전문가인 하워드 라인골드(Howard Rheingold)는 "('개똥녀' 사건에 대한) 토론은 사생활권에 대한 규칙이 변화했다는 것을 이해하는 것과 함께 시작돼야 한다"면서 "15억 명이 온라인으로 감시하는 요즘 세상에는 과거의 '빅 브라더'가 아닌 우리의 이웃, 즉 지하철의 사람들에 대해 우려를 해야 한다"고 말했다.

전직 칼럼니스트인 댄 길모어는 "언론이나 합법적인 시스템이 하지 않는 것을 한다는 것은 매우 흥미있는 문제이나 이에 대한 해답은 없다"면서 "사람들은 결과에 대해 생각해봐야 할 것"이라고 말했다.

이 기사를 쓴 조너선 크림 기자는 이 사건을 놓고 미국인 수십 명과 토론을 갖고 여러 블로그에 뜬 글을 읽어본 결과 공통의 단서를 찾아낼 수 있었다면서, "대부분의 사람들의 본능은 인터넷을 새로운 사회적 강제 도구로 사용하는 것은 받아들여야 한다는 것이었으나 그것이 지나치지 않도록 어디까지가 충분한지도 찾아야 한다는 것"이라고 말했다.

크림 기자는 이중 돈 박이라는 사람이 자신의 블로그에 적은 "만일 내가 그 현장에 있었다면 어떻게 했었을까. 아무말 않고 배설물을 치웠어야 했을 것이다. 그러면 배설물은 치워지고 '개똥녀'는 적절한 수준에서 창피함을 느꼈을 것"이라는 글을 전했다.

자료: 연합뉴스, 2005. 7. 8.

http://www.yonhapnews.co.kr/news/20050708/040206010020050708133041K0.html

기준으로 당사자의 입장에서 볼 때 공개를 원하지 않았을 것이라고 인정되는 사항, ⓒ 일반인에게 아직 알려져 있지 않은 순수한 사적인 사항 등 세 가지 요건을 갖춘 경우에만 인정함으로써 합리적 절충점을 찾고 있다.

### (나) 프라이버시권과 정보공개

정보사회에서 중요한 개념인 정보공개는 일종의 폭로라는 점에서 프라이버시권과 상충된다. 그러나 기술적 차원에서 적절한 조화를 모색할 수 있는데, 가령 국가나 민간기업이 개인에 관한 어떤 정보를 모집, 축적한다고 하더라도 그 모집방법(개인의 동의나 통지), 내용(이용목적에 필요한 범위), 목적의 명확화와 안전보호, 공개적 개인참가, 책임 등의 규제까지 프라이버시권의 영역을 넓히면 결국 정보공개와 프라이버시 권리는 상호보완되는 개념이다.

## 3) 개인정보 보호권의 개념

### (1) 개인정보의 개념

개인정보라는 표현은 1977년 독일의 '연방데이터법'에서 '개인관련정보'라는 용어를 사용함으로써 비롯된 것이다. 이는 위에서 언급한 '프라이버시'와 '개인의 비밀'이라는 용어들이 외연이 불분명하여 가벌성의 범위를 확정하기 어려운 데서 나온 해결책이었다. 따라서 '개인정보'란 "종래의 프라이버시나 개인의 비밀처럼 완전한 은닉의 대상은 아니라 하더라도 일정한 통제하에서 정보주체의 자기결정권의 활용대상이 되는 개인관련정보"를 말하는 것이라고 할 수 있다.

우리나라에서 개인정보의 개념은 개인정보 보호법에 나타나 있다. 이에 의하면 '개인정보'란 "살아있는 개인에 관한 정보로서 성명, 주민등록번호 및 영상 등을 통하여 개인을 알아볼 수 있는 정보"(해당 정보만으로는 특정 개인을 알아볼 수 없더라도 다른 정보와 쉽게 결합하여 알아볼 수 있는 것을 포함한다)를 말한다. 이는 개인의 정신·신체·재산·사회적 지위·신분 등에 관한 사실·판단·평가를 나타내는 일체의 개인에 관한 정보를 말하는 것이다.

### (2) 개인정보의 보호 필요성

정보사회가 진전됨에 따라 컴퓨터가 급속도로 보급되고 많은 정보가 전산화되어 공적 부문과 사적 부문을 막론하고 개인에 관한 정보의 유용성이 증대하였고, 개인정보를 수집·관리하고 데이터베이스화 및 네트워크화하려는 노력에 대한 결과가 나타나고 있다. 특히, 국가의 초고속정보통신망이 구축되면서 이러한 개인정보들은 간단한 조작에 의하여 종합·정리되었고, 정보의 전국적 유통 및 여러 기관들의 정보공유가 가능하게 되었다.[1)]

이에 따라 개인정보는 정보주체의 의사와 관계없이 파일에 등재·유통할 수 있게 되었으며, 개인정보가 전자적으로 기록되어 위조·변조가 용이하게 되었다. 이로 인하여 개인정보에 대한 침해로부터 개인을 보호하는 것은 곧 개인의 인격권을 보호한다는 생각이 자리잡게 되었고, 그 보호의 필요성이 중대한 문제로 부각되었다. 이러한 개인정보를 확실히 보호하기 위하여 정보주체에 대하여 개인정보권, 즉, 개인정보 보호권을 인정하게 되었다.

### (가) 정보통신기술의 발달

디지털은 복제하기가 쉬우며 컴퓨터와 네트워크, 무선기술의 발달은 개인정보가 침해될 수 있는 취약성을 많이 노출한다.

### (나) 개방형 구조의 발전

조직의 개방화 추세, 의사결정의 분권화, 이동의 증가로 정보노출 가능성이 증대되었고, 정보의 상품화로 개인정보에 대한 수요도 증대되었다. 또한 전자상거래로 정보노출 가능성 역시 증대되었다.

### (3) 우리나라의 개인정보 현황

우리나라의 '개인정보 보호법'에서 개인정보의 범위를 넓게 규정하고 있다. 개인정보의 취급·공개에 따라 개인이 권리·이익을 침해당했다고 느끼는 정도는 개인에 따라서 다르고, 또한 처리방법이라든가 사용목적에 따라서 달라질 수 있으므로, 정보의 종류에 따라서 적용대상 여부를 결정하지 않고 모든 개인과 관련된 정보를 대상으로 하고 있다.

---

1) 개인정보 개념의 패러다임의 변화에 대해서 살펴보면 다음과 같다.

| | 농경사회 | 산업사회 | 정보사회 |
|---|---|---|---|
| 특 성 | 통제대상으로서의 개인정보 | 마케팅 대상으로서의 개인정보 | 개인정보의 인격화 |
| 관리주체 | 정부관리 | 정부 및 기업관리 | 관리의 개별화 및 보편화 |
| 권리형태 | 재산침해방지권 | 혼자 있을 권리 | 자기정보통제권 |

① 내면의 비밀: 사상, 신조, 종교, 가치관, 양심 등
② 심신의 상태: 체력, 건강상태, 신체적 특징, 병력 등
③ 사회경력: 학력, 범죄경력, 직업, 자격, 소속정당 및 단체 등
④ 경제관계: 재산상황, 소득, 채권채무관계 등
⑤ 생활·가정·신분관계: 성명, 주소, 본적, 가족관계, 출생지, 본관 등

## 4) 프라이버시권과 개인정보 보호권의 관계

개인에 대한 사회환경의 영향력 확대와, 정보기술의 빠른 발달은 개인에게 많은 정보에 대한 욕구를 가져왔고, 이러한 욕구가 강해짐에 따라 개인정보의 침해가능성이 증대되었다. 이러한 변화로, 프라이버시 침해문제는 전통적·소극적 의미의 프라이버시 보호관점보다는 현대적·적극적 의미의 프라이버시 보호관점, 즉 개인정보를 보호하는 관점으로 변화된 것에 기인하는 것이다.

이렇게 전통적 의미의 프라이버시 보호관점에서 현대적 의미의 프라이버시 보호관점으로 중심이 변화된 사회적 환경을 살펴보면, 첫째, 사회적 여건의 변화에 따라 침해의 주체가 언론기관에서 국가 및 기업 등으로 변화하였고 그에 따라 침해방법도 변화하였기 때문이고, 둘째, 프라이버시 개념의 외연이 모호하여 명확한 대상을 지칭하기가 곤란하여 프라이버시의 침해에 대한 효과적인 법적 보호에 어려움이 있기 때문에 법적 보호의 범위를 명확히 규정함으로써 프라이버시와 관련된 개인정보의 내용(예를 들면, 비밀의 침해, 사생활의 공개, 전자도청과 전자화된 개인정보의 수집·저장·처리 등)을 분석하는 데 개념상의 혼란을 감소시킬 수 있기 때문이다. 따라서 현대적 의미의 프라이버시권은 적극적 의미의 프라이버시권인 '자기정보통제권'을 의미하고, 이는 정보프라이버시와 개인정보권을 포함하는 개념이라고 할 수 있다.

## 5) 개인정보의 침해와 사회적 결과

### (1) 개인정보의 침해유형 및 실태

한국인터넷진흥원의 '개인정보분쟁조정위원회'에 접수된 개인정보 관련 민원건수는 2009년 총 35,167건으로 조사되었다. 개인정보의 침해유형은 크게 ① 신용정보 관련 침해, ② 주민번호 등 개인정보 침해, ③ 목적외 이용, ④ 동의 없는 개인정보 수집 등으로 나타났다.

〈표 19-1〉 개인정보 침해신고 유형별 접수현황

| 접수유형 | 2008 | | 2009 | | 증감률 |
|---|---|---|---|---|---|
| | 건수 | 비율 | 건수 | 비율 | |
| 이용자의 동의 없는 개인정보 수집 관련 | 1,129 | 2.84% | 1,075 | 3.06% | -4.8% |
| 개인정보 수집시 고지 또는 명시 의무 관련 | 6 | 0.02% | 15 | 0.04% | 150.0% |
| 과도한 개인정보 수집 | 87 | 0.22% | 115 | 0.33% | 32.2% |
| 목적 외 이용 또는 제3자 제공관련 | 1,037 | 2.60% | 1,171 | 3.33% | 12.9% |
| 개인정보 취급자에 의한 훼손·침해 등 | 125 | 0.31% | 158 | 0.45% | 26.4% |
| 개인정보 처리 위탁시 고지의무 | 6 | 0.02% | 6 | 0.02% | 0.0% |
| 영업의 양수 등의 통지의무 | 9 | 0.02% | 6 | 0.02% | -33.3% |
| 개인정보관리책임자 관련 | 26 | 0.07% | 10 | 0.03% | -61.5% |
| 기술적·관리적 조치 미비 관련 | 1,321 | 3.32% | 819 | 2.33% | -38.0% |
| 수집 또는 제공받은 목적 달성 후 개인정보 미파기 | 294 | 0.74% | 294 | 0.84% | 0.0% |
| 동의철회·열람 또는 정정 요구 관련 | 949 | 2.38% | 680 | 1.93% | -28.3% |
| 동의철회, 열람·정정을 수집보다 쉽게 해야 할 조치 | 503 | 1.26% | 603 | 1.71% | 19.9% |
| 아동의 개인정보 수집 | 27 | 0.07% | 19 | 0.05% | -29.6% |
| 주민등록번호 등 타인 정보의 훼손·침해·도용 | 10,148 | 25.49% | 6,303 | 17.92% | -37.9% |
| 정보통신망법 적용대상 외 관련(신용정보 관련 문의 등) | 24,144 | 60.65% | 23,893 | 67.94% | -1.0% |
| 합 계 | 39,811 | 100% | 35,167 | 100% | -11.7% |

※ 자료: 한국인터넷진흥원(2010. 1).

## (2) 개인정보 침해의 사회적 결과

개인정보 침해의 사회적 결과를 보면 다음과 같다.

첫째, 개인정보의 침해는 개인의 안전을 심각하게 위협할 수 있다. 무어(James Moor)는 프라이
버시가 무엇보다 안전이라는 가치를 표현하고 있다고 주장한다. 프라이버시가 없다면 안
전하다는 느낌을 갖기 어렵다. 24시간 타인의 눈에 노출되어 있다면 아무리 평화로운 사
회에 산다고 하더라도 안전하다고 느끼지 못하게 된다.

둘째, 개인정보의 침해는 사회적 배제를 초래할 수 있다. 갠디(Oscar Gandy)에 의하면, 광범위
하고 상세한 개인정보의 수집과 이용은 사람들을 다양한 범주로 분류하는 데 사용된다.
그는 이러한 사회적 과정을 팬옵틱 소트(panoptic sort)라고 부른다. 팬옵틱 소트가 지닌
위험성은 개인정보가 "고용·보험·주택·교육, 그리고 신용과 관련된 다른 삶의 기회로부
터 개인들을 배제하는 데 이용될 수 있다"는 것이다(리처드 스피넬로, 2001: 237).

셋째, 개인정보의 침해는 기업과 소비자 사이에 힘의 불균형을 낳을 수 있다. 기업의 데이터베이스에 지속적으로 쌓여 가는 고객정보는 고객 서비스의 향상을 위해서 사용될 수 있겠지만, 궁극적으로는 기업의 권한을 강화시키고 소비자의 자유를 감소시킬 가능성이 높다. 마지막으로, 개인정보의 침해는 정보사회에 대한 신뢰형성을 저해할 수 있다. 학자들은 이미 개인 프라이버시 침해에 대한 인터넷 사용자들의 걱정과 의구심이 전자상거래 발달에 장애가 되고 있음을 지적하였다.

## 6) 개인정보 보호의 주요 정책 및 법제도 현황

### (1) 주요 정책

정부는 정보통신망 이용촉진 및 정보보호 등에 관한 법률을 시행함으로써 종래 정보통신서비스 사업자에게만 적용되던 개인정보 보호의무를 여행사, 항공사, 호텔, 학원, 교습소에도 부여하고, 기업의 양도·양수·합병시 이용자에게 개인정보 이전사실을 통보하도록 의무화하며, 14세 미만 아동의 개인정보 수집시 부모 등 법정대리인의 동의를 필수화하고, 개인정보침해 분쟁을 신속·간편하게 해결하기 위해 개인정보분쟁조정위원회를 설치·운영하는 근거를 마련하였다.

또한, 한국정보보호진흥원에 개인정보 침해사건에 대한 신고를 접수하고 상담하는 기능을 수행하도록 개인정보침해신고센터를 설치하여 개인정보침해 민원을 해결하도록 하였다. 개인정보 보호에 대한 민간자율규제를 활성화하는 차원에서 한국정보통신산업협회와 협조하여 '개인정보 보호마크제도'를 도입·시행하고, 미국, 일본 등 주요국과 마크 상호인정을 추진하고 있으며, 개인정보 보호 및 스팸메일 방지를 위한 개인정보관리 책임자협의회를 구성하였다.

### (2) 법제도 현황

헌법 제17조에서는 "모든 국민은 사생활의 비밀과 자유를 침해받지 아니한다"고 규정하여 사생활의 비밀과 자유의 불가침을 명문으로 선언하고 있다. 이러한 헌법상의 원칙을 실현하기 위해 통신비밀보호법(1948), 전기통신사업법(1961), 의료법(1962), 공공기관의 개인정보 보호에 관한 법률(1994)을 제정하여 개인정보를 보호하고 있으며(개인정보 보호법), 그 밖에 신용정보의 이용 및 보호에 관한 법률(1995), 전자거래기본법(1999), 전자서명법(1999) 등 각 법률에서 분야의 특성을 고려하여 개인정보 및 프라이버시를 보호하기 위한 규정을 두고 있다.

## (3) 최근 이슈: 개인정보 보호법 제정

개인정보 보호법은 정보통신서비스를 이용하는 자의 개인정보를 보호하고, 정보통신망을 건전하고 안전하게 이용할 수 있는 환경을 조성하여 국민생활을 향상시키고 공공복리를 증진할 목적으로 2011년 제정된 법이다. 행정안전부는 2008년 11월 개인정보의 유출, 오·남용 등 개인정보 침해사례가 지속적으로 발생하고, 국민의 프라이버시 침해는 물론 명의도용, 전화사기 등 정신적·금전적 피해가 초래되고 있어 이에 대한 대응으로 개인정보 보호법안을 제안하게 되었다. 여기에서는 개인정보 보호법의 적용 대상을 공공·민간의 모든 개인정보처리자로 하고, 개인정보보호위원회를 설치하며, 개인정보의 수집·이용·제공 등에 대한 단계별 보호기준을 규정토록 하고 있다. 또한 고유 식별정보의 처리 제한을 강화하고, 영상정보처리기기의 설치 제한에 대한 근거를 마련하였다.

개인정보 보호법의 개정으로 인해 전에 비하여 기업과 공공기관의 개인정보 수집과 이용, 그리고 파기 등에 대한 의무가 강화되었다. 공공기관의 개인정보 보호법과 2011년 9월부터 시행된 개인정보 보호법을 비교하면 아래 〈표 19-2〉와 같다. 이 법에 따르면 약 350만 개의 모든 공공기관과 민간사업자들이 법적용 대상이며, 이로 인해 그동안 지속적으로 개인정보 유출 문제를 야기해왔던 법 적용 사각지대를 보안하는 데 큰 역할을 할 것으로 기대된다.

〈표 19-2〉 기존 법령과의 비교

| 구 분 | 공공기관의 개인정보 보호에 관한 법률(폐지) | 개인정보 보호법(2011.9. 시행) |
|---|---|---|
| 규율대상 | 공공기관, 정보통신사업자 등 개별법이 있는 경우 | 공공기관, 법인, 단체 및 개인을 포함 |
| 보호범위 | 컴퓨터 등으로 처리되는 개인정보 파일 | 개인정보 파일 및 종이문서로 기록된 정보까지 포함 |
| 고유식별 정보처리 | 주민등록번호와 관련한 민간의 사용 규제에 대한 내용 없음 | 인터넷 홈페이지 회원가입 시 주민등록번호 외에도 회원가입 방법에 대해 제공 의무화 |
| 영상정보 처리기기 | 공공기관 CCTV에 한해 규율 | 개인의 사생활을 현저히 침해 우려가 있는 장소의 내부까지 규제 |
| 텔레마케팅 | 정보통신서비스 제공자에 한해 규제 | 마케팅을 위해 사용 시 정보주체가 알 수 있도록 고지, 동의 |
| 개인정보 파일관리 | 공공기관이 파일 보유 시 행정안전부와 사전 협의 | 공공기관이 파일 보유시 행정안전부에 등록 |

## (4) 정책사례

### 개인정보 보호에 관한 OECD 8원칙

① 수집제한의 원칙(*Collection Limitation Principle*)

개인정보의 수집은 원칙적으로 제한되어야 하고, 어떠한 개인정보도 합법적이고 정당한 절차에 의하여 수집하여야 하며, 경우에 따라 데이터 주체에게 통지 또는 동의를 얻어야 한다.

② 정확성의 원칙(*Data Quality Principle*)

개인정보는 그 이용목적에 부합된 것이어야 하고, 이용목적에 필요한 범위에서 정확하고 완전하며 최신의 것으로 보존되어야 한다.

③ 목적의 명시 원칙(*Purpose Specification Principle*)

개인정보의 수집목적은 수집할 당시에 미리 명시되어 있어야 하고, 그 후의 이용은 명시된 수집목적의 달성 또는 당해 수집목적과 일치되어야 하며, 수집목적이 변경될 때마다 그 목적을 명시해야 한다.

④ 이용제한의 원칙(*Use Limitation Principle*)

개인정보는 정보주체의 동의가 있거나 법률의 규정에 의한 경우를 제외하고는 목적의 명시 원칙에 따라 명시된 목적 이외의 다른 목적으로 공개, 이용 등의 사용에 제공되어서는 안 된다.

⑤ 안전조치의 원칙(*Security Safeguards Principle*)

개인정보는 분실 또는 불법적인 접근, 훼손/파괴, 사용, 변조, 공개 등의 위험으로부터 적절한 안전보호 조치로 보호되어야 한다.

⑥ 공개의 원칙(*Openness Principle*)

개인정보 처리와 관련된 정보처리장치의 설치, 활용과 관련 정책은 일반에게 공개되어야 한다. 또한 개인정보의 존재, 성질 및 그 주요한 이용목적, 정보관리자를 식별하고, 그 주소를 분명하게 하기 위한 수단을 쉽게 이용할 수 있어야 한다.

⑦ 개인 참여의 원칙(*Individual Participation Principle*)

개인은 자기에 관한 정보의 소재를 확인할 권리를 가지며, 필요한 경우에는 자신에 관한 정보를 합리적인 기간 내에 합리적 비용과 방법에 의하여 알기 쉬운 형태로 통지 받을 권리를 가진다. 이러한 권리가 거부되는 경우에 개인은 해명을 요구하고 해명거 부에 대하여 이의를 제기하거나 정보의 파기, 정정, 보완을 요구할 권리를 가진다.

⑧ 책임의 원칙(*Accountability Principle*)
정보관리자는 상기 모든 원칙이 지켜지도록 필요한 조치를 취하여야 할 책임이 있다.

## 7) 개인정보 보호대책 Ⅰ: 정책적 측면

개인정보 보호대책의 정책적 측면을 살펴보면 다음과 같다.

### (1) 개인정보 보호기준의 국제화 및 국제협력 강화

EU에서는 개인정보 보호지침을 통해 일정수준의 개인정보 보호기준을 충족하지 못하는 국가로의 개인정보 이전을 금지하는 등 개인정보 보호가 선진국 주도의 새로운 무역장벽 으로 대두되고 있다. 이러한 무역장벽을 방지하고 우리나라의 전반적인 정보보호의 수준 을 격상시키기 위하여 기준의 국제화 및 국제협력을 강화해야 한다.

### (2) 개인정보 보호 법제도 및 추진체계 정비

개인정보 보호 법제도 및 추진체계 정비에 대해서 살펴본다.

#### (가) 잘못된 개인정보에 대한 열람요구·정정·삭제권 신설 및 강화

잘못된 개인정보에 대한 개인의 정보통제권에 대한 지속적인 보완과 강화가 필요하다. 2011년 9월에 새로 시행된 우리나라의 '개인정보 보호법'은 열람요구권, 정정요구권, 삭제 요구권, 개인정보에 대한 처리의 정지요구권, 손해배상책임청구권 및 개인정보 단체소송 등을 신설·강화하고, 강제조항으로 규정하여 구속력도 인정하였다. 기존의 '공공기관의 개인정보 보호에 관한 법률'보다 정보주체의 권리가 더욱 강화되었다. 이는 왜 자신에 관 한 정보를 조사하고 처리하며, 이용하였는지, 누구에게 어떻게 전달하였는지에 관하여 설 명을 들을 권리가 관련 개인에게 인정되었다는 측면에서 그 의의를 찾을 수 있다.

#### (나) 개인정보 보호 담당관 제도의 강화

현재 활성화되어 있지 않은 개인정보 보호 담당관 제도(Chief Privacy Officer)를 보다 강화할 필요가 있다. '개인정보 보호법'에서는 '개인정보 보호책임자'를 지정하도록 하였으며, 구체적인 업무까지 예시적으로 나열하고 있다. 그러나, 대부분의 우리나라 행정기관 정보관리자들은 기술적인 업무를 수행하면서 부수적으로 개인정보 보호 업무까지 담당하고 있다. 반면, 정보화에 앞선 나라에서는 개인정보 담당관을 임명하여 책임의식을 가지고 정보보호 전반에 걸친 업무를 수행하게 함으로써 개인정보 보호관리에 강력한 통제효과를 누리고 있다. 우리나라의 경우 일부기관에서 이 제도를 도입하여 시행하고 있으나, 아직까지 미흡한 실정이기 때문에 이를 의무화하고 실질적으로 운영될 수 있도록 하여야 할 것이다.

### (다) 프라이버시 영향평가 제도의 도입

개인정보의 보호를 위한 프라이버시 영향평가 제도의 도입 필요성이 꾸준히 논의되어 왔는데, '개인정보 보호법'이 제정되면서 독립 조항으로 규정되었다. 공공기관의 장은 개인정보 침해가 우려되는 경우 영향평가를 하고 그 결과를 행정안전부장관에게 제출하여야 하며, 영향평가는 행정안전부장관이 지정하는 기관에 의뢰하도록 하고 있다. 이미 미국은 2002년 전자정부법을 통해 국민중심의 전자정부를 구현하는 과정에서 개인정보 및 프라이버시가 충분히 보호될 수 있도록 프라이버시 영향평가를 시행하고 있다. 이러한 프라이버시 영향평가는 각종 전자정부사업을 추진함에 있어 당해 사업이 프라이버시에 미치는 영향을 사전에 조사함으로써 전자정부사업에 따른 국가기관에 의한 프라이버시 침해를 최소화하는 데 그 의의가 있다.

### 8) 개인정보 보호대책 II: 보안기술

네트워크 보안기술은 보안등급지정, 감사추적, 경로지정 통제, 접근통제, 인증교환, 암호화, 디지털 서명 등이 있다. 이들은 직접적 접근통제인 물리적 정보보호와 시스템 접근에 대한 논리적 정보보호로 나뉜다. 또한, 보안기술에 대한 대응체제로는 PKI(공개키 기반구조), 행정전자서명, 개인정보 보호기술 등이 있는바, 이하에서는 이를 간략히 검토하면 다음과 같다.

### ① PKI(공개키 기반구조)

정부와 국민간의 전자거래에서 발생하는 문제점을 방지하고 신뢰를 제공해 주는 중요한 정보기술로는 공개키 기반구조를 들 수 있다. 이를 PKI(Public Key Infrastructure)기술이라고 하는데, 이는 전자거래 내용의 기밀성을 보장해 주는 암호화 기술과 거래 상대방의 신원확인(인증), 거래 내용의 위·변조 방지(무결성), 거래 사실의 부인방지 등을 보장해 주는 전자서명 기술로 나누어진다(이만영, 1999; 정충식, 2007: 319).

### (a) PKI의 계층구조

PKI계층의 구조는 계층구조의 가장 위층에 해당하는 최상위 인증기관(Root Certification Authority)과 그 아래층에 하위 인증기관들(Certification Authorities)이 있으며, 하위 인증기관들 중에는 경우에 따라 등록기관(Registration Authority)을 갖는다. 최상위 인증기관은 하위 인증기관들을 인증해 줄 수 있는데, 하위 인증기관들은 다시 아래 하하위 인증기관들을 연속적으로 인증해 주는 방식으로 이루어진다.

공인인증기관(Certification Authority: CA), 공인등록기관(Registration Authority: RA)과 인증서 발급 및 폐지 절차로 구성된다(김성태, 2007).

#### ⓐ 최상위 인증기관(Root Certification Authority)

계층구조 구성요소 중 최상위 인증기관은 PKI 전반에 사용되는 정책과 절차를 수립하고, 하위 인증기관들의 정책준수 상태와 적정성을 감사하며, PKI 상호 연동을 위한 정책을 수립하고 이를 승인한다. 또한 하위기관의 공개키를 인증하고 인증서와 인증서 폐지목록을 관리하는 등의 역할을 한다.

#### ⓑ (하위)인증기관들(Certification Authorities)

(하위)인증기관들은 사용자의 공개키 인증서를 발행하고 또 필요에 따라 인증서를 폐지하며, 사용자에게 자신의 공개키와 상위기관의 공개키를 전달하고 등록기관의 요청에 따라 인증서를 발행한다. 또한 인증기관간 인증을 위한 상호인증서를 발행하고 최소한의 정책 책임을 갖고, 인증서와 그 소유자 정보가 담겨 있는 데이터베이스를 관리하며 인증서와 인증서 폐지목록, 그리고 감사파일을 보관하는 등의 역할을 담당한다.

전자서명인증제도는 일반적으로 가입자의 인적사항, 공개키, 유효기간, 고유의 일련번호, 인증기관에 대한 정보를 포함한다. 자신의 신원을 확인하고자 하는 사람은 인증기관의 데이터베이스를 이용하여 자신의 ID와 키(Key)가 유효한지 확인할 수 있다.

#### ⓒ 등록기관(Registration Authority)

등록기관은 전자서명의 사용을 위해서는 가입이 필수적이다. 그런데 몇 개의 인증기관으로 수많은 가입자를 처리하기는 어려우며 가입자에게도 불편을 초래한다. 따라서 인증기관을 대신하여 가입을 받는 하위기관이 필요한데, 이러한 역할을 하는 것이 등록기관이다. 즉 등록기관은 인증기관과 멀리 떨어져 있는 사용자들이 인증서를 신청하는 경우 인증기관 대신 그들의 신분과 소속을 확인하는 기능을 수행한다.

등록기관은 사용자들의 신분을 확인한 후 인증서 요청에 서명을 해서 인증기관에 제출하고, 인증기관은 등록기관의 서명을 확인한 후 사용자의 인증서를 발행하여 등록기관에 보내거나 사용자에게 직접 전달한다. 또한 전자적 거래에 있어서 전자서명의 핵심적인 요소들을 확인하고 인증기관의 전자서명 인증을 지원한다.

(b) **우리나라의 PKI: 국가 공개키 기반구조**(National Public Key Infrastructure: NPKI)

우리나라의 PKI는 NPKI와 GPKI의 이원화 체제로 구축되었다. NPKI는 전자서명법에 의해, GPKI는 전자정부법에 의해 관장된다. NPKI를 위한 전자서명법은 1999년 제정되고 2001년, 2005년에 개정되었다. 이는 민간부문의 전자거래를 위한 기반을 제공하는 것으로서 인터넷을 비롯한 온라인 전자상거래의 활성화를 꾀하며, 정부의 GPKI와 상호연동을 통하여 국민들에게 안전하고 편리한 전자환경을 제공해 주고 있다(정충식, 2007).

② GPKI(정부 공개키 기반구조)

(a) **GPKI의 개념**

우리나라의 PKI는 민간부문의 전자거래의 전자서명 인증을 위한 NPKI와 공공부문의 전자거래의 전자서명 인증을 위한 GPKI로 구성되어 있다.

GPKI는 네트워크의 활용비중이 점차 늘어가는 행정환경에서 정부문서에 대한 신뢰 및 인증의 수단을 확보하기 위해 인증기관의 원격등록소, 저장소, 사용자 등을 구조적으로 결합시킨 전자정부의 핵심기반시설이라고 할 수 있다. 즉, 대국민 행정서비스의 향상과 정부의 생산성 향상을 위한 전자정부 구현을 위해 GPKI는 전자결재와 전자문서 유통에 있어 보안성을 확립해 주는 역할을 담당한다. 또한 컴퓨터 네트워크를 통해 국가의 기밀이 유출되거나 개인정보가 누출되지 않도록 행정전자서명을 사용할 필요가 있는데, 이때 GPKI는 이의 인증을 위해 필요한 것이다.

(b) **GPKI의 목적**

GPKI의 목적을 정리하면 다음과 같다.

첫째, 전자정부의 효율성을 제공한다. 전자정부의 기본기능인 정부업무 흐름의 전자화를 위한 것으로 정부부처와 공무원에게 공인증서를 발급하여 효율적인 전자정부 서비스 기반을 마련해 준다.

둘째, 전자정부의 투명성을 제공한다. 기업과 국민들에게 온라인 행정 서비스를 제공하기 위한 것으로 언제 어디서나 편리하게 정부의 공문을 찾아볼 수 있고, 각종 증명서를 온라인으로 발급받을 수 있으며, 각종 인허가를 온라인으로 처리할 수 있게 해 준다. 이를 통해 정부조달과 계약에 있어 행정의 투명성을 제고할 수 있다.

셋째, 전자정부의 경쟁력을 강화한다. 민간부문과의 상호연동으로 다양한 민원서비스를 제공하고 있다. GPKI의 전자적 민원서비스를 인터넷에서 제공할 경우 서비스의 품질을 획기적으로 향상시키고 불필요한 대기비용의 감소, 시간과 장소에 대한 제약을 탈피하고, 행정의 투명성 제고 등으로 인해 정부 경쟁력을 강화시켜준다.

넷째, 전자정부의 신뢰성을 제공한다. 인터넷을 통한 전자적 민원서비스 제공을 위한 신원확인, 전자문서의 무결성, 전자문서의 법적 효력, 개인정보 보호 등을 보장함으로써 비대면 가상공간에서 정부와 국민간의 거래에 대한 신뢰를 제공한다.

### ③ 행정전자서명

전자정부의 전자문서 사용을 위해서는 보안을 위해 행정전자서명이 필요하다. 전자정부법에 의해 업무의 성격 그 밖에 특별한 사정이 있는 경우를 제외하면 행정기관의 문서는 전자문서를 기본으로 하여 작성, 발송, 접수, 보관, 보존 및 활용되어야 한다고 규정하고 있다.

행정기관의 장은 구비서류를 전자문서로 접수한 때에 구비서류를 최초로 작성한 자가 작성권한이 있는 자인지의 여부를 확인해야 하는데, 이는 전자서명 또는 행정전자서명을 권한이 있는 자가 하였는지의 여부를 확인함으로써 가능하다. 즉 민간부문의 경우 전자서명을 그리고 공공부문의 경우 행정전자서명을 사용하여 신원을 확인하고 전자문서의 내용을 확인할 수 있는 것이다.

### ④ 개인정보 보호기술

국내 개인정보 보호를 위해 이루어지고 있는 기술들은 각 기술이 갖는 중요한 측면에 따라 크게 기술기반과 정책/관리기반으로 분류할 수 있다. 즉 기술기반에는 프라이버시 보호 진단기술, 프라이버시 노출관리기술, 개인정보 보호 통신기술, 개인정보 보호 저장기술로 분류할 수 있으며, 정책/관리기반은 개인정보 보호 정책기술, 개인정보 보호 정책관리기술로 분류된다.

## 9) 요약 및 결론

우리나라 공공기관의 개인정보 활용은 그동안 국가 효율성의 논리에 지배되어 왔다고 해도 과언이 아니다. 행정전산화사업 및 전자정부사업을 통해 전산화된 행정정보의 많은 부분이 효율적 행정업무와 효과적 국민통제에 최우선 목표로 사용된 측면이 있다. 국정을 운영하는 정부의 입장에서 보면 개인정보의 적극적 활용을 통한 행정효율성의 향상도 중요한 과제이기는 하나, 이제는 개인정보 침해에 따른 부작용도 심각하게 고려하여 개인정보 보호에 대해 보다 적극적 관심과 의지를 보여야 한다. 이는 앞으로 본격적으로 전개될 유비쿼터스 정보기술 환경에서 시민 개개인들의 정보가 무한대로 노출될 상황을 고려할 때 더욱 중요한 의미를 지닌다. 국가정책의 최상위 목표와 존재의의는 단순한 행정효율성이 아니라 인간의 존엄성과 인권의 실현에 있다는 점을 한순간도 잊어서는 안 될 것이다.

## 2. 인터넷상의 익명성 문제

### 1) 의 의

정보사회에서 개인의 정체성 및 프라이버시 문제와 함께 중요한 쟁점으로 제기되는 것이, 비대면 접촉을 특징으로 하는 통신상에서 사람들간의 신뢰와 익명성의 문제이다. 단절적이고 비인격적 관계가 지배하는 현대사회에서 신뢰는 개인에게 존재론적 안정감, 사회적 안정성과 응집성의 형성을 촉진시켜 건전한 사회질서를 만들게 한다. 정보사회에서 면대면 접촉의 결여에 의한 개인들간의 관계는 신뢰가 장기간의 성찰적 과정을 거쳐 형성되는 것이라는 점을 고려할 때 더욱 중요한 정책과제로 등장한다.

#### (1) 신 뢰

신뢰는 개인에게 안정감과 안정성뿐만 아니라, 건전한 자아정체성의 발달에 필요한 조건이다. 신뢰관계의 형성은 개인의 '존재론적 안정감'을 기초로 생긴다. 이러한 기본적 신뢰형성 없이는 사람들은 항구적인 실존적 불안과 정체감에 대한 자신감을 결여하게 된다. 이러한 개인적 문제는 사회적 질서의 문제까지 야기시킨다.

신뢰는 이론적으로 문화적 측면에서 접근하였지만, 지금은 그 자체를 정치경제적 실체로 간주하고 국가자산이며 국력의 전략적 요소로까지 이해되는 등 사회과학 전반에 걸친 핵심개념으로 부상하고 있다. 신뢰에 기반을 둔 참여적 시민문화(*civic culture*)가 민주주의제도를 뿌리내리게 하고, 반대로 민주주의제도가 시민문화를 확산시키게 된다는 전통적 연구결과와 함께(Almond and Verba, 1963), 최근에 Fukuyama(1998)나 Nye(1998)와 같은 학자들은 신뢰가 이데올로기 종언 이후 국가발전의 가장 중요한 요소로 등장하고 있음을 주장하였다.

### (2) 신뢰와 순수관계

인간의 관계가 단절적이고 비인격적인 구조에 의해 매개되는 현대사회에서는 혈연·지연·학연에 기초를 둔 1차 집단의 전통적 인간관계가 아닌 객체화된 조직적 인간관계가 많이 등장하게 되는데, 사회학에서는 이를 '순수관계'라고 부른다. 이러한 2차 집단의 인간관계에서 신뢰는 매우 형성되기가 어려운데, 오랜 시간을 두고 서로 상호공개의 과정을 통해서만 형성된다. 사이버공간상에서의 만남도 순수관계와 같은 2차 집단의 인간관계인 바, 사이버공간상에서의 상호개방성과 친밀감은 신뢰 및 장기적 인간관계의 형성에 필수적 조건이다.

### (3) 익명성, 상호개방성, 그리고 신뢰

정보사회가 고도화되어 사이버공간이 활성화되면 익명성을 기초로 한 사회관계가 주를 이루게 된다. 대면적 접촉이 결여된 전자적 공간에서는 익명성이 유지됨으로써, 개인들은 실제생활에서 자신의 활동을 제약하는 성별이나 지위, 사회적 정체성을 드러낼 필요가 없다. 이러한 익명성은, 인터넷공간의 특성인 자유로운 의견개진 등을 통해 인터넷 활용의 촉매제가 된 것도 사실이지만, 개인들에게 책임지지 않는 의견을 제시하게 함으로써 문제해결을 지연시키며, 인간관계의 기초가 되는 상호개방성을 차단한다. 상호개방성과 신뢰의 결핍은 고도정보사회의 사이버공간의 건전한 발전을 저해하며, 진정한 의미의 인간관계 형성 및 건전한 사회질서의 기초를 위협하게 되므로 정보사회에 중요한 정책적 쟁점이 된다.

## 2) 정보사회와 익명성

### (1) 사이버 범죄의 사례

전통적 법체제 안에서 가려진 많은 범죄들이 사이버공간의 범죄에 등장한다. 사이버 범죄의 대표적 사건으로는 뻐꾸기의 알 사건[2]이 있다. 이외에도 음란물의 무제한 유포, 메일

---

2) 1987년 초부터 1988년 7월경까지 독일의 하노버에 있는 마르쿠스 헤스 등 5명의 해커들이 브레멘 대학교의 인터넷 계정을 이용하여 Datex-P 통신망을 타고 대서양에 떠 있는 Wester Ⅲ.

폭탄, 명예훼손이나 모욕, 신용훼손 등의 윤리문제가 사이버공간에서 무수히 일어난다.

## (2) 사이버공간에서 익명성의 특징

### (가) 가상현실

사이버공간은 현실과 분리된 제한된 공간에서 이뤄지며, 이는 가상현실과 현실세계의 분리로 정체성의 혼란, 사이버에고의 등장, 일상생활의 이중화, 양심의 상실 등의 문제를 낳는다.

### (나) 죄의식의 결핍

사이버공간에서는 각 개인이 자신의 실제모습을 감출 수 있기 때문에 비윤리적 언어폭력, 사생활 침해, 특정집단에 대한 혐오와 증오, 스팸메일의 유포 등의 문제가 죄의식 없이 일어나게 되며, 더 나아가 범죄를 증가시키는 원인이 된다.

### (다) ID

사이버공간은 철저한 익명세계로 행위자는 실존으로서의 개인이 아니라, 사이버공간에서 활동하는 개인의 징표인 ID로써 나타난다. 이 ID는 현실세계의 개인과 동일한 인격체로서 존재하지 않고, 오직 독자적인 사이버공간의 행위자로서의 징표일 뿐이다. 따라서 사이버 범죄에서의 익명성은 더욱 강화되며, 익명성을 갖고 능동적으로 활동하게 된다.

### (라) 사이버 범죄 해결의 어려움
#### ① 범죄자 추적의 어려움

사이버공간은 익명성의 공간으로 누군가가 존재하고 행위를 하지만 그들이 실존하는 누구인지는 알지 못한다. 한 사람이 여러 개의 ID와 이메일을 가지고 사이버공간에서 활동한다. 그리고, 그러한 ID와 이메일의 발급이 엄격한 심사에 의해 현실사회에서 개인에게 발급되는 것이 아니기에 사이버 범죄의 범죄자를 추적하고, 구체화시키는 것은 굉장히 힘든 작업이다.

---

Comsat 인공위성을 연결하여 국제 게이트웨이인 Tymnnet를 거쳐 미국 버지니아의 방위산업체로 들어가 클리포드 스톨이라는 천문학자가 근무하는 캘리포니아의 로렌스 버클리 연구소에 연결된 미국의 군사용 컴퓨터 통신망인 Arpanet과 Milnet에 있는 중요 군사시설의 컴퓨터에 침입하여 군사기밀에 속하는 정보를 입수한 다음, 이를 다시 KGB에 양도하고 대가로 마약을 받아오다가 위 천문학자의 추적으로 검거되었던 사건으로서 컴퓨터 범죄를 논하면서 많이 언급되는 사이버 범죄이다.

② 범죄기록의 파괴

사이버공간에서는 증거가 남지 않는다. 다만 전자적 기록만 남는다. 그것을 'LOG'라 한다. 사이버공간에서는 어디에서나 순식간에 데이터의 파괴가 가능하다.

## 3) 정책방향

사이버공간에서 갖는 익명성으로 도덕적, 윤리적 타락의 정도는 점점 심해지고 있지만, 이를 규제할 만한 법적, 제도적 장치는 아직 여기에 못 미치고 있는 실정이다. 조속히 정책적 측면에서 이에 대한 대안이 마련되어야 할 것이다. 또한 정보사회에 제공하는 다양하고 편리한 기술들을 보다 높은 수준으로 제대로 사용할 수 있을 만한 윤리의식에 대한 교육도 필요하다. 시민의식 제고를 통해 사이버공간에서의 익명성이 부정적으로 악용되는 것이 아니라, 시민의 건전한 정치참여와 비판기능을 강화하는 긍정적 측면으로 사용되도록 해야 할 것이다.

아래에서는 인터넷 상의 익명성 문제를 규제하기 위한 좀 더 구체적인 방안을 검토하면 다음과 같다.

### (1) 인터넷 규제

인터넷이 보편화됨에 따라 사이버모욕, 악성댓글의 범람과 같은 인터넷 역기능 문제가 심각한 사회적 문제로 대두되고 있다. 이러한 인터넷 역기능은 실제로 개인에게 정신적 피해·심리적 불안정을 주고 나아가 사회적 문제까지도 야기시킬 수 있다. 따라서 인터넷 규제는 이러한 문제를 감소시키고 바람직한 사이버 환경을 조성하기 위한 목적으로 이루어지고 있다.

인터넷 규제방향은 시각에 따라 상이하게 제시될 수 있다(장성호, 2011).

첫째, 국가적 차원에서의 규제를 실시해야 한다는 입장이다. 즉, 인터넷상에서 책임소재를 명확히 해야 한다는 입장에서 인터넷 실명제를 실시하고 국가규제의 입장을 견지한다는 것이다.
둘째, 인터넷 자체는 자정력이 있기 때문에 표현의 자유를 억압하지 않고 자율적 방식으로 두고, 국가의 개입이 아니라 사업자 또는 이용자가 자율적으로 규제하는 자율규제의 입장이다.

## (2) 포털사업자 규제: 자율규제적 접근3)

일반적으로 자율규제란 정부가 민간에 규제의 권한을 형식적으로 위임하는 경우를 지칭하고 있다. 다른 한편으로는 민간영역이 규제의 필요성을 스스로 자각하여 규제하는 경우에도 자율규제로 사용되고 있다. 자율규제는 다양한 목적하에 사용되고 있지만 본래의 의미로는 '산업 자율규제'를 뜻하는 것으로서, 규제의 주체가 정부가 아닌 피규제 산업 또는 업계가 스스로 하는 경우를 지칭한다. 특히 포털사업자 규제는 인터넷과 관련하여 관련 기업이나 협회가 자발적으로 규제의 주체가 되는 경우를 의미한다(최병선, 2000; 황용석, 2009).

이러한 자율규제적 접근에 따르면 포털사업자나 관련 민간기관들이 자체의 규제 장치들을 활용하여 주도적이고 자발적으로 규제에 참여하게 된다. 또한 국가는 관련 법을 통해 이들의 활동을 협력하고 지원함으로써 자율규제 활동이 실효성을 거둘 수 있도록 유도한다.

## (3) 제한적 본인확인제

온라인에 악영향을 미치는 악성 댓글, 게시글 등을 방지하기 위하여 법적 규제가 필요하다는 논의에서 비롯된 것이 제한적 본인확인제이다. 이는 2007년 7월 정부가 인터넷 게시판에서 이루어지는 개인정보 유출, 지나친 타인 비방, 명예훼손의 정도가 심해졌다는 판단하에 기존 법에서 적용범위를 확대하여 시도한 것이 논의의 시작이었다.

제한적 본인확인제는 2007년 7월 노무현 정부에서 정보통신부와 열린우리당이 개정한 정보통신망 이용촉진 및 정보보호 등에 관한 법률(2006. 7)을 개정하면서 시행되었다. 이는 일정 규모 이상의 사이트를 운영하는 정보통신서비스 제공자가 게시판을 운영할 때 이용자의 본인여부를 확인하도록 하는 제도이다. 본인확인제로 불리게 된 까닭은 게시판에 글을 쓰기 위해서는 본인 확인을 거쳐야 하지만 필명을 사용하는 것이 허용되기 때문에 제한적 본인확인제라고 불리게 된 것이다(조화순 외, 2010). 일반적으로 사용하는 용어로는 인터넷 실명제라고 불리고 있다.

---

3) 자율규제의 핵심은 규제대상이 되는 기업이나 개인들이 자발적으로 규제기준을 만들고 이를 진행하는 것을 담고 있어야 한다. 자율규제는 정부의 개입을 전적으로 배제하는 무규제나 불필요한 규제를 줄이는 탈규제와는 다른 의미를 갖는다.

# 정부 '제한적 본인확인제' 유명무실

인터넷의 익명성 때문에 생길 수 있는 언어폭력이나 명예훼손 같은 피해를 막기 위해 정부가 도입한 제한적 본인확인제가 유명무실해지고 있다는 지적이 나오고 있다. 특히 구글, 트위터, 페이스북 같은 글로벌 인터넷 업체들이 국경 없는 서비스를 제공하고 있는데도 한국만 제한적 본인확인제를 유지하는 바람에 국내 인터넷 기업들이 규제 역차별을 받고 있다는 불만이 폭증하고 있다.

이 때문에 정부가 규제의 실효성을 거두지 못하는 제한적 본인확인제 대신 글로벌 시장과 기술을 수용하면서도 사이버폭력을 예방할 수 있는 근본적 대안을 마련해야 한다는 주장이 확산되고 있다.

10일 인터넷 업계는 "방송통신위원회가 미투데이, 페이스북, 트위터 같은 인맥구축 사이트(SNS)를 제한적 본인확인제 적용대상에서 제외한 것은 본인확인제를 적용하려 해도 적용할 방법이 없기 때문"이라며, "결국 현재의 제한적 본인확인제는 규제에 약한 기업만 불이익을 당하는 정책이 되고 있다"고 지적했다.

#### ■ 규제할 수 없어 규제 면제(?)

국내에서도 SNS시장은 트위터나 페이스북 같은 글로벌 사업자가 주류를 이루고 있다. 트위터와 페이스북을 합쳐 국내 SNS 이용자 510여만 명이 이들 글로벌 SNS를 이용하고 있다. 트위터와 페이스북 같은 글로벌 SNS들은 e메일 주소와 이름만 있으면 간단히 회원으로 가입해 자신의 친구들과 대화를 나눌 수 있다.

SNS는 이용자 본인이 친구 10명에게 소식을 전하면, 이 친구 10명이 각각 10명의 친구에게 말을 전하고, 또 그들이 10명씩 친구에게 소식을 전하더라도 순식간에 1만 명에게 소식이 전달된다. 이 때문에 방송이나 휴대폰을 차단해도 중동 민주화 운동이 SNS를 타고 세계에 순식간에 전파될 만큼 파급력이 막대한 매체다.

방송통신위원회는 "SNS는 사적인 커뮤니케이션 영역이기 때문에 제한적 본인확인제를 적용하지 않기로 했다"고 밝혔다. 그러나 국내 인터넷 업계에서는 "한국 정부가 트위터나 페이스북을 제한적 본인확안제 적용대상 사이트로 지정하더라도 이들 기업이 한국의 규제를 수용하지 않으면 제재할 방법이 없다"며 "SNS가 본인확인제 대상에서 제외된 것은 규제할 방법이 없기 때문 아니겠느냐"고 분석했다.

제한적 본인확인제는 처음 회원으로 가입할 때 반드시 실명으로 주민번호나 대체수단인 I-PIN, 공인인증서 같은 확인수단을 입력해 본인을 확인한 뒤 글을 쓸 때마다 로그인을 하도록 규정하고 있다. 트위터나 페이스북이 전 세계에서 사용하는 e메일 회원가입 제도를 한국에서만 유독 실명확인으로 바꿀 이유가 없으니, 한국 정부는 글로벌 SNS사이트에 본인확인제를 적용하라고 강제할 방법이 없는 게 현실이다.

■ 한국 기업 역차별…해외진출 발목

방송통신위원회는 146개 국내 인터넷 사이트를 올해 본인확인제 적용대상으로 정했다. 국내 인터넷 업체들은 이를 역차별이라며 강력히 반발하고 있다.

인터넷 업체의 한 관계자는 "페이스북 같은 글로벌 업체들은 전 세계에 출시하는 모든 서비스를 똑같은 플랫폼으로 제공해 미국에서 우리나라 계정을 이용할 때나 우리나라에서 미국 계정을 이용할 때 차별이 전혀 없는 게 특징"이라고 말했다. 또 이 관계자는 "본인확인제 같은 규제를 적용받는 국내 업체들은 한국 서비스와 해외 서비스를 모두 다른 모양으로 만들어야 하는데 비용도 많이 들 뿐 아니라, 사업모델 자체가 완전히 달라지기 때문에 사실상 글로벌 시장 진출이 불가능하다"고 지적했다.

인터넷 업계의 다른 관계자는 "정부는 틈만 나면 인터넷 업체들을 향해 해외시장을 공략하라고 요구하지만 본인확인제 같은 규제를 적용하면 국내에서 성공모델을 만들기도 쉽지 않고, 사실상 이런 모델로는 아예 해외시장에 나가는 것 자체가 불가능하다"고 지적했다. 이어 이 관계자는 "인터넷 업계에서는 해외시장을 공략하려면 국내에서 사업을 시작하지 말고 아예 해외에서 사업모델을 만들어야 한다는 말이 나올 정도"라고 불만을 털어놨다.

■ 본인확인제 대체정책 마련해야

그동안 인터넷 전문가 사이에서는 본인확인제로는 사이버폭력이나 명예훼손 같은 인터넷 피해를 막을 수 없다는 문제가 지속적으로 나왔다. 올해 방통위가 SNS에 대한 규제를 포기한 가운데 본인확인제 무용론이 더욱 확산되고 있다.

업계 한 전문가는 "본인확인제를 적용한 뒤에도 사이버 명예훼손 피해가 예방되거나 줄었다는 정책성과가 전무하다"며, "본인확인제는 사이버폭력 예방정책으로 역할을 할 수 없었던데다, SNS나 스마트 모바일 커뮤니케이션 시대에는 점점 더 무용화될 것이기 때문에 이를 대체할 새로운 정책을 고민해야 한다"고 조언했다.

자료: 파이낸셜뉴스, 2011. 3. 10.

정책
사례 cases in policy

"소셜댓글 티토크"

인터넷 실명제 폐지의 대안으로 등장하고 있다

정부가 인터넷 상에서의 개인정보 수집을 최소화하기 위해서 '인터넷 실명제'('제한적 본인확인제')를 단계적으로 폐지하는 방안을 추진하고 있다.

## ■ 정부, 인터넷 실명제 단계적 폐지

인터넷 실명제는 허위, 비방, 음란성 댓글 등 인터넷 게시판 상에서의 무분별한 게시물 작성을 방지하기 위해 2007년 7월에 도입된 본인확인제도로, 개인의 정보유출사태를 방지하기 위해 인터넷 실명제를 폐지해야 한다는 주장이 제기되어 왔다. 특히 최근 발생한 네이트 및 싸이월드 회원 3천500만 명의 개인정보 유출 사태는 인터넷 실명제 폐지에 대한 여론을 형성하기에 충분했다.

이에 따라 행정안전부는 1) 인터넷 실명제 단계적 폐지, 2) 주민번호 민간사용 사전승인제 도입, 3) 개인정보 수집 포괄적 동의제 정비 등을 골자로 '개인정보 보호 종합대책'을 마련했다.

## ■ 소셜댓글 '티토크' 인터넷 실명제 폐지의 한 대안

인터넷 실명제가 폐지됨에 따라, 사실상 인터넷 사이트에서의 악성 게시글 작성을 방지하기 위해서는 SNS 로그인 연동을 통해 그 사람의 신분을 자발적으로 확인시키도록 하는 방법밖에 없어져 소셜댓글 '티토크'(http://ttalk.co.kr)의 활용도가 더욱 확대될 것으로 예상된다.

그동안 이미, 뉴스캐스트의 주요 언론사들이 '티토크'를 이용해 악성 게시글을 방지하고 있던 상황에서 이번 정부의 인터넷 실명제 폐지 의지는 안그래도 순항에 순항을 거듭하고 있던 (주)'픽플' 입장에서는 순풍에 돛단 듯한 효과를 가져다줄 것으로 예상된다.

## ■ 한국 SNS 시장의 발전

(주)픽플의 윤영상 부대표는 "그간 미국과 한국에 동시에 서비스를 개발/운영해오면서 두 나라의 서비스 환경을 분석해보았을 때, 한국의 인터넷실명제는 한국 SNS 시장의 서비스 발전을 더디게 하는 장애요소가 되었던 것이 사실"이라며, "이번 실명제 폐지를 통해 앞으로는 국제적 규격에 맞춘 소셜 네트워크 서비스들을 보다 쉽게 개발해낼 수 있을 것"이라는 기대감을 나타냈다.

한편, 네이트와 싸이월드 해킹 사건으로 3천500만 명의 회원 정보가 유출된 이번 SK커뮤니케이션즈 사태는, 그 진원지가 중국이었던 것으로 밝혀졌으며, 사용자식별기호(ID), 비밀번호와 주민등록번호, 이름, 생년월일, 성별, 이메일주소, 전화번호, 주소, 닉네임 등이 이미 중국으로 유출된 것으로 추정되고 있다.

자료: 한강타임즈 기사, 2011. 3. 10.

## 3. 사이버 범죄의 대응정책

### 1) 사이버 범죄의 정의

사이버 범죄는 아직 명확한 개념으로 정의되지 못하나, 인터넷 및 컴퓨터 매체와 밀접한 관련을 가진다. 이와 관련하여 사이버 범죄는 크게 두 가지로 정의될 수 있다.

하나는 기존의 컴퓨터 범죄와 차별하여 인터넷 및 네트워크를 중심으로 하는 사이버 범죄와 다른 하나는 기존의 컴퓨터 범죄를 포함하는 넓은 개념으로서의 사이버 범죄이다. 전자의 경우, 사이버 범죄는 '인터넷과 같은 정보통신망으로 연결된 컴퓨터시스템이나 이를 매개로 형성되는 사이버 공간을 중심으로 발생하는 범죄행위', 혹은 '인터넷 사이트나 이를 서로 연계시키는 컴퓨터 네트워크를 수단으로 하거나 그 대상으로 하는 범죄'로 정의될 수 있다. 후자의 경우 사이버 범죄는 컴퓨터 범죄보다는 넓은 개념으로 정의하게 되는데 '컴퓨터를 포함하는 사이버 공간에서 행해지는 모든 범죄적 현상' 또는 '컴퓨터범죄를 포괄하되 이에 부가하여 컴퓨터 네트워크를 통한 연결성을 이용하여 저지르는 범죄까지 포함하는 개념'으로 정의된다(한국정보문화진흥원, 2005).

### 2) 사이버 범죄의 특징

#### (1) 익명성과 비대면성

사이버 공간에서는 현실세계에서의 자신의 이름, 성별 나이 등의 신분을 감추는 익명성을 가지고 활동할 수 있다. 또한 실제현실세계가 아닌 익명성을 지닌 상대방과 비대면적으로 만나게 된다. 이러한 익명성과 비대면성으로 인해 자신의 신분이 노출되지 않아 적발될 가능성이 없다는 점에서 일탈행위로 나아갈 수 있다.

#### (2) 시·공간의 무제약성

사이버공간에서의 행위는 현실에 비해 매우 큰 전파력을 가지게 된다. 따라서 스팸메일 혹은 불건전정보를 불특정 다수에게 전달하고자 하는 이들에게는 매력적인 공간이다. 이러한 전파성을 이용해 바이러스를 유포하여, 많은 문제를 일으키고, 또한 전세계적으로 막대한 재산상의 피해를 입히는 경우도 발생한다.

### (3) 전문성

사이버 범죄를 행하는 이들은 다른 범죄에 비해 고도의 전문지식을 가진 이들이 많다. 이로 인해 컴퓨터 범죄는 '화이트칼라범죄'로 불리기도 한다. 악성프로그램 제작 및 유포, 해킹, 프로그램 및 데이터 조작, 그리고 이를 이용한 사이버도박 및 사이버사기 등의 경우 고도의 전문지식이 있어야 가능한 경우가 대부분이다.

### (4) 숨은 범죄

실제 사이버 범죄가 적발된 건수는 발생 행위에 비해 턱없이 적은 수치이다. 이처럼 고도의 전문성과 익명성, 시공간의 한계를 넘어선 전파성은 사이버 범죄의 적발을 어렵게 한다. 더욱이, 단 한 건의 행위에서 다른 범죄의 몇 배가 되는 침해결과를 발생시키므로 사이버 범죄에 대한 위기의식은 더욱 높아지고 있다.

## 3) 사이버 범죄의 유형

사이버 범죄는 다양하게 발생하는데, 대표적 사례로는 청와대를 사칭해 패스워드를 변경시킨 후 각 은행망에 침투해 휴면계좌의 금액을 부정 인출하려던 사건, 은행과 대학에서 최고관리자가 자료변조를 지시한 사건, 몇 개 기관에서 불법 흥신소에 개인정보를 유출시킨 사건, 하드웨어 및 소프트웨어 절도사건, 국제카드 위조범의 국내침투 범행, 기타 증명서 부정발급, 예금의 부정인출 등을 위한 자료변조, 공공기관에 대한 해킹사건 등이 있다.
아래에서는 사이버 범죄를 유형화하여 네트워크 기능을 침해하는 범죄유형과 네트워크 기능을 침해하지 않는 형태의 범죄유형으로 나누어서 검토하도록 한다.

### (1) 네트워크 기능을 침해하는 사이버 범죄

먼저 네트워크 기능을 침해하는 사이버 범죄로는 정보침해와 사이버테러가 있다.

#### (가) 정보침해
정보침해는 다시 해킹과 사이버스파이가 있다.

#### ① 해 킹
해킹(Hacking)이란 네트워크를 통해 타 시스템에 침입하여 시스템 내의 자료를 변조, 삭제하거나 이상 작동을 유발시키는 행위를 말한다. 또한 이러한 해킹 행위를 하는 사람들을

'해커'(Hacker)라고 한다.

전자적 정보의 침해행위는 해킹에 의하는 것이 보통이다. 해킹이란 "통신망이나 전산망을 통하여 타인의 전산시스템에 불법적으로 침입하는 것"이라고 정의된다. 해킹은 정보통신망에 연결된 정보시스템을 일차적 대상으로 하나, 정보통신망 자체도 그 대상에서 제외될 수 없다. 이러한 해킹은 각종 사이버 범죄의 수단이 되는 동시에 그 자체가 사이버 범죄의 한 유형으로 파악되기도 한다.

② 사이버스파이

사이버스파이란 국가나 기업 등의 경제적 이익을 도모하기 위해 컴퓨터로 저장된 국가기밀이나 산업정보를 수집하는 행위를 총칭하는 용어이다. 주관적 구성요건에서 단순해킹이 전산망 침투라는 단순한 의도를 가지는 데 비하여, 사이버스파이는 각종 내부정보와 자료입수를 목적으로 하는 것이 다르다.

(나) 사이버테러

① 개 념

사이버테러란 사이버(Cyber)와 테러리즘(Terrorism)의 합성어이다. 테러란 대개 정치적 동기를 가져야 하고 그 효과로써 공포를 줄 수 있는 것이어야 한다. 따라서 사이버테러란 '정치적 목적을 위해 정부·대중·개인에게 위해를 가하거나 예측할 수 없는 폭력을 사용하는 조직행위'를 의미하며, 사이버 공간에서 사이버적 수단을 이용해 이루어지는 테러리즘의 한 형태로 폭력이나 위협이 수단으로 사용된다.

사이버테러는 사이버 공간에서 이루어지는 특수성으로 인해 기존 테러와는 다른 모습을 보이는데, 기존의 테러는 '폭력성'을 본질적 특성으로 하지만, 사이버테러는 물리적 폭력을 수반하지는 않는다. 하지만 사이버테러는 결과적인 측면에서 '국가나 사회에 공포심이나 불안감 조성'이라는 본질적인 특성을 살펴보아야 할 것이다(김홍석, 2010).

② 사이버테러 유형

최근의 사이버테러는 단순한 해킹기술 과시에서 벗어나 금전적 이윤추구가 증가하고 있으며, 정보유출을 목적으로 하는 악성코드의 확산이 증가하고 있다. 또한 보이스 피싱(Voice Fishing)과 같은 사회공학적인 방법과 유기적으로 결합하여 사이버 공격을 하는 등 그 수법이 날로 간교하게 진화되고 있다. 국가정보보호백서에서는 침해주체에 따른 위협으로 유형을 분리하고 있으며, 주로 침해주체, 침해목적, 침해대상, 공격방법에 따라 분류되기도 한다. 다음의 〈표 19-3〉은 침해 주체에 따른 위협에 대한 내용을 정리한 것이다(문종식 외, 2010).

## 특정 국내은행 홈페이지를 위장한 가짜 사이트 개설, 개인정보 유출

국내은행 홈페이지를 가장한 '피싱(Phishing) 사이트'를 처음으로 만든 뒤 해킹을 통해 다른 사람의 개인정보를 빼낸 범인은 평범한 고등학생인 것으로 밝혀졌다.

피싱이란 개인 정보(Private Data)와 낚시(Fishing)의 합성어로 유명 회사의 홈페이지를 해킹해 위장 사이트를 만든 뒤 네티즌들에게 e-메일 등을 보내 위조된 홈페이지에 주민등록번호 등 개인정보를 보내도록 유인하는 사기 행위다. 경찰은 5일 금융감독원이 "국내 은행의 홈페이지와 유사한 홈페이지를 만들어 개인정보를 빼가는 피싱 사이트가 처음 발견됐다"고 밝히면서 수사에 나섰다.

경찰청 사이버테러대응센터는 13일 가짜 K은행 사이트를 통해 해킹 프로그램을 전송한 뒤 개인정보를 빼낸 혐의로 김모(17, 고2)군을 불구속 입건했다.

경찰에 따르면 김군은 2월 K은행 홈페이지를 본떠 자신이 만든 사이트에 들어온 네티즌이 '실명인증 프로그램 다운로드'를 클릭하면 상대 컴퓨터를 원격 조종할 수 있는 프로그램이 설치되도록 했다. 이 프로그램을 통해 김군은 상대 컴퓨터에서 백신프로그램을 삭제한 뒤 해킹 프로그램을 설치하는 수법으로 컴퓨터 이용자가 입력하는 개인정보를 실시간으로 빼낸 혐의를 받고 있다.

경찰 관계자는 "김군이 사용한 수법을 적용하면 온라인 보안인증서를 채택한 인터넷 뱅킹도 위험할 수 있다"고 말했다. 김군은 1학년 때 반장을 맡은 데 이어 올해도 부반장을 하는 등 학교 생활에 적극적인 모범생이지만 인터넷 게임에 중독돼 별다른 죄의식 없이 범행을 저질렀다고 경찰은 밝혔다.

자료: 중앙일보, 2005. 7. 14.

③ 사이버테러의 증가요인

국가의 경제·사회활동의 근간이 되는 정보통신기반이 인터넷으로 연결되면서 개방형으로 전환되는 지식정보사회에서는 이를 이용한 사이버테러리즘이 증가하고 있다. 사이버테러의 원인은 다음과 같이 몇 가지로 나타낼 수 있다(이진수, 2000).

첫째, 인터넷과 같은 네트워크를 통해 상호간의 연결이 가능해지기 때문이다. 각각의 정보시스템들은 내부적으로 LAN(Local Area Network)으로 연결되어 있다. 또한 인터넷에 연동되어 있어 시간과 공간에 따른 제약 없이 전세계 어디에서든지 정보를 교환하고 각종 서비스를 제공받을 수 있다. 이는 내부사용자뿐만 아니라, 어느 사용자도 내부시스템에 불법적

| 구 분 | 개인적 침해 위협 | 조직적 침해 위협 | 국가적 침해 위협 |
|-------|-----------------|------------------|------------------|
| 주체 | 해커 및 사이버 범죄자 | 산업스파이, 테러리스트, 조직화된 범죄집단 | 국가정보기관, 사이버전사 |
| 목적 | 금전획득, 영웅심발휘, 명성획득 | 범죄조직의 이익달성, 정치적 목적 달성, 사회·경제적 혼란 초래 | 국가기능 마비, 국가 방위능력 마비 |
| 대상 | 민간시설망, 전자상거래망, 개인용 컴퓨터 | 기업, 금융, 항공, 교통망 등 정보 통신망 | 국방, 외교, 공안망 등 |
| 방법 | 컴퓨터 바이러스, DDos, 해킹 등 | 유·무선 도청, 통신망 교란, 통신망 시스템 공격 | 첨단도청 및 암호해독, 전자공격무기 등 |

※ 자료: 문종식 외(2010)에서 수정.

으로 접근할 가능성을 높인다.

둘째, 인터넷은 해커들의 자유로운 정보교환의 장이 되기 때문이다. 해커들은 자신의 웹페이지를 통해 해킹기술을 인터넷에 자유롭게 공개하고 있다. 이러한 해킹정보의 공개로 인해 누구나 해킹정보에 쉽게 접근할 수 있게 되었다.

셋째, 사이버테러에 대한 인식의 부족 때문이다. 해커들은 자신들의 공격기술에 심취하여 정보시스템을 공격하고 있지만, 공격대상이 되는 각 기관의 시스템 관리자는 제한된 인원으로 많은 시스템을 관리하기 때문에 사이버테러에 대한 방어책을 마련하는 데 어려움을 겪고 있다. 또한 정보화에 급급한 나머지 사이버테러에 대한 방어와 정보보호기술개발에 필요한 예산에 대한 투자가 인색한 것도 중요한 요인이 되고 있다.

④ 사이버테러의 특징

사이버테러는 가상의 사이버 공간에서 해킹과 바이러스와 같은 수단으로 목적대상의 정보시스템에 영향을 주어 특정 결과를 기대한다는 점에서 다음과 같은 특징을 가지고 있다(오태곤, 2005).

첫째, 사이버테러는 고도의 기술을 요한다. 사이버테러를 하는 해커들은 컴퓨터·첨단정보통신을 이용하여 전산망에 침투하거나 바이러스를 침투시키는데, 이는 추적을 어렵게 하기위해 복잡한 과정을 거쳐서 이루어진다. 따라서 사이버테러 관련자들을 처벌하려고 해도 추적도 어려울 뿐만 아니라 흔적을 찾기 어렵다.

둘째, 해커나 컴퓨터 공학도 등의 전문인력이 가담한다. 사이버 테러리스트들은 대개 해커나 컴퓨터 공학도 출신의 전문인력이다. 이들은 인터넷이나 통신망을 통해 국가정보기관이나 국가중요시설의 컴퓨터에 접근함에 있어 몇 시간이면 국가보안프로그램들을 뚫어내는 능력을 가지고 있다.

## 사이버테러 공포에 전세계가 발칵

최근 구글(Google), 씨티그룹(Citigroup), 국제통화기금(IMF) 등이 해킹 공격으로 곤혹을 치렀다. 이와 관련 '주요 20개국(G20) 회의 의제로 삼아야 한다', '사이버 공격 확산방지를 위해 국제조약을 만들자' 등의 주장도 제기됐다. 향후 사이버 안보 문제가 세계를 위협하는 테러의 한 형태가 될 것이라는 우려도 높다. 이에 미국은 사이버 공격을 전쟁행위로 간주해 무력 대응을 검토한다는 방침까지 세웠다. 전문가들은 동서고금을 막론한 공조 수사 시스템을 구축해야 한다고 지적했다.

■ 구글, IMF, 미국 상원까지…사이버테러 확산

지난 1일 구글은 "한국과 미국 등 정부 관리와 중국 인권운동가의 지메일(Gmail·구글 메일) 계정을 겨냥한 해킹 공격을 적발했다"고 밝혔다. 특히 아시아 국가의 피해 계정 가운데는 한국 정부 관리들이 가장 많은 것으로 조사됐다.

기업의 경우 지난해 12월 맥도날드(Mcdonalds)에 이어 올해 5월 미국 최대 방위산업체 록히드마틴(Lockheed Martin), 혼다 캐나다(Honda Canada) 등이 잇달아 사이버 공격을 받아 개인정보 유출 등의 피해를 봤다.

특히 소니는 지난 4월 이후 현재까지 총 16차례 해킹 공격을 당했다. 이로 인해 이용자 계정 7,700만 개에 대한 개인정보가 노출됐다. 미국 씨티그룹도 지난 9일 정체불명의 해커들에 의해 신용카드 사용자 20만 명에 대한 계좌번호, 이메일 주소, 연락처 등 정보가 노출됐다.

더구나 지난 11일 IMF도 해킹을 당한 것으로 드러나자 국제사회는 충격에 휩싸였다. 기업이나 각국 정부 웹사이트를 상대로 한 해킹 소식이 잇따랐지만 해커들의 역량이 국제기구의 보안망까지 뚫을 줄은 예상치 못한 이들이 많았던 것이다. 13일에는 미국 상원 웹사이트가 해킹을 당했다는 소식도 전해졌다.

■ 세계 각국, 사이버테러 대처에 부심

최근 다국적기업뿐 아니라 국제기구를 위협하는 해킹 공격이 이어지면서 각국 정부와 민간 부문이 해커와의 전쟁에서 밀리고 있는 것이 아니냐는 우려가 높아지고 있다.

국제인터넷산업협회(IIIA) 공동 창설자인 피터 코로네오스는 "주요 국가들이 지구적인 반(反)해킹 안전망을 구축하도록 관련 산업계를 지원해야 한다"며 "이 문제를 국제적으로 G20같은 높은 수준에서 다루는 것이 여러 경제권의 개입을 촉진시키는 좋은 방편이 될 수 있다"고 지적했다. "그렇지 않으면 문제 해결의 진척이 다소 느릴 것"이라고 경고했다.

코로네오스는 "해커들은 전형적으로 전 세계 도처의 가정에 무방비 상태로 있는 '좀비 PC'(악성 코드에 감염된 개인용 컴퓨터) 네트워크를 발판 삼아 안전한 데이터망을 공격하는 경향이 있다"며 "해킹 문제를 효과적으로 대처하려면 전 세계적으로 복수의 사법관할 구역에서 동시에 대처해야 한다"고 설명했다.

"사이버 공격 확산 방지를 위해 국제조약을 만들자"는 목소리도 높다.

글로벌 통신업체 BT(브리티시텔레콤)의 마이클 레이크 회장은 "세계 강대국들이 첨단기술 무기 경쟁 속에 뛰어들고 있다. 이미 많은 국가들은 총성 없는 전쟁에서 싸우고 있는 상황"이라며 이같이 전했다.

사이버 공격으로 생명 유지에 필수적인 시스템이나 에너지 시스템, 의학 시스템을 닫게 될 수도 있으며, 한 국가에 큰 영향을 미칠 수 있다는 이유에서다.

하지만 만연한 사이버테러를 막는 데는 한계가 따른다는 주장도 많다. 기술적인 어려움뿐 아니라 해킹은 국경을 초월해서 이뤄지고 있기 때문이다. 더구나 각국의 공권력은 자국 국경을 넘어설 수 없다는 한계도 있다.

실제 전문가들에 따르면 인터넷 보안 회사들은 하루에 7만 개의 새로운 악의적인 프로그램을 없애고 있다. 미국 연방수사국(FBI)도 "지난해에만 200명 이상의 사이버 범죄자들을 체포했다"고 전했다.

각국 전문가들은 공간을 초월해서 이뤄지는 사이버테러에 최소한이나마 대응하기 위해서는 전 세계 각국 정부와 기업, 민간 사이버 보안업계 등이 참여하는 공조수사 시스템을 구축해야 한다고 입을 모은다.

자료: 시사주간지 뉴시스아이즈 제232호(2011년 6월 27일).

셋째, 방대한 정보유출과 파괴행위를 수반하기 때문에 피해를 예측하기가 불가능하다.

넷째, 관련자를 적발하기 어렵다. 사이버 테러리스트들은 빠르게 방대한 양의 정보를 빼내고 치명적으로 시스템을 파괴하기 때문에 추적시스템을 통해 추적을 하지만 이들의 신상을 파악하기란 쉽지 않다.

## ⑤ 사이버테러에 대한 대응

세계 각국에서는 사이버테러를 국가 안전보장의 중대한 위협으로 인식하기 시작하였다. 따라서 사이버테러에 대한 대응 체계와 조직을 정비할 뿐만 아니라 국제적인 대응을 위해서도 많은 노력을 기울이고 있다(김정태 외, 2004).

첫째, 국제적 조직의 유기적인 활동이다. 최근 국제사회에서는 국제회의에서 사이버테러 대응 문제의 우선순위를 높이는 데 노력하고 있다. 또한 아시아태평양경제협력체(APEC)나 경제협력개발기구(OECD)와 같은 국제기구에서도 사이버테러에 대한 유기적인 관계를 유지하고 있다.

둘째, 테러리즘 대응 지원 프로그램이다. 사이버테러에 대한 대응 기법 확보, 사이버테러를 조사하고 분석하는 기법 개발, 사이버 사건 문제를 다루는 기관들간의 유기적인 협력과 같은 지원이 이루어지고 있다. 이는 물리적인 테러나 사이버 테러의 주요한 대상이 되고 있는 국가에 주로 이루어지고 있으며, 향후 테러가 발생할 가능성이 높은 국가를 중심으로 이루어지고 있다.

셋째, 연구·개발 지원이다. 사이버 테러리즘에 맞서 컴퓨터 시스템을 강화하기 위한 검출·방어·응답·경보 능력을 향상시키기 위한 목표를 두고 연구·개발 프로젝트를 통해 국방·운송 및 주요 기반시설과 중대한 관련이 있는 컴퓨터 네트워크에 대한 위협을 방어하고 완화하는 것에 집중하고 있다.

## (2) 네트워크 기능을 침해하지 않는 사이버 범죄

네트워크 기능을 침해하지 않는 사이버 범죄로는 불법복제와 유통, 사이버 성범죄, 사이버 명예훼손, 스팸메일 등이 있다.

### (가) 불법복제와 유통

컴퓨터 프로그램의 복제용이성과 복제행위에 대한 적발곤란성 때문에 프로그램 무단복제 행위는 근절되지 않고 있으며, 특히 인터넷과 초고속 정보통신망의 보급에 따라 상용 컴퓨터 프로그램을 무단으로 복제하여 배포하는 행위가 전산망을 통해 신속하고 광범위하게 이뤄지고 있다.

### (나) 사이버 성범죄

사이버 성범죄란 사이버공간상에서 발생할 수 있는 성폭력을 말하는데, 인터넷이나 PC통신의 대화방에서 성희롱이나 이메일로 보내는 음란정보가 이에 해당한다.

### (다) 사이버 명예훼손

사이버공간에서 명예훼손의 경우에는 형법상의 명예와 신용에 관한 죄의 규정과 이론들이 적용되는데, 이는 개인 간의 이메일, PC통신이나 인터넷 대화방에서의 명예훼손의 경우에도 적용될 수 있다.

### (라) 스팸메일

스팸메일은 종래의 광고전단과 같은 것으로 전자우편을 통하여 자신의 사이트나 상품을 광고하는 것을 말한다. 그러나 스팸메일은 주로 상품광고, 경품, 돈벌기 등의 수단으로 사용되고 있으며, 심한 경우에는 서버를 다운시키고 통신장애를 일으키는 사례도 빈번히 일어나고 있다. 또한, 이러한 행위가 실제 인터넷 사용자에게는 통신비 부담, 생활장애, 업무방해 등 많은 피해를 야기하고 있다.

## 4) 정책적 대응체제의 마련

### (1) 법적 측면에서의 대응체제

사이버 범죄를 처벌하고 범죄 구성요건으로 만들기 위한 가장 기본적인 방법은 형법을 개정하는 것이다. 사이버 범죄를 상정하지 않는 구형법상 이를 적절히 처벌할 수 있는 규정이 존재하지 않아 많은 어려움이 있어, 컴퓨터 관련 업무방해죄, 컴퓨터 등 사용사기죄, 전자기록 범죄의 위작·변작 및 행사죄, 비밀침해죄 등을 신설하고 기존의 논의의 소지가 있는 일부조항을 개정하는 법적 대응이 필요하다.

### (2) 기술적 측면에서의 대응체제

사이버 범죄를 유형화하고 사이버 범죄의 수법을 분석하여, 그것을 원천적으로 봉쇄하는 대응기술을 개발해야 한다. 예컨대, 해킹, 컴퓨터 바이러스, 폰프리킹, Code Breaking 등에 대응하기 위해 각각의 수법에 가장 효과적으로 방어할 수 있는 기술을 개발해야 한다.

### (3) 사회적 측면에서의 대응체제

정부는 검찰이나 경찰인 전문가로 구성된 사이버 범죄 전담반 등을 설치, 운영하는 등 체계적 대응체제를 갖출 필요가 있는데, 특히, 사이버 범죄의 공간적 무제약성으로 국제적 협조의 필요성이 증대되며, 국제적 차원에서도 국제조약을 체결하거나 국제기구에 가입하여 활동하는 등 총체적인 정책적 노력이 필요하다.

## 5) 정책과제

### (1) 정보화에 따른 새로운 이론의 정립

전자적 법률행위시 발생하는 각종 분쟁과 신종 사이버 범죄의 출현을 예방하기 위해서는 전자적 법률행위에 대한 이론이 정립되어야 함은 물론이고, 범죄에 대한 예측을 동해 근본적 대책이 수립되어야 한다.

## (2) 보안기술 개발 표준화

사이버 범죄는 고도의 기술적 테크닉을 통해 이뤄지므로 각 범죄양상에 대한 심층적 연구와 기술적 보안대책 마련이 필요하다. 신종범죄를 예견하고 미리 예방할 수 있는 보안기술을 개발하고 정책적으로 암호 등 각종 기술에 대한 표준화가 시급하다.

## (3) 보안감리제도의 도입

보안감리제도는 정부가 일정한 기간마다 국제적 전산보안기구와의 협조를 통해 안전기준을 공시하고 사회 각 분야에서 보안상태를 감리하도록 하는 것이다. 불이행자에 대해 과태료 부과 등의 불이익과 정보보험제도에서 보험료의 할증 등 강제적 요소를 통해 보안을 강화하도록 하는 방법이다.

## (4) 사이버범죄 관련 특별법 제정

사이버범죄에 대해 체계적이고 종합적으로 대처할 수 있는 통일 입법의 필요성이 절실하다. 즉, 실체법상 컴퓨터 해킹, 컴퓨터 바이러스 등 제반 범죄현상을 망라하는 입법과 절차법상 사이버 범죄에 관한 압수·수색과 전자추적의 절차, 방법 등에 대한 특별법의 제정이 필요하다.

■ 사이버범죄 특별법 제정의 예시
① ISP, WSP 등 주요 인터넷 접속경로 컴퓨터 시스템에 대한 접속 LOG보존의 법제화
② 사이버테러 발생시 수사기관에 대한 전기, 정보통신업체의 협조·의무의 법제화
③ LOG 기록의무를 규정한 입법
④ 한국전산원 망관리센터(KRNIC), ISP, PC방 등의 IP 주소관리를 위한 입법

## (5) 경찰의 사이버범죄 대응역량 강화

### ㈎ 국가차원의 중·장기적 대응전략 수립

한국 경찰은 국가전략적 차원의 중·장기적 대응전략이 수립되지 않아 정보화 강국과의 경쟁에서 뒤처지고 있다는 지적이 있는데, 강력하고 체계적인 전략수립이 추진되어야 한다.

### ㈏ 경찰의 사이버범죄 대응체제의 확대개편

컴퓨터범죄는 시·공간을 초월하여 행해지므로 이를 단속하는 경찰의 공권력은 국내외

각급 기관의 협력을 얻을 수 있어야 한다. 이를 위해서는 사이버경찰에게 일정 지위와 계급을 부여해야 한다.

### (다) 수사요원의 전문성 관리

사이버범죄에 효과적으로 대처하기 위해서는 정보통신기술과 수사기술에 능숙한 전문요원이 확보되어야 한다. 그러므로 수사요원의 전문교육을 강화하고, 수사요원들의 인사관리 또한 체계적이고 현실적으로 개선되어야 한다.

### (라) 협력체제의 구축

경찰의 수사력 향상을 위하여 KAIST, 포항공대 등과의 민·관 협력체제를 구축하여 확대추진하고, 국가간에도 법 집행기관의 합동작전, 영토상 관할권 초월 등에 대한 국제적 기준을 마련하여 국제공조수사체계도 강화해야 한다.

### (마) 범법자 관리

컴퓨터 관련 범죄는 연속적, 반복적 성격이 있으므로 재범방지를 위한 적극적 관리대책을 마련해야 한다. 또 범법자들은 고도의 테크닉을 보유한 전문가이기도 하므로, 이들을 활용한 대처방안을 강구하는 것도 필요하다.

## 4. 윤리적 규범차원에서의 대응

정보기술은 한번 전개되면(상업주의적 논리에 의해서건 혹은 기술의 자기복제 논리에 의해서건) 되돌리기 어려운 기술의 정명성(*momentum*)을 가지게 된다. 더 늦기 전에 문화와 문명과 자연에 대한 기술의 쇄도에 대해 진지하게 고민해야 한다.[4] 여기에서는 정보사회의

---

4) 여기에서 특히 문제시되는 과학분야는 생명공학과 유전자조작이며, 구체적 예로는 게놈프로젝트와 바이오 컴퓨터의 개발을 들 수 있을 것 같다. 유전자분석을 통해 생태계와 자연, 그리고 더 나아가 우주생명의 비밀코드를 풀고, 유전자 재배열 및 세포이식을 통해 생명복제와 인간복제까지 하려는 경향은 특히 우려되는 움직임이다. 또한 유전공학과 컴퓨터 공학, 그리고 신소재 기술의 결합으로 가속화되고 있는 바이오 컴퓨터의 개발속도와 응용가능성도 주목할 만한 부분이다. J. Rifkin, 1996b; E. Morin, 1993 참조하길 바람.

윤리규범 정립 및 확산에 관해서 어떠한 정책적 노력이 가능한지에 대해서 알아보기로 하며, 이를 정책, 국제협력, 변혁적 리더십 및 NGO의 역할이라는 관점에서 검토해 본다.

### (1) 국제기구를 통한 협력: 생명공학시대의 인간관, 자연관, 우주관 정립

국제공동체는 과학기술이 인간생활에 미치는 영향에 관한 연구를 지원해야 한다. 이러한 연구는 정치적 목적에 부합하는 것도 아니고 상업적으로 즉각 변통될 수 있는 성질의 것이 아니므로, 더 많은 관심과 지원이 필요하다. 실질적으로 인간생활에서 개선될 수 있는 것과 인간생활 자체에 대한 내재적인 것에 대해 사려 깊은 연구가 있어야 한다. 이러한 연구에는 첨단과학기술의 맹목적 질주에 대한 진지한 재검토 및 방향정립의 노력이 포함되어야 하며, 나아가 유전공학시대의 인간관, 자연관, 그리고 기술관에 대해 유기적 안목과 균형 있는 철학의 제시가 있어야 한다.

### (2) 대중매체와 교육의 활용

새로운 윤리를 개발하고 실제에 적용하기 위해서는 이미 시작된 일들을 더욱 강화할 수 있도록 모든 노력을 기울여야 한다. 또한, 이 문제가 인류의 미래에 얼마나 중요한 일인지에 대한 대중들의 인식을 높여야 한다. 이를 위해 대중매체와 교육체계가 활용될 수 있으며, 정규교육과정을 통해서도 학생들에게 도덕적 가치의 중요성을 가르쳐야 한다. 자기수양, 검약, 그리고 타인의 권리에 대한 존중을 강조하는 가치체계들을 통해서만이 더 나은 미래를 만들어갈 수 있다는 점을 체화(體化)시켜야 한다.

### (3) 변혁적 리더십

변혁적 리더십은 도덕적 힘의 바탕 위에 실제적 비전을 제시할 수 있어야 하며, 공통적 가치체계로 무장된 새로운 리더십만이 새로운 시대를 열 수 있다. 지도자들은 사람들의 신뢰를 확보해야 한다.

권력은 이제 지위로부터 나오지 않는다. 정보의 확산은 자동적으로 사회권력의 확산으로 이어지고 있으며, 지구촌 곳곳에 권력의 다극화가 스며들고 있다. 권력의 의미도 새로운 개념으로 바뀌고 있으며, 권력은 점차 그 자체가 풀뿌리로부터 나온 경우에만 정당하게 받아들여지고 있다. 새로운 지도자들은 공통된 전망, 공통된 방향, 공통된 가치체계라는 기반 위에서 새로운 사회적 합의를 도출해낼 수 있어야 하며, 공통된 사회관습의 발견을 통해 사람들이 공유할 수 있는 윤리의식과 공통규범을 이끌어낼 수 있어야 한다(Schwab, 1995: 357~358).

## (4) NGO 단체 및 시민들의 역할

국제기구나 정부의 노력은 세계시민들의 자발적 의식과 실행의지에 그 성패가 달려 있다. 법, 통치, 협약 그 자체만으로는 더 나은 세계질서를 창조할 수도 강제할 수도 없다. 개인의식이 변화하지 않고는 세계가 더 나은 방향으로 변화될 수 없다. 우리가 주장하는 것은 개인적·집단적 수준 모두에 걸친 집단의식의 변화이다. 반성·명상·기도·적극적 사고를 통한 정신적 힘의 각성, 그리고 마음으로의 복귀가 필요하다(Hans Küng, 1995: 63~64).

우리는 우리의 시대를 급속도로 변화시키는 여러 혁명적 요소들과, 그로 인한 사회적 파장들이 위협적이라는 것을 인식할 필요가 있다. 그러나 그것 못지않게 중요한 것은 우리가 결집된 의식을 유지하고, 우리 모두에게 다가오는 도전에 맞서 싸운다면, 해결책은 발견될 수 있으리라는 확고한 신념과 의지이다.

◎ 프라이버시권과 개인정보 보호

▶ 프라이버시
- 사회적·문화적 의미를 갖는 개념으로 시대·장소·개인의 삶의 주기 및 사회·심리적 요인에 의하여 변화되는 상황적 개념

▶ 소극적 프라이버시권의 개념
- 일반적인 개인의 비밀 유지권, 즉 인간의 인격권으로서의 성격을 부여한 '혼자 있게 할 개인의 일반적 권리'(the more general right of individual to be let alone)

▶ 적극적 프라이버시권의 개념
- 인간으로서 존엄과 자유에 대한 불가결의 구성요소가 된 권리로서 "개인이 자기에 관한 정보를 통제할 권리", 즉 '자기정보통제권', 또는 '자기정보결정권'을 의미

▶ 자기정보통제권의 내용
- 정보의 열람청구권
- 정보의 정정·보완청구권
- 정보의 사용중지 및 삭제청구권

◘ 프라이버시권의 특징

▶ 인격권의 특징
- 인간 전속적 권리
- 자연인의 권리
- 자아실현 보장의 수단성
- 대체성
- 선행 조건성

▶ 프라이버시와 상충적 개념
- 알 권리: 사생활이 사실인 것처럼 받아들여질 염려가 있는 사항, 일반인의 감수성을 기준으로 당사자의 입장에서 볼 때 공개를 원하지 않았을 것이라고 인정되는 사항, 일반인에게 아직 알려져 있지 않은 순수한 사적인 사항에 대해서만은 알 권리 제한함
- 정보공개: 국가나 민간기업이 개인에 관한 어떤 정보를 모집, 축적한다고 하더라도 그 모집방법, 내용, 목적의 명확화와 안전보호, 공개적 개인참가, 책임 등의 규제까지 명확히 해야 함

## 개인정보 보호권

▶ 개인정보의 개념
  - 종래의 프라이버시나 개인의 비밀처럼 완전한 은닉의 대상은 아니라 하더라도 일정한 통제하에서 정보주체의 자기결정권의 활용대상이 되는 개인관련정보

▶ 개인정보의 보호 필요성
  - 정보통신기술의 발달
  - 개방형 구조의 발전

▶ 개인정보 침해의 사회적 결과
  - 개인의 안전 위협
  - 사회적 배제 초래
  - 기업과 소비자 사이에 힘의 불균형
  - 정보사회에 대한 신뢰형성 저해

## 개인정보 보호대책(정책적 측면)

▶ 개인정보 보호기준의 국제화 및 국제협력 강화
▶ 개인정보 보호 법제도 및 추진체계 정비
  - 잘못된 개인정보에 대한 열람요구·정정·삭제권 신설 및 강화
  - 개인정보 보호 담당관 제도의 강화
  - 프라이버시 영향평가 제도의 도입

## 개인정보 보호대책(보안기술)

▶ 물리적 정보보호: 공개키 기반구조
▶ 논리적 정보보호: 방화벽, 침입탐지시스템, 침입방지시스템, 전자서명, 사용자인증

## 개인정보 보호대책(암호기술)

▶ 전자서명, 전자인증, 공개키기반구조(PKI, GPKI)

## ◎ 인터넷상의 익명성 문제

▶ 신뢰와 순수관계, 익명성, 상호개방성
▶ 사이버범죄 발생 및 해결의 어려움

## ◎ 사이버범죄의 대응정책

▶ **사이버범죄의 정의**
- 기존의 컴퓨터 범죄와 차별하여 인터넷 및 네트워크를 중심으로 하는 사이버범죄
- 기존의 컴퓨터 범죄를 포함하는 넓은 개념으로서의 사이버범죄

▶ **사이버범죄의 특징**
- 익명성과 비대면성
- 시·공간의 무제약성
- 전문성
- 숨은 범죄

▶ **사이버범죄의 유형**
- 네트워크 기능을 침해하는 사이버범죄: 정보침해(단순해킹, 사이버스파이)
- 사이버테러: 컴퓨터시스템의 파괴 및 손상, 컴퓨터 바이러스의 유포
- 네트워크 기능을 침해하지 않는 사이버범죄: 불법복제와 유통, 사이버성범죄, 사이버명예훼손, 스팸메일

▶ **사이버범죄에 대한 정책과제**
- 정보화에 따른 새로운 이론의 정립
- 보안기술 개발 표준화
- 보안감리제도의 도입
- 사이버범죄 관련 특별법 제정
- 경찰의 사이버범죄 대응역량 강화

▶ **윤리적 규범 확산정책**
- 국제기구를 통한 협력: 생명공학시대의 인간관, 자연관, 우주관 정립
- 대중매체와 교육의 활용
- 변혁적 리더십
- NGO단체 및 시민들의 역할

◎ 프라이버시의 개념을 설명하고 프라이버시권의 소극적·적극적 개념은 무엇인지 설명하라.

◎ 자기정보통제권이란 무엇인가?

◎ 개인정보 보호권의 개념은 무엇인가? 개인정보 보호의 필요성과 개인정보침해의 사회적 결과에 대해서 언급하라.

◎ 개인정보 보호대책과 관련하여 정보보호기본법의 핵심내용을 정리해 두자.

◎ 개인정보 보호대책의 보안기술과 암호기술 종류에 대해서 정리해 두자. PKI, GPKI, NPKI란 무엇인가?

◎ 인터넷상의 익명성 문제의 발생 원인과 문제점은 무엇인가? 인터넷 규제와 관련해 포털사업자 규제, 제한적 본인확인제(인터넷실명제)에 대해서 정리해 두자.

◎ 사이버범죄의 정의와 특징, 유형을 정리해 보자. 최근 그 규모가 국제화하고 있는 사이버테러에 대해서 정리해 두자.

[ 고시기출문제 (1) ]　최근 우리나라에는 NEIS 시행과 관련하여 행정정보의 공개 필요성과 개인정보보호라는 두 가지 상충된 개념 대립으로 찬반 여론이 표출된 바 있다. 행정정보공개의 필요성과 윤리적 쟁점들을 설명하고 이를 조화시켜 시행할 수 있는 방안을 논하시오. [2005년 행시]

[답안작성요령]

☞ 핵심 개념

본 문제는 행정정보공개와 개인정보보호라는 두 가지 상충된 개념 속에서 이를 조화시킬 수 있는 방안을 제시하는 것이 핵심이다. 정보통신기술의 발전은 국민이 원하는 정보를 국민이 원하는 방식으로 접근할 수 있게 된 반면, 개인정보 침해라는 윤리적 측면에서의 한계가 제기되고 있다. 따라서 행정정보공개의 필요성과 역기능을 설명하고, 윤리적 측면에서 개인정보보호의 필요성과 개인정보 침해의 사회적 결과를 설명한 후, 이를 조화시킬 수 있는 정책적 대응방안에 대해 기술하여야 한다.

☞ 행정정보공개의 필요성과 역기능

행정정보공개라 함은 정부기관이 보유한 정보를 일부 비공개로 하여야 할 정보를 제외하고는 누구에게나 청구에 응해서 열람·복사할 수 있도록 공개하는 제도를 말한다. 정보공개는 전자민주주의의 핵심요소로서 정부 내의 정보가 공개되는 것만으로도 전자민주주의 구현에 상당한 효과를 볼 수 있다. 이러한 정보공개제도의 가장 큰 의의는 국민의 알 권리 보장과 국정의 투명성 확보이며, 이를 통해 국민의 신뢰성 확보 및 국민의 권익 보호를 실현할 수 있을 것이다.

따라서 정보공개의 필요성으로는 국민의 알 권리 보호, 국민의 정보이용 용이, 민주주의 존립전제, 국정에 대한 신뢰성 확보를 들 수 있다.

반면, 정보공개에 따른 역기능은 다음과 같다. 첫째, 국가비밀이나 개인정보가 침해될 우려가 커지게 된다. 둘째, 경쟁상대가 되는 기업의 비밀을 탐지하기 위한 목적으로 악용될 소지가 있다. 셋째, 정보공개를 위한 문서목록작성, 전담기구의 설치, 인력충원 등 행정부담이 증가된다. 넷째, 부실한 정보의 유통이나 조작된 정보가 공개될 우려가 있다. 다섯째, 정보접근능력이 있는 자만이 정보를 접함으로써, 정보접근능력이 있는 자는 결과적으로 정보접근이 없는 자보다 유리해져서 사회적 형평성을 저해할 우려가 있다(권기헌, 2013: 495-497).

특히, 행정정보공개와 공유를 통해 정부기관 간의 정보가 자유롭게 교환될 경우, 행정서비스의 편의성 증진과 효율성 극대화라는 가치는 이룰 수 있지만, 이와 반대로 개인정보가 침해될 수 있다는 문제가 있다. 특히 문제에서 제시된 NEIS의 경우 개개인의 정보에 대하여 성적을 포함한 학교생활 전반의 기록이 정보시스템에 기록되어 있기 때문에 만약 이것이 유출될 경우 매우 심각한 피해가 발생한다는 문제가 생긴다. 즉, 효율성에 기반한 편의가 개인정보의 보호보다 앞선 가치인가에 대해서는 논리적 근거가 없기에 윤리적 쟁점이 부각되고, 이를 중요하게 고려해야 하는 것이다(자료: 메가고시연구소, 정보체계론, 2012에서 수정).

☞ 윤리적 측면에서 개인정보보호의 필요성과 개인정보 침해의 사회적 결과

정보통신기술의 발전은 국민이 원하는 정보를 국민이 원하는 방식으로 접근할 수 있게 된 반면, 개인정보 침해라는 윤리적 쟁점이 부각되고 있다. 이에 따라 개인정보는 정보주체의 의사와 관계없이 파일에 등재·유통할 수 있게 되었으며, 개인정보가 전자적으로 기록되어 위조·변조가 용이하게 되었다. 이러한 개인정보 침해가 가져오는 사회적 결과를 살펴보면 다음과 같다. 첫째, 개인정보의 침해는 개인의 안전을 심각하게 위협할 수 있다. 둘째, 개인정보의 침해는 사회적 배제를 초래할 수 있다. 셋째, 개인정보의 침해는 기업과 소비자 사이에 힘의 불균형을 낳을 수 있다. 넷째, 개인정보의 침해는 정보사회에 대한 신뢰형성을 저해할 수 있다(권기헌, 2013: 512-516).

이처럼 심각한 결과를 가져오는 개인정보에 대한 침해로부터 개인을 보호하는 것은 곧 개인의 인격권을 보호에 해당하는 것이라고 할 수 있으며, 따라서 그 보호의 필요성은 매우 중대한 문제로 부각되고 있다. 이러한 개인정보를 확실히 보호하기 위해서는 정보주체에 대한 개인정보권, 즉, 개인정보보호권을 인정해야 한다.

☞ 행정정보공개와 개인정보보호의 조화 방안

국가정책의 최상위 목표와 존재의의는 단순한 행정효율성이 아니라 인간의 존엄성과 인권의 실현에 있다. 국정을 운영하는 정부의 입장에서 보면 개인정보의 적극적 활용을 통한 행정효율성의 향상도 중요한 과제이기는 하나, 이제는 개인정보 침해에 따른 부작용도 심각하게 고려하여 개인정보보호에 대해 보다 적극적 관심과 의지를 보여야 한다.

그러므로 행정정보공개는 개인정보보호를 위한 차원에서 이루어져야 한다. 구체적으로 개인정보보호를 위한 정책적 측면과 기술적 측면을 적극 고려해야 한다.

첫째, 정책적 측면에서 개인정보 보호기준의 국제화 및 국제협력 강화, 개인정보 보호 법제도 및 추진체계 정비, 프라이버스 영향평가제도의 도입 등을 들 수 있다.

둘째, 기술적 측면에서는 네트워크 보안기술은 보안등급지정, 감사추적, 경로지정 통제, 접근 통제, 인증교환, 암호화, 디지털 서명 등이 있다. 이들은 직접적 접근통제인 물리적 정보보호와 시스템 접근에 대한 논리적 정보보호로 나뉜다. 또한 보안기술에 대한 대응체제로는 PKI(공개키 기반구조), 행정전자서명, 개인정보보호기술 등을 고려해야 한다(권기헌, 2013: 519-523).

※ 참고: 개인정보보호에 관한 OECD 8원칙
- 수집제한의 원칙, 정확성의 원칙, 목적의 명시 원칙, 이용제한의 원칙, 안전조치의 원칙, 공개의 원칙, 개인 참여의 원칙, 책임의 원칙

☞ 고득점 핵심 포인트

국가정책의 최상위 목표와 존재의의는 단순한 행정효율성이 아니라 인간의 존엄성과 인권의 실현에 있다. 행정정보공개는 행정서비스의 편의성 증진과 효율성을 극대화시킬 수 있지만, 반대로 개인정보가 침해될 수 있다는 한계가 있다는 점을 분명히 밝혀주어야 한다.

따라서 본 문제는 행정정보공개의 필요성과 역기능을 설명하고, 윤리적 측면에서 개인정보보호의 필요성과 개인정보 침해의 사회적 결과를 설명한 후, 행정정보공개와 개인정보보호라는 두 가지 상충된 개념 속에서 이를 조화시킬 수 있는 정책적/기술적 대응방안을 제시하면 바람직할 것이다. 또한 관련하여 개인정보보호에 관한 OECD 8원칙에 대한 기술과 함께 2011년 개정된 개인정보보호법에 대한 언급도 해 준다면 더욱 높은 점수를 받을 수 있을 것이다(본서 제19장 개인정보보호, OECD 8원칙, 최근이슈: 개인정보보호법 참조 바람).

# 고시기출문제

※ 해당 답안작성요령은 고시기출출제 시기에 맞춰서 작성되었음

[ 고시기출문제 (2) ] 정보사회가 성숙되고 고도화됨에 따라 그 부작용의 하나로 개인정보 침해 사례가 반발하고 있다. 개인정보침해 예방을 위한 정책의 긍정적 측면과 부정적 측면을 평가하고 개인정보침해를 최소화할 수 있는 방안을 제시하시오. [2008년 행시]

[답안작성요령]

☞ 핵심 개념

본 문제는 개인정보보호의 중요성과 그 정책적 방안에 대해 묻고 있다. 개인정보는 종래의 프라이버시나 개인의 비밀처럼 완전한 은닉의 대상은 아니라 하더라도 일정한 통제 하에서 정보주체의 자기결정권의 활용대상이 되는 개인관련정보를 말한다. 우리나라의 경우 개인정보보호법에 의해 살아있는 개인에 관한 정보로서 성명, 주민등록번호 및 영상 등을 통해 개인을 알아볼 수 있는 정보를 말한다(권기헌, 2013: 512).

이러한 개인정보는 정보통신기술의 발달로 인해 전산화된 기록의 증가, 복제가능성 증가와 개방형 구조의 발전과 인터넷 이용의 보편화 및 네트워크 구축 등으로 인해 정보접근의 용이성과 습득 가능성이 높아지면서 정보주체의 의사와 관계없이 노출, 유통, 위조, 변조가 용이하게 되어 그 보호가 중요해지고 있다.

개인정보침해는 크게 신용정보관련 침해, 주민번호 등 개인정보 침해, 목적외 이용, 동의없는 개인정보수집 등으로 구분할 수 있다.

☞ 개인정보침해 예방을 위한 정책 평가 및 개인정보침해 최소화 방안 제시

정부는 정보통신망 이용촉진 및 정보보호 등에 관한 법률(2011. 9 시행)을 시행함으로써 종래 정보통신서비스 사업자에게만 적용되던 개인정보보호의무를 여행사, 항공사, 호텔, 학원, 교습소 등 민간기관에게도 부여하고, 기업의 양도·합병시 이용자에게 개인정보 이전사실을 통보하도록 의무화하는 한편, 개인정보침해 분쟁을 신속 간편하게 해결하기 위해 개인정보분쟁조정위원회를 설치 운영하는 근거를 마련하였다.

이러한 개인정보침해 예방을 위한 정책을 평가하자면, 긍정적 측면은 추진체계의 위상이 강화되었다는 점과 법의 사각지대를 줄이기 위한 노력을 긍정적으로 평가할 수 있고, 부정적 측면은 여전히 국민의 의식이 부족하며, 그러한 의식을 끌어내기 위해 미흡하다는 점과 이는 제도의 형식적인 운용과 민간기업 등 다양한 행위자들의 참여를 적극적으로

끌어들이지 못하고 있다는 점을 지적할 수 있다.

개인정보 침해를 최소화하는 방안으로는 긍정적 측면을 지속적으로 보다 나은 방향으로 이끌어가면서 부정적 측면 즉, 국민의식의 전환, 관련 평가의 활용을 높이고 민간 등 다양한 행위자들의 참여를 유도하는 방향을 제시해야 할 것이다.

☞ 고득점 핵심 포인트

개인정보침해의 심각성을 강조하기 위해 최근 일상생활에서 개인정보침해에 대한 문제가 대두된 사례 예를 들어, 2010년 농협 전산망 침해 사례, 보이스 피싱 사례 등을 제시해 준다면 고득점 답안이 될 수 있을 것으로 본다. 특히 현재 시행하고 있는 개인정보보호에 대한 정책을 구체적으로 제시하고, 관련 법령이 개정된 점 등을 언급해준다면 더 완성도 높은 답안이 될 수 있을 것이다.

또한, 위에서 언급한 바와 같이, 현재 시행하고 있는 정책의 긍정적, 부정적 측면을 기술해 주면서 부정적 측면을 극복하기 위한 국민의식의 전환과 함께 민간분야의 개인정보보호 참여를 유도하는 노력을 강조해 줄 필요가 있을 것이다.

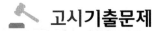

## 고시기출문제

---

**[ 고시기출문제 (3) ]**  최근 해커들이 인터넷 뱅킹을 이용하는 정보시스템에 침입하여 중요 정보를 해킹하는 등 심각한 사회문제를 야기하고 있으며, 정보윤리는 중요한 이슈가 되고 있다. 정보의 보유·사용·유통 등에 있어서의 윤리성 확보방안에 대하여 논하시오. [2005년 행시]

---

### [답안작성요령]

☞ 핵심 개념

본 문제는 최근들어 중요성이 더욱 강조되고 있는 정보윤리에 대해 묻고 있다. 인터넷을 통한 정보의 대규모 유통과 활용이 이루어지면서 이에 대한 사용자들의 올바른 인식과 가치에 기반한 정보윤리에 대한 이해가 요구된다. 특히 최근 해커들의 공격으로 공공서비스의 마비, 정보 유출이 빈번하게 나타남으로써 전자정부의 올바른 구현을 위해 정보윤리가 무엇보다 요구되는 시점이다. 본 문제 핵심은 이러한 맥락에서 정보윤리에 대한 이해를 기반으로 이의 확보방안에 대해서 기술하는 것이다.

☞ 정보윤리의 개념

정보윤리란 정보와 관련된 분야에서 지켜져야 할 규범을 의미한다. 즉 정보의 보유, 유통, 활용의 전반에 걸쳐 지켜져야 할 윤리사항을 의미한다.

☞ 정보윤리 이슈

정보윤리에 관한 이슈는 크게 다음의 세 가지 차원에서 제기된다(권기헌, 2013: 351).
첫째, 정보사회에서의 절도나 파괴행위이다. 정보의 비가시성으로 인해 정보에 대한 절도행위에 있어 해커들의 특별한 죄의식없이 범죄를 저지르게 된다는 것이다. 이것은 곧 인간성의 파멸로서 정보사회의 근본적 문제점이 된다.
둘째, 음란정보 및 원하지 않는 정보의 무차별적 전파로 인한 폐해이다. 이는 미성년자의 정서발전을 저해하고 일종의 정보공해로서 인간의 정서를 메마르게 한다.
셋째, 내용보안의 문제와 지적소유권의 문제이다. 정보의 범람과 전산화로 인하여 정보의 복제나 도용이 쉬워지고, 망을 통해 중요정보에 대한 침입이 가능하므로 보안과 지적 소유권의 문제가 제기된다. 이러한 문제점들은 정보사회를 모방사회(mimic society)로 전락시킬 수도 있는 것들이다.

☞ 정보윤리의 확보방안

정보기술은 한번 전개되면 되돌리기 어려운 정명성(momentum)을 가지게 된다. 따라서 정보의 보유·사용·유통 등에 있어서 정보윤리의 확보를 위해서는 다음과 같은 방안이 필요하다.

1) 법규적용의 엄격화

정보윤리를 확보하기 위해서는 이를 위반한 자에 대해서 법규적용을 엄격하게 할 필요가 있다.

2) 개인정보의 보호

정보윤리로 인해 나타나는 가장 큰 문제가 개인정보의 유출이라고 할 정도로 개인 정보보호는 중요하다. 새로 시행된 개인정보보호법에서는 정보의 수집과 보유를 필요최소한으로 한정하면서 정보제공자의 동의하에서만 가능하도록 제한하고 있다.

3) 정보윤리 교육

새로운 윤리 개발과 실제 적용을 위해 이에 대한 대중들의 인식을 높여야 한다. 이를 위해 대중매체와 교육체계를 활용하여 도덕적 가치의 중요성을 함양시켜야 한다.

4) 정보유통 경로의 개선

정보유통에 있어서 각종 정보가 저작권자의 동의 없이 불법적인 통로를 통해서 배포되는 경우가 많은 바, 이에 대한 철저한 단속과 처벌이 필요하다.

5) 정보윤리 규범의 정립

정보윤리가 지나치게 엄격하게 규정될 경우 인터넷의 자율성과 창의성을 침해할 수 있다. 따라서 정부와 시민이 협력적 거버넌스를 통해 인터넷 윤리의 발전방안에 대해서 주기적으로 토론하고 이를 법제화 할 수 있어야 한다(자료: 정보체계론 기출문제집, 2012 참조)

6) NGO 및 성찰적 시민들의 역할

국제기구나 정부의 노력은 세계시민들의 자발적 의식과 실행의지에 그 성패가 달려 있다. 법, 통치, 협약 그 자체만으로는 더 나은 세계질서를 창조할 수도 강제할 수도 없다. 따라서 개인적·집단적 수준 모두에 걸친 윤리의식의 변화가 필요하다. 이러한 노력에 있어서 NGO 및 성찰적 시민의 역할이 중요하다.

☞ 고득점 핵심 포인트

정보사회의 핵심 원칙들이 제대로 실행되기 위해서는 정보윤리의 확립과 이에 바탕을 둔 시민의식의 함양이 근본적이다. 정보화의 파생되는 부정적 현상을 방지하고 정보화의 순기능을 유지하기 위해 건전한 정보윤리의 확립과 실행은 필수적이며, 이를 위해 정보교육의 강화가 무엇보다 중요하다. 이러한 맥락에서 본 문제는 정보윤리의 개념적 특징 및 관련 이슈, 그리고 대응방안을 이해하고 제시하는 것이 핵심이다(본서 제14장 정보정책의 논리, 제19장 시민사회 차원의 정보정책-윤리성(성찰성) 영역 정보정책 참조바람).

# 제20장

# 시민사회 차원의 정보정책Ⅲ:
## 형평성 영역 정책

 >>> 학습목표

정보사회는 단순히 기술적으로 뛰어나고 경제적으로 여유 있는 계층만이 아니라, 모든 시민을 위해 열려 있어야 한다. 잘 살건 못 살건, 도시에 살건 시골에 살건, 나이가 많건 적건, 모든 사람이 차별 없이 정보에 접근하는 것이 정보정책의 이상(理想)이다. 정보사회의 정책이념은 정보의 상업성과 공공성 간의 균형을 유지하면서, 보편적 수혜와 접근 개방성의 문제에 더 많은 초점을 두어야 할 것이다. 이러한 관점에서 제20장 시민사회 차원의 정보정책Ⅲ에서는 형평성 영역에서 중점적으로 제기되는 이슈인 정보격차와 문화종속, 정보격차 및 문화종속에 대응하는 정보정책에 대해 학습하기로 한다.

첫째, 정보격차에서는 정보격차의 개념과 가설, 정보격차의 발생요인 및 문제점에 대해 살펴보고, 정보격차 해소를 위한 정책방향 및 정책과제에 대해 학습한다.

둘째, 문화종속에서는 정보주권의 위협과 문화종속의 문제에 초점을 두고 살펴본다.

셋째, 정보격차 및 문화종속에 대응하는 정보정책에서는 정보리터러시 정책, 보편적 서비스 정책, 국제정보정책에 대해 살펴본다. 먼저, 정보리터러시 정책은 정보리터러시의 개념, 기준, 구성요소, 우리나라의 리터러시 정책에 대해 학습한다. 보편적 서비스 정책은 보편적 서비스의 개념, 필요성, 주요 정책이슈 및 쟁점, 정책내용, 우리나라의 보편적 서비스 정책에 대해 학습한다.

마지막으로 국제정보정책에서는 국제정보정책의 주요쟁점, 국제정보정책의 개념 및 정책결정 메커니즘, 정책방향 및 과제에 대해 학습한다.

# 1. 정보격차

## 1) 정보격차의 개념

정보기술이 제공하는 미래사회의 모습을 긍정적으로 낙관하는 유토피아적 견해가 제기되는 반면에 부정적 측면에 대한 비관적 지적도 심각히 제기되고 있다. 그 가운데 하나로 정보격차의 문제점을 들 수 있다. 정보격차는 정보의 접근 및 이용이 여러 사회집단간 동등한 수준으로 진행되지 않는 현상을 지칭한다. 정보격차는 주체, 대상, 심화정도, 메커니즘 등에 따라 다차원적이나 일반적으로 디지털정보 혹은 디지털경제에 접근하여 이를 이용하는 집단이 있는 반면, 그렇지 못한 집단이 존재하는 상황으로 정의된다(조정문, 2001; 2003).

## 2) 정보격차의 가설

1970년 미국의 티처너(Tichenor), 도노휴(Donohue), 올리엔(Olien) 등은 '지식격차 가설'(*knowledge gap hypothesis*)을 제기하여 "한 사회체계 내에 유입된 매스미디어가 증가하면 사회경제적 지위가 높은 계층은 이러한 정보를 사회경제적 지위가 낮은 계층보다 빠르게 습득하는 경향이 있다. 따라서 이들 두 계층간 지식의 격차는 감소하기보다 증가하는 경향이 있다"고 주장하였다.

### (1) 정보격차가 축소될 것이라고 보는 확산가설

정보사회를 희망적으로 그리는 초기의 많은 정보사회 예찬론자들은 정보격차를 사회문제로 보지 못했을 뿐만 아니라 이것이 존재하더라도 정보화가 진전되면 자연스럽게 해결될 문제로 보았다.

이런 입장을 대표하는 학자들로는 정보기술의 도입으로 전혀 새로운 사회가 등장할 것이라고 보는 네그로폰테(Negroponte, 1995), 정보의 생성과 보급에 기초한 경제시대에 살고 있음을 강조하는 네이스비트(Naisbitt, 1982), 정보의 접근성 여부에 따라 기존의 권력관계에 엄청난 변화가 일고 있음을 강조하는 토플러(Alvin Toffler, 1990) 등을 들 수 있다.

이들의 입장을 좀 더 구체적으로 설명한 것이 신기술 보급의 S모형에 의한 확산가설이다. S모형에 의하면 ① 보급 초기에는 엘리트들만이 수용하여 기술의 수용과 확산이 느리

| | 정보격차 | 정보기회 |
|---|---|---|
| 정의 | • 정보기술에 접근할 수 있는 사람과 접근할 수 없는 사람의 차이 | • 정보화사회 참여에 필요한 기술을 누구나 활용할 수 있도록 동등한 기회제공 |
| 등장시기 | • 1990년대 초중반 | • 1990년대 말~현재 |
| 강조사항 | • 정보접근의 유무 및 차이를 강조 | • 정보접근보다는 정보이용 또는 정보활용의 차이를 강조 |
| 정책목표 | • 정보통신 제품 및 서비스에 대한 접근 격차 해소 | • 활용능력, 경제적, 사회참여 등의 동등한 기회 제공 |
| 정책수단 | • 정보통신망 구축<br>• 정보통신제품 및 서비스 접근 | • 정보화 교육, 정보활용능력 제고<br>• 정보화를 통한 삶의 질 제고 및 소득 창출 (부가가치 창출) |
| 주요개념 | • Have-Have not, 재화의 분배 | • Rich-Poor, 기회의 부여 |

지만, ② 성숙단계가 되면 다수가 기술을 수용하게 되어 기술확산이 급속하게 이뤄지고, ③ 대부분이 수용하게 되는 시점에는 기술확산 속도는 늦으나 포화상태로서 누구나 이용할 수 있는 단계가 된다고 한다. 〈그림 20-1〉을 통해서 20세기에 나온 기술(전화, 라디오, TV, VCR 등)들은 모두가 S자 형태로 보급이 이뤄졌음을 알 수 있다. 따라서 확산가설은 인터넷 역시 현재는 보급률이 낮지만 급속한 속도로 확산되기 때문에 언젠가는 누구나 이용하는 보편적 매체가 될 것으로 생각한다.

그러나 현재 컴퓨터와 인터넷의 보급이 빠른 속도로 진행되고 있지만, 현재 이것이 보급 초기이기 때문에 전화, 라디오, TV처럼 누구나 이용할 수 있는 보편적 매체가 될지는 여전히 미지수이다. 낙관론자들의 예측대로 TV처럼 일상화되기보다는 여전히 많은 사람들이 정보에 접근할 수 없는 단절현상이 지속될 것이라는 입장도 많다. 다음에서 정보격차가 확산될 것이라고 보는 정보격차 가설을 살펴보고자 한다.

## (2) 정보격차가 확산될 것이라고 보는 정보격차 가설

정보격차 가설은 확산가설과는 달리 정보화가 진전됨에 따라 정보격차가 약화되기보다는 확대될 것이라고 주장한다.

헤이우드(Haywood, 1998)는 정보통신기술이 보급 초기에는 소수만이 사용하나 시간이 지나면 사회 전반으로 넘쳐흘러 들어갈 것으로 보는 침투이론(*trickle down effect*)을 비판하면서 정보접근 기회의 불평등이 지속될 뿐만 아니라, 정보격차로 빈부격차의 심화가능성까지 지적하고 있다. 헤이우드뿐만 아니라 그 외 많은 학자들(Schiller, 1966; Loader, 1998;

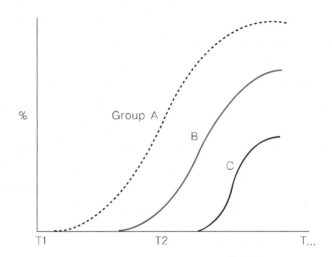

〈그림 20-1〉 인터넷 보급 및 활용의 계층화 모델

※주: 1) 집단 A는 초기수용자, 집단 B는 중기수용자, 집단 C는 후기수용자임.
    2) 위 그림에 의하면 B와 C집단은 시간이 흘러도 여전히 상당수가 정보에 접근할 수 없는 상황에 처하게 됨.

Wresch, 1996; Perelman, 1998)이 정보화와 함께 첨단 디지털 통신매체를 통한 정보의 풍요 속에서도 정보격차는 더욱 심화될 것이라는 지적들을 내놓고 있다.

정보사회의 정보격차 확대가능성은 우선 인터넷으로 대변되는 디지털 매체의 특성에서 그 원인을 찾을 수 있다. 라디오, TV, 전화 등의 전통적 매체는 크기, 가격, 질 등의 차이에도 불구하고 제공하는 서비스의 질은 동일하다. 그러나 인터넷은 끊임없이 진화하는 매체이므로 인터넷 접속과 사용에서의 계층화는 불가피한 것처럼 보인다. 예를 들어, 지역접근센터나 도서관을 이용한 인터넷 이용과 가정에서의 인터넷 이용 간 격차, 구형 PC와 신형 PC 간 격차, 전화모뎀의 저속인터넷과 케이블 및 ADSL을 이용한 고속 인터넷 간 격차, 초고속 모바일 인터넷에 접근할 수 있는 집단과 그렇지 못한 집단 간 격차 등 새로운 격차가 지속적으로 출현할 것으로 보는 것이다.

정보통신기기의 구입능력 차이로 인한 정보격차 외에도 정보통신기기의 이용능력 차이로 인한 정보격차를 무시할 수 없다. 아무리 쉽게 이용할 수 있는 정보통신기기가 개발된다 하더라도 새로운 정보통신기기와 서비스를 이용하기 위해서는 일정수준의 이용능력이 요구된다. 따라서 학력수준이 낮거나 정보통신 관련 교육기회를 얻지 못한 노인, 비취업자 등은 정보접근의 사각지대가 될 수도 있다. 그리고 신체적 불편 때문에 정보통신기기와 서비스를 이용할 수 없는 집단 역시 이들의 접근성을 배려하는 기기와 서비스가 제공되지 않는다면 정보 취약집단으로 남을 수밖에 없다. 따라서 이런 상황에서는 〈그림 20-1〉과 같은 계층화 모델이 인터넷 접근 및 활용에는 적절한 모델인 것처럼 보인다.

### (3) 정보격차에 대한 현실론

정보격차에 대한 현실론은 정보사회에서 정보격차가 확대될 것인가 아니면 축소될 것인가와 같은 이론적 논의보다는 어떻게 하면 정보격차를 해소할 수 있을 것인가라는 현실적 대안모색을 강조하는 입장이다. 이는 선진국을 포함한 대부분의 행정부가 취하는 입장으로서 정보격차의 심각성을 인정하지만, 이것을 해결 불가능한 것이라고 보지는 않으며 정부의 정책개입을 통해서 상당부분 해결될 수 있을 것으로 생각한다. 이 입장은 정부의 정책개입 필요성을 인정한다는 점에서 확산가설과는 다르며, 정보격차를 정치경제적 문제로 파악하기보다는 매체의 보유 및 이용능력의 문제로 본다는 점에서 정보격차가설과도 다르다고 할 수 있다.


## 3) 정보격차 발생요인의 정리

### (1) 사회경제적 개인별 차이

정보격차는 새로운 정보기술의 채택단계에서 소유와 비소유의 차이로 나타나고, 소유의 격차는 개인의 경제적 여건인 수입의 정도에 큰 영향을 받는다.

### (2) 커뮤니케이션 능력과 컴퓨터 해득력

커뮤니케이션 능력과 컴퓨터 해득력 및 정보추구 욕구의 차이에 따라 정보격차가 발생한다.

① 커뮤니케이션 능력: 커뮤니케이션 능력이란 정보기술의 선택과 이용을 수용자의 의도에 따라 능동적으로 실천할 수 있는 심리적 동기와 기초지식을 의미하는데, 앞으로는 새로운 뉴미디어 환경이 요구하는 사회적 적응력으로 간주될 것이다.
② 컴퓨터 해득력: 커뮤니케이션 능력과 유사한 관점에서 컴퓨터 해득력이 강조되고 있다. 컴퓨터를 실제로 사용하기 위해서는 기본적인 지적 능력이 필요하다.
③ 정보추구 욕구의 차이: 정보의 격차는 개인이 새로운 정보를 찾고자 하는 동기와 욕구에 따라 다르다. 정보를 많이 가지고 있는 사람은 일반적으로 추가적 정보를 더 찾고자 하는 경향이 있는 것으로 생각된다. 왜냐하면 정보이용경험과 정보의 효용에 대한 이점을 알고 있기 때문이다. 정보의 격차는 개인별 이용동기와 개인의 교육수준에 따라서도 달라진다. 다시 말

| | 정보격차의 원인 | 정보격차 해결방법 |
|---|---|---|
| 확산가설 | • 새로운 기술의 보급과정에서 일시적으로 나타나는 현상 | • 시장경쟁체제 유지를 통한 가격하락과 기술개발<br>• 따라서 정부의 적극개입은 불필요 |
| 격차가설 | • 정보통신기기의 보유 및 이용능력의 만성적 부재<br>• 정보통신기술과 신자유주의의 도입으로 부의 불평등 | • 저소득 주민에게 고용 및 교육기회 제공과 같은 실질적 생활환경 개선지원<br>• 저소득 주민에 대한 정보통신기기의 무상보급 및 무료 정보화교육기회 제공<br>• 무분별한 시장경쟁체제를 지양하고 정보의 공유 및 공공성 강조 |
| 현실론 | • 정보통신기기의 보유 및 이용능력의 일시적 부재 | • 저소득 주민의 정보통신기기 보유 및 서비스 이용비용의 일부분을 지원<br>• 공공기관을 통한 정보화교육 강화<br>• 민간사업자와의 협력을 통한 정보격차 해소 사업추진 |

하면 정보의 격차현상은 개인별 교육수준과 경제력의 정도 차이에 따라 정보기술의 동기부여와 사용능력이 다르다는 점에서 발생되기도 한다.

### (3) 정보이용 능력의 차이

새로운 정보기술을 이용할 수 있는 능력은 사람에 따라 다르다. 사람에 따라서는 정보기술을 사용할 수 있는 능력을 어느 정도 타고난 사람도 있지만, 대개 교육을 통하여 습득한 지식과 기술로 보다 많은 정보를 얻고 있는 것이다.

### (4) 정보상품의 집중화

소수의 대기업에 의한 미디어 매체의 독점적 복합소유는 철저한 상업논리에 입각한 정보제공을 하기 때문에 정보를 이용하고자 하는 사용자들은 제한된 선택을 할 수밖에 없게 된다.

## 4) 정보격차의 문제점

정보화의 진전이 낙관적이긴 하지만 정보의 접근성이 떨어지는 소외계층에게는 혜택을 누리는 계층과의 경제적 문화적 격차가 더 커지고 있다. 이는 기존의 사회경제적 격차가 정보격차를 유발시키는 중요한 요인으로 작용하는 것이며, 산업사회의 사회경제적 불평등

구조가 정보사회의 정보 불평등 구조로 그대로 계승, 전이하고 있는 것이다. 이러한 격차는 1) 정보의 부익부 빈익빈 현상과 사회적 격차를 심화시키며, 2) 정보사회에서 민주주의 발전과 건강한 시민사회의 형성을 저해하는 문제점을 초래한다.[1]

### 5) 정보격차 해소를 위한 정책방향 및 정책과제

#### (1) 정책방향

정보취약집단의 현실에 부합하는 수요자중심 정책이 요구된다. 먼저, 지역별, 성별, 소득수준별, 연령별 정보격차 현황분석에 기초하여 국내 특성과 현실에 부합하는 추진방안을 수립하고, 정보취약계층에 실제로 유용한 수요자중심 정보격차 해소정책을 개발하고 집행해야 한다.

#### (2) 정책과제

정보격차 해소를 위한 정책과제를 살펴보면, 1) 정보취약계층 기기지원 및 보급, 2) 정보이용능력 증진을 위한 정보화 교육, 3) 정보취약계층을 위한 정보시스템과 콘텐츠 제공, 4) 지역정보화 정책을 통한 지역간 정보격차 해소, 5) 정보이용시설의 구축을 통해 소외계층에게 정보접근기회 제공을 들 수 있다. 또한 시민사회 차원에서도 자원봉사활동을 포함한 자발적 정보격차 해소노력이 요청된다고 하겠다.

### 6) 요약 및 결론

정보사회가 좀 더 바람직한 모습을 갖고 정보격차를 해소시키기 위해서는 계급간, 계층간의 소득격차를 축소시키거나 혹은 소득격차가 정보에 대한 접근기회의 불평등으로 이어지는 연결고리를 차단하는 정책이 필요하다. 그것은 사회 불평등 완화를 위한 기존의 소득재분배정책, 사회복지정책과 함께 보편적 접근, 보편적 서비스의 확대를 정보화 정책의 핵

---

1) 정보격차에 대해 『단절』(*Disconnected*)을 쓴 레시는 이메일과 국제전화를 하고 BMW를 타면서 컴퓨터 사업을 하는 아프리카 나미비아의 정보부자와 아무리 노력해도 막노동 일조차 발견하기 힘든 같은 나라의 정보빈자를 비교하면서 책의 첫머리를 연다. 다른 모든 변화와 마찬가지로 정보기술도 기회와 위험을 동시에 제공한다. 그렇지만 이 기회와 위험이 균등하지만은 않다. 컴퓨터와 인터넷을 사용해 정보에 자유롭게 접근하는 정보부자와 그렇지 못한 정보빈자 사이의 정보격차 혹은 디지털 격차가 소득격차로 확대 재생산되기 때문이다. 정보격차는 국가, 계층, 연령, 남녀, 도농(都農) 사이에 존재한다.

심 축으로 설정하는 것을 의미한다. 여기서 보편적 서비스란 정보통신네트워크에의 접근과 참여, 효율적 이용을 위한 교육의 확대 등을 포괄하는 개념으로 양질의 정보통신서비스를 모든 이용자가 어디서나 적정한 요금으로 제공받을 수 있는 상태를 의미한다. 이와 함께 소극적 접근기회의 부여에서 보다 적극적으로 정보기회를 제공하는 데 초점을 맞추어야 한다. 정보기회의 제공은 누구에게나 주어진 정보를 적절히 활용함으로써 정보사회가 부여하는 혜택이 실질적으로 골고루 돌아갈 수 있도록 해야 한다.

◆ 생각해볼 문제

### <스마트폰의 도입과 정보격차(스마트폰 격차 : Smart Phone Divide)>

우리나라는 지금 스마트폰 열풍에 사로잡혀 있다. 애플사에서 새롭게 출시되는 아이폰을 구매하기 위해 판매점 앞에 텐트를 치고 며칠을 기다리는 것은 더 이상 낯선 풍경이 아니다. 이러한 현상은 정보화 시대의 흐름이 속도전의 양상으로 전개되는 과정에서 정보에 대한 매체의 접근용이성과 정보획득의 즉시성이 핵심적인 가치로 부상하기 때문에 발생한다.

그러나 빛이 강하면 그림자는 더욱 짙어지는 법이다. 스마트폰 열풍의 이면에는 새로운 정보격차(Digital divide)의 양상으로 스마트폰을 적극적으로 활용해 정보를 재빨리 습득하는 사람과 그러지 못하는 사람 사이에 발생하는 소득별·지역별·연령별·성별·직업별 격차인 스마트폰 정보격차(Smart Phone Divide)가 존재한다. 일례로 이동중에 스마트폰을 이용한 인터넷의 검색이나 트위터 소통 등이 즉각적으로 가능해 정보시차를 유발하게 된다. 여러분이 이 분야의 정책담당자라면 아래와 같은 스마트폰 확산이 가져오는 정보격차의 새로운 양상에 어떻게 대응할 것인지 생각해 보도록 하자.

◆ 정책사례　　　　"스마트폰 이용 양극화 학력·소득별 격차 커"

남성, 고소득자, 고학력층, 20~30대, 대도시 아파트 거주자, 사무직 종사자들은 웬만하면 스마트폰, 그렇지 않은 집단은 일반 휴대전화를 쓰는 것으로 나타났다. 15일 정보통신산업진흥원이 펴낸 '국내 정보기술(IT) 이용에서 인구사회적 격차분석' 보고서를 보면, 우리나라는 세계 최고 수준의 정보기술 환경을 구축하고 있지만, 스마트폰의 보급과 활용에서는 성별, 학력, 소득, 직업, 거주지 등에 따른 격차가 큰 것으로 나타났다. 보고서는 한국전자통신연구원이 지난해 하반기 전국의 15~49살 국민 800명을 대상으로 면접조사한 자료를 활용했다. 국내 이동전화 가입자는 지난해 말 5,000만 명을 넘어서 100% 이상의 보급률을 보이고 있으며, 초고속 인터넷도 97%의 이용률로 세계 최고 수준을 기록하고 있다. 하지만 새로운 정보화 수단으로 등장한 스마트폰은 사정이 크게 다르다. 조사 당시 700만 대가 보급된 스마트폰은 16.3%의 이용률을 보였지만, 이동전화나 초고속 인터넷과 달리 계층별·집단별 격차가 컸다.

남성은 여성의 두 배가 넘는 22%의 이용률을 보였고, 20대와 30대는 각각 28%, 26%의 사용률을 보여 40대의 8%에 비해 3배 이상 높은 수치를 기록했다. 또 대학원 이상 학력집단은 40%의 이용률로 고졸 이하의 18%보다 갑절이 높았으며, 사무직 노동자와 대학생 역시 전업주부보다 3배 가까이 높은 이용률을 보였다. 소득에 따른 차이도 컸다. 가구소득 월 500만 원 이상 집단은 이용률이 20.7%였지만, 200만 원 이하 집단은 9.9%로 절반 이하였다. 초고속인터넷 사용률은 두 집단이 각각 97.2%와 96.3%로 차이가 1%포인트도 되지 않았다. 이런 격차는 서울과 지방도시 등 거주지역, 아파트와 비아파트 등 주거 형태 등의 조사에서도 뚜렷하게 나타났다.

이러한 이용률의 집단별 격차는 기기 값과 요금 부담이 크다는 것이 주요하게 작용한 것으로 분석됐다. 또 무선랜과 와이브로 등 스마트폰 이용 환경이 대도시 위주로 구축된 것도 주요 원인으로 조사됐다. 박종현 전자통신연구원 선임연구원은 "스마트폰 같은 새로운 기기 확산으로 인한 정보기술 격차가 개인의 삶, 사업 기회, 계층 형성에 큰 영향을 끼칠 것으로 전망된다"며 "기존의 정보복지 개념을 공정사회 개념으로 확대하고 취약계층에 기회를 제공하는 방향으로 정보기술 격차를 없애는 방안이 모색되어야 한다"고 주장했다. 국내 스마트폰의 보급 대수는 지난 3월 말 1,000만 대를 돌파했으며, 방송통신위원회는 연내에 2,000만 대를 넘어설 것으로 전망되고 있다.

자료: 한겨레, 2011. 5. 15.

## 2. 문화종속

디지털 기술과 광섬유 소재를 이용한 국제적 종합정보통신망(ISDN: *Integrated Services Digital Network*)의 실현으로 세계의 정보통신망은 더욱 확대되는 반면, 국제정보유통(TDF: *Transborder Data Flow*)의 불균형 문제는 점점 더 심각해지고 있다.

## 1) 정보주권의 위협

정보의 주된 수용자는 데이터의 이점을 활용하고 해석할 수 있는 기술적 능력을 갖춘 몇몇 정보선진국가의 권력이나 자본의 핵심에 한정된다(Schiller, 1989). 정보기술의 발전은 기술적 능력을 보유하는 몇몇 초강대국의 힘을 한층 강화시켜 주고 있으며, 또한 이미 강력한 초국가적 기업들의 전 지구적 경영체제를 더욱 강화시켜 주는 형태로 나타나고 있다.

미국은 급속히 성장하는 정보통신산업에서 주도권을 잡기 위하여 자국 내의 통신산업 규제완화와 정책적 산업경쟁력을 키워, 대외적으로는 우루과이라운드, 쌍무협상 등을 통해 정보통신시장에 대한 개방을 강요하고 있다.

또한, 정보기술 측면에서도 미국 등 선진국은 인공위성 등을 이용하여 제3국의 자원, 기상 및 군사시설 등에 대한 원격탐지(remote sensing)를 할 수 있는 상황에 이르고 있다. 국제적 차원에서 이러한 정보기술의 격차는 국내자료의 해외유출에 따르는 국가간 프라이버시 문제를 초래하고 있으며, 정보주권에 대한 침해문제로 이어지고 있다. 이러한 정보와 기술의 격차 현상은 국제정보유통의 증가와 함께 점점 더 확대되는 경향을 보이고 있으며, 정보종속과 문화제국주의(cultural colonialism) 현상까지도 제기되고 있다.

## 2) 문화종속의 문제

마덱(Alain Madec)은 "정보는 '문화산업'에서 분리될 수 없고, 또 인간의 일반교육에서도 분리될 수 없다"고 말하고 있다(Madec, 1982: 19). 고도로 발달된 커뮤니케이션 네트워크 및 방송기술과 인공위성의 결합으로 세계의 구석구석을 순식간에 연결시킬 수 있기 때문에 미국의 영화, 텔레비전 프로그램, 라디오 등이 삽시간에 전 세계적으로, 그리고 일방적으로 전달되고 있는 실정이다. 특히, 앞으로 방송시장 개방의 문제와 발맞추어 미국의 케이블TV, 주문형 비디오(VOD), 인공위성을 통한 직접방송 등이 실현된다면 문화제국주의 현상까지도 우려되고 있다.

# 3. 정보격차 및 문화종속에 대응하는 정보정책

## 1) 정보리터러시 정책

### (1) 개념

정보리터러시(*Information Literacy*)란 다양한 상황에서 정보기기를 적절히 활용하여 주어진 문제를 해결하고 대처하며 전달할 수 있는 능력으로서, 정보접근, 정보입수, 정보이해, 정보처리, 정보전달 등으로 구성된 종합적 능력이다.

### (2) 정보리터러시의 기준

정보리터러시의 기준으로는 다음 세 가지를 들 수 있다(미국 도서관연합회, 1998).

① 정보에 효율적으로 접근할 수 있는가?: 정보에 대한 접근가능성의 문제로서, 정보에 효율적·효과적으로 접근하기 위해서는 정보기기를 활용할 수 있어야 한다. 이를 통해 정보리터러시의 기본인 정보에 대한 접근가능성을 가질 수 있다. 이는 정보리터러시의 기준에서 가장 기초적 기준이다.
② 정보를 비판적으로 적절히 평가할 수 있는가?: 일단 정보에 접근하여 정보를 획득하였다고 하더라도, 그 정보가 올바른 것인지를 가려낼 수 있어야 한다. 지식정보사회는 '정보의 홍수'라고 할 만큼 우리는 많은 정보 속에 살고 있다. 따라서 많은 정보에 접근하여 이를 올바로 평가할 수 있는 비판정신이 필요하다.
③ 정보를 창조적으로 바르게 활용할 수 있는가?: 정보에 접근하여 이를 올바른 것과 그렇지 못한 것으로 구분하여 정보를 획득하였다고 하더라도, 정보를 활용할 수 없으면 이는 아무 소용이 없다. 정보를 획득하고, 이를 수용 또는 거부하는 행위는 정보를 사용하기 위한 당연한 귀결이다.

위의 정의 세 가지는 정보해득력이 비단 정보통신기술을 개인적으로 활용할 줄 아는 기초적 전산지식의 범주를 넘어서는 포괄적 이해이다. 그러므로 이상의 세 가지 조건을 모두 충족시켜야만 정보해득자(*information literate*)라고 평가할 수 있다.

### (3) 정보리터러시의 구성요소

산업사회에서 말하기, 듣기, 읽기, 쓰기가 필수적이듯, 정보사회에서는 필요한 정보를 발견하고 활용하는 능력은 필수적이다. 특히, 전자정부에서 공무원의 이러한 개인적 능력은 국가의 경쟁력을 결정하게 된다. 정보화 인력(지식관료)에 대한 합리적 관리를 위해서는 공무원의 정보화능력을 파악하고 평가하며 진작시키는 조치가 필요하다. 이와 관련하여 1996년 아이젠버그(Eisenberg)와 베르코비츠(Berkowitz)는 개인이 정보처리를 원활히 하기 위해 필요한 구성요소로 여섯 가지 요소(*big six*)를 들었다.

① 업무정의: 정보에 접근하기 이전에 목표를 설정하는 것은 매우 중요하다. 업무정의(*task definition*)를 통하여 자신이 찾아야 할 정보의 종류와 방법에 대한 세부사항을 결정할 수 있다.
② 정보추구전략: 정보에 접근하기 위하여 여러 가지 방법을 강구할 수 있다. 여기에서는 어떤 정보에 접근하기 위하여 자신에게 가장 적절한 전략이 무엇인지를 결정함으로써 정보에 대한 접근용이성을 갖게 해 준다.
③ 정보발견과 접근: 정보추구전략에 의하여 결정된 전략을 실행하여, 정보를 발견하고 이에 접근하는 단계이다.
④ 정보의 활용: 정보를 발견하고, 접근한 뒤에는 정보를 활용하는 행위를 수반하게 되며, 이것이 정보리터러시의 핵심적 부분이다.
⑤ 정보의 종합과 발표: 정보를 사용한 후, 정보를 종합하여 자기화하고 이를 발표하는 행위를 하게 된다.
⑥ 평가: 위의 다섯 가지 단계에 대하여 종합적 평가를 내리는 단계이다. 이를 통해 추후에 자신이 정보에 접근하기 위해 행동해야 할 행위에 대하여 보다 쉽고 빠르게 피드백하는 작용을 한다.

### (4) 우리나라의 정보리터러시 정책

국가에서 정책적으로 정보리터러시를 지원하는 정책수단은 국민 개개인이 정보기기를 활용하는 능력을 장려하고 지원하는 것이다. 이를 위해 우리나라는 정보화교육 지원법령을 두어 장려하고 있다.

정보화교육에 관련된 법은 정보화라는 하나의 사회적 추세에 대응하여 축적되는 규범의 집합이라고 정의할 수 있다. 정보화촉진기본법 제2조에서는 "정보화라 함은 정보를 생산·유통 또는 활용하여 사회 각 분야의 활동을 가능하게 하거나 효율화를 도모하는 것을 말한다"고 규정하고 있다. 이에 따라 정보화교육을 지원하기 위한 법령은 정보화를 촉진하기 위한 규범뿐만 아니라, 정보화 추세에 따라 발생되는 제반 부작용에 대한 규제·예방 등에 관련되는 규범들도 모두 총괄할 수 있다(〈표 20-3〉 참조).

<표 20-3> 정보화교육 지원 법령

| 법령명 | 관련조항 | 주요 내용 |
|---|---|---|
| 국가<br>정보화<br>기본법 | 제6조 | 정보화 추진을 위한 기본계획 및 정보화 교육에 관한 사항 포함 |
| | 제11조 | 국가정보화를 담당하는 정보화책임관은 정보화 교육을 실시해야 함 |
| | 제29조 | 건전한 정보이용의 확산을 위한 정보이용 문화 교육 실시 및 지원 |
| | 제25조 | 국가기관과 지방자치단체는 정보격차의 해소를 위한 교육을 실시하여야 함 |
| 교육<br>기본법 | 제23조 | 국가와 지방자치단체는 정보화교육 및 정보통신매체를 이용한 교육을 지원하고<br>교육정보산업을 육성하는 등 교육의 정보화에 필요한 시책을 수립·실시하여야 함 |
| 평생<br>교육법 | 제22조 | 국가 및 지방자치단체는 각급학교·민간단체·기업 등과 연계하여 교육의 정보화와<br>이와 관련된 평생교육과정의 개발에 노력하여야 함 |
| | 제33조 | 누구든지 정보통신매체를 이용하여 특정 또는 불특정 다수인에게 원격교육을 실시<br>하거나 다양한 정보를 제공하는 등의 평생교육을 실시할 수 있음 |
| 직업교육<br>훈련<br>촉진법 | 제15조 | 직업교육훈련기관의 설치·운영자는 첨단정보통신매체를 활용한 효율적인 원격직업<br>교육훈련체제 구축에 노력하여야 함 |

## 2) 보편적 서비스 정책

### (1) 보편적 서비스의 개념

지식정보화시대에 보편적 서비스의 개념은 양질의 정보통신서비스를 모든 이용자가 언제 어디서나 적정한 요금으로 제공받을 수 있는 상태를 의미한다.

### (2) 보편적 서비스의 필요성

보편적 서비스는 정보사회가 급진전됨에 따라 매우 중요한 의미를 갖는다. 보편적 서비스의 필요성을 살펴보면 다음과 같다.

① 정보사회의 도래와 보편적 서비스 확보의 필요성: 정보사회에서는 정보의 보유 여부가 소득의 크기를 결정적으로 좌우하게 된다. 따라서 정보화과정에 생길 수 있는 정보격차와 같은 사회적 형평성을 저해하는 요소들에 대한 정책적 대응이 필요하다.
② 정보통신사업 여건변화에 따른 새로운 보편적 서비스 정책의 필요성: 정보기술의 발전, 통신사업의 여건변화는 정보통신사업의 새로운 패러다임을 창조하고 있다. 따라서 기존의 전화사업 중심의 보편적 서비스 정책에 대한 변화가 요구된다.

③ 경쟁과 민영화 등의 추세진행에 따른 변화: 시장에서의 경쟁과 민영화 등의 추세가 진행됨에 따라 보편적 서비스가 저해될 것이라는 우려가 높다.

④ 가상사회의 도래와 정보서비스의 일반화: 가상공간에서의 각 분야별 정보서비스가 일반화되고 있는 추세이다. 이러한 흐름 속에서 인터넷에 접속할 수 없는 사람들이 국민으로서의 기본권을 박탈당하는 결과를 초래하게 된다. 이처럼 사이버 거버넌스가 보편화되는 상황 속에서 가상공간을 통한 공공서비스는 점점 더 중요성을 띠게 되므로, 인터넷 및 가상공간의 접근가능성과 관련된 개념인 보편적 서비스 정책은 매우 중요한 사회적 정책이슈가 된다.

## (3) 보편적 서비스의 정책이슈 및 쟁점

보편적 서비스 정책이슈 및 쟁점으로는 다음과 같은 것들이 있다.

① 정보기술의 변화: 정보기반구조의 기초를 이루는 정보기술이 빠르게 변화하고 있으며, 이는 특정한 기술에 기초한 서비스들에 대한 접근을 바탕으로 보편적 서비스를 정의하는 것을 어렵게 하고 있으며, 또한 서비스 품질을 규정하는 것도 매우 어려운 문제이다.

② 경제성의 문제: 정보기술의 변화속도와 함께 서비스 제공의 경제성 문제가 대두되며, 이로 인해 보편적 서비스의 범위와 정의는 탄력적일 수밖에 없으며, 관련정책 또한 확정하기가 어렵다.

③ 정보기반의 정비: 새로운 정보기반의 정비, 예를 들면 광대역 종합정보통신망의 구축과정에서 보편적 서비스의 원칙이 유지될 수 있도록 정책적 고려가 필요하다.

④ 자원배분의 효율성 침해 문제: 보편적 서비스의 제공에 따라 사회적 형평성은 향상되나, 자원배분의 효율성에 대한 침해가능성 문제에 대한 고려가 필요하다.

## (4) 보편적 서비스의 정책내용

보편적 서비스 정책내용으로서 정책방향 및 세부지침을 검토하면 다음과 같다.

### (가) 보편적 서비스의 정책방향

보편적 서비스 정책은 다음과 같은 준거들을 지향하는 것이 바람직한 것으로 주장되고 있다(S. E. Miller, 1996: 181~195).

① 접근성: 사람들이 살거나 일하는 장소에 관계없이 접속하기를 원하는 모든 사람들을 위해 접속을 제공하고, 의미 있는 쌍방향식 전달을 위한 충분한 기능을 제공할 수 있어야 한다.

② 활용가능성: 장비의 부적절성 혹은 개인적 장애 때문에 사람들이 배제되지 않도록 성능이 우수하고 유연성을 가진 쌍방향성 기기와 인터페이스를 고안해야 한다.

③ 훈련과 지원: 적절한 훈련과 지원을 제공하여 사람들이 기술의 부족 때문에 접근가능성에서 배제되지 않아야 한다. 이를 위한 효과적 훈련을 위해서는 각 개인의 요구, 흥미, 그리고 배

경 등을 잘 고려하여야 한다.

④ 유의미한 목적성: 정보시스템이 사회 대부분의 사람들을 위해 개인적으로나 사회적으로 의미 있는 일, 개인적 만족 증대와 시민권 보장뿐만 아니라 경제적 성취를 위한 하부구조로서 역할할 수 있도록 제공되어야 한다.

⑤ 요금의 저렴성: 정보시스템이 다른 대안들에 비해 상대적으로 비용 효과적이고 보편적으로 사용 가능하게 하여 빈부격차 등 경제적 이유 때문에 배제되지 않아야 한다.

### (나) 보편적 서비스 정책의 세부지침

보편적 서비스 정책의 내용은 보편적으로 제공되어야 할 바람직한 범위를 결정하고, 이의 제공의무를 사업자에게 부과하며, 필요시 이러한 의무와 관련하여 사업자에게 발생하는 비용을 일정한 방법에 의하여 보전하는 일련의 법·제도를 결정하는 것을 의미한다(김형찬, 1998).

① 보편적 제공 서비스 범위 결정: 우선적으로 보편적으로 제공될 서비스의 범위가 결정되어야 한다.

② 보편적 서비스 제공의무 사업자 결정: 다음으로, 보편적 서비스 제공의무를 부과할 사업자를 어떻게 결정할 것인지를 정하여야 한다.

③ 보편적 서비스 제공에 따른 부과비용 보전방법 결정: 보편적 서비스의 제공에 따른 소요비용, 즉, 특정 사업자에 대한 규제로 사업자에게 발생하는 손실을 어떻게 보전할 것인가를 결정하여야 한다.

### (5) 우리나라의 보편적 서비스 정책

우리나라의 경우 1999년 7월 시행된 정보화촉진기본법(개정안)에는 정보통신 서비스가 보편적 서비스에 포함될 수 있도록 관련조항을 신설함으로써 보편적 서비스에 대한 정책적 고려를 시도하고 있다.

기존의 전화 등 음성통신 위주의 보편적 서비스 대상범위를 초고속인터넷까지 확대하였다. 초고속정보통신망의 구축으로, 적어도 망구축 측면에서만 보면 144개 전국 통화권역을 연결하여 전국 어디서나 초고속 서비스를 제공받을 수 있게 되었다. 하지만, 정보통신 서비스의 효율성을 위주로 정보통신 서비스를 보급함에 따라 형평성 문제가 제기되고 있다. 특히, 소득, 지역, 학력, 연령, 직업에 따라 정보격차가 생기는 문제점이 발생하였다.

　　　　　**&lt;보편적 방송통신 서비스&gt;**

　　보편적 서비스(universal service)의 개념을 방송통신의 영역으로 한정지으면, 방송의 경우에는 명시적인 제도나 규정이 없어 대체적으로 지상파 방송을 지칭한다. 또한, 통신의 경우에는 통신법 등을 통해 이용자가 거주하는 지역이나 소득수준에 상관없이 안정적으로 제공받아야 하는 서비스를 의미한다.

　　이러한 보편적 서비스 제도의 의의로는 정보격차 해소를 통한 평등권과 형평성의 실현, 망외부성을 통한 사회후생의 증진 등이 제기된다. 하지만 또 다른 측면에서 최근 진전되어온 방송과 통신의 융합현상에 따라 각각의 영역별로 적용되었던 수직적 규제체계를 재정립하고, 시장기구의 능동적 역할을 촉진할 필요성까지 검토할 필요가 제기되고 있다. 즉, 정책적인 관점에서 '보편적 방송통신 서비스'와 관련해서 전통적인 보편적 서비스의 가치를 확보하기 위한 노력과 동시에 방통 융합에 따른 방송과 통신에 있어서 보편적 서비스를 어떻게 통합할 것인가의 문제가 제기되는 것이다.

　　아래 사례 1은 보편적 방송통신 서비스를 제공하기 하기 위해 집행되는 전통적 관점의 정책에 관한 내용이다. 반면, 사례 2는 방통 융합이 실현되는 경쟁체제 하에서 보편적 방송통신 서비스의 제공과 시장 기능의 충돌에 대한 단면을 보여준다. 두 사례를 읽고 보편적 방송통신 서비스에 대한 문제의식을 가져보도록 하자.

◆ 정책사례 1:　　　　　**"농어촌 초고속 광대역 망 구축"**

　　농어촌에서도 인터넷TV(IPTV), 영상인터넷전화가 가능해졌다. 방송통신위원회는 2010년 농어촌 광대역가입자망 구축이 완료된 경북 김천 부항면 대야2리에서 6일 광대역망 개통식을 가졌다고 밝혔다. 광대역가입자망은 음성·데이터, 유선·무선, 통신·방송이 융합된 품질보장형 서비스를 언제, 어디서나, 끊김 없이 이용할 수 있는 통합네트워크로서 가입자당 50~100Mbps의 속도가 보장된다. 방통위의 농어촌지역 광대역가입자망 구축 사업은 50가구 미만의 1만 3,000여 소규모 농어촌 마을에 정부, 지자체, 사업자(KT)간 매칭 펀드 방식으로 농어촌지역까지 광대역가입자망을 구축하는 도·농간의 정보격차해소 기반 조성사업이다.

　　농어촌지역에 광대역가입자망이 구축되면 수 Mbps의 기존 초고속망으로는 제공받지 못했던 IPTV, 영상인터넷전화 등 다양한 방송통신서비스를 제공받을 수 있으며 인터넷 속도도 기존보다 최대 50배가량 향상된다. 올해는 50가구 미만 농어촌지역 약 630여 마을에 구축을 추진했고, 김천시의 경우 올해 대야리 등 19개 마을에 광대역가입자망 구축을 완료했다.

　　방통위 형태근 상임위원은 "농어촌지역의 광대역 가입자망 구축은 정보격차 해소와 국토균형발전 효과뿐만 아니라, 도심위주의 성장으로는 한계에 다다른 국가경쟁력을 제고할 수 있는 새로운 블루오션으로 작용할 것으로 기대된다"고 말했다. 방통위는 2014년까지 약 5년에 걸쳐 농어촌지역에 광대역 망 구축을 완료해 전국 격오지 농어촌에도 보편적 방송통신서비스 제공기반을 마련할 계획이다.

자료: 한국정보통신신문, 2010. 12. 6.

◆ 정책사례 2:　　　　"무료보편서비스냐 산업적 파급효과냐"

주파수 배분 문제가 또다시 방송계와 통신업계의 뜨거운 이슈로 떠오르고 있다. 관련 정책의 향배를 결정하는 방송통신위원회가 못 박은 시간은 오는 6월. 이때까지 방송사와 이동통신사가 주파수를 놓고 치열한 쟁탈전을 벌일 전망이다.

방통위는 신규로 2.1Ghz(기가헤르츠) 대역의 주파수를 경매를 통해 배정하겠다는 방침을 세웠다. 무선데이터 사용량이 급증하고 있는 통신사로서는 당장 사용이 가능한 2.1Ghz 대역의 주파수를 선점하기 위해 빠르게 움직이고 있다. 오는 6월 2G(세대)망 서비스 종료와 동시에 KT가 반납하는 1.8Ghz 대역도 큰 논란 없이 통신용으로 재분배될 전망이다. 논란이 예상되는 부분은 현재 지상파 방송사들이 사용하고 있는 700Mhz 대역이다. 2012년 말 디지털 전환이 이뤄지면 채널 대역에 여유가 생겨 이를 활용할 수 있게 되기 때문이다. 특히 이 주파수 대역은 전파의 도달거리가 길고 회절손실이 적어 통신품질이 뛰어나기 때문에 통신사들 입장에서는 '황금 주파수'로 불린다.

SK가 통신사업에 진출하면서 800Mhz 대역을 배정받으면서 2G시장에서 압도적인 우위를 차지할 수 있었고, 그 영향력은 3G 시장까지 이어져 왔다. 2, 3위 업체인 KT나 LGU+는 통신품질을 SK와 비슷하게 맞추기 위해 훨씬 많은 비용을 지출했지만 여전히 품질이 떨어진다는 평가를 받아 왔다. 700Mhz 주파수에 통신사들이 눈독을 들이는 이유다. 방송사들도 절대 이 주파수를 통신업계에 넘겨줄 수 없다는 입장이다. 한국방송기술인협회를 중심으로 한 방송사 연합은 디지털 전환이 완료되더라도 이 주파수를 반납하지 않고 3D방송 시험용과 기타 10여개 채널을 운용하는 데 쓰겠다는 주파수 활용 계획안을 방통위에 일찌감치 제출해 놓은 상태다.

그러나 현재 판세는 통신업계에 유리하게 돌아가고 있다. 정부가 일단 여유 대역 주파수를 통신사에 할당하는 쪽으로 기울어 있다는 관측이다. 주파수 정책 권한을 가진 방통위의 실무를 '통신'쪽 입장을 주로 대변하는 '구 정통부' 세력이 꽉 잡고 있기 때문이기도 하다.

정보통신정책연구원(KISDI)도 최근 열린 '이동통신 주파수 정책 토론회'에서 매물로 나온 주파수 외에 여유 주파수도 동시 할당해야 한다는 연구결과를 내놨다. 2.1Ghz 뿐만 아니라 여유 대역인 1.8Ghz, 700Mhz 주파수를 함께 할당해야 트래픽 문제를 해소하고 공정경쟁을 이끌 수 있다는 주장이다. 통신업계의 한 관계자는 "차세대 통신서비스 등 산업적 파급효과를 고려하면 여유 대역 주파수의 동시 할당이 최선"이라고 말했다. 허가와 사용시점이 다른 700Mhz의 경우에는 "허가권만 먼저 앞당겨 할당하면 문제될 게 없다"는 해법도 제시했다.

반면 효율성만 따져 주파수 문제를 결정해서는 안 된다는 주장도 만만치 않다. 방송기술인연합회의 유호진 정책실장은 "방송은 무료 보편적 서비스지만, 통신은 돈을 많이 지불할수록 차등적으로 서비스를 제공한다는 근본적 차이가 있다"며 "공공의 재산인 주파수를 돈을 받고 기업에 넘겨주는 게 바람직한지 사회적 합의가 필요하다"고 밝혔다.

자료: 미디어 오늘, 2011. 4. 21.

이러한 형평성 문제를 해결하기 위해 저소득 주민에게 고용 및 교육기회를 제공하는 것과 같은 실질적 생활환경개선 지원과 저소득 주민에 대한 정보통신기기의 무상보급 및 무료 정보화 교육기회 제공, 정보의 공유 및 공공성을 강조하는 방향으로 정책을 전개해야 할 것이다.

## 3) 국제정보정책 (*International Information Policy*)

### (1) 국제정보정책의 주요 쟁점

광통신, 전자기술, 인공위성 등 정보통신기술의 비약적 진보나 컴퓨터 네트워크 등 시스템기술의 급속한 발전은 정보유통의 시간적, 공간적 제약을 극복하여 국가간 정보유통과 교류를 증대시키고 있다. 정보통신 전송기술이 디지털화됨에 따라 통신의 신뢰도는 크게 높아지고 있고, 광섬유 소재를 이용한 국제적 종합정보통신망(ISDN: *Integrated Services Digital Network*)의 실현이 가능하게 되었다. 또한 고도화된 통신위성을 이용한 정보통신 네트워크의 활용으로 세계의 정보통신망은 더욱 확대되고 있다. 이러한 국제적 정보통신망의 확대와 발전은 국가간의 국경을 초월하는 데이터 유통과 교류를 촉진시키고 있다.

국제 데이터 유통(TDF: *Transborder Data Flow*)은 국제적 데이터통신 서비스, 데이터베이스 서비스, 국제 VAN 서비스 등을 포함하는데, 현실적으로 가장 많이 유통되는 것은 기업간 데이터 유통으로서, 다국적 기업들에게 필수적인 국제 데이터통신이다.

고도로 발달된 커뮤니케이션 네트워크 및 방송기술과 인공위성의 결합으로 세계의 구석구석을 순식간에 연결시킬 수 있게 되었기 때문에, 미국의 영화, 텔레비전 프로그램, 라디오 등이 삽시간에 일방적으로 전달되고 있는 실정이다. 특히, 앞으로 방송시장 개방의 문제와 발맞추어 미국의 케이블TV, VOD, 인공위성을 통한 디지털 직접방송 등이 실현되면서 문화제국주의 현상까지도 우려되는 형편이다. 즉, 국가간의 불균형적 정보유통은 정보의 예속화에서 오는 정보주권 문제를 제기하고 있으며, 이와 함께 국내자료의 해외유출에 따르는 국가간 프라이버시 문제도 제기되고 있다.

정보기술의 발달 및 국제 데이터 유통의 증가현상은 정보선진국가에 더욱 유리하게 작용하여, 이들과 정보후진국과의 격차는 점점 더 확대될 가능성이 크다. 이러한 상황에서 우리나라도 선진국과의 기술 및 산업격차를 줄이기 위한 정책적, 제도적 방안이 마련되어야 하며, 또 한편으로는 이러한 문제에 적극적으로 대응하기 위한 국제적 협력방안도 모색되어야 할 것이다.

### (2) 국제정보정책의 방향 및 과제

국제정보정책의 주요 이슈 중에서 우리나라가 전략적으로 대응할 필요가 있는 정책과제는 국제정보통신기반 구축에 대한 참여가능성 문제와 정보자원의 불균형문제를 고려한 정보통신 시장개방 문제로 압축될 수 있다. 이러한 정책과제에 대응하는 국제정보정책의 정향은 정보문화적 관점, 정보경제적 관점, 그리고 정보유통 측면 — 좀 더 구체적으로는 1) 정보활용 및 이용자 측면의 고려, 2) 정보산업의 경쟁력제고 및 유통질서의 확립, 그리고 3) 정보통신정책에서의 국제적 협력과 경쟁구도의 확립 등 — 을 고려하여 설정되어야 할 것이다.

#### ① 정보이용자 중심의 사고

지식정보사회는 개인의 자유 및 편익을 극대화한다는 인식론적 토대 위에 있다. 정보사회의 주인공은 국가도 기업도 아닌 정보통신을 이용하는 최후의 이용자인 고객(시민)이며, 이들의 정보이용 활성화는 지식정보사회로의 이행에 관건이 되기도 한다. 또한 개방체제 최대의 편익은 소비자에게로 돌아간다. 우리나라의 정보정책도 기존의 공급자 위주에서 이용자 중심으로 인식이 전환되어야 한다. 이러한 관점에서 정부는 정보화 추진과정에서 나타나는 불건전한 정보의 범람, 정보독점 및 지배, 정보격차, 프라이버시 침해 등의 제반 부작용을 줄이고 바람직한 방향으로 정보문화가 확산될 수 있도록 정보통신 관련법·제도를 정비해야 한다. 특히, 국제데이터 유통에 관한 규제방안으로서 프라이버시, 데이터 보호, 이용제도 개선, 정보주권의 확보, 정보서비스에 대한 과세 및 관세의 현실화, 전자화된 정보에 대한 지적소유권의 확보 등과 관련한 법제 정비방안이 마련되어야 한다.

## ② 정보산업의 경쟁력

국제분야에서 협상력의 기초는 국내산업의 경쟁력이라는 점에서 국제정보정책의 기조 역시 국내산업의 경쟁력을 최대한 살리는 것에 초점이 맞추어져야 할 것이다. 다양한 정보통신 미디어의 출현과 함께 국가간의 정보통신시장도 점차적으로 개방되고 있으며, 최근 신보호무역주의 및 기술패권주의의 확대로 악화되는 수출환경, 국내시장의 개방압력 등은 정보산업부문에서의 시급한 대응방안의 마련을 요구하고 있다.

## ③ 경쟁과 협력의 조화

국제문제에는 항상 파트너가 있기 마련이며 국제적 상호협력의 룰이 매우 중요하게 작용한다. 국제적 이슈의 추진에는 항상 협력원칙과 명분이 있어야 하며, 다양한 특색을 지닌 회원국들간 합의를 도출하는 것이 중요하다.

## (3) 요약 및 결론

지구촌 개방체제에서는 비밀과 변칙이 통하지 않는다. 국내산업의 규제를 포함한 제반 경제운용에 관한 법률, 규칙, 절차 및 관행의 문제까지도 포함한 모든 부문의 경제가 투명하게 운용될 것을 요구하고 있다. 또한 하루가 다르게 변화, 발전하는 컴퓨터 기술 및 정보와 통신·방송의 융합현상, 그리고 점점 더 다국적 기업화하는 정보산업의 시장환경 등의 정책환경은 정보통신사업은 '자연독점이요 정부규제가 원칙'이라는 전통적 고정관념을 깨고, 경쟁과 자율을 원칙으로 하는 시장복원을 요청하고 있다.

개방경제체제에서 국제정보정책은 민간의 자율과 창의가 창출될 수 있는 시장경쟁체제에 뿌리를 두어야 하며, 경쟁정책과 조화되는 이용자중심의 규제정책이 실현되어야 한다. 정부보조금 운영 및 공공조달 등 제반 정책규제조치를 투명하게 사전에 공개하고 이해당사자들을 공정하게 참여시키는 등 경제운영의 안정성 및 예측가능성을 제고해야 하며, 이에 부합되지 않는 비합리적 법률 및 규칙들을 조속한 시일 내에 폐기해야 할 것이다. 또한 새롭게 정립되는 국제통상정책에 대한 바른 이해를 바탕으로 개방경제체제에 부합하는 국내정책 및 제도를 운용해야 하며, 국제영역에서 경쟁과 협력의 조화를 모색해야 한다.

**<<< 핵심 Point !**

◎ **정보격차**

▣ **정보격차의 개념**

▸ 정보의 접근 및 이용이 여러 사회집단간 동등한 수준으로 진행되지 않는 현상
▸ 주체, 대상, 심화정도, 메커니즘 등에 따라 다차원적이나 일반적으로 디지털 정보 혹은 디지털경제에 접근하여 이를 이용하는 집단이 있는 반면, 그렇지 못한 집단이 존재하는 상황

▣ **정보격차의 가설**

▸ 확산가설: 정보격차가 축소
▸ 격차가설: 정보격차가 확대
▸ 현실론

▣ **정보격차의 발생요인**

▸ 사회경제적 개인별 차이
▸ 커뮤니케이션 능력과 컴퓨터 해득력
▸ 정보이용 능력의 차이
▸ 정보상품의 집중화

▣ **정보격차의 문제점**

▸ 정보의 부익부 빈익빈 현상과 사회적 격차 심화
▸ 정보사회에서 민주주의 발전과 건강한 시민사회 형성 저해

▣ **정보격차해소를 위한 정책방향 및 정책과제**

▸ 정책방향
　• 정보취약집단의 현실에 부합하는 수요자 중심의 정책 요구
▸ 정책과제
　• 정보취약계층 기기지원 및 보급
　• 정보이용능력 증진을 위한 정보화 교육

- 정보취약계층을 위한 정보시스템과 콘텐츠제공
- 지역정보화 정책을 통한 지역간 정보격차 해소
- 정보이용시설의 구축을 통한 소외계층에게 정보접근기회 제공

## ◎ 문화종속

### ▣ 문화종속의 문제

▶ 문화제국주의 현상 우려

▶ 전 세계적으로 수직적 · 수평적 통합현상
- 초국가적 · 다국적 기업의 이익창출 극대화를 위해 자국의 문화적 습관에 수입국 국민들의 수요를 종속시키는 현상
- 각국의 문화는 지역성을 탈피하여 혼재된 종합성을 띠게 되어, 문화의 고유성이 약화

## ◎ 정보격차 및 문화종속에 대응하는 정보정책

### ▣ 정보리터러시 정책

▶ 개 념
- 다양한 상황에서 정보기기를 적절히 활용하여 주어진 문제를 해결하고 대처하며 전달할 수 있는 능력

▶ 정보리터러시의 기준
- 정보에 효율적으로 접근할 수 있는가
- 정보를 비판적으로 적절히 평가할 수 있는가
- 정보를 창조적으로 바르게 활용할 수 있는가

▶ 정보리터러시의 구성요소
- 업무정의
- 정보추구전략
- 정보발견과 접근
- 정보의 활용
- 정보의 종합과 발표
- 평가

# 보편적 서비스 정책

## 보편적 서비스 개념
- 양질의 정보통신서비스를 모든 이용자가 언제 어디서나 적정한 요금으로 제공받을 수 있는 상태

## 보편적 서비스 필요성
- 정보사회의 도래와 보편적 서비스 확보의 필요성
- 정보통신사업 여건변화에 따른 새로운 보편적 서비스 정책의 필요성
- 경쟁과 민영화 등의 추세진행에 따른 변화
- 가상사회의 도래와 정보서비스의 일반화

## 보편적 서비스의 정책이슈 및 쟁점
- 정보기술의 변화
- 경제성의 문제
- 정보기반의 정비
- 자원배분의 효율성 침해 문제

## 보편적 서비스의 정책내용
- 보편적 서비스의 정책방향: 접근성, 활용가능성, 훈련과 지원, 유의미한 목적성, 요금의 저렴성
- 보편적 서비스 정책의 세부지침: 보편적 제공 서비스 범위 결정, 보편적 서비스 제공 의무 사업자 결정, 보편적 서비스 제공에 따른 부과비용 보전방법 결정

# 국제정보정책

## 국제정보정책의 주요 쟁점
- 정보처리와 통신의 융합현상에 따라 그 범위와 공간이 확장되고 있어, 이에 대한 일관된 정책질서와 규범의 정립이 요구됨
- 정보활용문제와 정보활용에서 파생되는 문화적 파급효과가 중요한 사회적 관심으로 부각
- 정보의 경제적·사회적 유통에 대한 적절한 거래질서와 규범에 대한 관심도 상승

## 국제정보정책의 방향 및 과제
- 정보이용자 중심의 사고
- 정보산업의 경쟁력
- 경쟁과 협력의 조화

◎ 정보격차의 개념과 정보격차에 대한 가설에 대해 생각해 보자.

◎ 정보격차의 발생요인과 이로 인한 정보격차의 문제점은 무엇인가에 대해 정리해 보자.

◎ 정보격차 해소를 위한 정책방향 및 과제는 무엇인가?

◎ 문화종속으로 인한 문제점에는 어떠한 것들이 있는가?

◎ 정보격차 및 문화종속에 대응하기 위한 정보정책적 과제에 대해서 논의하라.

◎ 보편적 서비스에 개념 및 정책과제를 설명하라.

◎ 국제정보정책의 정책방향 및 과제에 대해서 정리해 보자.

 **고시기출문제**  ※ 해당 답안작성요령은 고시기출출제 시기에 맞춰서 작성되었음

**[ 고시기출문제 (1) ]** 정보격차의 원인과 대응방안을 국내적 관점과 글로벌 관점에서 설명하시오. [2012년 입시]

**[답안작성요령]**

☞ 핵심 개념

본 문제는 정보화의 진전에 따른 사회문제로서 정보격차를 해소하기 위한 방안을 제시하는 것이 핵심이다. 정보화의 진전에 따라 정보기술이 제공하는 미래사회의 모습을 긍정적으로 낙관하는 유토피아적 견해와 함께 정보격차라는 부정적 측면에 대한 비관적인 지적도 심각하게 지적되고 있다. 이러한 문제는 국내적으로 계급 간, 계층 간의 격차뿐만 아니라, 국제적으로도 국가 간의 격차가 발생하고 있어 정보주권의 위협 또는 문화종속의 문제로 나타나고 있다. 따라서 정보격차의 개념과 정보격차의 발생요인 및 문제점에 대해 설명하고, 국내적 또는 국제적 관점에서 정보격차 해소를 위한 정책적 대응방안에 대해 기술하여야 한다.

☞ 정보격차의 개념, 발생요인 및 문제점

정보격차는 정보의 접근 및 이용이 여러 사회집단 간 동등한 수준으로 진행되지 않는 현상을 지칭한다. 정보격차가 발생하는 원인은 크게 네 가지로 첫째, 사회경제적 개인별 차이이다. 정보격차는 새로운 정보기술의 채택단계에서 소유와 비소유의 차이로 나타나고, 소유의 격차는 개인의 경제적 여건인 수입의 정도에 크게 영향을 받는다. 둘째, 커뮤니케이션 능력과 컴퓨터 해득력이다. 커뮤니케이션 능력과 컴퓨터 해득력 및 정보추구 욕구의 차이에 따라 정보격차가 발생한다. 셋째, 정보이용 능력의 차이이다. 새로운 정보기술을 이용할 수 있는 능력은 사람에 따라 다르다. 사람에 따라서는 정보기술을 사용할 수 있는 능력을 어느 정도 타고난 사람도 있지만, 대개 교육을 통하여 습득한 지식과 기술로 보다 많은 정보를 얻고 있는 것이다. 넷째, 정보상품의 집중화이다. 소수의 대기업에 의한 미디어 매체의 독점적 복합소유는 철저한 상업논리에 입각한 정보제공을 하기 때문에 정보를 이용하고자 하는 사용자들은 제한된 선택을 할 수밖에 없게 된다.

따라서 이러한 정보격차로 인해 나타날 수 있는 문제점은 다음과 같다. 정보화의 진전이 낙관적이기는 하지만 정보의 접근성이 떨어지는 소외계층에게는 혜택을 누리는 계층과 경제적 문화적 격차가 더 커지고 있다. 이는 기존의 사회경제적 격차가 정보격차를 유발시키는 중요한 요인으로 작용하는 것이며, 산업사회의 사회경제적 불평등 구조가 정보사회의 정보 불평등 구조로 그대로 계승, 전의하고 있는 것이다. 이러한 격차는 정보의 부익부 빈익빈 현상과 사회적 격차를 심화시키며, 정보사회에서 민주주의 발전과 건강한 시민사회의 형성을 저해하는 문제점을 초래한다(권기헌, 2013: 554–555).

☞ 국내적 관점에서 대응방안

정보사회가 좀 더 바람직한 모습을 갖고 정보격차를 해소시키기 위해서는 계급 간, 계층 간의 소득격차를 축소시키거나 혹은 소득격차가 정보에 대한 접근기회의 불평등으로 이어지는 연결고리를 차단하는 것이 필요하다. 그것은 사회 불평등 완화를 위한 기존의 소득재분배정책, 사회복지정책과 함께 보편적 접근, 보편적 서비스의 확대를 정보화 정책의 핵심 축으로 설정하는 것을 의미한다. 이와 함께 소극적 접근기회의 부여에서 보다 적극적으로 정보기회를 제공하는 데 초점을 맞추어야 한다. 정보기회의 제공은 누구에게나 주어진 정보를 적절히 활용함으로써 정보사회가 부여하는 혜택이 실질적으로 골고루 돌아갈 수 있도록 해야 한다.

구체적으로 정보격차 해소를 위한 정책과제를 살펴보면, 1) 정보취약계층 기기지원 및 보급, 2) 정보이용능력 증진을 위한 정보화 교육, 3) 정보취약계층을 위한 정보시스템과 콘텐츠 제공, 4) 지역정보화 정책을 통한 지역 간 정보격차 해소, 5) 정보이용시설의 구축을 통해 소외계층에게 정보접근기회 제공을 들 수 있다. 또한 시민사회 차원에서도 자원봉사활동을 포함한 자발적 정보격차 해소노력이 요청된다(권기헌, 2013: 555–556).

☞ 글로벌 관점에서 대응방안

정보격차의 문제는 디지털 기술과 광섬유 소재를 이용한 국제적 종합정보통신망의 실현으로 세계의 정보통신망은 더욱 확대되는 반면, 국제정보유통의 불균형 문제는 점점 심각해지고 있다.

구체적으로 정보기술의 발전은 기술적 능력을 보유하는 몇몇 초강대국의 힘을 한층 강화시켜 주고 있으며, 또한 이미 강력한 초국가적 기업들의 전 지구적 경영체제를 더욱 강화시켜 주는 형태로 나타나고 있다. 국제적 차원에서 이러한 정보기술의 격차는 국내자료의 해외유출에 따르는 국가 간 프라이버시 문제를 초래하고 있으며, 정보주권에 대한 침해 문제로 이어지고 있다. 이러한 정보와 기술의 격차 현상은 국제정보유통의 증가와 함께 점점 더 확대되는 경향을 보이고 있으며, 정보종속과 문화제국주의 현상까지도 제기되고 있다.

따라서 이러한 국제적 정보격차와 문화종속에 대응하기 위한 방안은 다음과 같다. 오늘날과 같은 개방경제체제에서 국제정보정책은 민간의 자율과 창의가 창출될 수 있는 시장경쟁체제에 뿌리를 두어야 하며, 경쟁정책과 조화되는 이용자중심의 규제정책이 실현되어야 한다. 정부보조금 운영 및 공공조달 등 제반 정책규제조치를 투명하게 사전에 공개하고 이해당사자들을 공정하게 참여시키는 등 경제운영의 안정성 및 예측가능성을 제고해야 하며, 이에 부합되지 않는 비합리적 법률 및 규칙들을 조속한 시일 내에 폐기해야 할 것이다. 또한 새롭게 정립되는 국제통상정책에 대한 바른 이해를 바탕으로 개방경제체제에 부합하는 국내정책 및 제도를 운용해야 하며, 국제영역에서 경쟁과 협력의 조화를 모색해야 한다(권기헌, 2013: 557-568).

☞ 고득점 핵심 포인트

정보사회는 단순히 기술적으로 뛰어나고 경제적으로 여유 있는 계층만이 아니라, 모든 시민을 위해 열려 있어야 한다. 그러나 정보화의 진전이 낙관적이기는 하지만 정보의 접근성이 떨어지는 소외계층에게는 계층 간의 경제적 문화적 격차가 더욱 커지고 있으며, 이는 정보격차로 이어지고 있다. 그러므로 정보사회의 정책은 정보의 상업성과 공공성 간의 균형을 유지하면서, 보편적 수혜와 접근 개방성의 문제에 더 많은 초점을 두어야 한다.

따라서 본 문제는 정보격차의 개념과 정보격차의 발생요인 및 문제점에 대해 설명하고, 국내적, 국제적으로 형평성 측면에서 정보격차를 해소를 위한 방안을 제시해 주면 바람직할 것이다(본서 제20장 본문 정보격차, 문화종속, 국제정보정책의 방향 및 과제 참조바람).

## 고시기출문제

[ 고시기출문제 (2) ] 정부의 대국민서비스에 대한 수요와 요구는 정보사회가 고도화될수록 지속적으로 증가하고 있다. 이 과정에서 정부는 모든 국민들에게 언제, 어디서나 원하는 정보와 서비스를 제공해 주어야 한다는 '보편적 서비스(universal service)'의 필요성이 대두되고 있다. 보편적 서비스 제공을 위한 정부의 역할과 장애요인을 설명하고 극복 방안을 제시하시오. [2008년 행시]

### [답안작성요령]

☞ 핵심 개념

본 문제는 보편적 서비스에 대해 묻고 있다. 보편적 서비스(universal service)는 누구에게나 무료 혹은 싼 가격으로, 경제적·정치적·사회적 활동에 참여할 수 있는 최소한의 기회를 보장하는 정책적 선택을 의미한다. 즉, 남녀노소 그리고 계층간 차별을 두지 않고 모든 사람이 이용 가능한 요금으로 정보자원을 이용할 수 있도록 지원한다는 것이 보편적 서비스 개념이며, '정보가 곧 힘'이라는 등식 하에서 정부가 정보자원에 대한 동등한 접속 보장을 책무화하는 것이라고 하겠다. 최근 스마트사회 도래 이후에도 다양한 디지털 격차 (digital divide)가 발생함으로써 전자정부 등을 통한 행정 서비스 역시 특정계층에게만 향유될 수 있거나 빈부격차 등을 심화시킬 수 있다는 우려가 제기되고 있는 바, 보편적 서비스의 개념은 이런 관점에서 필요성이 제기된다 하겠다.

☞ 보편적 서비스의 필요성

전자정부의 행정서비스는 경합성을 지니지 않으며 사용자가 증대될수록 서비스 가치가 향상되는 긍정적 외부효과를 지니므로, 사회 구성원들에게 널리 공유되어야 한다. 그럼에도 신공공관리론 관점의 확산과 공공영역의 민영화 정책 등이 급속히 진행되면서, 사회취약계층 등의 불평등 소지는 더욱 커짐에 따라 사회 형평성 차원에서의 보편적 서비스 필요성은 더욱 커지고 있는 게 현실이다. 즉, 정보사회의 도래에 따라서, 정보통신사업의 여건변화에 따라서, 경쟁과 민영화 등 추시진행의 변화에 따라서, 가상사회의 도래와 정보서비스의 일반화에 따라서 이러한 보편적 서비스의 필요성은 더욱 커지게 된다(권기헌, 2013: 561－562).

☞ **정부의 역할**

이에 정부는 정책 목표 및 과제를 국가경쟁력 강화에만 초점을 두기보다 국민의 삶의 질 향상을 위한 공익 증대 측면에서 정부의 공적기능을 함께 추진해나가야 하겠으며, 특히 국민 개개인이 정보사회에 적응하고 골고루 혜택을 받을 수 있는 방향에서 보편적 서비스의 제공 정책을 시행할 필요가 있다. 정책 추진 단계에서는 또한 민간부문과의 협력 등을 통해 보편적 서비스의 범위가 넓어지고 사회적 공감대를 확산시키는 것 역시 필요하다.

☞ **장애요인: 쟁점**

원칙적으로 보편적 서비스의 필요성과 정부역할에는 누구나 쉽게 동의하나, 현실적으로 장애요인이 있다. 이를 쟁점별로 보면 다음과 같다.

1) 정보기술의 변화: 정보기반구조의 기초를 이루는 정보기술이 빠르게 변화함에 따라 특정 기술에 기초한 서비스들에 대한 접근을 바탕으로 보편적 서비스를 정의하는 것을 어렵게 하고 있으며, 이에 서비스 품질을 규정하는 것 역시 매우 어려운 문제가 된다.

2) 경제성의 문제: 정보기술의 변화속도와 함께 서비스 제공의 경제성 문제가 대두되며, 이로 인해 보편적 서비스의 범위와 정의는 탄력적일 수밖에 없고 관련 정책 또한 확정하기가 어렵다.

3) 정보기반의 정비: 새로운 정보기반의 정비, 예를 들면 광대역 종합정보통신망의 구축과정에서 보편적 서비스의 원칙이 유지되도록 해야 하는데, 현실적으로 모두 커버한다는 것은 쉽지 않다.

4) 자원배분의 효율성 침해 문제: 보편적 서비스의 제공에 따라 사회적 형평성은 향상되나 자원배분의 효율성에 대한 침해가능성 문제에 대한 논란도 제기되는 바, 이 역시 장애요인이다.

☞ **보편적 서비스의 발전방향**

1) 방향성의 설정: 보편적 서비스는 발전방향으로 다음과 같은 준거들을 지향하는 것이 바람직한 것으로 주장되고 있다(권기헌, 2013: 562-563).

① 접근성: 접속하기 원하는 모든 사람들을 위해 접속을 제공하며 의미 있는 양방향식 전달을 위한 충분한 기능을 제공

② 활용가능성: 장비 부적절성 혹은 개인적 장애로 배제되지 않도록 기기·인터페이스 고안

③ 훈련과 지원: 적절한 훈련과 지원을 제공, 기술부족으로 접근가능성이 배제되지 않도록 해야함

④ 유의미한 목적성: 개인적 · 사회적으로 의미가 있으며, 개인적 만족과 시민권의 보장, 경제적 성취를 위한 하부구조로서 정보시스템이 역할을 할 수 있도록 해야함

⑤ 요금의 저렴성: 다른 대안에 비하여 정보시스템이 보다 비용 효과적이며 보편적으로 사용 가능하게 하여 빈부격차 등으로 배제되지 않도록 해야 함

2) 재원의 마련: 보편적 서비스 제공을 위한 비용 조달방안은 충분히 마련되어야 하며, 다만 자원배분의 효율성 측면에서 기금 마련 등에 대한 방안을 장기적으로 단계화 할 필요가 있다.

3) 취약계층의 고려: 보조금 같은 저렴한 가격의 서비스 제공방식 외에 장애인, 노약자 등 취약계층에 대하여는 특수한 배려가 요구된다.

4) 실용성의 확보: 보편적 서비스가 국민 누구에게나 수용될 수 있기 위해서는 정보 활용 능력에 대한 보조 역시 필수적이며, 특히 취약계층에 대한 투자 시간 및 비용 에 대한 정부 지원이 필요하다.

☞ 고득점 핵심 포인트

보편적 서비스와 관련 문제는 단일 논점 외에도 정보화 역기능, 전자정부의 발전방향 등 여러 곳에서 사용될 수 있는 개념이므로 정확하게 정리해 둘 필요가 있겠다. 우리나라의 경우 1999년 7월 시행된 정보화촉진기본법(개정안)에 정보통신 서비스가 보편적 서비스에 포함될 수 있도록 관련조항을 신설함으로써 보편적 서비스에 대한 정책적 고려를 시도했다는 점에서 우리나라의 사례들도 기술해 준다면 고득점 답안이 될 수 있을 것이다 (본서 제20장 보편적 서비스 참조바람).

# 요약 및 결론
## - 논점 및 함의 -

> 21세기 인류사회가 당면한 문제는
> 개인의 가치가 존중되는 사회를 건설하는 데 필요한
> 정책적 지혜와 선택의 이슈로 귀결된다.
> —Daniel Bell

본서에서 제시된 주장과 논점, 분석과 함의에 대해서 요약하면 다음과 같다.

## 1. 주장과 논점

21세기가 급속도로 진전되면서, 우리는 혼돈과 갈등, 변화의 소용돌이 속에서 살고 있다. 스마트 IT가 녹색혁명과 결합되면서 저탄소 시장을 창출하는가 하면, 인공지능에 기초한 새로운 문명사회(CCS: Cyber Civilization Society)가 열리고 있다. 디지털(Digital)기술의 발달과 관련 소재산업의 발달은 전 사회의 경제적 잠재력을 최상의 수준으로 끌어올리고 있으며, 이는 스마트 혁명에 기초한 전자정부를 가능케 하고 있다. 더욱이 최근 몇 년간 급부상한 트위터, 페이스북과 같은 이른바 마이크로블로그(microblog: 소형블로그) 형태를 갖는 관계 중심의 서비스가 창출해낸 새로운 소셜 네트워크 서비스(SNS)는 기존의 정부, 시장, 사회에서의 관계양식을 전면적으로 변화시키고 있으며, 스마트폰, 태블릿PC와 같은 매체의 확산도 이러한 변화를 가속화하는 주요한 동력원이 되고 있다.

이러한 정보혁명의 소용돌이적 변화는 기존의 국정운영 모델 및 체계에 대한 재조명을 강력하게 요구하고 있다. 특히 지금까지 현대행정을 주도해 왔다고 할 수 있는 관료제는 과학과 기술혁명 등의 현대적 변동 상황에 신속하게 대처하고 적응하는 데 많은 한계를 드러내고 있다. 이를 극복하기 위하여 많은 학자들은 급격한 환경의 변화, 조직활동의 다양성, 복잡성의 증대, 전문가의 역할 증대 등을 근거로 새로운 국정 거버넌스 모형을 다양한 형태로 제시하고 있다.

그렇다면 정보통신의 기술혁신이 몰고온 사회변동의 거대한 양상은 국정관리의 영역에 있어서 정책학 및 행정학 연구에 어떤 영향을 미칠 것인가? 이는 사회변동의 본질과 국정관리 영역의 대응에 대한 물음인 동시에 보다 나은 미래에 대한 탐구이다. 본서는 21세기 지식정보사회 및 스마트 혁명에서 요구되는 새로운 전자정부 이론을 모색하면서, 전자정부와 정보정책, 전자정부와 행정이론, 전자정부와 국정관리 이론을 연결시켜보려는 하나의 시도로서 집필되었다. 이를 위해 본서가 제기한 질문들은 다음과 같다.

거시적인 패러다임 전환기에 있어 전자정부와 정보정책이 중점적으로 논의해야 할 문제는 무엇이며, 고도의 전문화를 표방하는 스마트 혁명과 연계되어 발전하는 소셜네트워크의 새로운 정책환경에 직면해서 행정학(혹은 정책학)이라는 학문이 '궁핍한 전문성'(impoverished professionalism)[1] 수준에서 벗어나기 위한 대응원리 내지 철학은 무엇인가?

작고 효율적인 지식창출형 정부를 지향하는 전자정부(electronic government)는 정책이론, 행정이론 및 국정 거버넌스 이론들과 어떻게 연계되어 있으며, 이는 국가운영에 있어서 다가올 미래 정보사회에 대응할 수 있는 효과적이고 투명하며 민주적이고 성찰적인 국정관리모형이 될 수 있을 것인가? 그리고 또 그렇게 되기 위한 정책과제들은 무엇인가?

## 1) 전자정부와 정책이론

본서는 정책과정에 관한 정책학 논의의 틀에 근거하여 전자정부와 정보정책을 분석하였다. 정책과정론의 시각에서 보면, 새로운 정부운영 모형으로 대두되고 있는 전자정부 혹은 지식정부는 지식기반경제 혹은 지식정보사회라는 정책환경(policy environment) 속에서, 시민사회 혹은 민간부문으로부터 요구와 지지라는 정책투입을 받아 정책으로 전환시키는 정부의 정책체제(policy system 혹은 policy model)의 역할을 한다. 그리고 그 정책체제의 산출물(policy output)이 정보정책이라는 형식으로 나타난다.

---

1) Green, Richard T., Lawrence F. Keller and Gary L. Wamsley, "Reconsituting a Profession for American Public Administration", *Public Administration Review*, Nov/Dec 1993.

## 2) 전자정부와 정보정책

본서는 정보정책의 유형화를 모색하였다. 정책이슈별 분류기준으로 국정 거버넌스 구조에서 논의하는 국가(정부)-시장(기업)-시민사회(NGO)의 세 가지 기준을 이용하여 분석하였다.

국가(정부)는 기업과 시민사회를 정책대상으로 정책을 결정하고 집행하는 정책운영의 주체로서, 국가(정부)가 정책운영에 있어서 중점을 두는 부분은 크게 세 가지인데, 첫째, 경제영역에서는 국가경쟁력(정부생산성) 강화이고, 둘째, 정치영역에서는 참여민주주의의 활성화이며, 셋째 사회영역에서는 건강한 시민공동체의 형성이다.

이는 본서에서 논의하는 전자정부 개념의 세 차원과도 일치한다.

첫째, 전자정부 개념의 첫 번째 차원은 생산성(productivity) 차원이다. 전자정부는 정보기술을 이용하여 정부 내부 운영의 생산성을 극대화하여, 시장에서 기업 활동을 효율적으로 지원해 주는 생산적 정부이다. 지식기반경제하에서 민간부문의 자율성과 창의성이 극대화될 수 있도록 기업과 고객에게 효율적인 서비스 제공을 해 주기 위해서는 정부내부의 생산성을 극대화시키고 정부내부 운영시스템에 디지털 신경망 기술을 효과적으로 이용하는 것이 필요하다. 즉, One Stop, Non Stop, Any Stop의 정부를 구현하면서 종이 없는 사무실과 투명한 정부를 구축하고 이를 토대로 디지털 신경망에 기초한 Smart 정부를 구현해야 한다.

둘째, 전자정부 개념의 두 번째 차원은 민주성(democracy) 차원이다. 전자정부는 정보기술을 이용하여 전자민주주의를 활성화시키는 정부이며, 이를 통해 정책과정에서의 투명성 제고 및 정치과정에서 시민의 참여를 활성화시키는 민주적 정부이다.

셋째, 전자정부 개념의 세 번째 차원은 성찰성(reflexivity) 차원이다. 전자정부는 정보기술을 이용하여 사회공동체의 수평적·수직적 커뮤니케이션을 활성화시키는 정부이며, 이를 통해 조화롭고 통합된 사회를 구현하고, 더 나아가 신뢰받고 성숙한 사회공동체를 이루는 성찰적 정부이다.

정보정책의 차원에서도 이러한 분석의 단위는 유효하다. 정보정책의 첫 번째 차원은 국가와 정부차원에서의 생산성 혹은 효율성(efficiency) 문제이다. 정부 효율성(efficiency)의 개념은 정부내부와 정부외부로 나누어서 생각할 수 있는데, 전자정부의 구축을 통해 정부내부 운영의 효율화를 통해 정부업무의 생산성과 정책결정 능력의 제고가 이루어지면, 정부는 정부외부 부문(예컨대, 기업과 민간부문)을 대상으로 국가경쟁력 강화를 위해 여러 가지

전략적 정책을 선택하게 된다. 이러한 정보정책의 유형으로 우리는 초고속정보통신기반정책(BcN정책), 정보통신산업정책, 지역정보화정책, 정보화마을정책, u-City정책에 대해서 검토하였으며, 주요 내용을 간략하게 기술하면 다음과 같다.

우선 초고속정보통신기반기술은 국가의 제 분야(행정, 경제, 사회, 문화 등)에 걸쳐 엄청난 파급효과를 가져올 수 있기에, 세계 주요 선진국들은 물론 우리나라에서도 정보화를 국가 발전의 주요 전략으로 채택하여 높은 우선순위를 두고 추진하고 있다. 본서에서는 초고속 정보통신기반의 개념에서 출발하여 현실에 적용될 수 있는 다양한 응용분야를 살펴보고 초고속정보화정책의 집행에 관한 이론적 모형과 정책수단별 성공적 집행전략모형을 검토하였다. 이러한 논의를 통해 우리나라 초고속정보통신기반정책의 문제점을 분석하고 향후의 정책방향 및 과제에 대해 살펴보는 한편, 초고속 사업의 일환으로 최근에 추진되고 있는 BcN(차세대 지능형 통합 네트워크)사업에 대해서도 살펴보았다.

다음으로 '정보가 곧 경쟁력'이라는 견지에서 정보통신산업정책에도 관심을 기울였다. 정보통신산업의 개념을 구축하면서 정보사회에서 정보통신산업이 가지는 함의와 정책적 의의를 살펴보았다. 특히 산업화 시대에서 정보화 사회로 이행되는 진화의 과정에서 정보통신산업정책의 패러다임이 어떻게 변화해왔는지에 주목하여 정보통신산업정책의 발전방향이 지식기반경제로의 정책기조 변화(민간주도와 정부의 지원), 지식 창출·축적 및 확산정책, 새로운 기업경영환경 구축에 중점을 둔 인프라 지원에 보다 집중되어야 함을 제시하였다.

한편 농·어촌과 같은 지역사회가 정보화 사회에서 누릴 수 있는 혜택에서 소외되는 것이 심각한 사회문제라는 관점에서 지역정보화의 개념과 필요성에 대해 살펴보고, 현재 우리나라 지역정보화 사업의 문제점과 정책방향에 대해 고찰하였다. 특히, 지역정보화 정책 중 '정보화마을' 사례를 통해 사업의 개념, 추진배경 및 체계 운영성과 분석을 통해 우리나라 지역정보화 정책의 활성화 방안을 모색하고자 하였다.

마지막으로 스마트 기술혁명을 시민들의 주요 생활공간인 도시에 보다 적극적으로 구현시킨다는 관점에서 u-City에 대해 분석하였다. 본서는 우리나라 u-City정책의 개념, 특성 및 추진현황에 대해 살펴보고, 국가-지역, 중앙정부-지자체의 관점에서 향후 u-City정책이 나아가야 할 방향과 발전 과제를 제시하였다.

정보정책의 두 번째 차원은 시장(기업)과 관련된 정부의 정책인데, 이러한 차원의 정보정책은 시장의 효율성(efficiency)화와 관련된 정책들이다. 시장 및 기업의 효율성 제고와 관련된 정보정책의 유형으로 우리는 전자상거래(EC/CALS)정책, 지적재산권보호정책, 정보통신표준화 정책, 방송통신융합정책, 그리고 최근 이슈로서 디지털 콘텐츠 정책, 녹색성장 정책을 살펴보았으며, 주요 내용을 간략하게 기술하면 다음과 같다.

요약 및 결론

우선 정보화 시대에는 직접 시장에 나가지 않고 집에서도 필요한 상품을 구입·환불할 수 있게 되었으며, 이것을 가능케 한 것이 바로 전자상거래라 하겠다. 이는 많은 혜택을 제공해 주기도 하지만, 피해나 역기능도 속출하고 있다. 본서에서는 전자상거래의 개념과 특징을 살펴본 후 전자상거래의 문제점과 그로 인한 피해를 최소화하고 보다 발전시킬 수 있는 방안을 논의하였다. 특히, 최근 스마트폰 사용자가 급증함에 따라 무선 전자상거래(모바일 결제, 스마트폰 뱅킹 등)가 활성화되고 있어 무선 전자상거래의 개념과 등장배경을 살피면서, 스마트폰 뱅킹에 초점을 두고 스마트폰과 전자상거래의 전망 및 과제 그리고 향후 정책방향에 대해 논의하였다.

다음으로 정보사회에서 정보는 지적재산으로서 가치를 지니고 보호되며, 이와 관련된 논의가 지적재산권 보호정책이라 하겠다. 본서는 정보사회의 새로운 지적재산권 개념과 특징, 그리고 지적재산권의 주요 쟁점(저작권과 이용권, 독점과 경쟁, 공정한 사용 문제, P2P 기술, 디지털 방송)에 대해 살펴보고, 지식기반 지적재산권체제의 국가정책 방향에 대해 논의하였다. 특히, 지적재산권과 관련하여 최근 이슈로 논의되고 있는 CCL(Creative Commons License)의 개념과 특징, 유형에 대해 살펴보았다. 또한, 한미 FTA 체결에 따라 부상되었던 지적재산권 관련 주요 쟁점들을 살펴보고, 향후 전망 및 대책에 대해 논의하였다.

한편, 정보화시대는 많은 정보통신기기가 등장·발전하게 되는데, 이러한 정보통신기기와 시스템 상호간 사전에 약속하는 절차가 필요하며 이것이 정보통신표준화이다. 이를 통해 무질서화, 복잡화를 예방할 수 있는데, 본서에서는 정보통신표준화의 개념과 기본원칙, 표준화의 필요성에 대해 살펴보았다. 또한 표준화의 기능을 순기능과 역기능으로 나누어 살펴보고, 현재 우리나라 정보통신표준화정책의 주요 쟁점과 정책방향에 대해 살펴보았다. 특히, 최근들어 논의되고 있는 4G 기술표준화 논의와 관련하여 LTE 기술과 Wimax(Wibro Evol)와의 우수성 논쟁과, 이를 둘러싼 국내 통신사들간의 갈등 및 우위 선점에 대한 쟁점 내용들을 중점적으로 살펴보았다.

또한 방송통신융합정책에서는 방송과 통신의 차이를 개념, 목적, 특성에 따라 살펴보고, 융합의 개념에 대해 망의 융합, 서비스의 융합, 기업의 융합 차원에서 심도있게 살펴보았다. 또한 방송·통신 융합의 정책적 쟁점이 되고 있는 망중립성 문제와 정보통신 서비스 제공에 대한 수직·수평적 규제에 대한 쟁점사항에 대해 논의하였다.

이상의 논의 이외에 본서에서는 최근 이슈로 논의되어 왔던 디지털 콘텐츠 산업 육성정책과 녹색성장 정책을 추가적으로 살펴보았다. 디지털 콘텐츠 산업의 중요성은 디지털 콘텐츠가 지닌 영향력뿐만 아니라 기존의 오프라인 산업과 융합된 새로운 부가가치 창출의 측면에서 지식정보사회에서의 핵심산업이라는 데 있다. 따라서 본서에서는 디지털 콘텐츠의 개념과 중요성에 대해 살펴보고, 디지털 콘텐츠 산업 육성정책의 전개과정 및 기술동향

분석을 통해 향후 우리나라의 정책방향에 대해 논의하였다. 그리고 정보사회가 진화할수록 환경과의 조화를 이룬 성장이 차츰 강조되고 있으며, 특히 전 지구적 중요문제와 그 맥을 같이하고 있다는 점에서 중요한 화두가 되는 녹색성장의 개념과 비전 그리고 녹색성장의 중요성과 관련 정책에 대해서도 심도있게 분석해 보았다.

마지막으로, 정보정책의 세 번째 차원은 시민사회(NGO)와 관련된 정부의 정책인데, 이러한 차원의 정보정책은 성숙한 시민공동체 구현을 위해 민주성(democracy), 형평성(equity), 윤리성(ethics) 문제와 깊이 연계되어 있다. 정보정책과 관련하여 시민사회(NGO)가 특히 관심을 갖는 부분은 민주성, 형평성, 윤리성인데, 민주성 차원의 정보정책의 유형으로 우리는 전자민주주의의 활성화 정책, 투명한 행정정보공개 정책을, 윤리성 영역의 정보정책유형으로 프라이버시와 개인정보보호정책, 온라인상의 익명성과 관련된 정책(인터넷실명제), 컴퓨터 범죄예방 정책을, 형평성 차원의 정보정책유형으로는 정보격차 해소정책, 정보리터러시 함양정책, 보편적 서비스 정책에 대해서 검토하였으며, 주요 내용을 간략하게 기술하면 다음과 같다.

먼저, 민주성 영역과 관련하여 본서에서는 정보화시대 민주성 영역의 주요 이슈가 되고 있는 전자민주주의 정책과 행정정보공개정책에 대해 살펴보았다. 전자민주주의에 대해서는 전자민주주의의 등장배경, 개념과 기능에 대해 살펴보았으며, 특히 전자민주주의 구현의 대표적인 수단인 전자투표(e-voting)의 다양한 쟁점과 발전방향에 대해 검토하였다. 행정정보공개정책에서는 지식정보 사회에서 행정정보 공개가 지니는 의의와 정보공개의 필요성, 역기능에 대해 살펴보고 정보공개 정책의 확대 방향에 대해 논의하였다.

다음으로 윤리성 영역과 관련해서는 정보화 시대의 도래로 대량의 각종 정보가 전자적으로 기록, 가공, 원격 처리됨에 따라 개인의 사생활 침해 등과 같은 문제가 심각하게 대두되는 것에 주목하였다. 프라이버시와 개인정보보호의 개념과 특징에 대해 고찰하고 개인정보보호정책에 대해 살펴보았는데, 본서에서는 특히 최근에 점점 더 중요해지고 있는 해킹, 보안, 인증, 암호기술, PKI 등과 같은 기술적 보호조치에 중점을 두고 살펴보았다. 또한 인터넷상의 익명성을 원인으로 발생하는 사이버 범죄에 관해서 논의하였다. 이를 위해 정보사회에서 익명성의 특징을 살펴보고, 익명성으로 인한 피해 예방책으로서 인터넷 규제, 포털사업자 규제 및 제한적 본인확인제(인터넷 실명제)에 대해 검토해 보았다. 그리고 사이버 범죄에서는 사이버 범죄의 특징과 유형을 살펴보고, 특히 사이버테러에 대해서 심도있게 논의함으로써 정보사회에서 윤리적 규범 확산정책의 방향에 대해 제시하고자 하였다.

마지막으로 형평성 영역과 관련하여 본서에서는 정보사회가 발전할수록 야기되는 정보격차와 문화종속을 중심으로 논의하였다. 정보격차에서는 정보격차의 개념과 정보격차에 대한 두 가지 가설(확산가설, 정보격차 가설)에 대해 살펴보고, 정보격차의 발생요인 및 정보격차 해소를 위한 정책방향과 과제에 대해 논의하였다. 문화종속에서는 정보주권이 위협받고 있는 현상과 이로 인해 초래되는 정보사회의 문화종속의 문제점에 대해 논의하였다.

이러한 논의를 토대로 정보격차 및 문화종속에 대응하는 정보정책으로서 정보리터러시 정책, 보편적 서비스 정책, 국제정보정책을 제시하였다. 정보리터러시 정책에서는 개념과 기준 및 구성요소에 대해서, 보편적 서비스 정책에서는 보편적 서비스의 개념, 필요성, 주요 정책이슈 및 쟁점사항 등에 대해서, 국제정보정책에서는 국제정보정책의 개념, 주요쟁점 및 정책방향에 대해서 살펴보았다.

요컨대, 본서는 정책과정론의 시각에서 전자정부와 정보정책의 관계를 분석하였으며, 전자정부의 개념적 차원과 정보정책의 정책적 공간은 국정 거버넌스의 분석단위인 국가(정부)-시장(기업)-시민사회(NGO)라는 세 가지 기준 및 효율성-민주성-성찰성이라는 세 가지 차원에 의해 서로 유기적인 관점에서 연결망을 이루고 있음을 알 수 있었다.

## 3) 전자정부와 거버넌스 이론

본서에서 우리는 산업화 시대의 기존 국가통치모형으로서 정부중심의 관료제 모형의 한계를 살펴보았고, 이에 대한 대응으로서 등장한 새로운 국정 거버넌스 모형의 다양한 형태에 대해서 고찰하였다. 사이버 거버넌스는 정보통신기술 및 인터넷의 급속한 확산에 따른 새로운 형태 거버넌스의 한 유형으로 이해할 수 있다. 그중에서도 전자정부는 사이버 거버넌스의 정책모형(policy model)으로서 사이버 거버넌스의 비전을 실현하는 중심축에 위치하고 있다.

거버넌스 이론은 기존의 정부관료 중심의 국가통치모형에 대한 한계점을 극복하기 위해 등장한 대안적 국정운영모형으로서, 국가-시장-시민사회의 세 축이 신뢰와 등권을 바탕으로 보다 수평적이고 유기적인 네트워크 관계로 재조명되는 국정관리모형이다. 즉, 산업화 시대까지의 국가편의주의나 관료중심주의를 극복하고(좁은 의미의 효율성을 극복하고), 보다 균형 잡힌 시각에서 시장과 시민단체와의 관계를 재정립함으로써, 국정운영의 효율성, 민주성, 투명성, 대응성, 성찰성을 제고하기 위한 시대적인 요청으로서 등장한 새로운 국정운영모형이다. 본서는 이러한 거버넌스 이념이나 정신은 뉴거버넌스나 사이버 거버넌스의 비전에도 그대로 반영되어 있으며, 더 나아가 사이버 거버넌스의 중심기제로서의 전자정부 이념과 비전에 그대로 반영되어 있음을 세 가지 차원에서 검토하였다.

본서에서 논술한 전자정부의 개념 및 비전은 단순한 형태의 정부 행정 관리적 효율성을 넘어서, 시민과 고객이 만나는 인터페이스(접점)를 강화하는 민주성의 제고와 신뢰를 바탕으로 인간중심의 보다 성숙한 시민공동체를 구현하는 성찰성을 강화하는 데 있었음을 고찰하였다. 또한, 전자정부의 정책 산출물(policy outcome)인 정보정책도 국가와 시장의 효율성을 넘어서, 시민사회의 민주성, 형평성, 윤리성(성찰성)을 구현하는 정책수단으로써 구성되어 있음을 살펴보았다.

요컨대, 국가(정부) 중심의 국정운영이 시장과 시민사회와의 보다 수평적인 형태의 긴밀한 네트워크 형태로 변화될 것이 요청되고 있으며, 이러한 국정 거버넌스의 시대정신은(좁은 의미의 효율성을 넘어서 국정운영의 민주성, 투명성, 성찰성을 강조하는), 정보기술의 발달과 함께 진정한 의미에서의 전자정부의 비전을 실현하는 정책이념으로 대두되고 있다.

## 2. 맺는말

> 미래에 대한 진정한 혜안(vision)은
> 지금 보이지 않는 것을 보게 해 주는 것이다.

21세기가 급속도로 전개되면서 변화의 바람이 거세게 불고 있다. 변화에 대한 변화가 필요하고, 변화를 경영하고 창조해야 하는 시대이다. IT혁명은 스마트 혁명과 결합되면서 제반 소셜네트워크의 연결형태를 새롭게 바꾸고 있고, 녹색성장과 연계되면서 새로운 산업과 서비스들을 창출하고 있다. 국가경쟁력도, 삶의 질도, 기존의 사회관계도, 기업의 경쟁력도, 스마트 혁명에 기초한 전자정부 없이는 논의가 불가능한 시점에 이르렀다.

정보화와 과학기술이 급속도로 진행되고 있는 현 시점에서 오늘날 인류는 전례를 찾아보기 힘들 정도의 대변혁의 과정을 겪고 있다. 생활양식의 급격한 변화를 초래시키고 있는 정보기술, 이로 인한 가치관의 혼란, 안전한 삶을 위협하는 온갖 두려움과 공포의 증대 등 우리가 지금껏 경험해 보지 못한 가능성을 현실로 경험하고 있다. 사회변동의 정도는 혁명적이라 할 만큼 급격한 것이라서 기존 사회질서에 거대한 도전을 초래하고 있으며, 국가운영에 있어서도 지금까지 존속되어 왔던 학문체계로는 대처할 수 없을 정도로 커다란 변화를 몰고 오고 있다.

역사가 지적하듯이 과학기술이 늘 인류를 올바른 방향으로 인도한 것은 아니었다. 이러한 기술을 통제하고 인류사회의 번영에 쓰일 수 있는 올바른 이념의 설정은 국가행정의 중요한 몫이나. 우리는 아직도 자본주의적 산업사회가 경험했던 어두운 측면을 고스란히

요약 및 결론

가지고 있다. 헤일브로너가 『미래의 비전』에서 미래사회의 도덕과 윤리를 보다 강조한 것도 바로 이런 이유에서이다.

새로운 비판과 도전 속에 행정학을 정상과학으로 올려놓으려는 노력과 소용돌이치는 정보환경의 변화 속에서 이제 전자정부론도 새로운 세기를 맞이하고 있다. 스마트 혁명을 주도하는 전자정부론의 새로운 패러다임은 바로 토마스 쿤(T. Kuhn)의 말대로 지평의 전이(paradigm shift)라고 할 수 있다. 새로운 전자정부는 세계화와 정부혁신을 통해 차세대의 국정 청사진을 제시할 수 있어야 하며, 이들이 국민의 가치 및 행동 체계 속에 뿌리 내릴 수 있도록 정책과 행정에 대한 구체적인 방안들이 마련되어야 한다. 새로운 국정관리의 과제는 급속도로 발달하고 있는 정보기술을 이용하여 국민의 자율적인 의사소통을 증진시키는 국정 거버넌스 체제를 구축하고, 그에 걸맞는 온라인/오프라인상의 정책운영양식을 갖추는 방향으로 전개되어야 한다. 이것이 본서에서 논의를 전개한 기본적인 인식구조였다.

우리는 잠시 이곳에 머무를 뿐 영원한 지구의 주인은 아니다. 존속가능한 지구, 문명화된 정보사회의 실현, 그리고 인간화된 정보사회를 위한 논리와 정책의 모색은 21세기를 당면한 우리의 끊임없는 테마가 될 것이다. 미래의 정부는 21세기 사회의 소용돌이적 변화에 명민하게 대응하고, 뉴 프런티어(New Frontier) 정신으로 공적인 부문을 조명하면서 스마트한 창의성과 새로운 영역을 끊임없이 창출해 나가야 할 것이다.

# 참고문헌

■ 국내문헌

■ 단행본

강근복 외. (1999). 『지식정보사회와 전자정부』. 나남출판.

강황선. (2002). 『서울시 지식관리 활성화 방안』. 서울시정개발연구원.

권기헌. (1995). 『정보화사회와 정보통신정책: 정보혁명 정책환경의 변화와 정책적 대응』. 정보
　　　통신학술연구과제 95-40.

_____. (1997). 『정보사회의 논리』. 나남출판.

_____. (1999). 『전자정부와 정부혁신』. 커뮤니케이션 북스.

_____. (2000). 『정보사회의 논리』(개정판). 나남출판.

_____. (2003). 『정보체계론』. 나남출판.

_____. (2003). 『정보체계론』. 나남출판.

_____. (2005). 『전자정부론』. 박영사.

_____. (2007). 『정책학의 논리』. 박영사.

_____. (2008a). 『정책학』. 서울: 박영사.

_____. (2008b). 『미래예측학』. 법문사.

_____. (2009). 『행정학』. 박영사.

_____. (2010). 『정책분석론』. 박영사.

_____. (2011). 『정의로운 국가란 무엇인가』. 박영사.

권기헌·박승관·윤영민. (1998). 『정보의 신화, 개혁의 논리』. 나남출판.

권남훈 외. (2001). 『정보통신 인력의 특성, 수급실태 및 전망』. 정보통신정책연구원 연구보고 01-44.

권상탑. (2000). 『최신정보화용어사전』. 홍익재.

권해수 외. (2002). 『전자정부를 통한 부패통제 — 이론과 사례』. 한울아카데미.

김경호. (1998). 『한국의 정보정책에 관한 연구』. 단국대 대학원 박사학위논문.

김광웅. (1983). 『행정과학서설』. 박영사.

_____. (1995). 『정보화 정부론』. 서울대학교 행정대학원 행정논총.

김규정. (1996). 『행정학연구』. 법문사.

김만기 편. (1998). 『2000년대에 대비한 정부조직의 혁신』. 대영문화사.

김석준 외. (2000). 『뉴거버넌스 연구』. 대영문화사.

_____. (2001). 『뉴거버넌스와 사이버거버넌스 연구』. 대영문화사.

김성태. (1999a). 『행정정보체계론』. 법문사.

_____. (1999b). 『정보정책론과 전자정부론』. 법문사.

_____. (2003). 『전자정부론: 이론과 전략』. 법문사.

김성현 외. (2001). 『효율적 벤처캐피탈 시장 구축을 위한 제도개선 연구』. 정보통신정책연구원 연구보고 01-41.

김수행. (1988). 『정치경제학 원론』. 한길사.

김영석. (1997). 『멀티미디어와 정보사회』. 나남출판.

김영순·이영우. (1988). 『국가이론』. 한길사.

김은주. (1991). 『OECD의 ICCP위원회 활동 및 한국의 대응방안』. 통신개발연구원 연구보고 91-11.

김인수. (1991). 『거시조직이론』. 무역경영사.

김창민. (1996). 『정보화와 새로운 문화의 도래』. 정보문화.

김홍교. (1997). 『우리나라 정보화정책의 비판적 고찰』. 한국외대 대학원 박사학위논문.

노나카 이쿠지로. (1994). 『지식창조의 경영』. 21세기북스.

노정현·박우서·안용식. (1995). 『행정개혁론 이론과 실제』. 나남출판.

노화준 외. (1996). 『초고속정보통신기반구축사업 활성화 및 평가방안에 관한 연구』. 정보통신부.

니콜라스 네그로폰테. (1996). 백욱인 역, 『디지털이다』. 박영률출판사.

다이와 쇼켄. (2001). 박지연 역, 『IT용어사전』. 영진.com.

대외경제정책연구원. (1994). 『WTO출범과 신교역질서: 분야별 내용과 시사점』. 정책연구 94-05.

데이빗 오스본·테드 게블러. (1994). 삼성경제연구소 역, 『정부혁신의 길』. 삼성경제연구소.

데이콤. (1994). 『신교역질서 대응능력제고』(1994. 11).

디저드. (1997). 이민규 역,『올드미디어 뉴미디어』. 나남출판.

러셀 뉴먼. (1995). 전석호 역,『뉴미디어와 사회변동』. 나남출판.

리처드 스피넬로. (2001). 이태건·노병철 역,『사이버 윤리: 사이버 공간에 있어서 법과 도덕』. 인간사랑.

마틴 A 레빈·메리 B. 생어. (1996). 이언오·김선빈 역,『선진행정의 길』. 삼성경제연구소.

매일경제신문 지식프로젝트팀. (1998).『지식혁명보고서』. 매일경제신문사.

_____. (2001).『지식사회의 미래』. 매일경제신문사.

맥킨지 컨설팅. (1999).『맥킨지 산업별 보고서』. 매일경제신문사.

민 진. (2004).『조직관리론』. 대영문화사.

박내회. (1989).『조직행동론』. 박영사.

박대견. (1995).『앨 고어 정보초고속도로: 21세기를 여는 비밀 열쇠』. 길벗.

박동서. (1993).『한국행정론』. 법문사.

박세정. (1995).『세계화시대의 일류행정』. 가람.

박수영 외. (1995).『지방의 도약』. 홍문사.

박승관. (1997).『드러난 얼굴과 보이지 않는 손: 한국사회의 커뮤니케이션 구조』. 전예원.

박재호. (1994).『고객감동으로 가는 길』. 현대미디어.

박흥수·김영석. (1995).『뉴미디어와 정보사회』. 나남출판.

방석현. (1994).『행정정보체계론』. 법문사.

배동인. (1992).『한국의 국가와 시민사회』. 한울.

백기복. (1996).『조직행동연구』. 법문사.

백완기. (1995).『한국의 행정문화』. 고려대학교 출판부.

버날. (1985). 성하운 역,『과학의 역사: 사회경제와 과학의 발전사』. 한울.

부즈-앨런 컨설팅. (1998).『부즈-앨런 최종보고서』. 정보통신부(1998. 12).

빌 게이츠. (1996). 이규행 감역,『미래로 가는 길』. 도서출판 삼성.

삼성경제연구소 편. (1996).『학습조직의 이론과 실제』. 삼성경제연구소.

_____. (1995a).『2005년의 기술과 유망사업 예측』.

_____. (1995b).『국내 정보통신산업 현황분석과 발전전략』.

_____. (1999).『지식경영과 한국의 미래』. 삼성경제연구소.

생산기술연구원. (1995).『2000년을 향한 산업기술개발 수요』.

송상호 외. (1995).『어떻게 조직변화에 성공할 것인가』. 명진.

스티븐 와인버그 외. (1996). 장회익 외 역,『사이언티픽 아메리칸』. "우주와 생명" 150주년 특집호.

신중섭. (1992).『포퍼와 현대의 과학철학』. 서광사.

쓰보타 도모미. (1994). 양영유·조상희 역,『멀티미디어 조직혁명』. 가람기획.

안문석. (1992).『정보체계론』. 학현사.

안토니 기든스. (1991). 이윤희·이현희 역,『포스트 모더니티』. 민영사.

앨 고어. (1996).『정보초고속도로』. 길벗.

앨빈 토플러. (1980). 이계행 역,『제3의 물결』. 한국경제신문사.

_____. (1989). 이계행 역,『미래쇼크』. 한국경제신문사.

_____. (1990). 이계행 역,『권력이동』. 한국경제신문사.

양영철. (2007).『주민투표제도론』. 대영문화사.

양유석 외. (1993).『정보통신인력 장기수요 및 양성방안』. 통신개발연구원.

에드가 모랭. (1993). 이재형 역,『지구는 우리의 조국』. 문예출판사.

에릭 프롬. (1983). 김창호 역,『마르크스의 인간관』. 동녘.

염용섭 외. (2001).『통신시장 규제기관의 기능 및 주요 경쟁정책 분석』. 정보통신정책연구원 연구보고 01-06.

염용섭. (2001).『무선통신 및 데이터통신 활성화에 따른 정책방안 연구』. 정보통신정책연구원 연구보고 01-51.

오길환·정동헌·백광천·현창희. (1993).『경쟁체제하의 공정경쟁확립을 위한 전략수립』. 한국전자통신연구소.

오석홍. (1993).『조직이론』. 박영사.

_____. (1995).『행정개혁론』. 박영사.

오철호. (2002).『정보통신기술과 행정』. 대영문화사.

울리히 벡. (1997). 홍성태 역,『위험사회: 새로운 근대(성)를 향하여』. 새물결.

월간정보화사회. (1996).『일본의 정보통신 고도화 중기계획 개요』. 9월호.

위르겐 하버마스. (1996a). 이진우 역,『현대성의 철학적 담론』. 문예출판사.

_____. (1996b). 한상진 편,『현대성의 새로운 지평』. 나남출판.

윤병남 외. (1999).『공공부문 정보시스템 아웃소싱 동향 및 추진방안』. 한국전산원.

윤순봉 외. (1999).『지식경영과 한국의 미래』. 삼성경제연구소.

윤영민. (1996).『전자정보공간론: 컴퓨터 네트워크의 사회학적 탐색』. 전예원.

윤충한 외. (2001).『초고속 인터넷 시장의 특성 및 발전 방향』. 정보통신정책연구원 연구보고 01-21.

이근주. (2003).『정부투명성과 정보공개 활성화방안』. 한국행정학회 기획세미나 "부패방지와 신뢰정부 구축" 발표자료, 한국행정학회.

이무영·우영제. (1994).『정보사회와 인간관계론』. 백산.

이미경. (1996).『추락하는 소프트웨어업계, 해외시장 개척으로 살 길 찾는다』. 경영과 컴퓨터.

이순철. (1999).『지식경영의 이해』. 삼성경제연구소.

이종수 외. (1996).『새 행정학』. 대영문화사.

이한영 외. (2001).『통신서비스 중장기 정책 및 제도개선 방안 수립』. 정보통신정책연구원 연구
　　보고 01-48.

임도빈. (1997).『지방조직론』. 법문사.

임마뉴엘 월러스타인. (1996). 이수훈 역,『사회과학의 개방』. 경남대 출판국.

임창희 · 가재산. (1996).『한국형 팀제』. 삼성경제연구소.

전석호 외. (1995).『정보정책 체계정립 및 대응과제 도출에 관한 연구』. 한국전자통신연구소.

전석호. (1996).『정보사회론』. 나남출판.

＿＿＿. (1997).『정보정책론』. 나남출판.

전자신문사. (1996).『정보통신연감』. 전자신문사.

전종섭. (1987).『행정학』. 박영사.

정보문화센터. (2000).『정보화 역기능 실태조사 보고서』.

＿＿＿. (2002).『정보화 윤리』.

정보통신부. (1995).『정보통신종합발전계획』. 정보통신부.

＿＿＿. (1996a).『정보화촉진기본계획』. 정보통신부.

＿＿＿. (1996b).『전기통신에 관한 연차보고서』. 정보통신부.

＿＿＿. (2002a).『안전하고 건전한 지식정보강국 구현을 위한 중장기 정보보호 기본계획(안)』.

＿＿＿. (2002b).『글로벌 리더, e-KOREA 건설을 위한 제3차 정보화촉진기본계획(안)(2002~
　　2006)』.

정인억 외. (2001).『정보통신 협력을 위한 APEC 주요 회원체 통신시장 정책분석』. 정보통신정
　　책연구원 연구보고 01-38.

정인억 · 정찬모. (1995).『정보통신분야의 국제경쟁과 협력구도』. 통신개발연구원 연구보고,
　　95-11.

정충식. (1997).『전자정부론』. 녹두.

제레미 리프킨. (1994). 김용정 역,『엔트로피 Ⅱ』. 안산미디어.

＿＿＿. (1996a). 이영호 역,『노동의 종말』. 민음사.

＿＿＿. (1996b). 이정배 역,『생명권 정치학』. 대화출판사.

조석준. (1986).『한국의 행정문화』. 박영사.

조영식. (1982a).『지구촌 평화』. 경희대 출판부.

＿＿＿. (1982b).『평화론』. 법문사.

_____. (1993). 『인류사회는 왜, 어떻게 재건되어야 하는가』. 고려원.

_____. (1996). 『오토피아』. 경희대 출판부.

_____. (1997). 『인류사회의 재건』. 교학사.

조의설 편. (1971). 『문명의 탄생』. 현암사.

존 네이스비트. (1998). 장상용·홍성범 역, 『메가트랜드』. 고려원.

존 네이스비트·패트리셔 애버딘. (1990). 김홍기 역, 『메가트랜드 2000』. 한국경제신문사.

존 레흐트. (1996). 곽동훈·김시무 역, 『현대사상가 50』. 현실문화연구.

참여연대 작은권리찾기운동본부/정보공개사업단. (2001). 『정보공개청구 길라잡이』.

초고속정보통신기반연구반. (1994). 『21세기의 한국과 초고속정보통신』. 초고속정보통신기반연구반.

최계영 외. (2001). 『정보통신산업 중장기 시장전망』. 정보통신정책연구원.

최병선 외. (1995). 『초고속정보통신기반구축과 비용절감효과분석』. 한국전산원.

최병일. (1992). 『통신시장 환경변화와 통신정책의 과제』. 통신개발연구원.

최병일·강애린. (1991). 『공중전화사업 장기발전계획 수립방안』. 통신개발연구원 연구보고.

최병일·윤창번·김재준. (1995). 『APII구축의 추진방향 및 파급효과』. 통신개발연구원.

최병일·이한영. (1995). 『기본통신협상의 현황과 대응』. 통신개발연구원.

최병일·정인억·권기헌. (1994). 『개방경제와 통신협상』. 통신개발연구원.

최충식. (1998). 『정보사회와 정보화정책』. 나남출판.

칼 맑스. (1987). 김영민 역, 『자본 1-1』. 이론과 실천.

칼 맑스·프리드리히 엥겔스. (1988). 박재희 역, 『독일이데올로기』. 청년사.

클라우스 슈밥. (1995). 장대환 역, 『21세기 예측』. 매일경제신문사.

통신개발연구원. (KISDI)(1995). 『2005년 정보통신총량전망』. 통신개발연구원.

_____. (1996a). 『정보통신산업 발전전략』. 통신개발연구원.

_____. (1996b). 『고도정보사회구현을 위한 정보화 촉진전략』.

프리초프 카프라. (1998). 김용정·김동광 역, 『생명의 그물』. 범양사 출판부.

하미승. (1996). 『행정정보체계론』. 법문사.

한국개발연구원. (1996a). 『KDI경제동향』 1/4, 2/4, 3/4분기.

_____. (1996b). 『최근의 경제평가와 경제운영방향』.

한국경제연구원. (1996). 『최근의 경제평가와 경제운영방향』. 한국경제연구원.

한국소프트웨어진흥원. (2007). 『DC산업 육성정책 성과체계 개선연구』.

_____. (2007). 『디지털콘텐츠산업백서』.

한국은행. (1995). 『2000년대의 산업구조전망』. 한국은행.

한국인터넷정보센터. (2001, 2002).『인터넷 이용자수 및 이용행태에 관한 설문조사 결과보고서』.

한국전기통신공사. (1990).『21세기를 지향하는 장기전략경영계획(1990~2001)』. 한국전기통신공사 경영계획국.

_____. (1994).『신교역질서 대응능력제고』.

_____,『World Telecom News』각호, 한국전기통신공사.

한국전산원. (1993).『차세대 전산망서비스 개발에 관한 연구』.

_____. (1995).『1995 국가정보화백서』.

_____. (1995a).『정보통신산업 통계집』.

_____. (1995b).『정보통신기술진흥 및 산업육성정책 연구』.

_____. (1996).『초고속정보통신기반구축과 비용절감효과분석』.

_____. (1996a).『세계화시대의 정보정책연구』.

_____. (1996b).『인터넷 현황 및 정책방향(안)』(1996. 10).

_____. (1996c).『초고속 정보통신기반 구축을 위한 기술개발 방향』.

_____. (1996d).『초고속 정보통신기반구축과 비용절감 효과분석』.

_____. (1998).『국가정보화백서』.

_____. (2002).『국가정보화백서 2002』.

한국전자통신연구소(ETRI). (1993).『세계화시대의 종합적 정보정책연구: 현안분석 및 정책제언』.

_____. (1995a).『정보통신산업 통계집』.

_____. (1995b).『정보통신기술진흥 및 산업육성정책 연구』.

_____. (1996a).『세계화시대의 정보정책연구』.

_____. (1996b).『초고속정보통신기반구축을 위한 기술개발방향』.

_____. (1997).『21세기 정보통신 ― 핵심기술 및 산업전망』. 조사분석서.

_____. (1998).『정보통신기술동향 및 시장전망』. 기술경제연구시리즈.

한국정보문화센터. (1996).『초고속 정보통신』.

_____. (2000).『정보화 역기능 사례집』.

한국정보산업연합회. (1995).『정보통신산업에 대한 금융, 세제지원 및 제도개선 방안』.

_____. (1996).『한국정보산업 민간백서』.

_____. (2002).『한국정보산업 민간백서』.

한국정보산업진흥회. (1995).『정보산업연감』.

한국정책학회. (1996).『21세기 한국의 미래와 정보화정책』.

한국통신기술협회. (1997).『정보통신용어사전』(제 3판).

한국행정연구원. (1992).『행정의 능률성 제고를 위한 기본틀 구축』.

현대경제연구원. (1999). 『지식경영』. 21세기북스.

황두현. (1994). 『한국경제입장에서 파악한 정보화사회』. 홍익대학교.

황성돈·권기헌·황승흠. (1999). 『21세기 전자정부 구현을 위한 주요 입법과제와 추진방안』. 국가과학기술자문위원회.

황종성 외. (2001). 『국내산업별 육성정책 비교를 통한 IT관련산업 지원방향』. 한국전산원.


■ 논 문

강구영. (1998). "지식정부와 CKO", 『행정과 전산』. 행정자치부 정부전산정보관리소.

강인재·이원희·임도빈. (1998). "새로운 제도와 한국관료문화와의 적합성에 관한 연구", 『KIPA 연구』98-20, 한국행정연구원.

곽수일. (1994). "국가사회 정보화 촉진방안에 관한 연구", 정보통신부.

권기헌. (1995a). "정보화사회와 정보통신정책: 정보혁명·정책환경의 변화와 정책적 대응", 정보통신부, 95-40.

_____. (1995b). "The Vision, Goals and Tasks for the Human-centered Information Society", 『관용, 도덕성, 그리고 인간성 회복』. UN 50주년 기념 국제학술회의.

_____. (1996a). "세계화: APII와 아·태 정보통신협력", 『행정문제연구』 3(1).

_____. (1996b). "WTO체제하의 정보통신정책", 『대학논집』 제 26호.

_____. (1996c). "From Amoral To Humane Society: Science, Value, and Public Policy", 『세계공동체를 향한 평화전략 및 21세기 UN의 역할』. 제 10차 UN 평화의 날 제정기념 국제학술회의.

_____. (1996d). "정보화전략과 국가경쟁력", 한국정보산업연합회.

_____. (1996e). "정보화사회와 정보통신정책: 정보혁명·정책환경의 변화와 정책적 대응", 정보통신학술과제.

_____. (1997a). "전자정부와 행정개혁의 연계방안", 한국행정학회 동계학술대회 발표논문.

_____. (1997b). "21세기 정보사회를 위한 전자정부론", 한국학술진흥재단.

_____. (1999a). "창조적 지식정부", 『창조적 지식국가』. KIET.

_____. (1999b). "한국의 정보화에 대한 비판적 고찰: 성찰적 정보화의 개념을 중심으로", 『한국행정연구』 8(1). 한국행정연구원.

_____. (2000). "지식정부의 이론적 모형과 평가 틀", 『정보와 사회』 1: 28~47.

_____. (2005). "디지털지상파방송정책: 정책결정과 정책갈등, 쟁점과 함의", 『한국행정학회 하계학술대회 '정부혁신과 정책지향: 참여정부의 중간평가와 향후과제』. 한국행정학회.

권석균. (1996). "조직학습의 이론과 논쟁", 『학습조직의 이론과 실제』. 삼성경제연구소.

권태준. (1997). "과학적 실천이란 무엇인가", 『현대사회와 과학문명』. 나남출판.

김광웅. (1995). "정보화 정부론", 서울대학교 행정대학원, 『행정논총』 33(1).

_____. (1998a). "김대중정부 초기정부조직개편에 관한 비판적 성찰", 『한국행정학보』 32(2): 97~111.

_____. (1998b). "전자민주주의와 미래의 정부", (재)한국의회발전연구회 동계학술대회 발표논문집.

김국현. (1996). "제28차 ICA정기총회 참석결과 보고", 『행정과 전산』.

김내헌·방인홍. (2003). "협업환경에서 CAX운용전략 개발", 『대한설비관리학회지』 8(2).

김동욱. (1995a). "공공기관간 정보이용 제고방안 연구", 서울대학교, 『행정논총』.

_____. (1995b). "정책정보 공동이용을 위한 공공부문의 정보화", 『국가기간전상망 저널』 2(4).

_____. (1996a). "정보공동활용의 효율적 추진방안", 『국가기간전산망 저널』 3(2).

_____. (1996b). "정보기술(네트워크와 디지털정보)을 전략적으로 활용하여 효율적이면서 주민 위주로 업무를 수행하는 정부", 한국전산원.

김동현. (1988). "정보화사회와 행정", 『고시계』(10월호).

김동환 외. (1999). "행정정보 공동활용의 계획적 진화방식", 『행정정보논단』 13권 2호, 중앙대학교 국가정책연구소.

김득갑. (2000). "디지털 경제의 확산과 정책대응", 삼성경제연구소.

김만기. (1991). "한국에 있어서 정보공개와 행정문화", 『한국외대 논문집』 6월호.

김문조. (2000). "지식기반사회: 진단 및 대응", 『한국행정연구』 (9).

김병섭. (1999). "정보화와 정부기능의 재설계", 『공공정책연구』 (5).

김상묵·박희봉·강제상. (2001). "지적자본 형성 및 효과-조직 내 사회자본과의 관계를 중심으로", 『21세기 지방행정의 과제와 비전: 자주재원 확충과 지역발전 요인의 탐색』. 강원행정학회 학술세미나 발표논문집, 한국행정학회.

김상욱. (1999). "전자정부 구현을 위한 발전전략", 자치정보화재단 창립 1주년 기념 제2회 자치정보화 세미나 논문집.

김상현. (1996). "인터넷 영어 독점을 깨라", New+, 1996. 5.

김석주. (2000). "전자지방정부 추진방향", 『지방자치정보』(113).

김석준. (1988). "전환기 한국행정의 새로운 패러다임 모색", 『한국행정학보』 22(2).

김선경. (2003). "U-Government의 등장과 서비스 방향", 『디지털 행정』. 특집 유비쿼터스와 전자정부, 행정자치부 정부전산정보관리소.

김선호·이석조. (2003). "협업 비즈니스프로세스의 연구동향", 『한국전자거래학회지』 8(1).

김성태. (1998). "전자정부 조기구현을 위한 행정정보 공동활용 저해요인 분석: Fish-bone Analysis의 적용", 『정책분석평가학회보』 8(1).

김영삼. (2004). "전자정부개념논의의 비판과 연구방향", 『참여정부의 정부혁신 방향과 과제』.

2004년도 춘계학술대회 발표논문집, 한국행정학회.

김영성·신기원. (1991). "사회변화에 따른 한국행정문의 바람직한 방향설정에 관한 연구", 충남대학교 사회과학 연구소.

김영평. (1994). "행정의 경쟁력, 맥락, 그리고 새로운 패러다임", 『세계화와 국가경쟁력』. 나남출판.

김영희. (1996). "우리나라 유전자 치료의 가능성", 『포럼 21』. 한백연구재단.

김웅천. (1994). "미국의 통신산업 구조변동과 통신사업자의 전략분석", 정보통신부.

김은주. (1991). "OECD의 ICCP위원회 활동 및 한국의 대응방안", 『통신개발연구원 연구보고』 91(11).

김 일. (1992). "한국공무원 윤리관의 정립방안에 관한 연구", 『단국대학논총』 12월호.

김재윤. (2000). "인터넷: 경제이상이 실현되는가?" 『인터넷 연구 1』. 삼성경제연구소.

김정수. (1992). "미국무역정책체제의 변화에 관한 연구", 『한국행정학보』 26(2).

_____. (1994). "거시행정학의 체계정립을 위한 시론", 『한국행정학보』 28(1).

김준모. (1999). "일하는 방식에 대한 연구", 기획예산처 용역과제, 한국행정연구원.

김형렬. (1993). "국제화에 대응한 정치, 행정의 역할", 한국정책학회, 1993 정책토론회 자료집.

남궁근·황성돈. (2001). "김대중 정부 행정개혁 3년 평가", 한국행정학회 춘계학술대회발표논문집.

남영호. (2009). "디지털컨텐츠산업의 서비스혁신 패턴 분석: 온라인게임 사례를 중심으로", 『기술혁신연구』. 119-148.

낸시 포어. (1996). "가상현실과 아이들", 『녹색평론』 28.

노창선. (1995). "Home 병무 서비스체제의 구축", 『행정과 전산』.

노화준. (1996). "정보사회에 있어서 행정의 세계역량확충", 『행정과 전산』.

_____ 외. (1996). "초고속 정보통신기반 구축사업 활성화 및 평가방안에 관한 연구", 정보통신부.

대외경제정책연구원. (1994). "WTO 출범과 신교역질서: 분야별 내용과 시사점", 『정책연구』 94-05.

류석상 외. (2002). "국민의 삶의 질 개선을 위한 정보화과제", 한국전산원.

류지창. (1996). "인터넷, 앞으로 어떻게 될까?" 『포럼 21』. 한백연구재단.

명승환. (2002). "공공부문 정보자원관리에 대한 이해", 한국전산원자료집.

목진휴·최영훈·명승환. (1998). "정보기술이 정책결정과정에 미치는 영향", 『한국행정학보』 32(3): 가을.

문신용. (1996). "전자정부 구현을 위한 행정서비스 발전방안", 한국행정연구원, 『연구보고 96-04』.

_____. (1997). "제2차 행정전산망사업의 효과분석에 관한 연구", 『KIPA 연구보고』 97-11, 한국행정연구원.

_____. (1999). "공공정보자원관리의 활성화 방안", 한국행징연구원.

_____. (2000). "행정정보화와 조직운영의 핵심방안", 한국행정연구원.

박문수·문형구. (2001). "지식공유의 영향요인: 연구동향과 과제", 『지식경영연구』 2(1) : 1~23.

박상찬. (1997). "해외 정보화기술 동향", 『지역정보화』. 내무부.

박 성. (2001). "행정조직의 지식관리전략", 『한국행정논집』 13(4) : 765~783.

박성진·문교봉. (1998). "분산객체 컴퓨팅과 ERP", 『정보학회지』 16권.

박승관. (1997). "한국사회, 커뮤니케이션, 정보테크날러지", 『국가사회정보화포럼』. 크리스찬아카데미.

박영기. (1992). "정보사회와 행정", 『행정전산』 14(2) : 4월호, 총무처 전자계산소.

박재희. (1996). "중앙부처의 정책결정역량 제고방안", 『KIPA 연구보고』 95-17, 한국행정연구원.

박정택. (1993). "새로운 국제행정 개념의 탐색", 『한국행정학보』 27(1).

박희서·임병춘. (2001). "지방공무원들의 효율적 지식관리를 위한 인과모형 검증", 『한국정책학회보』 10(2) : 111~133.

배순훈. (2000). "지식기반사회로 발전", 『한국행정연구』 9.

백완기. (1994). "행정문화의 현주소와 방향", 『국책연구』 12월호.

사재명. (2002). "지방공무원의 지식관리에 관한 인식분석", 『한국지역정보학회지』 5(2) : 81~106.

삼성경제연구소. (1995a). "국내 정보통신산업 현황분석과 발전전략".

_____. (1995b). "2005년의 기술과 유망사업 예".

서범석. (1995). "한국의 광고 시민운동 사례 연구", 경희대학교 정치학과 박사학위논문.

서삼영. (1996). "고도정보사회구축을 위한 정보통신정책의 방향 모색", 『정보화와 정부·언론의 역할』. 한국언론학회·한국행정학회 공동심포지엄.

서성아. (1998). "정책결정에 있어서 정보이용활성화방안에 관한 연구: 행정종합전산망을 중심으로", 숭실대학교 석사학위논문.

서유창. (1996). "차세대 행정정보화 사업의 추진방향", 『행정과 전산』.

서일경제연구소. (1996). "공공정보의 공동활용 촉진을 위한 기반조성 방안에 관한 연구", 『정보통신연구개발사업 보고서』.

서진완. (1997). "정보기술을 활용한 행정업무과정의 혁신지침", 『KIPA 연구보고』 98-07, 한국행정연구원.

서홍석. (2001). "무선인터넷 활성화정책", 『디지털 행정』. 행정자치부 정부전산정보관리소.

성경륭. (1999). "정부혁신의 주요실천과제", 『정부혁신 어떻게 할 것인가』. 제2건국을 위한 개혁과제 공청회(1999. 1. 18).

손재식. (1995). "A Diagnosis of Social Pathologies and the Cultivation of Moral Sense through Education", 『관용, 도덕성, 그리고 인간성 회복』. UN 50주년 기념 국제학술회의.

손태완. (1998). "기업식 정부에 대한 기대", 『한국행정연구』 7(2). 한국행정연구원.

손호중. (2001). "전자정부 구축전략의 우선순위 결정에 관한 연구", 영남대학교 석사학위논문.

송충근. (2000). "지역정보화와 전자정부 전망과 과제", 『지방자치정보』 113.

송희준. (1996). "한·미·일의 전자정부 구축사례에 대한 국제비교", 『국가기간전산망저널』 3(3).

송희준·김은정. (2001). "전자정부 시스템 외부위탁의 정책목표 분석", 『정책분석평가학회보』 11권 2호.

신일순 외. (1998). "전자서명 및 인증제도", 정보통신정책연구원.

안문석. (1996). "차세대 행정정보화 사업의 추진방향", 『행정과 전산』.

_____. (1997). "정보화 추진체계 및 과정에 대한 평가", 국가정보화추진과 시민사회의 참여 연구포럼 발표논문.

_____. (1998). "정부개혁의 이슈", 『한국행정연구』 7(2).

양유석 외. (1993). "정보통신인력 장기수요 및 양성방안", 통신개발연구원.

연승준 외. (2004). "유비쿼터스 컴퓨팅의 시스템적 함의와 관련기술 동향", 전자통신동향분석 제19권 2호.

오광석. (2003). "유비쿼터스 전자정부 추진전략 및 구축방안", 『디지털 행정』. 특집 유비쿼터스와 전자정부 Ⅱ, 행정자치부 정부전산정보관리소.

오광석·박원재. (1997). "공공행정의 리엔지니어링과 추진방향", 『정보화동향』 94호.

오길환·정동헌·백광천·현창희. (1993). "경쟁체제하의 공정경쟁확립을 위한 전략수립", 한국전자통신연구소.

오석홍. (1988). "행정정보관리체제에 관한 연구", 『행정논총』 29(2).

오을임 외. (2001). "지식관리의 중요성과 CKO의 역할", 조선대학교 사회과학연구소, 『사회과학연구』 22(1) : 49~65.

오택섭. (1997). "인터넷 연구의 영역과 현황 및 과제", 『사이버커뮤니케이션 학보』 1.

월간 인터넷. (1996). "인터넷의 미래, 인터넷 기술 동향과 전망", 『정보시대』. 월간 인터넷 주최 (1996. 7. 9).

월간 정보화사회. (1996). "일본의 정보통신 고도화 중기계획 개요", 9월호.

유영달·정명수. (1999). "공공부문 정보자원조사의 행정개혁적 함의", 『한국행정연구』 8(1). 한국행정연구원.

유평준. (1996). "전자정부에서의 행정서비스", 『국가기간전산망저널』 3(3).

윤병남 외. (1999). "공공부문 정보시스템 아웃소싱 동향 및 추진방안", 한국전산원.

윤영민. (1996). "전자정부의 구상과 실천에 관한 비판적 접근", 『정보화저널』. 한국전산원.

_____. (1997a). "후기 산업사회 생산방식과 사회정의", 『현대사회와 과학문명』. 나남출판.

_____. (1997b). "19세기 이상과 21세기 기술의 접합은 환상인가?", 『국가사회정보화포럼』. 크

리스찬아카데미.

윤영민. (2005). "전자선거: 민주적 과정의 재설계," 전자투표 국제컨퍼런스(중앙선거관리위원회 주최) 전자투표와 전자민주주의: 현재와 미래

윤영훈. (1996). "PC통신과 통신망", 『행정과 전산』.

이경호. (1996). "전산망 보안대책 시급하다", 동아일보. 1996. 4. 30.

이미숙. (2002). "행정정보 공동활용에 영향을 미치는 요인과 활성화 전략에 관한 연구", 숙명여 자대학교 석사학위논문.

이상민·신현암·최순화. (2000). "인터넷 시대의 고객관계관리(CRM)", 『CEO Information』 제 262호, 삼성경제연구소.

이서행. (1994). "한국의 행정문화와 공직윤리", 『배달문화』 6월호.

이선·장석인·권기헌·강구영·양병무. (1999). "창조적 지식국가론", 산업연구원.

이양수. (1990). "한국 행정문화의 바람직한 방향", 『행정학회보』 25(1).

이어령. (1997). "한국적 정보문화를 창조하자", 중앙일보. 1997. 1. 1.

이영준. (1996). "정보화사회를 위한 입법지원방안", 『법제연구』.

이용준·이세훈·왕차종. (2003). "협업여과 기반의 교육용 콘텐츠 추천 시스템 설계", 한국컴퓨터 교육학회, 6(2).

이용태. (1996). "차세대 행정정보화 사업의 추진방향", 『행정과 전산』.

이유신. (1996). "정보사회에서의 법·제도 수용방향", 경희대학교 행정정책연구회, 12월.

이윤식·김판석·오철호. (1997). "21세기 우리나라 정보통신정책의 방향과 과제", 한국정책학 회·한국행정학회 공동주최 1997 정보통신정책세미나 PROCEEDINGS.

이윤희. (1996). "정보사회에서의 통제양식의 변화", 『정보통신기술의 발달과 현대사회』. 한국사 회학회.

이인재. (2004). "유비쿼터스 축복인가 재앙인가", 『아름다운 e세상』. 한국정보문화진흥원 웹진.

이정아. (2003). "국민 중심의 전자정부 구현을 위한 CRM 도입전략", 『정보화정책』 10권 1호. 한국전산원.

이종수·유평준·최홍석. (1997). "21세기 우리나라 정보통신 관련 정부조직의 개편방안 연구", 한국행정학회 97년 정보통신정책세미나.

이헌수. (1998). "행정에 관한 공무원의 인식과 태도", 『KIPA 연구보고』 98-13-2. 한국행정연구원.

이혜훈. (1998). "기업식 정부의 개념·목표·전략", 『한국행정연구』 7(2). 한국행정연구원.

이홍재. (2004). "지식관리와 정부성과간의 관계에 관한 실증적 연구", 경희대학교 박사학위논문.

임길진. (1996a). "가치혁명: 정보사회가 문명된 사회로 가는 길", 『인간얼굴을 한 정보사회』. 제 6차 한백국제학술대회.

_____. (1996b). "정보사회의 여성과 정치: 문명된 사회로 가기 위한 가치혁명", 『정보화시대와

여성인력』. 한국여성정치연구소 주최 국제심포지엄.

장세영. (1996). "미래정보사회에서의 공공행정모델 구축을 위한 습작", 경희대학교 행정정책연구회, 12월.

전대성. (2000). "지식행정을 통한 지방정부의 경쟁력 제고방안", 『경북전문대학논문집』 19 : 67~91.

전석호 외. (1995). "정보정책 체계정립 및 대응과제 도출에 관한 연구", 한국전자통신연구소.

전정환. (1991). "지방발전을 위한 전산체계 방향", 『한국사회와 행정연구』 2.

정명주. (1998). "정보화정책 추진원칙의 의의와 정립", 정보화동행분석 제5권 19호.

정보통신부. (1995). "정보통신종합발전계획".

_____. (1996a). "정보화촉진 기본계획".

_____. (1996b). "전기통신에 관한 연차보고서".

_____. (2001). "2001년도 중소·벤처기업 자금지원사업 안내".

_____. (2002b). "2002 상반기 심사평가 보고서".

_____. (2002c). "2003년도 정보통신 연구개발 기본계획".

_____. (2002d). "국민의 정부 4년 정보통신분야 정책성과".

_____. (2002e). "정보통신의 어제와 오늘".

정용덕. (1996). "미래 정보사회의 정보모델", 한국전산원.

정인억·정찬모. (1995). "정보통신 분야의 국제경쟁과 협력구도", 『통신개발연구원 연구보고』 95-11.

정진섭. (1995). "컴퓨터범죄와 보안문제", 『정보처리』 2(4).

제갈돈. (1994). "행정학의 패러다임과 비판적 행정이론: 새로운 패러다임 구성을 위한 시도", 『행정학회보』(대구·경북).

조동기. (1996). "정보화사회에서의 개인의 정체성과 프라이버시의 문제", 『정보통신 기술발달과 현대사회』. 한국사회학회 추계 특별심포지엄.

조만형 외. (1998). "전자정부 구현을 위한 통합전자문서시스템의 구축방향", 한국행정학회 98년도 추계국제학술대회.

조성한. (2002). "효과적인 민원행정 관리 방안", 한국행정연구원.

최병선 외. (1995). "초고속정보통신기반구축과 비용절감 효과분석", 한국전산원, NCA V-PER-9570.

최병일. (1992). "통신시장 환경변화와 통신정책의 과제", 『통신개발연구원 연구보고』 92-32.

최병일·강애린. (1991). "공중전화사업 장기발전계획 수립방안", 『통신개발연구원 연구보고』 91-46.

최병일·윤창번·김재준. (1995). "APII 구축의 추진방향 및 파급효과", 『통신개발연구원 연구보고』95-09.

최병일·이한영. (1995). "기본 통신협상의 현황과 대응", 『통신개발연구원 연구보고』 95-10.

최병일·정인억·권기헌. (1994). "개방경제와 통신협상", 『통신개발연구원 연구보고』 94-26.

최봉수. (2000). "전자정부 구축과 운영실태", 『지방자치』 142. 현대사회연구소.

최선규. (1992). "국제전화 경쟁도입 후 1년", 『통신정책 ISSUE』 4권 1호.

최선희. (2001). "전자정부서비스의 추진현황 및 강화방안", 『정보통신정책』 14(13).

클리포드 스톨. (1996). "인터넷은 만병통치약인가", 『녹색평론』 제28호.

통계청. (2002). "2002년도 정보화실태조사결과".

통신개발연구원. (1988). "정보사회 발전 시리즈", 1-8.

_____. (1995). "2005년 정보통신총량전망".

_____. (1996a). "정보통신산업 발전전략".

_____. (1996b). "고도정보사회 구현을 위한 정보화 촉진전략".

_____. (1996c). "정보통신산업 인력수급 전망 및 인력육성 정책방안".

하미승. (1992). "정보사회가 행정체제에 미친 영향", 『한국행정연구』 1(3).

하상묵. (1996). "공무원 성과급(특별상여수당)제도의 합리적 운영방안", 『KIPA 연구보고』 96-08. 한국행정연구원.

한국전산원. (1996a). "전자정부", 『국가기간전산망저널』 3(3).

_____. (1996b). "정보기술을 이용한 정부서비스", 정책자료.

_____. (1997). "전자정부의 문서유통", 『정보화정책 이슈』 97-01.

_____. (2002). "무선/모바일 전자정부 서비스 촉진", 『정보화정책자료』(2002. 6).

한국전산정보관리소. (2002). "대한민국이 확 바뀐다, 전자정부 기반완성", 『디지털행정』 24(4). 통권 제90호(2002. 12).

한국행정연구원. (1996). "삶의 질에 있어서의 현황과 과제", 『한국행연구』 봄호.

한상진. (1998). "사회과학의 패러다임 전환과 정의의 문제", 경희대 사회과학연구원 학술심포지엄.

한세억. (1998). "정보정책의 현상과 실제에 관한 연구", 최성모 편, 『정보사회와 정보화정책』. 나남출판.

_____. (1999). "지식행정에 대한 탐색적 연구", 『한국행정학보』 33(3): 1~19.

_____. (2000). "지식사회의 행정조직관리패러다임: 지식관리의 이해와 실천", 『한국행정연구』 9(3): 125~127.

_____. (2001). "행정지식관리시스템의 이해와 접근: 행정정보시스템의 진화가능성 모색", 『한국행정연구』 10(2): 228~259.

홍성찬 외. (1999). "프라이버시권과 개인정보 보호권", 『사회과학연구』 12권 1호, 건국대학교 사회과학연구소.

황보열. (2003). "전자정부의 의의와 추진실적 및 향후 과제", 한국기록관리학회, 3(1).


■ 정부간행물 및 기타

과학기술정책관리연구소. (1995). "소프트웨어산업의 장기발전을 위한 기술혁신전략."

국가경쟁력강화민간위원회. (1995). "국가사회정보화 민간종합계획."

기획예산위원회. (1998a). 『국민과 함께 하는 국가경영혁신』. 대통령 업무보고, 1998. 4. 13.

_____. (1998b). "정부부문 정보자원조사."

『디지털 타임스』. 2002년 4월 15일, 2002년 5월 3일, 2002년 6월 3일.

생산기술연구원. (1995). "2000년을 향한 산업기술 개발수요."

전자정부구현을 위한 행정업무 등의 전자화촉진에 관한 법률(2001. 3. 28 법률 제6439호) 및 동
　　　법 시행령(2001. 6. 30. 대통령령 제17271호).

전자정부특별위원회. (2003). 『전자정부백서』.

정보통신부. (2002). 『정보통신분야 정책성과』.

초고속정보통신기반연구반. (1994). 『21세기의 한국과 초고속정보통신』.

총무처 직무분석기획단 편저. (1997). 『신정부혁신론: OECD 국가를 중심으로』. 동명사.

한국정보문화진흥원. (2005). "사이버 범죄 국내외 동향 및 방지를 위한 정책적 개선방안."

함께 하는 시민행동. (2001). "전자정부구현을 위한 방안과 과제", 제3회.

행정자치부. (1998a). "전자정부 구현을 위한 전자문서유통 활성화", 1998. 8.

_____. (1998b). 『전자정부의 비전과 전략』.

_____. (2001). "전자정부법의 이해와 해설", 2001. 7.

행정정보공동이용에 관한 규정(1998. 3. 28 제정, 2001. 6. 30 폐지). 대통령령 제17271호.

21세기 위원회. (1991a). "정보화사회와 국민생활".

_____. (1991b). "한국 미래정책의 선택".

_____. (1992). "21세기 한국의 선택".


감사원 http://www.bai.go.kr

문화체육관광부 http://www.mcst.go.kr

법제처 http://www.moleg.go.kr

서울시 http://www.seoul.go.kr

전자선거추진협의회 http://www.e-voting.go.kr

전자선거투표연구회 http://www.u-voting.com

전자정부 이야기 포럼 http://www.seri.org/forum/egov

전자정부 http://www.egov.go.kr

정부전산정보관리소 http://www.gcc.go.kr

정보통신정책연구원 http://www.kisdi.re.kr

조달청 http://www.pps.go.kr

종합뉴스데이터베이스 http://www.kinds.or.kr

지식경제부 http://www.mke.go.kr

한국전산원 http://www.nca.or.kr

한국전자거래협회/기술협회 http://www.kcals.or.kr

행정안전부 http://www.mopas.go.kr


## ▣ 국외문헌

Alavi, M. & Dorothy E. Leidner. (2001). "Review: Knowledge Management and Knowledge Management System: Conceptual Foundations and Research Issues", *MIS Quarterly* 25(1).

Allee, V. (1997). *The Knowledge Evolution: Expanding Organizational Intelligence.* Boston: Butterworth Geinemann.

Almond & Verba. (1963). *The Civic Culture: Political Attitudes and Democracy in Five Nations.* Princeton University Press.

Argyris, C. (1977). "Double Loop Learning in Organizations", *Harvard Business Review.* September-October.

Baran, N. (1995). "Inside the Information Superhighway", *CGB.*

Barnard, C. I. (1968). *The Functions of the Executive.* Cambridge, MA: Harvard University Press.

Bates, B. J. (1989). "Evolving to an Information Society: Issues and Problems". In J. L. Salvaggio(ed.), *The Information Society: Economic, Social, & Structural Issues.* Hillsdale, NJ: Lawrence Erlbaum Associates, Publishers.

Beck, Ulrich. (1986). *Riskogesellschaft: Auf dem Weg in eine andere Moderne.* Suhrkamp Verlag, Frankfurt am Main.

Becker, J. (1983). "Contradiction in the Informationalization of Politics and Society", *Gazette* 32(2).

Belinda, P. (1996). "Gender Relations in Post−industrial Society", *Royal Melbourne Institute of Technology*. Paper Delivered in the Symposium on Empowering Women in the Information Era.

Bell, D. (1973). *The Coming of the Post−industrial Society*. New York: Basic Books.

_____. (1989). "Communication Technology: For Better of for Worse?" In Salvaggio, Jerry L.(ed.), *The Information Society: Economic, Social & Structural Issues*. Hillsdale, NJ: Lawrence Erlbaum Associates, Publishers.

Beniger, J. R. (1986). *The Control Revolution: Technological and Economic Origins of the Information Society*. Cambridge, MA: Harvard University Press.

Bennis, W. (1993). *The Condition of a New Leader*. NY: The Free Press.

Bhatt, G. D. (2000). "Organizing Knowledge in the Knowledge Development Cycle", *Journal of Knowledge Management* 4(1).

Blumer, H. (1953). *The Mass, the Public, and Public Opinion*. New York: The Free Press.

Branscomb, L. M. (1994). "Balancing the Commercial and Public Interest Visions of the NII". In U. S. Dept. of Commerce, 20/20 Vision: The Development of a National Information Infrastructure, National Telecommunications and Information Administration.

Burnham, D. (1984). *The Rise of the Computer State: A Chilling Account of the Computer's Threat to Society*. New York: Vintage.

Busuttil, S. et al. (eds.)(1990). *Our Responsibilities to Future Generations*. Malta: Foundation for International Studies.

Cater, D. (1981). "Human Value in Information Society". In C. C. Rochell(ed.), *An Information Agenda for the 1980s*. Chicago: American Library Association.

Chen, M. (1984). "Computer in the Lives of Our Children". In R. E. Rice, *The New Media: Communication, Research, and Technology*. Newbury Park, CA: Sage.

Chip, B. (1996). "The Great Web Wipeout", *WIRED*.

Choo, C. W. (1998). *The Knowing Organization: How Organizations us Information to Construct Meaning, Create Knowledge, and make Decision*. New York: Oxford University Press.

Cleveland, H. (1993). *The Birth of a New World*. San Francisco: Jossey−Bass.

Craig, A. (1979). "Information and Politics: Towards Greater Government Intervention?" *International Journal* 34(2).

Craig I. Field. (1994). "Information Infrastructure and Economic Vitality", 20/20 *Vision: The Development of a National Information Infrastructure*. U.S. Department of Commerce.

Crandall, Robert W. (1991). "Liberalization without Deregulation: U.S. Telecommunications Policy during the 1980s", *Contemporary Policy Issues*, pp. 70~81.

Crane, B. (1967). *A History of Civilization*. New Jersey: Prentice-Hall.

Dammann, R. (1979). *The Future in Our Hands, What We All Can Do Towards the Shaping of A Better World*. Oxford: Pergamon.

Danziger, J. D. & Kling, R. (1982). "Computers in Policy Process", *Computers and Politics*, Columbia University Press.

Davenport, T. H. (1996). "Improving Knowledge Work Process", *Sloan Management Review*, Summer: 52-66.

Davenport, T. H. & Prusak, L. (1998). *Working Knowledge: How Organization Manage What They Know*. Harvard Business School Press.

Davenport, T. De Long David W. & M. C. Beers. (1998). "Successful Knowledge Management Project", *Sloan Management Review*, Winter, 37: 43~57.

Dertouzos, M. L. (1997). *What Will Be*. San Francisco: HarperEdge.

Dreyfus, H. L. (1972). *What Computers Can't Do: A Critique of Artificial Reason*. New York: Harper & Row.

_____. (1990). *Is Socrates to Blame for Cognitivism*. New York: Harper & Row.

Dreyfus, H. L. & S. E. Dreyfus. (1986). *From Micro−Worlds to Expert Systems: The Limits of Calculative Rationality*. New York: Harper & Row.

Drucker, P. F. (1993). *Post−Capitalist Society*. New York: Harper Collins Inc.

_____. (1999). *Management Challenges for The 21st Century*. New York: Harper Collins Inc., 이재규 옮김(2002). 『21세기 지식경영』. 한국경제신문사.

Dutton, W. H. & J. G. Blumer. (1989). "A Comparative Perspective on Information Societies". In J. L. Salvaggio(ed.), *The Information Society: Economic, Social & Structural Issues*. Hillsdale, NJ: Lawrence Erlbaum Associates, Publishers.

Edington, J. (1995). "The Sustainability of Scientific Progress". In K. Schwab(ed.), *Overcoming Indifference*. New York: New York University Press.

Egan, B. L. (1991). *Information Superhighways: The Economics of Advanced Public Com−munication*. Center for Telecommunications and Information Studies, Columbia Business School, Artech House Boston-London.

Eiichi, I. (1995). "The Universal Information Infrastructure". In K. Schwab(ed.), *Overcoming Indifference*. New York: New York University Press.

Elliott, P. (1982). "Intellectuals, the Information Society and the Disappearance of the Public Sphere", *Media, Culture and Society*.

Elsevier Advanced Technology. (1994). *Yearbook of World Electronics Data*. ITU.

Evans, J. (1983). "The Worker and the Workplace". In G. Friedrichs & A. Schaff(eds.),

*Microelectronics and Society: A Report to the Club of Rome*. New York: Mentor.

Feigenbaum, E. & P. McCorduck. (1983). *The Fifth Generation—Artificial Intelligence and Japan's Computer Challenge to the World*. Reading, MA: Addison-Wesley.

Ferré, F. (1988). *Philosophy of Technology*. New Jersey: Prentice Hall.

Fields, C. I. (1994). "Information Infrastructure and Economic Vitality". In U.S. Dept. of Commerce. 20/20 Vision: The Development of a National Information Infrastructure, National Telecommunications and Information Administration(NTIA).

Firestone, C. M. & K. Kopp. (1994). "Sustainable Democracy". In U.S. Dept. of Commerce. 20/20 Vision: The Development of a National Information Infrastructure, National Telecommunications and Information Administration.

Fisher, F. D. (1994). "Open Sesame! How to Get to the Treasure of Electronic Information". In U.S. Dept. of Commerce. 20/20 Vision: The Development of a National Information Infrastructure, National Telecommunications and Information Administration.

Frederickson, H. G. (1980). *New Public Administration*. Alabama: The University of Alabama Press.

Fukuyama, F. (1997). *The end of History and the Last Man*. Harpercollins.

Galbraith, J. K. (1967). *The New Industrial States*, Hamish Hamilto: London.

Gandy, O. H. (1986). "Inequality: You Don't Even Notice It After a While". In J. Miller(ed.), *Telecommunications and Equity: Policy Research Issues*. Amsterdam: North-Holland.

_____. (1989). "The Surveillance Society: Information Technology and Bureaucratic Social Control", *Journal of Communication*.

Gasset, J. O. (1952). *Vom Menschen als Utopischem Wesen*. Stuttgart: Kohlhammer.

Gates, B. (1996). *The Road Ahead*. Penguin Books USA Inc.

_____. (1999). *The Speed of Thought*. Warner Books: A Time Warner Company.

Gerstein, D. R. (1984). *Towards the Prevention of Alcohol Problems: Government, Business, and Communist Action*. Washington, D.C.: National Academy Press.

Giddens, A. (1989). *Sociology*. Cambridge: Polity Press.

_____. (1990). *The Consequences of Modernity*. Cambridge: Polity Press.

_____. (1991). *Modernity and Self-identity: Self and Society in the Late Modern Age*. Stanford: Stanford University Press.

_____. (1994). *Beyond Left and Right: The Future of Radical Politics*. Oxford: Blackwell Publishers.

Gordon, B. Davis and Margrethe, H. Olson. (1985). *Management Information System*. New York: McGraw-Hill Co.

Habermas, J. (1981). *Kleine Politische Schriften* I–IV. Frankfurt.

Herschel, R. & Nemati, H. (2000). "Chief Knowledge Officer: Critical Success Factors for Knowledge Management", Information Strategy, *The Executive's Journal Summer*, pp. 37~45.

Hetherington, P. (1983). "The Electronic Warning For the Trade Unions", *The Guardian*.

Hughes, O. E. (1994). *Public Management and Administration*. New York: St. Martin's Press.

Iisaka, Y. (1996). "Ethics in the Post-industrialized and Informationalized Society", *Peace Strategies for Global Community and the Role of the UN in the 21st Century*. Paper Presented in International Peace Conference, Seoul: Shilla Hotel.

ITU. *Yearbook of Common Carrier Telecommunication Statistics*. Various Years.

Jones, M. G. (1994). "The Promise of the NII: Universal Service is the Key". In U.S. Dept. of Commerce, 20/20 Vision: The Development of a National Information Infrastructure, National Telecommunications and Information Administration.

Judis, J. (1993). *The Jobless Recovery*. The New Republic.

Kahin, B. (1993). *Building Information Infrastructure*. McGraw-Hill.

Kapor, M. (1994). "Building Open Platforms: Public Policy for the Information Age". In U.S. Dept. of Commerce, 20/20 Vision: The Development of a National Information Infrastructure, National Telecommunications and Information Administration.

Kay, A. (1995). "Global Village or Global Civilization?" In K. Schwab(ed.), *Overcoming Indifference*. New York: New York University Press.

Kellner, D. (1990). *Television and the Crisis of Democracy*. Boulder: Westview Press.

Kennedy, P. (1993). *Preparing for the Twenty-first Century*. Seoul: The Korea Economic Daily(Korean edition).

Kettl, Donald F. (1994). "Managing on the Frontiers of Knowledge: The Learning Organization". In P. W. Ingraham and B. S. Romzek(eds.), *New Paradigms for Government*. San Francisco: Jossey-Bass Publisher.

King, G. Keohane. R.O. & Verba, S. (1993). *Designing Social Inquiry*. Princeton: Princeton University Press.

Kornhauser, W. (1959). *The Politics of Mass Society*. New York: The Free Press.

Krugman, P. & R. Lawrence. (1994). "Trade, Jobs and Wages", Scientific American.

Küng, H. (1995). "A Global Ethic as the Alternative to the Clash of Civilizations". In Klaus Schwab(ed.), *Overcoming Indifference*. New York: New York University Press.

Levitt, B. & March, J. G. (1988). "Organizational Learning", *American Review of Soiology* 14.

Loader, Brian D. (1998). "How Democratic Can Informatics be in Reality?: A Strategy for

Political Inclusion?" Paper Presented for 1998 Korea Association for Public Administration(KAPA) International Symposium on Electronic Government, Hotel Shilla(Oct. 17, 1998).

Lovelock, J. E. (1987). *GAIA: A New Look at Life on Earth*. Oxford: Oxford University Press.

Madec, A. (1982). *Les Flux Transfrontieres de Donnees*. Paris: La Documentation Francais.

Marcuse, H. (1964). *One Dimentional Man*. Boston: Boston Press.

_____. (1968). "Industrialization and Capitalism in the Works of Max Weber". In *Negotiations: Essays in Critical Theory*. trans. J. J. Shapiro: Boston.

Marquardt, M. J. & Reynolds, A. (1994). *The Global Learning Organization*. Irwin, Inc., 송경근 옮김(1995). 『글로벌 학습조직』. 한국언론자료간행회.

Martin-Lof, J. (1984). "Some Policy Issues in the International Debate". In L. Bannon, U. Barry & O. Holst(eds.), *Information Technology: Impact on the Way of Life*. Dublin: Tycooly International Publishing.

Masuda, Y. (1981). *The Information Society as Post−industrial Society*. Bethesda, MD: WorldFuture Society.

_____. (1982). "Vision of the Global Information Society". In L. Bannon, U. Barry & O. Holst(eds.), *Information Technology: Impact on the Way of Life*. Dublin: Tycooly International Publishing.

Mehrotra, R. (1995). "Religion and Modern Value Systems". In K. Schwab(ed.), *Overcoming Indifference*. New York: New York University Press.

Menichelli, K. & A. Blau. (1994). "Philanthropy and the Agenda for Action". In U.S. Dept. of Commerce. 20/20 Vision: The Development of a National Information Infrastructure, National Telecommunications and Information Administration.

Messerlin, P. A. & K. P. Sauvant. (1990). *The Uruguay Round: Services in the World Economy*. The World Bank Washington D.C.

Michael, D. (1972). "Enriched or Impoverished? Master or Servant?" In *Information Technology: Some Critical Implication for Decision Makers*. New York: The Conference Board.

Milbrath, L. (1989). *Envisioning a Sustainable Society*. New York: SUNY Press.

Miles, R. I., H. Turner & Bessant. (1988). *Information Horizons: The Long Term Social Implication of New Information Technologies*. England: Elga.

Miller, A. G. (1971). *The Social Psychology of Psychological Research*. New York: Free Press.

Minus, P. M. (1995). "Toward an Ethic for the Twenty-First Century". In K. Schwab(ed.), *Overcoming Indifference*. New York: New York University Press.

Moltmann, J. (1965). *Mensh*. Stuttgart: Krewz.

Morin, E. & K. A. Brigitte. (1993). *Terre—Patrie*. Seoul: Moonye Publishing Co. (Korean edition).

Mosco, V. (1982). *Pushbutton Fantacies*. Norwood: Ables Press.

Mumby, Dennis K. (1988). *Communication and Power in Organizations: Discourse, Ideology, and Domination*. Norwood, New Jersey: Ablex Publishing Corporation.

Myers, P. (1996). *Knowledge Management and Organizational Design*. Butterworth-Heinemann.

Naisbitt, J. (1988). *Megatrends*. NY: Random House.

Needleman, J. (1995). "There Is No Such Thing as a Purely Material Crisis". In K. Schwab(ed.). *Overcoming Indifference*. New York: New York University Press.

Nimmo, D. (1985). "Information and Political Behavior". In B. D. Ruben(ed.), *Information and Behavior*. Vol. 1. New Brunswick, NJ: Transaction.

Noam, E. M. (1994). "Create a Corporation for Public Network Applications: Beyond the Information Superhighway". In U.S. Dept. of Commerce. 20/20 Vision: The Development of a National Information Infrastructure, National Telecommunications and Information Administration.

Nonaka, I. & H. Takeuchi. (1995). *The Knowledge—Creating Company: How Japanese Companies Create the Dynamics of Innovation*. New York: Oxford University Press.

Nora, S. & N. Minc. (1980). *The Computerization of Society*. Cambridge, MA: MIT Press.

NPR. (1995). "The Vision Takes Hold", *National Performance Review*, September 1995.

OECD. (1990). Survey of Public Management Development: 1990 Public Management Committee (PUMA)(Paris:OECD).

_____. (1990a). Financing Public Expenditures through User Charges, Occasional Papers on Public Management(Paris: OECD).

_____. (1991). Survey of Public Management Developments, Paris: OECD.

_____. (1996). Knowledge Based Economy, Paris: OECD.

_____. (1997a). National Innovation System, Paris: OECD.

_____. (1997b). Regulatory Management and Reform: Current Concerns in OECD Countries, Public Management Occasional Papers, Regulatory Management and Reform Series No.1(Paris: OECD).

Oldham, G. R. & A. Cummings. (1996). "Employee Creativity: Personal and Contextual Factors at Work", *Academy of Management Journal* 39(3).

Osborne, David & P. Plastrik. (1997). *Banishing Bureaucracy: The Five Strategies for Reinventing Government*. Reading, MA: Addison-Wesley Publishing Co.

Paisley, W. (1983). "Computerizing Information: Lessons of a Videotex Trial", *Journal of Communication*.

Penrose, R. (1989). *The Emperor's New Mind: Concerning Computers, Minds, and the Laws of Physics*. Oxford: Oxford University Press.

Plessner, H. (1928). *Die Stufen des Organischen und der Mensch*. Berlin: Walter de Gruyter.

Ploman, E. W. (1975). "Information as Environment", *Journal of Communication* 25(2).

Postman, N. (1995). "The Impact of the Information Glut". In K. Schwab(ed.), *Overcoming Indifference*. New York: New York University Press.

Quinn, J. B., P. Anderson, & S. Finkelstein, S. (1996). "Professional Intelligence to Create Value", *Harvard Business Review*, March–April.

Rada, J. F. (1980). "Microelectronics and Information Technology: A Challenge for Research in the Social Sciences", *Social Science Information* 19(2).

Rhim, K. J. (1995). "The Revolution of Value System", *The 6th Hanbek International Conference*.

Riesman, D. (1966). *The Lonely Crowd*. New York: The Free Press.

Rifkin, J. (1994). *Entropy* Ⅱ. Washington: Jeremy P. Tarcher, Inc.

_____. (1996). *The End of Work*. Washington: Jeremy P. Tarcher, Inc.

Rosnay, J. (1995). "The Digital Revolution". In Klaus Schwab(ed.), *Overcoming Indifference*. New York: New York University Press.

Ruete, E. (1995). "The Need for Standards of Conduct in Government and Business". In Klaus Schwab(ed.), *Overcoming Indifference*. New York: New York University Press.

Ruggles, R. (1998). "Knowledge Management and Intellectual Capital", *Human Systems Management* 19: 39~48.

Ruggles, R. & Holtshouse, D. (1999). *The Knowledge Advantage*, 97–136. Capstone Publishing Ltd.

Salvaggio, J. L. (ed.)(1989). *The Information Society: Economic, Social, & Structural Issues*. Hillsdale, NJ: Lawrence Erlbaum Associates, Publishers.

Schement, J. R. (1989). "The Origins of the Information Society in the United States: Competing Visions". In J. L. Salvaggio(ed.), *The Information Society: Economic, Social & Structural Issues*. Hillsdale, NJ: Lawrence Erlbaum Associates, Publishers.

Schiller, H. I. (1989). "Information for What Kind of Society?" In Salvaggio, L. Jerry(ed.), *The Information Society: Economic, Social, & Structural Issues*. Hillsdale, NJ: Lawrence Erlbaum Associates, Publishers.

Schindler, C. & G. Lapid. (1989). *The Great Turning: Personal Peace and Global Victory*. Santa

Fe, New Mexico: Bear.

Schwab, K. (1995). "Conclusion". In K. Schwab(ed.), *Overcoming Indifference*. New York: New York University Press.

Simon, H. A. (1987). "The Steam Engine and Computer: What Makes Technology Revolutionary", *Computer and Society*.

Smythe, D. (1985). "A Historical Perspective on Equity: National Policy on Public and Private Sector in the U.S.A", Paper Presented to the Thirteenth Annual Telecommunications Policy Research Conference, VA: Airlie House.

Theobald, R. (1981). *Beyond Despair: A Policy Guide to the Communications Era*. Revised ed., C. John. MD: Seven Locks Press.

Toffler, A. (1970). *Future Shock*. New York: Random House.

Turkle, S. (1984). *The Second Self: Computers and the Human Spirit*. New York: Simon & Schuster.

U.S. Dept. of Commerce. (1994). 20/20 Vision: The Development of a National Information Infrastructure, National Telecommunications and Information Administration.

Vlahos, M. (1995). "The Death of the Modern". In K. Schwab(ed.), *Overcoming Indifference*. New York: New York University Press.

Warren, S. D. & L. D. Brandeis. (1890). "The Right to Privacy", *Harvard Law Review* 4(5).

Webster, F. & K. Robins. (1986). *Information Technology: A Luddite Analysis*. Norwood, NJ: Ablex Publishing Corporation.

Weisenbaum, J. (1976). *Computer Power and Human Reason: From Judgement to Calculation*. San Francisco: W. H. Freeman.

West, Joel. (1995). "Building Japan's Information Superhighway", *JPRI Working Paper*, No.7.

Westin, A. (1982). "Home Information System: The Privacy Debate", *Datamation* 28(1).

Wiesel, E. (1995). "The Need to Overcome Indifference". In K. Schwab(ed.), *Overcoming Indifference*. New York: New York University Press.

Winpisinger, W. W. (1989). *Reclaiming Our Future*. Boulder: Westview Press.

World Bank. (1998). *Knowledge For Development*. Washington, D.C.: World Bank.

# 색 인

## 인명색인

색 인

# 사항색인

## ㄱ

색 인

## ㅇ

## ㅈ

## 저자약력

한국외국어대 행정학과 졸업(행정학 학사)
서울대 행정대학원 졸업(행정학 석사)
미국 하버드대 졸업(정책학 석사, 정책학 박사)
제26회 행정고시 합격
상공부 미주통상과 근무
미국 시라큐스 맥스웰 대학원 초빙교수
행정고시 및 외무고시 출제위원 역임
성균관대학교 국정관리대학원장 역임
제23대 한국정책학회 회장 역임(2015)
국무총리 정부업무평가위원 역임
現 성균관대학교 국제정보정책전자정부연구소장
　　성균관대학교 행정학과 교수


## 수상

국무총리상 수상(제26회 행정고시 연수원 수석)
미국정책학회(APPAM) 선정 박사학위 최우수논문 선정
한국행정학회 학술상 수상
미국 국무성 풀브라이트 학자(Fulbright Scholarship) 선정
대한민국 학술원 우수학술도서 선정(정보체계론, 나남)
대한민국 학술원 우수학술도서 선정(정책학의 논리, 박영사)
문화체육관광부 우수학술도서 선정(정책학, 박영사)


## 주요 저서

《정책학의 향연》《정책학 콘서트》
《정부혁명 4.0》《대한민국 비정상의 정상화》
《행정학 콘서트》《정의로운 국가란 무엇인가》
《정의로운 공공기관 혁신》《행정학강의》《정책학강의》
《E－Government ＆ E－Strategy》《정책분석론》
《정책학의 논리》《미래예측학: 미래예측과 정책연구》
《전자정부론: 전자정부와 국정관리》
《정보체계론: 정보사회와 국가혁신》《정보사회의 논리》
《전자정부와 행정개혁》《과학기술과 정책분석》《정보정책론》
《창조적 지식국가론》《시민이 열어가는 지식정보사회》
《정보의 신화, 개혁의 논리》《디지털 관료 키우기》
《포기하지마! 넌 최고가 될거야》 등

제 2 전정판

전자정부론

초판발행          2007년  1월 15일
제 2 전정판발행    2019년  1월 30일

지은이            권기헌
펴낸이            안종만

편  집            조보나
기획/마케팅        정연환
표지디자인         김연서
제  작            우인도·고철민

펴낸곳            (주) 박영사
                서울특별시 종로구 새문안로3길 36, 1601
                등록  1959. 3. 11. 제300-1959-1호(倫)

전  화           02)733-6771
f a x            02)736-4818
e-mail           pys@pybook.co.kr
homepage         www.pybook.co.kr
ISBN             979-11-303-0670-4   93350

* 잘못된 책은 바꿔드립니다. 본서의 무단복제행위를 금합니다.
* 저자와 협의하여 인지첩부를 생략합니다.

정  가          39,000원